U0929760

ལྷ་ས་སྟོད་ལུང་བདེ་ཆེན་གྱི་ལོ་རྒྱུས་རྣམ་བཀོད།

拉萨堆龙德庆年鉴

2017

（总第6卷）

拉萨市堆龙德庆区人民政府　主办
拉萨市堆龙德庆区地方志办公室　编

数字拉萨堆龙德庆 2016

辖区面积：2407.6平方千米

年末常住人口：47578人

地区生产总值：26.28亿元

第一产业：1.6亿元

第二产业：22.29亿元

第三产业：2.37亿元

全社会固定资产总额：76.76亿元

全社会消费品零售总额：9.16亿元

地方公共财政预算收入：6.26亿元

工业增加值：9.67亿元

招商引资到位资金：19.61亿元

农牧民人均可支配收入：12297元

区委书记　格桑平措

城区全景图

区委副书记、区长　杜　江

区人大党组书记、常委会主任　杨世军

城区全景图

区政协党组书记、主席　洛桑强巴

2016年7月28日，北京市委副书记、市长王安顺（前排左二）到堆龙德庆区调研。自治区党委常委、拉萨市委书记齐扎拉（前排左三）陪同调研

2016年5月24日，自治区党委常务副书记吴英杰（前排右二）一行到堆龙德庆区党校调研。自治区党委常委、拉萨市委书记齐扎拉（后排右一），自治区党委常委、组织部部长曾万明（后排左一）陪同调研

2016年5月17日，自治区党委常委、拉萨市委书记齐扎拉（前排右二）在市委常委、组织部部长陈军的陪同下到堆龙德庆区“香雄美朵”种植区检查指导工作。区委书记陈献森（前排右三），区委副书记、区长格桑平措（前排右一）等县级领导全程陪同

2016年11月5日，自治区党委常委、拉萨市委书记齐扎拉（右一）到堆龙德庆区调研香雄美朵、西环线建设、流浪狗收留中心等工作。区委书记格桑平措（前排左一）等陪同调研

2016年1月25日，自治区党委常委、纪委书记王拥军到堆龙德庆县检查工作并主持召开纪检会议

2016年3月7日，自治区人大常委会副主任赵正修（右二）到堆龙德庆区调研并召开调研工作会

2016年3月17日，自治区政府副主席、区教工委书记房灵敏（前排中）到堆龙德庆区调研教育工作。区委书记陈献森（前排右三）陪同

2016年7月14日，自治区政府副主席多吉次珠（左三）在拉萨市民政局局长白马玉珍的陪同下到堆龙德庆区“五保”户集中供养服务中心调研

2016年1月24日，区委书记陈献森（左二），区委副书记、区长格桑平措（右三）到寺庙慰问

2016年6月13日，区委书记陈献森（前排左一），区委副书记、区长格桑平措（前排左二）到小学考试现场巡视

2016年12月8日，区委书记格桑平措（左三）到顶嘎寺看望慰问顶嘎活佛、僧人班子成员及驻寺干部

2016年10月6日，区委副书记、区长杜江（左二）下基层到农牧民家中开展走访慰问活动

2016年6月23日，为扎实推进“两学一做”学习教育，加深对党规党纪的学习理解，堆龙德庆区委召开理论学习中心组“两学一做”学习教育集中学习研讨（扩大）会议。区委书记陈献森主持会议并作重要讲话。在家全体县级干部，各乡（镇）、区直各单位、寺管会负责人等70余人参加会议

2016年1月25日，召开中共堆龙德庆区委第一次理论学习中心组专题学习会

2016年1月25日，中国共产党拉萨市堆龙德庆区第一次代表大会胜利召开。图为大会主席团全体成员

2016年1月25日，中国共产党拉萨市堆龙德庆区第一次代表大会在党政3号楼会议室隆重开幕。图为73名代表及61名列席人员在党政1号楼前合影留念

2016年10月14日，堆龙德庆区第一届人民代表大会第二次会议代表投票

2016年2月3日，政协第一届拉萨市堆龙德庆区委员会第一次会议在庄严的国歌声中隆重开幕

2016年2月4日，堆龙德庆区举行成立暨衔牌揭幕仪式。图为堆龙德庆区四大班子及主要领导合影留念

2016年7月29日，堆龙德庆区举行四大班子与北京市第八批援藏干部见面会和第七批援藏干部欢送座谈会并合影留念

2016年5月31日，北京西城区德胜街道办事处选派11名优秀干部到堆龙德庆区跟岗学习，进一步深化双边交流学习机制。图为跟岗学习人员与堆龙德庆区在家主要领导合影留念

2016年5月21日，堆龙德庆区举行招新能源100兆瓦光伏电站项目签约仪式

2016年3月28日，堆龙德庆区举行庆祝“3·28”百万农奴解放纪念日升国旗仪式

2016年4月5日，堆龙德庆区直机关工委、区工会、区妇联联合组织开展“缅怀先烈 铭记历史”清明节扫墓活动。弘扬先烈们的崇高精神，加强对广大机关干部的爱国主义教育。此次活动区直各单位代表共190人参加

2016年3月26日，堆龙德庆区举办隆重纪念西藏百万农奴解放57周年文艺汇演

2016年7月3日，堆龙德庆区召开庆祝中国共产党成立95周年暨庆“七一”表彰大会

2016年10月25日，堆龙德庆区举办纪念中国工农红军长征胜利80周年文艺会演

2016年5月7日，堆龙德庆区举办首届干部职工歌唱比赛

2016年8月15日，堆龙德庆区举办民族团结表彰大会，会议表彰2016年民族团结工作中涌现出的模范集体31个，模范家庭76个，模范个人436名，共发放奖金89.8万元

2016年3月7日，堆龙德庆区妇联召开2016年工作会议暨纪念“三八”国际劳动妇女节106周年表彰大会。图为受表彰的先进单位及个人上台领奖

2016年4月1日，堆龙德庆区林业局组织全体在家县级领导，各乡（镇）、区（中）直各单位代表等400余人前往乃琼镇波玛村2组开展义务植树活动，植树造林60余亩，种植树苗3000余株

2016年7月20日，堆龙德庆区举办环卫车辆交接仪式

荣誉榜

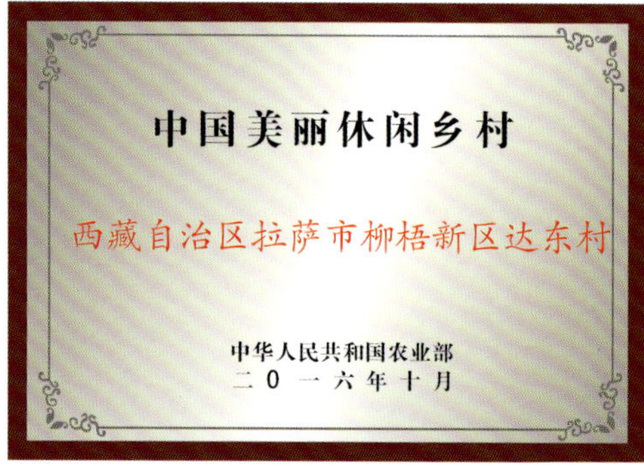
中国美丽休闲乡村
西藏自治区拉萨市柳梧新区达东村
中华人民共和国农业部
二〇一六年十月

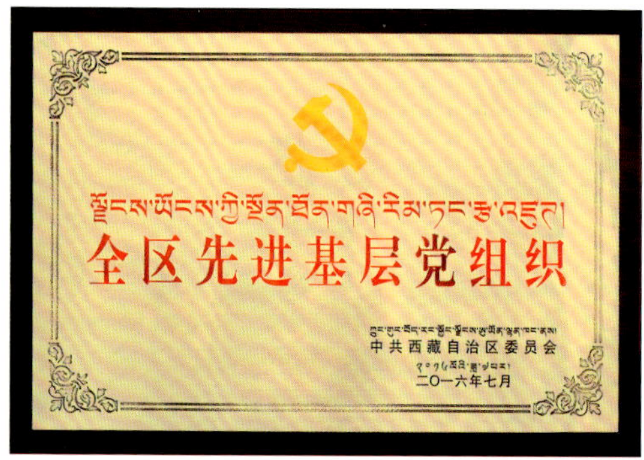
全区先进基层党组织
中共西藏自治区委员会
二〇一六年七月

授予：拉萨市堆龙德庆区人民法院
2015年度全区优秀法院
西藏自治区高级人民法院
二〇一六年三月

全区乡镇（街道）工会规范化建设
"八有"达标单位
西藏自治区总工会
二〇一六年一月

全区教育系统先进基层党组织
中共西藏自治区教育工作委员会
二〇一六年六月

拉萨市堆龙德庆区人民医院
二级乙等医院
(2016.12—2020.12)
西藏自治区卫生和计划生育委员会
二〇一六年十二月
中华人民共和国国家卫生和计划生育无缘会监制

第四届全区藏戏大赛（集体奖）
二等奖
西藏自治区文化厅 拉萨市雪顿节组委会
2016年9月8日

中国农业银行
AGRICULTURAL BANK OF CHINA
堆龙德庆区支行：
被评为农行西藏分行2014-2015年度对公业务
先进集体
中国农业银行西藏自治区分行
二〇一六年八月

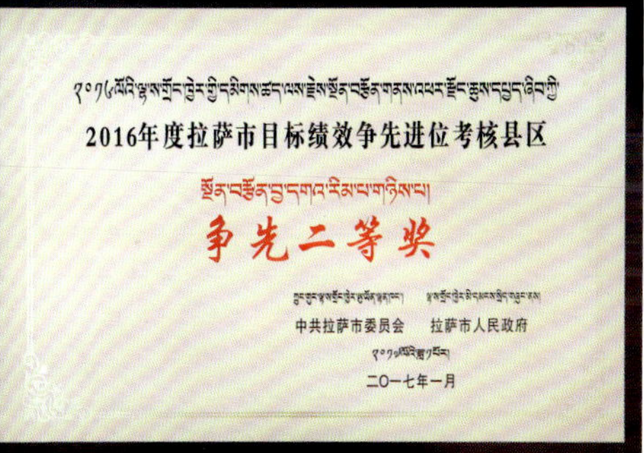
2016年度拉萨市目标绩效争先进位考核县区
争先二等奖
中共拉萨市委员会 拉萨市人民政府
二〇一七年一月

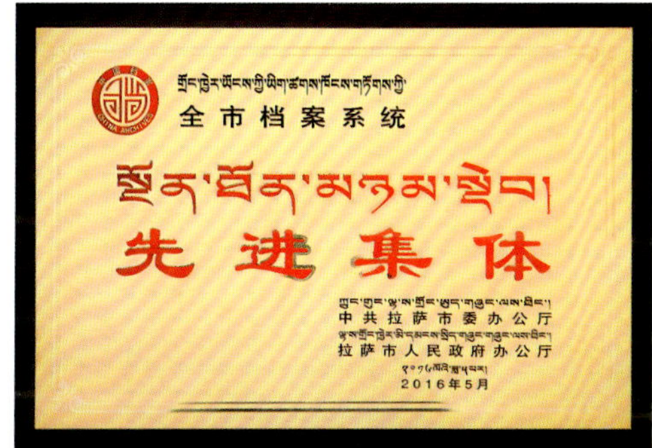
全市档案系统
先进集体
中共拉萨市委办公厅
拉萨市人民政府办公厅
2016年5月

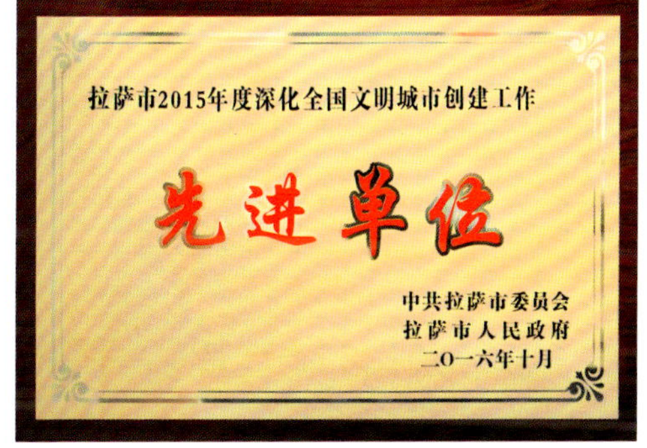
拉萨市2015年度深化全国文明城市创建工作
先进单位
中共拉萨市委员会
拉萨市人民政府
二〇一六年十月

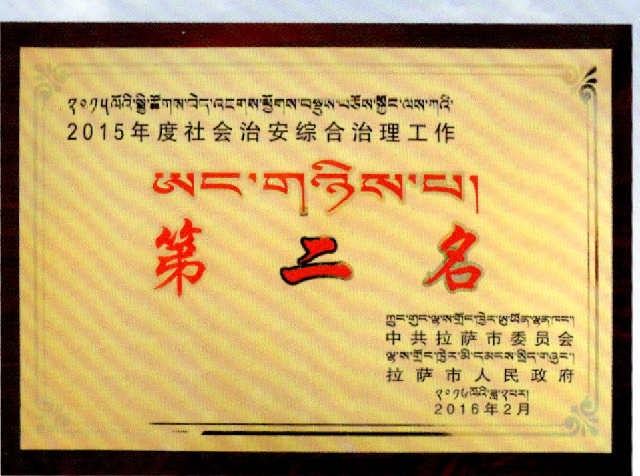

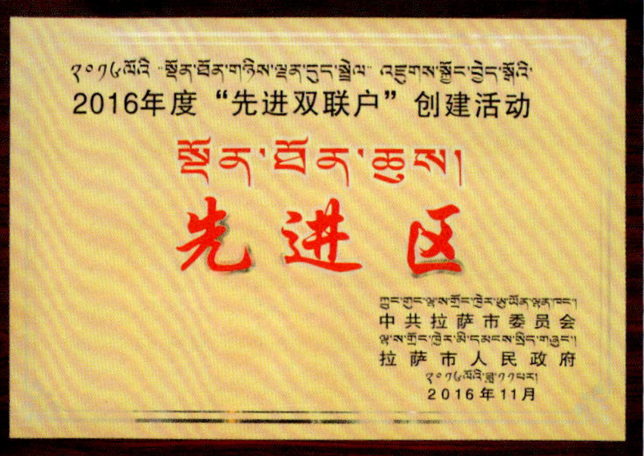

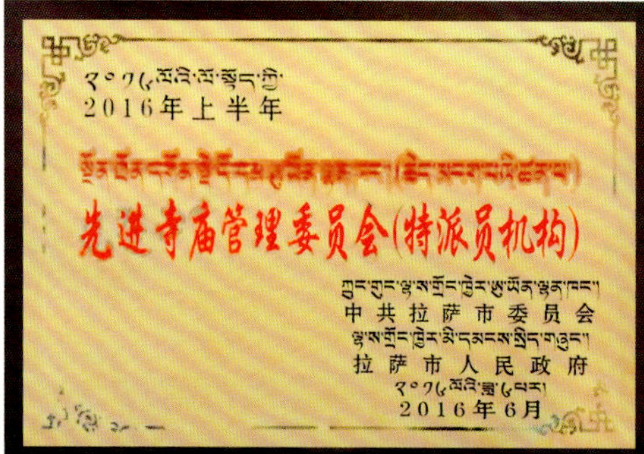

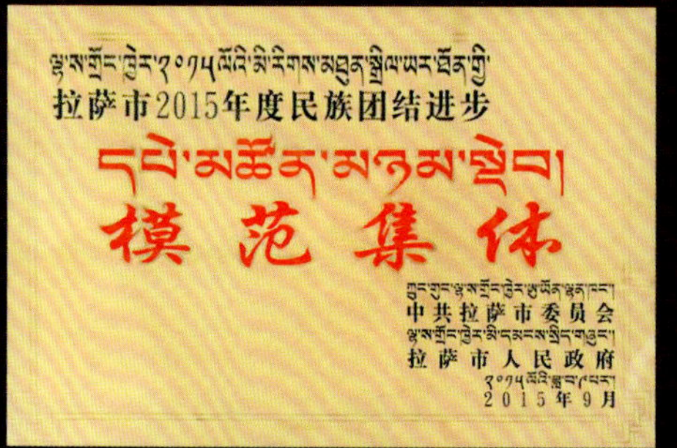

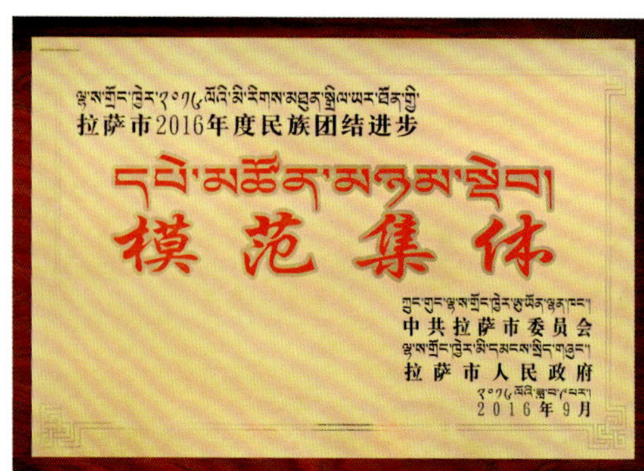

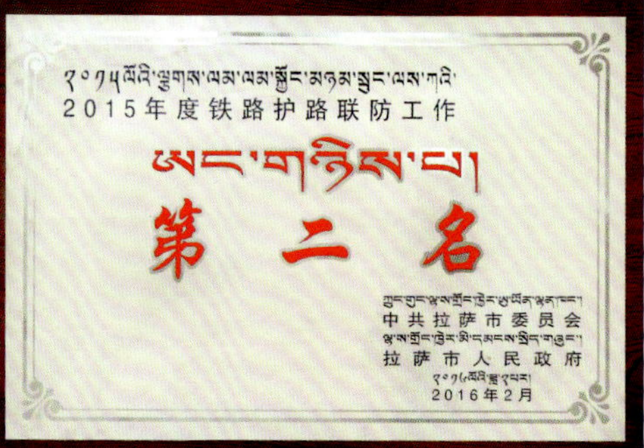

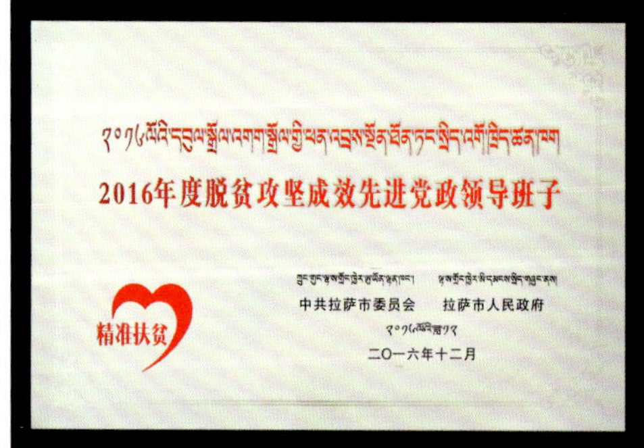

2016年度拉萨市目标绩效争先进位考核县区

争先二等奖

中共拉萨市委员会 拉萨市人民政府

二〇一七年一月

2015年度拉萨市目标绩效争先进位考核县区
争先二等奖
2016年1月

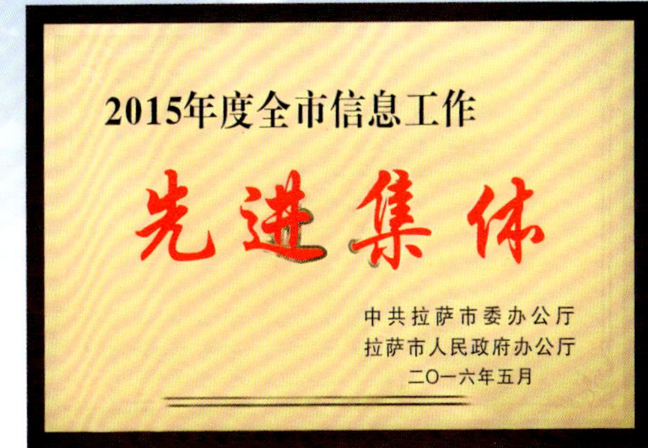
2015年度全市信息工作
先进集体
中共拉萨市委办公厅
拉萨市人民政府办公厅
二〇一六年五月

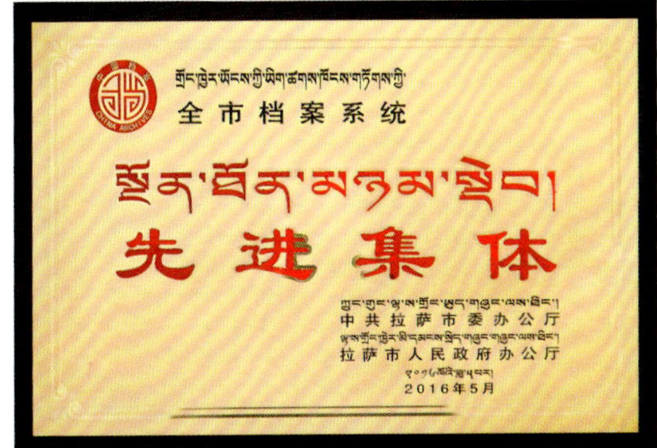
全市档案系统
先进集体
中共拉萨市委办公厅
拉萨市人民政府办公厅
2016年5月

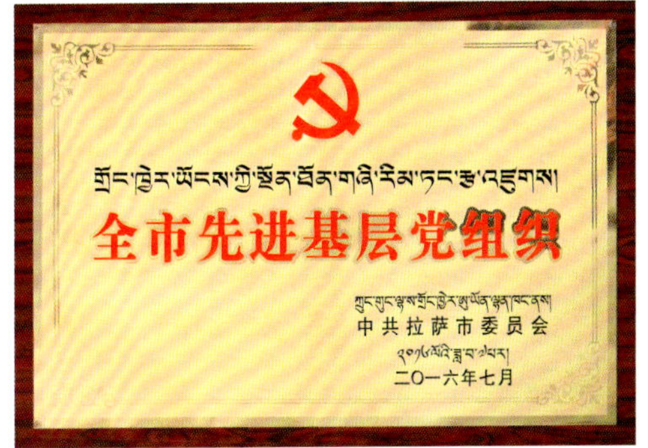
全市先进基层党组织
中共拉萨市委员会
二〇一六年七月

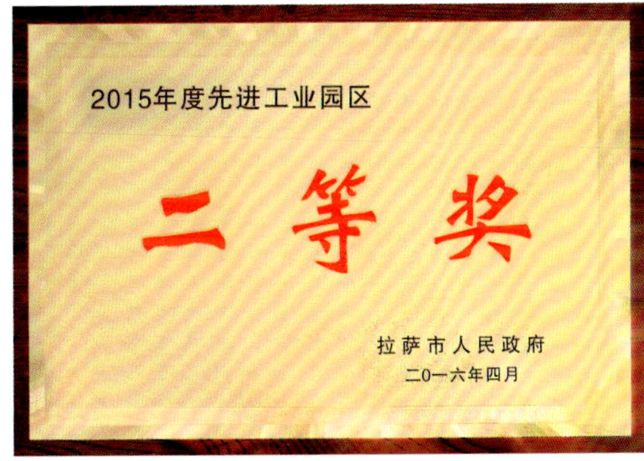
2015年度先进工业园区
二等奖
拉萨市人民政府
二〇一六年四月

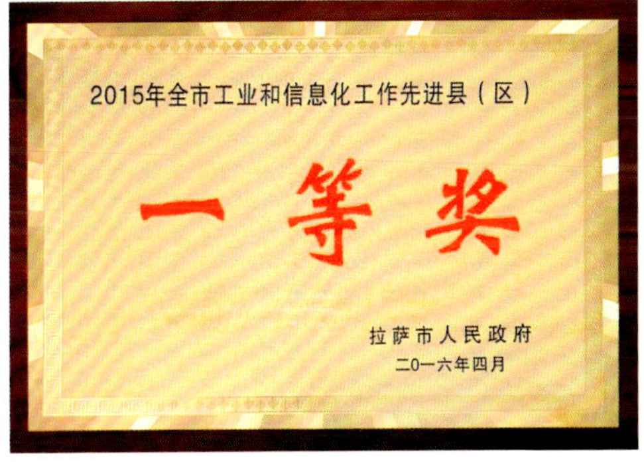
2015年全市工业和信息化工作先进县（区）
一等奖
拉萨市人民政府
二〇一六年四月

2015年度全市招商引资工作
一等奖
拉萨市人民政府
二〇一六年三月

2015年全市食品药品安全工作
先进集体
拉萨市人民政府
二〇一六年三月

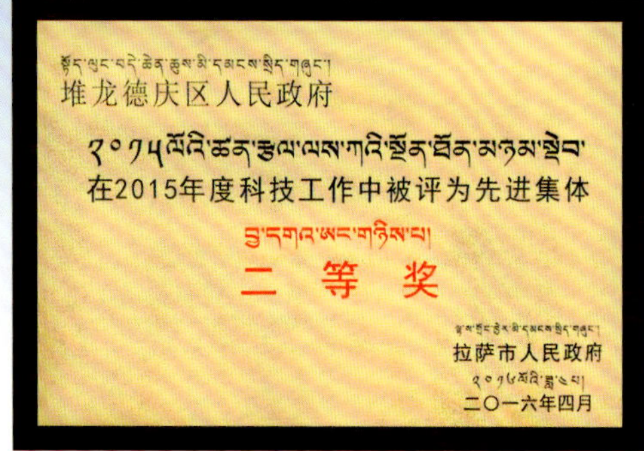
堆龙德庆区人民政府
在2015年度科技工作中被评为先进集体
二 等 奖
拉萨市人民政府
二〇一六年四月

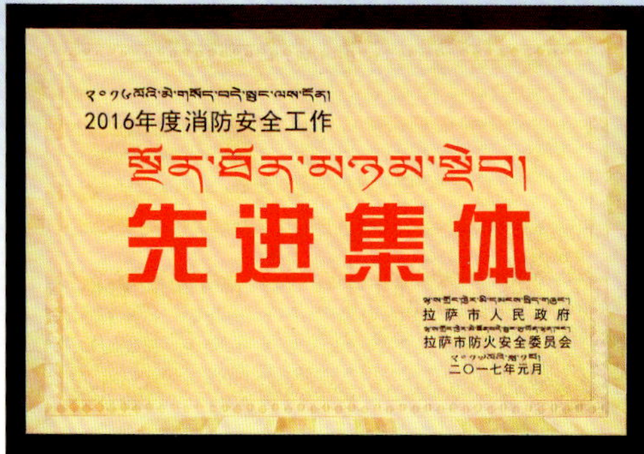
2016年度消防安全工作
先进集体
拉萨市人民政府
拉萨市防火安全委员会
二〇一七年元月

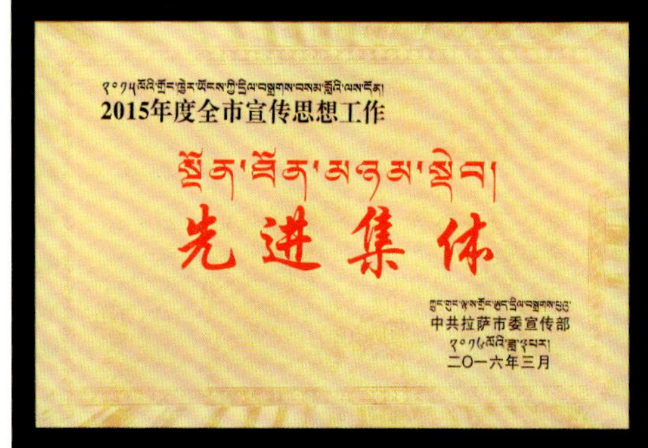
2015年度全市宣传思想工作
先进集体
中共拉萨市委宣传部
二〇一六年三月

拉萨市检察机关案件管理工作
先进集体
拉萨市人民检察院
二〇一六年十一月

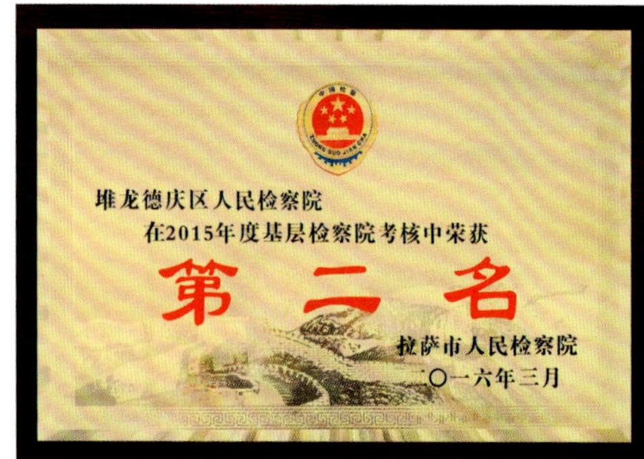
堆龙德庆区人民检察院
在2015年度基层检察院考核中荣获
第 二 名
拉萨市人民检察院
二〇一六年三月

授予堆龙德庆区人民检察院：
拉萨市检察机关首届民族团结进步
模范集体
拉萨市人民检察院
二〇一六年十一月

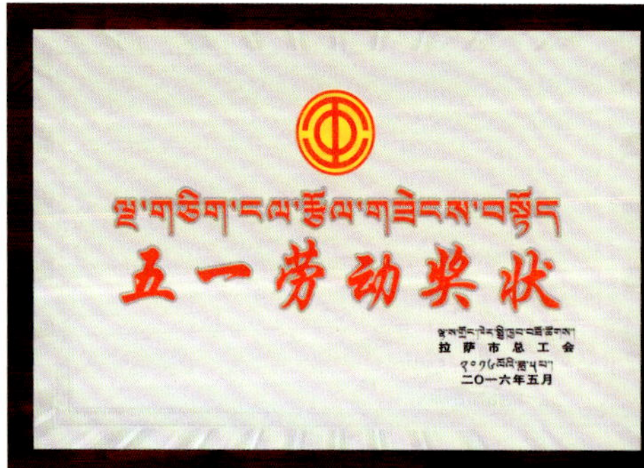
五一劳动奖状
拉 萨 市 总 工 会
二〇一六年五月

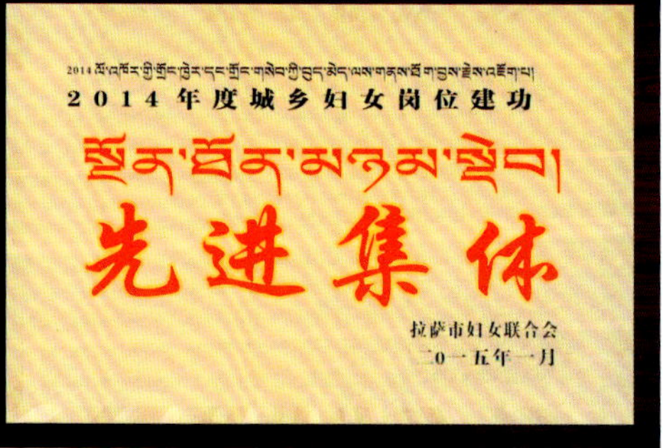
2014年度城乡妇女岗位建功
先进集体
拉萨市妇女联合会
二〇一五年一月

全市五四红旗团委
共青团拉萨市委员会
二〇一六年五月四日

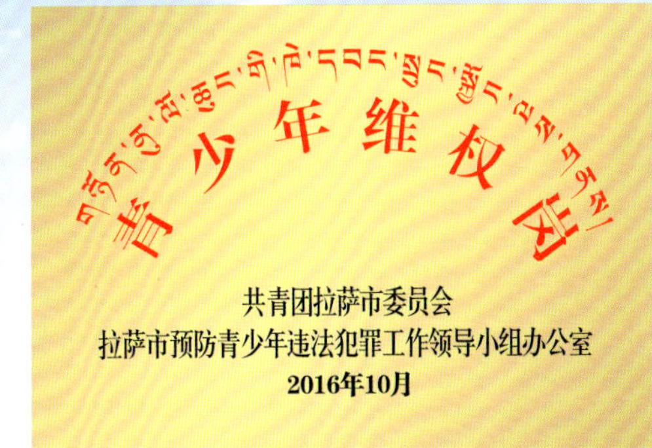
青少年维权岗
共青团拉萨市委员会
拉萨市预防青少年违法犯罪工作领导小组办公室
2016年10月

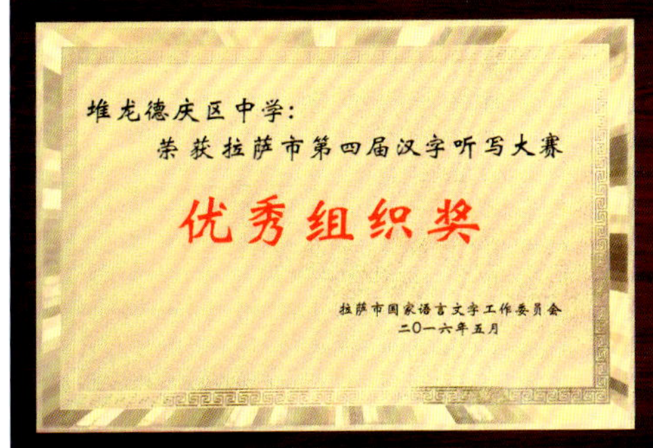
堆龙德庆区中学:
荣获拉萨市第四届汉字听写大赛
优秀组织奖
拉萨市国家语言文字工作委员会
二〇一六年五月

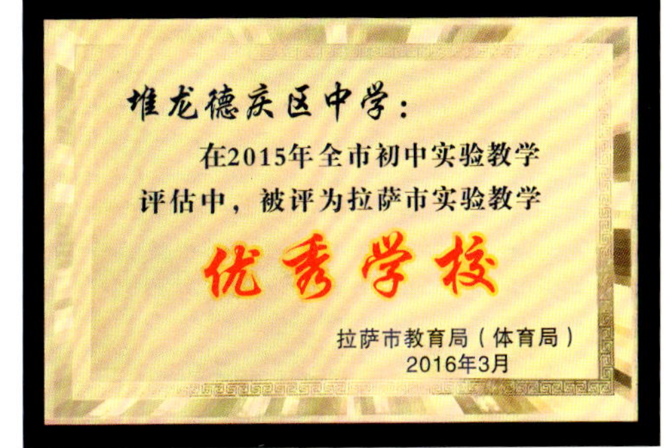
堆龙德庆区中学:
在2015年全市初中实验教学
评估中，被评为拉萨市实验教学
优秀学校
拉萨市教育局（体育局）
2016年3月

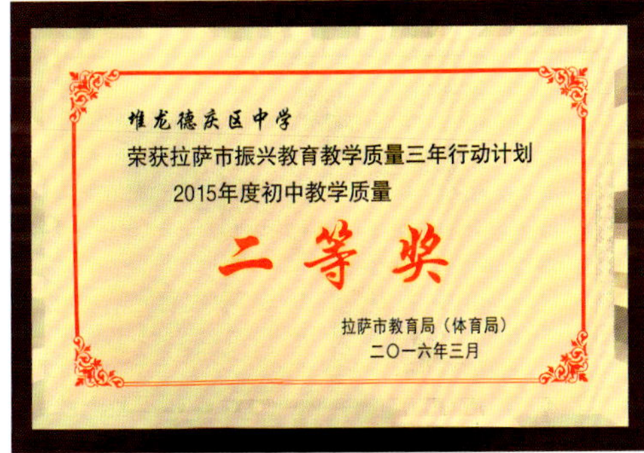
堆龙德庆区中学
荣获拉萨市振兴教育教学质量三年行动计划
2015年度初中教学质量
二等奖
拉萨市教育局（体育局）
二〇一六年三月

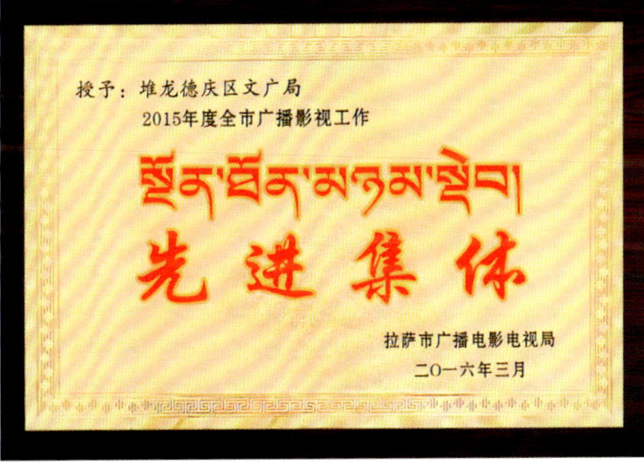
授予：堆龙德庆区文广局
2015年度全市广播影视工作
先进集体
拉萨市广播电影电视局
二〇一六年三月

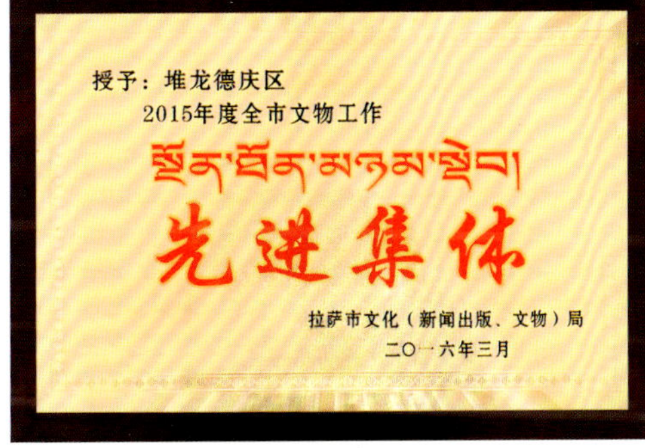
授予：堆龙德庆区
2015年度全市文物工作
先进集体
拉萨市文化（新闻出版、文物）局
二〇一六年三月

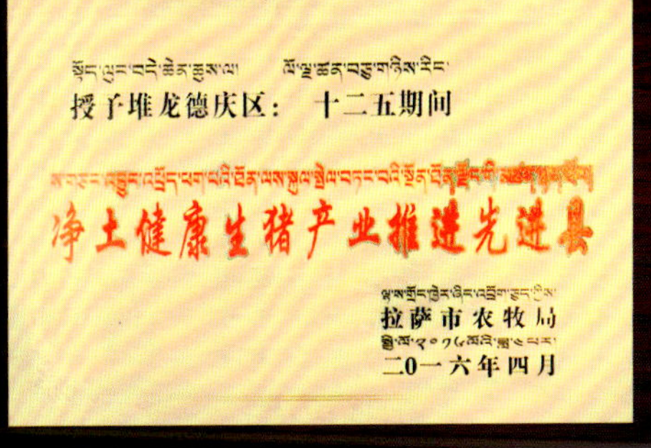
授予堆龙德庆区：十二五期间
净土健康生猪产业推进先进县
拉萨市农牧局
二〇一六年四月

编辑说明

一、《拉萨堆龙德庆年鉴》自2012开始编纂，每年出版1卷，2017年卷为第6卷。

二、《拉萨堆龙德庆年鉴》以马克思列宁主义、毛泽东思想、邓小平理论、“三个代表”重要思想、科学发展观为指导，深入贯彻落实习近平总书记系列重要讲话精神和治国理政新理念新思想新战略，坚持辩证唯物主义和历史唯物主义的主场、观点、方法，始终坚持“实事求是、质量第一、存史资政、服务大众”的办鉴宗旨，全面、系统、翔实地记述拉萨堆龙德庆区上一年度政治、经济、文化、社会等各项事业的基本情况，为社会各界与国内外人士了解和研究当今拉萨堆龙德庆区提供翔实资料。

三、《拉萨堆龙德庆年鉴》分为正文与彩页两部分。正文采取分类编辑法，以类目、分目、条目为主要框架结构，个别包含多方面资料的条目，则在段落间加插楷体标题提示，方便读者查阅全书。

四、《拉萨堆龙德庆年鉴（2017）》载录拉萨堆龙德庆区2016年经济社会发展的基本资料，设有特载、综述、大事记、政治、群团、武装、法治、经济管理、社会事业、城市建设·环保、邮政·通讯、金融、乡（镇）概况、附录等内容，通过这些内容，可以为人们了解拉萨堆龙德庆区、认识拉萨堆龙德庆区提供一个全新的窗口。

五、《拉萨堆龙德庆年鉴》的编辑宗旨，在于求真务实，力求真实生动地反映拉萨堆龙德庆区在改革开放和现代化建设中取得的崭新成就。

六、《拉萨堆龙德庆年鉴》所提供的内容和数据，分别来自于拉萨堆龙德庆区各有关部门和乡（办）人民政府，经各级领导审核，但由于口径与统计方法不同，恐有不一致之处，但使用时应以区统计局提供的数据为准。

《拉萨堆龙德庆年鉴》编辑部

2017年3月1日

《拉萨堆龙德庆年鉴》编纂委员会

《拉萨堆龙德庆年鉴》编辑部

图书在版编目（CIP）数据

拉萨堆龙德庆年鉴. 2017 / 拉萨市堆龙德庆区地方志办公室编. -- 北京：方志出版社，2017.8

ISBN 978-7-5144-2488-1

Ⅰ. ①拉… Ⅱ. ①拉… Ⅲ. ①堆龙德庆区 – 2017 – 年鉴 Ⅳ. ①Z527.54

中国版本图书馆CIP数据核字(2017)第205191号

拉萨堆龙德庆年鉴（2017）

编　　者：拉萨市堆龙德庆区地方志办公室
责任编辑：刘方圆

出 版 人：冀祥德
出 版 者：方志出版社
地址　北京市朝阳区潘家园东里9号（国家方志馆 4 层）
邮编　100021
网址　http://www.fzph.org
发　　行：方志出版社图书经销中心
电话（010）67110500
经　　销：各地新华书店
印　　刷：河南匠心印刷有限公司

开　　本：889×1194　1/16
印　　张：31
字　　数：593千字
版　　次：2017年10月第1版　2017年10月第1次印刷
印　　数：001～500册

ISBN　978-7-5144-2488-1　定价：380.00元

目 录

特 载

综 述

堆龙德庆区概况

大事记

政 治

中共堆龙德庆区委员会

堆龙德庆区人民代表大会常务委员会

堆龙德庆区人民政府

中国人民政治协商会议堆龙德庆区委员会

中共堆龙德庆区纪律检查委员会（监察局）

中共堆龙德庆区委办公室

中共堆龙德庆区委组织部

中共堆龙德庆区委宣传部

中共堆龙德庆区委统战部、宗教办

党外人士工作

宗教领域维护稳定工作

宗教活动安全有序开展

经济领域统战工作

藏胞工作

加强和创新寺庙管理工作

信息调研工作

堆龙德庆区人民代表大会常务委员会办公室

堆龙德庆区人民政府办公室

中国人民政治协商会议堆龙德庆区委员会办公室

中共堆龙德庆区直属机关工作委员会

中共堆龙德庆区委党校

堆龙德庆区深入开展创先争优强基础惠民生活动办公室

堆龙德庆区委区政府督查室

堆龙德庆区信访局

堆龙德庆区后勤服务中心

堆龙德庆区地方志办公室

群 团

堆龙德庆区总工会

共青团堆龙德庆区委员会

堆龙德庆区妇女联合会

堆龙德庆区工商业联合会

武　　装

堆龙德庆区人民武装部

堆龙德庆区公安消防大队

武警堆龙德庆区中队

法 治

中共堆龙德庆区委政法委员会

堆龙德庆区公安局

堆龙德庆区人民检察院

堆龙德庆区人民法院

堆龙德庆区司法局

堆龙德庆区综治委铁路护路联防工作领导小组办公室

经济管理

堆龙德庆区发展和改革委员会

堆龙德庆区财政局

堆龙德庆区国土资源规划局

堆龙德庆区统计局

堆龙德庆区工业和信息化局

堆龙德庆区净土产业投资开发有限公司

堆龙德庆区工业园区管委会

堆龙德庆区安全生产监督管理局

堆龙德庆区国家税务局

堆龙德庆区工商行政管理局

堆龙德庆区旅游局

“香雄美朵”生态旅游文化产业园领导小组办公室

社会事业

堆龙德庆区民政局

堆龙德庆区人力资源和社会保障局

堆龙德庆区民族宗教事务局

堆龙德庆区卫生局

堆龙德庆区食品药品监督管理局

堆龙德庆区人民医院

堆龙德庆区疾病预防控制中心

堆龙德庆区文化广播电影电视（新闻出版、文物）局

堆龙德庆区农牧局

堆龙德庆区农业综合开发办公室

堆龙德庆区林业绿化局

堆龙德庆区水利局

堆龙德庆区教育（体育）局

堆龙德庆区粮食局

堆龙德庆区中学

堆龙德庆区小学

堆龙德庆区自来水公司

城市建设·环保

堆龙德庆区住房和城乡建设局

生态保护

社会治安综合治理和维护稳定

乃琼镇

羊达乡

古荣乡

马 乡

德庆乡

柳梧乡

附 录

彩页目录

特 

建设团结美丽健康幸福新堆龙
以优异成绩迎接党的十九大胜利召开

——在中共拉萨市堆龙德庆区第一届委员会
第三次全体（扩大）会议上的报告

拉萨市堆龙德庆区委书记　格桑平措

（2017年1月17日）

中共拉萨市堆龙德庆区第一届委员会第三次全体（扩大）会议，是在我区进入全面建成小康社会决战决胜阶段，加快推进堆龙新城建设，努力增进人民福祉的关键时期召开的一次十分重要的会议。大会的主题是：高举中国特色社会主义伟大旗帜，以邓小平理论、“三个代表”重要思想、科学发展观为指导，深入贯彻落实中共十八大、十八届三中、四中、五中、六中全会和中央第六次西藏工作座谈会精神，贯彻落实习近平总书记系列重要讲话精神和治国理政新理念新思想新战略，以区市第九次党代会和市委九届二次全委会精神为指引，号召全区各族干部群众在新的历史起点上，不忘初心、砥砺前行，勇于担当、锐意进取，为建设团结美丽健康幸福新堆龙、率先在全市全面建成小康社会而努力奋斗，以优异成绩向党的十九大献礼。

一、凝心聚力、团结奋进，全区经济社会发展实现“十三五”良好开局

2016年，面对艰巨繁重的改革发展稳定任务，面对各族群众的殷切期盼，在市委的坚强领导下，我们团结带领全区各族干部群众，全面贯彻落实习近平总书记治边稳藏重要战略思想和“加强民族团结、建设美丽西藏”的重要指示，牢牢把握经济社会发展阶段性特征，深入实施“六大战略”，加快构建“一核两带、三区五园、六沟多点”空间战略布局，着力在党的建设上狠下功夫、在维护稳定上真抓实干、在顶层设计上科学谋划、在攻坚克难上勇于担当、在干事创业上求真务实、在补齐短板上主动作为，顺利完成撤县设区，开创社会大局和谐稳定、经济实力稳步提升、民生事业持续改善、生态环境保持良好的新局面，实现“十三五”良好开局。

一是党的建设更加深入。着眼于巩固党的执政根基这一大局，有力夯实党的执政基础。常委会自身建设不断加强。坚持把党委的领导重心更多地体现在谋长远、管方向、掌大局和设规矩、定大事、抓监督上，进一步强化区委总揽全局、协调各方的领导核心作用。坚持正确的政治方向，切实加强理想信念教育，严格执行党的民主集中制，着力提高常委会议事决策水平，确保区委对改革发展稳定各项事业的统一领导。全年召开区委理论中心组学习23次，召开区委常委会39次，研究解决重大事项180余件，修订完善《常委会议事规则》等15项制度。廉洁建设不断深入。认真落实全面从严治党党委主体责任和纪委监督责任，健全完善三级党风廉洁建设责任体系，全面推进各级党组织书记向上级党委述责述廉及评议质询工作，积极探索建立区委巡察制度，建成机关廉洁文化走廊，成立区扶贫开发资金监督检查领导小组，实施干部提任廉洁考核机制，设立区委落实全面从严治党主体责任办公室，向8个重点经济部门派驻纪检组，实现村级纪检监督员全覆盖。坚持把党的纪律和规矩挺在前面，认真落实中央“八项规定”精神，严防“四风”问题反弹，坚持以“零容忍”的态度查处违纪违法问题，全年核查问题线索23件，立案6件，给予党纪政纪处分4人。基层基础不断巩固。进一步完善各级党组织书记就抓党建工作向上级党组织公开述职、公开评议的工作机制。扎实开展“强党、固基、扶村”工作，投入8044万元对26个行政村活动场所进行改扩建或新建，实现村级活动场所标准化建设全覆盖。制定《村集体经济发展规划》，全面消除“空壳村”，实现行政村有稳定的集体经济全覆盖。试点开展乃琼村、波玛村成立党委，桑木村、设兴村成立党总支工作。建成严肃换届纪律警示教育主题展馆，圆满完成乡（镇）领导班子换届工作。实现各村第一书记由乡（镇）领导班子成员兼任，村民服务中心、寺管会干部统一选派，扎实开展第六批驻村工作队进驻工作，共选派130名下沉干部、61名驻村干部和35名驻寺干部，实现基层干部派驻全覆盖。进一步提高村“两委”班子成员薪酬，严格农牧区党员发展工作，全年新发展农牧民党员170名、培养农牧民入党积极分子430名。队伍建设不断强化。紧紧抓住撤县设区历史性机遇，推荐使用30名优秀干部走上县（处）级重要领导岗位。坚持好干部标准和民族地区好干部“三个特别”要求，从一线干部中新提拔乡（科）级干部215人，干部队伍结构不断优化、能力水平不断提高。扎实开展“两学一做”学习教育，各级党组织开展各类专题学习活动1600余场次，制定《党员教育培训计划》，全年开展各类培训684场次，培训党员8000余人次、其中培训农牧民党员3000余人次，实现党员干部培训全覆盖。制定《“十三五”人才工作发展规划》，全年引进2名优秀内地乡（镇）长到我区担任领导；35名华西医院委培学生到区人民医院和乡（镇）卫生院工作；专项招收13名区外大学生到各乡（镇）开展精准扶贫工作。

二是社会大局持续稳定。以实现持续长期全面稳定为目标，坚持稳定压倒一切，认真履行维护稳定第一责任。着力加强维稳举措。把维护稳定作为最大的政治任务，建立完善一级抓一级、层层抓落实的责任体系，大力实施十项维稳措施，严格执行重大决策、重大项目、重大活动社会稳定风险评估制度，努力构建维护稳定长效机制。着力加强反分裂斗争。牢固树立“团结稳定是福、分裂动乱是祸”的意识，切实强化对重点人员特别是邻省藏区学经回流人员思想教育引导，大力提升情报信息搜集研判能力，深入开展反自焚、防自焚专项斗争，依法严厉打击非法组织和分裂势力，确保无一僧尼、无一群众到境外参加法会，坚决粉碎十四世达赖集团的险恶用心。着力加强社会治理。进一步健全基层群防群治体系，不断巩固深化网格化管理模式和“双联户”运行模式，特别是乃琼镇党委充分发挥网格长、“双联户”等基层力量，妥善解决环城路沿线群众抢栽抢种引起的补偿纠纷问题，有效避免群体性事件，为提升基层社会治理能力提供经验。着力加强治安管理。充分发挥警务站作用，切实加强流动人口管理，依法查处违法犯罪活动，对城区主要街道、重要场所、重点部位实施武装巡逻、徒步巡逻和定点守护，强化实兵拉动演练和预设、不预设警情演练，进一步提升城区3分钟应急处突能力。积极发挥“护城河”治安检查站防护器作用，有效拱卫市区安全。不断加强铁路护路队伍建设，加大巡逻防控力度，确保青藏铁路堆龙段平安畅通。着力加强安全生产。切实增强各行业安全责任意识，全面开展安全生产大检查大排查大整治专项行动，对道路交通、物流仓储、非煤矿山、危险化学品等重点领域开展拉网式排查治理，健全完善三级安全生产联动监管和隐患排查治理体系。着力加强信访工作。切实构建“大信访”格局，积极开展信访和矛盾纠纷排查调处工作，86件群众来信来访案件和310件矛盾纠纷全部妥善化解，办结率、调处率均达100%，成功化解4件多年上访案，实现信访案件零搁置。

*三是经济发展势头强劲。*始终把稳增长、调结构放在首位，实现经济平稳较快发展。经济总量持续攀升。完成地区生产总值26.28亿元，同比增长15.3%；完成一般公共财政预算收入6.26亿元，同比增长24.54%；完成全社会固定资产投资76.76亿元，同比增长32.3%；完成工业增加值9.67亿元，同比增长-8.43%；完成社会消费品零售总额9.16亿元，同比增长9.57%；实现农牧民人均可支配收入12297元，同比增长10.3%。农业产业化进程加快。严格实行耕地保护制度，完成永久性基本农田调整划定工作。强化土地管理，引导农村土地合理有序流转。建成乡（镇）农牧综合服务站、5个行政村科普活动站。积极实施18.5万亩的测土配方示范田、标准化高产创建示范田、新品种展示示范田建设，粮食产量稳中有增。积极推广牲畜良种繁育，牲畜存出栏率、新生仔畜存活率保持平稳。稳步推进新型农业经营主体发展，大力支持朗巴青年生猪养殖、古荣藏鸡养殖等农牧民专业合作社规模化发展。深入实施“一乡一品”战略，建成古荣乡、马乡、德庆乡净土健康产业示范园。强势推动品牌建设，成功申报“古荣糌粑”为国家地理标志，创立“青色麦田”青稞系列特色农产品品牌。工业经济整体向好。调整完善工业园区产业发展布局规划，建成110千伏变电站，有效解决能源瓶颈，完成滨河路、中小企业服务中心等项目建设，进一步完善工业园区A区生产、生活配套设施建设，全面启动工业园区B区开发建设。紧紧围绕藏香（藏香水）、高原绿色食（饮）品加工业、藏药业、民族手工业等领域，大力发展特色工业。进一步强化实体企业招商落地，全年签约51个招商引资项目，计划总投资66.29亿元。第三产业提质增效。全面启动“香雄美朵”生态旅游文化产业园建设，完成6830亩花卉、经济林种植。编制《“十三五”旅游总体发展规划》，积极实施“一条环线”和“一带画廊”旅游发展战略。对藏药始祖宇妥·云丹贡布出生地进一步进行专家论证，完成楚布沟、邱桑温泉等12项旅游资源商标注册工作，成功举办宇妥沟藏医养生深度体验游活动，持续扩大楚布沟山地自行车体验赛知名度。启动拉萨综合物流保税园区建设前期工作。加快推进城乡集贸市场升级改造，个体工商户保持平稳增长，消费市场呈现良好发展态势。

*四是人民生活显著改善。*始终把改善民生、凝聚人心作为经济社会发展的出发点和落脚点，确保人民生活有质量、有保障。扶贫攻坚持续推进。着力破解“扶持谁”“谁来扶”“怎么扶”三大问题，充分激发贫困群众内生动力，举全区之力齐心攻坚，切实做到真识别、精准确认，真建档、精准管理，真举措、精准施策。鼓励自主创业、强化劳务输出，实现产业带动贫困群众年人均增收2000元。完成波玛村100户和桑木村300户集中安置工程建设，有序开展入住工作。建立健全教育、医疗扶贫政策，全面实施低保线与脱贫线双线合一。通过政府购买公共服务岗位实现525人就业，月人均增收3000元。与农行、邮储等银行建立产业扶贫贷款机制。积极推动企业与行政村结对帮扶工程。建立区、乡（镇）两

级“建档立卡”贫困户月收入动态监测机制。实现1324户4430名贫困群众基本达到现行脱贫标准。教育事业内涵发展。编制《教育改革与发展“十三五”规划》，加快基础教育信息化建设，严格执行高校学生奖励资助办法，促进学生全面发展。建立健全教师轮岗交流制度、小学结对交流制度，着力提升教育教学质量。全面推进园林式、书香化学校建设，大力提升中小学、幼儿园标准化建设水平，在全市率先普及农牧区3年学前双语教育，教育均衡发展成果得到巩固。卫生服务持续优化。大力提升卫生服务水平，成功创建区医院为二级乙等医院，完成5个乡（镇）卫生院标准化建设和4个村级卫生室标准化改扩建工程。探索建立基层首诊和双向转诊分级诊疗制度，积极推行“先诊疗、后结算”优质医疗服务机制，深入落实“零差价”药品政策，着力加强妇幼保健工作，农牧民和僧尼免费体检率均达100%，孕产妇死亡率和婴儿死亡率分别下降到零死亡和7.5‰。群众看病难、看病贵的问题得到有效缓解。文化事业繁荣进步。立足区文化活动中心，深入推进“书香堆龙”建设，着力完善三级公共文化服务体系。积极推动文物保护工作，大力弘扬民族优秀文化，成功举办首届藏戏文化艺术节暨藏戏大赛，全年举办大型活动13场，开展基层慰问演出65场。加快推进新媒体融合发展，开通“网信堆龙”“堆龙发布”等微信公众平台。大力弘扬爱国主义精神，建成15个村级爱国主义教育基地，基层精神文明建设蓬勃发展。社保体系日益完善。扎实开展“四业工程”，实现农牧区劳动力转移就业2.71万人次。大力推行低保户规范化动态管理，五保户意愿集中供养率保持在100%。积极开展临时救助和城乡医疗救助工作，强化弱势群体保障服务，建成残疾人康复理疗中心。扎实开展保障性住房建设，严格落实农民工工资保证金制度，社会保障能力不断提升。城镇化建设迈上新台阶。完成投资49.73亿元，实施101个城镇基本建设项目。强力推进总里程35公里的109国道堆龙大道段、西环线波玛段、318国道拉贡公路段、北环路延伸段和平路段项目建设，实现市区道路与城区主干道无缝对接。着眼于充分发挥城镇化后发优势，突出堆龙河对城市可持续发展的重要作用，完成堆龙新城控制性详细规划，稳步推进新城征地拆迁工作，切实增强政府对土地一级市场的调控能力。扎实开展农村宅基地确权，编制古荣乡、马乡、德庆乡小城镇规划，启动小康安居和4500米以上群众搬迁安置工程前期工作，全区城镇化率达到42.8%。

*五是民族宗教团结和睦。*全面贯彻落实党的民族宗教政策，有力维护民族团结、宗教和睦。统战工作健康发展。高举爱国主义、社会主义旗帜，着力凝聚人心，最大限度团结一切可以团结的力量，建立健全服务联系党外人士、境外藏胞工作机制，进一步提升活佛培养联系服务水平。宗教工作健康发展。进一步加强和创新寺庙管理，不断深化“教育服务管理”三项职能，稳步推进“六建”“六个一”“9+5”建设，积极开展模范寺庙暨爱国守法先进僧尼创建评选、“两险一保”覆盖等各项工作。补充吸收12名新僧尼，组织30名僧尼到内地参观学习交流。严格宗教活动审批和安保工作，建立各部门联防联动机制，圆满完成楚布寺“次曲”等20项宗教活动安保工作，确保全区宗教领域的持续和谐稳定。民族事业健康发展。严格执行《拉萨市民族团结进步条例》，深入开展民族团结进步模范创建活动，引导各族各界积极投身民族团结进步事业，大力表彰和宣传各行业涌现出的民族团结进步典型，全年表彰31个民族团结进步模范集体、76个民族团结进步模范家庭和436名民族团结进步模范个人。积极开展民族团结宣传活动，成功举办知识竞赛、摄影绘画书法展、歌咏比赛等系列活动，促进各民族手足相亲、守望相助。

*六是生态环境保持良好。*坚持保护优先、综合治理，着力建设绿色堆龙。重创建。色玛村、嘎冲村等7个行政村成功创建“自治区级生态村”，累计创建率达93.3%；东嘎镇、乃琼镇、古荣乡、马乡、德庆乡成功创建“自治区级生态乡（镇）”，为创建“自治区级生态县”奠定坚实基础。重治理。严格落实建设项目环境影响评

价机制，进一步加强“三高一低”企业监管，下大力气依法取缔5家堆煤厂，周边环境得到有效整治，严厉打击非法采砂、采石、采矿行为。重措施。完成1.91万亩西藏生态安全屏障防护林建设和8400亩拉萨周边防护林建设，全区森林覆盖率达13.53%。全面启动保护母亲河行动，严格实行“河长制”，着力加强水生态治理与保护，拉萨河堆龙段水质达到国家三类标准。

*七是民主法治不断推进。*坚持将党的领导、人民当家做主和依法治区有机统一，紧紧围绕中心、服务大局，着力建设法治堆龙。依法顺利完成撤县设区各项工作，掀开堆龙发展史上崭新一页。切实加强党对人大工作的领导，坚持和完善人民代表大会制度，区人大积极改进和加强依法监督，决定重大事项工作不断深入，确保党委重大决策部署的贯彻落实。坚持和完善中国共产党领导的多党合作和政治协商制度，区政协紧扣改革发展稳定等重大问题广泛开展调查研究，政治协商的制度化、规范化、程序化水平不断提高。扎实落实依法治区战略，支持“一府两院”依法履职，法治政府建设成效明显。工青妇等人民团体的桥梁纽带作用进一步发挥，国防动员和后备力量建设、国防教育、双拥共建取得新进展。2016年我区成功实现全国双拥模范县“八连冠”、全区双拥模范县“九连冠”目标。

*八是深化改革持续发力。*坚持勇于改革、善于创新，形成改革发展的新局面。扎实推进财税体制改革和行政审批制度改革，积极开展财政预决算公开，大力实施权责清单制度，梳理出行政权责1900余项。全面实行小型投资项目施工和中介服务公开摇号机制。全面推行“三证合一”“一照一码”登记制度。在全市率先启动探索实施公务用车改革。积极拓宽融资渠道，与中国银行、西藏银行分别签订战略合作协议，依托市城投公司的代建和投资优势，积极探索与市城投公司协同推进城市开发建设的新路子。

*九是受援工作成绩斐然。*主动加强与北京市和对口援藏区的沟通协调，扎实开展受援工作。积极做好援藏干部轮换，研究制定新一轮援藏工作计划。体制外受援工作进一步深化，与朝阳区、海淀区的互访交流进一步加强。充分发挥资金援藏的积极作用，全年落实援藏资金3200万元，实施3个援藏项目。进一步深化人才援藏和智力援藏工作，选派19名干部到北京市朝阳区跟岗锻炼，聘请北京市西城区11名党政干部到我区交流挂职，朝阳区选派5名医疗专家开展医疗援藏工作，并指导区医院开展创建二级乙等医院工作，组团式医疗援藏深入推进。

这些成绩的取得，离不开党中央治藏方略的正确指导，离不开以习近平同志为核心的党中央的亲切关怀，离不开北京市的无私援助，离不开区市党委的坚强领导，离不开区四套班子的精诚团结，更离不开全区各族干部群众的勇于担当、奋力拼搏。在此，我代表区委，向奋战在各条战线上的广大党员干部、政法干警、武警官兵，向所有参与、关心和支持堆龙改革发展稳定的全区各族群众和社会各界人士表示衷心的感谢并致以崇高的敬意！

在肯定成绩的同时，也要清醒的认识到，当前我区经济社会发展仍存在着反分裂斗争和维稳形势依然复杂尖锐；经济发展水平与城市副中心地位不匹配；城镇化发展水平较低；发展环境还需优化；公共服务体系还不健全；全面建成小康社会的短板仍然存在；全面从严治党任重道远等突出问题。面对这些问题我们必须采取更加有力的措施，切实下功夫予以解决。

二、乘势而上、狠抓落实，坚持以“六大战略”统领建设团结美丽健康幸福新堆龙

2017年是全面实施“十三五”规划的重要之年，是全面建成小康社会决胜阶段的关键之年。全区各级党组织和全体共产党员要在区委的坚强领导下，进一步解放思想、凝心聚力、振奋精神，积极抢抓中央政策支持有力、社会大局稳定可控、区位优势全面凸显、内生动力持续增强、特色产业加快培育的重大历史机遇，坚持和完善“六大战略”，牢牢把握经济社会发展的主动权。

2017年工作的总体要求是：深入贯彻中共十八大、十八届三中、四中、五中、六中全会和中央第六次西藏工作座谈会精神，贯彻落实习近平总书记系列重要讲话精神和治国理政新理念新思想新战略，特别是“治国必治边、治边先稳藏”的重要战略思想和“加强民族团结、建设美丽西藏”的重要指示，牢固树立“四个意识”特别是核心意识、看齐意识，坚决维护以习近平同志为核心的党中央权威，切实做到思想上拥戴核心，不断增强与党中央和区市党委保持高度一致的思想自觉；政治上信赖核心，不折不扣的贯彻执行好党的路线方针政策；组织上忠诚核心，坚定不移地服从中央和区市党委的领导；行动上捍卫核心，坚决贯彻落实好中央和区市党委的决策部署，坚持以人民为中心，牢牢把握稳中求进的工作总基调，坚持和谐稳定、协调均衡、共享共建、绿色健康、创新开放的发展理念，大力实施“六大战略”，不断巩固和发展“一核两带、三区五园、六沟多点”空间战略布局，坚决守住维护社会稳定和保护生态环境两条底线，紧紧围绕改革发展稳定，攻坚克难补短板、开拓创新求突破、坚定信心奔小康，切实用长足发展和长治久安新成就迎接党的十九大胜利召开。

2017年的目标任务是：地区生产总值增长14%，达到29.51亿元；一般公共财政预算收入增长36%，达到8.5亿元；全社会固定资产投资总额增长20%，达到92.64亿元；工业增加值增长30%，达到13.48亿元；社会消费品零售总额增长15%，达到10.76亿元；农牧民人均可支配收入增长18%，达到15684.1元。主要经济指标增速保持在全市前列，基本公共服务能力不断提升，基础设施建设深入推进，贫困人口持续脱贫，生态文明建设取得成效，内生动力持续增强，社会大局全面稳定，党的建设切实加强，努力建设各族群众和睦相处、和衷共济、和谐发展的团结堆龙；建设蓝天白云、青山绿水、绿色发展的美丽堆龙；建设环境健康、生活健康、身心健康、产业健康的健康堆龙；建设改革发展成果共享、公共服务全面覆盖、人均收入逐年增长的幸福堆龙。

贯彻总体要求、实现奋斗目标，全区上下必须扎实做好以下六个方面工作。

（一）坚持和完善“党建统区”战略，坚定不移贯彻全面从严治党

始终坚持党的统一领导，坚持以党的建设统领政治、经济、社会、文化、生态各领域工作。一是严格履行全面从严治党主体责任。全区上下要切实增强政治意识、大局意识、核心意识、看齐意识，坚定不移地在思想上、政治上、行动上与党中央和区市党委保持高度一致，不折不扣地将中央、区市党委和区委的各项决策部署落实为具体实践，在区市党委的坚强领导下办好堆龙的事情、做好堆龙的工作。要着力加强区委自身建设，充分发挥党委领导核心作用，加强党的基本理论、基本路线、基本纲领的学习，坚持以人为本、执政为民，严格遵守党的政治纪律，切实提高政治敏锐性和政治鉴别力，进一步完善决策方式，规范决策程序，强化决策责任，不断提高科学决策能力，自觉接受党内监督、群众监督、民主监督和舆论监督，不断提高执政能力和领导水平。要不断加强各级党组织责任制建设，探索建立主体责任履行情况监督机制，大力推动党风廉洁建设主体责任落实到村，监管延伸到村，考核覆盖到村，突出抓好“联述联评联考”工作，完善基层党建考核办法，促进各级党组织书记“第一责任人”责任落实到位。二是严格遵守党章党规党纪。全区各级党组织要持续深入开展“两学一做”学习教育，促使广大党员干部坚定共产主义远大理想，坚定中国特色社会主义信念，不断增强道路自信、理论自信、制度自信、文化自信。要牢牢遵守《准则》精神和《条例》要求，研究制定《关于认真贯彻落实党的十八届六中全会精神的实施细则》，严肃党内政治生活，规范党内监督。要继续完善党风廉洁建设责任体系，建立完善党风廉洁建设考核结果有效运用工作机制，探索构建区、乡（镇）、村三级干部量化考核评价体系，强化权力约束，规范权力运行。要着力加强监督检查，全面启动扶贫资金管理使用等专项监督检查，加强对维护党章、贯彻执行党的路线方针政策和决议情况的监督检查，以三家区直单位和三个村委会为试点开展区委巡察工

作。要持续深化公车改革工作，从源头上预防公车领域问题，科学运用监督执纪“四种形态”，严肃查处“微腐败”问题，严防“四风”问题反弹，坚持以“零容忍”态度加大违纪违法问题的查处力度。要切实改进工作作风，始终将人民的利益作为一切工作的出发点和落脚点，密切联系群众、依靠群众、发动群众，坚持问题导向，以长远的眼光、发展的眼光、创新的眼光谋划改革发展稳定各项工作，自觉弘扬说办就办、马上就办、办就办好的工作作风。三是严格抓实基层党组织建设。要紧紧围绕全面加强党的建设，定任务、强措施、建机制，分领域制定基层党建责任清单。要按照“应建全建”的工作标准，促进党的组织和工作在各领域全覆盖，进一步规范乡（镇）党委和村级党组织议事规则和程序，对基层党组织工作进行跟踪指导。要继续推进村级组织活动场所标准化建设，确保在建项目6月底前全部建成使用，研究制定《标准化村级组织活动场所管理办法》，探索推动标准化活动场所建设向自然组有序覆盖。要继续发展壮大村级集体经济，充分激发市场主导作用，设立3000万元村集体产业发展扶持资金，以政府贴息方式搭建扶持融资平台，激励村集体主动融入市场、提升自我发展能力，力争30个村集体经济年收入均达到50万元以上，东嘎镇和乃琼镇各有两个村集体经济年收入达到1000万元以上。要继续推进党员干部教育培训常态化，加快实施党校建设，充分发挥主阵地作用，拓宽教育培训渠道、丰富教育培训内容、加强教育培训管理，加大针对性培训力度，进一步提升培训质量。要探索构建“推广一个模式，实施三项工程”的“1+3”基层党组织治理体系，大力推广“党委建在村、党总支建在网格、党支部建在村小组、党小组建在联户单元”的村级党组织四级架构模式，大力实施“党建精品单位建设工程”“党员阶梯工程”和“公共服务提升工程”。要持续抓好党建七项任务，在各级党（工）委设立党建活动员、党建信息员、党建谏言员和党建评定员，配齐配强各乡（镇）党群办、非公企业党工委、社会组织党工委的党务工作力量，确保基层组织建设有指导、有成效；大力开展“党员基本功”“党员日”“党费日”“党员先锋岗”“党员星级评比”活动，确保基层组织建设有创新、有抓手；进一步规范党内议事决策、民主评议党员、党支部谈心谈话等制度，确保基层组织建设有依据、有保障。四是严格管理干部队伍。要严格执行干部任用条例，坚持德才兼备、以德为先，五湖四海、任人唯贤，推进干部能上能下，注重在维稳一线、驻村驻寺、急难险重岗位选拔任用干部，大力选拔任用优秀少数民族干部、长期在藏工作的汉族干部和年轻干部，牢固树立重党性、重品行、重实绩、重基层、重公认的用人导向，建立健全容错机制，切实保护作风正派、敢作敢为、锐意进取的干部，确保想干事的人能干事、能干事的人干成事、干成事的人有位子，努力建设忠诚干净有担当的高素质干部队伍。要扎实开展村“两委”班子换届工作，认真做好前期调研，实时掌握村“两委”班子成员特别是党组织书记作用发挥情况，以及后备干部队伍建设情况，根据市委安排扎实推动换届选举工作。要细化村第一书记、党组织书记、村民服务中心主任以及工作队队长的职责，进一步增强村“两委”班子和驻村工作队、下沉干部的工作合力。要切实加强人才队伍建设，加快本地人才培养，探索建立“堆龙智库”和党政领导与高层次人才结对制度，推动人才工作项目化，畅通聚才引智的“绿色通道”，积极引进专业技术人才、灵活引进创业创新人才，大力实施公务员能力素质提升、企业经营管理培训等人才工程，认真落实人才激励保障政策，提升人才服务水平。

（二）坚持和完善“环境立区”战略，坚定不移深化生态文明建设

牢固树立绿水青山就是金山银山、冰天雪地也是金山银山的理念，确保堆龙青山常在、绿水长流、空气常新，生产生活环境健康发展。坚持区域协同、城乡一体、产城融合，把健康融入城乡规划、建设、治理全过程，努力打造城乡协调发展新格局。一要强化责任意识。要严格落实环境保护

“党政同责”和“一岗双责”要求，建立环保督察工作机制，坚持将环境保护与政绩、业绩挂钩，实行环境保护“一票否决”制、生态环境损害终身追究制。要广泛开展环境保护宣传，提高广大人民群众对生态环境保护重要性的认识，增强环境保护的自觉性和积极性。二要强化绿色发展。坚持把环境容量作为经济建设的重要依据，把环境准入作为经济调节的重要手段。大力实施“净土工程”“净水工程”“净空工程”“静音工程”，坚持源头预防和全过程监察管控相结合，大力发展能源消耗低、环境污染少的绿色产业，严格执行项目进驻环境影响评价，严禁“三高”项目进入堆龙。三要强化生态保护。大力开展“一河两线”生态环境治理工程。全面落实“河长制”，全力实施堆龙河综合整治工程，完成堆龙河新城段水环境整治工程。大力实施植树造林，将森林覆盖率提高到15%以上，城市建成区绿化覆盖率提高到35%以上，全力打造堆龙绿色长廊。大力开展城乡环境卫生综合治理，推进环卫保洁提质增效。大力创建生态文明建设示范区，积极申报“自治区级生态县”，扎实做好迎接国家环保部督查工作。四要强化城镇建设。全面推进堆龙新城建设，加快推进新城基础设施、综合商业体和龙腾大厦、设计大厦等重点项目建设，完成城市规划区内3700亩土地储备工作，切实从源头上控制土地违法交易、违法建设等问题，为建设宜居、宜业的堆龙新城夯实基础。要积极稳妥推进村改居、乡改镇、镇改街道工作，加快解决城市规划区供水、排水等基础设施建设，建立完善客运交通体系，稳步实施棚户区改造工程，最大限度破除瓶颈制约，切实改善群众生产生活条件。要坚持区域协同发展，深入实施上三乡小城镇规划，稳步推进健康村镇建设，统筹实施622户小康安居集中安置工程和274户海拔4500米以上居民搬迁工程，确保年内建成入住。

（三）坚持和完善“文化兴区”战略，坚定不移推进文化事业蓬勃发展

要把文化始终作为经济社会繁荣发展的重要软实力。一是要完善公共文化服务体系。加强文化事业基础设施建设，着力提高农牧区和寺庙电视、广播、网络使用率，实现乃琼镇、东嘎镇广播电视数字化全覆盖。举办“第二届藏戏文化艺术节暨藏戏大赛”，积极创作群众喜闻乐见的文艺作品，全面做好创建国家公共文化服务体系示范区迎检工作。二是要弘扬优秀传统民族文化。强化文物保护，继续加强第一次全国可移动文物普查后续工作，完成第七批不可移动文物国保单位和第六批区保单位“四有”工作。要健全完善繁荣文化事业、发展文化产业的体制机制，形成党委政府领导、文化部门主管、相关部门协助、全民共同参与的齐抓共管强大合力，进一步增强措麦藏戏合作社、那嘎藏戏传习基地等文化产业发展实力。三是要深入开展精神文明创建活动。大力推进公民思想道德建设，积极开展道德模范、劳动模范、优秀青年评选推荐活动，以道德讲堂为载体讲好道德模范、身边好人的典型事迹，大力弘扬社会美德，共创和谐新风尚。不断创新文化活动方式，充分调动有效资源，着力提升文艺汇演、民间技能展示等文化活动促发展、促稳定的积极作用。四是要加强正能量宣传。紧密围绕精准扶贫、城镇化建设等中心工作，大力开展有针对性的宣传报道，尤其要围绕文化旅游产业和净土健康产业，充分利用网络、电视、报刊等媒介，加强宣传力度，提高堆龙知名度和美誉度。

（四）坚持和完善“产业强区”战略，坚定不移发展壮大特色产业

努力在净土健康、文化旅游、商贸物流、特色工业四大主导产业发展上取得新突破，助推三次产业结构转型升级，推动经济可持续发展，多渠道丰富健康产品供给。一是增强净土健康产业发展后劲。要着眼于经济效益、发展潜力、群众增收等关键点，以净土健康产业为抓手，推动农业产业化发展。进一步发挥羊达设施农业示范园的种苗孵化器作用，着力将古荣乡产业园打造为高附加值蔬菜水果产业基地、马乡产业园打造为食用菌产业基地、德庆乡产业园打造为藏红花和藏灵芝产业基地，推动净土产业向规模化、品牌化发展。全面启动有机农业推广实验工作，确保年内在农牧区推广2000亩以上，在“香雄美朵”生态旅游文化产业园、羊达设施农业示范园和上三乡净土健康生态产业园实现

全覆盖，切实提高绿色优质农产品的有效供给和供给质量。要着力发展经营效益好、带动能力强的龙头企业和与农牧民群众有紧密利益联系的专业合作社，大力推广“净土公司+基地”和“净土公司+合作社”产业发展模式，着力构建“种养加”一体，“产供销”联合的现代产业体系，降低生产成本、提高生产效率。二是提升文化旅游产业发展后劲。大力推进“香雄美朵”生态旅游文化产业园区建设，强化创新意识，努力将“香雄美朵”打造为文化旅游产业创新基地和三次产业融合发展试点基地。加快完成全域旅游规划编制工作，逐步实现旅游景点基础设施建设全覆盖、旅游环境整治全覆盖、旅游发展成果全民共享。着力加大楚布沟生态游、宇妥沟藏医养生游开发力度，加快推进古荣至德庆油菜花景观带建设，进一步完善近郊体验游形式，着力加强宇妥沟藏医药养生深度体验游、楚布沟自行车体验赛等精品旅游活动宣传推介，扩大品牌影响力，打造堆龙旅游升级版。三是增强商贸物流产业发展后劲。依托堆龙新城建设、拉萨西货站扩能建设及拉萨综合物流保税区建设，加快培育商贸物流产业，建立完善现代商贸流通体系，大力推动传统商业经营方式向现代流通方式转变，切实将我区建设成为面向南亚通道重要节点城市的物流枢纽中心。四是增强园区经济发展后劲。加快工业园区B区基础设施建设及产业项目招商落地步伐，以培育发展实体经济为引领，重点实施西藏新型建筑建材产业基地建设，着力推动拉萨山泉天然饮用水、青稞深加工、藏香水和民族手工艺品加工等特色产业经济实体发展壮大，着手启动工业园区A区产业转型升级工作。五是大力推动小微企业创业创新。依托“产业强区”战略，围绕净土健康、文化旅游、商贸物流、民族手工业等特色优势产业，扎实开展“拓空间、优服务、减负担、降门槛、强特色”五大行动，建立支持小微企业创业创新工作机制，优化行政服务，完善政策扶持，搭建创业平台，培育创业氛围，切实为小微企业创业创新营造便利化、低成本、开放式的良好环境。六是抓好重大产业项目建设。坚持把项目建设作为产业发展的“牛鼻子”，切实提高生产性投资比例，加快推进“香雄美朵”生态旅游文化产业园区、青藏铁路扩能、拉萨保税物流园区、工业园区基础设施及西藏新型建筑建材产业基地、100兆瓦光伏电站、藏中水泥生产线等重大项目建设，强化项目调度，健全完善围绕重大项目管理服务体制机制，确保尽早开工一批、建成一批、投产一批。

（五）坚持和完善“民生安区”战略，坚定不移增强人民群众幸福感

要围绕人民群众最关心、最直接、最现实的利益问题，全力抓好关系民生的大事实事。一是着力推进扶贫攻坚。把工作重心转移到脱贫成果巩固提升上来，确保1324户4430名“建档立卡”贫困群众年人均再增收17%。要扎实开展低收入群体识别工作和增收帮扶工作，继续抓好产业项目带动持续增收，通过重大产业项目建设带动低收入人群就业，就业人口年均增收2000元以上。要着力改善贫困群众生产生活条件，确保如期完成600户贫困户搬迁安置工程，统筹解决好搬迁群众就业、就学、就医问题，实现贫困群众既能安居更能乐业。要持之以恒推动“六脱”工作，确保高标准通过脱贫验收。二是着力优先发展教育。要继续巩固深化教育均衡发展成果，把提升教育教学质量作为教育发展的中心工作，不断深化素质教育，扎实做好素质教育考核验收各项工作。要不断优化学校布局、整合教育资源，全力推动区第二小学开工建设，实施6所村级幼儿园建设工程，加快启动第二中学建设项目各项前期工作。要坚持以制度推动校长队伍和师资队伍建设，加强与内地优质教育资源的交流联系，全面提升教育教学水平。要深入落实教育惠民政策，大力实施非义务教育阶段奖励救助。要促进体育事业助推健康堆龙建设，加快滨河文化体育公园等公共体育基础设施建设；切实加强学校体育工作，促进学生健康成长；广泛开展全民健身和群众性体育活动，组建堆龙德庆区篮球队、足球队，举办首届群众运动会和第二届“堆龙杯”篮球赛、足球赛。三是着力提升医疗水平。要持续巩固和提高以区医院服务能力提升、乡（镇）卫生院标准化、村卫生服务全覆盖为重点的三级医疗卫生服

务网络建设成果，全面实施区人民医院改造提升工程，启动区医院创建二级甲等医院工作；支持藏医药继承和创新发展，全面启动藏医院建设。要完善以农牧区医疗制度为主体、大病医疗保险为补充、覆盖农牧区的多层次医疗保障体系，进一步深化“先诊疗、后结算”的优质医疗服务体制，扎实推进基本药物“零差价”工作。要加强地方病、高原病、传染病防治，强化少年儿童、老年人等重点人群健康服务，深入实施健康扶贫工程，确保全区孕产妇死亡率、婴幼儿死亡率、5岁以下儿童死亡率分别控制在3.3/万、5.3‰和6‰以下。四是着力增强社会保障。要进一步健全完善覆盖城乡居民的社会保障体系，继续扩大社会救助覆盖面，确保群众参保率达到100%。要加大对低保户、五保户、孤儿等弱势群体的保障力度，完善应保尽保、应补尽补、应退尽退机制。要加强应急救灾体系建设，全面提升快速反应、快速处置能力。要着力保障妇女和未成年人权益，支持残疾人事业发展，健全扶残助残服务体系。要严格执行农民工工资保证金制度，加强劳动执法，保障劳动者权益。五是着力强化就业工作。要积极探索“四业工程”与职业教育、产业发展相对接、相配套的扩大就业新思路，高度重视大中专毕业生就业创业工作，深入实施订单式培训，实现新增“千人就业”目标，动态清除“零就业”家庭，确保城镇登记失业率控制在2.2%以内。要搭建创业平台，完善创业政策，形成政府激励、社会支持、劳动者积极参与的创新创业新机制，要健全劳动关系协调机制，完善劳动争议调处机制，依法维护劳动者合法权益，使劳动者就业更有保障、生活更加体面。六是着力落实惠农利农政策。要确保党中央、区市两级党委政府和区委、区政府制定的一系列强农惠农政策落实到位，让农牧民群众切实得到实惠。要加大强基惠民活动资金和为民办实事专项资金的统筹力度，加强农业发展综合配套体系建设，深入实施小型农田水利“重点县”建设项目，加大农田灌溉水利设施建设力度，着力改善农牧区生产条件。七是着力深化受援工作。深入贯彻落实中央第六次西藏工作座谈会、对口支援西藏20周年工作会议精神，突出民生领域援藏，全面推进经济援藏、教育援藏、医疗援藏、干部人才援藏、产业援藏，提升与援藏市区的交流合作层次。切实加大援藏资金争取力度，强化援藏项目储备工作，积极推进社区规范化建设项目尽早落地。

（六）坚持和完善“依法治区”战略，坚定不移维护社会和谐稳定

要牢固树立稳定压倒一切的思想，积极稳妥推进改革发展稳定各项工作，全面深化改革开放力度，进一步增强社会发展动力。一是毫不动摇开展反分裂斗争。始终坚持中央对达赖集团的定性、方针和策略，坚决抵制和打击达赖集团分裂渗透破坏活动。积极教育引导各族干部群众，不断增强持续开展反分裂斗争的思想自觉和行动自觉。二是毫不动摇夯实民族团结根基。要坚决贯彻落实党的民族政策，严格执行《拉萨市民族团结进步条例》，深入开展民族团结进步创建活动，增强青少年民族团结意识，建立党外人士、藏胞境内亲属信息台账，扎实做好动态服务工作，使“三个离不开”思想更加深入人心。三是毫不动摇加强民主法治。要切实加强党对人大工作的领导，坚持和完善人民代表大会制度，继续加强人大依法监督力度。要坚持和完善中国共产党领导的多党合作和政治协商制度，着力推动政治协商制度化、规范化、程序化。要积极支持“一府两院”依法履职，进一步发挥工青妇等人民团体的桥梁纽带作用。要继续加强国防动员和后备力量建设，着力推动国防教育、双拥共建取得新成效。四是毫不动摇巩固寺庙管理成果。要加强宗教领域维稳防控，继续加强寺庙及周边情报信息的搜集研判工作。要深入开展和谐模范寺庙和爱国守法先进僧尼创建评选活动，教育引导寺庙僧尼争当爱国爱教、遵规守法、弃恶扬善、崇尚和谐、祈求和平、造福信众的模范。要继续落实县级领导干部联系寺庙、结对帮扶制度。加强对涉宗工作人员的培训，提高履职能力。五是毫不动摇加强社会治理创新。要抓紧推进“智慧堆龙”建设，加快建成天网工程和全响应指

挥中心，切实提升维稳防控能力。要扎实开展“七五”普法工作，继续坚持和完善关口前移、源头治理、网格化管理和群防群治等措施，强化属地管理责任，不断提升社会治理水平。要深入开展“先进双联户”创建评选活动，按照“十联”要求，因地制宜，分类施策，强化实效。要完善区、乡（镇）、村、组、联户五级矛盾纠纷排查调处机制，稳妥调处征地拆迁、小城镇建设等重点领域中出现的社会矛盾隐患。要强化食品药品安全监管工作，努力减少公共安全事件对群众健康的威胁，加强安全生产工作，严格落实安全生产责任制，确保安全生产事故起数和死亡人数“双下降”，坚决遏制重特大安全生产事故的发生。六是毫不动摇全面深化改革。要着力解放思想，依法推进改革，加快形成有利于创新发展的市场环境，激发市场活力和社会创造力。要深化投融资改革，强化政银合作，切实用好用活用足金融优惠政策，扩大信贷投放，探索建立有利于社会资本参与的项目市场化运作模式，提升投融资水平。要深化农村改革，扎实开展农村土地、农村宅基地确权登记颁证工作，扎实有序推进集体资产确权到户，全面推开“两权”抵押贷款和土地流转工作，鼓励和引导农牧民群众将土地、林地、宅基地入股产业发展。要深化行政审批制度改革，重点抓好国家和区市下放行政审批事项的承接落实工作，推进村级政务服务体系建设，探索实施行政代办制度，确保群众就近就便办成事。要深化行政体制改革，进一步规范机构设置，加快组建城市管理局（城市管理综合执法局）、审计局、交通运输局等政府工作部门，把职能转变作为“三定”工作的重点，进一步提高行政效率，优化发展环境。要扎实推进国有企业改革，进一步整合净土、文化旅游和投资开发三大板块产业资源，做大做强三大板块重点国有企业，强化对国有资本的监管，不断增强国有企业在经济社会发展中的基础性、引领性、导向性作用。

同志们，站在新的历史起点上展望未来，我们充满信心。让我们更加紧密地团结在以习近平同志为核心的党中央周围，在区市两级党委的坚强领导下，根植人民、不忘初心，坚守信念、砥砺前行，奋力建设团结美丽健康幸福新堆龙，努力在全市率先全面建成小康社会，以优异成绩迎接党的十九大胜利召开！

政府工作报告

——在堆龙德庆区第一届人民代表大会第三次会议上

拉萨市堆龙德庆区委副书记、区长 杜 江

（2017年1月20日）

2016年工作回顾

2016年，是堆龙德庆撤县建区的第一年，是“十三五”规划的开局之年，在党中央、国务院的亲切关怀下，在自治区、拉萨市党委政府和区委的坚强领导下，在区人大法律监督和区政协的民主监督下，在北京市的无私援助下，区政府团结带领全区各族干部群众，深入贯彻落实中共十八大、十八届三中、四中、五中、六中全会和中央第六次西藏工作座谈会精神，贯彻落实习近平总书记系列重要讲话精神，特别是“治国必治边、治边先稳藏”的重要战略思想和“加强民族团结、建设美丽西藏”的重要指示精神，始终坚持依法治藏、富民兴藏、长期建藏、凝聚人心、夯实基础的重要原则，坚持稳中求快的工作总基调，深入实施“六大战略”，着力构建“一核两带、三区五园、六沟多点”的空间布局，牢牢坚守“三条底线”，取得经济增速快、投资拉动大、质量效益好、改革开放活、生态环境优的良好成绩，经济社会保持持续健康的发展态势，实现“十三五”规划良好开局。2016年，全区地区生产总值完成26.28亿元，同比增长15.3%；一般公共财政预算收入达到6.26亿元，同比增长24.54%；全社会固定资产投资达到76.76亿元，同比增长32.3%；工业增加值达到9.67亿元，同比增长-8.43%；社会消费品零售总额达到9.16亿元，同比增长9.57%；农村居民人均可支配收入达到12297元，同比增长10.3%。

一、大力实施“党建统区”战略，自身建设展现新气象

牢固树立核心意识。坚定不移地在思想上、政治上、行动上与党中央、自治区、拉萨市党委政府和区委保持高度一致，始终将保民生、保稳定、谋发展作为工作的出发点和落脚点，切实在提高依法执政能力上狠下功夫，确保各级党委政府决策部署落到实处。全年共召开政府常务会议30次，研究解决重大事项370项，制定完善《政府常务会议事规则》等6项工作制度，扎实开展“两学一做”学习教育，区政府党组开展集中学习23场次，执政能力和领导水平不断提升。

打造高效廉洁政府。认真履行党风廉洁建设和反腐败工作主体责任，坚持“一岗双责”，坚决贯彻执行中央“八项规定”、自治区党委“约法十章”“九项要求”以及拉萨市委“八项要求”，严格落实“说办就办、马上就办”的作风要求。积极完善政府预算体系，推进财政预决算公开，建立完善乡（镇）、部门财务监管机制，完成扶贫工作专项审计。全面启动公务用车制度改革，努力形成符合我区实际的新型公务用车制度。严控“三公”经费支出，全年“三公”经费同比下降19.57%。大力推进简政放权，全面梳理权责清单，完善区、乡（镇）、村“一站式”政务服务体系，将窗口单位工作职能统筹吸纳，便捷高效服务群众，进一步增强政府公信力。紧紧围绕涉及人民群众切身利益的重要事项，不断健全政务公开制度，规范政务公开的内容、方式、

程序，全面实行“阳光运作”。

二、大力实施“环境立区”战略，生态环境迈上新台阶

生态环境显著改善。研究出台《堆龙德庆区环境质量监测方案》等文件，严格执行环保工作监督问责和“一票否决”制，持续推进生态环境建设。全年审批环境影响评价185个，环评率和“三同时”执行率达100%，群众环境信访及投诉案件办结率达100%。28个行政村被评为“自治区级生态村”、5个乡（镇）被评为“自治区级生态乡（镇）”。完成19120.05亩西藏生态安全屏障防护林体系建设、825亩绿色长廊109国道提升工程、8400亩拉萨周边防护林项目、398.7亩重点区域公益林人工造林、新一轮909亩退耕还林工程及工业园区A区道路绿化工程。全面推行公益林保护、野生动物保护、护河护堤、草场监督制度，对14万平方米绿化带进行养护、提升，全区森林覆盖率、草地覆盖率分别达13.53%、60.44%，空气质量持续保持国家二级标准，拉萨河堆龙德庆段水质达到国家Ⅲ类标准，有力促进资源环境与经济社会协调发展。

城乡环境持续改善。充分发挥投资拉动作用，完成投资49.73亿元，实施101个基本建设项目，基础设施建设明显加强。全力推动西环线与拉萨市南北环线有效连接，实现全境融入拉萨市城区、区域道路与市区主干道无缝对接。投入资金94.48万元，初步建立区、乡（镇）、村、组四级垃圾收集转运处理体系。启动实施古荣乡加入村小康安居试点工程项目建设和海拔4500米以上居民搬迁安置前期工作，完成既有建筑节能改造和建筑风貌提升改造项目建设，全区城镇化率达42.8%。启动实施撤乡设镇、撤镇设街道办事处和古荣乡、马乡、德庆乡小城镇发展规划编制工作，探索建立城市公共交通服务体系，有力推动城乡一体化发展。成立城管执法大队，稳步推进城市管理工作实现科学管理、精细管理、长效管理。

三、大力实施“文化兴区”战略，精神文明增添新活力

稳步推进精神文明建设。积极开展精神文明创建活动，15个村镇被评为“拉萨市文明村镇”、11个区直单位被评为“拉萨市文明单位”。建成14个村级爱国主义教育基地，成功举办堆龙德庆区“首届藏戏文化艺术节暨藏戏大赛”“首届书法、绘画、摄影艺术作品展”等形式多样的文艺活动，开展基层慰问演出65场次，切实为经济社会发展提供强有力的思想保证、精神力量和道德滋养。

持续强化公共文化服务。不断健全公共文化服务体系，文化活动中心、新华书店全面竣工并投入使用，农家书屋、寺庙书屋等惠民工程实现全覆盖，初步形成区、乡（镇）、村公共文化服务网络。完成14926套“户户通”广播电视工程建设、605套“舍舍通”安装调试、826套广播电视安装调试、11008套农牧民群众清流机顶盒升级置换，广播电视综合人口覆盖率达99%，稳步推进国家公共文化服务体系示范区创建工作。

全面加强文化文物保护。完成“堆龙德庆区非物质文化遗产数据平台”建设工作，投入57万余元抢救挖掘具有传统历史意义的民间文化魁宝“猴年猴戏”，发放县（区）级非遗产业扶持资金65万元，申报并公布“罗萨美朵”为市级传统技艺非遗项目、勉唐派绘画旦巴云丹为市级非遗传承人。全面做好文物保护工作，实施雄巴拉曲山体7处摩崖造像搬迁工作，完成东嘎山摩崖造像、东嘎宗建筑遗址等文物遗产的安全防护工作，实施68个文物保护点登记造册和石碑标识建立工作，完成8处文物保护点的提级申报和楚布寺700余件可移动文物普查工作。

四、大力实施“产业强区”战略，经济发展实现新跨越

净土健康产业快速发展。加快发展以紫青稞、藏药材、花卉、藏鸡为主的特色净土健康种养殖产业，深入实施“一乡一业、一村一品”发展战略，建成古荣乡、马乡、德庆乡净土健康产业园、古荣乡5万只藏鸡养殖基地，完成“香雄美朵”生态旅游文化产业园6830亩花卉、香料、经济林种植工作。充分发挥净土公司的统筹、管理、销售、服务职能，与西华大学签订研发合作协议，研发出青稞面包、麦片等“青色麦田”系列产品，推动净土健康产业持续发展。

*农牧业稳定发展。*完成5524.9876公顷永久性基本农田划定工作，投入10297.51万元，完成6个农业综合开发、土地治理、青稞高标准农田建设项目，发放支农惠农资金43182.37万元。深入实施小型农田水利“重点县”项目建设，保障和改善农田灌溉6.86万亩，落实测土配方示范田6.5万亩、标准化及高产创建示范田6.5万亩、二级种子田良种繁育基地0.515万亩、新品种展示示范田5.5万亩，主要农作物良种覆盖率达100%，实现粮食总产量2.3万吨。牲畜存栏11.35万头（只、匹），牲畜良种覆盖率达34.85%、牲畜出栏率达37.42%、新生仔畜存活率达97%、成年牲畜死亡率控制在1.1%以内。积极整合经济资源，加快转变农牧业发展方式，不断扩大经济效益，专业合作组织发展壮大到135家，注册资金1.31亿元，带动2943人实现增收。

*工业经济持续发展。*大力发展特色工业，2016年完成工业总产值28.27亿元、工业税收3.18亿元，分别同比增长14%、21%。工业园区A区110千伏变电站、自来水厂正式投入运营，B区基础设施建设稳步推进，卓品药材等重点企业陆续建成投产，园区化、聚集化能力显著提高。大力推进企业和产品向高端化、品牌化、规模化发展，顺利完成总投资1亿元的西藏天赐源生物有机肥、西藏博可生物青稞麦绿素项目以及总投资3.9亿元的西藏高争建材股份有限公司产能拓展技术改造项目。多措并举缓解融资难问题，与中国银行股份有限公司西藏自治区分行、西藏银行股份有限公司分别签订战略合作协议，为我区争取到600亿元融资额度。先后成立城投、公交、水电气、汽车服务、龙兴建材等国有企业，国有经济活力、影响力、抵抗风险能力显著增强。招商引资成效显著，共接待区内外客商470余人次，招商引资项目数51个，项目总投资66.29亿元，项目实际到位资金19.61亿元，同比增长25.11%。

*现代服务业全面发展。*全面启动全域旅游发展规划，投入资金448万元，完成邱桑温泉附属设施等重点项目建设，组建堆龙德庆区吉雄谷旅游文化发展有限公司，大力开发楚布沟等六大沟自然资源，着力打造集生态治理、新农村建设、种养殖产业、旅游开发为一体的沟域经济发展新模式。扎实推动楚布沟、邱桑温泉、桑木藏年花等12项旅游资源商标注册工作。积极开展宇妥宁玛·云丹贡布出生地专家论证会、宇妥沟藏医药养生深度体验游、两届楚布沟自行车体验赛等旅游活动，编制完成《23座寺庙简志》、旅游品牌纪录片、“罗萨美朵”宣传片，成功打造“上谷福地·药王故里”旅游文化产业知名品牌，荣获“拉萨市文化旅游产业先进单位”荣誉称号。2016年，接待旅游人数97.5万人，同比增长16.07%，旅游收入3430万元，同比增长27.04%。依托拉萨西货站扩能及拉林铁路机务段建设，与经开区合作启动拉萨综合保税区规划建设。以拉萨市生产资料物流中心、东嘎农贸批发市场、电焊气市场的建成为契机，商贸流通、城市服务等各项功能逐步完善，消费品市场呈现稳定增长的良好态势。

*产业融合稳步发展。*全面启动“香雄美朵”生态旅游文化产业园项目规划建设，结合文化产业、花卉种植业、香料加工业、旅游服务业等产业优势，形成联动发展、错位发展、互补发展的产业融合发展格局。全力打造产城融合示范区，积极探索产城融合发展新路子，强势推进堆龙新城规划设计，不断深化开放合作和改革创新，实现堆龙新城与“香雄美朵”生态旅游文化产业园相互呼应、差异发展，促进区域协同协调发展。

五、大力实施“民生安区”战略，社会事业取得新成就

*精准扶贫成效明显。*将精准扶贫工作全面纳入经济社会发展各领域，努力把补短板与稳增长、调结构、促改革、惠民生结合起来发力。整合本级财政资金10974万元投入到精准扶贫工作，全区贫困发生率控制在3%以内，1324户4430名建档立卡贫困群众基本达到现行脱贫标准。积极申报扶贫开发项目19个，总投资1.506亿元，通过特色产业带动216名贫困群众脱贫。完成400户1435人精准扶贫易地搬迁，实现搬迁群众就业508

人。全面实施低保线与脱贫线双线合一，制定完善教育、医疗、救助等专项保障机制，资助贫困大学生223人、66.9万元，报销贫困群众医疗费用270.53万元。通过政府购买公共服务岗位，实现525名贫困群众就业。把非公企业、合作社发展壮大与贫困群众就业脱贫紧密结合，设立区级财政贴息资金1000万元，撬动信贷资金1.27亿元，解决34名贫困群众就业，390名贫困群众以分红的方式实现脱贫。充分发挥社会参与的促动作用，22家企业（合作社）与23个行政村达成整村脱贫帮扶协议，形成“优势互补、共同促进、互惠共赢”的良性发展格局。

保障能力不断提升。创新开展“四业工程”，城镇登记失业率控制在2.2%以内，实现有就业意愿的应届高校毕业生就业率达98%以上。2016年累计培训872人，开发就业再就业岗位668个，实现新增就业1727人，安置就业困难人员212人，农牧区劳动力转移就业2.71万人次，增收9000万元。城乡社会保险制度实现全覆盖，参保人数达38087人、征缴基金2113.02万元。不断加大社会救助力度，兑现城乡低保金、提标资金631.5万元，实施临时社会救助、医疗救助632.3万元。积极开展弱势群体服务工作，帮助865名农民工追讨工资1621.5万元，发放残疾人生活补贴356.52万元、高龄老人健康和老龄补贴94万元。本级财政投入250余万元，进一步完善福利院基础设施建设，实现五保户意愿集中供养率达100%。扎实推进双拥共建工作，积极解决驻区部队困难问题。扎实开展保障性住房建设，完成64套公租房、184套乡镇干部职工周转房建设。

教育事业优先发展。投入本级财政收入的20%，大力支持教育事业发展。不断巩固提高“两基”和“教育均衡发展”成果，加强学籍管理，全面控缀保学，初中毛入学率、小学入学率及幼儿入园率分别达到109.5%、99.92%和95.37%。率先在自治区完成农牧区学前三年教育普及工作，学前教育意愿入学率达100%。顺利通过拉萨市素质教育评估验收，为推动区域素质教育起到良好的引领示范作用。建立健全教师轮岗交流制度、小学结对交流制度，教师队伍素质明显提高。区第二中心幼儿园全面竣工并投入使用，大力规范办园行为，基本形成以区幼儿园为中心，各乡（镇）、行政村幼儿园为支撑的学前教育网络。着力提升机制保障水平，全年下拨“三包”经费和学生营养改善专项资金2367.05万元，为732名高校学生兑现奖励资助金646.9万元。

医疗卫生健康发展。投入资金2754万元，启动实施25个村级卫生室规范化改扩建、公共卫生应急服务中心建设、区疾控中心业务用房建设、医疗设备配置等工作，实现城乡医疗卫生全覆盖。大幅提升村级医务人员工资待遇和退岗一次性生活补助，切实解决村级医务人员后顾之忧。大力推行村级家庭医生签约式服务，全面促进城乡医疗卫生均等化，藏医藏药诊疗技术得到广泛推广应用并取得积极成果。区人民医院成功创建二级乙等医院，大力推行分级诊疗体系和“先诊疗、后结算”优质医疗服务，畅通医疗救助“绿色通道”，全面实现国家基本药物“零差率”销售，年人均医疗补助标准提高至435元，城乡居民、寺庙僧尼免费健康体检率分别达99.8%和100%。全力提升政府防大病、兜底线能力，大病统筹报销年封顶线由6万元提高至10万元，新增除20种门诊特殊病和22种重大疾病以外，农牧民群众因病致贫、因病返贫补偿政策，新增一次性医用材料补偿政策，受益2532人，兑现补偿资金2235万元。坚持计划生育基本国策，全面实施一对夫妇生育两孩政策，兑现计划生育家庭奖励扶助和特别扶助资金121.84万元。建立婴幼儿住院救治、孕产妇住院分娩绿色通道，费用全额报销，孕产妇死亡率和婴儿死亡率分别下降到零死亡和7.5‰。统筹推进食药监管体制改革，实行食药安全一票否决制，日常监督达630余次，下达限期整改通知书126份，切实巩固“全国食品安全示范县”创建成果，群众饮食用药安全得到有效保障，全年未发生食药安全事故。

六、大力实施“依法治区”战略，和谐稳定开创新局面

民主法治稳步推进。坚决执行区委决策部署，主动接受区人大及其常委会的法律监督和区政协的民主监督，全年办理人大建议议案103件、政协提案31件，办复率100%，满意率100%。加快建设法治政府，建立决策咨询专家库，严格按照法定权限和程序履职用权，确保政府权力公开透明、阳光运行，提高依法执政水平。规范行政执法行为，严格实施执法考核机制，推行跨部门、跨领域联合执法，推动执法重心下移和执法事项属地化管理。推进普法宣传，以法律“七进”活动为载体，稳步推进“七五”普法，全面形成办事依法、遇事找法、解决问题用法、化解矛盾靠法的良好氛围。

维稳措施有效得力。全年投入维稳经费1.01亿元，完成公安技侦大楼、德庆乡治安检查站、3个基层派出所备勤房等重点项目建设，有效提升全区应急处突工作能力。与友邻县区建立深化合作、共保稳定的工作机制，圆满完成楚布寺“次曲”、达扎寺“入行论”等重大宗教佛事活动安保工作，有力支援藏博会、墨竹工卡县“猴年颇瓦大法会”、林周县“猴年转山”等重大维稳安保任务。

社会治理不断创新。全面实行网格化管理、“双联户”模式，全区1.57万余户居民共划分联户单元1265个，实现常住人口、流动居住人口全覆盖。兑现联户代表绩效奖励资金348.6万元，投入114.54万元扶持7个联户增收项目，联户增收成效逐步显现，群众参与社会治理的主动性、积极性明显增强。深化户籍制度改革，全面推行居住证制度，大力实施“口袋式+平台”工作模式，不断提高流动人口和出租房屋的登记率和人户一致率。着力强化交通安全管理，完成部分乡村道路防护设施建设，交通劝导员、村级流动人口管理员实现全覆盖，交通安全事故呈逐年下降趋势。加强楚布寺消防安全管理，配齐消防队员和消防设备，强化消防培训，有力提升重点目标消防安全防护能力。积极开展信访和矛盾纠纷排查调处工作，办理群众来信来访86件、排查各类矛盾纠纷310件。探索建立腕带式电子监控管理模式，有力提升社区矫正人员服务管理能力。投入资金1771.45万元，开工建设民兵综合训练基地，有效提升国防动员能力。下拨防汛应急资金154.3万元，有力提升抢险救灾工作能力。

宗教领域和谐稳定。积极加强和创新寺庙管理，严格依法审批宗教活动，吸收12名新僧尼，干部驻寺实现全覆盖。本级财政投入1869.94万元，实施7座寺庙为民办实事项目、239套僧舍落架维修项目以及楚布沟上游河段环境整治项目。深入落实利寺惠僧政策，发放慰问资金64685元，建立僧尼健康档案，积极开展僧尼免费体检工作，社会养老保险、医疗保险和低保补助实现全覆盖。组织30名僧尼到内地学习交流，进一步开阔眼界、凝聚人心，受到广大僧尼的一致好评。扎实开展和谐模范寺庙暨爱国守法先进僧尼创建评选活动，发放表彰资金55.4万元，不断增强广大驻寺干部和在编僧尼“五个认同”思想认识。

民族团结更加紧密。严格落实《拉萨市民族团结进步条例》，大力弘扬和表彰各行各业涌现出的民族团结进步模范集体和先进个人，发放表彰资金89.8万元。积极开展民族团结宣传活动，经常深入农牧区、寺庙宣传党的民族宗教政策，不断巩固民族团结工作基础。成功举办以“民族团结”为主题的知识竞赛、摄影绘画书法展、歌咏比赛等系列活动，使“三个离不开”思想牢牢根植于各族人民心头。

各位代表，过去一年所取得的辉煌成绩，是以习近平同志为核心的党中央英明领导的结果，是自治区、拉萨市党委政府和堆龙德庆区委正确领导的结果，是新时期党的治藏方略成功实践的结果，是北京市无私援助的结果，更是区人大、区政协大力支持和全区各族人民奋力拼搏的结果。在此，我代表堆龙德庆区人民政府，向付出辛勤劳动的全区各族干部群众，向给予政府工作大力支持的人大代表、政协委员和离退休干部，向驻区部队、武警官兵、政法干警表示崇高的敬意！向一直以来关心支持堆龙发展稳定的各级各部门和社会各界人士特别是承担对口支援的北京市，表示诚挚的感谢！

成绩属于过去，奋斗永无止境。在总结成绩的同时，我们也必须清醒地看到，我区经济社会发展还存在一些亟待解决的困难和问题：一是财源税源不稳固，融资成本高、难度大的问题仍然没有得到有效解决，资金保障压力较大。二是产业层次不高、链条短、关联度较低，难以形成核心竞争力。主导产业、拳头产品未能形成一定规模，优势产品市场占有率低。三是人才总量不足、高层次人才匮乏，缺乏名医名师的问题仍然没有根本改变。四是反分裂斗争形势依然严峻，利用互联网、大数据等现代信息手段创新社会治理的方式仍然滞后。五是政务环境还不够优化，支撑依法行政的知识储备、能力水平还不能很好适应发展的需要和群众的期待。对于这些问题，我们一定要在思想上高度重视，采取有力举措，认真加以解决。

2017年工作安排

2017年政府工作指导思想是：高举中国特色社会主义伟大旗帜，以中共十八大和十八届三中、四中、五中、六中全会精神为指导，深入贯彻落实习近平总书记系列重要讲话精神和治国理政新理念新思想新战略、特别是治边稳藏重要战略思想，按照中央第六次西藏工作座谈会、自治区和拉萨市第九次党代会以及中央、自治区和拉萨市经济工作会议、区委一届三次全委会总体部署，牢固树立“政治意识、大局意识、核心意识、看齐意识”，坚持以人民为中心的发展思想，坚持稳中求进的工作总基调，树牢新理念、适应新常态、引领新发展，以供给侧结构性改革为主线，把全面深化改革贯穿于经济社会发展各个领域各个方面，深入实施“六大战略”，着力构建“一核两带、三区五园、六沟多点”的空间布局，加强项目建设管理、调整优化经济结构、发展壮大特色产业、加快城乡发展步伐、全力保障和改善民生、坚决维护社会稳定，以优异的成绩迎接党的十九大胜利召开。

2017年政府工作主要奋斗目标是：地区生产总值增长14%，达到29.51亿元；一般公共财政预算收入增长17%，达到7.32亿元；全社会固定资产投资增长20%，达到92.64亿元；工业增加值增长30%，达到13.48亿元；社会消费品零售总额增长15%，达到10.76亿元；农村居民人均可支配收入增长16.5%，达到15484.73元，全力建设团结美丽健康幸福新堆龙。

建设团结堆龙，就是推动全区各族人民同呼吸、共命运、心连心，和睦相处、和衷共济、和谐发展，相亲相爱、守望相助，把堆龙建设成为全国民族团结进步示范城市。

建设美丽堆龙，就是保持好堆龙的蓝天白云、青山绿水、良好生态，城市绿化覆盖率、森林覆盖率分别达到35%和15%以上，力争空气质量达到国家一级标准，水质保持国家Ⅲ类标准，全面提高资源利用率，减少废气物产量，促进企业循环生产、园区循环发展。

建设健康堆龙，就是建立健全健康城市建设管理机制，形成一套科学、有效、可行的指标和评价体系，抓好空气、土壤、水污染防治工作，全方位全周期保障各族群众身心健康、生活和居住环境健康，实现城乡建设与人的健康协调发展，公共卫生和医疗服务体系全覆盖，显著提高公共卫生服务和医疗水平，让群众享有优质完善的健康服务环境、安全放心的健康食药环境、整洁舒适的健康宜居环境、和谐安宁的健康社会环境。

建设幸福堆龙，就是不断完善社会保障体系，加强和创新社会管理，把城镇登记失业率控制在2.2%以内，巩固精准扶贫精准脱贫工作成效，城乡公共服务主要指标达到拉萨市领先水平，让各族群众充分共享改革发展成果，持续提升居民幸福指数。

围绕上述目标，我们将重点抓好以下五个方面的工作：

一、坚持科学发展，强化产业培育，提升经济发展新能力

*加快转变农牧业发展方式。*深入实施邦村偏嘎水库、巴热村水土保持综合治理、马乡2450亩青稞高标准农田建设等农田水利、土地治理、中低产田改造。加强草原生态、养殖基地、饲草料种植基地，尤其是牦牛养殖业的基础设施建设，加快发展

特色农业。全面启动有机农业推广实验工作，加快建立农业新型经营主体，抓好牲畜改良，扩大黑青稞、藏药材、无公害农作物等种植面积，推进畜牧业深加工产业发展。深入挖掘传统工艺，培育乡村手工艺品和农村土特产品牌，推进农牧业与“互联网+”融合发展，进一步打开农牧业产品销路，不断提高农牧业综合竞争力和抗风险能力。大力发展净土健康产业，确保德庆乡、马乡、古荣乡净土健康产业园和“香雄美朵”生态旅游文化产业园高效运营。建立健全净土健康产业全面发展体系，成立乡镇净土健康产业公司，整合全区主导产业优势资源，打造净土健康拳头产品，提升“堆龙净土”美誉度，加强产品品牌建设。

加快工业增量转型升级。突出区位、交通优势，积极争取西藏新型建筑建材产业园区落地，引领推动行业集群化发展。着力推动工业园区A区产业转型升级，加快淘汰低端落后产业，加大闲置土地盘活力度，不断提升服务能力。集中资金力量，力争年内完成工业园区B区基建配套设施建设，加快推动实体企业、新兴产业向园区集中。紧紧抓住小微企业创业创新基地城市示范创建的契机，加大对中小企业资金支持，使企业真正成为研究开发、技术创新和成果应用的主体，增强小型实体经济发展实力。积极探索建立IPO总部经济生态产业园，大力支持企业做大做强。进一步优化招商引资环境，整合各方面资源，促使藏中水泥、拉萨新天地、龙腾大厦等项目尽快开发建设。主动与国内500强企业积极对接，加快推进堆龙新城、“香雄美朵”生态旅游文化产业园等重点项目的招商引资工作，并对其投资建设进度进行跟踪服务，确保项目早日建成，早出效益。

加快发展现代服务业。全面实施全域旅游发展规划，深入实施109国道沿线“油菜花画廊”建设，重点打造“智慧旅游走廊”、楚布沟景区糌粑水磨坊系列景观，宇妥宁玛·云丹贡布纪念馆为主的藏医文化体验中心，全面打造措麦藏戏特色村，进一步完善桑木民俗村基础设施，正式运营通嘎村家访游，做大做强宇妥沟藏药浴养生健康之旅，抓紧实施“香雄美朵”生态旅游文化产业园项目建设，不断深化文化旅游发展格局、优化空间布局、强化产业地位、丰富产品体系、凸显品牌形象。坚持“健康、特色、精品”导向，大力发展农产品深加工、休闲农业和乡村旅游、农村服务业等劳动密集型产业项目。加强与经开区沟通合作，开工建设拉萨综合保税区，着力将堆龙建成立足拉萨、服务西藏、面向南亚通道重要节点城市的物流枢纽中心。

二、坚持城乡一体，提升城市品质，构建生态文明新家园

全力推进新型城镇化建设。严格执行《拉萨市堆龙新城修建性详细规划》，围绕新城区“南移跨河”发展要求，开工建设堆龙新城，并完成20亿元固定资产投资。进一步调整完善上三乡发展规划，实现城乡一体化协调发展。调整完善土地利用总体规划，加快推进农村集体土地所有权确权登记颁证工作，实现土地连片聚集，综合开发。积极探索新型规范化社区建设管理，充分发挥新型城镇化辐射带动作用，加快推进户籍制度改革，全面实施居住证制度，放宽转移就业人口落户条件，实现中心城区常住人口逐年递增。强化道路交通体系建设，加快发展城市公共交通，着力解决群众出行难问题。全面启动“智慧堆龙”项目建设，成立城市管理综合执法局，进一步理顺城市管理体制机制，不断提升城市核心竞争力和可持续发展能力。

持续改善人居环境质量。继续深化乡村人居环境集中连片整治，深入实施20个自然村人居环境建设及环境综合整治工程。完成德庆乡、马乡、古荣乡小康安居工程项目建设，确保海拔4500米以上、有意愿参与小康安居工程的搬迁群众，年内全部搬迁入住。扎实推进城市棚户区、城中村和城市既有建筑风貌提升改造，进一步激发环卫公司内生动力，促使环卫工作全覆盖，持续改善人居环境质量。

狠抓生态环境建设。全面做好中央环境保护督查迎检工作，严把项目准入关，确保建设项目环评率和“三同时”执行率达到100%。紧紧围绕节能减排，启动100兆瓦光伏电站建设项目，加强对重点企业的监管，严厉打击非法采砂、采石、采矿行为。推进生活垃圾分类、可再生资源回收利用，引导城乡居民形成勤俭节约、节能环保、绿色低碳、文明健康的生活方式。全力打造堆龙绿色长廊，深入实施6802亩西藏生态安全屏障封山育林、防沙治沙项目和2600亩拉萨周边地区防护林项目、800亩重点区域造林项目，提高林业绿化覆盖率。积极开展生态文明建设示范区创建工作，完成“自治区级生态县”申报工作，力争“自治区级生态村”“自治区级生态乡（镇）”全覆盖。

三、坚持以民为本，注重民生事业，开启健康幸福新生活

加强精准扶贫精准脱贫。坚持将本级财政收入的18%以上投入扶贫工作，扎实开展低收入人群和贫困群众的摸排调查和识别工作，巩固和提升现行标准下的建档立卡贫困群众脱贫成效，全面落实“六项措施”，做到因村因户因人精准施策。全力实施“一村一品”产业推进行动，全方位培育多元化扶贫产业，增加贫困人口劳务报酬。将保障就业与精准扶贫精准脱贫紧密相连，确保有劳动力的贫困家庭至少有一人就业。深入实施精准扶贫易地搬迁工作，加大社会扶贫力度，凡是享受财政投入或政策支持的企业（合作社），必须以“保底收益、按股分红”等形式，让贫困户分享加工、销售环节收益，确保各族群众在小康路上“不掉队”。力争30个行政村集体经济收入均达到50万元以上，东嘎镇、乃琼镇各培育2个集体经济收入达千万元以上的行政村。

推动教育事业内涵发展。严格落实自治区“五个100%”工作要求，坚持学前教育科学发展，义务教育均衡发展，全面提升各级各类教育质量，努力开创教育工作新局面。加强与北京、上海、成都、常州、宜兴等手拉手学校的结对交流，率先在自治区实现教师年度全员培训，着力提升全区教育教学质量。按照“多点就近”原则，科学规划全区学前及义务教育资源布局，投资1.1亿元，启动第二中学建设项目前期工作，完成6所村级幼儿园项目建设，开工建设第二小学。启动中小学教育质量提升计划，做好自治区素质教育迎检工作。广泛开展全民健身活动，在全区中小学深入开展“阳光体育运动”活动，确保中小学生体质健康监测覆盖率达100%。严格落实“三包”政策，全面推进农牧区义务教育学生营养改善计划，实现家庭经济困难学生资助、农民工子女公平接受义务教育全覆盖。

提升公共卫生服务水平。深入开展健康城市创建工作，全面推进公立医院综合改革，深化区人民医院二级乙等医院改造提升，启动二级甲等医院创建工作。强化奖励激励机制建设，鼓励医护人员专研技艺，提升专业水平。深入实施卫生应急服务中心、区人民医院医技楼、社区卫生服务中心、扶贫安置点卫生服务站等重点项目建设，加强村卫生室标准化建设，深入开展“群众满意乡（镇）卫生院”创建活动，孕产妇死亡率、婴幼儿死亡率、5岁以下儿童死亡率分别控制在3.3/万、5.3‰和6‰以下。深入实施分级诊疗和“零差价”药物制度，进一步健全以大病医疗保险为补充、覆盖农牧区的多层次医疗保障体系。充分发挥藏医药的重要作用，全面启动藏医院项目建设，大力推行藏医藏药诊疗技术。继续做好城乡居民、在编僧尼免费健康体检和建立规范化健康档案工作，地方病免费救治覆盖率达100%。强化重大疾病防控工作，免疫规划疫苗接种率达95%以上，甲乙类传染病发病率控制在2‰以内。全面推进食品药品监管体制机制改革，新建食药局业务用房和食药检测中心，积极创建全国食品安全示范城市，实现食品药品安全零事故。

全力发展文化事业。加强精神文明建设，保护和发展非遗美食，举办堆龙德庆区“第二届藏戏文化艺术节暨藏戏大赛”“首届堆龙古荣糌粑艺术节”等特色活动。深度挖掘非物质文化遗产，投资300万元拍摄制作《吉祥堆龙》大型电视纪录片。投资400万元，完善公共文化服务基础设施，加强乡（镇）文化站标准化建设，全面做好国家公共文化服务体系示范区迎检工作。投资200万元用于培养和发展各类文艺队伍，满足人民群众多层次精神文化需求。积极引进社会资本，提高文化与市场融合。指导成立民间文化公

司，提升市场竞争力和生存能力。加强农牧区、寺庙的电视、广播、网络建设，加大电影下乡进村入寺工作力度，不断丰富农牧民和寺庙僧尼的精神文化生活，实现乃琼镇、东嘎镇广播电视数字化全覆盖。加强广播电视户户通、舍舍通项目维护管理，强化对非法安装使用卫星电视广播地面接收设施等违法违规行为的监管。完成17家县（区）级文物点保护范围划定工作，以及第八批不可移动文物国保单位和第七批区保单位“四有”工作。投入400万元，做好“甲拉庄园”等文物保护。

健全社会保障制度。进一步建立覆盖城乡、惠及全民的社会保障体系，完善城乡居民参保数据库，努力实现基本社会保险制度对适用人群的全覆盖。全面启动全民参保登记工作，建成区、乡（镇）信息操作系统，确保社会保险参保率达98%、基金征缴率达100%。继续深化城乡社会救助服务体系建设，完善临时救助制度，加大支出性贫困救助力度，持续保障困难群众基本生活。加强应急救灾体系建设，全面提升快速反应、快速处置能力。深入推进“四业工程”，有针对性地开展多层次、多元化技能培训，统筹全区用工需求，优先聘用贫困人口。扎实做好剩余劳动力转移就业工作，满足城乡居民就业需求。强力落实农民工工资保证金制度，试行农民工工资银行代发制度。充分发挥社会福利院作用，推进孤寡老人集中供养，探索建立以居家为基础，村、乡（镇）为依托，专业机构为补充的多层次养老服务体系。切实做好“双拥”、优抚安置工作，加强婚姻管理信息化建设，着力保障妇女和未成年人权益，健全扶残助残服务体系。

四、坚持强基固本，构建和谐社会，打造团结稳定新堆龙

加强和创新社会治理。严格落实自治区“十项维稳措施”，深化“双联户”和网格化工作，大力推进平安乡（镇）、平安寺庙、平安村庄、平安学校、平安单位建设。依托公安综合大楼项目建设，积极引入北京智能管理模式，着力构建信访大平台，实现对人、地、事、物、情、组织六大要素的高效管理。围绕矿山管理、采砂治理、交通安全、火灾防范、建设领域和危化行业等重点工作，健全完善安全生产联动监管体系和安全隐患排查治理体系。

促进民族宗教进步。全面贯彻党的宗教工作基本方针，广泛团结和大力培养爱国爱教宗教界人士，充分尊重和保障各族群众宗教信仰自由。进一步创新寺庙管理，提升寺庙“六建”工作水平，实施好“六个一”“9+5”等利寺惠僧措施。加强寺庙宣传教育，扎实做好信教群众的思想教育引导工作，促进藏传佛教与社会主义社会相适应。巩固全国民族团结进步模范集体成果，深入开展“民族团结月”等宣传活动，扎实推进民族团结进步示范城市创建工作。

加强司法体系建设。强化基层法制阵地建设，发挥乡（镇）司法所作用，深入开展“七五”普法宣传，普法覆盖率达到100%。加大法律援助力度，完善人民调解组织建设，引导群众通过法律途径维护自身的合法权益。加强矛盾纠纷化解力度，规范依法行政，畅通信访渠道，着力打造法治信访，完善信访案件分析和责任追究机制，明确各级各部门在信访工作中的职责任务和责任追究情形，形成信访工作的闭合管理机制。

五、坚持民主法治，加强依法行政，树好廉洁政府新形象

强化依法决策。严格按照法定权限和程序履职用权，坚持依法科学民主决策，严格执行“三重一大”议事规则，确保政府权力公开透明、阳光运行。规范行政执法行为，大力推进跨部门综合执法。加大政务公开力度，保障群众的知情权、参与权和监督权。加强政府内部制约与监督，强化行政权力的法律约束和制度约束，对公共资产、国有资产、国有资源和领导干部履行经济责任情况，实行全覆盖审计，支持监察部门依法独立履行职责。对照权责清单，健全监管机制，自觉接受区人大、区政协和社会各界监督，坚决把权力关进制度的笼子里。

全面深化改革。加快转变政府职能，深化行政审批制度改革，稳步推进撤乡设镇、撤镇设街道办事处工作，建立“区长热线”和“区长信箱”，积极探索建立网上受理和实体大厅受理相结合的行政审批服务形式，进一步优化发展环境。全面公开政府预决算、部门预决算和“三公”经费预决算，硬化预算约束，非经人大法定程序审批通过，不予调整。全面实施公务用车制度改革，加强国有资产信息化动态监管，确保资产的真实、完整和处置行为规范化、合法化。加快融资平台体系建设，规范和加强项目管理，提高工作效率。

坚持廉洁从政。扎实推进政府系统党风廉洁建设和反腐败工作，认真落实《中国共产党党内监督条例》《中国共产党廉洁从政准则》《关于新形势下党内政治生活的若干准则》，深入贯彻拉萨市委九届二次全委会决定，以铁一般的信仰、铁一般的信念、铁一般的纪律、铁一般的担当，强化权力运行制约和监督，构建不敢腐、不能腐、不想腐的有效机制，切实做到为民、务实、清廉。强化重点领域、重点项目审计监督，扎实开展庸政懒政怠政专项整治行动。

切实转变作风。严格落实“说办就办、马上就办”的作风要求，持之以恒狠刹“四风”，将讲党性、讲大局、讲担当、讲速度、讲务实的工作作风贯穿经济发展各个领域各个方面，推动作风建设制度化、常态化。大力精文简会、提速增效，促使领导干部腾出更多时间深入基层，倾听民声民意，解决实际困难。时刻牢记作风建设永远在路上，大力弘扬求真务实、敢于担当的精神，以踏石留印、抓铁有痕的劲头抓好各项工作落实。

各位代表，真抓才能攻坚克难，实干才能梦想成真。让我们更加紧密地团结在以习近平同志为核心的党中央周围，在自治区、拉萨市党委政府和区委的坚强领导下，深入贯彻落实区委一届三次全委会精神，紧紧依靠全区各族干部群众，履职尽责践忠诚、务实清廉干事业、创新提升勇担当，坚定信心、锐意进取、奋发有为，为建设团结美丽健康幸福新堆龙而努力奋斗，以优异的成绩迎接党的十九大胜利召开！

名词解释

1. 六大战略：党建统区、环境立区、文化兴区、产业强区、民生安区、依法治区。

2. 一核两带、三区五园、六沟多点：“一核”是指积极打造以东嘎为中心，覆盖乃琼、羊达的拉萨现代新城区，将城区打造成最具活力、最具竞争力、最具影响力、品质优异的拉萨新城区。“两带”是指沿109国道和318国道为两轴的经济发展带，沿两带谋划布局城镇发展、产业发展和公共服务发展，形成支撑堆龙发展的两大“臂膀”。“三区”是指以堆龙工业园区为中心的特色工业集聚区，以拉萨西货站为中心的综合保税区，以“香雄美朵”为中心的生态人文旅游区。“五园”是指建设羊达、乃琼、古荣、马乡、德庆现代农业设施园，围绕现代设施农业和净土健康产业，把堆龙打造成为以五个乡镇现代农业设施园为着力点的城郊现代农业示范区。“六沟”是指积极打造“楚布沟、加木沟、邦普沟、嘎东沟、宇妥沟、比西沟”六大沟，大力发展净土健康产业和生态人文旅游业，推动堆龙产业向纵深发展。“多点”是指以村组为单位，发展壮大集体经济，不断提升自我发展能力，以点带面、以面促点，实现城乡协调发展、全面发展，努力形成区域多点联动发展的态势。

3. 三条底线：牢牢坚守稳定、生态和安全生产底线。

4. “两学一做”学习教育：学党章党规、学系列讲话，做合格党员。

5. 中央“八项规定”：一是中央政治局全体同志要改进调查研究，到基层调研要深入了解真实情况，总结经验、研究问题、解决困难、指导工作，向群众学习、向实践学习，多同群众座谈，多同干部谈心，多商量讨论，多解剖典型，多到困难和矛盾集中、群众意见多的地方去，切忌走过场、搞形式主义；二是要轻车简从、减少陪同、简化接待，不张贴悬挂标语横幅，不安排群众迎送，不铺设迎宾地毯，不摆放花草，不安排宴请。三是要精简会议活动，切实改进会风，严格控制以中央名义召开的各类全国性会议和举行的重大活动，不开泛泛部署工作和提要求的会，未经中央批准一律不出席各类剪彩、奠基活动和庆祝会、纪念会、表彰会、博览会、研讨会及各类论坛；提高会议实效，开短会、讲短话，力戒空话、套话。四是要精简文件简报，切实改进文风，没有实质内容、可发可不发的文件、简报一律不发。五是要规范出访活动，从外交工作大局需要出发合理安排出访活动，严格控制出访随行人员，严格按照规定乘坐交通工具，一般不安排中资机构、华侨华人、留学生代表等到机场迎送。六是要改进警卫工作，坚持有利于联系群众的原则，减少交通管制，一般情况下不得封路、不清场闭馆。要改进新闻报道，中央政治局同志出席会议和活动应根据工作需要、新闻价值、社会效果决定是否报道，进一步压缩报道的数量、字数、时长。七是要严格文稿发表，除中央统一安排外，个人不公开出版著作、讲话单行本，不发贺信、贺电，不题词、题字。八是要厉行勤俭节约，严格遵守廉洁从政有关规定，严格执行住房、车辆配备等有关工作和生活待遇的规定。

6. 自治区党委“约法十章”：一是坚持立场坚定、保持一致；二是坚持旗帜鲜明、反对分裂；三是坚持加强学习、解放思想；四是坚持总揽全局、民主集中；五是坚持同心同德、维护团结；六是坚持牢记宗旨、服务群众；七是坚持求真务实、真抓实干；八是坚持恪尽职守、勤政高效；九是坚持艰苦奋斗、清正廉洁；十是坚持精文简会、转变作风。

7. 自治区党委“九项要求”：一是积极推进政企分开，切实规范行政权力；二是深化行政审批制度改革，努力提高行政效能；三是创新政府管理方式，提高政府行政能力；四是深入开展反腐倡廉，确保权力不被滥用；五是坚持科学民主决策，努力提高决策水平；六是建立问责制度，开展绩效评估；七是坚持依法行政，建立法治政府；八是强化大局意识，增强政府执行力和公信力；九是以勤俭办事为原则，积极推进节约型机关建设。

8. 拉萨市委“八项要求”：一是加强调研工作，切实掌握实情；二是严控会议规模，切实改进会风；三是严控发文数量，切实改进文风；四是严格审批程序，切实改进事风；五是严格宣传报道，切实提升质量，六是严控评比活动，切实规范表彰；七是严格信访制度，切实化解矛盾；八是严格廉洁自律，切实厉行节约。

9. “三公”经费：财政拨款支出安排的出国（境）费、车辆购置及运行费、公务接待费。

10. 多证合一：工商营业执照、组织机构代码、税务登记证、社会保险登记证和统计登记证“多证合一”。

11. 三同时：建设项目中防治污染的措施，必须与主体工程同时设计、同时施工、同时投产使用。

12. 法律“七进”活动：法律进机关活动、法律进乡村活动、法律进社区活动、法律进学校活动、法律进企业活动、法律进单位活动、法律进寺庙活动。

13. 双联户：联户增收、联户平安。

14. 五个认同：对伟大祖国的认同、对中华民族的认同、对中华文化的认同、对中国共产党的认同、对中国特色社会主义的认同。

15. 三个离不开：汉族离不开少数民族、少数民族离不开汉族、各少数民族互相离不开。

16. IPO：首次公开募股（Initial Public Offerings，简称IPO）是指一家企业或公司（股份有限公司）第一次将它的股份向公众出售（首次公开发行，指股份公司首次向社会公众公开招股的发行方式）。

17. 教育事业“五个100%”：实现中小学双语教学普及率达到100%，小学数学课程开课率达到100%，中学数理化生课程教学计划完成率达到100%，中学理化生实验课程开课率达到100%，职业技术学校国家目录规定课程开课率达到100%。

18. 教育事业“三包”政策：对义务教育的农牧民学生实行包吃、包住和包学习用具。

19. 自治区“十项维稳措施”：一是要以开展创先争优强基惠民活动为有力抓手，提升驻村工作水平。二是要以干部驻寺常态化为主要内容，加强和创新寺庙管理。三是要以便民服务、维稳处突为首要职能，推行城市网格化管理。四是要以维护藏传佛教正常秩序为基本目标，依法依规管理宗教事务。五是要以强化社会面管控为有效途径，实现维稳措施全覆盖。六是要以扩大就业、改善民生为关键举措，夯实和谐稳定的群众基础。七是要以开展民族团结进步创建活动为重要载体，促进各民族和睦相处、和衷共济、和谐发展。八是要以加强高校管理和青少年思想政治及“双语”教育为工作重点，培养合格的社会主义建设者和接班人。九是要以提高社会主义先进文化的影响力为根本任务，确保西藏意识形态领域的绝对安全。十是要以维护稳定为硬任务和第一责任，落实维稳工作责任制和应急处突机制。

20. 寺庙“六建”：建管理机构、建党组织、建领导班子、建干部队伍、建管理职能、建管理机制。

21. 寺庙“六个一”：交一个朋友、开展一次家访、办一件实事、建一套档案、畅通一条渠道、形成一套机制。

22. 寺庙“9+5”：有领袖像、有国旗、有道路、有水、有电、有广播电视、有电影、有书屋、有报纸；在20人以上的寺庙增加五项工作：修建一个食堂、一个澡堂、一个垃圾池、一栋温室、培养培训一名卫生员。

23. “三重一大”议事规则：重大事项决策、重要干部任免、重要项目安排、大额资金使用，必须经集体讨论作出决定。

24. “四风”：形式主义、官僚主义、享乐主义和奢靡之风。

拉萨市堆龙德庆区人大常委会工作报告

——在堆龙德庆区第一届人民代表大会第三次会议上

拉萨市堆龙德庆区人大常委会党组书记、主任　杨世军

（2017年1月21日）

过去一年的主要工作

2016年是全面深化改革、全面推进依法治国十分重要的一年，也是“十三五”开局之年。在中共堆龙德庆区委的领导下，在西藏自治区和拉萨市人大常委会的正确指导下，认真贯彻落实中共十八大和十八届三中、四中、五中、六中全会精神，结合“两学一做”学习教育，紧扣中心，服务大局，认真履行宪法和法律赋予的各项职责，不断拓宽工作思路，以创新的思路推动工作开展，顺利完成堆龙德庆“撤县设区”工作，较好地完成区一届人大一次会议确定的目标任务。全年，共召开区人代会2次，常委会会议8次，主任会议8次，交办代表议案、建议117件，并对审议意见落实情况进行跟踪监督，组织代表视察、调研、培训8次，为推进我区经济社会改革发展和民主法治建设做出积极贡献。

一、着眼大局，加强监督更有力

2016年，区人大常委会围绕全区经济社会发展大局和人民群众普遍关注的热点难点问题，综合运用执法检查、听取和审议专项工作报告、视察等多种方式开展监督，着力推进区委重大决策部署的贯彻落实，推动“一府两院”各项工作依法依规有序实施。

一是突出重点监督。区人大常委会把促进改革发展稳定作为履行法定职责的首要任务，进行重点监督。围绕深化经济体制改革、增强经济发展活力的目标，着重加强财经监督工作。听取区国民经济发展计划和财政预算执行情况、重点工程建设及政府性投资项目实施情况等报告；组织区人大常委会组成人员和各级人大代表视察我区25个为民办实事项目建设情况。根据国家规定财政支出必须重点保障全面深化改革以及教育、医疗、就业、社保、住房等民生事业支出，结合中央八项规定，提前介入财政预算监督。

二是关注热点监督。区人大常委会坚持把监督工作的着力点放在教育、文化、卫生、社会保障、生态环保等人民群众最关心、最直接、最现实的利益问题，运用各种监督形式，促进解决问题，让改革和发展成果更多更公平地惠及全体人民。认真配合自治区、拉萨市人大常委会督查区政府及有关部门贯彻落实环保工作的情况，听取区政府贯彻落实《环保法》相关工作情况汇报，实地察看拉萨市流浪犬收养中心等建设运行情况，对存在的问题督促相关部门进一步加大力度整改。同时，区人大常委会组织人大代表到成都视察堆龙老年活动中心建设情况。

二、依法依规，人大换届更规范

在区委的正确领导和区人大常委会党组的精心安排部署下，成立以区委书记为组长的换届工作领导小组，科学制定方案，认真开展选民登记、代表名额分配、选区划分等工作，通过细化工作职责，明确工作任务，为我区换届工作顺利开展提供有力保障。为营造良好的换届选举舆论氛围，全区制作了50余个宣传栏，张贴1600余张标语，悬挂300余条横幅，发放10000余张宣传

单，大力引导选民、代表正确行使民主权利，签订《堆龙德庆区严守换届纪律承诺书》2300余份，把《宪法》《组织法》《选举法》《代表法》和相关法律贯穿于整个换届选举工作的全过程。投票选举结束后，经统计，全区参加乡镇人大代表投票选举的选民32777人，参选率100%，选举产生乡镇人大代表286名，选举产生乡镇人大、政府班子成员35名。在区第一届人民代表大会第二次会议上选举产生区人大常委会主任1名、副主任1名、委员4名、区人民政府区长1名、副区长6名、区人民检察院检察长1名、出席拉萨市第十一届人民代表大会代表30名。

三、严格程序，决定事项更科学

区人大常委会紧紧围绕全区发展大局，严格工作程序，认真行使重大事项决定权。年内，听取和审议批准《堆龙德庆区人民政府工作报告》《堆龙德庆区人民法院工作报告》《堆龙德庆区人民检察院工作报告》《堆龙德庆县2015年财政预算执行情况及堆龙德庆区2016年财政预算报告》《堆龙德庆县2015年国民经济和社会发展计划执行情况及堆龙德庆区2016年国民经济和社会发展计划报告》《堆龙德庆区“十三五”时期国民经济和社会发展规划纲要》。这些事项都是事关我区长远发展的大事，经区人大常委会多次酝酿审议做出决定，充分体现人民意愿，促进我区重大事项决策的民主化、科学化和法制化，有力推动全区经济社会持续发展。

四、坚持原则，人事任免更严谨

区人大常委会始终坚持党管干部和依法任免干部相统一的原则，加强同区委组织部以及提请任免机关的沟通，严格把关，进一步规范人事任免工作。对区委提名、“一府两院”提请任免的干部人选，严格实行表决、颁发任命书、向《宪法》宣誓等程序，切实增强任命干部任职的责任感、使命感、荣誉感，促进新任命干部更加珍惜并用好人民赋予的权力，实现党委意图与群众意愿的有机结合。年内，任免国家机关工作人员47人次，其中任命34人次，免职13人次；此外，依法罢免涉案人大代表1名，保证区委人事安排方案的顺利实现，增强被任命人员的法律意识和履职意识，为全区干部队伍建设打下坚实的基础。

五、激发活力，代表履职更有为

*一是认真督办代表建议。*区一届人大一次会议共收到代表议案、建议117件，涉及经济、社会、民生等各个方面。区人大常委会及时归类整理，依法交办，与区政府一起多次召开交办、调度、督办会议，将103件议案建议交办堆龙德庆区人民政府。2016年，堆龙德庆区人民政府办理代表建议答复率100%，满意率100%，已落实55件，计划2017年完成26件，纳入工作计划16件，因法规、政策等原因限制无法完成6件。将涉及柳梧乡的14件建议交办至柳梧新区管委会，强化督查，不断提高代表建议办理实效，努力做到件件有落实、事事有答复。

*二是完善履职平台建设。*区人大常委会按照“六有”要求，进一步规范“人大之家”运行工作，在“人大之家”制作悬挂“代表基本信息公示牌”，建立“两卡两簿”，即：“人大代表联系选民卡”“人大代表小组活动记录卡”“人大代表参加学习、开展活动点名簿”“人大代表意见建议登记簿”，增挂代表联系选民信箱，方便代表在本选区随时了解并掌握区情民意、提高为选民办事的工作效率、加强选民与代表的直接沟通。此外，区人大高度重视网上人大工作平台建设，已着手建立堆龙人大微信公众号，依托微信公众号平台发布信息、履职登记、接待选民、征求意见建议等工作，拓宽代表与选民的沟通交流渠道，提高网络平台实用性。

*三是增强代表履职能力。*区人大常委会注重组织代表学习培训，丰富代表活动，增强代表履职能力。为加强与代表的联系、沟通，组织代表参加视察和调研活动，为代表知情知政、依法履职创造条件。2016年10月，组织我区出席拉萨市人代会代表培训，通过学习培训，进一步提高人大代表依法履职和集体行使职权的能力水平。12月，组织13名人大代表到北京朝阳区参观学习人大规范化建设工作，推进我区人大工作规范运行。

*四是丰富代表闭会活动。*积极组织我区乡镇

人大主席团，利用乡级“人大之家”和村级“人大代表活动室”，开展“选民接待日”、会前视察、征询意见等活动，全年共开展活动80余次。

五是加强对乡镇人大工作指导。区人大常委会加强对乡镇人大工作的指导，不断增强乡镇人大的活力和工作成效，促进乡镇人大规范有序开展工作，提升整体工作水平。全区7个乡镇人大主席团均配备人大主席，加大对乡镇人大主席的培训力度，7个乡镇人大主席均为区人大常委会委员，每年预算乡镇人大工作经费5万元，进一步提高乡镇人大工作水平。

六、提升效能，自身建设更扎实

加强自身建设是区人大常委会履行好宪法和法律赋予各项职责的重要前提。区人大常委会把党的领导贯穿于人大依法履职整个过程、落实到人大工作各个方面，始终与党委同心同德、与政府同向合力、与代表同行共进。区人大常委会组成人员和人大机关工作人员适应新形势新任务的能力水平不断提高，把握人大自身建设的正确方向。

一是“两学一做”学习教育有新成果。区人大常委会班子严格按照中央、区党委、市委、区委的部署要求，精心谋划，周密安排，把“两学一做”学习教育作为一项重大的政治任务抓紧抓实抓好。区人大常委会班子成员带头到各基层党建联系点上专题党课，增强联系单位党员干部学做结合的自觉性和主动性。根据“两学一做”学习教育学习研讨方案，班子成员以普通党员身份参加人大办党支部每周四的集体学习，认真撰写发言材料，参加研讨会发言，开好专题民主生活会，确保学习教育取得实效。

二是作风效能建设有新突破。2016年，区人大进一步巩固和深化党的群众路线教育实践活动、“三严三实”和忠诚、干净、担当专题教育成果，积极开展整改落实和“回头看”，重新修订制作各类制度26条，进一步改进工作作风、密切党群关系。区人大常委会领导和全体机关干部积极响应市委、区委工作号召，围绕中心工作，深入基层包村点开展精准扶贫，帮助贫困户脱贫致富；配合拉萨市委、市政府开展旅游中巴车退市工作，有力维护城市公共交通发展大局；协助市委、区委圆满完成“楚布次曲”“林周东孜转山”“萨嘎达瓦”等宗教活动的重大维稳安保任务。

三是宣传工作有新亮点。区人大始终重视信息员队伍建设，2016年度订购《中国人大》72册，利用此类专业书刊和互联网拓宽人大信息员视野，提升人大宣传信息工作的能力和水平。2016年10月，配合拉萨市人大出色地完成《拉萨人大50年》画册的历史图片资料收集整理工作。

区人大常委会依法履行职责，为堆龙德庆经济社会发展做大量的工作，也取得较好成绩。这些成绩的取得离不开区委的正确领导、“一府两院”和社会各界的大力支持，也是全体人大代表和区人大常委会机关全体工作人员共同努力的结果。在此，我代表区人大常委会向一年来关心、支持区人大常委会工作的全区各级组织、各界人士表示衷心的感谢！

在总结成绩的同时我们也清醒地认识到，区人大常委会各项工作离区委的要求、代表的希望、人民的期待还有一些差距和不足，主要表现在：一是监督工作刚性手段运用不多，人民群众对监督实效还不够满意；二是代表活动形式不够丰富；三是调研活动不够广泛深入。对于这些差距和不足，我们将高度重视，在今后的工作中认真研究改进。

2017年工作任务

今年区人大常委会工作的指导思想是：以中共十八大、十八届三中、四中、五中、六中全会和区市第九次党代会、市委九届二次全委会及区委一届三次全委会精神为指导，深入贯彻落实中央第六次西藏工作座谈会和习近平总书记系列重要讲话精神，在区委的坚强领导下，在自治区、拉萨市人大的正确指导下，始终坚持党的领导，将人民当家做主和依法治国有机统一，与时俱进，真抓实干，以更高标准保障和改善民生为落脚点，以充分发挥代表作用为着力点，依法有效行使宪法和法律赋予的各项职权，围绕“一核两带、三区五园、六沟多点”的空间布局，为建设团结美丽健康幸福新堆龙而不懈奋斗。

今年区人大常委会工作的主要任务是：

一、围绕全区中心工作，在增强监督实效上下功夫

依法监督“一府两院”的工作是地方人大及其常委会的重要职责。区人大常委会将紧紧围绕建设团结美丽健康幸福新堆龙总体目标，继续综合运用听取和审议工作报告、执法检查、视察等方式，将工作监督与法律监督、专项监督与综合监督、推动自行整改与依法纠正相结合，不断增强监督工作的实效。

*一是适应改革需求，加强财经工作监督。*党的十八届五中全会对地方人大的财经监督工作提出更高的要求。区人大常委会将进一步完善计划和预算的审查办法，逐步开展对政府全口径预算决算的审查和监督，继续做好备案审查工作，不断增强监督实效，重点突出合法性和合理性；继续探索审查监督国民经济计划、财政公共预算执行的工作程序、内容和方法，扩大审计监督范围，认真贯彻新预算法，使预算全过程都纳入依法监督运行的轨道上来；继续关注工业经济发展，加强对企业发展情况调研，推进企业达产达效。

*二是切合民生热点，加强民生发展监督。*人大工作的“根基”在于广大群众，人大监督工作要按照人民群众的意愿和需求开展才有实效。2017年，区人大常委会将城市建设、道路交通、文化产业发展等群众普遍关心的热点难点问题、事关群众长远利益的重大问题作为监督内容，使民生监督的内容更加贴近民意，继续通过听取汇报、组织视察等方式加大对堆龙新城建设、旅游文化产业建设、精准扶贫、农牧民集中搬迁安置等工作的监督，确保人大监督贯彻落实到全区各项工作始终。

*三是紧扣民主法治，加强法律工作监督。*继续开展区人大常委会学法工作，强化区人大常委会的法律监督职能；充分运用执法检查、拟任人员法律知识测试等手段，促使政府工作人员重视依法行政法律基础知识学习，不断增强法制观念。健全和落实行政规范性文件的备案审查制度，继续做好行政执法检查，切实加强对行政行为的监督。进一步健全完善人大监督司法机关工作制度，研究探索司法管理体制改革后人大及其常委会对司法机关的监督机制，提升公检法司机关公正司（执）法能力、服务大局能力、科学办案能力。组织人大代表旁听法院庭审，加大涉法信访案件的督办力度，促进司法公正和社会公平正义。

*四是认真行使人事任免权。*坚持党管干部和人大依法任免的有机统一，严格按程序做好任免和任后监督工作，确保党组织推荐人选经过法定程序成为国家机关工作人员。严格执行新任命国家机关工作人员向宪法宣誓制度，促进被任命干部恪尽职守、依法履职。

二、提升素质密切联系，在发挥代表作用上下功夫

坚持以代表为中心，创新工作机制，丰富活动内容，切实为代表履职创造条件，提供服务，充分发挥人大代表的主体作用。

*一是提高代表素质。*区人大常委会将坚持抓好代表的学习培训，不断提高代表履职能力和水平。2017年，区人大常委会将开展“人大讲座”巡回宣讲活动，将课堂设到村组一线，将法律法规送到基层。积极组织代表开展更多的视察、调研和执法检查等活动，保障代表知情知政权利。

*二是提升建议办理质量。*进一步加大对代表议案、建议的督办力度，提高办理质量；继续开展对往年建议后续办理工作的跟踪监督，逐步解决建议办理过程中的答复和落实“两张皮”现象。

*三是拓宽联系渠道。*充分发挥乡镇“人大之家”和村级代表活动室阵地作用，积极探索人大代表履职服务平台推广应用和代表联络站规范运行工作。密切区人大常委会组成人员与代表、代表与选民的联系，坚持区人大常委会领导接待代表活动，加强对闭会期间代表建议的督办，充分发挥人大代表桥梁纽带作用，帮助群众解决困难，不断增强代表工作实效。

三、健全机构加强指导，在夯实政权基础上下功夫

区人大常委会将继续认真贯彻落实《中共全国人大常委会党组关于加强县乡人大工作和建设的若干意见》（中发〔2015〕18号）和《中共西藏自治区人大常委会党组关于加强县乡人大工作和建设的实施意见》（藏党发〔2016〕7号）精神，努力提高区乡人大履职水平。

一是加强区乡联系。继续开展区人大常委会领导联系乡镇人大工作，定期召开乡镇人大主席联席会议，加强对乡镇人大工作的指导。

二是健全组织机构。认真贯彻执行区市党委《关于进一步加强和改进人大工作的意见》文件要求，重点推进设立区人大“法制司法民族宗教委员会、财经农牧城建环保委员会、教育科学文化卫生委员会”三个人大专门委员会工作，统筹完善工作职能，推动人大工作与时俱进。

四、建立健全规章制度，在加强自身建设上下功夫

区人大常委会将主动适应新形势的要求，充分发挥人大代表大会制度的优越性，按照党对人大工作的要求，把握人大工作定位，根据宪法和法律赋予人大的监督权、重大事项决定权和任免权，严格落实中央八项规定，自觉践行群众路线，切实改进工作作风，亲民爱民，廉洁自律，不断推动人大工作创新发展。

一是重视学习，提高自身素质。认真组织学习党的十八届六中全会、区市第九次党代会、市委九届二次全委会和区委一届三次全委会精神，继续坚持区人大常委会学法活动，把业务培训和法律学习有机结合，营造良好氛围，努力提高工作水平，在推进民主法治建设中发挥应有的作用，力求人大工作再上新台阶。

二是立足实际，强化制度建设。根据《监督法》规定的基本原则、监督途径和监督方式，积极探索监督形式和内容的有机统一，监督与接受监督的有机统一，提高监督的力度和实效。强化制度建设，使区人大常委会及其机关的工作进一步规范化、程序化、制度化。

三是勇于革新，狠抓作风建设。进一步巩固学习教育成果，强化政治意识、大局意识、核心意识、看齐意识。认真落实中央、自治区党委、市委和区委全面从严治党各项要求，深入推进人大系统执行力建设，密切与人民群众的联系，把人民群众的愿望和要求作为人大监督工作的重点，使人大工作更好地反映和维护人民群众的根本利益。

四是注重宣传，加强沟通协调。加强与宣传、文广部门的沟通协调，充分利用好广播、电视、报纸等传统媒体和网络、微信等新兴媒介“两个媒体”，统筹好线上与线下“两个平台”，充分宣传展示堆龙人大工作新气象。同时积极发挥人大与人民群众密切联系的优势，利用人大代表视察、调研、监督重点项目建设的渠道，透过人大工作这个着眼点，广泛宣传全区经济社会各项事业蓬勃发展、蒸蒸日上的良好态势，进一步凝聚全区各族干部群众为实现中华民族伟大复兴中国梦堆龙篇章而撸起袖子加油干的正能量。

各位代表！做好新形势下的人大工作，我们义不容辞，责无旁贷。让我们更加紧密地团结在以习近平同志为核心的党中央周围，在区委的坚强领导下，团结和依靠广大人民群众，坚定信心、同心同德、务实创新、拼搏进取，为建设团结美丽健康幸福新堆龙而努力奋斗，以优异的成绩喜迎党的十九大胜利召开！

中国人民政治协商会议
堆龙德庆区委员会常务委员会工作报告

——在政协第一届堆龙德庆区委员会第二次会议上

拉萨市堆龙德庆区政协原副主席　欧珠次仁

（2017年1月19日）

2016年主要工作回顾

2016年是我区撤县设区的第一年，是实现“十三五”规划的开局之年，堆龙德庆区政协在继承中创新、在创新中发展。一年来，区政协常委会在区委的坚强领导下，在拉萨市政协的悉心指导下，在区政府以及社会各界的大力支持下，高举中国特色社会主义伟大旗帜，牢牢把握团结和民主两大主题，紧紧依靠和团结带领全体政协委员，围绕堆龙新城建设、净土、旅游等重点产业发展、精准扶贫精准脱贫等全区重点工作，认真履行政治协商、民主监督、参政议政职能，求真务实，开拓创新，积极作为，发挥协调关系、汇聚力量、建言献策、服务大局的作用，为推动我区改革发展稳定，建设团结美丽健康幸福新堆龙做出积极贡献。

一、牢记第一要务，认真履行三大职能

一年来，政协常委会始终遵循围绕中心、服务大局、主动作为的原则深入调查研究、广泛协商议政、强化民主监督，履职成效明显。

（一）政治协商更加完善。一年来，共召开全委会1次，常委会3次，主席会议4次，通过大会发言、小组讨论、提案等形式，围绕我区经济社会各项事业发展过程中的热点难点问题协商建言，提交提案、意见建议共38件（柳梧新区7件），经审查立案13件，占总件数的34.21%，作为意见建议25件，占总数的65.79%。委员提案办理工作受到区委、区政府的高度重视，绝大部分得到采纳，协商成果明显。同时，2016年在政协委员增补工作中，为进一步优化政协委员队伍建设，政协常委会多次与组织部、统战部反复协商，将一批懂政协、会协商、善议政，具有一定社会影响力和号召力的人员纳入到政协队伍中，共增补委员57名。

（二）民主监督更加规范。树立“监督就是服务、监督。就是支持”的理念，力求在监督中加强交流、沟通认识、促进工作。常委会结合工作实际，针对政协全委会上委员提出的重点提案以及全区的重大项目，制定委员视察方案，先后组织常委视察、委员视察和调研活动4次、70余人次，分别对顶嘎寺围墙和大门建设、德庆村桑仓组防洪堤、羊达村老旧线路整改等6项提案，以及建设桑木村排水设施等4项建议的办理情况开展专题视察，参与顶嘎寺公路建设项目以及波玛村扶贫搬迁点安居工程等全区重点项目的检查验收。同时组织提案办理相关部门及委员代表召开提案办理推进会1次。通过实地查看、听取汇报、座谈、询问等方式，详细了解委员提案办理和重大项目建设的实施情况。组织委员参加“检察开放日活动”、法院相关案件庭审旁听等工作，加强对法院、检察院的民主监督。通过加大民主监督力度，为委员知情明政拓展渠道，同时也有力促进各相关单位依法、按章、有序、高效地开展工作。

（三）参政议政更加主动。结合基层委员与机关委员对政协工作的掌握程度，常委会有针对性地对基层和机关委员分别使用藏汉双语进行3次培训，培训内容涉及提案撰写、如何履职等内容，参训人员达120余人次。积极搭建乡镇“委员之家”，拓展委员参政议政的履职平台，认真组织委员学习有关法律法规，学习党的方针政策，定期传达上级会议精神，使委员的学习、培训实现经常化、系统化、规范化的目的，克服以往学习的随意性，有效提高政协委员的法律水平、政策水平和参政议政的履职能力。同时，通过与湖北宜昌西陵区政协考察团和自治区政协社会法制外事委员会调研组的座谈交流，对我区进一步拓展工作思路、改进履职方法、创新法制建设工作等方面起到有益的推动作用。

二、服务全区大局，促进各项事业发展

今年是我区精准扶贫精准脱贫的关键之年，根据区委的统一部署，政协班子成员和办公室工作人员深入联系点、扶贫户开展调研摸底，掌握村情民意，宣传解读惠民政策，寻找致富门路，同时在各大节日期间开展走访慰问活动，共计捐款捐物价值24万余元，争取农牧民手工编织项目1个，协调相关部门为包村办实事1件。

政协班子成员积极参加维稳一线指挥部带班及面上巡查工作。“三大节日”“萨嘎达瓦”等重大节日、敏感节点坚持蹲守在各自的联系乡（镇），指导、督促各项维稳措施的落实。楚布寺大型宗教活动期间，按照区委的统一部署专门安排2名副主席及干部全程参与维稳安保工作，圆满完成各项维稳工作任务。

三、强化联络交流，筑牢爱国统一战线

常委会主动加强与各族各界委员的沟通联系，引导各族各界政协委员带头为维护社会和谐稳定贡献力量，党外副主席、非党政协委员还充分发挥自身优势，积极作为，通过走访慰问，加强与民族宗教界人士、归国藏胞和爱国统战人士的沟通联系，引导各界委员在维护社会稳定、全力推进我区民族团结、经济发展、民生改善等各项事业中发挥积极作用。2016年藏历年前夕，工商界委员民珠牵头献爱心，为乃琼镇22户贫困户爱心捐赠价值32万余元的藏式家具及年货，他的做法产生积极的社会影响，树立政协的良好形象。

同时，政协常委会也十分关心基层委员的生产生活，一届一次会议以来，共看望慰问生病住院委员6人，走访慰问基层委员10人，送去慰问金及慰问品共计6000余元。三大节日期间慰问基层委员20余人，发放慰问金12000元，通过慰问和走访活动，使广大政协委员倍加感受到党和政府的高度重视和祖国大家庭的温暖。

四、持续改进作风，不断强化自身建设

常委会始终坚持把加强自身建设作为一项重要任务来抓，内强素质，外树形象，不断推动政协事业向前发展。一是以“两学一做”学习教育为契机，政协班子以上率下，政协机关党员干部及党内政协委员积极组织以习近平总书记系列重要讲话，十八届三中、四中、五中、六中全会精神，党章党规、政协章程等内容的集中学习30次，研讨会5次，撰写学习笔记、心得体会130余篇。印发各类学习资料10余份。全年共编报政协信息63期，编报“两学一做”专题教育信息20期；二是强化制度落实。政协常委会始终发挥领导核心和示范带头作用。严格执行中央八项规定、区党委“约法十章”“九项要求”和市委“八项规定”，带头学习贯彻《条例》《准则》，严格落实“两个责任”，严肃执纪问责，不断完善财务、用车、接待、考勤、领导带班值班等各项制度，坚持制度约束、规范管理、照章办事。2016年“三公”经费结余3万余元，占预算经费的53%。

各位委员，过去一年区政协常委会工作所取得的成绩，是区委坚强领导、重视关怀的结果，是区政府和社会各方大力支持的结果，是乡（镇）、部门密切配合的结果，是全体政协委员团结一心、积极参与、开拓进取、努力奉献的结果。在此，我代表区政协常委会向你们表示衷心感谢！

回顾一年来的工作，也使我们清醒地看到，与新形势新任务的要求和人民政协肩负的使命相比，政协工作还存在一定差距。比如：委员的主体作用有待进一步发挥，民主监督的成效有待进一步强化，调研和视察的广度和深度需要进一步加强，提案和建议质量需要不断提高等等。对这些问题，我们要认真对待，深入研究，在今后的工作中切实加以改进。

2017年工作的建议

2017年，区政协工作的总体思路是：在区委的坚强领导下，深入贯彻落实中共十八大、十八届三中、四中、五中、六中全会和习近平总书记系列重要讲话精神及区市第九次党代会精神，牢牢把握团结和民主两大主题，以推进“六大战略”实施为重点，以开展调查研究为抓手，以提升自身能力为根本，认真履行政治协商、民主监督、参政议政职能，切实做好“维护核心、服务中心、反映民心、凝聚人心”的各项工作，为堆龙跨越式发展和长治久安贡献智慧和力量。

一、坚定政治方向，筑牢共同思想基础

要把坚持党的领导作为履行职能的根本原则，贯穿于履职的全过程。常委会要在党组的领导下始终不渝地坚持在区委的领导下开展工作，紧紧围绕区委的重大决策和部署来研究政协工作，紧扣经济社会发展重大问题、全面深化改革难点问题、民生领域热点问题深入协商议政。一要充分发挥人民政协民主协商、平等议事、求同存异、体谅包容的优良传统，把加强团结摆在更加突出的位置，平等探讨问题，坦率提出意见，沟通解决分歧，为全面建成小康社会形成最大公约数，凝聚强大正能量。二要切实保持良好会风文风，协商讨论要言之有据、言之有理，确保会议风清气正、务实高效。要把学习新时期党的理论和政协理论作为当前和今后一个时期的首要政治任务，进一步深化党的基本理论、基本路线、基本方针、基本经验的学习，深刻领会新时期人民政协工作宗旨，进一步筑牢共同团结奋斗的思想政治基础。三要把学习与人民政协履行职能实践结合起来，从中国特色社会主义理论、道路、制度的高度，深刻认识政治协商制度的重要地位、独特优势，深刻理解人民政协事业与中国特色社会主义事业的重大关系，深刻把握发挥人民政协优势对于实现党和国家奋斗目标的重大作用，积极引导教育广大政协委员和政协工作者充分认识人民政协的性质定位，树立始终坚持党的领导，强化维护核心，把握方向的意识，进一步提高思想认识，从思想上、行动上切实增强做好政协工作的自觉性和坚定性。主动适应经济社会发展新常态，确保政协工作良好作风，待之以诚、以诚示人，动之以情、以情感人，晓之以理、以理服人，靠人格品行、靠作风形象，不断增进思想认同和政治认同。

二、认真履行职能，做好服务全局工作

人民政协的主要职能是政治协商、民主监督、参政议政。这是对人民政协的科学定位，是政协工作区别于其他工作的重要标志。政协委员和政协工作者对此务必要有清醒的认识，在履行职能中要结合区委的决策部署，突出工作重点，积极履职。一是围绕改善民生履职尽责。要按照区委的统一部署，围绕“十三五”规划的落实，抓住主题主线和人民群众最关心、最直接、最现实的利益问题，就堆龙新城建设、扶贫异地搬迁安居工程建设、改善农牧区条件、巩固提高精准扶贫精准脱贫成果、扩大劳动就业、实现医疗保障、城乡社保、发展教育、开展强基惠民活动等方面开展调查研究，倾听群众呼声、汇集群众意愿，积极为区委、区政府出谋划策、献计出力。二是围绕维护社会稳定履职尽责。要坚决贯彻中央的维稳方针，自治区“十项维稳要求”和市委、区委的决策部署，充分发挥人民政协的特殊优势。为维护全区的和谐稳定作出贡献。全体政协委员和政协工作者无论身居何处，反分裂斗争何等险恶，都必须做到高举爱国主义、中国特色社会主义旗帜，立场坚定、态度坚决、步调一致，坚决维护祖国统一、加强民族团结，旗帜鲜明地反对分裂。政协委员尤其是宗教界、民族爱国统战界委员要充分发挥自身特殊优势，积极配合党委政府和相关部门多做增强民族团结、反对分裂、维护祖国统一的工作。积极参与宗教领域的相关工作，团结教育信教群众，维护正常宗教秩序，促进宗教和睦。要积极化解社会各类矛盾，维护社会和谐稳定。要积极反映社情民意，了解群众意愿，关心群众需求，畅通民意表达渠道，引导人民群众有序政治参与。三是围绕精准扶贫工作履职尽责。充分发挥政协委员的独特优势，尤其是发挥工商界委员在资金、技术、用工、富民产业等方面的优势，组织委员深入扶贫点实地调研，召开精准扶贫专题研讨会，创新扶贫办法，制定扶贫计划，为巩固我区精准扶贫成果出实招、谋良策。

三、不断开拓进取，抓好各项常规工作

一要加强民主监督工作。民主监督是我区政协履职的重点，要根据新的形势任务不断探索民主监督的新形式新方法，增强民主监督的频度和效率，要把民主监督渗透到我区的主要领域、重点环节和重大工程项目建设之中，使人民政协的作用得到充分发挥。二要加大提案督办工作。充分认识新形势下提案工作的重要性，切实增强责任感和使命感。提高提案工作的整体质量，充分发挥政协整体优势，多形式、多层次督促提案的办理，实行分工跟踪督办对口提案制度。将立案的提案分类到个对口单位，联合区委、区政府共同做好提案的督办工作。同时选择重点、热点提案作为主席和常委们的督办提案，以点带面促进提案办理。三要加大对委员的视察和培训工作。进一步增强委员的荣誉感、责任感和使命感，通过多种渠道提高委员的政治意识、大局意识，树立为基层服务意识，将政协委员打造为懂政协、会协商、善议政，守纪律、讲规矩、重品行的队伍。四要加强联系联谊工作。要积极探索新形势下团结联谊工作的有效方法，切实做到以道相交同甘苦、以诚相交见肝胆、以志相交共奋斗。利用政协代表性和包容性强的特点，召开形式多样的座谈会，开展恳谈交流、走访看望等特色联谊活动。

四、务实创新发展，推进协商民主建设

发挥政协作为协商民主重要渠道和专门协商机构的作用，把协商民主贯穿于履职全过程。一是加强和完善季度协商座谈会制度。进一步借鉴拉萨市政协每季度协商座谈会的成功做法，健全和完善我区政协季度协商座谈会制度，按照区委、区政府的工作部署，精心选择具有全局性、前瞻性、战略性的重大课题，制定年度协商活动议题，切实推进季度协商座谈规范有序开展。二是努力探索协商民主新形式。积极探索专题协商、对口协商、界别协商等协商民主新形式，拓展协商渠道，注重营造协商讨论的民主氛围，让社会各界有序参与政协协商，使协商更好地反映各界群众的意见，使党委政府的决策更符合群众意愿。三是重视专题调研和视察考察工作选题的研究论证，围绕区委、区政府中心工作，牢牢把握工作全局，切实增强专题调研和视察考察工作选题的针对性和实效性。不断扩大委员参与面，综合运用多种研究方法提高调研视察的质量和效果。

五、强化自身建设，全面提升工作水平

一要增强服务意识，积极为群众办实事。进一步加强县级干部联系乡（镇）和办公室包村工作；做好精准扶贫和党员结对帮扶工作；努力帮助村“两委”班子理清发展思路，解决实际问题；积极倾听群众呼声，为群众排忧解难；采取积极有效的措施促进农村经济发展、农牧民增收和农牧区社会局势长治久安。二要按照“两学一做”专题学习教育要求，继续开展好学习党章、党规和习近平总书记系列重要讲话精神，引导政协党内委员与工作人员增强政治意识、大局意识、核心意识、看齐意识，按照党员标准严格要求自己，做合格党员。引导党外委员主动接受党的领导，坚定政治立场，自觉贯彻党的方针政策和决策部署。三要进一步完善各项规章制度，逐步形成广泛、多层制度化建设和规范、操作性强的制度体系，努力使管理的各个方面和各个环节有章可循，保证机关工作的高效运转，切实做到用制度教育人、管理人、约束人，努力提高机关工作人员的整体素质和服务水平；四要认真做好政协机关离退休干部职工工作，及时了解他们的身体、生活情况，为他们排忧解难，力所能及地为他们多办实事。

各位委员，站在新的历史起点，我们更加感受到人民政协事业的神圣与光荣。区委一届三次全委会对我区新的历史阶段的改革发展稳定工作作出全面部署。蓝图已经绘就，远景更加光明。让我们紧密团结在以习近平同志为核心的党中央周围，在区委的坚强领导下，凝聚起围绕中心、服务大局的强大力量，不断开创政协工作新篇章，以优异的成绩迎接党的十九大胜利召开。

拉萨市堆龙德庆区人民检察院工作报告

——在区第一届人民代表大会第三次会议上

拉萨市堆龙德庆区人民检察院检察长 边巴扎西

（2017年1月21日）

2016年检察工作回顾

2016年，我院在区委、上级检察院的正确领导、区人大有力监督、区政府大力支持、区政协民主监督和社会各界的关心支持下，紧紧围绕区委工作大局和“强化法律监督，维护公平正义”检察工作主题，深入贯彻中共十八大、十八届三中、四中、五中、六中全会精神和习近平总书记系列重要讲话精神，牢固树立“四个意识”，深入开展“两学一做”学习教育，全面从严治检，加强检察队伍建设，扎实履行法律监督职能，各项检察工作取得新突破，迈上新台阶。

一、发挥检察职能，维护社会稳定，营造平安和谐的社会环境

坚决维护社会局势持续稳定。严格按照区委、区政府及区委政法委的安排部署，认真贯彻执行关于反分裂斗争的方针政策和各项重要决策部署，始终坚持把堆龙和谐稳定作为检察工作的首要政治任务，努力发挥检察机关在经济社会中的特殊职能，着力化解社会矛盾，促进社会和谐稳定。深入开展反自焚专项斗争，积极参加敏感时段和重点部位值班备勤工作。全年累计投入检力1500人次、出动车辆280余次，参加辖区内重点路段、重点目标、加油站等24小时巡逻、维稳一线值班和寺庙安保执勤工作，派出3名干警驻村、驻加油站，领导干部深入包村点进行维稳督导20余次。同时，为做好机关内保工作，打造具有监控、门禁、安检等功能的信息化维稳值班室，确保内部安保责任落实，实现“三无、三不出”。

依法严厉打击各类刑事犯罪。受理辖区内、经开区、柳梧新区、铁路公安处提请审查逮捕案件36件39人，批准逮捕28件30人，全年无错捕错不捕案件；受理移送审查起诉案件57件71人，提起公诉42件53人，起诉案件有罪判决率达到100%，全年无一起撤回起诉案件。

正确适用宽严相济的刑事司法政策。坚持惩治犯罪和保障人权并重、程序公正与实体公正并重原则，切实加强对逮捕必要性和社会危险性的证据审查，准确理解和适用法律，对犯罪情节轻微、危害不大的9名犯罪嫌疑人作出不批捕决定、3名犯罪嫌疑人作出不起诉决定，促使他们改过自新，回归社会；把保护涉案未成年人的合法权益充分落实到检察工作的具体环节，不断探索和创新符合未成年人特点的办案模式和工作方法，取得良好的社会效果和法律效果，被团市委授予市级“青少年维权岗”称号。

积极参与社会治理创新。以矛盾排查化解为重点，充分发挥检察“窗口”作用，全年受理来信来访16人次，并耐心释法说理，全部给予核实、反馈和息诉，全年未发生上级院纠正错误案件，未发生因工作失误造成越级访、重复访、进京访事件。为进一步提升人民群众法治意识，我院结合“五下乡”“综治宣传月”“法律七进”等法制宣传活动，发放检察便民卡2000余张、宣传纸杯4000余个，藏汉宣传资料1万余册，解答群众咨询80余人次，受教育群众达2万余人次。

二、依法履行诉讼监督职能，坚持法治理念，促进严格公正司法

深化侦查和立案活动监督。以事实为依据，以法律为准绳，加大审查把关力度，对3起侦查机关移送的审查起诉案件准确改变定性，并被法院采纳。对侦查机关侦查活动进行监督，对程序性违法行为发出书面《纠正违法通知书》6份，口头纠正17次，排除非法证据2份，对工作管理中的不规范行为发出《检察建议》5份。为避免有案不立、降格处理等现象的发生，对侦查机关开展立案监督检查2次，检查侦查机关案卷40余册，报警情况登记表、行政处罚登记表等案件凭证50余册，规范侦查机关的立案活动。

加强刑事审判活动监督。健全“判前建议、判后审查”工作机制，出庭支持公诉42次，对审判活动进行法律监督，向法院提出量刑建议42件，采纳率达96%。以监督纠正量刑畸轻畸重、审判程序违法为重点，对刑事审判中适用法律错误的情形提出口头纠正意见1条。

拓宽民事行政诉讼监督。扎实推动“基层民事行政检察工作推进年”专项活动，积极寻找案源，加大民事行政检察案件的抗诉力度，获得上级院支持抗诉1件1人。对1起影响大、涉案人员多的合同纠纷案庭审现场和3起民事执行现场进行全程监督；对工商、农牧等行政机关的执法活动进行监督，查阅卷宗32册，举报登记本5册。

强化刑事执行监督。为确保监管场所的安全稳定，开展日常监所检查20余次，安全大检查10次，口头建议纠正安全隐患5次。同时，加强社区矫正监督工作，对41名社区矫正人员依法开展监督检查11次，口头警告3人次。

三、加大惩防职务犯罪力度，推进反腐倡廉建设，促进形成廉洁高效的政务环境

不断加强查办和预防职务犯罪力度。针对线索少，举报少的特殊情况，为杜绝“坐等”案件现象，加强宣传力度，拓宽案件线索来源，不断加大贪污贿赂案件的查办力度，集中力量查办贪污贿赂案件2件2人，为国家挽回经济损失14.5万元。同时，针对职务犯罪高发、多发、易发等关键领域和环节，将监督关口前移，突出抓好重点建设领域的专项预防、重点行业的系统预防。通过实地调查拉萨市高新区标准化厂房、仓库项目建设情况，对工程建设实施同步预防，确保物资采购、资金拨付、使用和工程监理、竣工验收等环节的阳光运作，筑牢防腐堤坝。

稳步推进党风廉洁建设工作。一是坚持把党风廉洁建设和反腐败工作列入党组重要议事日程，及时制定《党风廉洁建设“两个责任”任务分解》，严格落实“一岗双责”，层层签订党风廉洁建设责任书15份，对重点任务和工作责任分解细化、责任到人，专题研究部署党风廉洁建设工作10余次。二是严格执行民主集中制原则，充分发挥集体领导作用，坚持做到一把手末位发言，保证决策的科学性和正确性。一年来，召开党组会议15次，讨论决定各类事项39项，在区委的大力支持下提拔任用干部21名。三是坚持从严治检，做到“以制度管人、以制度管事”。为严格组织纪律，在全市基层检察院率先实行上下班指纹签到，大大提高干部遵守工作纪律的自觉性和主动性；为严肃公车使用纪律，新建停车棚，要求公车集中统一停放在固定车位，在公务派车中严格落实“派车单”制度，并由院纪检组人员不定期检查公车停放和出行情况，全年无任何违纪情况的发生。

四、以强化内外监督为动力，推动阳光检务，不断健全检察权依法运行机制

强化内部监督制约。严格执行司法办案各环节操作流程和检察机关司法工作基本规范，深化案件集中管理，全面运用检察机关统一业务应用系统，所办案件从受案到结案全部在网上流转，将司法规范“软约束”变成网络运行“硬要求”。严格执行最高检颁布的职务犯罪侦查工作八项禁令，全面推行和完善讯问职务犯罪嫌疑人全程同步录音录像制度、检务督查制度，建立案件评查机制，开展案件评查39件，持续开展规范司法行为专项整治活动，认真解决司法理念、司法行为、司法作风等方面的突出问题。

主动接受外部监督。通过检察微博、微信发布检察动态42条，在检察机关案件信息公开网公布案件程序性信息53条，重要案件信息1条，法律文书27份，做到公开信息依法、全面、及时、规范。同时，开展以“加强侦查监督、维护司法公正”为主题的“检察开放日”活动，邀请人大代表、政协委员、人民监督员和新闻媒体走进检察机关，通过参观办案工作区、开展征求意见座谈会，“零距离”感受和了解检察工作。

五、突出重点，攻克难点，着力推进司法体制改革

高标准选任员额内检察官。以公平公正、实事求是、好中选优的工作原则，对符合条件的检察员、助理检察员通过考试、考核相结合的方式择优入额。根据首批入额比例36%要求，首批入额人数为13人，其中5名班子成员由市检院统一进行考核，其他10名符合条件的检察官根据考试和考核成绩进行排名推荐，最终由自治区人民检察院确定，为检察人员分类管理迈出关键一步，为检察队伍的专业化建设奠定坚实基础。

稳步探索检察官办案责任制改革。落实办案责任制是司法改革的核心，只有落实检察官司法办案的主体地位，才能遵循司法规律。坚持检察官在司法一线办案的同时，根据“谁办案谁负责、谁决定谁负责”的要求，明确检察官、检察官助理职责，明晰检察官享有的职责权限和边界，并制定案件终身负责的责任清单，全面加强内部监督，对相关执法环节实行“谁承办谁负责、谁主管谁负责、谁签字谁负责”制度。

顺利完成内设机构整合及人员配置。内设机构改革是司法体制改革的重要内容，为突出法律监督职能，按照精简、务实、效能的要求，科学设置、合理确定内设机构数量，将原有的11个内设机构整合为7个部门，有效解决内设机构职能重叠化问题，机构架构由股级建制升格为副科级建制，11名干警提拔为中层干部，队伍建设得到充实。

六、准确把握形势，加强组织建设，全面提升党建科学化水平

提高党员队伍思想政治素质。我院高度重视机关党建工作，自觉坚持党要管党、从严治党的方针，切实把党建工作摆在重要位置，与检察工作同研究、同部署、同检查、同落实。结合“两学一做”学习教育，引导党员干部认真学习党章、党规和习近平总书记系列重要讲话精神，深刻领会以习近平同志为核心的党中央治国理政新理念、新思想、新战略，进一步坚定理想信念。全年组织全院学习60余次，集中观看教育影片5部，撰写心得体会96篇，增强党员干部党性意识和党员意识。

持续推进党建工作规范化。健全和完善党建工作运行机制，探索实施党员先锋指数和“学分制”管理办法，规范组织工作程序，严格党费收缴管理，持续推进发展党员工作，及时充实党组织力量，扎实推动党建责任落地落实，并专门建设党员之家、党员活动室和图书室，丰富党员业余生活。一年来，共收缴党费4526.5元，针对人员岗位不断变动的实际，调整充实党组织委员3名，确定1名积极分子，开展清明扫墓、义务植树、重温入党誓词、徒步登山等系列党建主题活动10余次，机关党组织战斗堡垒作用和党员干警先锋模范作用明显增强，集体获得区委、区政府和上级院表彰5项，15名党员被授予优秀共产党员等荣誉称号。

扎实推动党务公开工作。为进一步激发党员干警的活力和工作激情，确保对党组织工作的知情权、参与权、监督权，我院严格落实“党务公开”制度，注重公开方式方法的多样化，借助党务公开栏、LED电子屏和检察内网等平台，对组织建设、党组织重大决议、领导干部廉洁自律情况、党员个人承诺书和党费收缴情况等事项进行全面公开，全年公开各类信息50余条，在公开期间，对提出的意见和要求进行筛选、整理，并将处理和落实情况及时予以公开，接受监督。

七、多措并举，全面加强过硬队伍建设，树立良好职业形象

狠抓队伍素质能力建设。把法律监督能力建设摆在突出位置来抓，根据区市院分类培训要求，派出1名业务骨干到市检察院参加跟案实训，17名干警前往北京、江西、山东等地及国家检察官学院、国家检察官学院林芝分院参加业务培训和司法考试培训；参加高检院举办的检察业务网络培训60余人次，检察干警的工作能力和执法水平等综合素能得到进一步提升。

助推精准扶贫工作。为深入贯彻落实区委关于精准扶贫工作精神，切实解决关系群众利益的实际问题，30名党员干部与包村点34户群众进行结对，走村入户开展扶贫调研，拉家常、谈民生，详细记录贫困户基本情况、致贫原因，送去慰问金1.7万元。通过开展募捐活动，为一户患有重病的扶贫对象筹集医药费8650元，着力解决群众最关心、最直接、最现实的利益问题。

打造特色文化长廊。为进一步促进检察文化建设，结合我院实际，充分利用办公楼走廊，从一至六层以廉政建设、为人处事、检察风采、为官之道、党的建设、大美西藏六个不同的主题打造具有堆龙检察特色的文化长廊，全视角展示堆龙检察的精神风貌和新形象。

各位代表，一年来，检察干警忠于使命，扎实履职，取得新成绩。这些成绩的取得，得益于区委和上级院的正确领导，得益于区人大及其常委会依法监督，得益于区政府大力支持和区政协民主监督，得益于各位代表、各位委员、社会各界和广大人民群众的关心帮助。在此，我代表堆龙德庆区人民检察院表示衷心的感谢和崇高的敬意！

在看到成绩的同时，我们也清醒地认识到，检察工作与广大人民群众的期待仍有不小的差距：一是法律监督职能作用需进一步充分发挥，监督的力度和成效有待加强；二是队伍专业化水平有待提高，办理新类型案件的经验不足；三是司法理念转变不够、科技强检水平不高、信息化应用水平有待进一步提高。对这些问题，我们将高度重视，采取有效措施，认真应对并加以解决。

2017年检察工作思路

各位代表，2017年，我们的总体思路是：全面贯彻中共十八大、十八届三中、四中、五中、六中全会精神，深入学习贯彻习近平总书记系列重要讲话精神，特别是“治国必治边、治边先稳藏”的重要战略思想和“加强民族团结、建设美丽西藏”的重要指示，牢固树立“四个意识”，依法履行法律监督职责，在维护社会稳定、保障经济发展、促进公平正义、增进民生福祉、深化检察改革上凝神聚焦发力，以优异的成绩迎接党的十九大胜利召开。

一、紧紧围绕区委中心工作，着力营造和谐稳定的社会环境

坚持把维护稳定作为硬任务和第一责任，不断总结和巩固维稳工作成效，以持续稳定、长期稳定、全面稳定为目标，注重化解社会矛盾，依法严密防范和严厉打击敌对势力渗透颠覆破坏活动、暴力恐怖活动、民族分裂活动、极端宗教活动，履行好社会治理职能，全面保障和服务发展，不断满足人民群众平安需求，营造安定有序的发展环境。

二、充分发挥检察职能，更加突出地抓好执法办案

依法独立行使检察权，强化法治思维和法治方式，综合运用打击、预防、监督、教育、保护等各种手段，坚决打击扰乱社会秩序犯罪活动，依法打击危害网络社会安全的犯罪，突出打击倒卖土地犯罪、毒品犯罪、电信诈骗犯罪以及严重危害公民身心健康的犯罪，为促进堆龙经济持续平稳健康发展和社会和谐稳定提供有力司法保障。

三、持续保持惩治腐败的高压态势，重点查处群众身边“微腐败”案件

紧盯精准扶贫、社会保障、征地拆迁、惠农补贴、低保救济资金管理等重点领域和环节，通过接访、下访的形式，实地调研摸排线索，拓宽案源渠道，积极发动群众举报身边侵害利益的腐败行为，加强与纪检监察部门的协作配合，坚决查处发生在群众身边的“微腐败”“暗腐败”案件以及背后的国家工作人员滥用职权不作为、乱作为的行为，促进反腐败工作深入开展，努力铲除腐败滋生蔓延的土壤。

四、加大对诉讼活动的法律监督，规范司法行为维护公平正义

大力加强司法规范化教育，积极推动执法司法运行制约机制建设，加大对涉及民生民利案件的监督力度，督促和引导办案人员依法规范办案，不断提高规范司法的能力和水平。依法监督纠正执法司法活动中的突出问题，严肃查处司法工作人员贪赃枉法、徇私舞弊、索贿受贿等职务犯罪，使受到侵害的权利得到保护和救济，使违法犯罪活动受到制裁和惩罚，让人民群众切实感受到公平正义就在身边。

五、坚持“依法治区”战略，深化司法体制改革

贯彻落实区市党委、堆龙区委和上级检察院关于司法改革的重要部署，准确把握改革方向、目标和重点，创新改革举措，以检察官办案责任制为核心，不断完善案件质量终身负责制和错案责任倒查问责制，积极推进以审判为中心的刑事诉讼制度改革。

六、以六中全会精神为引领，深入推进全面从严治检

坚持党对检察工作的绝对领导，坚决贯彻党的十八届六中全会精神，坚持全面从严治党要求，全面从严教育，全面从严管理，把党风廉洁建设工作纳入总体工作布局，专题研究部署党风廉洁建设工作，严格执行《准则》和《条例》，引导党员干部自觉遵守，严格自律，时刻把党纪党规牢记在心中，体现在行动上，做对党忠诚、讲规矩、守纪律的表率，加强日常监督管理、抓早抓细，以严的标准要求干部，以严的措施管理干部，以严的纪律约束干部，真正使纪律成为检察人员不敢触碰的高压线，推动检察机关作风建设长效化和常态化。

七、强化自身建设，全方位打造过硬检察队伍

准确把握新形势和新常态下党对检察工作的新要求，正确面对合理解决检察工作中与科学发展不相适应的问题，突出抓好监督管理，提高检察人员的综合素质和专业化水平，以思想政治建设为中心，加强检察队伍司法理念、司法能力和司法作风教育。结合检察人员分类管理改革提出的新要求，开展分类培训，加大司法考试、双语人才的培训力度，强化相关专业知识的学习，不断完善执法办案的规范化、精细化、专业化，引导检察人员树立规范司法的意识，坚守公正司法的底线，努力打造勤奋务实、公正高效、敢于担当的检察队伍。

各位代表，做好今后检察工作，任务艰巨，责任重大。我们将紧密团结在以习近平同志为核心的党中央周围，在区市党委、堆龙区委和上级检察机关的坚强领导下，在堆龙区人大及其常委会的监督下，认真贯彻本次会议各项决议，统一思想，真抓实干，奋发有为，为建设团结美丽健康幸福新堆龙做出新的更大贡献！

名词解释

1.【侦查活动监督】是指人民检察院对侦查机关的侦查活动是否合法进行法律监督。具体措施有：不批捕、不起诉、追加逮捕、追加起诉、纠正违法等。

2.【刑事审判活动监督】是指人民检察院依法对人民法院的刑事审判活动是否合法以及所作的刑事判决、裁定是否正确进行法律监督。

3.【刑事执行监督】是指人民检察院依法对刑事判决、裁定的执行和执行机关执行刑罚的活动，以及监管场所的活动是否合法进行的法律监督。

4.【社区矫正】是指将符合社区矫正条件的罪犯置于社区内，由专门的国家机关，在相关社会团体和民间组织以及社会志愿者的协助下，在判决、裁定或决定确定的期限内，矫正其犯罪心理和行为恶习，并促进其顺利回归社会的非监禁刑罚执行活动。

5.【检察建议】是指人民检察院为促进法律正确实施、促进社会和谐稳定，在履行法律监督职能过程中，结合执法办案，建议有关单位完善制度，加强内部制约、监督，正确实施法律法规，完善社会管理、服务，预防和减少违法犯罪的一种重要方式。人民检察院在检察工作中发现有下列情形之一的，可以提出检察建议：一是预防违法犯罪等方面管理不完善、监督不健全、不落实，存在犯罪隐患的；二是行业主管部门或者主管机关需要加强或改进本行业或者部门的管理监督工作的；三是民间纠纷问题突出，矛盾可能激化导致恶性案件或者群体性事件，需要加强调解疏导工作的；四是在办理案件过程中发现应对有关人员或行为予以表彰或者给予处分、行政处罚的；五是人民法院、公安机关、刑罚执行机关和其他执法机关在执法过程中存在苗头性、倾向性的不规范问题，需要改进的；六是其他需要提出检察建议的。

6.【纠正违法通知书】是指人民检察院在办理检察业务过程中，发现侦查、审判、执行等活动存在违法行为，依法向有关机关提出纠正违法意见时制作的法律文书。

7.【案件信息公开】是指人民检察院应当及时向社会发布下列重要案件信息：一是有较大社会影响的职务犯罪案件的立案侦查、决定逮捕、提起公诉等情况；二是社会广泛关注的刑事案件的批准逮捕、提起公诉等情况；三是已经办结的典型案例；四是重大、专项业务工作的进展和结果信息；五是其他重要案件信息。人民检察院对正在办理的案件，不得向社会发布有关案件事实和证据认定的信息。

拉萨市堆龙德庆区人民法院工作报告

——在堆龙德庆区第一届人民代表大会第三次会议上

拉萨市堆龙德庆区人民法院院长 巴 桑

（2017年1月21日）

2016年主要工作

2016年，在区委的坚强领导、区人大及其常委会的有力监督、区政府和有关部门的大力支持、区政协的民主监督以及上级法院的正确指导下，我院深入贯彻落实中共十八大、十八届三中、四中、五中、六中全会和中央第六次西藏工作座谈会精神，贯彻落实习近平总书记系列重要讲话精神，紧紧围绕区委工作大局，忠实履行宪法赋予的职责，全面做好审判执行工作，全力维护社会和谐稳定，积极推进信息化建设，扎实开展“两学一做”，加强队伍建设，努力让人民群众在每一个司法案件中感受到公平正义。

全年共受理各类案件1976件，收案同比增长65.12%，结案1884件，结案率95.34%，结案率同比增长0.28%，收案标的额5.44亿元，同比增长202.22%。年度被评为全国农民工工作先进集体、全区文明单位及全区优秀法院。

一、维护稳定、惩处犯罪，积极推进平安堆龙建设

维护社会稳定。人民法院作为一支重要的维稳力量，以维护社会稳定、促进长治久安作为首要政治任务，以“三无”“三不出”为目标，以清醒和高度负责的使命感，克服案多人少、事多人少的困难，坚决执行各级党委、政法委就维护社会稳定工作所作出的一系列重要决策部署，不计报酬、不提条件、不挑任务，坚持做到人、财、物主动向维护社会稳定工作倾斜。在3月份敏感时期、萨嘎达瓦、节假日期间，累计出动干警2000余人次、车辆300余台次，投入资金20余万元，圆满完成县级干部包村、区委大门口值班、一线指挥部值班、重大佛事活动执勤、加油站守护等任务。

惩处刑事犯罪。深入贯彻《中华人民共和国刑法修正案（九）》等新法律法规，加强刑事司法人权保障，让罪犯受到应有的惩罚，确保无罪的人不受刑事追究，以充分体现刑事审判的法律效果和社会效果。全年共受理各类刑事案件45件，审结42件，结案率93.33%。对主观恶性、社会危害较大的案件依法从严从重从快惩处，依法对1起非法持有毒品罪的1名被告人判处七年有期徒刑；依法对3起交通肇事罪的3名被告人判处三年以上五年以下有期徒刑；依法对犯罪情节轻微、社会危害不大的38起案件50名被告人判处三年以下有期徒刑、缓刑。

深化平安建设。以“乡村和谐法庭”为依托，本着有案办案、无案宣传的宗旨，深入农牧区、工矿企业等巡回办案410件，均以调解方式结案。开展普法宣传教育346场次，发放藏汉双语宣传资料3.7万余份，受教育群众1.8万余人次，行驶里程达2.7万余公里，引导农牧民群众以法治思维、法治方式解决纠纷。开展拉萨市首届“青少年模拟法庭”活动，学生及家长代表100余人参加，三家媒体进行专门的采访和报道，青少年以直观的形式受到法制教育。

二、定分止争、促进和谐，服务发展有新作为

牢固树立五大发展理念，按照全区经济工作

会议“九个一”的部署要求，突出司法服务的针对性、精准性、实效性，推动法院工作更好适应经济社会发展新常态。全年共受理各类民商事案件1484件，审结1415件，结案率95.35%。

调解优先，调判结合。民商事审判工作本着做好庭前调解、做细庭上调解、做实庭后调解的原则，全年民商事案件调解结案720件、撤诉结案220件，调撤率67.05%，弘扬中华民族诚实守信、互谅互让的传统美德，促进社会和谐。

促进协调发展。妥善审理基础设施建设、新型城镇化、社会主义新农村和发展特色产业等领域出现的各类纠纷。其中，依法审结扎西才珠等115户诉西藏天冠房地产开发有限公司商品房销售合同纠纷案件，维护社会主义市场经济秩序。针对民商事审判工作中发现的普遍性、倾向性问题，向司法、行政机关、律师事务所等有关部门提出司法建议50条，依法保障城乡、区域协调发展。

服务共享发展。依法审理合同纠纷、无因管理、不当得利案件1150件，物权纠纷案件19件，维护公平有序的交易秩序，促进经济发展；坚持人民利益至上，审理追索劳动报酬案件196件，规范用工行为，保护劳动者合法权益；及时审结民事侵权案件47件，制裁不当行为，保护受害者的合法权益；以妇女儿童维权合议庭为阵地，妥善处理婚姻家庭、继承纠纷案件40件，妇女儿童维权工作逐渐跨上专业化新台阶。

三、破解难题、规范司法、司法为民推出新举措

破解“执行难”。按照最高人民法院提出的“用两到三年时间，基本解决执行难问题，破除实现公平正义的最后一道藩篱”及自治区高级人民法院“基本解决执行难”暨执行案款清理工作会议精神要求，规范执行行为、整合执行力量、深挖执行潜力、灵活运用执行手段，全力攻克执行难。全年共受理执行案件447件，执结427件，执结率95.53%。其中，执行和解63件，和解结案率15%，执结强制迁出案件22件203户，清理积案24件，先后召开执行专项活动案款发放5次，发放案款1650万元。加强与自治区公安厅情报科沟通协调，对88名“老赖”在全区范围内进行网上布控，成功查找到42名下落不明的“老赖”，对15名被执行人采取拘留、罚款等强制措施，罚款金额31000元。实施信用惩戒，公布失信被执行人115人次，发出限制高消费令40余条。

打造数字法院。在上级法院和区委、区政府给予物质装备和技术指导方面的大力支持下，“网络法院”“阳光法院”“职能法院”初具规模。数字化办公系统实现网上立案、分案、移送、审理、结案、评查、归档全流程网上办案。今年以来，评查案件572件，电子卷宗及扫描归档达到100%，在中国裁判文书网公布裁判文书425份，将司法裁决置于阳光下，树立人民法院公平、公正和人民法院光明磊落的形象。

创新便民举措。推进诉讼服务中心建设，发挥立案大厅“门诊式”一条龙服务机制，加强诉讼引导、诉讼风险提示、法律咨询服务，引导当事人理性表达诉求。严格落实立案登记制，对依法应该受理的案件，做到有案必立、有诉必理，当场立案1900件，当场立案率95%以上，一次性告知当事人补正材料70余次。加大司法救济力度，共减缓免诉讼费137万余元，确保困难当事人理性表达诉求。认真落实执行救助措施，向生活困难的申请执行人发放执行救助资金4000元。通过微信、短信平台送达200余件法律文书，方便群众参与诉讼。

四、推进改革，落实责任，补齐短板实现新突破

当前司法体制改革正处于全面推开的重要时刻，要推进改革政策落实到位、改革红利充分释放、改革效果明显提升，为司法责任制改革全面推开提供有力支撑，以司法责任制的全面落实，引导法官增强办案积极性、责任心，实现办案质效、司法公信力和司法权威稳步提升。

积极推进以审判为中心的诉讼制度改革。党的十八届四中全会要求推行以审判为中心的诉讼制度改革，我院顺势而为，主动作为，将所有开庭审理的案件突出庭审功能，未经庭审质证的证据不采信，未经庭审确认的事实不认可，突出审判、突出庭审、突出一审为改革的出发点和落脚点，切实发挥庭审功能，把好第一道关，防止冤假错案的发生。

积极推进审判责任制改革。按照《西藏法院司法体制改革试点工作实施方案》文件精神，坚决执行高院出台的法院办案人员权力清单、法官审判责任追究办法、法官案件终身责任制等规定，让审理者裁判、由裁判者负责，法官办案的主体地位得到加强，符合司法规律的责任体制逐步形成。

积极推进人员分类管理改革。将法官入额工作作为试点的首要任务，坚持以考核为主、考试为辅，建立统一、完善、周密的考核考试标准、程序，科学设定考核考试内容，在坚持政治标准基础上，突出对办案业绩、职业操守的考核。12月3日，我院21名首批入额法官参加西藏中基层法院法官首批入额考试，并以优异的成绩全员通过。

五、从严治党、强化监督，自身建设开创新局面

筑牢理想信念。以“两学一做”专题教育为契机，全院干警集中学习40次、以支部为单位进行主题讨论5次、撰写心得体会300余篇、党组书记讲党课1次。通过党组学习、支部学习与个人学习相结合、主要领导讲授与集体交流讨论相结合的方式，强化广大干警的政治纪律和政治规矩。严肃认真开展班子民主生活会，通过设立征求意见箱、召开座谈会、发放征求意见函、交叉征求意见的方式，广泛听取意见，共征求到各方面对党组和班子成员的意见建议10条，深入开展班子成员间谈心谈话20余人次，发现突出问题6个，已整改落实6个。

提升能力素质。以上级法院组织的培训为平台，选送业务骨干26人次参加信息化建设、审判业务与文书制作及司法考试考前培训，有效提升干警适用法律、化解矛盾、做好群众工作的能力。

开展精准扶贫。把做合格党员与“精准扶贫工作”结合起来，先后组织47名党员干警前往包村点南巴村开展“精准扶贫结对帮扶”，详细了解结对帮扶对象的家庭情况、收入情况、致贫原因、脱贫计划等情况。帮助困难群众解决热点问题12件，理清发展思路8条，切实让广大人民群众感受到党员队伍的新面貌、新气象。全年，共为南巴村55户300余名困难群众送去现金、物品价值30000余元。

夯实基层基础。全力做好“十三五”规划项目实施工作，在原有马乡人民法庭的基础上，在建的德庆乡、羊达乡、柳梧乡3个人民法庭，总投资1170余万元。同时争取本级财政资金50万元，完成对我院大法庭的功能改造。

自觉接受监督。采取党组率先学习，全院集中学习、支部分组讨论的形式认真学习贯彻党章、廉洁自律准则和纪律处分条例，不断完善惩治和预防体系建设。严格落实党风廉政建设主体责任和纪检监督责任，制定“三重一大”议事规则，层级签订廉政责任书，严格落实一岗双责，将反腐倡廉工作与年终目标考评挂钩，确保责任落实到人。发放廉政监督卡1976份，不定期回访230余次，邀请人大代表、政协委员、廉政监督员参与重大、涉民生案件的审判执行工作31次。全年干警未发生一起违法违纪行为。

各位代表，回顾一年来的法院工作，我们深深地体会到：坚持党的领导是做好法院工作的根本保证。区委主要领导多次听取法院工作汇报，并作出多次重要指示要求，为做好法院工作指明方向。自觉接受监督是做好法院工作的强大动力。每周报送开庭计划，邀请人大代表、政协委员旁听案件审理，全年人大代表、政协委员多次参与重大、涉民生案件的审判、执行工作，代表委员围绕法院工作建言献策，有力助推法院发展。上级法院的关怀指导是做好法院工作的坚强后盾。区、市两级法院在政策、资金、项目、人才培养等方面的支持，为我们做好法院工作提供有力保障。在此，我代表我院全体干警，对长期以来关心支持我院工作的各级党委、人大、政府、政协表示衷心的感谢！向理解支持法院工作的人大代表、政协委员和社会各界致以崇高的敬意！

过去的一年，虽然取得一些成绩，但我们清

醒地认识到，法院工作还存在着不少问题和困难：一是面对日益尖锐复杂的反分裂斗争形势和维稳风险挑战，法院工作从被动处置向主动预防的转变尚需加强；二是执行难问题还没有得到完全解决，执行案件积又清、清又积的现象没有得到根本遏制；三是随着案件数量持续增长，人民法院办案压力越来越大，法院案多人少、人员流失问题较为突出等。对于这些问题和困难，我们将切实采取措施，努力加以解决。

2017年工作安排

区委一届三次全委会对在新的历史起点上奋力推进建设团结美丽健康幸福新堆龙作出全面战略部署。我院工作的总体思路是：深入贯彻落实中共十八大、十八届三中、四中、五中、六中全会、中央第六次西藏工作座谈会精神，深入贯彻落实习近平总书记系列重要讲话精神，特别是“治国必治边、治边先稳藏”重要战略思想，坚持“五位一体”总体布局和“四个全面”战略布局，以此次人代会为契机，围绕全面建成小康社会这一目标，以司法为民、公正司法为主线，强化审判管理，提高队伍素质，提升审判质效，推进司法改革，依法履行审判职责。

一、反对分裂、打击犯罪，坚决维护社会和谐稳定

在反对分裂上要始终把维护祖国统一、加强民族团结作为审判工作的出发点和落脚点，牢固树立稳定压倒一切的思想，引导广大干警真正在思想上拥戴核心、政治上信赖核心、组织上忠诚核心、行动上捍卫核心，更加紧密地团结在以习近平同志为核心的党中央周围，坚决做党中央、区市区委决策部署的坚定执行者、模范实践者、忠诚捍卫者，确保法院工作正确的政治方向。在打击犯罪上加大对腐败犯罪的惩治力度。始终保持反腐败高压态势，正确理解和适用刑法修正案（九），加强重大职务犯罪案件审判工作，严厉打击贪污贿赂、滥用职权、失职渎职犯罪，加大对行贿犯罪的惩治力度，进一步震慑腐败分子；依法惩治严重危害社会治安犯罪，严厉打击抢劫、故意伤害等严重暴力犯罪和黑恶势力犯罪，坚决打击严重侵犯妇女、儿童权益犯罪，促进社会治安形势的持续好转；依法惩治土地、建设领域的违法犯罪案件，继续打击非法买卖、转让土地案件，通过宣传典型案例等方式，加强群众知晓度，努力遏制相关犯罪的高发态势；积极参与电信网络领域新型犯罪专项打击治理行动，依法惩治非法吸收公众存款、集资诈骗等涉众型犯罪，依法惩治电信诈骗等新类型犯罪，维护良好的社会秩序。

二、司法为民、公正司法，切实维护社会公平正义

人民群众对美好生活的向往就是我们的奋斗目标，我院始终坚持党的纲领，自觉践行司法为民根本宗旨，切实解决群众反映强烈的诉讼难、执行难等问题，有针对性地提供契合时代要求和社会实际的司法服务，努力满足人民群众多元司法需求。一是依法审理涉民生案件，想群众之所想、急群众之所急，加强对老年人、妇女、未成年人、残疾人等弱势群体合法权益的保护，切实将司法为民的各项要求落到实处。二是进一步加强诉讼服务中心建设，切实做到人民群众的司法需求发展到哪里、人民法院的司法服务就跟进到哪里，着力建设系统化、信息化、标准化、社会化的诉讼服务中心“升级版”，努力为群众提供方便快捷的诉讼服务。三是不断完善便民利民措施，充分发挥人民法庭巡回办案的功能，让司法走进群众、贴近群众，切实解决偏远地区群众诉讼不便问题，让群众感受到司法服务就在身边。四是加大司法关怀力度，对生活困难的刑事被害人兑现刑事被害人救助金，对生活困难的申请执行人发放执行救助金，继续加大诉讼费减免缓政策，郑重承诺让有理无钱的人打得起官司，让有理有据的人打得赢官司。五是强化执行力度，进一步规范执行行为，穷尽执行措施，加强失信惩戒，让失信被执行人寸步难行、无处逃遁，让打赢官司的当事人实现权益，朝着“基本解决执行难”目标不懈努力。

三、深化司法改革，确保早改革、早发展、早受益

随着法院司法体制改革试点工作正式启动，我们迎来历史上最好的重大机遇期。根据总体部署，坚持内外着力、切实加强组织领导，以“钉钉子”精神扎实推进各项改革任务落实。一是坚持党的领导。主动向区委、区政府汇报法院司法体制改革的整体思路、具体措施以及存在的困难和问题，充分发挥党委统揽全局的优势作用，推动改革中关键问题的解决和重要措施的落实，确保各项工作在党的领导下，稳步推进，取得实效。二是落实主体责任。始终高度关注司改试点进展，主动学习政策文件，为全面推开改革做好充分准备，对近年来各级法院在工作中，探索出的加强审判管理、提升审判质效、方便群众诉讼等一系列行之有效的好经验、好做法，要通过改革的方式固化，形成长效机制。对经实践检验有利于服务经济社会发展和社会稳定、有利于保障群众合法权益、有利于推动司法审判事业发展的做法，要多吸收、多借鉴。三是注重宣传引导。加强干警思想教育，把改革的政策导向和工作要求，特别是与干警切身利益密切相关的工资制度、司法责任制等改革措施讲清楚，引导全体干警正确认识改革、积极参与改革、坚决支持改革，充分调动全体干警作为改革主体的积极性，变“要我改”为“我要改”。

四、建强队伍、夯实基础，筑牢司法事业发展根基

准确把握队伍建设面临的新形势新任务新要求，把队伍建设摆在更加突出位置，落实全面从严治党主体责任，破解难题、补齐短板，努力营造风清气正的良好生态，建设一支高规格的法院队伍。一是认真贯彻落实党中央决策部署，扎实开展“两学一做”学习教育，把党的思想建设放在首位，以尊崇党章、遵守党规为基本要求，以用习近平总书记系列重要讲话精神武装全党为根本任务，教育引导广大党员干警按照党员标准规范言行，进一步坚定理想信念、提高思想觉悟，进一步增强政治意识、大局意识、核心意识、看齐意识，进一步树立清风正气，严守政治纪律和政治规矩，进一步强化宗旨观念，始终坚持司法为民、公正司法。二是落实全面从严治党要求，健全完善法院党建工作责任制，深化干部人事制度改革，严格落实干部管理监督制度，进一步加强法院基层党建工作，为法院改革发展提供坚强的组织思想纪律保障。三是持之以恒加强作风建设，继续严格执行《中国共产党廉洁自律准则》和《中国共产党纪律处分条例》，切实践行“两学一做”要求，从严治院、从严管理，以零容忍态度坚决惩治司法腐败，坚决清除队伍中的害群之马。四是全力推进法院队伍建设改革，推动顶层设计和基层探索良性互动，扎实推进法官员额制改革、审判辅助人员管理制度改革，认真研究解决未入额法官使用、法官单独职务序列、法官工资待遇保障、法院内部人员交流、编外人员管理保障等重点难点问题。五是坚持“开门搞文化建设”，不断丰富法院文化建设的形式、内容和载体，充分发挥法院文化服务审判、服务干警、服务法治建设的功能，培育干警的法治信仰和法治精神，推进社会主义核心价值观建设。六是抓住法院信息化建设机遇，提高队伍建设信息化水平，不断拓展信息化应用的深度和广度，为实现队伍管理科学化提供有力支持。

各位代表，我们决心更加紧密地团结在以习近平同志为核心的党中央周围，在各级党委的坚强领导下，按照本次大会的决议，依法履职、勇于担当、锐意进取，不断开创人民法院工作新局面，为迎接党的十九大的胜利召开和建设团结美丽健康幸福的新堆龙作出更大贡献。

名词解释

1. 立案登记制：指案件受理制度，变立案审查制为立案登记制，做到有案必立、有诉必理，保障当事人诉权。

2. 司法公开三大平台：审判流程公开平台、执行信息公开平台、裁判文书公开平台。

3. 失信被执行人名单：被执行人具有履行能力而不履行生效法律文书确定的义务，人民法院将其纳入失信被执行人征信系统予以公布，依法对其进行信用惩戒。

4. 执行救助金：是指民事执行案件中，因被执行人确无或者暂无履行能力，导致申请人不能维持当地最低生活标准，根据申请人的申请，由人民法院给予适当司法救助。

5. 用两到三年时间基本解决执行难：一段时期以来，执行难问题凸显，导致当事人的胜诉权益无法及时实现，社会各界高度关注，人民群众反映强烈，执行难成为影响人民群众司法获得感的最大障碍。党中央高度重视解决执行难问题，党的十八届四中全会提出，切实解决执行难，加快建立失信被执行人信用监督、威慑和惩戒法律制度，依法保障胜诉当事人及时实现权益；中央全面深化改革领导小组第25次会议审议通过《关于加快推进失信被执行人信用监督、警示和惩戒机制建设的意见》。最高人民法院周强院长在去年全国“两会”上提出，“坚持以人民呼声为第一信号，向执行难全面宣战，用两到三年时间，基本解决执行难问题，破除实现公平正义的最后一道藩篱”，最高人民法院下发《关于落实“用两到三年时间基本解决执行难问题”的工作纲要》，并先后两次召开会议，对用两到三年时间基本解决执行难作出系统部署。

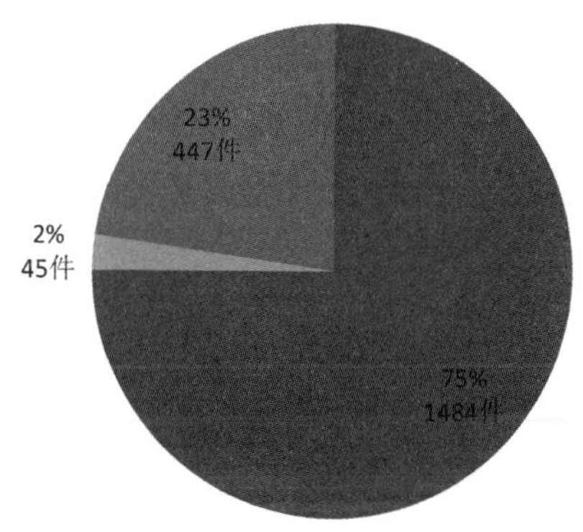

2016年案件受理类型图

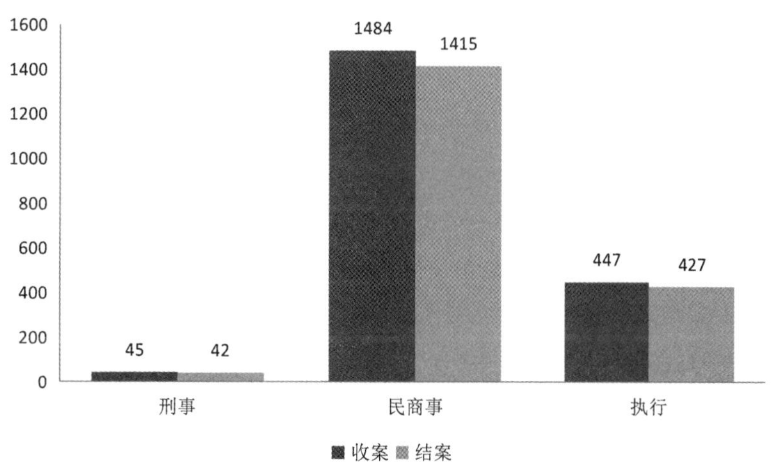

2016年受理、审结各类案件情况图

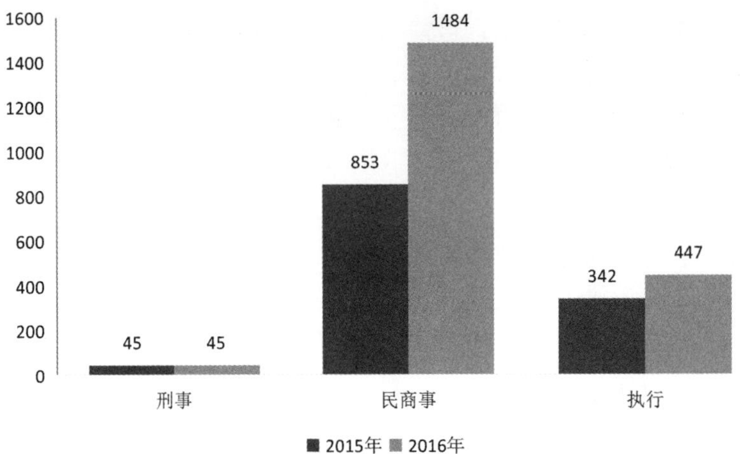

2015年、2016年案件数量对比图

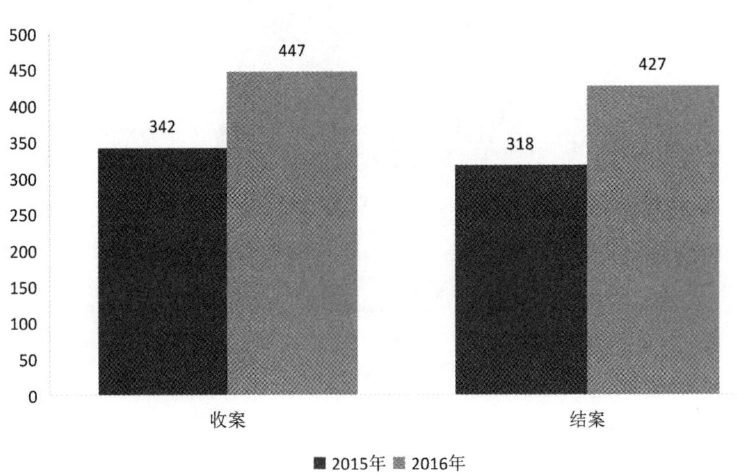

2015年、2016年执行案件收结案变化情况图

拉萨市堆龙德庆区2016年国民经济和社会发展计划执行情况与2017年国民经济和社会发展计划（草案）的报告

——在拉萨市堆龙德庆区第一届人民代表大会第三次会议上

拉萨市堆龙德庆区发展和改革委员会

（2017年1月20日）

一、2016年国民经济和社会发展计划执行情况

2016年是全面深化改革的关键之年，也是做好“十三五”规划目标任务的开局之年。一年来，在以习近平同志为核心的党中央亲切关怀下，在自治区、拉萨市党委政府和区委的坚强领导下，在区人大、区政协的监督支持下，在北京市的无私援助下，面对经济发展新常态，区政府克服压力、保持定力，积极顺应各族群众的殷切期盼，勇于改革创新、敢于先行先试，团结带领全区广大干部群众，全面落实西藏自治区、拉萨市第九次党代会及经济工作会议精神，坚持以稳增长、调结构、强支撑、促改革、惠民生、防风险为抓手，狠抓政策衔接，强化支撑保障，创新发展思路，实施新兴战略，确保经济平稳运行，实现“十三五”良好开局。2016年实现地区生产总值26.28亿元，同比增长15.30%；实现一般公共财政预算收入6.26亿元，同比增长24.54%；完成全社会固定资产投资76.76亿元，同比增长32.3%；完成社会消费品零售总额9.16亿元，同比增长9.57%；实现工业增加值9.67亿元，同比增长-8.43%；实现农牧民人均可支配收入12297元，同比增长10.3%。

（一）经济结构持续优化，产业转型升级全面推进。产业结构持续优化，2016年，实现一产增加值1.6亿元，同比增长4.3%；二产增加值22.29亿元，同比增长15.1%；三产增加值2.37亿元，同比增长8.80%。

*农业经济稳定发展。*全年实现粮食总产2.3万吨，保持稳中有增态势。着重提高耕地质量，完成5524.99公顷永久性基本农田划定工作。坚持“多予少取放活”的方针，兑现各项支农惠农资金43182.37万元。加快农业综合生产能力建设，实施乡镇农牧综合服务站、5个行政村科普活动站、小型农田水利“重点县”、6个农业综合开发、土地治理、高标准农田建设项目。农业提质增效取得新成效，全年落实测土配方示范田、标准化高产创建示范田、新品种展示示范田、二级种子田达20.015万亩。肉蛋奶等主要畜产品产量稳定增长，牲畜年末存栏总数达11.35万头（匹、只）。以推进农业和农村经济结构调整为着力点，优化天然饮用水、藏香（藏香水）、青稞深加工等净土健康产业布局，构建黑青稞、蔬菜、藏药材、花卉、奶牛、藏鸡为主的区域性种养殖基地，稳步推进1000栋高效日光温室建设，新建成古荣乡、马乡、德庆乡三个净土健康产业示范园区，创立“青色麦田”青稞系列特色农产品品牌。支持新型农业经营主体发展，

古荣藏鸡养殖等合作社实现农业产业化经营，专业合作组织发展壮大到135家，注册资金达1.31亿元，带动人数达2943人。

工业实力明显增强。工业总量快速扩张，2016年预计完成工业总产值28.27亿元、工业销售产值28.52亿元、工业税收3.18亿元，增速分别达到14%、15%、21%。围绕加快工业转型升级、产业集群建设，因地制宜编制完成工业园区产业发展规划。工业园区开发建设取得新成效，110千伏变电站搭接完成，自来水厂启动试运营，B区基础设施开工建设，园区承载能力进一步增强。园区服务体系不断完善，A区实现绿化美化提升，中小企业服务中心建成使用。以推进工业化为主题、以结构调整为主线、以骨干企业扩张为支撑的藏香（藏香水）、藏药业、高原绿色食（饮）品加工业、民族手工业、新型建材业等特色工业产业加快布局，传统产业升级提质向中高端迈进。大力推动传统建筑建材企业进行技改升级，实施建材富氧燃烧节能、生料粉磨系统节能技术改造工程，建筑建材产业抗市场风险能力明显提高。

文化旅游业蓬勃发展。以“香雄美朵”生态旅游文化产业园区为引领，加快经济结构战略性调整步伐，推动文化旅游深度融合、三次产业融合示范，园区1号桥梁工程开工建设，路网、给排水、马术演艺中心、香料花卉展示中心等重大项目完成可行性研究评审工作。坚持高起点、有创新、可持续发展的原则，启动全域旅游发展规划编制工作。积极打造具有民族和地域特色的知名文化旅游品牌，成功举办加木沟徒步游、宇妥沟藏医养生深度体验游、楚布沟自行车体验赛等旅游文化宣传推介活动。深度发掘宇妥宁玛·云丹贡布出生地等民族文化旅游资源，推动楚布寺、邱桑温泉、桑木藏年花等12项旅游资源保护性商标注册。充分发挥政府主导作用，大力培育旅游文化市场主体，组建区吉雄谷旅游文化发展有限公司，为文化旅游产业创新发展提供政策、资金、要素保障。旅游业拉动内需消费升级的能力不断增强，全年接待游客97.5万人次，同比增长16.07%；实现旅游收入3430万元，同比增长27.04%。

商贸流通体系不断构建。依托堆龙新城规划建设，新城区主体功能不断强化，现代服务业产业加快布局，以服务城市公共消费需求为主的大宗用地储备力度不断加大。商贸流通市场整合加快，拉萨市生产资料物流中心、拉萨东嘎农贸批发市场等一批综合性商贸流通市场逐渐形成。随着城乡居民收入水平的稳步提高，结构型消费体系不断构建，房地产业呈现出产销两旺的态势，商品贸易、餐饮住宿、休闲娱乐等消费预期持续增强，各族群众个性化消费需求得以有效保障，市场供给总体平衡，市场价格秩序井然。拉萨综合保税区规划建设工作稳步推进，拉萨西货站扩能项目开工建设。

（二）投资支撑作用明显，城乡统筹步伐不断加快。深刻把握经济发展新常态下的投资需求，大力实施投资拉动战略，推动城乡一体化发展。

投资拉动作用明显。坚持把投资拉动作为“稳增长”的主引擎，强化谋项目的意识、争项目的实效、服务项目的水平，投资实现稳定增长。全年落实各类投资项目150个，其中：续建项目59个，新建项目91个；完成投资77.2亿元，其中：完成国家和自治区、拉萨市项目投资30.02亿元，占投资总额的38.87%；完成本级项目投资7.31亿元，占投资总额的9.47%；完成企业及融资项目投资39.81亿元，占投资总额的51.56%；完成其他投资0.08亿元，占投资总额的0.1%；实施基本建设项目101个，完成投资49.73亿元，占投资总额的64.41%；生产性投资比重持续扩大，完成投资28.01亿元，占投资总额的36.28%。

城乡面貌极大改善。围绕拉萨城市副中心建设，以产业聚集和人口聚集同步为落脚点，加快完成新城区规划修编工作，科学合理布局新城区在教育、文化、医疗、信息消费、金融服务等各类公共领域的主体功能。拉萨新型城市构架有力推动我区“撤县设区”进程，总里程35公里的西环线整体建成，初步具备通车条件，城市交通通行能力大幅提高。城市既有建筑节能和建筑风貌得以改造提升，城乡公共交通客运体系、垃圾收集转运处理体系加快构建，实现环卫工作由城区向农牧区的广域覆盖。109国道、工业园区A区实现整体绿化提升，重点区域、交通干线绿色长廊初步形成。以加快构建节点重镇为着眼点，编制完成上三乡小城镇规划。

生态环境保护卓有成效。色玛村、嘎冲村等7个行政村成功创建为“自治区级生态村”，东嘎镇、古荣乡等5个乡（镇）成功创建为“自治区级生态乡（镇）”，为我区下一步全面创建自治区级生态县（区）奠定坚实基础。严格执行项目环境影响评价工作机制，环评率达到100%。生态安全屏障不断构建，全年完成生态安全屏障防护林、重点区域公益林、拉萨周边防护林、新一轮退耕还林建设共2.88万亩。加强水生态治理与保护，完善防洪抗旱减灾体系，全面启动保护母亲河行动，实施堆龙河二期防洪工程、嘎洞沟排洪沟工程、古荣乡巴热村水土流失综合治理工程、东嘎镇和古荣乡防洪工程、堆龙曲马乡防洪工程、堆龙曲德庆乡防洪工程。

（三）改革创新全面推进，经济新引擎持续发力。深化体制机制改革，加快实施创新驱动发展战略，发展的内生动力不断释放，发展活力显著增强。

深入推进重点领域改革。深化农村综合改革，土地确权登记颁证和农村宅基地确权工作扎实推进。“三证合一”“一照一码”登记制度全面推行。扎实推进财税体制改革，积极推进公共财政预决算公开，建立健全财务监管机制。认真推行行政审批制度改革，推动“事前审批”转为“事后管理”。切实加强基建项目建设管理，初步建立项目公开入库摇号制度。深化国有企业改革，全面推进依法治企，有效完善国有资产监管体制，国有经济活力、控制力、影响力、抗风险的能力不断增强。积极探索新形势、新特征下的投融资合作体制机制，扩大投融资渠道，分别与中国银行西藏分行、西藏银行签署300亿元投资战略性合作协议。

招商引资成效明显。积极营造良好的招商引资环境，保持政策的稳定性和延续性，强化产业招商、突出专业招商、狠抓园区招商，依托拉萨雪顿节经贸洽谈会、藏博会等优质商贸平台，积极对接实体企业，提升企业落地率，切实提高工业整体水平，增强经济发展后劲，全年共引进招商项目51个，项目总投资66.29亿元；实际到位资金19.61亿元，同比增长25.11%。

受援工作成效斐然。围绕特色产业培育发展、基础设施建设等重点领域，全年争取援藏资金3200万元，完成3个援藏项目建设。援藏投资带动作用明显，促成本级财政配套4000万元整体打造德庆乡、马乡、古荣乡净土健康产业园，切实提高乡镇自我发展能力。着力深化人才援藏和智力援藏工作，借助北京援藏优势资源，选派优秀干部到北京市挂职锻炼，组团式技术援藏工作取得阶段性成果。

（四）民生福祉不断改善，社会事业加快发展。坚持以共享改革发展成果为出发点，以增进民生福祉为落脚点，兼顾“守住底线”和“突出重点”，大力发展社会各项事业。

扶贫攻坚强力推进。2016年，我们着重将扶贫攻坚工作贯穿到经济社会发展各个领域，把补齐短板与稳增长、调结构、促改革、惠民生统一起来，精准发力，全年整合本级财政资金10974万元扎实推进扶贫攻坚，全区1324户4430名建档立卡贫困群众基本达到现行脱贫标准。重点完成桑木村300户集中安置、“香雄美朵”100户集中安置工程建设，制定完善教育、医疗、救助等专项扶贫机制，推动22家企业和专业合作社与我区23个行政村结对帮扶，下达政府购买公共服务岗位指标704个，525名贫困人口实现稳定就业。设立本级财政贴息专项资金，支持非公企业、专业合作组织发展，帮助5家企业和合作社落实贴息贷款1.27亿元。

社会事业协同发展。全面推进教育事业内涵发展，进一步加强教育基础设施配套建设，全力提升中小学、幼儿园标准化建设水平，高标准、高质量普及农牧区学前双语3年教育，基本实现外来流动人员子女尽可能就近就便入学。全面实施“文化惠民”工程，积极创建国家公共文化服务体系示范区，区群众文化活动中心举办大中型文艺演出13场，全年开展基层慰问演出活动65场次。大力推行“先诊疗、后结算”的优质医疗服务机制，探索建立基层首诊和双向转诊制度的分级诊疗制度，实施5个乡（镇）卫生院标准化建设，4个村级卫生室完成标准化改扩建，区人民医院成功创建为二级乙等医院。扎实推进“四业工程”，深入开展就业技能、实用技术培训，全年实现新增就业1727人，安置就业困难人员212人，转移就业2.71万人次，困难家庭高校毕业生就业率达100%，城镇登记失业率控制在2.2%以内。大力推行城乡低保规范化动态管理，五保户意愿集中供养率保持在100%。积极开展临时救助工作和城乡医疗救助工作，建成残疾人康复理疗中心，弱势群体服务保障水平有新的提升。

加强和创新社会治理。坚定不移地落实自治区十项维稳措施，全力做好常态和非常态下维护稳定各项工作，不断强化公共安全保障体系建设，区公安局技侦业务用房高质量建成。加强寺庙服务管理，重点完成7座寺庙环境卫生综合整治工作。着力于构建“大信访”格局，深化涉法涉诉信访改革，建立信访分类指导工作机制，信访案件实现零搁置。积极开展安全生产社区试点创建工作，完善安全生产隐患排查治理体系，深入开展“安全生产大检查、大排查、大整治”专项行动，安全形势持续向好。

各位代表，过去一年，我们见证“撤县设区”进程中经济社会发生的深刻变化。这充分彰显区委、区政府坚持以提高经济发展质量和效益为中心，以经济转型升级增效为主线，以增进民生福祉为依归，敢抓敢干、知难而进、奋发有为的责任担当和实干作风，成果丰硕。成绩的取得，是区委加强和改进党对经济工作领导的结果，是区人大、区政协充分发挥监督支持作用的结果，是北京市无私援助的结果，是区政府班子解放思想、开拓创新、凝心聚力、奋发有为的结果，凝聚着全区上下辛勤的付出和汗水。

二、2017年经济社会发展面临的机遇与挑战

各位代表，一年来我区改革发展稳定各项事业虽然取得可喜成绩，但我们也要清醒地认识到当前经济运行过程中还存在一些困难和问题。一是受宏观政策调控、经济增速换挡调整的大环境影响，经济发展支撑不足、运行乏力，下半年经济增速适度回落；二是经济总量小，发展水平与城市副中心地位不匹配，内生动力不足，财源税源不稳固；三是产业基础薄弱，实体经济培育不足，企业抗风险能力差，规模以上工业企业不增反减，工业企稳回升的态势不明显；四是农牧业生产组织化程度低，集体经济薄弱，农牧民收入水平不高；五是项目工作困难突出，前期工作不扎实，推进速度缓慢，项目支撑作用不明显；六是投资后劲不足，投资渠道相对单一，发挥社会资本和金融资本的撬动作用不明显，导致下半年投资增长乏力；七是市场主体培育不健全，消费与经济发展不匹配，经济运行中消费推动经济稳定增长的作用不明显；八是城乡发展还不平衡，基础设施还不完善，城镇化水平低，城市承载力与广大群众的需求还有较大差距。

在认识到困难和问题的前提下，我们也要充分地看到我区经济发展方式正在加快转变，新的增长动力正在加快形成，经济长期向好的基本面不会改变，经济发展仍处于重要战略机遇期，经济运行将保持快速增长的良好势头。一是从投资机遇来看，随着中央和自治区、拉萨市投融资体制改革的不断深化，政策导向有利于我区市场化运作，投资对经济增长的拉动作用将持续稳定发挥；二是从区位优势来看，我区作为首府城市副中心，是面向南亚开放中心城市的物流中枢和区域性物流中心，随着新一轮开放发展战略的实施，与周边地区互联互通步伐加快，区域性合作将进一步加深；三是从资源禀赋来看，我区在产城融合示范、三次产业融合上后发优势突出，抓好用好当前自治区、拉萨市推动产业转型升级的有利时机，将推动我区在较短的时间内把资源优势转化为经济发展优势；四是从城市主体形态来

看，新城区开发建设有利于城市产业集聚和人口集聚，增强城市承载力、吸纳力和影响力，以产业新城建设的新型城镇化主体形态将推动我区新一轮大开发、大发展。

三、2017年经济社会发展预期目标和措施

2017年，是我区全面深化改革，推动经济转型升级的关键之年。做好全年各项工作，事关同步全面建成小康社会的全局，责任重大，意义深远。为此，我们要从认识当前国内外经济发展的阶段性特征出发，切实增强政治意识、大局意识、核心意识和看齐意识，牢牢把握建设团结美丽健康幸福新堆龙的发展目标，坚持以人民为中心的发展思想，坚持稳中求进、进中求快、快中求好的工作总基调，树立新理念、适应新常态、引领新发展，以推进供给侧结构性改革为主线，以提高发展质量和效益为中心，全力推动经济社会持续健康发展。

2017年全区国民经济和社会发展主要预期目标是：地区生产总值增长14%，达到29.51亿元；一般公共财政预算收入增长17%，达到7.32亿元；全社会固定资产投资增长20%，达到92.64亿元；工业增加值增长30%，达到13.48亿元；社会消费品零售总额增长15%，达到10.76亿元；农牧民人均可支配收入增长16.5%，达到15484.73元。

为实现预期目标，我们要重点做好以下五个方面工作：

（一）坚持扩大投资，增强经济发展后劲。充分发挥扩大投资对经济增长的关键作用，以大项目带动大投入，以大开发促进大发展，确保经济平稳较快发展。

*加大项目储备工作。*围绕战略性新兴产业发展，加大净土健康产业、文化旅游产业、新型建筑建材产业等实体经济领域的发展支撑力度，拉动经济较快增长；围绕城乡一体化发展，加大城乡公共基础设施、农田水利设施、农村公路、农网改造等薄弱环节的基本建设力度，增强发展保障能力；围绕增进民生福祉，加大易地扶贫搬迁、小康安居工程、棚户区改造等民生领域的政策支持力度，补齐社会发展短板；围绕新城区开发建设，加大城市基础设施配套、城市主体功能区等领域的开发建设力度，夯实城市发展基础；围绕美丽家园建设，加大生态环境等领域的建设保护力度，筑牢区域发展生态安全屏障；围绕和谐社会建设，加大智慧堆龙、政法体系、寺庙综合整治等领域维稳保障力度，加快法治堆龙建设。深入推进重点项目建设“三年滚动”计划，加大项目策划和储备力度，全年储备各类项目投资224.93亿元。

*优化投资内部结构。*进一步发挥国家投资、援藏投资的带动作用，积极引导金融资本和社会资本发挥投资的杠杆作用和撬动作用，不断创新合作开发模式，强化要素支撑，为重大项目建设提供强有力保障。2017年，计划实施各类项目66个，其中：续建项目16个，新建项目50个；计划完成投资92.64亿元，其中：国家投资37.85亿元，企业及融资49.08亿元。进一步优化固定资产投资结构，提升投资效益和项目拉动作用，计划完成生产性投资62.04亿元，确保生产性投资额度占到总额的60%以上。

*强力推进重大项目建设。*更加注重大项目对经济发展的支撑作用，进一步完善重大项目工作推进机制，突出重点领域，强化项目调度，序时推出一批、开工一批、建成一批。加快推进新城区、“香雄美朵”生态旅游文化产业园区、青藏铁路扩能、拉萨综合保税区、工业园区基础设施及新型建筑建材产业基地、小康安居、易地扶贫搬迁、净土健康产业、100兆瓦光伏电站、藏中水泥生产线、G109国道提升改造等重大项目建设，力争50%以上的项目在今年3月15日之前具备开工条件，确保“时间过半、任务过半”。

*抓好要素保障和协调。*要盘活存量，搞好储备，统筹调度重大项目建设用地，满足用地需求。切实用好用活用足中央和自治区、拉萨市制定的一系列金融优惠政策，强化投融资工作，扩大信贷投放，提升投融资水平。积极探索和创新政府投资项目市场化运作机制，鼓励和引导社会

力量参与投资。深入衔接中央、自治区、拉萨市和北京市的投资政策方向，切实找准切入点和突破口，力争在城乡基础设施、生态环境保护、棚户区改造、易地搬迁安置、小康安居工程、重点流域综合治理、社会事业等方面包装项目、向上争资。围绕重大项目序时开工建设要求，优化项目建设环境，切实抓紧抓好项目前置审批工作，依法依规简化项目审批程序，提高审批效率。

（二）做强产业实体，提升经济发展实力。以推进供给侧结构性改革为主线，以净土健康、文化旅游、商贸物流、特色工业等四大主导产业为抓手，推动三次产业结构转型升级，积极构建战略性新兴产业体系。

增强净土健康产业发展后劲。进一步发挥羊达设施农业示范园的种苗孵化器作用，着力将古荣乡产业园打造为食用菌产业基地、马乡产业园打造为高附加值蔬菜水果产业基地、德庆乡产业园打造为藏红花和藏灵芝产业基地，推动净土产业向规模化、品牌化发展。全面启动有机农业推广实验工作，确保年内覆盖“香雄美朵”生态旅游文化产业园、羊达设施农业示范园和上三乡净土健康产业园，农牧区推广示范2000亩以上，切实提高绿色优质农产品的供给。规范发展农牧业产业化新型经营主体，培育经营效益好、带动能力强的龙头企业和一批与农牧民群众有紧密利益联结的专业合作社，着力构建“种养加”一体，“产供销”联合的现代产业体系，降低生产成本、提高生产效率，让农牧业有利可图、农牧民有钱可赚。

提升文化旅游产业发展后劲。加大楚布沟生态游、宇妥沟藏医药养生游的开发力度，沿109国道打造油菜花景观带，完善近郊体验游形式，打造堆龙旅游升级版。加快推进“香雄美朵”生态旅游文化产业园区香料花卉、经济林、道路管网、马术演艺中心、水景观、自驾游营地等主体功能区的开发建设，力争将“香雄美朵”打造成为文化旅游产业创新基地和三次产业融合发展试点基地。

做大做强商贸物流业。依托新城区开发、拉萨西货站扩能及拉萨综合保税区建设，培育发展商贸物流产业，推动传统商业经营方式向现代流通方式转变，引导传统流通格局向大市场、大商贸、大流通转变，优化商贸流通产业结构，增强商贸物流产业发展后劲，构建与经济社会发展相匹配的现代商贸流通体系，提高商贸流通业对全区经济社会发展的贡献，切实将我区建设成为面向南亚开放中心城市的物流中枢和区域性物流中心。

增强园区经济发展后劲。坚持走新型工业化发展道路，加快工业园区B区基础设施建设及实体经济招商引资步伐，力争西藏新型建筑建材产业基地落地建设，不断完善新型绿色建筑建材产业链条，推动绿色建筑建材产业向价值链高端发展。着力推动工业园区A区产业转型升级，加快淘汰低端落后产业，支持藏中水泥生产线建设，鼓励企业向产业价值链高端发展，加速生产制造与信息技术服务融合，促进产业逐步由生产制造型向生产服务型转变。

激发企业创业创新活力。以拉萨市创建国家级创业创新城市为契机，充分发挥国家级拉萨经济技术区、拉萨综合保税区、工业园区的联动作用，抓好用好中央支持西藏地区“大众创业、万众创新”的特殊扶持政策，完善企业产业链资源要素配套，推动IPO总部经济生态产业园区尽早落地。加大对中小企业创新资金支持，使企业真正成为研究开发、技术创新和成果应用的主体，增强小型实体经济发展实力。

培育壮大村集体经济。充分发挥政府引导作用，培育新兴市场主体，激发市场活力，构筑新型农业经营主体和现代服务业主体，以5000万元村集体产业发展扶持资金引动金融贷款支持，切实巩固和增强村集体经济发展能力，壮大村集体经济，年内确保30个行政村均实现50万元以上集体经济年收入目标，其中：东嘎镇、乃琼镇要确保2个行政村实现1000万元以上集体经济年收入目标。

（三）统筹城乡发展，推动美丽家园建设。坚持以规划为引领，坚持以城带乡、城乡一体化发展战略，推动美丽家园、幸福堆龙建设。

加快堆龙新城开发建设。优化城市土地资源配置，增强政府对土地一级市场的调控能力，不断拓宽融资渠道，加大合作开发力度，为新城区开发建设夯实基础。切实加快新城区路网、给排水、电气等基础设施建设，稳步推进城市棚户区、城中村提升改造。进一步优化城市垃圾收集转运体系、污水处理体系、电力通讯网络、城市公交体系等要素资源配置，加快教育、医疗、文化等公共服务配套建设。推动以龙腾大厦、拉萨新天地、拉萨设计大厦等城市金融、商贸、服务主体功能区的开发建设。以堆龙河综合整治工程为突破口，精心打造城市生态绿色长廊，提升城市亮化、美化、精细化管理水平，稳步推进宜居新城建设。

*大力推进新型城镇化建设。*切实加快农牧区水利、道路、能源等基础设施建设，提升农牧区基础设施条件，着力实施农村安全饮水巩固提升工程、小型水利“重点县”建设工程、农网改造工程、农村公路通油路建设，最大限度破除瓶颈制约。以上三乡小城镇发展规划为引领，切实将美丽乡村建设与精准扶贫易地搬迁、小康安居工程等有机结合，加快实施古荣乡加入村农牧民搬迁安置小区示范点建设，完成德庆乡、马乡、古荣乡三个乡镇小康安居工程建设任务。稳步推进村改居、乡改镇、镇改街道，逐步建立社区规范化管理体制，提升公共服务管理水平。大力实施人居环境综合整治工程，优化农牧区生产生活环境。严厉打击违建行为，为加快新型城镇化建设步伐夯实基础。

*深入推进生态文明建设。*切实加大环境监察力度，大力开展环保机构监测监察执法垂直管理试点工作，不断健全生态环境监测网络体系。严格环境准入，严把环评、能评审批关，严格控制高污染、高耗能企业落户。深入实施大气、水、土壤污染防治行动计划，加快绿水经济发展，让生态资源鼓起农牧民群众的钱袋子。实行最严格水资源管理制度，统筹推进防洪、节水灌溉、中小河流治理、水源地保护等重点水利工程建设。全面实行“河长制”，加大“母亲河”保护工作力度。筑牢生态屏障，重点推进林业生态工程，完成拉萨周边地区防护林、人工造林绿化、封山育林、重点区域造林绿化、西藏生态安全屏障、城镇沙害治理达10202亩，着力打造绿色堆龙。

（四）突出改革创新，增强经济发展活力。深化改革，强化驱动，推进体制机制创新，为经济社会营造良好的发展环境。

*深化重点领域改革。*切实提高供给侧改革的质量和效率，积极开展质量提升专项行动，培育一批具有较高市场知名度的地理标志商标和知名品牌。扎实有序推进集体资产确权到户，全面推开两权抵押贷款和土地流转工作，全面完成农村土地、农村宅基地确权登记颁证工作。大力推进农牧区改革，积极推动耕地、草场承包经营权流转。深入推进行政体制改革，加大行政审批事项清理下放力度，加强“事中事后”动态监管，推进政务服务体系建设，确保群众就近就便办事。深化财税体制改革，推进事权和支出责任相适应。全面推进营改增税制改革，严格执行“五证合一、一照一码”“两证整合”登记制度改革，优化全民创业环境。积极稳妥地推进国有企业改革，强化对国有资本的监管，努力将区属国有企业打造为全市一流企业。

*强化创新驱动。*落实创新创业扶持政策，搭建创新创业公共服务平台，提供优质创新创业服务。抓好科技成果推广转化、高新技术产业建设和知识产权保护，加大科学技术普及力度，大力提升全民科学素质的整体水平。调整和完善符合我区发展实际的招商引资政策，强化招商引资能力，提高招商落地率、合同履约率、项目开工率、资金到位率，确保招商引资完成投资增速达到10%以上。积极发挥区属国有企业在净土健康、文化旅游产业及投资开发领域的基础性、引领性、导向性作用，做强做优做大国有企业。激发非公有制企业的活力和创造力，发挥非公经济在繁荣市场、扩大就业、增加税收的功能作用。

*高度重视受援工作。*深入贯彻落实中央第六次西藏工作座谈会及对口支援西藏工作20周年电视电话会议精神，提升与北京市的交流合作层次，全面推进经济援藏、教育援藏、医疗援藏、干部人才援藏、产业援藏。切实发挥援藏资金的引领示范作

用，加大对北京市计划外新增投资、朝阳区和海淀区计划外援藏项目的争投力度，实施古荣乡加入村扶贫搬迁点基础设施建设、德庆乡和马乡小康村居基础设施改造、东嘎镇桑木村村容村貌提升整治项目，力争完成项目投资7400万元。

（五）大力改善民生，提升群众幸福指数。更加注重民生工作，加大对民生事业的保障力度，推进社会各项事业全面发展。

*纵深实施扶贫攻坚。*切实把工作重心转移到脱贫成果巩固提升上来，坚决打赢扶贫攻坚战。以“建档立卡”贫困户月收入动态监测为抓手，充分发挥大数据平台作用，扎实开展低收入群体的摸排调查和识别工作，切实帮助低收入群体就业增收致富。充分发挥金融资本撬动作用，继续抓好产业带动增收工作，以重点产业发展和重大项目建设为依托带动1200名贫困人口就业。采取“小城镇集中安置”和“城区集中安置”相结合的方式，全面统筹小康安居工程和易地扶贫搬迁，扎实推进2017年600户贫困户易地搬迁安置建设工作。

*稳步发展社会事业。*以推动教育事业内涵发展为突破口，实施6所村级幼儿园建设，新建区第二小学，启动第二中学建设项目前期各项工作。进一步完善区群众文化活动中心公共文化服务配置，扩大公共文化设施免费开放程度，广泛开展群众性文化活动，稳步推进标准化活动场所建设，确保村级综合文化服务中心达到“五个一”标准。围绕健康堆龙主题，加快打造滨河文化体育公园，广泛开展全民健身活动，促进体育事业全面发展。深化医疗卫生体制改革，以区人民医院创建二级甲等医院为重点，推动区人民医院医技楼、区藏医院、卫生应急服务中心建设，提升公共医疗服务保障能力。建立城乡居民基本医疗保险待遇增长机制，健全社会保险制度、机关事业单位养老保险制度，切实抓好失业、医疗、工伤、生育保险扩面工作。积极落实培训补助、就业援助、创业帮助等扶持政策，实现更高质量的就业和更大范围内的稳定就业。扩大社会救助覆盖面，不断完善城乡低保、五保供养、大病救助、救灾救济等社会救助体系。

*加强和创新社会治理。*坚决贯彻落实自治区、拉萨市一系列维护稳定的决策部署，加快天网工程和社会管理“全响应”信息指挥中心建设，提升“双联户”和网格化管理水平，健全和完善立体化社会治安防控机制和城乡维稳防控网络，推进“智慧堆龙”建设。进一步创新寺庙管理，扩大寺庙环境综合整治和基础设施建设覆盖面，实施好“六个一”“9+5”等利寺惠僧措施，大力提升寺庙“六建”工作水平。深入推进安全生产信息化建设全覆盖，坚决遏制重特大安全事故发生。着力构建隐患排查治理和预防控制体系，确保信访案件零搁置，为经济持续发展营造良好的社会环境。

各位代表，做好2017年全区经济社会发展各项工作，责任重大，影响深远。让我们紧密团结在以习近平同志为核心的党中央周围，深入贯彻落实自治区、拉萨市第九次党代会及经济工作会议精神，坚持在区委、区政府的正确领导下，在区人大、区政协的监督支持下，坚定信心，凝聚力量，扎实工作，以优异的成绩向党的十九大献礼。

拉萨市堆龙德庆区2016年财政预算执行情况及堆龙德庆区2017年财政预算（草案）报告

——在堆龙德庆区第一届人民代表大会第三次会议上

拉萨市堆龙德庆区财政局

（2017年1月20日）

2016年财政预算执行情况

2016年，全区财政部门在区委、区政府的坚强领导下，在区人大的法律监督和区政协的民主监督下，深入贯彻落实中共十八大和十八届三中、四中、五中、六中全会精神，全面落实中央第六次西藏工作座谈会、区市经济工作会议精神，以全面建成小康社会为目标，牢牢把握稳中求快的工作总基调，坚守稳定和生态“两个底线”，充分发挥财政职能作用，依法依规组织收入，合理有序安排支出，实现经济健康发展、民生持续改善、生态环境良好、社会和谐稳定的目标，财政预算执行情况良好。

一、公共预算执行情况

2016年，经堆龙德庆区第一届人大第一次会议审议通过的2016年公共财政预算总财力130097万元，其中：一般公共财政预算财力123657万元，政府性基金预算财力6440万元。在年度预算执行过程中，根据财力变化情况，经第一届人大常委会第十次会议批准，将2016年公共财政预算总财力调整为223994万元，比年初预算增加93897万元，增长72.17%。其中：一般公共财政预算财力调整为173518万元，增长40.32%；政府性基金预算财力调整为50476万元，增长683.79%。

（一）一般公共预算执行情况

2016年，全区一般公共预算总财力173518万元，比年初预算增加49861万元，增长40.32%。其中，本级财政预算收入62552万元，比年初预算增长11.30%；上级财政补助收入110698万元，比年初预算增长64.65%；上年预算稳定调节基金268万元。一般公共预算支出167124万元，比年初预算增长35.15%。收支相抵后，预算稳定调节基金6394万元，实现收支平衡，略有结余。

（二）政府性基金预算执行情况

2016年，政府性基金预算财力50476万元。其中，本级政府性基金预算收入48295万元，比年初预算增长649.92%；上级补助收入2181万元。政府性基金预算支出50476万元，比年初预算增长683.79%，实现收支平衡。

需要特别报告的是：以上预算执行数与最终决算数将会略有变化，待我区财政收支决算正式编制完成并经市财政审核批复后，将专题向人大常委会报告。

二、2016年主要工作举措

2016年，全区财政系统狠抓增收节支，进一步调整优化支出结构，大力压缩非刚性支出，在“保运转、保民生、保稳定、保重点”需要的基础上，不断加大对民生领域、重点领域、基层领域的投入力度，切实将有限的资金向关键领域倾斜，着力在改善民生和促进社会和谐稳定上见效果，在夯实基层基础和构建规范的财政体制上求实效。

（一）切实加大“城乡一体化”建设投入力度，着力加强和改善民生

一是“三农”投入明显加强，农牧区生产生活条件明显改善。坚持全面统筹财力，不断加大投入力度，切实把加大对“三农”的投入力度作为加快“城乡一体化”发展的重要举措。全年落实支农资金31447万元，同比增加6955万元，增长28.4%。其中落实资金762万元，对农作物良种、优良牲畜推广和农资综合补贴、粮食直补、农机具购置等进行补贴；安排资金118万元，落实政策性涉农保险补贴。落实资金12316万元，积极开展精准扶贫各项相关项目；落实资金5792万元，实施净土健康产业项目。落实资金7536万元，实施小农水利基本建设和防洪工程建设项目。落实资金385万元，实施草原生态保护奖励机制；落实资金1125万元，继续支持拉萨周边防护林体系、重点区域造林、西藏生态安全屏障、森林生态保护等林业生态建设工程。

二是教育投入持续加强，教育优先发展取得新成效。全年落实资金22147万元，用于教育事业优先发展的投入，其中本级财政投入10045万元。落实“三包”及义务教育阶段农牧民子女营养改善计划资金2367万元，同比增加86万元，惠及更多的义务教育阶段农牧民子女学生；落实资金3174万元，同比增加2616万元，实施堆龙籍学生高等教育阶段学生奖励救助政策；使教育基础设施、教学条件、师生工作学习生活条件得到进一步改善。

三是卫生投入显著加强，卫生服务体系持续优化。全年落实资金10111万元用于医疗卫生事业发展，同比增加2405万元，增长31.21%，其中本级财政投入3903万元，增加2035万元。安排资金2070万元，实施全区30个村级卫生室规范化改扩建项目、区公共卫生应急服务中心建设项目、区疾控中心业务用房建设项目；安排资金2788万元，落实新型农村合作医疗及风险基金；安排资金620万元，落实城乡医疗救助；落实资金511万元，开展城乡居民及寺庙在编僧尼健康体检；安排资金335万元，落实基本公共卫生等投入；安排专项资金125万元，支持医院设备购置；使医疗卫生体系建设不断完善，设施设备得到不断改善，卫生事业得到不断加强和发展。

四是文化体育与传媒投入稳步增长，文体事业持续发展。全年落实文体与传媒事业经费1067万元。积极推进文化大发展，实施5个乡镇文化站项目建设，支持文物、非物质文化遗产保护工程及农村书屋、乡村文艺队、合作社以及文化场所免费开放，推进文体及传媒事业繁荣发展。

五是社会保障投入显著提高，社会保障能力明显加强。全年落实社会保障资金8675万元，同比增加594万元，其中本级财政投入3168万元，增加875万元。落实五保户集中供养资金215万元；落实农村低保补贴1140万元；落实城镇低保补贴1471万元；落实残疾人生活补贴576万元；落实老年人健康补贴资金96万元；落实公益性岗位补贴669万元；落实全区村干部基本报酬及业绩考核资金581万元，今年村委会正职年补贴提高到4.99万元，副职年补贴提高到4.14万元，委员年补贴提高到3.51万元；落实小组干部报酬资金80万元；落实村民监督员报酬221万元。

六是加大资金统筹力度，加大基础设施建设投入。立足基层，统筹财力，进一步支持交通、电力、水利、保障性住房等基础设施建设，全年财政基建投资达到20528.38万元。实施三县福利院建设项目、政法基础设施建设项目、城区段防洪堤工程建设项目、东嘎镇桑木村旅游富民建设项目、城镇棚户区改造项目等。其中投入资金3880万元，实施43个为民办实事（强基础惠民）项目；投入援藏资金3200万元，实施生态农业园古荣园区建设项目、东嘎镇桑木村小康村居基础设施改造项目以及医院紧缺设备配置项目，使城乡基础设施建设、社会服务功能、产业健康发展、生态生活环境得到进一步加强和改善。

（二）切实加大基层党建投入力度，着力夯实基层基础

立足于进一步加强党的建设，进一步夯实党在农牧区的执政根基，全年共落实党建经费495万元，开展乡（镇）、村、机关党建工作，村干部及党员教育培训工作；为驻村工作队和下沉干

部提供保障经费920万元，开展干部指导帮助村（居）管理服务和建设工作。为基层党建工作提供保障，使基层社会管理和服务能力得到进一步提高，党的凝聚力、向心力明显提高，基层“战斗堡垒”作用发挥明显，党建统区的能力得到显著加强。

（三）切实加大财税体制改革力度，着力构建规范的财政体制

坚持改革创新，加快财税体制改革，落实清费立税、增收节支、优化结构、提高绩效、重点保障基本民生支出，压缩其他支出等政策，着力转方式、补短板、防风险、促改革，提高发展的质量和效益，增强持续增长动力，为我区全面建成小康社会奋斗目标服好务。一是完善政府预算体系。强化公共财政预算和政府性基金预算编制，将政府收支活动全部纳入预算管理；推进信息化建设，提高基层财政的预算编报能力和水平；扎实推进“三公”经费和全区预决算公开工作，2016年全区决算公开单位23家，预算公开单位33家。二是改进预算管理和控制。2016年将一般公共预算审核的重点由平衡状态向支出预算和政策拓展，收入预算从约束型向预期型转变，逐步建立跨年度预算平衡机制。三是加强财政收入管理。做大做强净土健康发展等支柱产业，积极申报效益好、潜力大的项目，增强经济发展后劲和财政持续增收能力；全面推进票据电子化管理，从源头控制收费项目；全面规范清理税收等优惠政策，维护国家税制公平。四是优化财政支出结构。严格控制政府性楼堂馆所建设，财政供养人员以及“三公”经费等一般性支出，严格执行中央和自治区的规定，2016年“三公”经费压减19.57%，一般性支出得到较好控制；清理规范碎片化投入，整合资金、集中财力，进一步增强重点领域和薄弱环节财政保障能力；加强结转结余资金管理，及时清理存量资金，截止2016年12月共收回存量资金3749万元，根据我区实际情况盘活存量资金2279万元用于“香雄美朵”生态旅游文化产业园相关项目，剩余1470万元，计划用于村级活动场所建设等民生领域。

各位代表，回顾一年的工作，全区收支圆满完成，支持发展保障有力，民生投入持续加大，改革创新深入推进，财政监督得到加强。这些成绩的取得，得益于区委、区政府的坚强领导和科学决策，得益于区人大及其常委会的监督指导，得益于上级财政部门及社会各方面的理解支持，同时我们也清醒地认识到，财政改革发展中仍面临不少困难和问题。因此，对这些问题我们将高度重视，创新举措，采取有效措施认真加以解决。

2017年财政预算草案

根据新修订的《预算法》和自治区、拉萨市财政部门统一下发的相关通知规定和要求，结合我区实际，编制完成2017年堆龙德庆区财政预算草案。

一、预算编制指导思想

高举中国特色社会主义伟大旗帜，坚持以邓小平理论、“三个代表”重要思想、科学发展观为指导，全面贯彻落实中共十八大和十八届三中、四中、五中、六中全会精神，贯彻落实习近平总书记系列重要讲话精神，特别是“治国必治边，治边先稳藏”的重要战略思想和“努力实现西藏持续稳定、长期稳定、全面稳定”的重要指示，贯彻落实俞正声主席“依法治藏、长期建藏、凝聚人心、夯实基础”的重要指示要求，贯彻落实中央第六次西藏工作座谈会、中央经济工作会议精神及全国财政工作会议精神，贯彻落实自治区、拉萨市以及我区经济工作会议精神，坚持稳中求进的工作总基调，树牢新理念、适应新常态、引领新发展，以推进供给侧结构性改革为主线，以提高发展质量和效益为中心，把全面深化改革贯穿于经济社会发展各个领域各个方面，加强项目建设和管理、调整优化经济结构、发展壮大特色产业、全力保障和改善民生、坚决维护社会稳定，促进堆龙经济社会平稳健康发展。

二、预算编制基本原则

（一）预算安排坚持量入为出，收支平衡。预算支出安排充分考虑财力可能性，按照轻重缓急的要求，有限考虑刚性及重点支出需求，确保

年初预算编制收支平衡，不编赤字预算。

（二）收入预算坚持实事求是，积极稳妥。收入预算安排充分考虑经济发展新常态和结构性调整因素，结合预算收入执行情况，既保证一定增幅，又确保与经济社会发展实际相适应。

（三）支出预算坚持勤俭节约，统筹兼顾。支出预算安排以2016年执行情况为基础，坚持有保有压，重点突出。一方面，牢固树立过紧日子思想，严格控制各部门的机关运行经费支出，继续压缩“三公”经费支出。另一方面，将财力更多地向“三农”、精准扶贫、教育、社会保障和就业、医疗卫生、文化、科技、节能环保、维护稳定等重点领域倾斜，全力做好精准扶贫、产业开发、强基惠民、维护稳定、促进就业等重点工作的资金保障，确保把资金用到“刀刃”上。

（四）预算管理坚持依法理财，监督有效。强化部门的预算执行主体责任，推进预算绩效管理工作，提高财政资金的使用效益。加强对接相关财税政策和实施细则，稳妥推进财政收入的组织。加强地方政府债务管理，切实防范政府债务风险。

三、2017年预算安排情况

2017年堆龙德庆区公共财政预算总财力为191346万元，同比2016年年初预算（下同）增加61209万元，增长47.05%。其中：

（一）一般公共预算安排情况

2017年，全区一般公共预算总财力为155306万元，同比增加31689万元，增长35.63%。其中，本级财政预算收入70000万元，同比增加13800万元，增长24.56%；上级财政补助收入78994万元，同比增加11763万元，增长17.5%；预算稳定调节基金6312万元。

一般公共预算支出安排155306万元，同比增加31649万元，增长25.63%。

（二）政府性基金预算安排情况

2017年，政府性基金预算收入36000万元，同比增加29560万元，增长459.01%。政府性基金预算支出安排36000万元。

四、2017年预算安排的重点

（一）继续加大“支农”投入力度，进一步推进城镇化建设。2017年，继续把支持“三农”工作作为财政保障的重点方向。安排支农投入24565万元，其中，安排政策性资金2154万元，支持基层农业技术推广体系改革与建设补助、农机具购置、畜牧良种补贴、森林生态效益补偿、小型农田水利建设、农村饮水安全巩固提升、农牧业特色产业、森林生态保护等工作；本级安排扶贫专项资金3856万元，进一步加大精准扶贫资金投入力度；安排资金3000万元，继续支持净土健康产业发展；安排资金1621万元，积极落实农村税费改革。尤其是加大对城镇化建设发展和实施精准扶贫的支持力度，进一步加大本级财政投入力度和部门资金的整合力度，尽最大的限度把有限的资金整合投入到城镇化发展和扶贫开发、精准扶贫开发工作上。

（二）继续加大社会事业投入，进一步提升公共服务水平。合理安排教育、文化、卫生及社会保障资金，其中教育发展投入27976万元，同比增加6380万元，增长29.54%，其中本级投入12510万元。继续落实好教育“三包”“两免一补”，非义务教育阶段贫困生和全日制高等院校在校生奖励资助政策，加大教育体育设施、环境、条件改造建设力度，进一步改善学生学习环境及教职工生活工作环境，全力推进中小学标准化建设，支持教育均等化发展。安排文化事业发展资金2339万元，其中本级投入2233万元，加快文化产业发展，加大现代化公共文化服务体系和文化产业建设。安排医疗卫生事业发展资金13967万元，同比增加5681万元，增长68.56%，其中本级投入12027万元，继续加强新型农村合作医疗工作、完善全民免费健康体检、城乡医疗救助政策，加大重大公共卫生投入，加快区级公立医院改革，藏医院建设，支持乡（镇）卫生院及村级卫生室设备购置，积极落实医护人员工资及津补贴资金，继续落实农牧区医疗制度财政补助政策。安排各项社会保障资金17509万元，其中本级投入17196万元，落实城乡低保、公益性岗位补贴、临时工工资、寿星老人健康补贴、残疾人生活补贴、医疗、养老、工伤、生育、失业等社会保障政策健康平衡运行；安排“四业工程”资金1251万元，进一步加大农牧民就业技能培训及创业扶持力度。

（三）继续加大维护稳定投入，确保社会局势长期稳定。安排维护稳定投入17653万元，增加4094万元，增长30.19%。其中，安排7088万元，进一步提高干警待遇，改善安全机关装备配备水平，提升政法部门办案业务能力和处置突发事件能力，落实驻寺干部干警岗位津贴提标补助政策；安排专项资金1734万元，支持武装部、消防、武警中队等维稳力量的工作；安排专项资金2260万元，支持统一战线及民族宗教、综治、铁路护路工作开展，确保巩固“基石”工作有序开展。

（四）继续加大党建投入力度，全面加强基层党建工作。2017年安排资金2274万元。其中安排乡（镇）村党建经费450万元；区直单位党建经费293万元；区乡（镇）村干部培训经费500万元；退休支部及退休干部职工党员激励帮扶基金81万元；“321”党建经费400万元；强基惠民及驻村工作队经费122万元；下沉干部经费628万元。支持乡（镇）村和区直机关开展党建工作，为驻村工作队和下沉干部提供保障经费并组织开展丰富的党内活动等。

各位代表，2017年是全面实施“十三五”规划的重要之年，是供给侧结构性改革的深化之年，是贯彻落实自治区第九次党代会精神的开局之年。财政部门要深入贯彻中共十八大和十八届三中、四中、五中、六中全会精神，统筹推进“五位一体”总体布局和协调推进“四个全面”战略布局，坚持稳中求进的工作总基调，牢固树立和贯彻落实新发展理念，适应把握引领经济发展新常态，坚持以推进供给侧结构性改革为主线，全面做好稳增长、促改革、调结构、惠民生、防风险各项工作，切实履行财政职能，最大限度组织收入，科学合理安排支出，为圆满完成我区2017年经济社会发展目标做出贡献。

综 述

堆龙德庆区概况

【概况】 堆龙德庆藏语意为“上谷福地”，地处拉萨市西南十二公里处，平均海拔3700米，辖5个乡2个镇34个行政村，153个村民小组（其中柳梧乡于2014年7月31日移交柳梧新区托管），全区常住居民和流动人口共计11万余人。2016年，堆龙德庆区有党员4824人，其中农牧民党员2997人；有47家区直单位，2171名干部职工；有寺庙（日追、拉康）47座，寺庙僧尼426名，活佛2名；有中小学校8所，在校师生6157名；驻区部队18家。

堆龙德庆区位优势明显，全区的政治、经济、文化中心东嘎镇距离市中心仅12公里，城区规划区面积达47.5平方公里；青藏铁路客运站、货运站，国家级拉萨经济技术开发区、柳梧新区均位于堆龙德庆区境内；109国道、318国道、机场高速在区域内交汇，青藏铁路横贯全区6个乡镇。堆龙德庆区历史悠久，文化底蕴深厚，文成公主进藏途径之地加木沟、藏传佛教转世制度首创地楚布寺等名胜古迹名扬雪域，松赞干布的藏妃孟萨赤江、藏医始祖宇妥·云旦贡布、吐蕃名臣禄东赞、第三世达赖喇嘛索朗嘉措、第三世热振活佛均出生在人杰地灵的堆龙。

2016年是堆龙德庆撤县建区的第一年，堆龙德庆区正式并入拉萨市城市建设和发展的步伐。全区面积2407.6平方公里，其中耕地面积5120公顷，草场面积39万亩，森林面积0.57万亩（以灌木为主），森林绿化率14.5%。

2016年，全区地区生产总值完成26.28亿元，同比增长15.3%；一般公共财政预算收入达到6.26亿元，同比增长24.54%；全社会固定资产投资达到76.76亿元，同比增长32.3%；工业增加值达到9.67亿元，同比增长-8.43%；社会消费品零售总额达到9.16亿元，同比增长9.57%；农村居民人均可支配收入达到12297元，同比增长10.3%。

【党建统区】 2016年，全年召开区委理论中心组学习23次，召开区委常委会39次，研究解决重大事项180余件，修订完善《常委会议事规则》等15项制度。召开政府常务会议30次，研究解决重大事项370项，制定完善《政府常务会议事规则》等6项工作制度，扎实开展“两学一做”学习教育，区政府党组开展集中学习23场次，执政能力和领导水平不断提升。严控“三公”经费支出，全年“三公”经费同比下降19.57%。大力推进简政放权，全面梳理权责清单，完善区、乡（镇）、村“一站式”政务服务体系，全面实行“阳光运作”。

【环境立区】 全年审批环境影响评价185个，环评率和“三同时”执行率达100%，群众环境信访及投诉案件办结率达100%。28个行政村被评为“自治区级生态村”、5个乡（镇）被评为“自治区级生态乡（镇）”。完成19120.05亩西藏生态安全屏障防护林体系建设、825亩绿色长廊109国道提升工程、8400亩拉萨周边防护林项目、398.7亩重点区域公益林人工造林、新一轮909亩退耕还林工程及工业园区A区道路绿化工程。对14万平方米绿化带进行养护、提升，全区森林覆盖率、草地覆盖率分别达13.53%、60.44%，空气质量持续保持国家二级标准，拉萨河堆龙德庆段水质达到国家Ⅲ类标准。2016年，完成投资49.73亿元，实施101个基本建设项目。全力推动西环线与拉萨市南北环线有效连接，实现全境融入拉萨市城区、区域道路与市区主干道无缝对接。投入资金94.48万元，初步建立区、乡（镇）、村、组四级垃圾收集转运处理体系。启动实施古荣乡加入村小康安居试点工程项目建设和海拔4500米以上居民搬迁安置前期工作，完成既有建筑节能改造和建筑风貌提升改造项目建设，全区城镇化率达42.8%。启动实施撤乡设镇、撤镇设街道办事处和古荣乡、马乡、德庆乡小城镇发展规划编制工作，成立城管执法大队。

【文化兴区】 2016年，15个村镇被评为“拉萨市文明村镇”、11个区直单位被评为“拉萨市文明单位”。建成14个村级爱国主义教育基地，成功举办堆龙德庆区“首届藏戏文化艺术节暨藏戏大赛”“首届书法、绘画、摄影艺术作品展”等形式多样的文艺活动，开展基层慰问演出65场次。完成14926套“户户通”广播电视工程建设、605套“舍舍通”安装调试、826套广播电视安装调试、11008套农牧民群众清流机顶盒升级置换，广播电视综合人口覆盖率达99%。完成“堆龙德庆区非物质文化遗产数据平台”建设工作，投入57万余元抢救挖掘具有传统历史意义的民间文化魁宝“猴年猴戏”，发放县（区）级非遗产业扶持资金65万元，申报并公布“罗萨美朵”为市级传统技艺非遗项目、勉唐派绘画旦巴云丹为市级非遗传承人。全面做好文物保护工作，实施雄巴拉曲山体7处摩崖造像搬迁工作，完成东嘎山摩崖造像、东嘎宗建筑遗址等文物遗产的安全防护工作，实施68个文物保护点登记造册和石碑标识建立工作，完成8处文物保护点的提级申报和楚布寺700余件可移动文物普查工作。

【产业强区】 *农牧业稳定发展。*完成5524.9876公顷永久性基本农田划定工作，投入10297.51万元，完成6个农业综合开发、土地治理、青稞高标准农田建设项目，发放支农惠农资金43182.37万元。深入实施小型农田水利“重点县”项目建设，保障和改善农田灌溉6.86万亩，落实测土配方示范田6.5万亩、标准化及高产创建示范田6.5万亩、二级种子田良种繁育基地0.515万亩、新品种展示示范田5.5万亩，主要农作物良种覆盖率达100%，实现粮食总产量2.3万吨。牲畜存栏11.35万头（只、匹），牲畜良种覆盖率达34.85%、牲畜出栏率达37.42%、新生仔畜存活率达97%、成年牲畜死亡率控制在1.1%以内。积极整合经济资源，加快转变农牧业发展方式，不断扩大经济效益，专业合作组织发展壮大到135家，注册资金1.31亿元，带动2943人实现增收。

*工业经济持续发展。*2016年完成工业总产值28.27亿元、工业税收3.18亿元，分别同比增长14%、21%。工业园区A区110千伏变电站、自来水厂正式投入运营，B区基础设施建设稳步推进，卓品药材等重点企业陆续建成投产，园区化、聚集化能力显著提高。顺利完成总投资1亿元的西藏天赐源生物有机肥、西藏博可生物青稞麦绿素项目以及总投资3.9亿元的西藏高争建材股份有限公司产能拓展技术改造项目。与中国银行股份有限公司西藏自治区分行、西藏银行股份有限公司分别签订战略合作协议，争取到600亿元融资额度。先后成立城投、公交、水电气、汽车服务、龙兴建材等国有企业。共接待区内外客商470余人次，招商引资项目数51个，项目总投资66.29亿元，项目实际到位资金19.61亿元，同比增长25.11%。

*净土健康产业快速发展。*加快发展以紫青稞、藏药材、花卉、藏鸡为主的特色净土健康种养殖产业，深入实施“一乡一业、一村一品”发展战略，建成古荣乡、马乡、德庆乡净土健康产业

园、古荣乡5万只藏鸡养殖基地，完成“香雄美朵”生态旅游文化产业园6830亩花卉、香料、经济林种植工作。净土公司与西华大学签订研发合作协议，研发出青稞面包、麦片等“青色麦田”青稞系列特色农产品。

现代服务业全面发展。全年，投入资金448万元，完成邱桑温泉附属设施等重点项目建设，组建堆龙德庆区吉雄谷旅游文化发展有限公司，开发楚布沟等六大沟自然资源。扎实推动楚布沟、邱桑温泉、桑木藏年花等12项旅游资源商标注册工作。积极开展宇妥宁玛·云丹贡布出生地专家论证会、宇妥沟藏医药养生深度体验游、两届楚布沟自行车体验赛等旅游活动，编制完成《23座寺庙简志》、旅游品牌纪录片、“罗萨美朵”宣传片，成功打造“上谷福地·药王故里”旅游文化产业知名品牌，荣获“拉萨市文化旅游产业先进单位”荣誉称号。2016年，接待旅游人数97.5万人，同比增长16.07%，旅游收入3430万元，同比增长27.04%。依托拉萨西货站扩能及拉林铁路机务段建设，与经开区合作启动拉萨综合保税区规划建设。

【民生安区】 精准扶贫成效明显。2016年，整合本级财政资金10974万元投入到精准扶贫工作，全区贫困发生率控制在3%以内，1324户4430名建档立卡贫困群众基本达到现行脱贫标准。积极申报扶贫开发项目19个，总投资1.506亿元，通过特色产业带动216名贫困群众脱贫。完成400户1435人精准扶贫易地搬迁，实现搬迁群众就业508人。资助贫困大学生223人、66.9万元，报销贫困群众医疗费用270.53万元。通过政府购买公共服务岗位，实现525名贫困群众就业。设立区级财政贴息资金1000万元，撬动信贷资金1.27亿元，解决34名贫困群众就业，390名贫困群众以分红的方式实现脱贫。充分发挥社会参与的促动作用，22家企业（合作社）与23个行政村达成整村脱贫帮扶协议，形成“优势互补、共同促进、互惠共赢”的良性发展格局。

保障能力不断提升。2016年，城镇登记失业率控制在2.2%以内，实现有就业意愿的应届高校毕业生就业率达98%以上。全年累计培训872人，开发就业再就业岗位668个，实现新增就业1727人，安置就业困难人员212人，农牧区劳动力转移就业2.71万人次，增收9000万元。城乡社会保险制度实现全覆盖，参保人数达38087人、征缴基金2113.02万元。兑现城乡低保金、提标资金631.5万元，实施临时社会救助、医疗救助632.3万元。积极开展弱势群体服务工作，帮助865名农民工追讨工资1621.5万元，发放残疾人生活补贴356.52万元、高龄老人健康和老龄补贴94万元。本级财政投入250余万元，进一步完善福利院基础设施建设，实现五保户意愿集中供养率达100%。完成64套公租房、184套乡镇干部职工周转房建设。

教育事业优先发展。2016年，投入本级财政收入的20%发展教育事业。初中毛入学率、小学入学率及幼儿入园率分别达到109.5%、99.92%和95.37%。率先在自治区完成农牧区学前三年教育普及工作，学前教育意愿入学率达100%。顺利通过拉萨市素质教育评估验收。建立健全教师轮岗交流制度、小学结对交流制度。区第二中心幼儿园全面竣工并投入使用。基本形成以区幼儿园为中心，各乡（镇）、行政村幼儿园为支撑的学前教育网络。全年下拨“三包”经费和学生营养改善专项资金2367.05万元，为732名高校学生兑现奖励资助金646.9万元。

医疗卫生健康发展。2016年，投入资金2754万元，启动实施25个村级卫生室规范化改扩建、公共卫生应急服务中心建设、区疾控中心业务用房建设、医疗设备配置等工作。区人民医院成功创建二级乙等医院，大力推行分级诊疗体系和“先诊疗、后结算”优质医疗服务，畅通医疗救助“绿色通道”，全面实现国家基本药物“零差率”销售，年人均医疗补助标准提高至435元，城乡居民、寺庙僧尼免费健康体检率分别达99.8%和100%。大病统筹报销年封顶线由6万元提高至10万元，新增除20种门诊特殊病和22种重大疾病以外，农牧民群众因病致贫、因病返贫补偿政策，新增一次性医用材料补偿政策，受益2532人，兑现补偿资金2235万元。

兑现计划生育家庭奖励扶助和特别扶助资金121.84万元。建立婴幼儿住院救治、孕产妇住院分娩绿色通道，费用全额报销，孕产妇死亡率和婴儿死亡率分别下降到零死亡和7.5‰。统筹推进食药监管体制改革，实行食药安全一票否决制，日常监督达630余次，下达限期整改通知书126份，全年未发生食药安全事故。

【依法治区】 全年办理人大建议议案103件、政协提案31件，办复率100%，满意率100%。2016年，全区1.57万余户居民共划分联户单元1265个，实现常住人口、流动居住人口全覆盖。兑现联户代表绩效奖励资金348.6万元，投入114.54万元扶持7个联户增收项目。全面推行居住证制度，大力实施“口袋式+平台”工作模式，不断提高流动人口和出租房屋的登记率和人户一致率。下拨防汛应急资金154.3万元，有力提升抢险救灾工作能力。发放89.8万元表彰各行各业涌现出的民族团结进步模范集体和先进个人。成功举办以“民族团结”为主题的知识竞赛、摄影绘画书法展、歌咏比赛等系列活动。

（雷 凤）

大事记

1月

6日 堆龙德庆县召开精准扶贫安排部署会议。全体在家县级领导，各乡（镇）党委书记、乡（镇）长、各行政村第一书记、党支部书记、驻村工作队队长，县（中）直各单位负责人等100余人参会。县委书记陈献森就全县精准扶贫工作作出安排部署。

9日 堆龙德庆县在楚布沟举办“赛事搭台、旅游唱戏、主打生态、相约楚布沟”为主题的首届楚布沟自行车体验赛。自治区旅发委、拉萨市旅游局等相关领导、相关单位、媒体记者，参赛选手等共100余人参加开幕式。

14日 堆龙德庆县召开2016年安全生产会议。县委、县政府主要领导、各乡（镇）长、安委会成员单位负责人、各企业负责人以及受表彰先进集体和先进个人代表共100余人参加会议。会议安排部署2016年安全生产工作，传达学习习近平总书记、李克强总理、齐扎拉书记关于加强安全生产工作的重要指示精神。与安委会成员单位、各乡（镇）以及重点企业签订2016年度安全生产目标管理责任书。

18日 堆龙德庆县开展以“繁荣群众文化，建设幸福堆龙”为主题的“五下乡”宣传服务活动，活动在堆龙德庆县羊达乡启动。

19日 自治区党委常委、常务副主席丁业现一行到堆龙德庆县古荣乡嘎冲村藏鸡养殖场、古荣乡朗孜糌粑有限公司就扶贫开发工作进行调研，政府县长及相关部门负责人陪同调研。

同日 上午，自治区政协副主席金世洵深入结对寺庙顶嘎寺进行调研慰问。首先听取管委会负责人对顶嘎寺2015年寺庙工作开展情况的简要汇报，及管委会僧人班子成员对寺庙管理及建设工作方面的意见，随后金世洵一行深入顶嘎寺僧舍进行实地参观，与僧人进行亲切交谈。金世洵对顶嘎寺僧人及驻寺干部致以节日的慰问，充分肯定管委会近年来的各项工作，并对今后的工作提出相关要求。

20日 堆龙德庆县先后组织高天、古荣、莫嘎护路大队124名专职护路联防队员对辖区沿线开展安全隐患大排查活动。重点对铁路桥梁、涵洞、隧道、明洞及防护栏损坏情况进行排查，对发现的3处防护栏安全隐患及时进行维修加固。

24日 堆龙德庆区“三大节日”慰问活动正式启动，区委书记陈献森，区委副书记格桑平措，区委副书记、政协主席郭志锋，区委副书记、人大常委会主任达瓦次仁及分管领导前往楚布寺、乃朗寺、高天护路大队、羊达乡检查站、便民警务站、林琼岗退休基地、SOS儿童村及古荣乡那嘎村等地对护路队员、五保户、残疾人、僧尼、驻寺干部、驻村工作队、村“两委”班子、退休老干部及孤儿进行慰问。慰问团深入群众家中，为他们献上吉祥的哈达，送去大米、面、油等节日慰问品，并祝他们节日快乐。

25日 12点10分，中国共产党堆龙德庆区第一次代表大会在《国歌》声中拉开序幕，这是堆龙德庆区撤县设区之后召开的第一次党代会，会议由区委副书记、区长人选格桑平措主持，区委书记陈献森代表中共堆龙德庆区第一届委员会作报告。本次大会应到代表127名，实际到会代表73名，符合法定人数。全区非党代表县处级领导干部，非党代表的区委委员、纪委委员和区（中）直单位负责人共计61人列席本次会议。

30日 中共拉萨市堆龙德庆区第一届委员会第二次全体（扩大）会议顺利召开，本次大会应到区委委员18名，实到15名。非两委委员县级干部，各乡镇党委书记、乡镇长、专职副书记，区（中）直各单位副科级实职以上干部，各行政村党支部第一书记、村党支部书记、寺管会主任（专职特派员）、驻村工作队队长共计200余人列席本次会议。会议由区委副书记格桑平措主持，区委书记陈献森代表常委会向全委会作了题为《高起点谋划新开局高品质打造新城区为建设小康和谐美丽幸福新堆龙而努力奋斗》的工作报告。

2 月

1日 堆龙德庆区召开2016年经济工作会议。全体在家的县（处）级领导，各乡（镇）党委书记、乡（镇）长，区（中）直部门主要负责人，各寺管会，寺管小组负责人，区属部分企业代表等部门共108人参会。

2日 上午，政协第一届拉萨市堆龙德庆区委员会第一次会议，在堆龙德庆区委的领导下和社会各界的大力支持下，在全区各族人民的关心与热切期待中，在庄严的国歌声中隆重开幕。拉萨市政协办公厅秘书长张勤，区委书记陈献森，区委副书记格桑平措，区委副书记、政协党组书记郭志锋及区委、人大、政府、法院、检察院在家领导应邀出席开幕式。区政协副主席欧珠次仁受大会主席团委托主持会议。

3日 上午，堆龙德庆区第一届人民代表大会第一次会议在庄严的国歌声中隆重开幕。本次大会的执行主席是陈献森、郭志锋、达瓦次仁、杜江、杨世军、达娃卓玛，大会由人大常委会副主任达娃卓玛主持。拉萨市人大常委会副主任平措朗杰应邀到大会指导。本次大会应到代表103名，因事因病请假16名，实到代表87名。出席区政协一届一次会议的全体政协委员及列席人员列席本次大会。

12日 西藏自治区2016火猴春节藏历新年民族传统马术表演活动在古荣乡隆重举行，自治区教体局巡视员旺青格烈，副巡视员朱安乐，区委副书记、区长格桑平措出席。活动中，西藏民族传统马术队现场表演“马背上的舞蹈”“斩劈”“马上射箭”等11个精彩项目，活动共有4000余人参加。

15日 自治区党委常务副书记吴英杰，自治区党委常委、拉萨市委书记齐扎拉，自治区党委常委、秘书长王瑞连，自治区党委常委、宣传部部长姜杰等一行到堆龙德庆区高争建材股份有限公司看望慰问节日期间坚守在生产一线的干部职工，详细询问高争建材股份有限公司基本情况，并参观余热发电站、主生产线及中央控制室等。

17日 自治区党委常委、组织部部长曾万明，自治区党委组织部副部长李小宁及区党委组织部各处相关负责人，在拉萨市委副书记、组织部部长陈军和市委组织部常务副部长达瓦的陪同下，到堆龙德庆区羊达乡调研乡（镇）换届筹备工作，并在堆龙德庆区召开县乡换届筹备工作座谈会，就《关于认真做好县乡领导班子换届工作的通知（征求意见稿）》进行讨论。堆龙德庆区委副书记、区长格桑平措，区委副书记、政协主席郭志锋及当雄县、林周县、尼木县、墨竹工卡县、达孜县、曲水县主要负责人参加会议。

23日 堆龙德庆区召集5个乡2个镇的卫生院院长及计划免疫专干开展强化免疫培训会。

25日 堆龙德庆区召开一届人大一次会上代表提出的议案、建议、批评和意见交办会。议案建议117件，其中交办议案1件，建议、批评和意见由102件；向柳梧新区交办14件。

27日　西藏自治区共青团首届青年农牧民创新创业创优成果展正式开幕，展期7天。堆龙德庆区9家参展单位参加“西藏共青团首届青年农牧民创新创业创优成果展”。

3月

1日　上午，区委书记陈献森一行到香雄美朵进行调研，听取了各单位工作进展情况汇报后，并于2日主持召开香雄美朵工作领导小组第2次专题会议，就土地流转、采购种植、奶牛场选址等工作作出安排部署。

2日　堆龙德庆区召开2016年维护社会稳定工作部署会议，县级领导，各乡（镇）党委书记及区（中）直各单位负责人，各村第一书记、党支部书记，驻村工作队队长等参加会议。会议由区委副书记、区长格桑平措主持，区委书记陈献森作重要讲话。会议全面总结2015年全区维稳工作开展情况，分析当前维稳形势，从社会面防控、夯实基层基础等十个方面对2016年维稳工作进行详细的安排部署。

6日　堆龙德庆区委统战部、区民宗局召开传达学习“三会”精神专题会议，会上传达学习《中共拉萨市堆龙德庆区第一次代表大会上的报告》《堆龙德庆区第一届人民代表大会第一次会议上政府工作报告》等，并在会上安排部署2016年宗教领域重点工作。

7日　自治区人大常委会副主任赵正修带领督导组到堆龙德庆区，就三月份维稳工作进行督导检查，并听取区委书记陈献森关于维稳工作情况的汇报。

同日　自治区纪委副书记、监察厅厅长、预防腐败局局长贡嘎一行在市委常委、纪委书记彭祎涛的陪同下到堆龙德庆区，调研党风廉政建设和反腐败工作。区委书记陈献森，区委常委、纪委书记李荣锋等人陪同调研。

8日　堆龙德庆区召开2016年扶贫开发工作会议，全体在家县级领导，各乡（镇）党委书记、乡（镇）长、分管副乡（镇）长、扶贫专干，各村党支部书记、第一书记、驻村工作队队长，区直各部门主要负责人及各企业、合作社负责人参加会议。会上，教育局、民政局、乃琼镇、德庆乡负责人分别作会议交流发言；区委副书记、区长格桑平措和区委副书记、政协主席郭志锋代表区委、区政府与乡（镇）代表、教育局、民政局签订《脱贫攻坚责任书》；会议由区委副书记、区长格桑平措主持，区委书记陈献森作重要讲话。

同日　堆龙德庆区妇联组织召开2016年工作会议暨纪念“三八”国际劳动妇女节106周年表彰大会。相关县级领导，全区妇儿工委各成员单位负责人，各乡（镇）分管妇联主席、妇联助理、30个行政村妇代会主任以及受表彰的先进单位及个人共计100余人参加会议。大会共表彰8个先进集体和46名先进个人，发放奖金32500元。

9日　堆龙德庆区组织全区校车驾驶员开展校车安全培训活动。共10名校车驾驶员参加培训，培训详细讲解交通规则、车辆保养等事项，并逐一审核校车驾驶员资质。培训会上，各（乡）镇分别与驾驶员签订责任书，区交警支队与驾驶员签订《堆龙德庆区校车安全责任书》。

同日　山西省教育厅党组成员、副厅长王云带队的国务院督导委员会督导组到堆龙德庆区检查2016年春季开学情况。督导组先后抽查乃琼镇中心小学、区中学，并就堆龙德庆区2016年春季开学情况给予充分肯定。

10日　堆龙德庆区护路护线办深入各（乡）镇学校开展“爱路、护路、知路”宣传活动，活动以悬挂横幅、图片展览、发放宣传单、宣传画册、发放标有宣传字的文具盒、练习本及现场宣讲等方式，广泛宣传《中华人民共和国铁路法》《铁路运输安全保护条例》相关重要章节。此次活动共发放宣传单160张，宣传画册56本，发放文件盒60个，宣传活动取得良好成效。

14日　拉萨市副市长吴亚松重点考察宇妥沟内邱桑温泉景区的发展状况，听取区旅游局对未来邱桑温泉景区如何进一步发展等事项的想法和意见。

15日 拉萨市委副书记、组织部部长陈军到堆龙德庆区，就区、乡换届工作进行调研。

17日 拉萨市委副书记、组织部部长陈军带队的考察团对邦古沟、波玛香雄美朵生态旅游文化产业园、宇妥沟进行考察，并现场对如何提升邱桑温泉景区基础设施建设提出指导意见。区委书记陈献森陪同调研。

同日 新华社西藏分社常务副总编罗布次仁，新华社西藏分社记者张宸、白明山在北京援藏指挥部宣传部工作人员的陪同下到堆龙德庆区，就堆龙德庆区援藏项目、产业建设等方面进行采访，并对区委书记陈献森进行专访。

同日 自治区政府副主席、自治区教工委书记房灵敏前往堆龙德庆区羊达乡中心小学、区中学检查指导教育工作。区委书记陈献森，区委副书记、人大常委会主任达瓦次仁等领导陪同。

20日 由山南地区行署副专员张福臣带队的考察团一行到堆龙德庆区，对易地扶贫搬迁工作进行考察学习。

22日 上午，堆龙德庆区召开党建统区工作会议，表彰了2015年度目标绩效考核先进单位。会议由区委副书记、政协主席郭志锋主持，区委书记陈献森作重要讲话。

26日 堆龙德庆区开展隆重纪念西藏百万农奴解放57周年文艺会演活动，全体在家县级领导和全区各族各界代表等400余人一同观看演出。

27日 共青团拉萨市堆龙德庆区委员会联合邮储银行堆龙支行开展“3·28”有奖知识竞答进机关活动。活动共分为领取答题卡、转盘选题、寻找答案、答对抽奖四个环节。新颖的活动形式极大调动机关干部参与的积极性，此次活动共有70余名机关干部参与。

28日 上午，堆龙德庆区举行庆祝“3·28”百万农奴解放纪念日升国旗仪式，农牧民群众代表、学生代表、政法干警代表、部队官兵代表、教师代表、医护人员代表、志愿者代表以及区直机关全体干部职工1000余人参加。仪式由区委副书记、区长格桑平措主持，区委书记陈献森作重要讲话。

4 月

4日 上午，区直机关工委、区工会、团区委、区妇联联合组织开展“缅怀先烈·铭记历史”清明节扫墓活动。全体在家县级领导，区直各单位干部职工代表，公安干警、检察院干警、法院干警、乡镇干部、西部计划志愿者、少先队员、团员代表等190余人参加活动。

6日 上午，堆龙德庆区召开全区保密知识专题讲座，拉萨市国家保密局局长魏川为广大干部职工讲解保密相关知识。全体在家县级领导，各乡（镇）党委书记，区直各单位主要负责人，各行政村第一书记，各寺管会负责人及乡（镇）、区直单位部门保密工作人员等参加讲座。

同日 自治区人大常委会副主任新杂·丹增曲扎一行到堆龙德庆区调研《中华人民共和国药品管理》和《西藏自治区实施〈中华人民共和国药品管理法〉办法》的贯彻落实情况。调研组一行深入堆龙德庆区人民医院、采氏诊所实地调研，详细了解药品采购、储存、管理、过期药品处置以及医疗垃圾等处理情况，并召开座谈会听取堆龙德庆区“一法一办法”的工作情况。调研组一行对堆龙德庆区“一法一办法”的落实情况和药品监管工作给予充分的肯定。

9日 区委书记陈献森组织召开香雄美朵生态文化旅游产业园设计方案汇报会。会上，听取香雄美朵各成员单位工作进展情况汇报，研究各项目设计单位设计方案，并对下一步工作进行安排部署。

11日 北京市第七批援藏干部人才考察组到堆龙德庆区羊达现代农业设施示范园考察调研。区委书记陈献森，区委副书记、区长格桑平措等领导陪同。

12日 堆龙德庆区30栋菜篮子工程项目正式开工。此项目由堆龙德庆区净土公司投资300万元、国家投资300万元，将建设800平方米的高效温室30栋以及用于生产经营的配套设施。项目建成后预计年生产温室蔬菜60万公斤，结合净土公司旗下绿地销售公司的销售渠道，形成产供销一体的“菜篮子”体系，对全面促进蔬菜生产，保障市场有效供应，增加农民收入等方面具有明显的推动作用。

14日 堆龙德庆区开展安全生产基层基础执法培训。拉萨市安监局负责人、堆龙德庆区相关负责人、全区各乡（镇）安监站、村委会及行业主管等部门100余人参加此次培训。本次培训有利于堆龙德庆区推进安全生产“五级五覆盖”，提高安委会成员单位、各乡（镇）、村委会的安全生产执法水平，为下一步全区开展好安全生产工作提供保障。

22日 堆龙德庆区举行“两学一做”学习教育工作座谈会，全体在家县级领导，各乡（镇）党委书记、区（中）直各单位负责人、“两新”党组织负责人，各退休党支部书记，各寺管会主任，各村党支部第一书记、驻村工作队队长等170余人参加会议。会议传达学习中央、自治区、拉萨市关于“两学一做”学习教育重要批示及座谈会精神，区委书记陈献森作重要讲话。

同日 区委政法委组织召开平安堆龙建设暨2016年政法综治工作会议，全体在家县级领导，各乡（镇）党委书记、乡（镇）长、分管综治领导，区（中）直各单位负责人，各村党支部第一书记、驻村工作队队长，各寺管会负责人，驻区企业代表等200余人参加会议。会上，对2015年度综治工作先进集体和个人进行表彰，获奖代表作交流发言。

28日 堆龙德庆区组织区食药监局、区工信局、区农牧局、区安监局对辖区内超市、菜市场、餐饮店等15家进行检查。此次检查发现，各餐饮服务单位均能按照《中华人民共和国食品安全法》要求依法经营，并基本建立健全索证索票制度，辖区食品安全整体状况良好。

29日 堆龙德庆区举行区委理论学习中心组“两学一做”学习教育集中学习（扩大）会议，全体在家县级领导，各乡（镇）党委书记、乡（镇）长，区直各单位负责人，各寺管会主任等80余人参加会议。会议传达学习相关文件精神，并围绕“党委会的工作方法”，结合学习内容进行研讨。

5 月

4日 堆龙德庆区委副书记、区长格桑平措主持召开“打击建筑领域项目建设过程中存在的扰乱市场秩序问题”整治工作专题推进会。会议听取各乡（镇）、派出所对本辖区内工程运输车队、合作社性质、运营方式和基本情况的汇报，并对下一步工作进行研究部署。

同日 堆龙德庆区举办2016年“五四”青年交流表彰大会。全体在家县级领导，各乡（镇）党委书记、副书记、团委书记，村团支部书记，非公企业团组织负责人，青年文明号集体代表及各界优秀青年代表等100余人参加会议。会议表彰在2015年度涌现出的8个先进集体和69名先进个人。会上，3名先进代表结合自身经历向与会分享奋斗事迹与追梦故事。区委书记陈献森要求各级共青团强化思想引领、强化服务能力、强化大局意识，引领青年敢于追梦、勇于圆梦，为全区经济社会发展注入更多青春力量。

同日 下午，拉萨市召开“萨嘎达瓦”期间维稳工作动员部署电视电话会议，区委书记陈献森，区委副书记、区长格桑平措，区维稳专班全体，各乡（镇）党委书记，区（中）直各单位负责参加会议。会后，区委书记陈献森对全区“萨嘎达瓦”维稳工作提出明确具体的要求。

7日 堆龙德庆区首届干部职工“飞扬青春激情 唱响堆龙梦”歌唱比赛决赛在区文化活动中心正式拉开帷幕。部分在家县级领导，各乡（镇）代表，各区直单位代表等300余人观看比赛。最终，评选出一等奖1名、二等奖2名、三等奖3名、优秀奖4名。区委书记陈献森等县级领导到场观看并为获奖选手颁奖。

9日 堆龙德庆区主办的2016年“春风行动”暨精准脱贫专场招聘会在区群众文化活动中心院内举行。此次专场招聘会共有各类企业和用工单位50余家；提供有效就业岗位500多个；进场求职人员达700余人；达成就业意向的有180多人，同时协调各相关单位免费为求职者提供《农牧民进城就业指南》《农民工维权手册》《农牧民进城就业服务》《就业促进法》等宣传资料3000余份。此次活动为堆龙德庆区城乡劳动力，社区城镇失业人员和精准扶贫精准脱贫人员等就业困难人员提供全面、及时、有效的公共就业服务，保障堆龙德庆区就业创业工作顺利完成。

9—12日 堆龙德庆区区直各机关单位出动干部职工近千余人深入乃琼镇波玛村“香雄美朵”生态旅游文化产业园区开展义务劳动，此次共调度波玛村农用拖拉机150台次，清理现场石头3000余方。区委书记陈献森，区委副书记、区长格桑平措等县级领导到现场参加劳动。

12日 堆龙德庆区开展“防灾减灾日”宣传活动。活动中，堆龙德庆区以“减灾知识进课堂 安全意识传万家”为主题，发放各种自然灾害的避灾自救宣传图册1000本，并用藏语为老百姓讲解突发灾害时应对、自救、互救等方面相关知识，活动取得良好的社会成效。

13日 湖北省宜昌市西陵区政协一行11人到堆龙德庆区就“教育文化援藏四化”开展学习调研。调研组一行参观了区医院并召开座谈会，会上区政协详细介绍了区医院的基本情况，并对两区政协就如何开展好政协工作进行交流，随后西陵区卫计委代表为区人民医院捐赠1万元。

17日 自治区党委常委、拉萨市委书记齐扎拉在市委副书记、组织部部长陈军，市委常委、秘书长、拉萨经开区党工委书记袁训旺，市委常委、副市长周普国的陪同下到堆龙德庆区调研“香雄美朵”生态旅游文化产业园区建设进展情况。区委书记陈献森，区委副书记、区长格桑平措等县级领导全程陪同。

18日 市委副书记、组织部部长陈军一行到堆龙德庆区部分乡（镇）检查指导换届选举工作开展情况。区委书记陈献森，区委常委、组织部部长杨世军陪同。

19日 自治区党委副书记、政府主席洛桑江村在自治区党委常委、拉萨市委书记齐扎拉，拉萨市委副书记、市长张延清的陪同下到堆龙德庆区东嘎镇桑木村，调研指导易地扶贫搬迁集中安置工作。区委书记陈献森，区委副书记、区长格桑平措陪同调研。

21日 堆龙德庆区人民政府与招新能源投资（上海）有限公司关于“堆龙德庆区100兆瓦高效农业光伏互补电站项目”的签约仪式顺利举行。出席本次签约仪式的有堆龙德庆区主要领导和招商新能源集团董事总经理招新能源投资（上海）有限公司总经理孙洋等相关人员以及区直相关单位负责人。在签约仪式上，招新能源投资（上海）有限公司总经理孙洋对本公司和项目进行基本介绍。该公司通过考察，拟在堆龙德庆区古荣乡新建100兆瓦高效农业光伏互补电站项目，项目计划总投资12亿元，用地3000亩，该项目建成后将产生良好的社会效益和经济效益，实现年销售收入2亿元，年创税3000万—4000万元，为当地提供150人的就业岗位。

24日 自治区党委常务副书记、区党委党校校长吴英杰，自治区党委常委、拉萨市委书记齐扎拉，自治区党委常委、组织部部长曾万明等一行在市委副书记、组织部部长陈军，市人大常委会副主任央金卓嘎的陪同下到堆龙德庆区，就东嘎镇换届选举、区委党校建设情况进行调研。区委书记陈献森等县级领导全程陪同。

27日 堆龙德庆区邀请自治区监察厅副厅长高宏生到堆龙德庆区进行《中国共产党纪律处分条例》和《中国共产党廉洁自律准则》专题讲座，全体在家县级领导，各乡（镇）、区直各单位副科级以上党员干部，各村党支部第一书记、书记，驻村工作队队长等200余人听取讲座。区委书记陈献森主持讲座并作重要讲话。

31日 堆龙德庆区举办主题为“红领巾童心向党 同心共驻中国梦”2015年度优秀少先队辅导员、优秀少先队员表彰暨“六一”文艺会演活动，区委书记陈献森，区委副书记、区长格桑平措等全体在家县级领导出席本次活动。会上，表彰了21名少先队员和4名少先队员辅导员，并表演了丰富多彩的文艺活动。区委书记陈献森作“六一”儿童节致辞。团市委书记洛色、市教育局副局长毛雅丽应邀出席会议。

6 月

3日 堆龙德庆区举行区委理论学习中心组“两学一做”学习教育集中学习（扩大）会议，全体在家县级领导，各乡（镇）党委书记、乡（镇）长，区直各单位负责人，各寺管会负责人参加会议。会议传达学习相关文件精神，并围绕党章党规的内容进行学习研讨。区委书记陈献森主持会议并作重要讲话。

同日 堆龙德庆区召开2016年上半年和谐模范寺庙暨爱国守法先进僧尼、先进寺管会、优秀驻寺干部、优秀涉宗干部表彰大会，全体在家县级领导，区宗教工作领导小组成员单位负责人，各乡（镇）主要领导、分管寺庙工作副职，各寺管会（专职特派员）主任、常务副主任，受表彰的寺庙及僧尼代表，先进寺管会，优秀驻寺干部干警、优秀涉宗干部代表，区委统战部、民宗局、宗教办全体工作人员参加会议。会议由区委常委、统战部部长边旦主持。会上，区委副书记、区长格桑平措宣读表彰决定，共表彰和谐模范寺庙6个，爱国守法先进僧尼315名、先进寺管会5个、优秀驻寺干部20名、优秀涉宗干部10名。区委书记陈献森作重要讲话。

12—13日 2016年内地西藏初中班（校）统一招生考试（称“小考”）如期进行，区中学设立考点。13日上午，区委书记陈献森，区委副书记、区长格桑平措等县级领导对区中学考点进行巡视，实地查看网络监控室、考点办公室等场所。陈献森强调要严格考务管理，强化责任制落实，提升管理水平，提供优质服务，为考生创造良好的应考环境，全力保障堆龙德庆区小考顺利进行。

16日 堆龙德庆区开展增强民工维权意识的法律宣传活动。活动中悬挂横幅，为前来咨询的每位群众、务工人员进行耐心细致讲解，特别讲解发生劳动关系的双方签订劳动合同的必要性和重要性，遇到工资拖欠时应采取正确的维权渠道。并向群众发放《进城务工就业相关知识问答》125份、《农民工援助服务手册》210册、《劳动维权》80余份、法律宣传扑克150副、发放《拉萨高校毕业生就业政策百问》200余份，共发放各类宣传手册985册（本、单）。通过服务群众、教育群众的宣传活动，把法律知识及政策送到群众的手中，促进了堆龙德庆区劳动用工市场的有序、合法、稳定发展。

17日 堆龙德庆区卫生局组织召开家庭医生签约服务工作动员大会。会上，相关负责人传达《堆龙德庆区村卫生室村已开展家庭医生签约服务工作方案》，并为各乡（镇）卫生院、卫生室共发放价值21万余元的办公用品和交通工具。

24日 堆龙德庆区在辖区内以“尚德守法，共治共享食品安全”活动主题，开展食品安全法相关知识的宣传活动，发放《食品安全科普宣传手册》《中华人民共和国食品安全法》等宣传材料1000余份。通过开展食品安全宣传周活动，进一步拓展宣传教育的深度与广度，增强人民群众食品安全意识。

26日 自治区人大常委会副主任嘎玛率领自治区人大调研组一行在拉萨市领导的陪同下，到堆龙德庆区调研精准扶贫工作。嘎玛一行实地考察堆龙德庆区古荣乡朗孜糌粑有限公司和桑木村易地扶贫搬迁安置点，并召集相关部门召开座谈会。嘎玛对堆龙德庆区的精准扶贫工作给予充分的肯定，并就下一步开展精准扶贫工作的开展提出要求，堆龙德庆区主要领导参加调研和座谈。

7 月

1日 自治区政府副主席、自治区脱贫攻坚指挥部副指挥长其美仁增一行到堆龙德庆区检查调研易地扶贫工作。调研组一行实地查看堆龙德庆区东嘎镇桑木村易地扶贫搬迁点和脱贫攻坚指挥部办公室，对搬迁安置点的建设规划、质量和进度进行检查，听取堆龙德庆区精准扶贫工作和脱贫攻坚指挥部建设的情况汇报。调研组对堆龙德庆区精准扶贫工作开展情况给予充分肯定，并强调，要进一步狠抓脱贫措施落实，加强精准扶贫宣传，解决好贫困人口就业问题；要抓实抓好易地扶贫搬迁工作，做到科学规划，合理布局，体现特色，方便群众，产业支撑；要进一步推动脱贫攻坚指挥的建设，强化指挥部办公室人员构成，完善办公设施设备，为推动贫困人口如期脱贫提供坚强保障。

3日 堆龙德庆区召开庆祝中国共产党成立95周年大会，全体在家县级干部，各乡（镇）党委班子成员，区直各单位负责人，公检法代表，消防与武警中队代表，医护代表，教师代表，各行政村党支部（党总支、党委）第一书记、书记，各驻村工作队队长及获奖的先进基层党组织代表、优秀共产党员和优秀党务工作者共310人参加。会上对13个先进基层党组织、65名优秀共产党员和25名优秀党务工作者进行隆重表彰。

5日 自治区人大财经委员会主任吾金平措一行到堆龙德庆区检查调研邮政“一法一条例”贯彻落实情况。检查组先后前往乃琼镇、羊达邮政所实地检查工作并召开座谈会听取汇报。检查组对堆龙德庆区邮政事业发展给予充分肯定。

同日 堆龙德庆区扶贫办联合区人大办、区委、区政府督查室、区发改委、区财政局等单位组成项目验收小组，对堆龙德庆区2014年、2015年扶贫项目进行自查验收。验收小组共验收2014年、2015年扶贫项目14个，按照项目批复建设内容，逐一核查项目的落实情况及效益情况，了解项目下一步的建设计划，并就验收中发现的问题要求相关负责人加紧整改，抓好落实，并及时上报相关整改情况，确保2014年、2015年扶贫项目全部通过上级部门验收。2014年、2015年的14个扶贫项目共投资6005万元，涉及手工艺品、食品、家具、养殖类等产业，预计带动2260户农牧民群众就业增收，户均年分红可达300—4000元（2014年扶贫项目投资2624万元、预计带动1250户，户均年分红1200—2000元；2015年扶贫项目投资3381万元，预计带动1010户，户均年分红300—4000元）。

6日 堆龙德庆区在楚布寺殿前广场举行楚布寺临时消防执勤点人员装备设备移交仪式。市政府、市消防支队、市民宗局、市文物局相关领导、堆龙德庆区以及楚布寺管委会主要领导出席移交仪式。仪式上，堆龙德庆区主要领导向楚布寺管委会移交人员、车辆、消防器材设备。此次移交的装备设备包括一台消防车、一台消防摩托车以及50余万元的消防器材装备，总价值110余万元。

8日 堆龙德庆区召开全区2016年上半年安全生产会议。堆龙德庆区分管领导，各安委会成员单位共40余人参加会议。会议传达自治区政府主席、自治区安委会主任洛桑江村关于安全生产工作的知识精神。总结2016年上半年全区安全生产工作开展情况，分析堆龙德庆区安全生产工作形式，安排部署下一季度全区安全生产工作。通过此次会议，明确下一季度安全生产重点工作，明确各乡（镇）、安委会各成员单位的安全生产工作任务，对做好下一季度安全生产监管工作有十分重要的推动作用。

10日 农业部副部长余欣荣及农业部专家、自治区政府副主席多吉次珠、市政府代理市长果果、副市长周普国等一行在堆龙德庆区委副书记、区长格桑平措的陪同下调研古荣藏鸡养鸡养殖专业合作社、朗孜糌粑公司。

11日 “堆龙杯”篮球赛在堆龙德庆区机关大院篮球赛主场地开赛。堆龙德庆区主要领导以及在家的所有领导参加开幕仪式。第三届“堆龙杯”篮球赛得到干部职工的积极响应，共18支代表队参赛。

同日 堆龙德庆区举办“青春心向党·建功十三五”首届青年PPT演讲比赛，共有12名选手参加。12名选手围绕堆龙“十三五”规划纲要，借助PPT从不同角度向大家解读“十三五”，比赛在紧张而又活泼的氛围中拉下帷幕。区委书记陈献森对本次比赛给予高度肯定并对此次活动作出点评。

11—12日 堆龙德庆区成功举办首届“书法、绘画、摄影”艺术作品暨首届农牧民青年创业特色产品展。区委副书记、区长格桑平措主持仪式，区委书记陈献森作重要讲话，团市委和拉萨市文联负责人应邀出席开幕式。本次“书法、绘画、摄影”艺术作品展览共展出作品67幅，涉及书法、绘画、摄影、唐卡等方面；农牧民青年创业特色产品展出近40种特色产品，涵盖特色种养殖、民族手工业、高原特色农畜产品加工、传统文化、广告传媒等类别。展览吸引1000余名观众前来参观。

18日 上午，全市净土健康产业会议在堆龙德庆区召开，自治区党委常委、拉萨市委书记齐扎拉带领自治区、拉萨市相关单位和全市各县区负责人参加会议，参观团一行现场听取“香雄美朵”生态旅游文化产业园区项目整体规划，同时现场参观园区种植区花卉基本情况。区委书记陈献森，区委副书记、区长格桑平措全程陪同。

20日 上午，堆龙德庆区举行环卫车辆交接仪式。此次共投入743.16万元购买大型环卫作业车、电动三轮保洁车等环卫车辆129辆，同时，结合精准扶贫工作，通过增加政府服务人员购买力度，增设就业岗位，积极开发500个环卫工作岗位，并分批对车辆驾驶员进行专业培训，为今后环卫工作的开展提供强有力的支持。区委副书记、区长格桑平措主持仪式，区委书记陈献森出席并作重要讲话。

24日 堆龙德庆区楚布沟第二届山地自行车体验赛正式开赛，共有110名选手参赛。本次比赛旨在通过“赛事搭台、旅游唱戏、主打生态、畅游楚布”为主题的体育竞技活动来为宣传和推广楚布沟旅游品牌搭建体育+旅游相结合的创新舞台，打造楚布沟山地自行车赛旅游品牌，宣传推介堆龙德庆区旅游资源，带动地方经济发展，实现旅游精准扶贫。拉萨市旅游局副局长倪荣应邀出席开幕式，区委副书记、区长格桑平措，区委副书记边旦、人大常委会副主任罗桑次仁、副区长何景平、政协副主席尼玛等领导，各乡（镇）、区直各部门、各学校主要负责人、群众代表等共400余人参加开幕式。

28日 下午，北京市委副书记、市长王安顺带领北京党政代表团到堆龙德庆区羊达现代农业设施示范园参观考察。自治区党委常委、拉萨市委书记齐扎拉，堆龙德庆区委书记陈献森，区委副书记、区长格桑平措陪同。

29日 堆龙德庆区举行四大班子与北京市第八批援藏干部见面会。第七、八批干部，各乡（镇）党委书记、乡（镇）长，区直各委、办、局主要负责人出席见面会，会议还邀请到已经离开堆龙，走上重要领导岗位的各位干部参与此次座谈会。座谈会上，区委副书记、区长格桑平措介绍堆龙德庆区基本情况，原区委书记陈献森代表第七批援藏干部畅谈在藏工作的心得和体会，第八批援藏干部代表张勇表达奉献堆龙、建设堆龙的决心，随后，部分领导代表向第七批援藏干部和援藏医生赠送记录京藏友谊，堆龙经济社会发展成就的《援藏情·堆龙梦》纪念册。会议由区委常务副书记杜江主持。

31日 堆龙德庆区举办主题为“军民携手共建和谐同庆八一”的文艺会演活动，区委副书记、区长格桑平措，区委常务副书记杜江等全体在家县级领导，驻区各部队官兵、各乡（镇）负责人、区直各单位负责人、优抚对象、二等功军属等参加本次活动。活动上，驻区部队官兵、民间艺术团表演丰富多彩的文艺活动，驻区部队首长梁真海致辞，区委副书记、区长格桑平措作重要讲话。

8 月

1日 区委副书记、区长格桑平措，区委常务副书记杜江，人大常委会党组书记、人大常委会主任杨世军，政协党组书记、政协主席洛桑强巴等领导前往驻区各部队进行慰问。

2日 拉萨市政协党组副书记、副主席次仁平措一行到堆龙德庆区检查指导“两学一做”学习教育及驻村工作开展情况。次仁平措一行检查了羊达乡“两学一做”学习教育开展情况，翻阅相关台账，并现场提问“两学一做”教育的体会和认识。随后前往羊达村检查“两学一做”及驻村工作开展情况。

2—3日 堆龙德庆区首届藏戏艺术节暨藏戏大赛在堆龙德庆区乃琼镇贾热村成功举办。

3日 区委副书记、区长杜江主持召开堆龙德庆党风廉政建设和反腐败工作专题会议，总结全区上半年党风廉政建设和反腐败工作，安排部署下半年政府系统党风廉政建设和反腐败工作。区委副书记、常务副区长赵涛，区委常委、副区长李晓强，区委常委、副区长刘春涛，副区长郑汉宏、董志杭、邬斌锋、何景平、马扎西、次旦朗杰、王考昌、皮志帅以及区政府组成部门负责人参加会议。

同日 区民政局组织全体在家县级干部、各乡（镇）书记和乡（镇）长、四大办主任和双拥办工作人员前往77626部队开展国防教育活动。一是安排国防教育课；二是进行实地打靶。通过本次国防教育活动，对于增强领导干部的国防观念、密切军政军民关系有着重要的意义。

12日 全国政协委员、国务院扶贫开发领导小组专家咨询委员会主任范小建一行到堆龙德庆区，就堆龙德庆区易地扶贫搬迁工作进行专项调研。调研组一行先后到波玛村易地扶贫搬迁点、“香雄美朵”旅游文化产业园区和古荣乡朗孜糌粑有限公司实地查看建设情况，并听取相关负责人汇报。区委书记格桑平措，区委常务副书记张勇、副区长次旦朗杰陪同调研。

同日 堆龙德庆区召开2016年下半年安全生产工作部署会议。堆龙德庆区在家的全体县级领导以及各乡（镇）、安委会成员和重点企业主要负责人共200余人参加会议。

15日 堆龙德庆区召开全区2016年度堆龙德庆区民族团结进步模范表彰大会，会议由区委副书记、区长杜江主持，区委书记格桑平措作了重要讲话。会议表彰在2016年民族团结工作中涌现出的模范集体31个、模范家庭76个、模范个人436名，共计543个，发放奖金89.8万元。全体在家县级干部，区直各部门、各乡（镇）、各寺管会等部门的主要负责人，驻军部队代表、学生代表、僧尼代表、农牧民群众代表、企事业代表及受表彰的模范集体、模范家庭、模范个人代表等400余人参会。

17日 拉萨市第二届创新创业大赛堆龙赛区选拔赛隆重举办，全区共20名创业青年参加比赛。堆龙德庆区工信局、人社局、发改委、净土公司等8家单位负责人担任评委。经过激烈角逐，堆龙德庆区5个项目获得参加拉萨市第二届青年创业大赛半决赛资格。

21日 堆龙德庆区召开“香雄美朵”生态旅游文化产业园项目推进领导小组第九次会议，会议听取波玛村温室大棚拆迁工作推进情况，并就下一步工作进行安排部署。区委副书记、区长杜江主持并讲话，区委常务副书记张勇出席会议，区委政法委、公安局等单位负责人参加会议。

22日 为深入贯彻市委、市政府的决策部署，扎实推进小康安居工程建设，堆龙德庆区组织召开“小康安居工程建设”动员部署会议。

24日 堆龙德庆区直机关工委揭牌仪式在区政府党政3号楼隆重举行。区直机关2016年度新发展中共党员和培养对象参加活动，区委副书记、区长杜江，区委副书记、区直机关工委书记边旦出席仪式并揭牌。

26日 上午，国务委员王勇、民政部部长李立国一行到堆龙德庆区“三县”五保集中供养服务中心调研，自治区党委副书记、人大常委会主任白玛赤林，自治区政府副主席多吉次珠，自治区民政厅厅长格桑仁青，拉萨市民政局局长白玛玉珍，堆龙德庆区委书记格桑平措等全程陪同。调研团一行在实地查看五保集中供养服务中心之后，对堆龙德庆区工作给予高度肯定，随后，还看望慰问优抚对象并送去慰问金和慰问品。

30日 堆龙德庆区围绕“不忘初心跟党走、恪尽职守报党恩”主题，召开区委理论学习中心组“两学一做”学习教育集中学习研讨会。全体在家县级领导，各乡（镇）党委书记、乡（镇）长，区直各单位主要负责人等80余人参加会议。会议由区委书记格桑平措主持。

9 月

2日 2016年拉萨雪顿节招商引资项目推介会暨集中签约仪式在圣地天堂洲际大酒店拉开帷幕。堆龙德庆区共邀请区内外15家企业参加推介会，完成签约项目5个，其中正式签约项目3个，意向签约项目2个，总投资16.2亿元，涉及光伏、绿色饮食品加工、商贸类等项目。

8日 堆龙德庆区召开第32个教师节暨表彰大会，全体在家县级领导应邀出席会议，各乡（镇）书记、乡（镇）长、分管教育副职，区直各单位主要负责人，各学校校长、书记、副校长、教务主任、教师代表、学生代表，受表彰优秀团体及个人等400余人参加会议。会议由区委常务副书记张勇主持，区委副书记、区长杜江作重要讲话。

16日 堆龙德庆区开展2016年“9・16”平安西藏宣传日集中宣传活动。各乡（镇）、驻村、驻寺、驻区各企业在各自辖区内开展宣传工作，各单位通过摆放宣传展板、悬挂宣传横幅、发放宣传材料、赠送宣传礼品等形式，大力宣传党中央、自治区、市党委以及区委、区政府关于社会治安综合治理工作的一系列重大举措，此次宣传活动共有60家乡（镇）、单位参与活动，悬挂横幅70条，设立展板20余块，发放各类宣传材料35000余张，参与活动人数达15000余人次。

23日 堆龙德庆区举办庆祝第26个“民族团结宣传月”暨第5个“民族团结进步节”文艺会演活动，主题为“讴歌各民族和睦相处和衷共济和谐发展”。全体在家县级领导，拉萨市文广局领导应邀出席。区直各单位、各乡（镇）等部门的主要负责人，师生代表、农牧民群众代表、退休老干部代表、政法干警代表、医务工作者代表及各族各界代表等500余人观看演出。区委副书记、区长杜江作重要讲话。

23—30日 堆龙德庆区党校、区公安局、区检察院、区法院、区司法局等组成的宣讲组在全区范围内开展“法律七进”法制宣传活动。此次法制宣传活动以普法讲座为宣传形式，共发放宣传资料5000余份，雨伞3000余把，水杯3000余个，笔10000余只，悬挂横幅13条，受教育人数达10000余人。

30日 堆龙德庆区组织开展药品不良反应监测培训工作。堆龙德庆区人民医院、防疫站、各乡（镇）卫生院药品不良反应负责人、各乡（镇）药品安全协管员、药店和诊所药品负责人共计35人参加培训。

10月

1日 堆龙德庆区安监局联合980油库负责人组成军地联合检查组，对格拉管线堆龙段输油管道开展巡查、检查工作。

10日 为进一步加强堆龙德庆区政协委员会队伍建设，切实提高委员的法律意识和履职能力，堆龙德庆区举办基层委员培训会，为期一天，参加培训人员共计75人。

11—13日 由区委副书记、区长杜江带队，在家的区政府班子成员、10余名区直单位主要负责人全程参与，深入各乡（镇）开展“问计于民・问需于民”专项活动，切实了解基层存在的困难问题，认真分析问题成因，寻找解决问题的办法和抓手，真正做到情为民所系，利为民所谋。

14日 堆龙德庆区第一届人民代表大会第二次会议正式召开。大会应到代表102名，因病因事请假23名，78名人大代表与60名列席人员出席会议。本次大会的主要议程是依法依规选举出堆龙德庆区第一届人大常委会主任、副主任和委员，人民政府区长、副区长，区人民检察院检察长和堆龙德庆区出席拉萨市第十一届人民代表大会代表。会上，共发出选票7种，各78张，实际收回选票7种各78张，发出选票等于收回选票，经总监票人报告，大会主席团确认选举有效。本次选举共依法选出区人大常委会主任1名、副主任1名、委员4名，区人民政府区长1名、副区长6名，区人民检察院检察长1名，堆龙德庆区出席拉萨市第十一届人民代表大会代表30名。

17日 为大力促进堆龙德庆区青年创业工作，共青团拉萨市堆龙德庆区委员会举办以“沟通、凝聚、执行、感恩”为主题的堆龙德庆区首届创业青年文化沙龙暨团队建设拓展训练活动。本次拓展训练为期1天，由28名创业青年、乡镇团干部在教练人员的带领下分别进行户外知识培训、团队建设等科目学习。

20日 上午，堆龙德庆区围绕“学系列讲话，助推各项工作再上新台阶”的主题，召开区委理论学习中心组暨“两学一做”学习教育集中学习研讨会。全体在家县级领导，各乡（镇）长、区直各单位主要负责人等80余人参加会议。

同日 堆龙德庆区召开党员代表会议，选举产生堆龙德庆区出席拉萨市第九次党代会代表共计25名。

同日 由区直机关工委联合7家单位举办的第四届“堆龙杯”足球赛胜利闭幕。区委副书记、区长杜江及全体在家县级干部出席闭幕式暨颁奖典礼。仪式由区委副书记、区直机关工委书记边旦主持。仪式上，各位县级领导为荣获第四届“堆龙杯”足球赛“体育道德风尚奖”“优秀组织管理奖”和冠亚季军的球队及“最佳球员”“最佳射手”“最佳守门员”的个人进行颁奖。

22日 堆龙德庆区召开2016年下半年全区和谐模范寺庙暨爱国守法先进僧尼、先进寺管会和优秀驻寺干部表彰大会。全体在家县级领导，各乡（镇）长、分管宗教领域工作主要负责人，各寺管会主任、常委副主任及各寺庙专职特派员，受表彰的寺庙及僧尼代表等200余人参会。大会表彰6座和谐模范寺庙、218名爱国守法先进僧尼和18名优秀寺庙堪布、格贵、翁则、经师，以及5个先进寺庙管委会、20名优秀驻寺干部、干警，10名优秀涉宗干部。会议由区委常委、统战部部长普布斯曲主持，区委副书记、区长杜江作重要讲话。

24日 堆龙德庆区召开近期维稳工作部署会议，全体在家县级领导、各乡（镇）党委书记、区直各单位负责人、驻村驻寺干部、各村党支部第一书记参加此次会议，会议由区委副书记、区长杜江主持，区委书记格桑平措作重要讲话。

同日 为进一步提高堆龙德庆区僧尼整体素质、宗教造诣、道德修养，增强僧尼法制意识、稳定意识、发展意识，堆龙德庆区寺庙僧尼培训班顺利开班。此次培训共50余人参加，培训内容围绕全面落实党的宗教信仰自由政策、爱国爱教意识，加强和创新寺庙管理等方面进行授课。

25日 堆龙德庆区隆重举办主题为“弘扬红色传统、传承红色基因”纪念红军长征胜利80周年文艺演出，区委副书记、区长杜江作开幕致辞。全体在家县级领导，区直机关干部、退休老干部、农牧民群众、环卫工人、师生代表等400余人在区文化活动中心共同观看演出。此次活动由区委、区政府主办，区委宣传部、文广局承办，民政局协办。

11月

1日 为进一步关注青少年成长，着力做好青少年法制教育工作。堆龙德庆区举办“珍惜青春 远离犯罪”青少年模拟法庭活动。审判长到公诉人、人民陪审员、法警、辩护人等都由区中学9名学生扮演。观众则是由100名中学生及6名家长代表、3名老师代表组成。

3日 区委副书记、区长杜江代表区政府与中国银行股份有限公司西藏自治区分行党委书记、行长李建刚举行战略合作签约仪式，双方代表40余人出席签约仪式，签约仪式由区委常务副书记张勇主持。会上表示，未来五年，中国银行股份有限公司西藏自治区分行将在基础设施建设、特色产业发展、交通运输体系、能源供应保障、水利通信保障、民生事业发展、小微企业和精准扶贫等投资领域，为堆龙德庆区提供不低于300亿元的融资额度和授信支持。

5日 下午，自治区党委常委、拉萨市委书记齐扎拉到堆龙德庆区调研拉萨西环线工程推进、桑木村易地扶贫搬迁安置点建设和拉萨市流浪犬收养中心建设管理情况。在实地调研中，齐扎拉指出既要确保施工安全，提升工程质量，加快施工进度，又要立足实际，精准发力、精准施策，加快桑木村易地扶贫搬迁安置点配套实施建设，让搬迁群众早日入住，坚决打赢精准扶贫精准脱贫“双百攻坚战”。区委书记格桑平措，区委副书记、区长杜江陪同。

8日 堆龙德庆区召开创先争优强基础惠民生活动第五批驻村工作总结表彰暨第六批驻村工作动员大会。全体在家县级领导，各乡（镇）党委书记、乡（镇）长，区直各单位主要负责人，自治区、拉萨市派驻单位驻村工作负责人、各行政村党支部第一书记、书记，第五批和第六批驻村工作队队长，先进驻村工作队和优秀组织单位代表，先进驻村工作队员等200余人参加会议。会议由区政协主席洛桑强巴主持，区委书记、区创先争优强基础惠民生活动领导小组组长格桑平措作重要讲话。

10日 自治区人大常委会调研组一行到堆龙德庆区调研商务工作。堆龙德庆区人大常委会副主任达娃卓玛，副区长董智杭、何景平、王考昌等相关同志陪同调研。

同日 为进一步加强消防安全宣传教育，切实提高青少年的消防安全意识，普及家庭灭火常识。堆龙德庆区公安消防大队开展“警营开放日”活动，堆龙德庆区希望小学40余名学生在老师的带领下到堆龙大队参观，零距离学习消防知识，感受警营文化。

14日 上午，堆龙德庆区隆重召开“先进双联户”总结表彰大会，会议由区政协党组书记、政协主席洛桑强巴主持。在家全体县级领导，各乡（镇）党委书记及分管领导，区直各单位负责人，各村党支部第一书记、书记，各驻村工作队队长，受表彰的代表参加会议。会上，区委副书记、政法委书记、公安局局长谢公瑾对堆龙德庆区2016年“先进双联户”工作进行总结，并就下一步“先进双联户”创建评选工作进行安排部署。区委常务副书记张勇宣读表彰决定，会议隆重表彰16个“先进双联户”和2个先进乡（镇）、3个先进村。同时，获奖代表就“先进双联户”创建工作作了交流发言。

同日 堆龙德庆区召开自治区第九次党代会期间维稳防控动员部署会。全体在家县级领导，各乡（镇）党委书记、分管领导，涉稳涉宗部门负责人，村党支部第一书记、书记，驻村驻寺干部参加会议，会议由区政协党组书记、政协主席洛桑强巴主持。会议由区委副书记、政法委书记、公安局局长谢公瑾就做好自治区第九次党代会期间维护社会稳定工作进行安排部署。区委副书记、区长杜江作重要讲话。

26日 拉萨市验收组到堆龙德庆区开展扶贫验收考核工作，由市纪委第四纪检组组长李涛带队，区委书记格桑平措，区委常委、副区长李晓强，区扶贫办主任、六个推进小组副组长以及各相关单位负责人陪同。验收组采取听汇报、查台账资料、随机入户走访、问卷调查对堆龙德庆区扶贫工作进行督导检查。

28—29日 自治区精准扶贫考核组到堆龙德庆区检查指导精准扶贫工作，考核组在自治区党委组织部部务委员吕叶辉的带领下，通过听汇报、查台账、走村入户等方式对堆龙德庆区精准扶贫工作开展情况进行检查。

29日 市委副书记、市长果果到堆龙德庆区调研堆龙新城龙腾大厦选址及“香雄美朵”生态旅游文化产业园区100户易地搬迁安置点建设情况。区委书记格桑平措，区委副书记、区长杜江陪同。

12月

1日 由拉萨市副市长林生带队的西藏自治区环境保护考核组对堆龙德庆区环保工作进行考核。区委书记格桑平措等领导陪同，考核组一行在听取堆龙德庆区2016年度环保工作汇报及现场考核审议咨询现场会后，对堆龙德庆区涉及18项环保考核指标对环保资料进行现场复核，并对相关企业进行检查。

5日 由区委宣传部、区总工会、团区委、区妇联、区直机关工委五家单位联合在政府1号楼前正式启动的“2016年‘12·5’国际志愿者日系列志愿服务活动启动仪式”。启动仪式由区委副书记、区长杜江主持，首先进行升国旗、唱国歌；之后志愿者们宣誓；最后区委书记格桑平措作了重要讲话，启动仪式结束后，县级领导们开展“梦想树”爱心认领活动，志愿者们到不同地点分别进行志愿者服务。全体在家县级领导出席此次活动，全区党员志愿者、西部计划志愿者及区直各委办主要负责人等100余人参加。

7日　堆龙德庆区举行中共十八届六中全会和区市第九次党代会精神宣讲报告会。自治区党委讲师团成员、中共拉萨市委讲师团成员、中共拉萨市委党校讲师刘培勇应邀到堆龙德庆区进行宣讲。全体在家县级领导，各乡（镇）党委书记、乡（镇）长、宣传委员，区直各单位主要负责人，各村第一书记，各寺管会负责人等140余人参会。区委书记格桑平措主持并结合堆龙德庆区实际作重要讲话。

同日　堆龙德庆区举行“一纸献爱心”废旧报纸刊物募集积聚善款活动。活动自发起以来，得到全区各机关单位的广泛支持，此活动的开展为建设幸福和谐堆龙营造良好的社会环境。

8日　区委书记格桑平措前往顶嘎寺看望慰问顶嘎活佛、僧人班子成员及驻寺干部。格桑平措详细询问活佛的身体、修行、生活等相关情况，并征求活佛对堆龙德庆区发展稳定各项工作意见建议，还实地查看寺庙围墙、僧舍维修、天葬台围栏、车库等工程建设情况。区政协主席洛桑强巴，区委常委、统战部部长普布斯曲，区人大常委会副主任、德庆乡党委书记罗桑次仁及区委统战部、德庆乡、顶嘎寺管委会负责人陪同慰问。

9日　市委常务副秘书长曹恩宏、市委副秘书长土登带领相关单位到堆龙德庆区，就拉萨市目标绩效考核争先进位考核工作进行检查验收。

13日　拉萨市卫生局局长扎西德吉到堆龙德庆区考核验收2016年卫生计生工作，区委书记格桑平措，区委常务副书记张勇等相关领导陪同。考评组以听取汇报、查阅相关资料、实地考察等形式对区卫生局、疾控中心、医院及基层医疗卫生工作进行检查，并对工作提出意见建议。

15日　由区委书记格桑平措主持，召开区委理论学习中心组暨“两学一做”学习教育“贯彻落实党的十八届六中全会精神”集中学习研讨会。区委副书记、区长杜江，区委副书记边旦，区委常委、纪委书记尚志清等领导传达学习相关文件精神和通报，区检察院检察长边巴扎西等6名同志围绕学习主题作交流发言，在家全体县级领导，各乡（镇）党委书记、乡（镇）长，区直各单位主要负责人共80余人参加会议。

16日　区委书记格桑平措等领导陪同拉萨市交通运输局局长扎西平措一行检查堆龙德庆区农村公路建设情况，检查组首先听取堆龙德庆区农村公路建设情况汇报，同时进行交流发言，随后，前往马乡措麦村开展实地调研。

同日　拉萨市委常委、统战部部长阿努次仁到堆龙德庆区楚布寺调研指导宗教工作，调研组一行首先听取堆龙德庆区宗教工作开展情况汇报，随后实地查看僧舍建设等情况。区委书记格桑平措，区委常委、统战部部长普布斯曲等领导陪同。

20日　为贯彻落实好拉萨市的维稳视频会议及自治区党委副书记、市委书记齐扎拉等领导的重要讲话精神，切实做好“色拉协曲”“甘丹昂曲”（燃灯节）宗教活动期间堆龙德庆区维稳各项工作，区委书记格桑平措主持召开“燃灯节”期间堆龙德庆区维稳工作专题部署会议。

23日　区委书记格桑平措一行到德庆乡召开工作座谈会，主要针对近期召开区委全委会、“两会”、经济工作会议，为更好地开展明年党建、维稳、精准扶贫、小康安居等工作倾听基础意见建议，并实地查看昂嘎汽车综合服务中心等项目建设情况，德庆乡“两委”班子成员、各村第一书记、书记、第一主任、主任、驻村工作队队长、两代表一委员等参加座谈

25日　拉萨市召开重点产业发展表彰大会，区党委副书记、市委书记齐扎拉出席。在重点产业表彰大会中堆龙德庆区被评为“拉萨市文化旅

游产业先进单位”，区委书记格桑平措代表堆龙德庆区上台领奖，区委常委、政府党组副书记、副区长刘春涛，副区长王考昌，区旅游局、文化局、工业园区、净土公司等相关单位负责人参加。

26日 团区委举行“雪域同心，圆梦金陵，西部公益游学计划活动出征仪式”。

29日 拉萨综合保税区申报建设工作推进会，在拉萨市经开区管委会三楼第二会议室召开，区委书记格桑平措，区委常委、政府党组副书记、副区长李晓强参加推进会。会上，拉萨市经济开发区与区政府负责人签订合作开发协议。

30日 堆龙德庆区召开节前维稳防控和党风廉洁专题部署会，会议首先对全区节前维稳防控工作进行动员部署；随后，传达学习自治区纪委案件通报和贯彻落实自治区、拉萨市纪委关于做好2017年元旦春节藏历新年期间党风廉洁建设有关工作的要求；最后，由区委书记格桑平措作重要讲话。政协党组书记、政协主席洛桑强巴主持，在家全体县级领导出席会议，各乡（镇）党委书记、党建副书记、纪委书记，区直各单位副科级（实职）以上干部，区直国有企业主要负责人，各寺管会负责人，各派驻纪检组组长等120余人参加。

同日 堆龙德庆区举办2017年“共建团结美丽家园、共享健康幸福堆龙”迎新文艺会演在区文化活动中心拉开帷幕。区委书记格桑平措代表区四大班子致新年贺词，此次活动由区委、区政府主办，区委宣传部、团区委、文广局承办。在家全体县级领导，区直机关干部、退休老干部、驻地官兵、农牧民代表、护路队员、环卫工人等400余人共同观看。

政 治

中共堆龙德庆区委员会

【概况】 2016年，在市委的坚强领导下，堆龙德庆区全面贯彻落实习近平总书记治边稳藏重要战略思想和“加强民族团结、建设美丽西藏”的重要指示，牢牢把握经济社会发展阶段性特征，深入实施“六大战略”，加快构建“一核两带、三区五园、六沟多点”空间布局，着力在党的建设上狠下功夫、在维护稳定上真抓实干、在顶层设计上科学谋划、在攻坚克难上勇于担当、在干事创业上求真务实、在补齐短板上主动作为，顺利完成撤县设区，开创社会大局和谐稳定、经济实力稳步提升、民生事业持续改善、生态环境保持良好的新局面，实现“十三五”规划良好开局。2016年，堆龙德庆区完成地区生产总值26.28亿元，同比增长15.3%；完成一般公共财政预算收入6.26亿元，同比增长24.54%；完成全社会固定资产投资76.76亿元，同比增长32.3%；完成工业增加值9.67亿元，同比增长-8.43%；完成社会消费品零售总额9.16亿元，同比增长9.57%；实现农牧民人均可支配收入12297元，同比增长10.3%。

【党的建设更加深入】 *常委会自身建设不断加强。*坚持把党委的领导重心更多地体现在谋长远、管方向、掌大局和设规矩、定大事、抓监督上，进一步强化区委总揽全局、协调各方的领导核心作用。坚持正确的政治方向，切实加强理想信念教育，严格执行党的民主集中制，着力提高常委会议事决策水平，确保区委对改革发展稳定各项事业的统一领导。全年召开区委理论中心组学习23次，召开区委常委会39次，研究解决重大事项180余件，修订完善《常委会议事规则》等15项制度。

*廉洁建设不断深入。*认真落实全面从严治党党委主体责任和纪委监督责任，健全完善三级党风廉洁建设责任体系，全面推进各级党组织书记向上级党委述责述廉及评议质询工作，积极探索建立区委巡察制度，建成机关廉洁文化走廊，成立区扶贫开发资金监督检查领导小组，实施干部提任廉洁考核机制，设立区委落实全面从严治党主体责任办公室，向8个重点经济部门派驻纪检组，实现村级纪检监督员全覆盖。坚持把党的纪律和规矩挺在前面，认真落实中央“八项规定”精神，严防“四风”问题反弹，坚持以“零容忍”的态度查处违纪违法问题，全年核查问题线索23件，立案6件，给予党纪政纪处分4人。

*基层基础不断巩固。*进一步完善各级党组织书记就抓党建工作向上级党组织公开述职、公开评议的工作机制。扎实开展“强党、固基、扶村”工作，投入8044万元对26个行政村活动场所进行改扩建或新建，实现村级活动场所标准化建设全覆盖。制定《村集体经济发展规划》，全面消除“空壳村”，实现行政村有稳定的集体经济

全覆盖。试点开展乃琼村、波玛村成立党委，桑木村、设兴村成立党总支工作。建成严肃换届纪律警示教育主题展馆，圆满完成乡（镇）领导班子换届工作。实现各村第一书记由乡（镇）领导班子成员兼任，村民服务中心、寺管会干部统一选派，扎实开展第六批驻村工作队进驻工作，共选派130名下沉干部、61名驻村干部和35名驻寺干部，实现基层干部派驻全覆盖。进一步提高村“两委”班子成员薪酬，严格农牧区党员发展工作，全年新发展农牧民党员170名、培养农牧民入党积极分子430名。

队伍建设不断强化。紧紧抓住撤县设区历史性机遇，推荐使用30名优秀干部走上县（处）级重要领导岗位。坚持好干部标准和民族地区好干部“三个特别”要求，从一线干部中新提拔乡（科）级干部215人，干部队伍结构不断优化、能力水平不断提高。扎实开展“两学一做”学习教育，各级党组织开展各类专题学习活动1600余场次，制定《党员教育培训计划》，全年开展各类培训684场次，培训党员8000余人次、其中培训农牧民党员3000余人次，实现党员干部培训全覆盖。制定《“十三五”人才工作发展规划》，全年引进2名优秀内地乡（镇）长到堆龙德庆区担任领导；35名华西医院委培学生到区人民医院和乡（镇）卫生院工作；专项招收13名区外大学生到各乡（镇）开展精准扶贫工作。

【社会大局持续稳定】 *着力加强维稳举措*。把维护稳定作为最大的政治任务，建立完善一级抓一级、层层抓落实的责任体系，大力实施十项维稳措施，严格执行重大决策、重大项目、重大活动社会稳定风险评估制度，努力构建维护稳定长效机制。

着力加强反分裂斗争。牢固树立“团结稳定是福、分裂动乱是祸”的意识，切实强化对重点人员特别是邻省藏区学经回流人员思想教育引导，大力提升情报信息搜集研判能力，深入开展反自焚、防自焚专项斗争，依法严厉打击非法组织和分裂势力，确保无一僧尼、无一群众到境外参加法会，坚决粉碎十四世达赖集团的险恶用心。

着力加强社会治理。进一步健全基层群防群治体系，不断巩固深化网格化管理模式和“双联户”运行模式，特别是乃琼镇党委充分发挥网格长、“双联户”等基层力量，妥善解决环城路沿线群众抢栽抢种引起的补偿纠纷问题，有效避免群体性事件，为提升基层社会治理能力提供经验。

着力加强治安管理。充分发挥警务站作用，切实加强流动人口管理，依法查处违法犯罪活动，对城区主要街道、重要场所、重点部位实施武装巡逻、徒步巡逻和定点守护，强化实兵拉动演练和预设、不预设警情演练，进一步提升城区3分钟应急处突能力。积极发挥“护城河”治安检查站防护器作用，有效拱卫市区安全。不断加强铁路护路队伍建设，加大巡逻防控力度，确保青藏铁路堆龙段平安畅通。

着力加强安全生产。切实增强各行业安全责任意识，全面开展安全生产大检查大排查大整治专项行动，对道路交通、物流仓储、非煤矿山、危险化学品等重点领域开展拉网式排查治理，健全完善三级安全生产联动监管和隐患排查治理体系。

着力加强信访工作。切实构建“大信访”格局，积极开展信访和矛盾纠纷排查调处工作，86件群众来信来访案件和310件矛盾纠纷全部妥善化解，办结率、调处率均达100%，成功化解4件多年上访案，实现信访案件零搁置。

【经济发展势头强劲】 *农业产业化进程加快*。严格实行耕地保护制度，完成永久性基本农田调整划定工作。强化土地管理，引导农村土地合理有序流转。建成乡（镇）农牧综合服务站、5个行政村科普活动站。积极实施18.5万亩的测土配方示范田、标准化高产创建示范田、新品种展示示范田建设，粮食产量稳中有增。积极推广牲畜良种繁育，牲畜存出栏率、新生仔畜存活率保持平稳。稳步推进新型农业经营主体发展，大力支持朗巴青年生猪养殖、古荣藏鸡养殖等农牧民专业合作社规模化发展。深入实施“一乡一品”战略，建成古荣乡、马乡、德庆乡净土健康产业示范园。强势推动品牌建设，成功申报“古荣糌粑”为国家地理标志，创立“青色麦田”青稞系列特色农产品品牌。

工业经济整体向好。调整完善工业园区产业发展布局规划，建成110千伏变电站，有效解决能源瓶颈，完成滨河路、中小企业服务中心等项目建设，进一步完善工业园区A区生产、生活配套设施建设，全面启动工业园区B区开发建设。紧紧围绕藏香（藏香水）、高原绿色食（饮）品加工业、藏药业、民族手工业等领域，大力发展特色工业。进一步强化实体企业招商落地，全年签约51个招商引资项目，计划总投资66.29亿元。

第三产业提质增效。全面启动“香雄美朵”生态旅游文化产业园建设，完成6830亩花卉、经济林种植。编制《“十三五”旅游总体发展规划》，积极实施“一条环线”和“一带画廊”旅游发展战略。对藏药始祖宇妥·云丹贡布出生地进一步进行专家论证，完成楚布沟、邱桑温泉等12项旅游资源商标注册工作，成功举办宇妥沟藏医养生深度体验游活动，持续扩大楚布沟山地自行车体验赛知名度。启动拉萨综合物流保税园区建设前期工作。加快推进城乡集贸市场升级改造，个体工商户保持平稳增长，消费市场呈现良好发展态势。

【人民生活显著改善】 扶贫攻坚持续推进。着力破解“扶持谁”“谁来扶”“怎么扶”三大问题，充分激发贫困群众内生动力，举全区之力齐心攻坚，切实做到真识别、精准确认，真建档、精准管理，真举措、精准施策。鼓励自主创业、强化劳务输出，实现产业带动贫困群众年人均增收2000元。完成波玛村100户和桑木村300户集中安置工程建设，有序开展入住工作。建立健全教育、医疗扶贫政策，全面实施低保线与脱贫线双线合一。通过政府购买公共服务岗位实现525人就业，月人均增收3000元。与农行、邮储等银行建立产业扶贫贷款机制。积极推动企业与行政村结对帮扶工程。建立区、乡（镇）两级“建档立卡”贫困户月收入动态监测机制。实现1324户4430名贫困群众基本达到现行脱贫标准。

教育事业内涵发展。编制《教育改革与发展“十三五”规划》，加快基础教育信息化建设，严格执行高校学生奖励资助办法，促进学生全面发展。建立健全教师轮岗交流制度、小学结对交流制度，着力提升教育教学质量。全面推进园林式、书香化学校建设，大力提升中小学、幼儿园标准化建设水平，在全市率先普及农牧区3年学前双语教育，教育均衡发展成果得到巩固。

卫生服务持续优化。大力提升卫生服务水平，成功创建区医院为二级乙等医院，完成5个乡（镇）卫生院标准化建设和4个村级卫生室标准化改扩建工程。探索建立基层首诊和双向转诊分级诊疗制度，积极推行“先诊疗、后结算”优质医疗服务机制，深入落实“零差价”药品政策，着力加强妇幼保健工作，农牧民和僧尼免费体检率均达100%，孕产妇死亡率和婴儿死亡率分别下降到零死亡和7.5‰。群众看病难、看病贵的问题得到有效缓解。

文化事业繁荣进步。立足区文化活动中心，深入推进“书香堆龙”建设，着力完善三级公共文化服务体系。积极推动文物保护工作，大力弘扬民族优秀文化，成功举办首届藏戏文化艺术节暨藏戏大赛，全年举办大型活动13场，开展基层慰问演出65场。加快推进新媒体融合发展，开通“网信堆龙”“堆龙发布”等微信公众平台。大力弘扬爱国主义精神，建成15个村级爱国主义教育基地，基层精神文明建设蓬勃发展。

社保体系日益完善。扎实开展“四业工程”，实现农牧区劳动力转移就业2.71万人次。大力推行低保户规范化动态管理，五保户意愿集中供养率保持在100%。积极开展临时救助和城乡医疗救助工作，强化弱势群体保障服务，建成残疾人康复理疗中心。扎实开展保障性住房建设，严格落实农民工工资保证金制度，社会保障能力不断提升。

城镇化建设迈上新台阶。完成投资49.73亿元，实施101个城镇基本建设项目。强力推进总里程35公里的109国道堆龙大道段、西环线波玛段、318国道拉贡公路段、北环路延伸段和平路段项目建设，实现市区道路与城区主干道无缝对接。着眼于充分发挥城镇化后发优势，突出堆龙河对城市可持续发展的重要作用，完成堆龙新城控制性详细规划，稳步推进新城征地拆迁工作，切实增强政府对土地一级市场的调控能力。扎实开展农村宅基地确权，编制古荣乡、马乡、德庆乡小城镇规划，启动小康安居和4500米以上群众搬迁安置工程前期工作，全区城镇化率达到42.8%。

【民族宗教团结和睦】 统战工作健康发展。高举爱国主义、社会主义旗帜，着力凝聚人心，最大限度团结一切可以团结的力量，建立健全服务联系党外人士、境外藏胞工作机制，进一步提升活佛培养联系服务水平。

宗教工作健康发展。进一步加强和创新寺庙管理，不断深化“教育服务管理”三项职能，稳步推进“六建”“六个一”“9+5”建设，积极开展模范寺庙暨爱国守法先进僧尼创建评选、“两险一保”覆盖等各项工作。补充吸收12名新僧尼，组织30名僧尼到内地参观学习交流。严格宗教活动审批和安保工作，建立各部门联防联动机制，圆满完成楚布寺“次曲”等20项宗教活动安保工作，确保全区宗教领域的持续和谐稳定。

民族事业健康发展。严格执行《拉萨市民族团结进步条例》，深入开展民族团结进步模范创建活动，引导各族各界积极投身民族团结进步事业，大力表彰和宣传各行业涌现出的民族团结进步典型，全年表彰31个民族团结进步模范集体、76个民族团结进步模范家庭和436名民族团结进步模范个人。积极开展民族团结宣传活动，成功举办知识竞赛、摄影绘画书法展、歌咏比赛等系列活动，促进各民族手足相亲、守望相助。

【生态环境保持良好】 坚持保护优先、综合治理，着力建设绿色堆龙。重创建。色玛村、嘎冲村等7个行政村成功创建“自治区级生态村”，累计创建率达93.3%；东嘎镇、乃琼镇、古荣乡、马乡、德庆乡成功创建“自治区级生态乡（镇）”，为创建“自治区级生态县”奠定坚实基础。重治理。严格落实建设项目环境影响评价机制，进一步加强“三高一低”企业监管，下大力气依法取缔5家堆煤厂，周边环境得到有效整治，严厉打击非法采砂、采石、采矿行为。重措施。完成1.91万亩西藏生态安全屏障防护林建设和8400亩拉萨周边防护林建设，全区森林覆盖率达13.53%。全面启动保护母亲河行动，严格实行“河长制”，着力加强水生态治理与保护，拉萨河堆龙段水质达到国家三类标准。

【民主法治不断推进】 坚持将党的领导、人民当家做主和依法治区有机统一，紧紧围绕中心、服务大局，着力建设法治堆龙。依法顺利完成撤县设区各项工作，掀开堆龙发展史上崭新一页。切实加强党对人大工作的领导，坚持和完善人民代表大会制度，区人大积极改进和加强依法监督，决定重大事项工作不断深入，确保党委重大决策部署的贯彻落实。坚持和完善中国共产党领导的多党合作和政治协商制度，区政协紧扣改革发展稳定等重大问题广泛开展调查研究，政治协商的制度化、规范化、程序化水平不断提高。扎实落实依法治区战略，支持“一府两院”依法履职，法治政府建设成效明显。工青妇等人民团体的桥梁纽带作用进一步发挥，国防动员和后备力量建设、国防教育、双拥共建取得新进展。2016年，堆龙德庆区成功实现全国双拥模范县“八连冠”、全区双拥模范县“九连冠”目标。

【深化改革持续发力】 坚持勇于改革、善于创新，形成改革发展的新局面。扎实推进财税体制改革和行政审批制度改革，积极开展财政预决算公开，大力实施权责清单制度，梳理出行政权责1900余项。全面实行小型投资项目施工和中介服务公开摇号机制。全面推行“三证合一”“一照一码”登记制度。在全市率先启动探索实施公务用车改革。积极拓宽融资渠道，与中国银行、西藏银行分别签订战略合作协议，依托市城投公司的代建和投资优势，积极探索与市城投公司协同推进城市开发建设的新路子。

【受援工作成绩斐然】 主动加强与北京市和对口援藏区的沟通协调，扎实开展受援工作。积极做好援藏干部轮换，研究制定新一轮援藏工作计划。体制外受援工作进一步深化，与朝阳区、海淀区的互访交流进一步加强。充分发挥资金援藏的积极作用，全年落实援藏资金3200万元，实施3个援藏项目。进一步深化人才援藏和智力援藏工作，选派19名干部到北京市朝阳区跟岗锻炼，聘请北京市西城区11名党政干部到堆龙德庆区交流挂职，朝阳区选派5名医疗专家开展医疗援藏工作，并指导区医院开展创建二级乙等医院工作，组团式医疗援藏深入推进。

（王秦阳）

【领导名录】

区委书记 陈献森（7月离任）
格桑平措（藏族，8月任职）

区委副书记、区长
格桑平措（藏族，8月离任）
杜 江（8月任职，10月14日过人大会当选区长）

区委副书记、政协主席
郭志锋（8月退休）

区委副书记、人大常委会主任
达娃次仁（藏族，4月离任）

区委常务副书记
杜 江（8月离任）
张 勇（8月任职）

区委副书记、常务副区长
陈建民（7月离任）
赵 涛（满族，8月任职）

区委副书记
边 旦（藏族，6月任职）

区委副书记、政法委书记、公安局局长
谢公瑾（10月任职）

区委常委 巴桑次仁（藏族，6月离任）

区委常委、武装部部长
黄友良（3月退休）

区委常委、宣传部部长
图登佩杰（藏族）

区委常委、统战部部长
边 旦（藏族，6月离任）
普布斯曲（藏族，6月任职）

区委常委、区委办办公室主任
德吉央宗（女，藏族，6月任职）

区委常委、纪委书记
李荣锋（6月离任）
尚志清（6月任职）

区委常委、组织部部长
杨世军（6月离任）
王满春（6月任职）

区委常委、区政府党组副书记、副区长
李晓强（8月任职）

区委常委、区政府党组副书记、副区长
刘春涛（8月任职）

堆龙德庆区人民代表大会常务委员会

【概况】 2016年，堆龙德庆区人大常委会在中共堆龙德庆区委的领导下顺利完成“撤县设区”工作，召开2次人民代表大会会议（区一届人大一次会议、区一届人大二次会议）、8次人大常委会会议（区一届人大常委会第一次至第八次会议）和8次区人大常委会主任会议。上述会议共听取和审议“一府两院”有关报告、相关事项汇报7个，做出决定决议7个；依法任免国家机关工作人员37人次。

【第一届人民代表大会第一次会议】 2016年2月2—4日，堆龙德庆区第一届人民代表大会第一次会议在堆龙德庆召开，大会应到代表103名，实际到会代表89名，列席大会人员66名。大会宣读《国务院关于同意西藏自治区调整拉萨市部分行政区划的批复》和拉萨市人大常委会有关决定；听取和审议《堆龙德庆区人民代表大会常务委员会工作报告》《堆龙德庆区人民政府工作报告》《堆龙德庆区人民法院工作报告》

《堆龙德庆区人民检察院工作报告》《关于堆龙德庆县第十一届人民代表大会第四次会议代表意见建议办理情况报告》；审议《堆龙德庆县2015年国民经济和社会发展计划执行情况与堆龙德庆区2016年国民经济和社会发展计划报告》《堆龙德庆区“十三五”时期国民经济和社会发展规划纲要》；表决通过拉萨市堆龙德庆县第十一届人民代表大会常务委员会委员、领导班子、县人民政府领导班子、县人民法院院长、县人民检察院检察长转为拉萨市堆龙德庆区第一届人民代表大会常务委员会委员、领导班子、区人民政府领导班子、区人民法院院长、区人民检察院检察长的人员名单；补选堆龙德庆区第一届人大常委会委员4名；选举产生堆龙德庆区人民政府区长1名。

【第一届人民代表大会第二次会议】 2016年10月14日，堆龙德庆区第一届人民代表大会第二次会议在堆龙德庆召开，大会应到代表102名，实际到会代表78名，列席大会人员72名。大会选举产生堆龙德庆区第一届人大常委会主任1名、副主任1名、委员4名；选举产生堆龙德庆区人民政府区长1名、副区长6名；选举产生堆龙德庆区人民检察院检察长1名；选举产生堆龙德庆区出席拉萨市第十一届人民代表大会代表30名。

【自觉坚持和依靠党的领导】 年内，区人大常委会做到认真贯彻执行区委的决议、决定，围绕党委中心工作，制定人大工作计划；根据区委工作安排，及时调整人大工作思路。始终做到区委有号召，人大有行动，把人大工作置于区委的领导之下。视察、代表述职等主要工作都及时向区委汇报，努力实现党委意图和人民意志的统一。区委高度重视人大工作，为人大工作的开展出思路、提要求。“一府两院”自觉接受人大监督，在工作和生活中给予大力支持，形成团结和谐、干事创业、加快发展的良好局面。

【积极参与区委中心工作】 年内，按照区委的统一安排，区人大常委会各位主任积极参与区里的重点项目建设、民营经济、社会稳定等多项中心工作，经常深入建设一线，尽职尽责帮助解决工作中的具体问题。

【努力提高干部任免质量】 年内，根据有关法规进一步完善《任免工作办法》，规范任免工作程序。对区委推荐、“一府两院”提请任免的干部人选，严格实行任前公示、常委会表决、向宪法宣誓等任免程序，实现党委满意与人民满意的有机结合。2016年，任免国家机关人员37人次，为推动全区各项工作的开展提供组织保障。

【不断强化监督工作实效】 年内，区人大常委会认真行使法律赋予的监督职权，本着突出重点，讲求实效的原则，围绕大局，贴近中心，把当前堆龙德庆区改革发展稳定中的重大问题、人民群众普遍关心的热点难点问题作为重点开展一系列监督工作，取得较好效果。

【不断提高依法行政、公正司法水平】 年内，区人大常委会以提高领导干部依法行政、公正司法水平为着力点，积极采取普法讲座、集中学法、以考促学等方式，推进全区学法用法活动，顺利完成堆龙德庆区“六五”普法工作，进一步增强国家机关工作人员的法制观念，提高依法办事的自觉性。2016年，区人大常委会先后组织3次法律知识讲座，就《中华人民共和国宪法》《中华人民共和国中医药法》《中华人民共和国药品管理法》、人民代表大会制度有关知识进行深入浅出的讲解，使与会人员受到深刻的法制教育。同时，区人大常委会还努力把监督与支持有机地结合起来，按照区委的决策部署和全区工作大局，支持“一府两院”依法办事，促进堆龙德庆区国家机关依法协调、高度地运转，形成干事创业的强大合力。

【围绕热点难点问题，积极行使监督职能】 2016年，为充分发挥人大监督作用，保障代表依法履行职务，促进全区为民办实事项目如期保质完成，区人大常委会先后两次组织堆龙德庆区各级人大代表视察堆龙德庆区为民办实事项目和代表意见建议办理情况，既促进部门工作，也在视察过程中找到自身工作的不足，为更好地改进工作提供帮助。

【围绕增强实效，不断创新监督工作】 创新是人大工作永葆生机的源泉，区人大常委会不断探索改进监督工作的方式方法，使常委会会议和视察、检查活动做到议题求“准”，前期调研求“深”，议题审议求“透”、督促落实求“实”。2016年，区人大常委会对城区建设、全区社会治安、民营经济等22项工作进行审议和视察、检查，写出质量较高的调研报告6篇。

【不断提升代表工作水平】 密切区人大常委会与人大代表和人民群众的联系，对于促进全区社会稳定和发展具有十分重要的意义，也是做好全区人大工作的一项重要内容。区人大常委会不断改进代表工作，依托乡镇“人大代表之家”和村级人大代表活动室平台，努力为代表履行职务创造良好的环境，推动人大常委会工作的深入开展。

强化建议督办，激发代表参政议政的积极性、责任感。区人大常委会联合区委、区政府督查室将代表议案建议进行督办，对办理不到位、代表不满意的建议，要求限期重办，并安排专人跟踪督办落实。2016年，共向代表发放征求意见函100多件，代表对办理情况的满意率达100%。

强化工作指导，确保乡镇人大换届圆满完成。2016年，在区委的高度重视和区人大常委会党组的安排部署下，成立以区委书记为组长的换届工作领导小组，还成立堆龙德庆区人大换届选举委员会，换届工作领导小组深入乡镇指导检查换届工作，科学制定方案，认真开展选民登记、代表名额分配、选区划分等工作，通过细化工作职责，明确工作任务，交流工作经验，为堆龙德庆区换届工作顺利开展提供有力保证。为营造良好的换届选举舆论氛围，全区制作了50余个宣传栏，张贴1600余张标语，悬挂300余条横幅，发放10000余张宣传单，大力引导选民、代表正确行使民主权利，把《中华人民共和国宪法》《中华人民共和国地方各级人民代表大会和地方各级人民政府组织法》《中华人民共和国全国人民代表大会和地方各级人民代表大会选举法》《中华人民共和国全国人民代表大会和地方各级人民代表大会代表法》和相关法律贯穿于整个换届选举工作的全过程。投票选举结束后，经统计，全区参加乡镇人大代表投票选举的选民32777人，参选率100%，选举产生乡镇人大代表286名，选举产生乡镇人大、政府组成人员35名。

通过密切与人大代表和人民群众的联系，紧紧依靠人大代表和人民群众，维护和实现全区人民群众的合法利益，区人大常委会自觉接受人大代表和人民群众的监督，使人大工作更好地坚持群众路线，具有更加坚实的群众基础，更加有效地发挥人大权力机关的作用。

【不断加大宣传工作力度】 年内，区人大常委会始终坚持把人大宣传工作摆上重要位置，提高认识，明确重点，强化领导，常抓不懈，呈现出全面推进、整体加强、特色明显、精品频出的局面，为推进堆龙德庆区民主法制建设和人大工作顺利开展，发挥重要作用。

重点加强对宪法和法律的宣传。年内，区人大常委会利用“宪法日”“全国法制宣传日”“全国综治宣传月”等时机，对学习、贯彻和实施宪法进行研究部署，深入街道、市场宣传宪法、代表法、组织法，声势大，影响深，效果好，增强法制宣传教育的实效，提高全社会的法律意识和法制观念。

重点加强对人大工作的宣传。2016年，区人大常委会调整充实2名人大新闻宣传报道员，定期向各乡镇及有关部门印发人大宣传工作要点，积极向各级报刊投稿，并办好常委会简报，从而营造浓厚的宣传工作氛围，有力地促进民主法制建设。2016年，区人大常委会撰写信息简报90多篇，全面宣传堆龙德庆区的人大工作，宣传民主与法制建设，宣传加快发展的良好精神面貌和干事创业、实干兴区的工作业绩。

【不断推进信访工作法制化】 人大信访工作是人大及其常委会履行监督职能的重要内容和手段之一。年内，区人大常委会坚持建立和完善信访工作制度，畅通渠道，规范操作，落实责任。按照分级负责，归口办理的原则，统一交办，并在接访、受理、登记、交办、督办等方面不断科学化、规范化、程序化。不断强化措施，建立健全信访限期办结通报制，提高信访案件的办结率和办理质量，努力做到“件件有回音，事事有着落”。工作中注意把群众诉求强烈、社会普遍关注、影响重大的信访案件，特别是上级人大交办和本级常委会领导批办的信访件，列入常委会调研、视察检查和审议的重点内容，把信访工作与人大监督有机结合起来，切实加大督办力度，确保问题得到妥善解决，依法维护信访人特别是弱势群体的合法权益。要加强沟通协调，形成合力，努力构建上下联动、左右互动的人大信访格局。

【不断加强常委会自身建设】 年内，为切实履行好宪法和法律赋予的职责，区人大常委会坚持以适应新形势的需要为出发点，把自身建设摆上重要工作议程，有效提高理论水平和工作能力。

健全制度，强化学习。区人大常委会进一步健全学习中心组制度，发挥常委会领导学习表率作用，以“两学一做”学习教育为契机，紧密联系人大工作实际，认真学习中共十八大和十八届三中、四中、五中、六中全会和习近平总书记系列重要讲话精神，切实统一思想，增强工作的原则性、系统性、预见性和创造性。

深入调研，改进作风。坚持求真务实的工作作风，围绕全区的中心工作和人民群众关心的热点问题，积极组织常委会组成人员深入基层调查研究，参与区委中心工作。2016年，共开展专题调研10余次。

加强机关建设，提高服务水平。区人大常委会把党风廉政建设和反腐败工作纳入人大机关建设全局，统筹安排，全面推进，形成反腐败领导体制和工作机制。进一步健全完善机关建设的20多项规章制度，切实加强机关队伍建设，更好地发挥机关的职能作用，在为“三会”服务、后勤保障等多项工作中发挥应有的作用。

（刘长景）

【领导名录】

区人大常委会主任

达瓦次仁（藏族，10月离任）

杨 世 军（10月任职）

区人大常委会副主任

达娃卓玛（女，藏族）

次　　仁（藏族）

马　　勇

罗桑次仁（藏族，10月任职）

堆龙德庆区人民政府

【概况】 2016年，是堆龙德庆撤县建区的第一年，是“十三五”规划的开局之年，在党中央、国务院的亲切关怀下，在自治区、拉萨市党委政府和区委的坚强领导下，在区人大法律监督和区政协的民主监督下，在北京市的无私援助下，区政府团结带领全区各族干部群众，深入贯彻落实中共十八大和十八届三中、四中、五中、六中全会及中央第六次西藏工作座谈会精神，贯彻落实习近平总书记系列重要讲话精神，特别是“治国必治边、治边先稳藏”的重要战略思想和“加强民族团结、建设美丽西藏”的重要指示精神，始终坚持依法治藏、富民兴藏、长期建藏、凝聚人心、夯实基础的重要原则，坚持稳中求快的工作总基调，深入实施“六大战略”，着力构建“一核两带、三区五园、六沟多点”的空间布局，牢牢坚守“三条底线”，取得经济增速快、投资拉动大、质量效益好、改革开放活、生态环境优的良好成绩，经济社会保持持续健康的发展态势，实现“十三五”规划良好开局。2016年，全区地区生产总值完成26.28亿元，同比增长15.3%；一般公共财政预算收入达到6.26亿元，同比增长24.54%；全社会固定资产投资达到76.76亿元，同比增长32.3%；工业增加值达到9.67亿元，同比增长-8.43%；社会消费品零售总额达到9.16亿元，同比增长9.57%；农村居民人均可支配收入达到12297元，同比增长10.3%。

【牢固树立核心意识】 年内，区政府坚定不移地在思想上、政治上、行动上与党中央、自治区、拉萨市党委政府和区委保持高度一致，始终将保民生、保稳定、谋发展作为工作的出发点和落脚点，切实在提高依法执政能力上狠下功夫，确保各级党委政府决策部署落到实处。全年共召开政府常务会议30次，研究解决重大事项370项，制定完善《政府常务会议事规则》等6项工作制度，扎实开展“两学一做”学习教育，区政府党组开展集中学习23场次，执政能力和领导水平不断提升。

【打造高效廉洁政府】 年内，区政府认真履行党风廉洁建设和反腐败工作主体责任，坚持“一岗双责”，坚决贯彻执行中央“八项规定”和自治区党委“约法十章”“九项要求”以及拉萨市委“八项要求”，严格落实“说办就办、马上就办”的作风要求。积极完善政府预算体系，推进财政预决算公开，建立完善乡（镇）、部门财务监管机制，完成扶贫工作专项审计。全面启动公务用车制度改革，努力形成符合堆龙德庆区实际的新型公务用车制度。严控“三公”经费支出，全年“三公”经费同比下降19.57%。大力推进简政放权，全面梳理权责清单，完善区、乡（镇）、村“一站式”政务服务体系，将窗口单位工作职能统筹吸纳，便捷高效服务群众，进一步增强政府公信力。紧紧围绕涉及人民群众切身利益的重要事项，不断健全政务公开制度，规范政务公开的内容、方式、程序，全面实行“阳光运作”。

【生态环境显著改善】 年内，堆龙德庆区研究出台《堆龙德庆区环境质量监测方案》等文件，严格执行环保工作监督问责和“一票否决”制，持续推进生态环境建设。全年审批环境影响评价185个，环评率和“三同时”执行率达100%，群众环境信访及投诉案件办结率达100%。28个行政村被评为“自治区级生态村”、5个乡（镇）被评为“自治区级生态乡（镇）”。完成19120.05亩西藏生态安全屏障防护林体系建设、825亩绿色长廊109国道提升工程、8400亩拉萨周边防护林项目、398.7亩重点区域公益林人工造林、新一轮909亩退耕还林工程及工业园区A区道路绿化工程。全面推行公益林保护、野生动物保护、护河护堤、草场监督制度，对14万平方米绿化带进行养护、提升，全区森林覆盖率、草地覆盖率分别达13.53%、60.44%，空气质量持续保持国家二级标准，拉萨河堆龙德庆段水质达到国家Ⅲ类标准，有力促进资源环境与经济社会协调发展。

【城乡环境持续改善】 年内，堆龙德庆区充分发挥投资拉动作用，完成投资49.73亿元，实施101个基本建设项目，基础设施建设明显加强。全力推动西环线与拉萨市南北环线有效连接，实现全境融入拉萨市城区、区域道路与市区主干道无缝对接。投入资金94.48万元，初步建立区、乡（镇）、村、组四级垃圾收集转运处理体系。启动实施古荣乡加入村小康安居试点工程项目建设和海拔4500米以上居民搬迁安置前期工作，完成既有建筑节能改造和建筑风貌提升改造项目建设，全区城镇化率达42.8%。启动实施撤乡设镇、撤镇设街道办事处和古荣乡、马乡、德庆乡小城镇发展规划编制工作，探索建立城市公共交通服务体系，有力推动城乡一体化发展。成立城管执法大队，稳步推进城市管理工作实现科学管理、精细管理、长效管理。

【稳步推进精神文明建设】 2016年，堆龙德庆区积极开展精神文明创建活动，15个村镇被评为

“拉萨市文明村镇”、11个区直单位被评为“拉萨市文明单位”。建成14个村级爱国主义教育基地，成功举办堆龙德庆区“首届藏戏文化艺术节暨藏戏大赛”“首届书法、绘画、摄影艺术作品展”等形式多样的文艺活动，开展基层慰问演出65场次，切实为经济社会发展提供强有力的思想保证、精神力量和道德滋养。

【持续强化公共文化服务】 年内，堆龙德庆区不断健全公共文化服务体系，区文化活动中心、区新华书店全面竣工并投入使用，农家书屋、寺庙书屋等惠民工程实现全覆盖，初步形成区、乡（镇）、村公共文化服务网络。完成14926套“户户通”广播电视工程建设、605套“舍舍通”安装调试、826套广播电视安装调试、11008套农牧民群众清流机顶盒升级置换，广播电视综合人口覆盖率达99%，稳步推进国家公共文化服务体系示范区创建工作。

【全面加强文化文物保护】 2016年，完成“堆龙德庆区非物质文化遗产数据平台”建设工作，投入57万余元抢救挖掘具有传统历史意义的民间文化瑰宝“猴年猴戏”，发放县（区）级非遗产业扶持资金65万元，申报并公布“罗萨美朵”为市级传统技艺非遗项目、勉唐派绘画旦巴云丹为市级非遗传承人。全面做好文物保护工作，实施雄巴拉曲山体7处摩崖造像搬迁工作，完成东嘎山摩崖造像、东嘎宗建筑遗址等文物遗产的安全防护工作，实施68个文物保护点登记造册和石碑标识建立工作，完成8处文物保护点的提级申报和楚布寺700余件可移动文物普查工作。

【净土健康产业快速发展】 2016年，堆龙德庆区加快发展以紫青稞、藏药材、花卉、藏鸡为主的特色净土健康种养殖产业，深入实施“一乡一业、一村一品”发展战略，建成古荣乡、马乡、德庆乡净土健康产业园、古荣乡5万只藏鸡养殖基地，完成“香雄美朵”生态旅游文化产业园6830亩花卉、香料、经济林种植工作。充分发挥净土公司的统筹、管理、销售、服务职能，与西华大学签订研发合作协议，研发出青稞面包、麦片等“青色麦田”系列产品，推动净土健康产业持续发展。

【农牧业稳定发展】 2016年，堆龙德庆区完成5524.9876公顷永久性基本农田划定工作，投入10297.51万元，完成6个农业综合开发、土地治理、青稞高标准农田建设项目，发放支农惠农资金43182.37万元。深入实施小型农田水利“重点县”项目建设，保障和改善农田灌溉6.86万亩，落实测土配方示范田6.5万亩、标准化及高产创建示范田6.5万亩、二级种子田良种繁育基地0.515万亩、新品种展示示范田5.5万亩，主要农作物良种覆盖率达100%，实现粮食总产量2.3万吨。牲畜存栏11.35万头（只、匹），牲畜良种覆盖率达34.85%、牲畜出栏率达37.42%、新生仔畜存活率达97%、成年牲畜死亡率控制在1.1%以内。积极整合经济资源，加快转变农牧业发展方式，不断扩大经济效益，专业合作组织发展壮大到135家，注册资金1.31亿元，带动2943人实现增收。

【工业经济持续发展】 大力发展特色工业，2016年完成工业总产值28.27亿元、工业税收3.18亿元，分别同比增长14%、21%。工业园区A区110千伏变电站、自来水厂正式投入运营，B区基础设施建设稳步推进，卓品药材等重点企业陆续建成投产，园区化、聚集化能力显著提高。大力推进企业和产品向高端化、品牌化、规模化发展，顺利完成总投资1亿元的西藏天赐源生物有机肥、西藏博可生物青稞麦绿素项目以及总投资3.9亿元的西藏高争建材股份有限公司产能拓展技术改造项目。多措并举缓解融资难问题，与中国银行股份有限公司西藏自治区分行、西藏银行股份有限公司分别签订战略合作协议，为堆龙德庆区争取到600亿元融资额度。先后成立城投、公交、水电气、汽车服务、龙兴建材等国有企业，国有经济活力、影响力、抵抗风险能力显著增强。招商引资成效显著，共接待区内外客商470余人次，招商引资项目数51个，项目总投资66.29亿元，项目实际到位资金19.61亿元，同比增长25.11%。

【现代服务业全面发展】 2016年，堆龙德庆区全面启动全域旅游发展规划，投入资金448万元，完成邱桑温泉附属设施等重点项目建设，组建堆龙德庆区吉雄谷旅游文化发展有限公司，大力开发楚布沟等六大沟自然资源，着力打造集生态治理、新农村建设、种养殖产业、旅游开发为一体的沟域经济发展新模式。扎实推动楚布沟、邱桑温泉、桑木藏年花等12项旅游资源商标注册工作。积极开展宇妥宁玛·云丹贡布出生地专家论证会、宇妥沟藏医药养生深度体验游、两届楚布沟自行车体验赛等旅游活动，编制完成《23座寺庙简志》、旅游品牌纪录片、“罗萨美朵”宣传片，成功打造“上谷福地·药王故里”旅游文化产业知名品牌，荣获“拉萨市文化旅游产业先进单位”荣誉称号。2016年，接待旅游人数97.5万人，同比增长16.07%，旅游收入3430万元，同比增长27.04%。依托拉萨西货站扩能及拉林铁路机务段建设，与经开区合作启动拉萨综合保税区规划建设。以拉萨市生产资料物流中心、东嘎农贸批发市场、电焊气市场的建成为契机，商贸流通、城市服务等各项功能逐步完善，消费品市场呈现稳定增长的良好态势。

【产业融合稳步发展】 2016年，堆龙德庆区全面启动“香雄美朵”生态旅游文化产业园项目规划建设，结合文化产业、花卉种植业、香料加工业、旅游服务业等产业优势，形成联动发展、错位发展、互补发展的产业融合发展格局。全力打造产城融合示范区，积极探索产城融合发展新路子，强势推进堆龙新城规划设计，不断深化开放合作和改革创新，实现堆龙新城与“香雄美朵”生态旅游文化产业园相互呼应、差异发展，促进区域协同协调发展。

【精准扶贫成效明显】 2016年，堆龙德庆区将精准扶贫工作全面纳入经济社会发展各领域，努力把补短板与稳增长、调结构、促改革、惠民生结合起来发力。整合本级财政资金10974万元投入精准扶贫工作，全区贫困发生率控制在3%以内，1324户4430名建档立卡贫困群众基本达到现行脱贫标准。积极申报扶贫开发项目19个，总投资1.506亿元，通过特色产业带动216名贫困群众脱贫。完成400户1435人精准扶贫易地搬迁，实现搬迁群众就业508人。全面实施低保线与脱贫线双线合一，制定完善教育、医疗、救助等专项保障机制，资助贫困大学生223人、66.9万元，报销贫困群众医疗费用270.53万元。通过政府购买公共服务岗位，实现525名贫困群众就业。把非公企业、合作社发展壮大与贫困群众就业脱贫紧密结合，设立区级财政贴息资金1000万元，撬动信贷资金1.27亿元，解决34名贫困群众就业，390名贫困群众以分红的方式实现脱贫。充分发挥社会参与的促动作用，22家企业（合作社）与23个行政村达成整村脱贫帮扶协议，形成“优势互补、共同促进、互惠共赢”的良性发展格局。

【保障能力不断提升】 年内，堆龙德庆区创新开展“四业工程”，城镇登记失业率控制在2.2%以内，实现有就业意愿的应届高校毕业生就业率达98%以上。2016年累计培训872人，开发就业再就业岗位668个，实现新增就业1727人，安置就业困难人员212人，农牧区劳动力转移就业2.71万人次，增收9000万元。城乡社会保险制度实现全覆盖，参保人数达38087人、征缴基金2113.02万元。不断加大社会救助力度，兑现城乡低保金、提标资金631.5万元，实施临时社会救助、医疗救助632.3万元。积极开展弱势群体服务工作，帮助865名农民工追讨工资1621.5万元，发放残疾人生活补贴356.52万元、高龄老人健康和老龄补贴94万元。本级财政投入250余万元，进一步完善福利院基础设施建设，实现五保户意愿集中供养率达100%。扎实推进双拥共建工作，积极解决驻区部队困难问题。扎实开展保障性住房建设，完成64套公租房、184套乡镇干部职工周转房建设。

【教育事业优先发展】 2016年，堆龙德庆区投入本级财政收入的20%，大力支持教育事业发展。不断巩固提高“两基”和“教育均衡发展”成果，加强学籍管理，全面控缀保学，初中毛入学率、小学入学率及幼儿入园率分别达到109.5%、99.92%和95.37%。率先在自治区完成农牧区学前三年教育普及工作，学前教育意愿入学率达100%。顺利通过拉萨市素质教育评估验收，为推动区域素质教育起到良好的引领示范作用。建立健全教师轮岗交流制度、小学结对交流制度，教师队伍素质明显提高。区第二中心幼儿园全面竣工并投入使用，大力规范办园行为，基本形成以区幼儿园为中心，各乡（镇）、行政村幼儿园为支撑的学前教育网络。着力提升机制保障水平，全年下拨“三包”经费和学生营养改善专项资金2367.05万元，为732名高校学生兑现奖励资助金646.9万元。

【医疗卫生健康发展】 2016年，堆龙德庆区投入资金2754万元，启动实施25个村级卫生室规范化改扩建、公共卫生应急服务中心建设、区疾控中心业务用房建设、医疗设备配置等工作，实现城乡医疗卫生全覆盖。大幅提升村级医务人员工资待遇和退岗一次性生活补助，切实解决村级医务人员后顾之忧。大力推行村级家庭医生签约式服务，全面促进城乡医疗卫生均等化，藏医藏药诊疗技术得到广泛推广应用并取得积极成果。区人民医院成功创建二级乙等医院，大力推行分级诊疗体系和“先诊疗、后结算”优质医疗服务，畅通医疗救助“绿色通道”，全面实现国家基本药物“零差率”销售，年人均医疗补助标准提高至435元，城乡居民、寺庙僧尼免费健康体检率分别达99.8%和100%。全力提升政府防大病、兜底线能力，大病统筹报销年封顶线由6万元提高至10万元，新增除20种门诊特殊病和22种重大疾病以外，农牧民群众因病致贫、因病返贫补偿政策，新增一次性医用材料补偿政策，受益2532人，兑现补偿资金2235万元。坚持计划生育基本国策，全面实施一对夫妇生育两孩政策，兑现计划生育家庭奖励扶助和特别扶助资金121.84万元。建立婴幼儿住院救治、孕产妇住院分娩绿色通道，费用全额报销，孕产妇死亡率和婴儿死亡率分别下降到零死亡和7.5‰。统筹推进食药监管体制改革，实行食药安全一票否决制，日常监督达630余次，下达限期整改通知书126份，切实巩固“全国食品安全示范县”创建成果，群众饮食用药安全得到有效保障，全年未发生食药安全事故。

【民主法治稳步推进】 坚决执行区委决策部署，主动接受区人大及其常委会的法律监督和区政协的民主监督，全年办理人大建议议案103件、政协提案31件，办复率100%，满意率100%。加快建设法治政府，建立决策咨询专家库，严格按照法定权限和程序履职用权，确保政府权力公开透明、阳光运行，提高依法执政水平。规范行政执法行为，严格实施执法考核机制，推行跨部门、跨领域联合执法，推动执法重心下移和执法事项属地化管理。推进普法宣传，以法律“七进”活动为载体，稳步推进“七五”普法，全面形成办事依法、遇事找法、解决问题用法、化解矛盾靠法的良好氛围。

【维稳措施有效得力】 2016年，堆龙德庆区完成公安技侦大楼、德庆乡治安检查站、3个基层派出所备勤房等重点项目建设，有效提升全区应急处突工作能力。与友邻县区建立深化合作、共保稳定的工作机制，圆满完成楚布寺“次曲”、达扎寺“入行论”等重大宗教佛事活动安保工作，有力支援藏博会、墨竹工卡县“猴年颇瓦大法会”、林周县“猴年转山”等重大维稳安保任务。

【社会治理不断创新】 2016年，堆龙德庆区全面实行网格化管理、“双联户”模式，全区1.57万余户居民共划分联户单元1265个，实现常住人口、流动居住人口全覆盖。兑现联户代表绩效奖励资金348.6万元，投入114.54万元扶持7个联户增收项目，联户增收成效逐步显现，群众参与社会治理的主动性、积极性明显增强。深化户籍制度改革，全面推行居住证制度，大力实施“口袋式+平台”工作模式，不断提高流动人口和出租房屋的登记率和人户一致率。着力强化交通安全管理，完成部分乡村道路防护设施建设，交通劝导员、村级流动人口管理员实现全覆盖，交通安全事故呈逐年下降趋势。加强楚布寺消防安全管理，配齐消防队员和消防设备，强化消防培训，有力提升重点目标消防安全防护能力。积极开展信访和矛盾纠纷排查调处工作，办理群众来信来访86件、排查各类矛盾纠纷310件。探索建立腕带式电子监控管理模式，有力提升社区矫正人员服务管理能力。投入资金1771.45万元，开工建设民兵综合训练基地，有效提升国防动员能力。下拨防汛应急资金154.3万元，有力提升抢险救灾工作能力。

【宗教领域和谐稳定】 年内，堆龙德庆区积极加强和创新寺庙管理，严格依法审批宗教活动，吸收12名新僧尼，干部驻寺实现全覆盖。本级财政投入1869.94万元，实施7座寺庙为民办实事项目、239套僧舍落架维修项目以及楚布沟上游河段环境整治项目。深入落实利寺惠僧政策，发放慰问资金64685元，建立僧尼健康档案，积极开展僧尼免费体检工作，社会养老保险、医疗保险和低保补助实现全覆盖。组织30名僧尼到内地学习交流，进一步开阔眼界、凝聚人心，受到广大僧尼的一致好评。扎实开展和谐模范寺庙暨爱国守法先进僧尼创建评选活动，发放表彰资金55.4万元，不断增强广大驻寺干部和在编僧尼“五个认同”思想认识。

【民族团结更加紧密】 2016年，堆龙德庆区严格落实《拉萨市民族团结进步条例》，大力弘扬和表彰各行各业涌现出的民族团结进步模范集体和先进个人，发放表彰资金89.8万元。积极开展民族团结宣传活动，经常深入农牧区、寺庙宣传党的民族宗教政策，不断巩固民族团结工作基础。成功举办以“民族团结”为主题的知识竞赛、摄影绘画书法展、歌咏比赛等系列活动，使“三个离不开”思想牢牢根植于各族人民心头。

（郭　龙）

【领导名录】

区委副书记、区长

格桑平措（藏族，8月离任）

杜　　江（8月任职）

区委副书记、常务副区长

赵　　涛（8月任职）

区政府副区长

李 晓 强（8月任职）

刘 春 涛（8月任职）

郑 汉 宏

董 智 杭（8月任职）

邬 斌 锋（8月任职）

何 景 平

马 扎 西（藏族）

次旦朗杰（藏族）

王 考 昌

皮 志 帅（6月任职）

土多旺久（藏族，11月任职）

中国人民政治协商会议堆龙德庆区委员会

【全体委员会议】 一届一次会议。政协第一届拉萨市堆龙德庆区委员会第一次会议于2016年2月2日上午召开，大会应到委员58人，因事、因病请假8人，实到委员50名，符合《政协章程》规定。应邀出席第一次大会的领导有：拉萨市政协、办公厅秘书长张勤，区委书记陈献森，区委副书记、区长格桑平措，区委副书记、政协党组书记郭志锋及区委、人大、政府、法院、检察院在家的领导同志。会议由欧珠次仁主持。

会议的主要议程：听取和审议《政协第八届堆龙德庆县委员会常务委员会工作报告（草案）》；听取和审议《堆龙德庆县人民政府关于县政协八届四次会议以来提案办理情况的报告（草案）》；党员委员参加“两会”党员大会；

列席堆龙德庆区第一届人民代表大会第一次会议，听取并讨论政府工作报告、“两院”工作报告及其他报告；审议通过《政协第一届拉萨市堆龙德庆区委员会第一次会议政治决议（草案）》；审议通过《政协第八届堆龙德庆县委员会第四次会议常务委员会工作报告的决议（草案）》；审议通过《堆龙德庆县人民政府关于政协八届四次会议以来提案办理情况报告的决议（草案）》；听取《政协第一届堆龙德庆区委员会第一次会议提案审查情况报告》。

【常务委员会会议】 第十一次会议。2016年1月21日下午，县政协八届十一次常委会议在政协会议室召开，会议应到常委12名，实到8名。会议由区委副书记、政协主席郭志锋主持。会议传达国函〔2015〕185号文件《国务院关于同意西藏自治区调整拉萨市部分行政区划的批复》、拉委复〔2015〕8号文件《中共拉萨市委员会关于同意成立中国人民政治协商会议堆龙德庆区委员会的批复》、拉委发〔2015〕153号文件《中共拉萨市委员会拉萨市人民政府关于切实做好堆龙德庆县撤县设区实施工作的通知》、拉委复〔2016〕5号文件《中共拉萨市委员会关于〈中共堆龙德庆县委员会关于召开政协第一届堆龙德庆区委员会第一次会议有关问题的请示〉的批复》。

会议审议通过《政协第八届堆龙德庆区委员会常务委员会第十一次会议议程（草案）》《政协第八届堆龙德庆县委员会常务委员会关于增补孙振立等同志为县政协委员的意见（草案）》《关于召开政协第一届拉萨市堆龙德庆区委员会第一次会议的意见（草案）》《关于召开政协第一届拉萨市堆龙德庆区委员会第一次会议筹备工作方案（草案）》《政协第一届拉萨市堆龙德庆区委员会第一次会议议程（草案）》《政协第一届拉萨市堆龙德庆区委员会第一次会议日程（草案）》《关于政协第八届堆龙德庆县委员会委员转为政协第一届拉萨市堆龙德庆区委员会委员的决定（草案）》《政协第一届拉萨市堆龙德庆区委员会第一次会议关于政协第八届堆龙德庆县委员会主席、副主席和常务委员会委员转为政协第一届拉萨市堆龙德庆区委员会主席、副主席和常务委员会委员的决定（草案）》《政协第一届拉萨市堆龙德庆区委员会委员名单（草案）》《政协第一届拉萨市堆龙德庆区委员会第一次会议提案审查小组建议名单（草案）》《政协第一届拉萨市堆龙德庆区委员会第一次会议分组讨论名单（草案）》《政协第一届拉萨市堆龙德庆区委员会第一次会议列席人员名单（草案）》《政协第一届拉萨市堆龙德庆区委员会第一次会议主席团和秘书长建议名单（草案）》《政协第一届拉萨市堆龙德庆区委员会主席、副主席和常务委员会委员建议人选名单及产生办法（草案）》《政协第一届拉萨市堆龙德庆区委员会第一次会议选举办法（草案）》《政协第一届拉萨市堆龙德庆区委员会第一次会议选举总监票人、监票人、总计票人、计票人建议名单（草案）》《政协第一届拉萨市堆龙德庆区委员会新增选副主席、常务委员会委员候选人建议名单（草案）》《政协堆龙德庆区委员会常务委员会工作报告（草案）》。

【第一次会议】 政协拉萨市第一届堆龙德庆区委员会常务委员会第一次会议于2016年6月17日在堆龙德庆区政协会议室召开，会议应到常委11名，实到9名。会议由区委副书记、政协主席郭志锋主持。会议审议通过《关于增设机构及人员编制的请示》、审议通过《关于确定政协堆龙德庆区委员会委员名额及增补委员的请示》。

【第二次会议】 政协拉萨市第一届堆龙德庆区委员会常务委员会第二次会议于2016年7月26日在堆龙德庆区政协会议室召开，会议应到常委11名，实到8名。会议由区委副书记、政协主席郭志锋主持。会议听取政协第一届拉萨市堆龙德庆区委员会委员变动情况说明；审议通过政协第一届拉萨市堆龙德庆区委员会常务委员会委员建议名单。

【开展“两学一做”专题学习教育活动】 2016年，政协堆龙德庆区委员会党组根据区委的总体部署，紧密结合工作实际，扎实开展“两学一做”教育活动，全体县级干部及政协机关党支部全体干部，按计划有条不紊地开展集中学习教育、座谈交流等活动，认真学习区委活动办规定的篇目，并积极开展个人自学。为确保学习效果，做到有笔记、有学习考勤、有心得体会，为活动对象每人印发各种学习资料共10余份。个人学习笔记20余篇，每人撰写心得体会3篇以上。参学人员利用工作之余基本保持每人每天能够坚持自学1—2小时。自3月至12月底，共安排集中学习30余次，每次学时2小时。为促进学习、提高学习效果、营造氛围、扩大宣传面，政协办公室专门制作了“两学一做”学习教育活动学习宣传专栏。

【履行第一责任，开展反分裂斗争】 2016年，常委会坚决贯彻习近平总书记“治国必治边、治边先稳藏”的重要战略思想和俞正声主席“依法治藏、长期建藏、争取人心、夯实基础”的重要原则，始终把团结和民主两大主题贯穿于政协工作的全过程，发挥政协独特优势，团结各族各界人士，促进社会和谐稳定。

*全力以赴，主动参与维稳工作。*政协主席及副主席全年参加维稳一线指挥部带班和面上巡查工作，特别是在三月敏感期、楚布寺大型宗教活动期间等各个重要时段和重要节点，以高度的责任心积极参与维稳工作，班子成员长期蹲守在各自的联系乡（镇）、包村点，指导和参与维稳工作，圆满完成区委安排的各项维稳工作任务。

*沟通协调，凝聚各界力量。*常委会积极主动加强与各族各界委员的沟通与联系，积极引导各族各界政协委员带头为维护社会和谐稳定贡献力量，广大政协委员始终按照维稳工作没有局外人的要求，充分发挥自身优势，积极协助党委、政府维护社会稳定，较好地发挥委员在维护社会稳定中的重要作用。

【围绕中心，服务大局，认真履行三大职能】 进一步加强委员提案工作。常委会始终高度重视委员提案的交办、督办工作。年初召开区政协一届一次会议期间，委员们以中共十八大和十八届三中、四中、五中全会精神为指导，围绕堆龙德庆区发展稳定的大局以及人民群众普遍关注的热点、难点问题，以饱满的政治热情和强烈的参政意识，充分运用提案形式履行职能。2016年，共收到委员意见、建议、提案38件（柳梧新区7件）。根据《提案工作条例》的相关规定，立案13件（含柳梧新区2件），作为意见、建议处理的25件。区政协一届一次会议以来，委员提案办理工作受到区委、区政府的高度重视，投入大量的财力和物力，最大限度地解决委员们所提出的提案和意见建议，提案办复率达到100%，满意率达到98%以上。受到广大政协委员和全区人民的充分肯定和赞扬。

围绕区委的中心工作，积极开展民主监督，对政协提案进行跟踪办理，对提案执行单位开展监督督促工作；积极参与发改委等部门的项目审评和检查验收工作，对全区重大项目的实施进行监督；对法院、检察院的工作开展民主监督，积极组织委员参加“检察开放日活动”、法院相关案件庭审旁听等工作。通过加大民主监督力度，为委员知情明政拓展渠道，同时也有力促进各相关单位依法、按章、有序、高效地开展工作。

积极开展委员视察、调研工作。政协常委会结合工作实际，针对政协全委会议上委员提出的重点提案以及全区的重大项目，制定委员视察方案，先后组织委员70人次对提案办理情况及全区为民办实事项目开展视察活动4次，同时组织提案办理相关部门及委员代表召开提案办理推进会1次，通过实地查看、听取汇报、座谈、询问等方式，详细了解委员提案办理和重大项目建设的实际情况。

【高度重视委员教育培训工作】 分类指导培训。年内，结合基层委员与机关委员对政协知识的接受程度，常委会对基层、机关委员分别使用藏语和汉语进行2次培训，参训人员达100余人次。分类培训使政协委员最大限度的了解政协知识，起到很好的作用；集中学习培训。组织机关委员

20人集中学习习近平总书记“七一”重要讲话精神。督促指导各乡（镇）成立“政协委员之家”，并要求各乡（镇）利用委员之家定期组织本辖区的委员学习相关政协知识及法律法规和文件政策。通过开展各种形式的学习培训，进一步增强委员的履职意识和能力，为有效地做好政协工作提供坚实的保证。

【积极加强联谊、联络工作】 2016年，常委会充分发挥政协组织联系面广的优势，多渠道、多形式开展联络、联谊活动，进一步密切与各界委员和各族各界人士的联系。开展节日慰问委员活动。三大节日期间，共慰问基层委员20余人，发放慰问金12000元。通过慰问和走访活动，使广大政协委员倍加感受到党和政府的高度重视和祖国大家庭的温暖；加强交流学习。通过接待湖北宜昌西陵区政协考察团和自治区政协社会法制外事委员会调研组，进一步加强学习交流，对拓展堆龙德庆区政协工作思路、改进履职方法、创新法制建设工作等方面起到重要的指导和推动作用。

【努力加强自身建设】 年内，常委会始终坚持把加强自身建设作为一项重要任务来抓，内强素质，外树形象，不断推动政协事业向前发展。紧紧围绕深化思想认识、提高工作效率、提升服务水平，推进政协工作的要求，积极创建“学习型、服务型、创新型、和谐型”机关，全年共编报政协信息63期，编报“两学一做”专题教育信息20期。以深入开展“两学一做”专题学习教育为契机，不断加强作风建设，进一步规范完善学习、会议、提案、信息等20余项规章制度，通过切实落实制度，2016年“三公”经费结余3万元，占预算经费的53%。进一步转变工作作风，干部业务素质明显增强、服务效能明显提高、机关风气明显好转，为堆龙德庆区政协事业健康发展提供有力支撑。

【重要文件】《中国人民政治协商会议第一届拉萨市堆龙德庆区委员会第一次会议政治决议》（摘要）。中国人民政治协商会议第一届拉萨市堆龙德庆区委员会第一次会议于2016年2月1日至3日在拉萨市堆龙德庆区召开。会议期间，全体委员以高度的政治责任感和强烈的历史使命感，认真履行政治协商、民主监督、参政议政职能，紧紧围绕堆龙德庆区经济社会发展重大问题和涉及群众切身利益的实际问题，深入协商议政，积极建言献策。会议审议批准郭志锋代表政协常委会所作的工作报告；审议批准旦巴达杰所作的提案办理情况报告；会议听取并赞同格桑平措所作的政府工作报告；赞同“两院”工作报告及其他报告；会议表决、选举产生区政协新一届领导班子。会议开得圆满成功，是一次统一思想、增进共识、凝聚力量的大会，是一次民主求实、团结鼓劲、开拓奋进的大会。

会议认为，本次大会是在撤县设区、全面实施“十三五”规划和全面建成小康社会关键时刻召开的一次重要会议。过去一年，政协及其常委会在区委的坚强领导下，紧紧围绕全县中心工作，立足创新求突破、发挥优势促提升，团结带领广大政协委员和各族各界人士，在服务大局中主动融入，在推动深化改革中奋发努力，在构建和谐中有效作为，为推进全县改革发展稳定、建设美丽家园幸福堆龙做出积极贡献。委员们对区政协过去一年履职尽责的成效和改进工作的举措表示肯定，对区政协2016年的工作安排和部署表示赞同。

会议指出，政协第一届拉萨市堆龙德庆区委员会任期期间，是堆龙德庆区全面实施“十三五”规划，加快推进经济社会跨越式发展，全面建成小康社会的关键时期。作为新一届区政协组织，要高举中国特色社会主义伟大旗帜，坚持以邓小平理论、“三个代表”重要思想、科学发展观为指导，深入贯彻落实中共十八大和十八届三中、四中、五中全会及中央第六次西藏工作座谈会精神，贯彻落实习近平总书记系列重要讲话精神、特别是“治国必治边、治边先稳藏”的重要战略思想和“加强民族团结、建设美丽西藏”的重要指示，贯彻落实“四个全面”

战略布局，贯彻落实党的治藏方略，贯彻落实依法治藏、富民兴藏、长期建藏、凝聚人心、夯实基础的重要原则。围绕区委工作部署，紧密团结和动员广大政协委员，立足新起点、迈步新征程，切实履行政协三大职能，不断开创政协工作新局面。

会议要求，区政协、政协参加单位和广大政协委员，要深入贯彻落实中共堆龙德庆区一届一次、二次全委会议精神，在区委的坚强领导下，不断增进政治共识，凝聚改革发展正能量。按照区委工作总体部署，以创新的精神、务实的作风，不断增强政协工作发展动力；围绕全区中心工作，不断提高政协服务大局的能力；积极探索社会主义协商民主，不断激发政协工作的活力；努力推进和谐社会建设，不断扩大政协在人民群众中的影响力；加强政协自身建设，不断提高政协组织的凝聚力。

会议号召，广大政协委员，要更加紧密地团结在以习近平为总书记的党中央周围，高举中国特色社会主义伟大旗帜，在中共堆龙德庆区委的坚强领导下，在拉萨市政协的精心指导下，同心同德，锐意进取，求真务实，扎实工作，勇于担当，努力开创堆龙德庆区政协事业新局面，为建设小康和谐美丽幸福的新堆龙而努力奋斗。

（黄　敏）

堆龙德庆区政协组织和委员数

表1　（截至2016年底）

级别 / 项目	堆龙德庆县	合计
组织数	1	1
委员数	58	58

【领导名录】

主　席　郭志锋（7月退休）
　　　　洛桑强巴（藏族，6月任政协党组书记）
副主席　欧珠次仁（藏族，7月退休）
　　　　巴桑朗杰（藏族，党外副主席）
　　　　琼　吉（藏族，7月离任）
　　　　尼　玛（藏族，6月任政协党组成员）
　　　　靳小卉（女，6月任政协党组成员）

中共堆龙德庆区纪律检查委员会（监察局）

【概况】 中共堆龙德庆区纪律检查委员会与堆龙德庆区监察局合署办公，实行一套工作机构，履行党的纪律检查和行政监察两项职能。人员构成：纪委书记1名；副书记兼监察局局长1名；副书记1名；副局长2名；专职常委2名；主任科员6名；副主任科员4名；科员4名；工人1名。

【落实管党治党主体责任】 2016年，区纪委坚持积极协助区委认真落实党风廉洁建设主体责任，督促各级党组织以高度的政治担当、政治自觉担负起全面从严治党主体责任，统筹谋划党风廉洁建设和反腐败工作。根据人员变动较大的实际，及时调整充实区委落实党风廉洁建设责任制领导小组和区委反腐败协调工作小组；研究成立区委落实党风廉洁建设主体责任办公室（简称“主体责任办”），由区委常务副书记兼任办公室主任，并明确办公室主要职责；分别召开一届区委二次全体（扩大）会议、区政府系统廉洁工作会议、一届区纪委二次全会，对全区党风廉洁建设和反腐败工作进行系统全面的安排部署；健全完善28名县级领导包乡（镇）、包村（组）和党建联系点机制，明确领导干部在党风廉洁建设中的职责分工，压紧压实责任。先后6次提请区委常委会专题研究党风廉洁建设和反腐败工作事宜，区政府常务会议21次涉及研究党风廉洁建设相关事宜；制定下发《堆龙德庆区2016年党风廉政建设和反腐败工作重点任务分解表》，将全区反腐倡廉重点任务细化为64项，落实到57个牵头及协办单位，明确目标任务、具体措施和完成时限，层层推动责任落实；签订政府职能部门《2016年度党风廉政建设目标责任书》，以“军令状”的形式把“一岗双责”的要求落实到主体责任人、部门负责人身上；继续把党风廉洁建设纳入全区目标绩效争先进位考核，11月底，区委主要领导亲自带队，对各级党组织落实党风廉洁建设11项领导班子责任、6项班子主要负责人责任和4项班子成员责任情况进行检查考核，及时督促存在问题部门进行整改，并将考核结果作为对党员干部任免、奖惩重要依据。各级党组织切实增强看齐意识，将党风廉洁建设和反腐败工作与改革发展稳定工作同安排同部署、同检查同落实，有效推动全面从严治党主体责任落到实处。

【严明党的纪律】 2016年，区纪委坚持把维护和执行政治纪律摆在首位，推动实现政治纪律教育常态化，坚持正面教育引导，强化反面警示提醒，加强对维护党章、贯彻执行党的路线方针政策和决议情况的监督检查，督促各级党组织和广大党员干部自觉维护、拥戴、忠诚于以习近平为核心的党中央，特别是在反分裂斗争这个大是大非问题上，立场坚定、旗帜鲜明，坚决与达赖集团划清界限，坚决维护祖国统一和民族团结。在“三大节日”、三月敏感时期、萨嘎达瓦、达扎寺佛事活动、楚布寺“次曲”活动等重大节假日和重要节点，加强对宗教佛事活动现场等重点部位和敏感区域的督导检查，严禁党员干部和国家公职人员参与宗教活动，注重加强对违反党的政治纪律和政治规矩问题的分析研判和梳理排查，协同推进执纪审查与源头预防。严格执行《党政领导干部选拔任用工作条例》，积极参与干部选拔任用考察，严格把好干部选任“党风廉政意见回复”关，据实出具干部廉政鉴定意见，督促认真填写廉政档案，及时提醒干部守住做人做事、为官用权的底线。紧扣“六项纪律”，科学制定《堆龙德庆区2016年审计巡察工作方案》；积极配合市委巡察四组完成对东嘎镇的巡察工作，及时约谈东嘎镇党政主要领导，督促巡察反馈意见整改落实；以东嘎镇、羊达乡、古荣乡、马乡4乡（镇）主要领导的离任审计为契机，安排开展离任审计和“三公”经费专项检查；组织人员对全区扶贫项目和农发项目进行审计，并形成专项报告；继续抓好2015年羊达农业园区审计发现问题的整改工作，确保审计巡察取得实效。科学制定换届宣传、风气监督等工作方案，联合区委组织部成立换届风气督查组，对换届工作从事前、事中、事后进行全过程、不间断的监督检查，及时了解掌握不良倾向和苗头性问题，确保发现一起，查处一起，绝不姑息。认真履行精准扶贫、精准脱贫督导检查组职责，定期不定期深入古荣乡、羊达乡、水利局等21家被督导检查单位查看工作台账、督促任务落实。各乡（镇）纪委联合村两委、“双联户”代表、村民监督委员会等每季度开展村级财务交叉检查，形成书面反馈材料，及时纠正存在的问题。2016年，联合相关部门对各乡（镇）、区直各单位、寺管会及驻村工作队以及宗教佛事活动现场等重点部位和敏感区域进行督导检查30余次，通报批评3名违反维稳纪律人员，并给予诫勉谈话；对992名党员干部（含各级党代表、人大代表、政协委员）进行廉政鉴定；组织力量对精准扶贫、精准脱贫工作开展专项监督检查20余次；组织区乡相关党员领导干部1411人次观看和学习“一片一书”85次；对非法买卖土地专项整治问题开展5次持续跟踪督查，及时约谈19家工作推进不力的单位主要负责人，进一步严明纪律要求。

【提升反腐惩戒治本功效】 2016年，区纪委坚持惩贪治腐无禁区、全覆盖、零容忍，依托区委反腐败协调工作平台，充分发挥区公安、检察、法院、司法等机关的专业优势和纪检部门的协调优势，整合办案力量，形成强大工作合力，腐败蔓延势头得到有效遏制。先后2次召开区委反腐败协调领导小组会议，研究制定《堆龙德庆区反腐败工作协调领导小组工作制度》，认真分析研判反腐倡廉新形势、新问题；严肃查处各级党组织和党员干部违反“六项纪律”的行为，真正使纪律成为不可逾越的底线；既注重查处发生在领导干部中的腐败问题，又注重发现精准扶贫工作开展、惠民政策落实、惠民项目实施、惠民资金使用过程中侵害群众切实利益的问题线索，严肃查处发生在群众身边的不正之风和贪腐问题；科学运用监督执纪“四种形态”，充分运用批评教育、谈话函询、约谈、诫勉谈话，以及降职、调整工作岗位、改任非领导职务等组织处理手段，发挥监督执纪问责的综合效应。坚持查办案件以上级纪委为主，认真落实“一案双报告”要求；严格执行《中共堆龙德庆区委员会听取重大案件查办情况汇报制度》，主动向区委主要领导汇报案件查办情况；公布公开举报电话、邮箱等不断畅通举报渠道、拓宽线索来源，认真做好来访、来信举报受理。2016年，核查问题线索22件，其中自办件11件，市纪委转办9件，交叉办案1件，与市纪委联合办案1件；初核了结7件，立案调查6件，审理阶段7件，正在核查2件；对3人进行约谈、对2人和2家单位进行书面函询、对1人进行诫勉谈话、给予党纪处分2人、政纪处分1人。

【营造崇廉尚洁良好氛围】 2016年，区纪委坚持把党风廉洁建设和反腐败教育工作纳入党的宣传思想和干部教育培训工作总体部署中，扎实开展理想信念和宗旨教育、党风党纪和廉洁自律、示范警示及岗位廉政教育。结合“两学一做”学习教育的开展，利用区委理论中心组集中学习、专题讲座、各类培训等督促各级党员干部认真学习党章党规党纪、廉洁自律准则、党纪处分条例、问责条例和巡视工作要求，大力营造学习贯彻党章党规党纪的浓厚氛围；组织人员对“准则条例”学习宣传贯彻情况进行专项督导检查，并将学习贯彻情况作为党风廉洁建设责任制落实情况考核的重要内容，确保学习贯彻不搞形式、不走过场。倡导廉政文化进机关，充分利用宣传展板、公示栏、办公墙面等，张贴廉政文化图片、标语、格言等，引导党员干部读廉政书籍、看廉政影视、写廉政文化等，营造廉政文化氛围。区委主要领导带头讲廉政党课5次，区委理论中心组集中学习涉及党风廉洁建设相关内容16次、专题学习10次，通报中央、区市违纪违法典型案件60余件；集中观看廉政警示教育片2次；组织各级党员干部300余人到拉萨市廉政教育基地参观学习，并邀请市纪委领导开展党风廉洁知识专题讲座；发放《习近平关于严明党的纪律和规矩论述摘编》《做廉洁自律的好党员好干部》《堆龙德庆区党风廉洁建设文件制度汇编》等书籍3500余册，督促各级党员干部自觉加强廉洁教育，真正筑牢思想防线。

【推动党风政风向善向上】 2016年，区纪委坚持将作风建设作为深化党风廉洁建设的重要抓手，认真贯彻落实中央“八项规定”和区党委“约法十章”“九项要求”及市委“八项要求”。严格执行财政预算由区委、区政府会议研究、人民代表大会依法审议制度，加大对堆龙德庆区《行政事业单位公务用车管理办法（试行）》《公务接待管理办法（试行）》执行情况的监督检查，在前期公车规范管理要求上，创新推行“三所有、三必须”（所有公务车辆使用前必须先申请、所有驾驶人员出车时必须携带派车单、所有单位必须统一规格编号管理）在创新推行“派车单”制度，进一步严格公务用车管理，截至10月，全区“三公”经费同比下降11.15%。及时调整充实区机关作风效能建设领导小组，制定印发《堆龙德庆区2016年机关作风效能建设情况监督检查方案》，通过随机抽查、专项检查、明察暗访查等形式深入各乡（镇）、区直各单位对机关作风效能建设情况进行监督检查。2016年，围绕自治区党委巡视二组、市委巡察四组反馈问题，在全区范围内深入开展党员领导干部在项目评审验收中发放和收受红包、借子女升学名义大操大办、违规公务用车等开展专项检查，32家单位自查并出具在项目评审验收中未发放和拒收红包礼金的报告；紧盯“三大节日”“五一”中秋等节点及时下发廉洁过节通知12份，召开严禁大操大办专题部署会议3次，发送廉政提醒短信16400余条，重申作风建设新要求；定期不定期组织对辖区餐饮娱乐场所开展明察暗访30余次；随机抽调人员开展干部职工在岗履职全覆盖检查10余次，涉及160家（次）单位，责令本人作出书面检讨、所在单位作出书面检查17份，并严肃批评教育；以开展精准扶贫、精准脱贫为契机，在职干部主动进村入户共计4800余次，切实帮助解决困难难题，有效促进干部转变作风下基层。

【深化改革创新提高履职能力】 2016年，区纪委坚持深入贯彻落实中央、区市党委、纪委关于深化纪律检查体制改革的工作要求，进一步加强和改进基层纪检机关建设，全力推动区乡两级纪委转职能、转方式、转作风，聚焦中心任务，突出主业主责。先后2次清理纪检监察机关参与的议事协调机构，明确继续参与的议事协调机构13个，需撤销但具体工作任务由区纪委监察局负责组织实施5个，确保纪检监察机关将工作重点放在监督、执纪、问责上。严格执行“三个提名考察办法”和定期报告工作制度，区纪委班子成员调整充分征求市纪委意见，进一步强化上级纪委对下级纪委的领导。规范设置区纪委内设机构，配齐配强5个科室主要负责人（副科级及以上）；及时选派8名干部（副科级及以上）担任区纪委派驻教育、卫生、发改委、财政局、净土公司等8家单位纪检组长，明确由区纪委统一管理各派驻纪检组；严格考察6位乡（镇）纪委副书记提名人选，按照市委“强党固基扶村”工作要求，在30个行政村设置1名纪检监督员，不断壮大区乡两级纪检干部队伍。继续加大对区乡两级纪委设备经费的保障力度，第一时间为区纪委各派驻纪检组配备电脑、打印机等办公设施设备和独立办公场所；从2014年起单独为各乡（镇）纪委预算反腐倡廉专项工作经费10万元，区纪委专项工作经费达40万元；注重提升纪检监察干部队伍素质，区纪委常委会率先垂范，带头执行中央八项规定精神，带头遵守廉洁自律各项规定，认真落实请示报告、定期报告工作要求；围绕“两学一做”学习教育不断加强纪检机关作风建设，推行“说办就办、马上就办、办就办好”，严格执行《西藏纪检监察干部行为规范》，健全完善来访接待、电脑管理、保密工作等内控制度16项；大力支持纪检干部参与上级跟岗培训或到区内外参加专题培训。2016年，共选派28人（次）纪检干部参与各类培训，其中参与上级纪委跟岗锻炼14人（次），到区内外专题培训14人，着力提升纪检监察干部履职能力。

（张峰玮）

【领导名录】

区委常委、纪委书记

李 荣 锋（6月离任）

尚 志 清（6月任职）

纪委副书记兼监察局局长

王 秀 珍（女，藏族）

纪委专职副书记

姚 鹤 珍（6月离任）

监察局副局长

格桑罗布（藏族）

金 焕 焕（女）

专职常委

尼玛玉珍（女，藏族）

张 峰 玮（女，蒙古族，1月任职）

中共堆龙德庆区委办公室

【概况】 2016年，在区委的正确领导下，区委办认真贯彻落实中共十八大，十八届三中、四中、五中全会和中央第六次西藏工作座谈会精神及习总书记系列重要讲话精神，特别是“治国必治边、治边先稳藏”的重要战略思想，坚持以“四个全面”战略布局为统领，坚持党的治藏方略，坚持依法治藏、富民兴藏、长期建藏、凝聚人心、夯实基础的重要原则。紧紧围绕区委中心工作，坚持解放思想，与时俱进，求真务实，开拓创新，积极发挥参谋助手、督导检查、综合协调和保障服务作用，较好地完成各项目标任务，为区委各项工作的开展，为全区经济社会又好又快发展做出应有的贡献。

2016年，区委办公室机关行政编制共6名，设主任1名，副主任2名；内设科室共3个，分别为副科级管理机构机要局，行政机关编制3名；副科级事业单位档案馆，事业编制10名；股级机构区委区政府督查室。同时还有区委农工办（政研室）与区委办合署办公。截至年底，区委办公室共有干部职工32人（包括借调干部6人），在岗29人，因产假（年假）、培训等情况不在岗干部3人。年龄结构：年龄在30岁以下16人，30岁至40岁有10人，40岁以上有6人；性别结构：女性20名，男性12名；文化结构，本科以上学历23人，本科以下学历9人。

【推进扶贫攻坚工作】 年内，区委办以精准扶贫、精准脱贫为契机，组织党员干部结对帮扶联络村特别困难群众，坚持扶贫与励志相结合、日常帮助与临时救济相结合、物质帮助与精神激励相结合，为贫困户提供米、面、油等物资扶持；为贫困户提供政策咨询、市场信息、项目资金、技术服务等方面的支持，帮助贫困户解决生产生活方面的实际困难，提高发展生产致富增收的能力和水平。截至年底，先后组织干部职工深入“结对户”家里10余次，帮助解决生活困难问题20余件，送去慰问金共计12500元，参加全国“扶贫日”系列活动，共募捐到资金2000余元。另外，在改善基础设施建设和村民生产生活上给予实打实的扶助配合，2016年，协调区发改委，争取项目资金5万元，解决毕西沟山路等问题，赢得当地群众的肯定。采取“一对一”“一对多”等形式，共结对帮扶24户精准扶贫对象，共填写“堆龙德庆区精准扶贫结对帮扶登记卡”“西藏拉萨市精准扶贫精准脱贫建档立卡贫困户信息登记表”“拉萨市堆龙德庆区结对帮扶入户记录表”各24份。

【完成代表选举工作】 自2016年换届工作部署会议召开以来，根据中央、自治区、拉萨市、堆龙德庆区关于做好换届选举工作的相关要求和文件精神，区委办党支部高度重视，加强组织领导，加大宣传力度，严格规范程序，严肃换届纪律，努力营造风清气正的换届氛围，圆满完成换届选举各项工作。其中，6月18日召开党员大会成功选举产生3名出席中国共产党堆龙德庆区第一次代表大会代表；9月22日召开党员大会补选堆龙德庆区第一届人民代表大会代表1名。

【推进“两学一做”学习教育】 根据区委、区政府的统一部署，区委办扎实开展“两学一做”学习教育，成立专项领导小组，及时制定工作“路线图”和各环节日程表，形成一级抓一级，层层抓落实的工作格局，为学习教育有条不紊开展奠定坚实基础。2016年，共组织集中学习10余次，个人学习100余次，累计撰写学习笔记30余万字，心得体会120余篇，进一步激发党组织的生机活力，增强党员干部素质能力，提升党性修养；通过发放征求意见函、设立征求意见箱、召开征求意见座谈会等多种形式，共发放调查问卷和征求意见函100余份，走访群众100余人次，班子成员之间相互谈心谈话90人次，征求到社会各界所提出的意见建议17条，并召开民主生活会认真进行对照检查，积极加强和改进自身存在的问题；先后组织干部职工深入乃琼村“结对户”家里10余次，帮助解决生活困难问题30余件，送去砖茶、食用油、米、面等物资，送去慰问金共计12500元，共帮扶建档立卡贫困户24户。

【加强干部队伍建设】 年内，区委办坚持“两手抓”，一手抓业务水平，一手抓队伍建设，从严管理。不断探索和创新工作机制，规范工作程序。定制干部职工指纹识别考勤机，制作干部职工在岗情况一览表，完善办公室文件下发、信息管理、档案工作、密码工作、督查工作、保密工作、考勤等各项制度，确保干部职工尽职尽责、兢兢业业；加强干部作风建设，强化廉洁从政，实行“一把手”负总责，各科室具体负责，一级抓一级。每周一召开例会，总结上周工作，安排部署本周任务，交流工作经验，研究和解决干部在业务工作、外事接待、团结同事、热情服务等方面是否存在积极性不高、工作态度散漫、作风漂浮等现象，通过自己找、他人找、支部找的方式，深挖细查，剖析根源，严格整改，督促落实；注重发挥支部的“双带”作用，把“有为才有位”和“做事”“做人”有机结合起来，不断加强支部班子建设和党员的思想政治教育，职工之间团结统一，和睦相处，既分工、又协作，党员之间比贡献、比才干、比业绩蔚然成风，树立区委办干部职工良好的工作形象。

【深入开展党风廉政建设工作】 年内，区委办始终把党风廉政建设、领导干部廉洁自律当作加强党组织建设和领导班子建设的头等大事来抓，制定措施，健全制度，明确任务，分工负责，完善管理机制和监督机制，保证党风廉政建设责任制的较好落实。加强组织领导，推动工作落实。调整充实党风廉政建设领导小组。实行主要领导负责，班子成员明确分工，兼职干部处理具体工作，形成领导班子齐抓共管、业务科室负责、群众积极参与的领导体制和工作机制；及时安排部署，分解落实任务。多次召开党风廉政工作专题会议，研究部署党风廉政建设工作。主任与副主任、与各科室负责人签订党风廉政建设目标责任书。同时，结合区委办实际，研究制定党风廉政建设和反腐败工作计划，并进行责任分解；坚持述职述廉和民主评议制度。落实第一责任人述责述廉制度，并制定个人述责述廉报告。采取召开座谈会、个别谈话、发放征求意见表等方式，听取党员干部的意见和建议，领导干部认真撰写述职报告，对廉洁自律情况进行总结。同时，在工作中严格执行民主集中制，认真落实“三重一大”相关规定。

【提升综合文秘水平】 年内，为确保文稿起草的高效率、高质量，区委办加大对区委办人员文稿撰写能力的培训，制定区委办人员学习计划，规定学习内容，深入学习党的大政方针、上级文件精神和业务技能，全面提升文稿起草质量。截至年底，向各乡（镇）、各单位下发区委和区委办公室文件169份、会议纪要35份、党办通报5份，传阅上级文件500余份。较好的发挥参谋助手作用。年内，紧紧围绕区委、区政府中心工作和“一核两带、三区五园、六沟多点”发展战略，进一步增强调研工作的计划性，科学规划，建立和完善调查研究制度、重大决策调研制度、提交调研报告制度。结合2016年的工作重点，已选定农牧业发展、党建工作、全面深化改革等调研课题。

【发挥信息主导作用】 2016年，在信息报送工作中，区委办注重增强信息工作的针对性，把热点、难点问题作为首选题材，在跟随区委领导下乡调研时，深入基层了解农牧业生产情况和农牧民增收问题以及群众关心的热点、难点问题，广泛收集各种信息资料，向领导提供决策参考信息，为区委、区政府了解重要工作动态，掌握社情民意，以及各乡镇、区直各部门之间交流工作，相互学习，起到积极作用。同时，根据拉萨市委办公厅关于信息员培训的相关要求，区委办指派专人跟岗培训，学习信息采编技巧，信息工作水平得到提高。截至年底，区委办共收到各乡镇、各单位上报信息5000余条，向市委上报各类信息1000余条，报送的信息不管从数量上还是质量上均走在全市县区前列。

【推进督导检查工作】 按照“围绕中心、服务大局、突出重点、抓住关键”的工作思路，对区委、区政府决策部署、重点工作、重要事项、重大项目以及领导关注、群众关心的热点难点问题实施定期督查，对重大决策部署的落实实施全程督查，对重要会议一定事项的落实实施跟踪督查，明确目标任务、标准要求、关键措施、时间进度、责任人员，定期通报结果，做到一事一办、一事一查、一督一报，提高工作效率，确保件件有回音，事事有落实，推动各项决策部署和工作事项落实到位。截至年底，共下发《堆龙督查》43期，报送《督查专报》118期，督查事项400余项，有力地推动全区社会经济发展、民生工程、为民办实事、强基惠民、净土健康产业等各项重大工作的贯彻实施，维护区委决策的权威性。

【机要、保密、档案工作运行有序】 2016年，机要工作做到了便捷、实用、安全，从未发生过一起压、误、漏发或错办等工作事故。保密工作针对存在的突出问题，制定相应方案和措施，工作进一步规范运作，保密人员整体水平进一步提高。档案馆制定档案保密、管理、查阅、移交、销毁等制度，深入各乡镇、各单位，开展形式多样的档案业务指导工作，全力做好全区档案的各项工作。截至年底，保密办集中销毁涉密纸质文件资料137份和非涉密纸质文件314袋、废弃硒鼓162个、数据光盘428张，档案馆收集整理各类档案841件（盒、张），接待利用者196人次，查阅各类档案1131件（卷、张）。

【强化后勤服务保障】 年内，区委办着力在“建制度、强管理、抓改革”下功夫。狠抓后勤保障的优质服务建设，妥善解决领导和干部职工在生活中的各种困难，让领导工作安心，干部职工工作舒心；确保会议活动安排周密、安全、高效。每次会议和活动，都提前制定预案，逐项落实，确保万无一失。全年成功承办各类会议及活动百余次，得到区委领导的高度认可；完善财务管理制度。严格财经纪律，认真落实区委办财务管理制度，规范财务支出程序，严格账务、财务管理，确保各项经费合理开支。

（王秦阳　郑腾飞）

【领导名录】

区委办主任

徐　　远（6月离任）

区委常委、区委办主任

德吉央宗（女，藏族，6月任职）

区委办主任科员、副主任

次仁吉宗（女，藏族）

区委办副主任、农工办负责人

王 秦 阳

区委机要局局长

樊 晓 瑞（女）

区档案馆负责人

张　　毅（女，副主任科员）

区委综合办公室负责人

刘　　敏（女，副主任科员）

中共堆龙德庆区委组织部

【概况】 2016年是堆龙德庆区迈上“撤县设区”新征程的开局之年，又是乡镇领导班子换届之年，还是“精准扶贫”工作的攻坚之年，也是“十三五”规划的起步之年。2016年，区委组织部的组织人事编制工作，政策要求高、质量把关严，在上级部门的正确指导和区委、区政府的坚强领导下，区委组织部认真贯彻落实自治区、拉萨市组织部长会议和全区党建工作会议精神，坚持以全面从严治党为主线，紧扣创新、协调、绿色、开放、共享五大发展理念，围绕学教抓组织，围绕换届抓班子，围绕基础抓覆盖，围绕主业抓党建，围绕效能抓建设，为堆龙德庆区经济社会发展提供坚强有力的组织保障。

【基层党组织建设】 截至年底，堆龙德庆区共有14个党（工）委、6个党组、11个党总支、174个党支部，基层党组织实现在全区各个领域的全覆盖。为加强“两新”组织党建工作，2016年，区委组织部按照“成熟一个发展一个，巩固一个组建一个”的原则，于6月新成立2家非公企业党支部，并在有条件的非公企业党组织中积极动员开展活动室建设、解决经费54000元。同时在全区陆续选派熟悉基层党建工作的124名党建联络员和50名党建工作指导员，进一步加强对非公有制经济组织党建工作的指导。调整优化村级工作格局，在村“两委”班子和村务监督委员会设置基础上，增设村民服务中心，形成“两委一中心”组织体系，理顺村“两委”班子、村民监督委员会、驻村工作队、下沉干部之间的关系，强化村级力量统筹融合，形成工作合力。同时，继续按照每年不低于10%的比例末位倒排，集中整顿软弱涣散基层党组织，2016年，共确定软弱涣散基层党组织13个，区委组织部坚持问题导向，因地制宜，通过“一支部一方案，一问题一对策”，实现软弱涣散党组织晋位转化升级，晋位率达100%。

【干部队伍建设】 统筹抓好“选、育、管、用”四个环节，建强整体干部队伍。加强班子建设，结合换届时机，对各级领导班子进行调整优化。截至年底，堆龙德庆区共调整提拔干部162名（包括1名上级选派挂职干部），其中来自基层一线、维稳一线、经济发展一线的干部有117名，占总数的72.7%。其次，做好公务员职务与职级并行相关方面的工作，区委组织部经过摸底调研、考察核实，全区在公务员职务与职级并行方面符合工资晋升条件的总共有31人，其中晋升正处级1人、晋升副处级3人。该31人中，有一名同志其长期病假，三年不在岗，无法进行评价，经区委组织部部务会议研究，取消此人的晋升资格，将其余30人予以上报。同时，做好新任公务员培训相关工作，2016年，区委组织部选派1人参加自治区新任公务员培训、3人到北京参加新任公务员培训、2人到江苏省参加新任公务员培训、7人参加拉萨市新任公务员培训。10月10日，区委组织部联合区委党校对44名堆龙德庆区2016年新录用的基层事业单位工作人员和部队生源定向生进行为期1天的岗前培训。同时，区财政为15个区乡联合派驻村工作队下拨为民办实事经费、办公经费、生活补助、油料补贴共计427万元，区市县三级面向堆龙德庆区30个行政村共选派122名优秀干部驻村开展工作。

继续从优秀村党支部书记、村委会主任中选拔乡镇公务员，2016年，堆龙德庆区古荣乡南巴村党支部书记珠觉被选拔为了乡镇公务员。严格规范干部借调工作，下发《关于进一步规范干部区内借调的通知》，明确干部借调的程序、时限以及责任。同时，着重完成干部人事档案清查、干部选拔任用全程纪实等工作。

【党员队伍管理】 落实乡镇党委书记发展党员责任制，把政治标准放在首位，严格程序要求，严把质量关口，注重在村组干部、青年农牧民、返乡毕业生、致富能手和“双联户”代表中发展党员。2016年，全区共发展党员218名。截至年底，堆龙德庆区党员总数达4824名，其中，农牧民党员2997名、机关事业单位党员1503名、离退休党员146名、“两新”组织党员122名。为进一步加强党员管理，区委组织部“抓两头，促中间”，全年对13个先进基层党组织、65名优秀共产党员和25名优秀党务工作者进行隆重表彰，对1名党员给予开除党籍处分、2名党员给予党内严重警告处分、5名党员进行诫勉谈话。另外，强化基层基础保障，多方位完善基层党员干部基础保障体制，全年落实党建专项工作经费1697万余元，相比2015年度同比增长42%。同时，经2016年年初区委常委会研究决定，全区村“两委”班子待遇普遍提高，达到正职基本报酬和业绩考核奖励补助49970元/年；副职41441元/年；委员35141元/年。落实党内激励关怀帮扶机制，坚持定期走访慰问“三老”人员和生活困难党员，全年投入7万元帮扶资金，解决3名党员干部的现实困难。

【乡镇领导班子换届工作】 根据上级有关部门答复意见，2016年，堆龙德庆区只进行乡镇一级的领导班子换届，截至5月底，堆龙德庆区4乡2个镇党员代表大会和人民代表大会相继成功召开，组织提名的53名党委班子人选和28名纪委班子人选、6名人大主席、24名政府班子人选均高票当选。区、市组织部长会议后，堆龙德庆区随即启动换届工作，3月16日召开专题常委会研究部署区乡领导班子换届工作，及时成立由区委书记担任组长的堆龙德庆区乡镇领导班子换届工作领导小组，领导小组下设综合协调办公室及6个工作小组，分工负责、通力协作。成立换届风气监督巡查组、乡（镇）换届工作监督指导组，加强会前、会中监督指导。换届期间，区委共召开座谈会1次、常委会4次，专题培训会8次，专题学习会7次，统筹推进区、乡领导班子换届工作。按照干部选拔任用条例，对6个乡镇和47家区直单位现任领导班子运行情况及班子成员作用发挥情况进行考察，通过谈话推荐和会议推荐产生正科级后备干部83人、副科级后备干部127人。通过换届选举产生乡（镇）党代表347名，区级党代表114名，市级党代表17名，自治区级党代表5名。乡（镇）

人大代表286名，区级人大代表102名，市级人大代表30名，自治区级人大代表3名；区级政协委员93名，市级政协委员8名均顺利当选，平均得票率达98.5%。在此基础上，全区各乡镇领导班子配备实现年龄年轻化、学历高层化、专业互补化、经历丰富化、性别均衡化。

【强力推进“三个覆盖”建设】 提升基层阵地建设。近4年来，堆龙德庆区按照“建设标准化、管理规范化、使用综合化”的总体思路，自筹资金8044万元对30个村级组织活动场所进行改扩建或新建，其中29个村级组织活动场所达到700平方米以上，1个村级组织活动场所达到585平方米（马乡常木村）。堆龙德庆区30个行政村下沉干部周转房及食堂建设项目采用统一标准建设，周转房按照12套建筑面积717.06平方米，占地面积239.02平方米，每套建筑面积为60平方米，户型为两室一厅一厨一卫，一梯两户；食堂及澡堂建筑面积321.93平方米，占地面积560.95平方米，附属建筑面积约160平方米。截至年底，总投资635.66万元（各村317.83万元）的东嘎镇东嘎村和乃琼镇乃琼村的周转房及食堂、澡堂建设项目作为全区试点已经建设完成。剩余的25个行政村（除涉及拆迁的乃琼镇贾热村、岗德林村和色玛村）村级标准化建设项目，于2016年8月15日起陆续进场，德庆乡门堆村因高海拔原因暂停施工。东嘎镇南嘎村因选址和拆迁问题工程延期至9月29日开工，周转房已完成基础部分建设，截至年底，其余23个村食堂建设均已完成主体结构建设。周转房已有11个村完成主体结构建设，完成总工程量的60%，总投资11464.30万元。2016年11月15日，监理单位下发停工通知令，为保证结构安全和使用功能等原因，已对该项目于2016年11月20日进行全面停工工作。

强化党员教育培训。2016年，主动配合市委组织部落实好市级重点培训任务，选派区委书记、乡（镇）党委书记、村党支部第一书记、村支部书记参加全市基层党组织书记培训班，截至年底，共选派27名党员领导干部参加区、市党校和市委组织部组织的调训任务；选派78名村“两委”班子成员和13名村党支部书记参加学历提升培训；充分发挥区委党校党员培训主阵地的作用，根据不同领域党组织和党员特点，把握各级党员干部培训需求，针对性地开展教育培训。

壮大村级集体经济。截至年底，根据各乡镇项目申报情况，堆龙德庆区于2016年12月2日召开政府常务会议、12月7日召开区委常委会研究并审核10个项目，计总投资1993万元。坚持把项目投资、产业发展、扶贫开发等作为发展壮大村集体经济的主要抓手，结合实际积极申报总投资7500余万元涉及种植、养殖及农产品加工等类型的19个扶贫产业项目，截至年底，已到位资金3161.93万元，带动贫困群众1207人。同时，大力实施“四业工程”，开展贫困群众就业培训，通过政府购买服务的方式，增加就业岗位704人，培训252人。

（邱戈桓）

【领导名录】

区委常委、组织部部长

杨 世 军（6月离任）

王 满 春（6月任职）

区委组织部副部长、编办主任

靳 小 卉（女，6月离任）

平　　旺（藏族，4月任职）

区委组织部副部长

邱 戈 桓（12月任职）

区委组织部副部长、人社局局长

洛桑达吉（藏族）

中共堆龙德庆区委宣传部

【概况】 2016年，中共堆龙德庆区委宣传部加挂两块牌子（精神文明办公室、互联网信息办公室），下属事业单位网络评论中心，核定行政编制6名、事业编制6名，实有行政和事业人员9名（不含工勤和公益性岗位），其中副县级1名，正科2名、副科1名，普通干部5名。2016年，在区委的坚强领导下，全区宣传思想工作战线始终高举党的旗帜，紧密团结在以习近平同志为核心的党中央周围，主动融入大局、服务大局，科学谋划、锐意进取、开拓创新，以神圣的使命感和强烈的责任感，统筹推进各项工作在“十三五”开局之年再上新台阶、再创新局面。

【理论武装有实效】 年内，区委宣传部以区委理论学习中心组为重点，以学校思想政治教育、干部教育培训为抓手，以“两学一做”学习教育为契机，通过集中学习与个人自学相结合、专题学习与调查研究相结合、理论学习与实践实际相结合、深入实地与观看视频相结合、线上学习与线下学习相结合灵活多样的形式，集中开展中心组理论学习20次，重点学习习近平总书记在建党95周年庆祝大会、纪念长征胜利80周年大会上的重要讲话精神，中共十八届六中全会精神及《中国共产党党员廉洁自律准则》《中国共产党纪律处分条例》《新形势下党内政治生活若干准则》《中国共产党党内监督条例》等党规党纪，并每月为县级领导赠送《一带一路热点问答》《知之深、爱之切》《变化社会中的政治秩序》等精选好书；分阶段、分批次面向干部、群众、师生、僧尼开展纪念西藏百万农奴解放57周年、十八届六中全会、区市第九次党代会等宣讲活动30余场次，为各乡镇、区直各单位机关干部、驻村驻寺干部、农牧民群众免费发放《习近平总书记系列重要讲话读本（2016年版）》藏汉文学习读本、影像资料3万多册，切实加强党员干部思想政治教育，引导党员干部全面系统原文学习领悟讲话精神，进一步坚定道路自信、理论自信、制度自信和文化自信。

【网上网下建强阵地保安全】 年内，区委宣传部把意识形态工作纳入重要议事日程，加强意识形态阵地建设，认真落实意识形态工作责任制。加强网络阵地建设，明确各乡镇确定5名联络员、各单位确定2名联络员加入“堆龙网信群”（截至年底，共有成员88人），便于互通信息、互动交流。加快推进新媒体融合发展，做大做强堆龙德庆区政府新闻网和“堆龙旅游”“堆龙德庆共青团”微信平台，相继开通“网信堆龙”“堆龙发布”微信公众平台（关注人数1200人）。加强网评员队伍建设，通过以会代训的方式对兼职网评员开展一次业务培训，在学习贯彻习近平总书记“2·19”“4·19”重要讲话精神及青藏铁路通车十周年、建党95周年、庆祝西藏和平解放65周年等重要节点，积极引导网评员在主流媒体转帖、评论并撰写原创网评文章，为党发声，向市网信办推荐优秀网评文章24篇并形成汇编资料供学习借鉴，持续引导更多网评员及时、正面、主动发声。会同公安、工信等部门加强全区网络舆情、特别是网上重点人员舆论的监管研判，进一步健全网络舆情预警、突发舆情处置机制，提高网络舆情队伍的应急处置能力。

【主题宣传高举旗帜导向正】 年内，区委宣传部充分利用各类载体，精心策划、创新方法，举全战线之力，调动各方资源，深入机关、乡（镇）、行政村、学校、寺庙大力开展党中央治国理政新理念新思想新战略、十八届五中和六中全会、中央第六次西藏工作座谈会、“十三五”规划、红军长征胜利80周年、建党95周年、西藏和平解放65周年、精准扶贫、“两学一做”、区市第九次党代会等重大主题宣传。突出宣传堆龙“六大战略”实施、“一核两带、三区五园、六沟多点”空间布局、“香雄美朵”生态旅游产业园建设、援藏成果、换届工作及五平方公里核心新城区等，进一步提升堆龙的知名度美誉度。大力宣传堆龙“十二五”时期发展成就、第七批援藏团队、全国优秀共产党员乃琼镇原党支部书记普琼、全国劳模东嘎镇致富带头人江白、全国向上向善好青年乃琼镇色玛村巴桑罗布、堆龙德庆区铁路护路联防、堆龙德庆区区乡领导班子换届以及堆龙德庆区人民医院创建二级乙等医院工作等全区各个领域、各条战线先进典型、经验成就，传播主旋律、提振精气神、凝聚正能量。

【核心价值涵养文明领风尚】 年内，区委宣传部大力弘扬社会主义核心价值观，在辖区范围内公交车站台、主干道墙体、醒目位置龙门架、单立柱、LED显示屏广泛刊播“讲文明树新风”“图说价值观”公益广告。大力弘扬伟大爱国主义精神，建成羊达乡羊达村、马乡马村、马乡措麦村、古荣乡古荣村、古荣乡巴热村、古荣乡加入村等14个村级爱国主义教育基地，打造精神文明建设新窗口和群众思想教育新基地；以建党节、国庆节和民族团结月为契机，会同多个部门创新开展首届书法、绘画、摄影比赛暨农牧民青年创业创意作品展、民族团结月文艺演出、纪念红军长征胜利80周年文艺演出等系列活动；紧扣依法治国、党风廉洁、机关作风、精神文明等主题精心打造机关廉洁文化走廊，引导全区各族干部群众把社会主义核心价值观内化为责任意识、担当意识、奉献意识。持续开展群众性精神文明创建活动，向上级文明办推荐道德模范、身边好人等先进典型10名，通过送电影、送图书、送演出，不断丰富基层群众文化生活，推动农村精神文明建设蓬勃发展。加强公民道德建设，继续办好道德讲堂和“堆龙好榜样、道德模范在身边”巡讲活动，集中宣传报道先进典型，形成学习模范、争当楷模的“热效应”。加强未成年人思想道德建设，指导德庆乡小学、羊达乡小学开展少年宫建设工作，积极开展青少年爱国主义读书教育活动，让文明理念深入人心。

【立体传播对外讲述堆龙美】 年内，区委宣传部建立完善新闻发布制度，制定全年新闻发布计划，及时主动回应社会关切。继续保持和区市电视台、西藏传媒集团各主流媒体的密切联系，与西藏日报、拉萨晚报签订合作协议，与各级各类媒体建立深厚交流和良性互动，在宣传报道中为堆龙形象增光添彩，确保全年无有损堆龙形象的负面报道。全年接待媒体记者146批451人次（较上年增长46%），协助新华社、中央电视台、新媒体采风团、藏地传奇摄制组、东行西藏摄制组、电影《驻藏大臣》摄制组顺利完成护路队、古荣水磨坊等的拍摄任务。广泛利用微信微博、主流网站、电视报刊等媒介全方位、多角度宣传报道重大项目、重点工作，精心策划推出撤县设区系列报道及《高原新闻眼》书记、区长专访节目，制作《媒体看堆龙》2期和《2016年福地堆龙精选画册》，筹拍全国优秀党员普琼先进事迹微电影、《援藏情·堆龙梦》宣传片，区、市电视台报道堆龙德庆350余次，各级党报刊登堆龙德庆专题动态380余篇，报纸、电视、网络等媒体累计发稿2500余篇条，堆龙在电视、电台、报纸、网络的出镜率和曝光率进一步提高。

【壮大队伍紧接地气打硬仗】 年内，区委宣传部切实加强党的建设、领导班子建设和干部队伍建设，牢固树立政治意识、大局意识、核心意识、看齐意识，在思想上政治上行动上同以习近平为总书记的党中央保持高度一致。认真贯彻落实习近平总书记在新闻舆论工作座谈会上的讲话精神，认真组织“两学一做”专题学习教育，深入开展“学讲话、找差距、转作风、抓落实”活动，严格执行民主集中制和“三重一大”实施办法，召开部务会17次研究讨论、民主决策部门重大事项，牵头召开群团工作联席会4次、宣传文化旅游联席会2次，实现整合资源、优势互补、合力攻坚。督促乡（镇）党委落实意识形态工作责任制，严肃追责问责，推动宣传思想工作强起来。

以乡（镇）党委换届为契机，配齐配强配好宣传委员，进一步充实基层宣传思想工作力量。选派骨干力量参加区市舆情信息、新闻发言人、外宣、网评员培训，并派2名年轻干部到拉萨市外宣局、北京市朝阳区跟岗锻炼，并抽调乡镇工作人员、西部计划志愿者3人进入宣传部门跟岗实习。

【拓宽干群教育新阵地】 年内，以区乡领导班子换届为契机，会同区纪委、区委组织部在区文化活动中心建立占地300平方米的拉萨市严肃换届纪律警示教育主题展馆，坚持正面教育和反面警示相结合，以翔实的文字和生动的图片视频资料，教育引导全体党员干部坚定理想信念，加强党性修养，增强规矩意识，努力营造良好政治生态，各级各部门的党员领导干部累计500余人进行参观学习。以乡村精神文明建设为抓手，在6个乡镇挑选14个条件成熟、场地合适的行政村建立村级爱国主义教育基地，以村情村貌、民风民俗、党史国事、身边典型、新旧故事等为主要内容，通过真实生动的藏汉双语图文展示、庄重美观的灯光设计、呼应民声的基层视角，教育引导各族群众爱祖国、明大是、感党恩、听党话、跟党走，进一步增强对伟大祖国、中华民族、中华文化、中国共产党、中国特色社会主义道路的认同，实现思想政治教育县乡村三级全覆盖。

【搭建两个共享平台】 年内，区委宣传部牢固树立互联网思维和大数据理念，充分运用新媒体平台优势，灵活借鉴知名微信账号运营模式，开通“堆龙发布”微信公众平台，以生动活泼的内容、亲民清新的风格赢得粉丝已突破1200人，阅读量累计10万余人次，已成为各级各部门发布重大事项通知、公告以及重要活动信息的权威新闻发布台，展现堆龙各项事业蓬勃发展、讲述堆龙干部群众精彩故事的实时全景电视台，宣传堆龙人文历史底蕴、推荐堆龙文化旅游资源的在线立体广播台，传播主旋律、弘扬正能量、唱响好声音的堆龙全员学习台。建立“堆龙网信群”使网评员从过去无组织、无管理的“游击部队”变为有责任、懂专业的“网络先锋队”，特别是在西藏自治区和平解放65周年、长征胜利80周年、十八届六中全会召开等重大节日、重大事件及时在群内发布指令，积极引导网评员正面发声、形成声势，已成为这支维护网络安全、清朗网络空间主力军的共鸣平台。

【创建两大特色活动】 年内，区委宣传部深入挖掘“藏戏之乡、药王故里”的文化内涵和资源优势，以中国共产党成立95周年为契机，联动群团、文化、旅游、民宗等多个部门，加强资源整合、优势互补，创新筹办堆龙德庆区首届“书法、绘画、摄影”艺术作品展和堆龙德庆区首届农牧民青年创业特色产品展，邀请专家对干部、群众、驻地官兵、师生原创的书法、绘画、摄影、唐卡等67幅作品进行现场评审，邀请17位优秀“草根创业者”全程展示涵盖特色种养殖、民族手工业等近40种产品，各行各业参观者达千余人，特色产品在短短两天内现场销售额达3万多元，对外展示富有文化气息和民族特色的青年创业精品和知名度较小、市场潜力大的民间手工艺品，很好展现堆龙各族干部群众良好精神风貌和农牧民青年青春活力。以8月黄金旅游期为契机，牵头策划堆龙德庆区首届藏戏大赛，来自6个乡镇的8支民间藏戏队同台竞技，男女老少数千名观众齐聚观赛，展示传统藏戏的独特魅力，释放民族文化的鲜活能量，打开“文化唱戏、赛事搭台”的新局面。

【润养两种持久力量】 以撤县建区为契机，紧紧围绕“四个全面”战略布局，牢牢把握“两个巩固”（巩固马克思主义在意识形态领域的指导地位，巩固全党全国人民团结奋斗的共同思想基础）根本任务，把大力培养和践行社会主义核心价值观与大力弘扬长征精神、“老西藏精神”“两路精神”两种力量有机结合起来，充分发挥驻村驻寺干部、下沉干部、农牧民宣讲员、乡镇宣传委员作用，组建宣讲团广泛宣传以习近平为核心的党中央治国理政新理念新思想新战略和区市重大决策部署，组织开展纪念西藏百万农奴解放、民族团结月、纪念红军长征胜利80周年文艺演出等大型活动，以润物细无声的方式让党政方针、治藏方略、惠民政策走进千家万户，引领各族干部群众紧密团结在以习近平为总书记的党中央周围，不忘初心、继续前进，为建设团结美丽健康幸福新堆龙、实现全面小康提供强大发展动力。

（王瑞芳）

【领导名录】

区委常委、宣传部部长

图登佩杰（藏族）

常务副部长

尹 传 奇（10月任职，挂职1年）

副部长、网信办主任

刘 祖 简

网信办副主任、网评中心主任
段凤芝（女）
副部长 马立玲（女，6月离任）

中共堆龙德庆区委统战部、宗教办

【概况】在区委、区政府的正确领导和在上级业务部门的具体指导下，区委统战部深入贯彻落实中共十八大和十八届三中、四中、五中、六中全会精神，中央第六次西藏工作座谈会精神和中央及区、市党委统战工作会议精神，特别是习近平总书记“治国必治边、治边先稳藏”的重要战略思想和“努力实现西藏长期稳定、持续稳定、全面稳定”重要指示，贯彻落实“依法治藏、富民兴藏、长期建藏、凝聚人心、夯实基础”的重要原则，贯彻落实党的宗教工作基本方针和国家管理宗教事务的法律法规，紧紧围绕全区改革发展稳定大局，充分发挥统一战线优势，在服务经济发展、维护大局稳定、促进社会和谐方面取得一定的成绩，圆满完成各项工作任务。

党外人士工作

【健全党外代表人士、党外干部信息库】对全区各族各界的党外人士和各区直部门、乡（镇）、各企事业单位的党外干部进行全面的摸底调查，进一步更新、完善全区党外代表人士、党外干部、党外后备干部档案，健全信息库。截至年底，堆龙德庆区共有党外代表人士43名，其中自治区政协委员4名，拉萨市政协委员9名，堆龙德庆区党外政协委员33名，拉萨市人大代表3名，堆龙德庆区人大代表4名，自治区佛协理事3名、市佛协副会长1名、市佛协理事2名、市佛协代表3人；共有党外干部267名，其中事业编制258人、行政编制7人、寺管会2人。党外后备干部10名，重点培养对象3名。

【党外爱国人士和党外干部的培养】提供组织保障。区委统战部积极与区委组织部、党外干部所在单位沟通协调，一起制定目标规划，一起搞好教育培训，一起考察选拔，一起跟踪管理，为党外干部的教育培养和选拔任用工作提供组织保障；开展走访谈心活动。区委统战部党员干部主动与党外干部交朋友，定期不定期对他们开展走访谈心活动，就学习、工作、生活等方面进行交谈引导，帮助他们政治上成熟、事业上发展。

【提高党外代表人士参政议政能力】2016年，区委统战部一直高度重视党外代表人士参政议政工作，鼓励各级党外代表人士为堆龙德庆区的经济社会发展建言献策，充分发挥民主监督职能。

【坚持与党外代表人士“交朋友”】2016年，区委统战部坚持党员领导干部和党外人士广交朋友制度，及时了解掌握党外人士的思想动态，做到政治上指引、工作上支持、生活上关心。按照《堆龙德庆区委统战部关于实行党政领导干部与党外人士“交朋友”工作的意见》，确定“党政领导干部每人联系1座寺庙、2名高僧大德、3名党外人士”制度，要求领导干部深入到党外朋友们的家中，了解其生活中存在的实际困难并帮助解决；以诚恳的态度与朋友们交心谈心，了解掌握朋友们的思想状况。由区委统战部牵头，开展各类主题实践活动，让朋友们深刻感受党和政府对他们的关怀，为堆龙德庆区的社会和谐稳定做出积极贡献。

【坚持联席通报制度】按照《堆龙德庆区委统战部向党外人士通报情况制度》，3月28日，由区委统战部牵头，组织召开堆龙德庆区各族、各界人士庆祝“西藏百万农奴解放纪念日”座谈会，向党外人士通报堆龙德庆区经济社会发展及社会局势稳定情况、区里的重大决策事项，并进行交流座谈，请各族、各界代表人士发表各自想法、看法，充分发挥其参政议政、建言献策、民主监督的积极作用，共同探讨堆龙德庆区基础设施建设、青少年教育、精神文明建设等方面急需开展的工作，为堆龙德庆区经济社会又好又快可持续发展奠定良好的基础。

【“精准扶贫”工作】 年内，成立领导小组，严格按照区委、区政府指示精神，及时召开堆龙德庆区民营企业参与“精准扶贫”座谈会，成立以区委统战部部长普布斯曲为组长，区统战部、区扶贫办、区工商联主要领导为副组长、各相关部门为成员单位的“企帮村”精准扶贫工作领导小组并下设办公室；及时制定方案。按照上级要求，结合堆龙德庆区实际，广泛征求党政机关，非公企业以及非公经济人士的意见建议基础上精准扶贫领导小组认真研究制定《堆龙德庆区“企帮村”精准扶贫工作实施方案》。

区委统战部始终坚持将精准识别扶贫对象作为开展精准扶贫工作的重要前提，精心组织、严格审核，切实做到情况清、底数明。规范建档立卡程序。严格按照国家和区市扶贫标准，通过入户调查和乡（镇）审议进行严格排查评定，严把申请关、调查关、评议关，切实做到符合标准的贫困户全部纳入数据库，确保数据的准确性；公开建档立卡结果。在广泛宣传，确保群众知情权的基础上，重点做好民主评议和公示两个环节，切实做到民主评议不走过场、不走形式，信息公开及时到位、全面覆盖，确保“建档立卡”工作的公开、公平、公正。2016年，堆龙德庆区有“建档立卡”贫困人口1324户4430人，其中一般贫困户601户2101人，扶贫低保户481户1789人，低保户131户395人，五保户111户145人，贫困发生率占全区农村总户数、总人数的11.5%、11.4%。

区委统战部组织辖区会员企业相继召开民营企业参与精准扶贫行动座谈会、“精准扶贫”工作进行再安排再部署，并发放“堆龙德庆区参与精准扶贫”倡议书。按照会议要求，立即联系并动员辖区内所有非公企业积极参与，并填写“企帮村”精准扶贫活动记录表，为非公企业参与精准扶贫做出精确的统计。实行区级全力总抓，乡（镇）、部门具体抓的扶贫开发管理体制和扶贫工作责任制，全区上下达成共识，统一思想，理清思路，明确责任。

自堆龙德庆区民营企业参与“精准扶贫”座谈会召开以来，共有16家民营企业参与到堆龙德庆区“精准扶贫”行动中。其中，产业扶贫5家，教育扶贫1家，就业扶贫12家。

宗教领域维护稳定工作

【加强组织领导】 在重要时段和重大节庆日期间，区委统战部提前组织召开全区涉宗领域维稳工作协调部署会议，制定完善维稳工作实施方案和应急处突预案，并成立相应的宗教领域维护稳定工作领导小组，认真落实自治区拉萨市堆龙德庆区党委、政府关于维稳的决策部署和工作措施，为确保全区宗教领域稳定奠定坚实的基础。

【坚持主动治理】 区委统战部定期不定期召集政法委、公安局、民宗局、重点寺庙管委会主要负责人召开宗教领域联席会议，组织乡（镇）分管领导召开碰头会，传达各级党委政府的有关会议及文件精神，对近期宗教领域情报信息进行汇总，对存在的难点热点问题和发现的新问题进行研究，对下一步工作进行安排部署，做到未雨绸缪，防患于未然。

【坚持“三项制度”】 重要时段，区委统战部始终坚持领导带班、24小时值班和零报告制度，值班人员将当日全区宗教领域各方面情况进行汇总，以书面形式进行报送。

【加强督导检查】 区委统战部、民宗局、宗教办成立三个宗教领域督导小组，以明察或暗访的形式进行定期或不定期地督导检查，对属地管理责任落实、维稳和安保措施落实、干部在岗、僧尼在寺等各方面情况进行督促检查，对寺庙进行排查摸底。2016年，区宗教领域督导组共深入各寺庙、乡镇督导检查400余次，投入人力1000余人次。各寺管会（专职特派员）坚持每日开展寺庙巡逻排查工作，并填写《每日工作交接台账》，重要节点分组开展24小时不间断巡逻排查工作，全年平均巡查700余次。投入人力1400余人次。在区委、区政府的高度重视和坚强领导下，有力确保全区宗教领域的持续和谐稳定。

宗教活动安全有序开展

【严格审批大型宗教活动】 按照上级业务部门关于严格审批宗教活动的要求，对上报的大型宗教活动进行层层审批，并按上级部门的要求分别制定《宗教活动书面申请》《宗教活动实施方案》《宗教活动安保方案》《宗教活动应急处置预案》《宗教活动风险评估报告》等。

【大型惯例宗教活动正常有序开展】 为确保惯例大型宗教活动正常有序开展，区委、区政府高度重视，进一步健全联动协调机制，投入大量的人力、物力和财力。按照区市党委、政府的决策部署和上级业务部门的工作要求，区委、区政府主要领导及分管领导提前组织召开专题协调部署会和区委常委扩大会议，研究制定安保工作实施方案，并与拉萨市堆龙德庆区涉宗部门、有关单位负责人前往现场进行实地踩点，设立指挥部，确保安保工作无空白、无盲区，并从全区涉宗部门、成员单位、各乡（镇）抽调精干人员，与全市抽调的干部、干警、武警和消防官兵进行整合，形成维护大型宗教活动正常秩序的强大合力。在惯例大型宗教活动开展期间，区委、区政府主要领导全程坐镇指挥，维稳力量提前进点，按照部署安排认真履行各自职责，切实做到组织领导到位、维稳力量到位、防范措施到位、工作责任到位。

【惯例大型宗教活动圆满完成】 在自治区拉萨市堆龙德庆区党委、政府的高度重视下，在区委统战部的积极协调下，在成员单位、涉宗部门工作人员的共同努力及各乡（镇）党委、政府、村“两委”班子的积极配合下，2016年，举行的惯例大型宗教活动均圆满完成，未出现过任何问题。

经济领域统战工作

【开展调研工作】 通过认真开展摸底调研、排查走访、座谈交流等方式，对区内的非公有制企业、非公党建情况进行为期一个月的调研摸底，并建立健全“非公企业基本信息表”“非公企业党组织基本情况统计表”“非公企业党员基本情况统计表”“非公企业预备党员基本情况统计表”“非公企业入党积极分子基本情况统计表”等档案台账，全面地掌握非公企业基本信息和党建工作情况。截至年底，堆龙德庆区共有非公有制企业461家，其中规模以上企业28家，固定资产近75亿，解决社会劳动就业8806人。个体工商户3427户，注册资金2.5亿元，从业人员6139人。非公有制经济实体上缴税金达15578.13万元。

【加强非公企业党建工作】 召开非公企业党建工作推进会。年初，区工商联组织召集非公企业党支部负责人召开2016年非公企业党建工作推进会。安排部署全年非公企业党建工作，传达学习拉萨市2016年非公大会精神，以及《堆龙德庆区非公有制经济组织开展“书记讲党课”活动实施方案的通知》。会议的召开为推进堆龙德庆区非公企业党组织建设和工商联系统基层组织深入开展“两学一做”专题教育活动起到积极的作用。

建立健全党组织，扩大非公企业党建工作覆盖率。按照“坚持标准、保证质量、改善结构、慎重发展”的方针，在认真开展入党积极分子的培养、教育、考察的基础上，及时在全区所有非公企业中广泛宣传区、市非公党建相关文件精神、发放非公党建相关读本。根据企业发展现状陆续组建群团组织，进一步建立健全非公企业的组织体系，对以党建工作带动企业发展起到积极推动作用。截至年底，已成立批准16家非公企业党支部，非公企业党员共计122人。

逐步健全完善党建工作机制。在非公有制企业党组织中建立三会一课、民主评议、党组织活动等制度。先后组织开展党员先锋岗、党员责任区等活动，为党员发挥先锋模范作用搭建舞台，提供载体，使党组织的工作更加活跃，更加规范，更加富有成效。

【广泛宣传教育，发展壮大工商联队伍】 在全区范围内多次深入企业广泛开展宣传工作，加强沟通协调力度，对各非公企业、个体商户宣传成立工商联的重要性与必要性，为进一步贯彻落实党建统区战略，壮大党员队伍，区工商联严格按照非公企业组建支部审批手续，先后组建成立2家非公企业党组织（西藏恒跃柳工工程机械销售服务有限公司、堆龙德庆区乃琼镇民众农牧民专业合作社），充分发挥区非公党工委的职能作用，不仅壮大党组织的队伍，同时进一步巩固和加强党的基层组织。

【发挥非公经济人士在经济社会建设中的作用】 引导他们积极参政议政，参与社会事务管理，为加快发展堆龙德庆区非公有制经济建言献策。在2016年召开的各级“两会”上，非公有制经济人士人大代表、政协委员积极在涉及经济社会发展和人民群众普遍关心的热点、难点问题方面提交建议、意见，较好地发挥非公经济人士参政议政的作用。

藏胞工作

【做好定居藏胞工作】 年内，区委统战部对境内外藏胞情况进行调研，建立辖区内定居藏胞及滞留藏胞档案，妥善做好国外藏胞接待来访工作及藏胞走访慰问工作，多次深入各乡（镇），大力宣传国家的藏胞工作方针政策、民族政策、投资政策及法律法规等内容，特别是中共十八大精神和十八届三中、四中、五中、六中全会精神，中央第六次西藏工作座谈会等进行深入宣讲，从正面对广大藏胞进行积极引导。经常深入归国定居藏胞住处走访慰问，及时了解掌握其思想动态，从正面引导定居藏胞为堆龙德庆区的政治经济社会发展做出积极贡献，真正做到政治上严格要求、工作上重视支持、生活上关心照顾，使藏胞这个特殊团体能够自觉服务于堆龙德庆区的社会建设与安定团结大局，使之真正成为反分裂斗争防线中的又一坚强堡垒。

加强和创新寺庙管理工作

【开展“六建”工作】 不断深化寺管会（专职特派员）“六建”工作，建立健全寺管会（专职特派员）的干部管理制度、工作制度、考核制度；各寺管会（专职特派员）按照相关要求，明确职责分工，进一步完善寺庙各项规章制度，使寺庙管理工作实现“四化”目标。

【开展“六个一”活动】 组织各寺管会（专职特派员）深入开展“六个一”活动，经常与结对僧尼交心谈心，深入僧尼家庭开展走访慰问，切实为僧尼办实事、解难事，进一步健全寺庙管理机构、驻寺干部、僧尼、家庭共同负责和协调联动的帮助、引导、教育长效机制。

【做好“9+5”项目后继使用管理督导工作】 为了确保寺庙“9+5”项目发挥最大实效，服务好广大僧尼，使党的利寺惠僧政策切实落到实处，根据区委、区政府主要领导的指示精神和分管领导的安排部署，统战部、宗教办、民宗局进一步加强“9+5”项目使用及后期维护等情况的督导检查工作，确保项目使用管理情况良好。

【积极落实利寺惠僧政策】 在自治区、拉萨市、堆龙德庆区党委、政府的坚强领导下，堆龙德庆区深入贯彻关于加强和创新寺庙管理的系列决策部署，在落实好“六个一”“9+5”“一覆盖”“一创建”等工作基础上，把寺庙环境整治和僧舍维修等工作纳入为民办实事项目中，对楚布寺僧舍落架维修、邱桑寺大门及围墙维修等5座寺庙和聂寺的环境整治，共投入资金2460.2万元。为进一步做好全区在编僧尼的免费体检工作，根据区委、区政府主要领导及分管领导的指示精神，在堆龙德庆区医院对全区持证僧尼进行体检，体检覆盖率达

100%。并为每一名僧人建立健康档案。

【广泛开展创建评选活动】 按照创建评选标准和要求，在全区寺庙广泛开展创建评选活动，2016年分别于6月、10月召开两次表彰大会，对评选出的12座县级和谐模范寺庙、533名县级爱国守法先进僧尼及10个县级先进寺庙管理机构和40名县级优秀驻寺干部、干警、消防官兵进行表彰，发放奖金总额共计686470元。在拉萨市6月、10月两次创建评选活动表彰大会上，共有4座寺庙获得市级和谐模范寺庙、374名僧尼获得市级爱国守法先进僧尼、3个寺管会获得市级先进寺管会、6名驻寺干部获得市级优秀驻寺干部的荣誉称号。在12月自治区创建评选活动表彰大会上，堆龙德庆区2座寺庙被评为区级和谐模范寺庙、36名僧尼被评为区级爱国守法先进僧尼、2个寺管会被评为区级先进寺管会、8名驻寺干部被评为区级优秀驻寺干部及干警、1名涉宗领域干部被评为区级优秀宗教工作干部。

【开展寺庙法制宣传教育工作】 认真贯彻落实中共十八大和十八届三中、四中、五中、六中全会精神及中央第六次西藏工作座谈会精神、党的民族宗教政策及国家相关法律法规、自治区拉萨市堆龙德庆区党委的相关决策部署等精神，进一步巩固开展法宣主题教育活动所取得的成果，全面推动全区经济社会科学发展、跨越式发展和长治久安。9月由统战部、民宗部、宗教办业务骨干和司法局组成宗教领域巡回宣讲组紧紧围绕民族团结月加强民族团结，以通俗易懂、喜闻乐见的语言对广大僧人及驻寺干部进行耐心细致的讲解，确保宣讲活动入脑、入耳、入心。继续深入开展寺庙法制宣传主题教育活动，教育引导僧尼继承和发扬藏传佛教宗教教义、宗教道德和宗教文化中的积极因素，弘扬“出家不忘爱国、修行不忘济世”的优良传统，提高广大藏传佛教僧尼的政治素质、宗教学识和道德修为，为维护祖国、民族团结奠定坚实的思想基础，努力创建和谐模范寺庙，把加强和创新寺庙管理引向深入。

信息调研工作

【开展调研工作】 区委统战部领导高度重视统战调研工作，2016年，按照区委“两学一做”专题教育实践活动领导小组的安排和上级业务部门的要求，为进一步加强统战理论研究，尤其是积极探索总结加强和创新寺庙管理取得的成效与经验，建立长期、稳定、高效的寺庙管理机制，全面提升统战工作水平，充分发挥统一战线工作在促进经济发展、构建和谐社会中的积极作用，区委统战部抽调精干力量组成课题小组，形成《堆龙德庆区委统战部关于深入那嘎村调研的情况报告》等有质量的调研报告，为区委、区政府及上级部门做好宗教工作提出具有建设性的意见建议。

【及时上报工作简报及情况反映】 在开展统战各项工作的同时，区委统战部办公室工作人员将具体各项工作开展情况，以工作简报、情况反映等方式及时进行上报。2016年，区委统战部办公室及宗教办共上报工作专报9期、简报85期，情况反映4期，为区委、区政府及上级业务部门决策部署提供翔实的依据。

自身建设

【狠抓党风廉政建设工作】 严格贯彻落实中央“八项规定”和区党委“约法十章”“九项要求”及市委“八项要求”，坚持廉政学习，增强干部职工防腐拒变能力，不断增强政治意识、纪律意识和自律意识，有效避免各类违纪违规现象的发生。

认真落实党委主体责任和纪委监督责任。制定和完善《区委统战部、民宗局班子党风廉政建设分工与责任制》，进一步建立健全干部请假动态监督管理制度，制定《堆龙德庆县委统战部（宗教办）干部去向表（公示栏、登记册）》，和《堆龙德庆区委统战部（宗教办）干部职工考勤登记册》，设立《堆龙德庆区委统战部（宗教办）干部职工考勤公示栏》，进一步增强干部职工的纪律观念，确保干部职工去向明、底数清，有效杜绝个别干部职工的迟到、早退现象；设立《堆龙德庆区委统战部（宗教办）财务公示栏》，细化《堆龙德庆区委统战部（宗教办）财务制度》，制度规定凡超出1万元以上的开支必须召开部委会研究、决定方可支出，做到财务公开、透明。

制定统战部（宗教办）制度汇编。为进一步规范区委统战部（宗教办）各项工作，使区委统战部（宗教办）各项工作有章可循，区委统战部（宗教办）于年底制定完善《中共堆龙德庆区委统战部（宗教办）制度汇编》（共22项），为今后更好地开展各项工作奠定有力基础。

细化“三重一大”决策具体事项。按照堆委发文件要求，制定《区委统战部（宗教办）“三重一大”事项集体决策制度实施细则》。进一步细化重大决策、主要干部任免、重要大项目安排、大额度资金使用（三重一大）决策具体事项，完善决策的形成机制和程序，推进班子集体讨论决定，加强决策的协商、论证、听证，建立主要领导干部末位发言制度，健全决策后评估和纠错机制。

把作风建设融入日常工作。继续加强对党员干部作风建设的领导，明确抓作风建设的具体责任，切实把作风建设和业务工作融合在一起。结合民主生活会、述职述廉等工作，运用批评与自我批评的武器，深入开展积极健康的思想斗争，促进作风建设，营造廉洁的工作环境，有效促进部门工作作风的进一步转变。

【党支部建设】 认真贯彻落实中央第六次西藏工作座谈会精神，坚持党建统领部门工作。切实加强统战（宗教办）、民宗的党支部建设。坚持定期召开支部学习会。通过“支部集体学、单位自主学、党员自觉学”以及观看先进人物事迹和警示教育影片、参观爱国主义教育基地等方式，进一步提升和增强党员干部的政治理论水平和宗旨意识。截至年底，共组织全体党员干部集中学习30余次。

【推进寺庙管理机构党建工作】 进一步加强“六建”工作，指导各寺管会（专职特派员）大力开展党建工作，加大对寺管会（专职特派员）党建工作的督导力度，充分发挥党组织在寺庙管理中的领导核心和战斗堡垒作用。区委统战部（宗教办）组织召开各寺管会党支部书记抓基层党建工作述职评议会。会议听取各寺管会党支部书记的述职报告，并现场进行点评，同时就今后如何开展好寺管会党建工作、如何落实党委抓党建工作的主体责任，统筹兼顾全面抓好基层党建工作等方面提出具体要求。

（李和清）

【领导名录】

区委常委、统战部部长

边　　旦（藏族，7月离任）

普布斯曲（藏族，7月任职）

常务副部长

普布次仁（藏族，1月退休）

唐　　靓（2月任职）

宗教办主任

次　　旺（藏族）

宗教办副主任

任 姝 芳（女）

统战部副部长

晋　　朗（藏族，2月任职）

堆龙德庆区人民代表大会常务委员会办公室

【概况】 2016年，堆龙德庆区人大办公室在区委、区人大的正确领导和机关各委室的大力支持下，紧紧围绕常委会年度工作要点，按照“深挖掘、精提炼，强意识、细服务”的工作思路，不断解放思想，开拓创新，团结一致，真抓实干，勤奋努力，积极为常委会履行法定职责创造条件，较好地完成全年工作任务。

【规范办文程序，实现各环节衔接零障碍】 建立完善机关公文运转制度，有效促进收文、传阅、承办、督办、归档等各环节有机结合、有序推进。规范办文流程。指定专人签收公文，按轻重缓急、公文性质分类登记，提出拟办意见送领导阅批后，依次传阅或办理。传阅文件一般做到当天送达，当天阅毕，签名送回，以提高传阅时效；建立办文督查机制。文件办理情况由专人及时督办，并按照收发序号认真整理，并做好归档和保密工作，切实做到件件有着落，事事有回音，进一步提高工作效率，提升管理水平。

【提高文稿质量，基本实现文字工作零失误】 为切实增强办公室工作的“贴近度”和领导的“满意度”，更好发挥参谋助手作用，一年来办公室主要突出“三勤、三审、三及时”。

“三勤”提升写作水平。要求文秘人员勤观察、勤思考、勤练笔，立足全局思考问题，把握方向准确下笔，力求文章思想深刻、主题突出、论述充分。“三审”确保文稿质量。即办公室主任初审、分管领导再审、常委会领导终审，层层建立责任制，以提高公文质量。“三及时”提高运转效率。坚持“日事日毕”，做到文稿送审、印制、传送三及时。2016年，办公室办理来文300余件，印发常委会文件54件、办公室文件（函）30件、各类会议纪要8期、各类简报60期。

【会务工作】 年内，认真总结历年人代会的会务工作，及早安排、及早部署，科学调配人员，加强协作配合，切实精打细算，保障区一届人大一次、二次会议的顺利召开，确保堆龙德庆“撤县设区”工作圆满成功、永载史册。并做好拉萨市第十一届人大一次会议堆龙德庆代表团的会议服务工作。本着庄重、节俭原则，加大对工作人员服务礼仪、服务流程等方面的培训，保证常委会和主任会议的会务质量。全年参与1次市人代会会务工作，承办2次区人代会、8次区人大常委会议、8次区人大主任会等法定会议。

【确保乡镇人大换届圆满完成】 在区委的高度重视和区人大常委会党组的安排部署下，成立以区委书记为组长的换届工作领导小组，还成立堆龙德庆区人大换届选举委员会，科学制定方案，认真开展选民登记、代表名额分配、选区划分等工作，通过细化工作职责，明确工作任务，为堆龙德庆区乡镇换届工作顺利开展提供有力保证。为营造良好的换届选举舆论氛围，全区制作了50余个宣传栏，张贴1600余张标语，悬挂300余条横幅，发放10000余张宣传单，大力引导选民、代表正确行使民主权利，把宪法、组织法、选举法、代表法和相关法律贯穿于整个换届选举工作的全过程。投票选举结束后，经统计，全区参加乡镇人大代表投票选举的选民32777人，参选率100%，选举产生乡镇人大代表286名，选举产生乡镇人大、政府班子组成人员35名。

【提高服务水平和质量】 以一流服务质量自我要求，进一步明确工作人员职责，合理分配工作任务，不断强化责任心和进取心，促进工作人员以严谨的作风、纯熟的业务技能和饱满的精神面貌，为常委会依法开展闭会期间的各项活动提供保障。

【做好各项接待考察交流会议工作】 努力提高办公室工作人员的服务意识和工作水平，细心观察、潜心把握、精心组织，热情、简朴接待上级领导和市内外来客，提高工作汇报会议和考察交流会议的实效性。2016年，共计承办交流座谈会5次、区市人大检查指导工作会议7次。

【发挥协调职能】 主动加强与区委办、区政府办、区政协办以及区级各部门的工作联系、协调、沟通。做到办公室内部经常通气、交流工作方法和经验，形成心往一处想，劲往一处使的良好氛围，促进常委会工作高效快捷、严谨有序。

【抓好车辆管理】 严格按照有关规定配备车辆，认真抓好车辆管理，做到科学调度，管理有序、规范。落实分管副主任专门负责车辆调度、管理，全面掌握出车情况，有效规范驾驶行为。加强对驾驶人员的培训教育，要求驾驶员及时检查车辆安全和保洁，提高驾驶员的服务质量。

【抓好财务管理】 严格执行财经纪律和规定，切实加强单位预算管理，加入财政大平台系统，严格按提前一月报支出计划的方式，促进财务工作规范化。落实经办、出纳、审批三分离，保证财务管理的安全性。

【抓好老干部工作】 坚持做到“三必”，即有难必帮，有病必看，有事必去，关心和照顾老干部晚年生活，积极组织老同志活动，帮助他们排忧解难。

【推进宣传工作系统化】 进一步理清思路，创新形式，强化管理，加强协调和指导，努力开创人大新闻宣传和信息工作新局面。2016年，市级以上媒体刊登区人大新闻稿件2篇，其中头版1篇。

*狠抓组织协调，明确报道重点。*落实分管副主任，定期研究和探讨有关问题，扎实推进新闻宣传工作。与各新闻单位、市人大办公厅建立联系制度，保障重点报道随叫随到。突出两个宣传重点：突出常委会履职的特点和取得的实效，注重宣传区人大及其常委会组织开展的视察、调研、执法检查等活动和举行的各种会议，主动邀请拉萨晚报、西藏日报、拉萨电视台、西藏电视台等各级媒体记者进行跟踪采访报道；突出人大代表的主体地位，注重宣传各级人大代表特别是基层代表的履职情况，组织全区各级人大通讯员，深入基层、深入一线，收集素材，提炼闪光点，把更多的版面、更多的镜头留给基层代表，充分展示堆龙德庆区各级人大代表履职为民的良好形象。

*狠抓考核指导，提高激励效果。*为调动各级通讯员写稿积极性，促进区人大宣传工作的蓬勃开展，按照主任会议的要求，进一步完善稿件奖励办法。办公室还每两月通报一次信息新闻刊用情况，不断激励先进、鞭策后进。同时，积极组织讨论和策划，保障人大宣传工作主题鲜明，形式多样，使人大工作和人大代表得到多角度、全方位的宣传。

【推进信访工作法制化】 严格按照信访工作条例的要求，进一步建立健全信访接待、登记、批转、调查、督办、结案等一系列规章制度。积极开展重信重访现状及对策调研，并就有关问题向市人大提出建议意见。依托区、乡“人大代表之家”平台，深入开展“选民接待日”，定期不定期接待群众，倾听群众诉求，帮助解决实际困难。2016年，共受理群众信访10余件，在日常工作中坚持做到“四心”，即细心服务：一把椅子、一杯茶；耐心解释：政策法律与区情；热心关怀：问寒问暖问家人；留心跟踪：催结催办问进展。

【丰富学习内容，提升学习质量】 2016年，切实抓好办公室人员的培养锻炼，大胆压担子，让他们在实践中增强信心，开发潜能，得到磨炼；积极创造条件，帮助他们克服缺点、弥补不足，不断提高业务能力，更加有效地履行岗位职责。坚持每周集中学习的制度，轮流组织讲课，初步达到交流感情、增长学识、增强组织和语言表达能力的目的。

【强化思想教育，提高政治素质】 经常交心谈心，严格要求，严格管理，积极引导办公室工作人员，发扬无私奉献精神，坦然面对公与私、名与利、苦与乐，守得住清贫，耐得住寂寞，经得起考验，甘于忍让，乐于敬业。要吃得苦，努力做到不畏“艰苦、辛苦、清苦”，把办公室工作当成潜心不移的事业来追求。要耐得烦，每个工作人员都要一如既往以饱满的工作热情、扎实的工作态度干好本职工作。要做得实，脚踏实地、勤勤恳恳，把每一件工作做实做细。

【转变工作作风，提升工作效率】 严格执行中央“八项规定”、区党委“约法十章”“九项要求”、市委“八项要求”以及区委有关实施意见，进一步转变工作作风，努力当好参谋助手。坚持执行机关管理制度，严肃上下班纪律，自觉维护人大机关廉洁、高效、文明的良好形象。

（程鹏斌）

【领导名录】

区人大办公室主任

洛桑罗布（藏族，11月离任）

区人大办公室副主任

刘 长 景（女）

区人大办公室副主任科员

巴　　桑（女，藏族）

堆龙德庆区人民政府办公室

【概况】 2016年，区政府办在区委、区政府的坚强领导下，围绕全区改革、发展、稳定大局，认真履行自身职能，不断创新服务方式，发扬团结奋斗、无私奉献的精神，较好地完成各项目标任务，为堆龙经济社会持续健康发展作出积极贡献。

【强化理论学习】 坚持把理论学习作为加强班子建设的首要任务来抓，千方百计处理好工学矛盾，采取集中学习与个人自学相结合，系统学习与专题学习相结合，自我研读与讨论交流相结合的方式，深入开展“两学一做”学习教育，深入进行理论学习。较系统地学习党章党规、习近平总书记系列重要讲话精神、治藏方略、中共十八大和十八届历次全会精神，促使大家对新的历史时期党的宗旨、根本性质、根本任务有新的认识，政治理论素质有明显提高，增强贯彻党的路线、方针、政策的主动性和自觉性，切实做到对党忠心耿耿，对群众全心全意，对事业兢兢业业，把党和人民放在心中的最高位置。

【维护团结统一】 始终坚持把维护班子的团结统一放在首位，一切从维护班子团结出发，以大局为重，坚持做到严格按照议事规则、程序办事，坚持大事、要事集体研究，群策群力。在工作与生活中班子成员都能严格要求自己，凡要求同志们做到的班子成员必须首先做到，从不搞特殊，党员干部带头严格要求自己，以身作则，率先垂范，时时处处起到先锋模范作用，力求把工作做得更好。

【加强民主管理】 日常工作中始终坚持经常性倾听群众意见，主动接受同志们监督，不断地改进工作，促使班子成员和同志之间沟通思想，加强联络，形成大家齐心协力为集体争光的工作合力，促进办公室工作决策的民主化、科学化、规范化。先后修订完善15项《党组织工作制度》、18项《办公室工作制度》、11项《机关效能建设工作制度》，认真落实民主集中制，坚持“集体领导、民主集中、个别酝酿、会议决定”的原则。全年召开支部会议21次，加强学习、研究工作、交流思想，切实建立起民主决策、科学决策的工作机制，有力提升决策水平和领导水平。

【发挥参谋助手作用】 积极抢抓撤县设区历史机遇，紧紧围绕“十三五”规划编制工作，针对全区产业融合、特色产业发展、扶贫攻坚、新型城镇化建设等关键领域开展重点调研，形成《堆龙德庆区城镇化建设调研报告》《堆龙德庆区脱贫攻坚专项调研报告》等7篇调研报告，积极发挥政府办参谋助手作用。着力发挥统筹协调作用，在两会筹备、项目甄选、督导检查等工作上，积极加强与相关部门的沟通，切实发挥桥梁作用，积极发挥办公室“总调度”和“中转站”作用，有力促进政府及部门之间形成整体合力，共同促进全区发展。

【发挥综合处理作用】 公文方面。严格按程序办理公文，有效杜绝文件在办理过程中出现遗漏、拖延甚至丢失。全年以区政府名义发文767件，以政府办公室名义发文56件，撰写各类材料274篇。会议方面。针对区政府常务会议、区长办公会等一些重要会议，坚持高质量筹备，坚持提前对议题进行认真审核，从源头上确保会议的权威性和高效性。全年共承办政府常务会议、政府专题会议、区长办公会议、各类重点专项会议和电视电话会议167次，其中政府常务会议30次，研究解决353项议题，向区委常委会提交219项议题。信息方面。着重加大信息资源的开发利用力度，及时、准确、全面地向上级反映堆龙德庆区经济社会发展的新情况、新成就。着力挖掘和培养信息人才，对各乡（镇）信息人员进行3批12人次的轮培，有效提升乡（镇）信息质量。全年共向上级部门发送区域发展动态910期，市政府办公厅采用数量名列拉萨市各县（区）第一。

【发挥服务保障作用】 切实强化藏语言工作。坚持高质量、高效率的开展编译工作，全年翻译各类文件、材料326份，没有出现任何差错，扎实开展藏语文社会用字检查整改工作，通过8次联合检查，对全区错用、乱用、不用等情况进行限期整改，为堆龙德庆区规范藏语文管理和使用环境营造良好的氛围。切实强化后勤保障工作。坚持以改善服务态度、提高服务质量为重点，探索建立区政府大院门禁管理系统，圆满完成区直机关三餐供应、全区公务用车保障、政府采购、区政府大院安全保卫、干部职工周转房管理等后勤保障工作，切实为全区干部职工营造出良好的工作生活环境。

【树好自身形象】 认真履行党风廉洁建设和反腐败工作主体责任，坚持“一岗双责”，坚决贯彻执行中央“八项规定”、自治区党委“约法十章”“九项要求”以及拉萨市委“八项要求”，严格落实“说办就办、马上就办”的作风要求，开展集中学习33次，有力提升全体干部政治意识、大局观念，形成团结共事、相互支持的良好局面。大力精文简会、提速增效，促使领导干部腾出更多时间深入基层，倾听民声民意，解决实际困难。全面梳理权责清单，将窗口单位工作职能统筹吸纳，全年便民服务中心处理便民服务事项5772件，便捷高效地服务群众。紧紧围绕涉及人民群众切身利益的重要事项，不断健全政务公开制度，规范政务公开的内容、方式、程序，公开政府信息910条，有力增强政府公信力。

【积极参与结对帮扶】 深入开展精准扶贫结对帮扶活动，签订单位包村、干部职工包户责任书，明确结对帮扶目标，落实帮扶分工，做到贫困户不脱贫，帮扶责任不脱钩；实行结对帮扶“家访制”，15名党员干部结对帮扶贫困户22户，坚持每月亲访结对帮扶户，及时传达各级精准扶贫信息和政策，积极建言献策，帮助贫困户就业增收，鼓励贫困群众自力更生、自主就业，切实改变贫困户等、靠、要思想，推动贫困群众按计划脱贫。全年共计入户次数达200余次，送去慰问物资或慰问金达8000余元，并通过各种扶贫优惠政策，帮助13名贫困群众实现就业。

（刘进有）

【领导名录】

主　任　巴桑罗布

副主任　王定平（6月离任）

　　　　陈俊宇（12月离任）

　　　　王栋栋（12月任职）

　　　　次仁拉姆（女，藏族，12月任职）

中国人民政治协商会议堆龙德庆区委员会办公室

【概况】 2016年，区政协办公室在区委、区政府及区政协党组的领导下，深入贯彻落实中共十八大及十八届三中、四中、五中、六中全会精神，扎实开展“两学一做”学习教育，围绕区委、区政府中心工作和区政协一届一次会议提出的目标任务，积极履行协调服职能，有条不紊地开展各项工作。

【全力做好办文办会工作】 精心组织，开好政协全体会议。为确保区政协一届一次会议如期顺利召开，区政协机关全体工作人员全力以赴，积极主动做好一届一次会议各项筹备工作，及时起草会议文件、会议材料等10余份。会议期间，政协机关设立会议秘书组等若干个工作小组，为会议的召开提供优质服务保障；精选议题，开好常委会议和主席会议。2016年，共召开2次政协常委会会议和主席会议，每次会议召开之前，区政协办公室都对常委会协商议题和相关材料实行提前告知，并对会议资料进行严格核对，确保不出差错，提高常委会协商议政的质量。

【精心组织委员调研视察】 区政协机关把为委员开展调研视察活动服务作为工作的重要内容。为使区政协工作组调研视察活动的顺利开展，区政协机关按照常委会工作部署和要求，根据调研视察活动的内容和特点，认真研究，制定调研视察活动的具体实施计划，2016年，区政协办共组织委员70人次视察调研4次，对顶嘎寺修建围墙和大门的提案、维修堆龙河德庆村桑仓组3公里防洪堤的提案、维修措麦寺屋顶的提案及聂寺周边环境整治的提案等进行视察与监督，在开展专题调研和专题视察活动过程中，通过采取分散与集中、走访、召开座谈会的多种形式，深入了解有关方面的详细情况，广泛听取各单位部门领导和广大群众的意见建议，进行详细分析，融入委员智慧，撰写视察报告，积极为区委、区政府及有关部门推动相关工作提出科学可行的意见建议。

【加强委员提案工作】 区政协委员紧紧围绕全区的中心工作和群众关心的热点、难点问题，加强调查研究，积极撰提案，为助力“幸福美丽堆龙”建设积极建言献策。2016年，共征集到委员提案、意见建议38件，经整理，并经提案委员会审定立案13件，作为意见、建议处理25件。所有提案、意见建议全部移交区政府转有关部门办理。在提案督办工作中，组织委员开展督办视察4次，举办提案办理推进工作会议1次。通过突出对提案的督办，有效地推动提案办理的整体工作。

【做好接待联络联谊工作】 为进一步做好政协工作，充分发挥政协组织联系面广的优势，2016年，政协机关成功接待湖北省宜昌市西陵区政协调研组，自治区政协社会法制外事委员会、自治区高法组成的调研组及拉萨市政协换届督导检查组。特别是湖北省宜昌市西陵区政协调研组来堆龙德庆区学习调研，不仅丰富联谊联络工作，同时对堆龙德庆区政协工作的开展也起到启发和指导作用，极大地推动堆龙德庆区政协各项工作的开展。

【积极开展协商，做好政协委员的增补工作】 根据自治区党委、拉萨市委的统一安排部署，2016年，堆龙德庆区政协不换届，只增补委员。按照《政协章程》规定，圆满完成此项工作任务。

加强组织领导。成立换届领导小组，制定《政协堆龙德庆区委员会换届工作方案》，并与3月29日召开政协换届工作安排部署会议，学习换届相关文件精神，准确把握换届工作的重点，依法按章办事，深入研究委员名额的分配，确保委员增补工作有序开展。

精心组织、深入开展各项工作。及时拟定《政协第一届拉萨市堆龙德庆区界别委员拟定名额分配表》《政协第一届拉萨市堆龙德庆区委员名额建议分配表》及《政协第一届拉萨市堆龙德庆区委员会留任委员统计表》，召开政协党组会议研究提名留任人选，同时深入各乡镇及相关单位征求对提名留任委员的意见建议。在调查了解的基础上，与区委组织部、区委统战部反复协商，并报政协主席会议提交政协常委会议审议通过后，报请区委审批。

严肃换届纪律，确保换届风清气正。组织办公室全体工作人员及部分政协委员学习换届纪律相关文件，观看换届选举警示教育片《镜鉴》，同时党支部开展严肃换届纪律集中学习和谈心谈话活动。为营造风清气正的换届环境。依规依纪做好委员提名推荐工作。经政协党组多次召开会议研究，并结合堆龙德庆区实际，报区委常委会议研究，确定堆龙德庆区政协委员名额为93名

（含2名机动名额）。在确定委员人选的基础上，于6月6日—7日，由区委组织部牵头，组织纪委、人大、政协组成3个“两代表一委员”考察组，深入各乡镇、各单位广泛听取意见、发放民主测评表、个别谈话，进一步调查了解“两代表一委员”的综合能力和素质。在此基础上，政协办公室向区纪委、区公安局、区综治办及区信访局发函对政协委员提名人选进行政审，保证政协委员的整体质量。

【指导各乡镇成立“政协委员之家”】 为了更好地发挥区政协和广大政协委员在全区经济社会发展中的作用，创新政协工作，为政协委员知情出力，施展才华打造履职平台，使政协工作向基层延伸。2016年年初，区政协积极协调，为各乡镇设立“政协委员之家”从财政争取启动资金50000元，作为开展各项活动的费用。截至年底，各乡镇的“政协委员之家”在政协机关的指导下已经成立。“政协委员之家”的设立为加强基层委员学习、联谊和交流搭架平台，为委员更好地开展履职活动提供主阵地，充分发挥委员的主体作用。此项工作同时也得到各乡（镇）主要领导和委员的一致好评。

【开展“两学一做”专题学习教育】 按照区委安排，区政协组织机关全体党员干部积极开展“两学一做”学习教育，班子成员带头讲党课、交流研讨，撰写心得体会，每个党员撰写心得体会3篇。开展学习研讨会5次。同时，认真落实党员教育管理制度，修订党支部党风廉政建设、理论学习、组织生活、思想政治工作、民主评议党员、党费缴纳等6项制度，从根本上规范党员及支部工作。区政协办以本次学习教育为契机，完善各类基础工作，重新核定党员党费，增设学习园地，建设学习交流平台。

【开展精准扶贫精准脱贫工作】 认真做好包村工作，是办公室一项重要工作职责。按照区委对各单位包村工作的总体安排部署及精准扶贫精准脱贫工作要求，上半年，区政协办包村为马乡朗巴村，8月调整为古荣乡加入村，无论包村在哪，政协机关对包村工作都高度重视，将其列入重要议事日程，先后多次召开专题会议对包村工作进行安排部署。上半年，为朗巴村贫困群众发放从上级部门争取到的衣物共计20万元，为贫困老党员发放慰问金1500元。下半年按照区委安排，政协办公室包扶古荣乡加入村，干部结对帮扶9户贫困家庭。政协办公室全体工作人员先后5次深入结合户家中，调查核实相关信息，同时为结对户送去由干部个人购买的大米、清油、面粉等合计9800余元的慰问品。在帮扶结对户个人的基础上，积极协调区农牧局，为包村解决网围栏10000米，为包村解决一件难事，办一件实事，得到村委会的一致好评。

【认真落实各项维稳工作】 按照区委、区政府的统一部署和要求，办公室积极落实社会治安综合治理目标管理责任，切实贯彻落实自治区“十项维稳要求”，在积极做好政协机关维稳工作的同时，积极在广大政协委员中宣传维稳工作会议精神，督促维稳工作措施的落实；积极关心、关注、参与包村的维稳工作。在每个重要节点及大型宗教活动期间，政协办公室切实加强值班等工作，积极完成区委交办的各项维稳工作任务，切实完成“三不出”的工作要求。

【加强机关作风建设】 年内，政协办公室按照中央“八项规定”和区、拉萨市、堆龙德庆区关于作风建设工作要求，大力加强机关作风建设，进一步转变作风，紧密结合“两学一做”要求，做到以政治意识、大局意识、核心意识、看齐意识为标尺，勇于担当，主动作为，积极完成领导交办的各项工作任务。全面提升政协机关队伍的整体素质。制定和完善政协机关工作人员学习制度、机关工作人员守则、廉政建设制度等的万会，以创建“学习型、创新型、服务型、和谐型”为目标，努力造就一支政治坚定、作风优良、学识丰富、业务熟练的高素质政协工作队伍，增强政协机关干部事业心、责任感、服务意识和政策水平，提高服务质量和工作效率，使政协机关真正成为深受广大政协委员欢迎的团结之家、建言之家和温暖之家。

（黄　敏）

【领导名录】

主　任　常西山（2月离任）

黄　敏（女，3月任职）

副主任　扎　桑（女，藏族）

中共堆龙德庆区直属机关工作委员会

【概况】 2016年，区直机关工委在区委、区政府的正确领导下，全面贯彻落实中共十八大和十八届三中、四中、五中、六中全会及习近平总书记系列重要讲话精神，着眼于夯实党建根基、提升党员素质、转变机关面貌、增强干部活力，主动作为，务实创新，机关党建各项工作扎实有效开展。2016年，堆龙德庆区机关党组织共有1个党委、5个党总支、66个党支部，其中公安局党委下设10个党支部、卫生局党总支下设3个党支部、检察院党总支下设2个党支部、法院党总支下设3个党支部、教体局党总支下设6个党支部、护路办党总支下设3个党支部，党员干部有922名。

【以“三个落实”提高党员干部思想认识】 严格落实党组织书记第一责任人责任。要求各党组织书记必须由单位主要领导担任，并签订责任书，强化责任落实。制定印发《堆龙德庆区直机关党建工作量化考评实施方案》，将机关党建工作内容“量化”展现，建立机关党建工作量化考评工作机制，促使机关党组织养成将党建工作抓在日常的习惯，实现“三大变革”，提升机关党员“学、管、干”水平。严格落实学习型党组织建设要求。堆龙德庆区第一期“夜校双语班”和“周末文秘班”顺利结课，60余名参学人员藏汉双语水平和机关公文处理水平有较大提升。同时，投入资金9万元，购置党建图书3800余册，图书涵盖机关礼仪、公文写作、党建实务等28个类别，全部配发到区直机关80个党组织，进一步夯实建设学习型党组织硬件要求。严格落实党员学习教育要求。按照党员学习教育全覆盖要求，结合“两学一做”学习教育活动，开展学习宣讲48场次，培训基层党员群众、教师、僧尼等3760余人次；指导各支部认真执行“三会一课”等党内生活制度，按期召开民主生活会，全年各支部开展各类学习活动共计1616次，党组织书记（包括区级领导）讲党课112次。

【以“三个及时”优化党组织结构】 及时调整支部委员人选。结合区委人事调整实际，指导机关61个党组织按时规范地完成支部委员调整、补选工作，全年共调整配齐116名支部委员。调整充实后的机关党组织选班子更加团结、党内民主更加成熟、工作思路更加清晰、作风更加扎实；及时新设、合并党组织。根据实际工作及支部活动开展情况，新成立援藏干部党支部、统计局党支部、机关工委办公室党支部和龙腾、龙达、城投公司党支部、第二幼儿园党支部、工业园区党支部。并将自来水公司与住建局党支部进行合并。及时调整党支部管理权限。为了方便工作开展和人员管理，将原由区直机关工委管理的5个寺管会党支部划归所在地乡镇党委统一管理，使得各党组织管理更加顺畅，工作开展更加便利。

【以“三个做好”强化党员意识】 做好党员发展工作。严格按照“控制总量、优化结构、提高质量、发挥作用”的总要求，做到成熟一个发展一个。2016年，新发展党员26名，预备党员转正18名，新培养入党积极分子35名。做好积极分子学习教育工作。按照《中国共产党发展党员工作细则》，联合区委党校举办“入党积极分子及预备党员理论培训班”，并对党史党章及培训内容进行闭卷考试，使党性教育真正牢记于心，端正入党动机，激发他们积极向党组织靠拢的信心和决心，为早日加入党组织创造条件。做好党费收缴管理工作。按照最新党费收缴规定，印制配发党费证6000册，将每月15日定为“党费日”。多次下发通知规范党费收缴管理制度，严格党费收缴程序，对全区1个党委、5个党总支、65个党支部的922名党员干部，从2014年至2016年党费收缴情况进行逐一清查，清查出少交、漏交党费共计2万余元，截至年底，已补交党费1.9万余元。

【以“六个开展”丰富党建工作载体】 广泛开展竞技比赛活动。联合相关部门举办第三届“堆龙杯”篮球赛、第四届“堆龙杯”足球赛、“两学一做”暨民族团结月知识竞赛、农牧区青年创业产品展示会等文体活动，得到广大党员干部的积极响应，激发力争先进补不足热情；开展“共读一本书·共建书香机关”活动。购置2000余册图书打造机关党建书屋，图书范围从以往的单一政治经济类扩展到历史、文学、地理等多个类别，阅读模式从个人借阅到多人共读和交流，将读书与工作、生活有机结合，活动开展2个月以来，借阅人数达125人次，调动广大干部职工的阅读积极性，广大党员干部读书学习热情空前高涨；积极开展党员志愿服务活动。成立区直机关党员志愿服务队。在充分研究的基础上联合团区委有组织、有步骤地开展志愿服务活动10余次，受到被服务对象的欢迎和好评，取得良好的社会效应；认真开展阵地建设。按照支部“十二有”目标，为区直机关各党组织统一配发党徽、党旗、党章和“党员之家”牌子和党务公开栏，并通过不定期的督导，促使各党组织定期更新党务公开内容，用好用活活动阵地；开展机关党建交流平台现代化建设。通过实名制的形式建立区直机关工委信息交流群，全区机关各党支部书记及党务工作者共计104人加入，通过发布信息、业务共享、难题咨询、交流探讨等方式，打造机关党员干部党建工作、交流学习、民主评议新平台；积极开展“主题日”活动。要求各党组织结合工作实际设定每月的主题活动。同时，机关工委不定期组织开展主题活动，例如组织开展清明节祭扫活动，各类文体竞技活动等。

（苏红星）

【领导名录】

书　记　杜　　江（7月离任）
　　　　边　　旦（藏族，7月任职，区委副书记）

常务副书记
　　　　杨 世 军（7月离任）
　　　　王 满 春（7月任职，区委常委、组织部部长）

副书记　谢 公 瑾（区委常委、政法委书记、公安局局长）
　　　　图登佩杰（藏族，区委常委、宣传部部长）
　　　　普布斯曲（藏族，区委常委、统战部部长）
　　　　德吉央宗（女，藏族，7月任职，区委常委、区委办主任）
　　　　尚 志 清（7月任职，区委常委、纪检委书记）
　　　　次　　仁（藏族，区人大常委会副主任）
　　　　何 景 平（区政府副区长）
　　　　靳 小 卉（女，7月任职，区政协副主席）
　　　　唐　　玲（女，区委组织部主任科员、机关工委专职副书记、办公室主任）
　　　　斯朗曲宗（女，藏族，7月任职，区委组织部副主任科员、办公室副主任）

中共堆龙德庆区委党校

【概况】 2016年，中共堆龙德庆区委党校（以下简称区委党校）围绕“两学一做”学习教育活动，深入学习贯彻习近平总书记系列重要讲话和中共十八届四中、五中、六中全会精神和第六次西藏工作座谈会精神。根据中央、自治区、拉萨市党委《关于新形势下加强和改进党校工作实施意见》的要求，坚持党校姓党、从严治党。同时，紧紧依靠区委、区政府中心工作和决策部署；依靠全校干部职工，凝心聚力、积极作为，区委党校干部教育培训、抓党建促脱贫专题培训、基层党校建设发展等各项工作有效开展，较好发挥党校熔炉阵地和智库作用，为堆龙德庆区实施“六大战略”以及“一核、两带、三区、五园、六沟、多点”建设提供理论保障和智力支持。截至年底，区委党校共有干部职工10人，其中事业管理人员1人，事业编制8人（其中高级讲师1人、讲师6人、助理讲师1人），工人编制1人（驾驶员）。2016年，区委党校内设机构有办公室、教研室、学员管理室、信息中心4个。2016年，党校智库建成，图书馆正式对外使用。

【主体班培训按计划开展】 2016年，区委党校严格执行西藏自治区党委《关于加强和改进新形势下党校工作实施意见》中关于主体班次培训要求，党性教育课程不低于主体班次的70%。区委党校围绕十八届四中、五中、六中全会和第六次西藏工作座谈会精神及习近平总书记系列重要讲话精神，紧扣区委、区政府中心工作举办系列会议精神培训及新分配干部岗前培训，同时开展周末文秘班和夜校双语班及预备党员和入党积极分子理论培训班。党性教育课程中还开设党章、党建基础、党史、党规党纪、准则条例等专题培训班，丰富课程内容，为党校开展菜单式教学提供坚强保障。2016年，主体班次共办班32期，集中教学180余场，轮训培训党员干部群众22874人次。

【联合办班】 2016年，区委党校进一步加大联合办班力度，采用党校集中办班和联合其他县直部门共同办学的形式，联合区委组织部举办抓党建、促脱贫专题培训班，联合区妇联开展双联户代表理论培训班以及联合区工商联开展的企业党支部书记理论培训班等18期，培训学员971人次。与护路队、司法局、教育局等单位达成干部培训、宣讲服务协议，扩大区委党校对外的影响力。

【“流动党校”宣讲形成常态】 围绕十八届四中、五中、六中全会精神等内容，精选“十八届五中全会精神、十八届六中全会精神、精准扶贫方案解读和《条例》《准则》解读、新旧西藏对比”等7个精品专题，组织党校教师进寺庙、进乡镇做专题流动宣讲，2016年，开展流动宣讲98场次，行程6000余公里，覆盖全区各乡镇和行政村，参训人数超过32000人次。2名教师获得区委统战部、区民宗局表彰的“民族团结模范家庭”“民族团结先进个人”。

【特色亮点】 区委党校紧紧围绕区委、区政府中心工作，认真组织科研小组攻关。2016年，完成首次调研课题立项申报1项，其中堆龙德庆区委党校子课题1项。2名教师承担起“塑造阳光党员，续写幸福篇章”课题。区委党校还首次与区委组织部合作，就堆龙德庆区怎样通过抓基层党建促脱贫工作进行调研和培训，开创优势互补、联合办班的新模式。

【培训工作】 针对2015年底堆龙德庆区委争先进位考评组对区委党校机关效能考核过程中提出的问题，校委会进行认真反思，2016年2月以来，校委会积极向区委领导汇报，争取区委对党校整改工作的支持。区委领导高度重视并积极为党校整改工作出谋划策，区委还专门召开党校工作会议，将党校培训等各项经费提升至70万元，并纳入财政预算。区委常务副书记、区委党校校长张勇亲自过问和督办整改事宜，关切党校发展，并一个月听取一次汇报，研究推进党校改革发展的落实。

【加强校领导班子自身建设】 区委党校班子成员带头落实党校姓党的基本原则，坚定正确办学方向，党校综合培训能力进一步提升；班子成员积极参加区委中心组学习等学习制度，班子成员参加区委理论中心组学习12次；校委会坚持民主集中制，积极推进党务、政务公开，主动听取意见、接受监督，促进科学决策民主决策依法决策。党支部带头守纪律、讲规矩，落实“三会一课”制度，党组织生活严格规范，班子凝聚力战斗力进一步增强。

【突出抓好党风廉政建设】 党支部切实履行党风廉政建设主体责任，制定和落实年度党风廉政工作要点，强化“一岗双责”；组织廉政警示教育，落实廉政谈话、个人重要事项报告等制度。坚持领导带头、从严从实、常抓不懈，完善内控机制，厉行勤俭节约，公务用车、公务接待、公务出差、办公用房等方面的管理规定得到严格执行，财物管理更加规范，清廉风尚更趋浓厚。

【专教活动】 深入开展“两学一做”专题教育活动，为贯彻落实中央“两学一做”学习教育工作部署，区委党校积极以夜学夜读、党支部会议、固定组织生活日、集中学和个人自学相结合的方式，组织党员认真学习“党章”“准则”“条例”和习总书记系列重要讲话。推动区委党校党员干部积极参与“两学一做”学习活动，并在全区范围内掀起争做合格党员浪潮。习近平总书记在中国共产党第十八届中央纪律检查委员会第六次全体会议上强调，要推动全面从严治党向基层延伸。这是回应百姓关切、维护群众利益的现实需要，更是全面从严治党的题中之意。开展“两学一做”学习教育，是推动全面从严治党向基层延伸的重要措施和抓手。“两学一做”学习教育与全面从严治党的对象是一致的。与“三严三实”专题教育面向县处级以上领导干部不同，“两学一做”学习教育的对象覆盖全体党员。全面从严治党的“全面”就是管全党、治全党，面向8700多万党员、430多万个党组织，覆盖党的建设各个领域、各个方面、各个部门。“两学一做”学习教育有利于推动解决全面从严治党的重点和难点问题。全面从严治党的重点在基层，难点也在基层。基础不牢，地动山摇。只有将全面从严治党的各项要求不折不扣地落实到基层组织、落实到每一个党员头上，才能为全面从严治党奠定坚实基础，从而不断巩固党的执政基础和执政地位。“两学一做”学习教育，基础在学，关键在做，即做讲政治、有信念，讲规矩、有纪律，讲道德、有品行，讲奉献、有作为的合格党员。党员是党这个肌体的细胞。每一个党员都合格，全面从严治党向基层延伸就有坚实的基础，全面从严治党的重点和难点问题也就能得到有效的解决。

开展“两学一做”学习教育，就是为了继续添把火、加把劲，进一步延展和深化已经取得的成果，抓反复、反复抓，出成果、见成效。

【干部职工队伍建设】 2016年，通过民主选举提拔2名校级领导干部，区委配备党校专职书记1名。

【培养教学能手】 2016年，组织教师开展集体备课、青年教师试讲试练等活动，促使教师互相学习、共同提高。

【选派教师参加学习培训】 2016年，先后组织5名教师，分别到江苏省委党校、四川省委党校上海交大举办的系统培训班学习。组织1名党员干部到北京朝阳区委党校跟岗锻炼。

【党校内部管理】 严明政治纪律政治规矩，坚持用纪律束人、用规矩管事。严格按照上级党委政府要求，严把财务关、作风建设关，2016年，修订党校机关制度，并狠抓落实，机关不定期查岗，督办，从源头上防范“四风”问题发生。

【加强教学和学风建设】 2016年，按照讲纪律、守规矩要求，探索制定教师授课规则；为提高教学科研水准和培训质效的要求，建立专兼职教师课件、讲义把关制度，推行教师校外授课报批制度，同时完善学风、学纪和学员管理制度。

【包村工作】 2016年7月，区委党校为深入贯彻落实中央扶贫开发工作会议精神，根据拉萨市委组织部《关于转发区党委组织部〈关于划拨中管党费的通知〉的通知》要求，区委党校以区划拨的20万元中管党费，组织开展全区村党组织负责人和党员代表以脱贫攻坚为主要内容的专题培训，这次培训紧紧围绕贯彻落实党要管党、从严治党方针和习近平总书记系列重要讲话精神，紧扣区党委、市委、区委中心工作对党员队伍素质的要求和组织工作总体部署，充分发挥区委党校党员教育培训的主阵地作用，帮助基层党组织干部和党员解放思想、开阔视野、增长才干、提升能力，提高他们带头脱贫、带领脱贫的能力，进一步推进“党建统区”重大战略深入实施，为堆龙德庆区跨越式发展和长治久安提供坚强的人才保障和理论支撑。同时促使区委党校包村结对帮扶工作和支持驻村工作得到进一步提升。

（赵 鑫）

【领导名录】

党校校长 朗 珍（女，藏族，5月任职）
党支部书记 巴 珠（藏族，6月任职）
副校长 朗 珍（女，藏族，5月离任）
赵 鑫（5月任职）

堆龙德庆区深入开展创先争优强基础惠民生活动办公室

【概况】 第五批创先争优强基惠民活动，是对前四批驻村工作的继续和深化。区委、区政府高度重视，加强组织领导，延续以区委书记为组长的活动领导小组及办公室，建立完善区级干部联系乡（镇）、村工作机制，对联系点的强基惠民活动及各项公司总协调、总负责，明确乡（镇）属地管理原则；强化经费保障，为区直派驻15个驻村工作队下拨办公经费、生活补助、油料补贴共计427余万元；通过召开项目评审会、项目初核、实地论证，在确保项目无重复、无冲突、切实可行的前提下，梳理申报确定3个“短、平、快”项目；配齐配强人员，及时选配61名（不含区市选派人员）干部驻村开展工作，各项工作扎实稳步推进，并取得明显成效。

【全面调查研究】 各驻村工作队深入农牧民家中，与群众零距离接触，心贴心交流，通过拉家常、话生产、谈发展，了解驻在村发展稳定方面存在的问题，建立村基本情况档案和户情档案，对了解到的情况进行梳理归类，找准制约经济社会发展、阻碍群众增收致富、影响基层社会稳定关键因素和突出问题，有针对性地撰写调研报告，为进一步深化驻村工作，加强社会主义新农村建设奠定重要基础。各驻村工作队2016年与村“两委”座谈152次，走访群众12642户，走访率100%，每户群众建立一个档案，编造成3789册台账；协助村“两委”定期排查矛盾纠纷，对重点领域排查300余次，化解矛盾纠纷86件，完善维稳机制103项；帮助驻在村制定《经济社会发展规划》39份，制定具体发展措施137项，理清发展思路195条，找准发展路子145个；开展技能培训32次、589人次，实现劳务输出122人次，人均增加现金收入2700元，努力拓宽群众增收渠道，实现本地就业400余人；积极上报“短平快”项目3个，涉及资金103.38万元。

【建强基层组织】 年内，各驻村工作队一直将建强基层组织作为驻村工作的首要任务，通过协助村党支部抓基层骨干队伍、工作制度、场所阵地建设，不断提高基层党建工作科学化水平，充分发挥基层党组织的龙头作用。大力开展乡、村、组内控制度规范化建设和“强党固基扶村”工作，协助村“两委”建立完善131项组织制度，有效促进村级党组织规范化建设，11个村级党支部升格为党委（党总支），在54个自然组设立党支部，在1523个联户单元中成立1103个党小组，进一步拓展党组织覆盖面。组织村组干部集中学习300余次，组织党员开展各种形式集中学习200余次，邀请各级党校老师到村组开展专题讲座30余场次，组织800余名党员群众参观各类教育基地30余场次，有效助推党员知识结构转型升级，使广大党员坚定理想信念，增强党性观念。深化拓展“三个培养”，协助村“两委”把24名致富能手培养成党员，把34名党员培养成致富能手，把47名党员致富能手培养成村组后备干部，帮助村党组织培养入党积极分子292名，发展新党员221名；大力实施村干部文化素质提升工程，通过开设“双语班”、电脑培训班、理论学习班、实地参观学习等方式，不断提升村组干部文化水平和服务能力，共为村“两委”班子成员上文化课350余学时，上党课200余课时，上政策理论课300余学时。

【维护社会稳定】 年内，各驻村工作队在当地党委的领导下，紧紧依靠当地干部群众，采取有效措施，确保驻在村社会局势和谐稳定。通过深入开展反分裂教育，引导群众进一步认识谁在造福西藏、谁在祸害西藏，自觉维护祖国统一、民族团结和社会稳定；重点围绕驻在村存在的矛盾纠纷和安全隐患开展排查整治；严格按照各级党委关于维护稳定工作的总体要求，做到思想不松懈、标准不降低、力度不减弱；认真落实自治区十项维稳措施，有力维护基层社会局势和谐稳定。全面掌握村情社情，定期排查矛盾纠纷，建立矛盾纠纷档案，协助村“两委”制定应急处突预案，组织开展维稳演练，对重点领域排查，完善维稳机制，排查各类安全隐患；充分发挥“双联户”作用，在村级设立人民调解委员会，各组、各联户单元中设置“人民调解员”，在维稳敏感期，自觉践行党员干部的优良作风，带领并发动党员群众成立“应急队伍”，开展治安巡逻设立卡点，形成立体维稳防控网络；加强寺庙管理，定时协助村“两委”与寺管会、寺管小组加强对在编僧尼、流动僧尼的登记管理工作，确保宗教和睦、佛事和顺、寺庙和谐。

【进行感恩教育】 年内，各驻村工作队通过走村入户、召开群众大会、制作宣传栏、参观爱国主义教育基地、开展访贫问苦活动等多种方式，广泛开展“算富账、感党恩、要稳定、求发展”主题教育，让群众明白惠在何处、惠从何来，不忘旧西藏的苦、珍惜新西藏的甜，倍加热爱社会主义新西藏，坚定跟党走的信心、决心。各驻村工作队共召开感党恩教育大会142场次，政策宣传195场次，群众座谈会78次，开展专题宣讲118场次，举办新旧图片展60场次、以身说法专题讲座22场次、普法教育57场次，受教育群众达4.9253万人次；播放爱国主义电影45场次，举办各类文体活动138次，观看群众达4.3041万人次，群众教育面达100%，举办专题讲座93场次，发放宣传材料39470份，组织群众开展“中国梦”、社会主义价值观和新旧西藏对比教育等活动83场次，参加活动的群众9579人次。

【办实事解难题】 年内，各驻村工作队以贫困户、低保户、五保户、残疾人等群众为重点，挨家挨户访贫问苦，解决“燃眉之急”，开展“雪中送炭”活动。落实“三就”“两保”“六通”等民生突出问题107件，为群众解决现实困难193件，实现就业、再就业300余人次，投入资金90余万，协助开展“五下乡”活动30余场次，投入资金13500元。在重大节庆节点，慰问五保户、贫困户、“三老人员”和困难群众2343人次，发放价值60余万的慰问品和慰问金。大力推进“党员干部进村入户、结对认亲交朋友活动”，全区驻村工作队派出单位和队员与驻在村贫困群众结成对子，定期走访，帮助解决实际困难、制定脱贫计划。

【促进增收致富】 年内，结合驻在村实际，积极探索致富门路，大力实施民生工程，协助村“两委”发展壮大村集体经济，促进群众增收致富，让群众共享改革发展成果。找准制约村组发展的瓶颈因素和关键问题，协助村“两委”制定39份发展规划，137项具体发展措施，大力发展壮大村集体经济，实现从“输血”到“造血”的转变；积极推广种植青稞藏青2000号、试种青稞喜拉22号，相比藏青320号，青稞新品种产量均提高20%以上，促进农业丰收，增加群众收入；依托净土健康产业、项目建设和“321凝心聚力党建工程”，充分利用派驻单位优势，开展技能培训32

次、589人次，实现劳务输出122人次，人均增加现金收入2700元；以“联户增收、联户平安”工作为依托，发挥能人带动作用，组建111个农牧民专业合作社，增加致富平台，实现农牧业产业化经营。

【落实惠民政策】 年内，各驻村工作队把宣传党的惠民政策作为一项重要的政治任务来抓，不折不扣地执行好，落实好，让广大百姓大众都能真真切切地感受到党和政府的关怀与温暖，推动党群关系、干群关系密切，促进和谐幸福社会建设。利用集中宣讲、个别宣传、发放宣传资料、广播播放等形式，广泛宣传党的强农惠农政策，使群众明白政策、用好政策，共组织群众开展政策宣传80余场次，参与群众3万余人次，发放藏汉“双语”政策明白卡12462本，确保每户一本全覆盖，发放宣传资料4万余份，开辟惠民知识宣传栏30期；在“两降一升”工作中，宣传孕产妇住院分娩补助奖励政策和孕产期保健等知识317场次，参与人员4376人次，登记孕产妇776名，帮助538名孕产妇到医院分娩，杜绝孕产妇在家分娩的现象。监督落实村“两委”做好各类惠民政策落实和项目管理，确保各项补贴奖励政策落到实处，真正让群众得到实惠，不断提高群众的幸福指数和获得感。市档案馆驻乃琼镇岗德林村工作队、区乡联合驻古荣乡那嘎村工作队通过惠民政策帮助2名意外死亡村民申请一次性身故赔偿金，让群众看到实实在在的好处，成为宣传和落实惠民政策的典型案例。

【推进扶贫开发】 年内，各驻村工作队在充分调研的基础上，立足驻在村实际，理清工作思路，突出发展重点，创新扶贫举措，帮助壮大村组集体经济，不断改善群众生产生活条件，提高群众增收致富能力，加快脱贫致富奔小康步伐。逐户逐人开展拉网式摸底排查和精确复核，建立1324户4430人贫困档案，开展扶贫政策宣传活动215场次，涉及群众3.68万人次，印发宣传材料3万余份，开辟宣传栏41期。

【开展“两学一做”学习教育】 自堆龙德庆区“两学一做”学习教育启动以来，在区市党委、督导组的关心指导下，堆龙德庆区委高度重视，统筹部署，抓实抓好学习教育各项工作。2016年，为提高党员的学习积极性，共为全区党员制作“两学一做”学习教育笔记本6000册，发放《习近平总书记系列讲话读本》《中国共产党的九十年》《党章》等学习资料4万余册。区委共组织“两学一做”学习教育专题研讨会9次，50余名党员领导干部交流心得，畅谈体会。邀请自治区党校教授、讲师团成员到堆龙德庆区开展专题讲座4次，开展十八届六中全会宣讲2场次，打好学的基础。联合机关工委，积极组织党员干部开展“两学一做”知识竞赛，激励党员干部学的热情，做的动力。在学的同时，将“做”体现在日常工作中，通过打造“第二课堂”，组织广大党员干部开展义务劳动、志愿服务、结对帮扶等活动，让党员干部在工作中体现党员的先锋模范作用，发挥好带头作用。

（付月美）

【领导名录】

强基办主任　杜　江（区委常务副书记，8月离任）

　　　　　　边　旦（区委副书记，藏族，8月任职）

常务副主任　杨世军（区委常委、组织部部长，8月离任）

　　　　　　王满春（区委常委、组织部部长，8月任职）

副　主　任　靳小卉（女，区政协副主席）

　　　　　　刘祖简（区委组织部副部长、网信办主任，8月离任）

　　　　　　蔡贵珍（女，藏族，区委老干部局局长、主任科员，8月离任）

　　　　　　陈传勇（仡佬族，区委办副主任、区委区政府督查室主任，8月离任）

　　　　　　陈俊宇（区政府办公室副主任，8月离任）

堆龙德庆区委区政府督查室

【概况】 2016年，堆龙德庆区委区政府督查室在市委督查室、市政府办公厅督查室的有力指导下，在区委、区政府的坚强领导下，充分调动和发挥督查工作人员及各部门督查联络员的积极性，不断创新工作思路、改进督查方式、丰富督查内涵，通过落实“六有”措施，坚持“四字”标准，突出“三重”方针，努力提高督查工作质量和服务水平，有力促进区、市和堆龙区委、区政府各项重大决策、决定、决议及重要工作部署的全面贯彻落实，取得明显的工作成效。

【建立督查工作长效保障机制】 有领导负责。为确保督查工作扎实有效开展，成立以区委书记为组长，区委副书记、区长为常务副组长，其他副县级领导为成员的堆龙德庆区督查工作领导小组。着眼堆龙经济社会发展新形势、新要求，为进一步强化督查工作权威性、严肃性，明确由区委常务副书记、常务副区长、分管党办区委常委三名常委直接分管督查工作，形成齐抓共管推动督查工作的强大合力。

有工作制度。为推动区党委、区政府各项决策部署贯彻落实，确保政令畅通，提高行政效率和质量，促进督查工作规范化、制度化、科学化，制定完善《督查工作制度》《督查联络员管理办法》等16项制度，印发《督查工作制度汇编》，确定督查工作原则，界定督查工作内容，指出督查工作方式，严格督查工作程序，明确督查工作时限，强调督查责任追究。

有专人落实。组建一支政治立场坚定、理论素养好、政策水平高，热爱督查工作的督查工作队伍是做好督查工作的基础。为加强督查工作力量，提高督查工作效率，在现有人员基础上新增3人，使督查专职工作人员达到8人，保障督查工作力量。进一步延伸督查工作触角，印发《关于进一步规范督查工作联络员的通知》，制定《督查联络员管理办法》，在各乡镇、区直各单位设立3名督查联络员（1名负责人，2名兼职人员），负责对督查室交办事项的办理和本乡镇、本单位内部工作开展情况的督导，实现横向到边、纵向到底的工作格局。印《堆龙督查工作联系手册》300册，分发至全区各单位，推动全区各级各单位参与到督查工作中。

有检查考核。先行制定积分制管理制度，强化对全区中心和重点工作、领导决策部署事项的督办和考核力度，每月、每季度对各乡镇、各部门的督办落实情况进行排名通报，对督办事项落实过程中存在的问题进行认真分析并组织各单位开展沟通协调，将积分考核结果纳入年底目标绩效考核体系当中。着力做好经济社会发展任务分解。结合《拉萨市经济社会发展任务分解表》，年初对区委一届二次全委会、经济工作会议精神，和两会建议提案进行分解，做到月月有统计，月月有分析，月月有专报。

有学习培训。为进一步提高督查工作人员综合素质，提升督查工作水平，选派一名工作人员前往市委督查室进行为期1个月的跟岗培训。培训内容主要涉及督查工作职能，督查工作流程，重大决策部署、市委领导批（交）办事项、维稳专项督查的协调推进及督查反馈工作。充分利用人才援藏契机，选派一名督查工作人员前往北京市朝阳区参加跟岗培训，学习区外督查工作的先进经验和做法。

有工作成效。2016年，区委常委会专题研究督查工作5次，分管督查工作的县级领导组织召开专题会议20余次，共撰写督查各类文件216期，跟踪督促常委、常务会议决定事项325件，领导批交办事项108件；累计维稳督导124次，项目督导458次，环境卫生督导192次，河道专项整治督导87次，精准扶贫专项督导52次，会风会纪专项检查10次。

【力求督查工作高质量高效率】 本着“注重实效、精益求精”的原则，把注重实效，强化落实作为督查的出发点和落脚点，贯穿于工作的全过程和各环节。2016年，编写各类督查信息同比下降30%，督办事项增加56.7%，督导次数增加240%，落实率提高25.7%，实现督查工作由量向质的突破。建立健全督查工作人员列席区委、区政府组织和以区委、区政府名义组织召开的各类重点会议的制度，全面了解全区各项重大工作的决策部署，做到“高站位”督查落实，确保督查工作始终与领导思路合拍，始终落到实处。1—12月，共参加区委常委会37次，区政府常务会31次，其他各类重要会议46次。

找准结合点。注重在贯彻落实中央、自治区、拉萨市党委、政府的重大决策、重要部署与区委、区政府重点工作的紧密结合上做文章，及时做好任务分解，明确工作时限，确保各项工作扎实有序推进。2016年，紧扣市委、市政府中心工作，实地督导环线征地拆迁工作23次，形成环线拆迁进展专报6期，实地督导“香雄美朵”项目建设26次，形成“香雄美朵”项目建设专报8期，“迎藏博会”综合环境整治实地督导21次，形成督查信息（周报）7期；瞄准热难点。坚持把区委、区政府主要领导时刻关注的重点、正在思考的难点、亟待解决的热点问题作为督查工作的切入点，切实把握工作重心，将心思和精力投入到区委、区政府中心和重点工作上。全年开展精准扶贫专项督导52次，形成督查专报6期，堆龙新城建设项目专项督导26次，形成督查专报4期；定准开拓点。为了适应社会多媒体化的快速发展，畅通沟通渠道，加强工作联系，方便工作交流，创建2个督查工作交流群，使广大督查专兼职人员及时了解工作动态和工作安排，形成相互监督、相互促进、比学赶超、争先进位的良好氛围。

区委、区政府在决策部署过程中，需要了解和掌握大量全面、综合、真实的情况。督查工作人员秉着“实事求是”原则，在实地督导、了解情况和汇报工作过程中，既不夸大事实又不隐瞒真相，准确反映工作进展和存在困难，为领导决策部署提供重要参考和依据。截至年底，开展实地督导272次，口头反馈和书面反馈问题461个，提出具体建议492条，为领导作正确决策部署提供有效参考，超前推动以业脱贫等政策及时落到实处。

为政之要，贵在务实，重在落实。督查的意义，主要体现在督查工作的高效和务实。坚持“大事不过夜、小事不过周”的原则，大力推行“一线”工作思路，坚持第一时间分解任务，第一时间现场督导，第一时间反馈意见，确保领导在“一线”指挥，工作人员在“一线”战斗，问题困难在“一线”解决。

【确保工作督办有力落实得力】 领导重视是根本。做好督查工作，领导重视是根本和前提。有主要领导的重视和支持，有各级领导的理解和配合，督查工作才有稳定的人力物力支撑，各项重要工作才能不折不扣落到实处。近年来，区督查室的工作能够取得一定的成绩，主要得益于区委、区政府主要领导的高度重视。区委书记格桑平措和区委副书记、区长杜江非常重视督查工作，经常对督查工作提要求、交任务、授方法、出题目，在人员配备、改善办公条件等方面给予大力支持，确保督查工作高效运转。2016年，安排专项经费18万元，更换办公设备6台，新增办公室1间，新添督查工作人员5名，提拔使用干部1人，评选优秀公务员1人，获得先进集体荣誉1次，先进个人荣誉6个。

突出市委、市政府督办事项的落实。全年共收到市委、市政府督办事项106件，涉及改革发展稳定、重点建设项目、会议精神传达落实、节假日维稳值班督导等各项工作。截至年底，除堆龙新城建设等工作贯穿全年需要定期上报推进情况外，其他事项已全部落实并上报。突出领导批交办事项的落实。1—12月，共收到领导批交办事项108件，已落实103件，还有5件正在落实当中；突出重点项目的跟踪督查和方式创新。围绕环线项目、“香雄美朵”、净土健康产业和易地搬迁等全市重点项目，开展专项督查。率先实行分级督办机制（分设A、B、C三个等级：A级为年内必须完成事项；B级为年内必须完成工程总量的50%以上；C级为年内必须完成各项前期工作），定期对区委、区政府重点项目和重要决策部署进行梳理汇总，按季度下发《关于落实经济社会目标任务重点项目和重要决策部署的通知》，通过增设LED显示屏、制作进度展板和公示栏等多种方法，定期曝光亮剑、定期公示督促，形成震慑作用。突出重大会议督办事项的落实。根据区委常委会、政府常务会、人大、政协等会议内容，及时分解议定事项，明确督办内容、责任领导、责任单位和完成时限，推动决策落地；突出其他重点工作的督办落实。在迎藏博会、雪顿节等重要时段，联合区公安局、住建局等部门，对城区环境卫生开展实地督导50余次，上报督查信息10期，督促维修公交站台23座，更换垃圾箱496个，悬挂国旗115面，悬挂彩灯28537只，悬挂彩旗、宣传条幅4500米。

以目标绩效争先进位考核为抓手，将决策执行落实工作纳入考核范围，进行重点考核，形成威慑作用，发挥利剑效果；按照《督查工作考核办法》，每月、每季度对督查工作落实情况先进单位、先进个人进行通报表扬，对督查工作落实情况落实不到位的单位和个人进行通报批评，做到奖优罚劣，形成督查工作比学赶超的良好氛围。

（曾小波）

【领导名录】

督查室主任 陈 传 勇（5月离任）
索朗扎西（藏族，12月任职）

堆龙德庆区信访局

【概况】 随着堆龙德庆区城市化建设的不断深入、社会转型、体制转轨带来的矛盾和问题，对整个社会的公共治理提出严峻的挑战。在此情形下，信访工作不再是简单的“办理群众来信、接待群众来访”的机构，更是沟通民意、改善民生、转变政府职能、化解社会矛盾的减压阀。因此，为进一步畅通信访渠道，推进工作规范化、制度化，堆龙德庆区信访工作从自身做起，完善工作制度，规范接待流程，强化案件办理，扎实推动信访工作制度化、法制化、规范化建设。堆龙德庆区信访局（以下简称区信访局）原有编制5人，2016年，共有干部8人。区信访局办公场所设立于堆龙德庆区机关4号楼2楼，信访接待场所设立在堆龙德庆区机关4号楼1楼，局内设置办公室、局长办公室、来信来访接待室。

【信访受理情况】 2016年，区信访局共受理群众来信来访80件576人次，涉及资金1800余万元，全部化解，兑现资金1800余万元，化解率100%。其中：劳资纠纷类49件462人次，涉及资金658万余元，占总案件的61.25%；人身损害类7件22人次361万余元，占总案件的8.75%；征地拆迁类7件22人次，涉及资金361万余元，占总案件的8.75%；合同纠纷类3件3人次，涉及资金106万余元，占总案件的3.75%；房屋租赁纠纷类4件15人次，涉及资金12万余元，占总案件的5%；经济纠纷类1件1人次，涉及资金4万余元，占总案件的1.25%；其他纠纷类9件51人次，涉及资金535万元，占总案件的11.25%。五级矛盾纠纷排查调处中心共排查出各类矛盾纠纷129件825人，涉及资金3093万余元，化解128件745人，资金2093万余元，化解率99%，正在协调处理中1件，真正做到发现得早、化解得了、控制得住、处理得好。

【加强组织领导】 堆龙德庆各乡（镇）、各部门主要领导担负起信访工作主要责任人的责任，对信访工作亲自抓、负总责，对重要信访事项亲自过问、亲自处理、亲自督办；分管领导具体负责，加强对信访工作的直接领导，及时安排部署、组织实施，牵头协调解决信访工作难题和突出问题；其他领导班子成员坚持“一岗双责”地抓好分管范围内的信访工作，形成一级抓一级、一级对一级、层层抓落实的信访工作领导责任体系。

【建立完善五级排查调处机构】 2016年，区信访局以开展社会治理创新为依托，及时建立健全区、乡、村、组、联户代表五级矛盾纠纷排查调处机构，充分发挥基层组织的作用，层层排查，发现一起，调处一起，确保矛盾纠纷不上交、不积累、不搁置。

【建立主要领导批阅制度】 年内，分管领导定期或不定期到区信访局阅批信访案件，凡是发生5人以上10人以下群体访由分管信访工作副区长亲自协调各部门研判调处，10人以上群体访由区委书记、区长亲自过问，全面推进信访首访责任制，切实提高初信初访的一次办结率和就地稳控率。

【完善领导接待包案制度】 年内，坚持县级领导至信访局接访制度，实行首接负责制，谁接待的案件，谁负责包案，一包到底。对自己接待的案件确实解决不了的，通过协调其他领导或部门解决，仍解决不了的问题，向主要领导报批，集体研究解决。

【实行包案调处制度】 年内，为明确每位领导的包案责任，按照“属地管理，谁主管、谁负责”的原则，将每起纠纷具体落实到每个包案领导身上，做到“四定”（定领导、定措施、定时限、定责任）、“三包”（包调查、包处理、包稳控）。并定期以区联席会议办公室名义下发文件，将包案领导、包案单位、责任人、办理期限以正式文件下发，由区委政府督查室和信访局共同督办。

【坚持定期约访、带案下访和陪访制度】 年内，对一时解决不了的信访案件，与信访人定期约谈，了解信访人动态，做好稳控工作。对掌握而未引发上访的矛盾纠纷及时介入调解，消除信访隐患。对少数群众不服有关部门答复意见或存在疑问的，主动带领或陪同信访人到上一级信访部门或行政机关进行行政复议，避免矛盾激化。

【完善大厅抓建设，畅通渠道听民意】 年内，为充分发挥各部门职能作用，优化整合力量，强化工作责任，切实畅通信访渠道，实现信访工作“一站式接待，一条龙办理，一揽子解决”目标，经区委、区政府研究决定成立区信访联合接访大厅，大厅从人社、民政、卫生、国土等9家单位中各选派1人，联合区行政服务中心实行全日制“坐班”，对口接待群众来访，并协调处理所属信访事项。同时，引入区司法局法律援助中心律师参与信访事项调处工作。切实将大厅建设成为了解决信访问题的“终点站”和化解矛盾的“稳压阀”。

【举办人民调解员培训班】 年内，为进一步提高区基层人民调解员和企业人民调解员的法律素养调解技能，区信访局联合区司法局、区法院等部门举办全区人民调解员培训班，使人民调解员对人民调解工作的业务和技能有更深刻的了解和掌握，切实增强人民调解员解决矛盾纠纷的能力。

【举办网上信访信息系统培训班】 年内，为建设阳光信访、法制信访，全面推进区网上信访信息系统建设，实现信访事项网上受理办理目标，区信访局组织举办各乡镇、区直各部门信访干部信访信息系统培训班，确保各乡（镇）、区直各部门信访干部熟练掌握该系统的操作规程。同时，区委、区政府为各乡（镇）配发电脑、三维一体打印机等办公设备，确保该系统的正常运行。

【诉访分离抓规范，依法维权保权益】 年内，堆龙德庆区在涉法涉诉信访事项上，区信访局联合区司法局法律援助中心及时对该事项进行审查、甄别，同时对当事人进行法律宣传及思想安抚教育工作。对于未进入司法程序解决的，责成区法律援助中心教育引导其通过司法途径解决问题；对于正在法律程序中的事项，继续依法按程序办理；对于已经结案的事项，但符合复议、复核、再审条件的，依法转入相应法律程序办理；对于已经结案的事项，不符合复议、复查、再审条件的，做好不予受理的解释说明工作；对于不服有关行政机关依法作出的行政复议决定，经释法明理仍不服的，由法律援助中心引导其向人民法院提起行政诉讼。

【加强私人建筑领域管理】 年内，为预防和依法解决私人建筑领域拖欠民工工资问题，建设和完善私人建筑领域农民工工资支付长效机制，维护农民工合法权益，构建和谐劳动关系，促进社会和谐稳定，区信访工作联席会议办公室按照区委、区政府主要领导指示，根据《中华人民共和国劳动法》《中华人民共和国劳动合同法》《中华人民共和国建筑法》和中共中央、国务院《关于构建和谐劳动关系的意见》《关于进一步做好农民工服务工作的意见》，以及其他有关法律、法规规定，结合实际，制定《堆龙德庆区私人建筑领域拖欠民工工资信访事项处理及保障机制》。

【加强制度建设，提高内控规范化】 加强内控管理规范化建设是完善体制机制、规范权力运行的重要措施，是转作风、提效能，进一步优化发展环境的重要保证，是深入推进预防腐败体系建设的迫切需要。近年来，堆龙德庆区委、区政府高度重视体制机制建设，先后制定出台一系列制度、办法、规定，为贯彻落实区委、区政府关于加强内控管理规范化建设要求，区信访局认真梳理制定相关制度、办法、规定，积极探索和总结在实践工作中的成功经验和亮点做法，制定出台区信访局党风廉政制度、工作纪律制度、考勤制度、信访责任追究制度等24项制度，形成完善的区信访局制度汇编，并已造册上墙，切实将制度管人、管事、管权的工作模式逐步完善，从而使各项工作在制度中规范、在规范中提高效能。

【选派干部抓提升，引领队伍强能力】 堆龙德庆区委、区政府积极创新完善实践锻炼干部工作机制，加大选派优秀后备干部到信访岗位培养锻炼力度，在选派、管理、考核等环节，严格把关，取得良好效果。2013年以来，已选派10余名后备干部至区信访局挂职锻炼。切实提高干部应对复杂局势、驾驭复杂局面、解决复杂问题、处理复杂关系、密切联系群众、善于做群众工作的能力。

（唐　菲）

【领导名录】

局　长　扎　多（藏族）

副局长　田德全（7月任职）

　　　　薛海燕（女）

堆龙德庆区后勤服务中心

【概况】 2016年，随着堆龙德庆区经济的快速发展，政府对堆龙德庆区后勤服务中心职能进一步扩展，对区后勤服务中心保障的要求越来越高。区后勤服务中心坚持以“创建学习型机关”为重要抓手，以学习启迪思路的创新，以学习促进作风的转变，以学习推动效能的提高，使区后勤服务中心工作努力实现“管理化科学、服务社会化、保障法制化”，取得一定的成效。2016年，区后勤服务中心有干部1名，区后勤服务中心办公所设立于堆龙德庆区机关2号楼1楼，局内设有办公室、主任办公室、复印室。

【推进学习型机关建设】 以创建学习型机关中，区后勤服务中心采取学理论、听报告、看发展、谈体会等形式，紧密结合自身实际，认真开展“三抓”活动，有效促进机关工作作风和思想观念转变。

【抓观念转变，增强服务意识】 2016年，区后勤服务中心紧扣机关后勤改革与发展实际，明确服务是区后勤服务中心的天职，是立局之本。在提高服务的同时，节支增收。强化成本管理。

【素质培养，提高整体形象】 2015—2016年，区后勤服务中心按照区建设学习型机关实施意见精神，每年在年初制订区建设学习型机关年度活动计划，开展全员素质建设，通过下发文件、组织学习、岗位培训、查岗教育等形式和措施，加强对员工的学习和教育，转变思想、工作作风，提高后勤队伍政治思想和业务素质。区后勤服务中心组织全体员工在学习日学习“三个代表”重要思想、《中国入世报告》、十六大报告等政治理论的学习、讨论和教育，举办《与时俱进，坚持共产党员先进性》专题讲座，实施电工、档案管理、人事管理等岗位业务培训。同时，针对岗位多，人员多的特点，组织中层干部在同一时间分批对各个岗位进行查岗，查人员是否在岗，查在岗工作情况：态度是否热情、服务是否到位等，并对查岗情况通报，对存在问题进行分析、教育。通过学习教育，全区干部职工思想上有明显提高，政治上有明显进步，作风上有明显转变，纪律上有明显增强。

【制度建设，促进规范运转】 年内，区后勤服务中心在抓基础建设、建章立制的基础上，进一步完善制度，规范程序，做到按规章办事，按工作程序办事，按职责要求办事，优质高效地做好区级机关后勤服务管理工作。制定《节支、创收考核奖励意见》把节支创收指标进行目标分解，明确各科室的节支创收任务与责任、考评的内容和标准。同时，区后勤服务中心坚持以前制定的制度的执行和落实。坚持以《岗位责任制》明确工作职责，做到事事有人管，件件有落实；坚持以《服务承诺制》明确后勤管理和服务的要求，提高工作质量；坚持以《首问负责制》优化服务环境，方便群众办事。

【创新机关后勤工作思路】 十六大报告指出“创新是一个民族进步的灵魂，是一个国家兴旺发达的不竭动力，也是一个政党永葆青春的源泉”。机关后勤工作如何与时俱进，用什么办法提升后勤服务，关键在创新，创新是发展的动力。堆龙德庆区在抓创建学习型机关过程中，不断开拓新的工作思路。区后勤服务中心围绕工作重点，积极从抓食堂、绿化、贵宾接待厅等服务窗口的“点创新”，延伸到抓后勤服务队伍的“线创新”，从而实现全面提升服务质量、全面提高满意率的“面创新”。

区后勤服务中心树立机关食堂不能“只算经济账，不算政治账”，要千方百计让机关干部职工吃好、吃满意的理念，改变以往一味“把家”，不能亏本的思想和做法，在这种观念的指引下，机关食堂每周都精心编制菜单，确保菜肴品种的合理搭配并降低菜肴价格。同时，增加食堂硬件设施的投入，更换台布、快餐盘，餐桌上增加面巾纸、牙签，安装餐厅纱窗。在绿化管理方面，区后勤服务中心将行政中心近1/3的绿化收归自己管理。在1号楼门前广场及旗坛周围种植鲜花，为不断变化鲜花色块造型，达到更好的视觉效果，区后勤服务中心积极摸索，从第一次没有经验的单调色彩组合，到通过电脑创作，形成不断变化的复杂的几何造型。

【提高后勤服务保障能力】 年内，区后勤服务中心按照“为领导服务，为机关服务，为机关工作人员服务”的要求，从领导、机关、机关干部职工最关心的焦点、难点入手，克服困难，多办实事，努力把实事办好，把好事办实。具体为：1号、2号包间一楼开辟区领导用餐区，更好地保障区领导的中午用餐。对食品、餐具、餐厅及办公大楼公共部位进行严格消毒；对大楼各层面的新风机、空气过滤网进行清洗消毒。对机关用车进行每日2次的消杀工作。安装行政中心大型电子显示屏，并加强管理，为机关各部门发布信息、标语提供服务。协调做好行政中心联通客户手机信号覆盖盲区工程。在行政中心各幢办公楼的外墙醒目位置安装楼号牌、各单位分布示意图，以方便基层群众到机关办事。在行政中心外设立洗车场，为机关提供洗车服务。对行政中心消防设施进行系统的更换和改造，并通过达标验收，更有力地保障消防安全。

（康金玉）

【领导名录】

主　任　田德全（11月离任）
　　　　杜建强（11月任职）

堆龙德庆区地方志办公室

【概况】 2016年，区地方志工作在区委、区政府正确领导下，在自治区方志处和拉萨市方志办的指导下，认真贯彻落实《全国地方志事业发展规划纲要》，制定实施方案，围绕“工作推动出实效，志鉴编纂出精品，方志服务上水平”的工作思路，统一思想、集中精力、凝聚智慧，以服务经济发展为宗旨，以志鉴编纂为抓手，全力做好二轮修志攻坚，不断扩大年鉴编写覆盖面积，努力搞好地情书编写，积极开展社会服务，各项工作取得新的进展和成绩。

【业务学习】 2016年，区地方志办公室按照区委、区政府的统一部署和要求，立足工作实际，认真学习领会“两学一做”系列讲话精神，通过集中学习和自学等方式找出工作症结，明确工作思路，认真抓好干部职工各项学习工作。同时，组织学习国务院《地方志工作条例》，积极抓好业务学习不放松，不断提高队伍整体政治素养，增强业务能力和工作效率。

【续志工作】 2016年，区地方志办公室把二轮修志定为攻坚突破年，倾注全力，投入指导，多措并举，强化志稿修改完善，确保志书出版质量，取得喜人成绩。2016年上半年，区地方志办公室配合自治区方志处圆满完成二轮志书的总编；2016年7月，自治区方志处作出“志稿合格”批复，批复中同时提出“可以出版”的意见；2016年8月，前往方志出版社进行最后的审稿；《堆龙德庆县志》（2001—2010）已交到安徽新华印刷厂印刷。

【年鉴工作】 《堆龙德庆年鉴（2016）》编纂工作在2015年《堆龙德庆年鉴》的基础上，认真总结经验，根据全市大力发展净土产业的战略决策部署，《堆龙德庆年鉴（2016）》新增净土产业板块，在版面设计、内容上进行改革创新。年鉴共设12章，文字容量40万字，彩色图片1000余幅。2016年3月9日，区委、区政府办公室联合下发关于做好《堆龙德庆年鉴（2016）》编纂工作的通知后，区志办立即对各乡（镇）、各单位、部门的年鉴资料进行收集，针对部类分纂资料进行交叉内审和精心修改，按照编写任务、质量要求、时间进度和审核把关程序完成资料提供任务。经过1个多月的努力，总纂合成全书，形成初稿。4月下旬，顺利通过初审。区地方志办公室工作人员进行四稿修改后，于2016年7月9日印刷完毕并运抵堆龙德庆区。区方志办先后对书中的文字、图片修改达300余处，重新整理大事记2万多字，补充完成相关资料80处，替换图片40张。出版的《堆龙德庆年鉴（2016）》，近50万字，收录图片680幅。

（雷　凤）

【领导名录】

主　任　赵建科（12月离任）

群 团

堆龙德庆区总工会

【概况】 堆龙德庆区总工会（以下简称区总工会）办公场所设立于堆龙德庆区机关4号楼3楼，设有工会办公室、主席办公室、帮扶中心办公室。2016年，区总工会有主席1人，副主席1人，科员2人，工勤人员1人，其他职工2人，共7人。年内，区总工会在区委、区政府的正确领导下，在自治区、拉萨市总工会的大力指导和帮助下，在全区基层工会组织的密切配合下，区总工会紧紧围绕全区中心工作，助力推进工会重点工作，紧密结合“两学一做”学习教育活动，以党风廉政建设为根本，落实全区“十三五”规划任务目标，活跃职工文化，激发职工工作热情，维护职工基本权益，加大帮扶救助、送温暖，开展农牧民工技能培训和干部职工、劳模疗休养工作为出发点、积极开展工会各项工作。

【开展“两学一做”学习教育活动】 年内，区总工会以“两学一做”学习教育活动为契机，积极组织党员干部职工加强对中共十八大和十八届三中、四中、五中、六中全会精神的学习，按照区强基办文件要求，区总工会将每月“两学一做”学习教育活动开展情况、每周动态及时报送，并开展集中学习10次，专题讨论4次，领导班子撰写心得体会10余篇，区总工会党员干部职工深入学习习近平总书记系列重要讲话精神，积极传达学习十八届六中全会精神、自治区第九次党代会精神、拉萨市第九次党代会精神，全面贯彻学习落实《中国共产党党内监督条例》《关于新形势下党内政治生活的若干准则》，深入推进党的思想政治建设和作风效能建设，加强党风廉政建设。

【开展包村工作】 自8月区总工会对各单位包村工作调整以后，区总工会包村为羊达乡羊达村，单位内党员对接包户，帮助包村出谋划策寻求致富之路，帮助贫困户实现精准脱贫，成立精准扶贫领导小组，小组多次深入包村点和包户家庭，了解详细情况，普及相关惠民政策，宣传精准扶贫精神，帮助特困户解决生活问题。

【严格选树典型，激发职工干事创业的活力】 年内，根据拉萨市总工会关于全市工会劳模、工人先锋号、“五一劳动奖章”推荐评选工作相关要求。区总工会经请示区委、区组织部同意，严格按照评选条件、评选范围，坚持公开、公平、公正的原则，深入基层、企业做好宣传工作。评选程序按照条块结合、自下而上进行，由民主评议、基层推荐候选人。对推荐的候选人坚持实事求是，认真考查，认真核实先进事迹的真实性。经基层民主推荐，区委组织部、区纪律检查委员会和区总工会严格把关，推荐五一劳动奖状单位1家，工人先锋号单位1家，五一劳动奖章2名，分别是：羊达乡蔬菜种植农民专业合作社被评选为2016年五一劳动奖状先进企业；西藏雄巴拉曲神水藏药有限公司工程部被评选为工人先锋号先进班组；堆龙德庆区古荣护路大队大队长达瓦维色和堆龙德庆区圣洁保洁服务中心环卫工人达瓦卓玛，被评选为2016年五一劳动奖章获得者。

【弘扬劳模精神，发挥劳模作用】 根据2016年3月15日拉萨市总工会关于《拉萨市“劳模创新创业工作室”管理办法（试行）》的通知要求，区总工会积极落实该项工作。2016年3月29日，西藏达氏集团有限责任公司向区总工会提出创建劳模创新创业工作室的申请，经过区总工会多方考察和调研，拟定同意西藏达氏集团有限责任公司的申请，并将相关材料报送拉萨市总工会。该公司始终关注劳模工作室的成长，从多方面支持工作室开展工作。把工作室成员纳入生产经营分析会及质量情况通报会，使他们及时了解中心工作，发挥个人能动作用。还在时间和资金上也给予大力支持，公司领导要每月听取工作室活动开展情况，随时解决困难和问题。有组织的支持，工作室的凝聚力和战斗力不断增强。

【积极协调解决矛盾纠纷】 2016年，区总工会高度重视信访维稳工作，经常深入各乡镇走村入户，了解职工群众生产生活状况，做到及时发现，及时处理，及时上报。2016年5月，区总工会接到来访事件一起，并及时根据相关文件精神妥善处理，使来访人得到满意结果，没有再次来访。区总工会切实贯彻落实市委、市政府2个月内信访事项“零搁置”要求。2016年，区总工会在继续深化巩固2015年信访维稳工作基础上，继续推进2016年信访工作新态势，接待好、督办好、调解好、解决好来信来访工作，并将来信来访人员、事件登记造册。

【加强基层工会组织建设】 2016年5月，区总工会精准扶贫领导小组成员历时一个月时间深入堆龙德庆区6乡（镇）30个行政村居委会进行精准扶贫摸底调研工作后，根据拉萨市总工会十届四次全委会上的工作要求，积极开展拉萨市分配市直单位、企业工会帮扶单位与村居工会组织结对子精准帮扶工作。分配至堆龙德庆单位14个。5月底，区总工会已全部完成区直单位签订村居精准扶贫责任书，并上报市总工会，为区总工会深入开展精准扶贫工作奠定基础。各责任单位按照规定定期向区总工会报送信息简报及工会工作开展情况，结合自身工作及工会工作要求开展精准扶贫结对帮扶工作，并定期总结及时反馈。

堆龙德庆区6乡（镇）30个行政村都已建立基层工会委员会，在2015年建立村级工会组织的基础上，2016年上半年，区总工会进一步规范基层工会组织建设，积极宣传，开展区总工会农牧民工集中入会行动，督促指导乡镇工会“八有”目标建设及村居工会规范化建设。截至11月底，区总工会调整完善新增农牧民工入会已达近1000人，入会率达到80%以上，并统一制作乡镇、村居工会委员会各项制度、门牌，统一下发并将制度上墙。使得继续开展农牧民工集中入会，规范化建设进一步取得成效。2016年6月，堆龙德庆区高天护路大队、古荣护路大队、莫嘎护路大队向区总工会提出建立工会委员会的请示，经区总工会调研摸底，三个护路大队均符合建会条件和建会需要，批准其建会，并于7月20日下达建会批复。

截至年底，堆龙德庆区范围内警务站3个共18人，均在公安局入会；驻寺点12个共36人，根据拉萨市总工会转发中共西藏自治区统战部、西藏自治区总工会寺庙管理委员会工会组织建设的通知要求，文件下发堆龙德庆区12个寺庙管理委员会，现各寺庙管理委员会也正在积极筹备，召开会议研究落实工会组织建设。12月2日，楚布寺管委会已向区总工会递交成立工会委员会的请示，经过调研及了解具体情况，区总工会于12月7日下达楚布寺成立工会委员会的批复。

【加强工会组织网络覆盖率】 根据拉萨市总工会相关文件精神和会议精神，规模以上非公企业（符合四要素）建立工会委员会，据2014年4月、

2015年8月和2016年走访调研建会企业统计来看，截至年底，堆龙德庆区规模以上非公企业有7家在正常运转（分别是：雄巴拉曲神水藏药厂、远征包装公司、圣香海螺藏香厂、岗德林农民营销公司、古荣朗孜糌粑公司、古荣巴热糌粑公司、羊达蔬菜基础设施农民专业合作社）。2015年统计的西藏藏泉实业自2015年开始停产，到2016年完全没有经营效益，企业只留守4人看护。

截至年底，堆龙德庆区全区范围内经济合作组织一家，为西藏堆八仓土特产产品开发有限责任公司，办公地点位于堆龙德庆区工业园区内，总职工人数213人，并已建立工会委员会。2016年11月8日，该公司在区总工会支持指导下开展民族手工业培训班，参加职工100余人次，并完成区总工会职工培训工作5年规划目标任务。

【为职工群众办实事解难事】 2016年三大节日“送温暖”活动期间，区总工会根据区委、区政府《关于2016年元旦、春节、藏历新年期间堆龙德庆县慰问活动安排方案》的通知堆委办发〔2016〕2号文件精神，在全区范围内进行调研走访，制定出切实可行的慰问方案，并上报区政府办公室。2016年“三大节日”期间慰问区总工会共确定慰问人数76人，其中堆龙德庆区6乡镇各10人，6名劳模、3家企业10人，根据拉萨市总工会每人900元的慰问标准，共发放慰问金68400元。

积极开展“金秋助学”活动，为推动和帮助困难职工子女就学，区总工会在全区范围内发放困难职工应届大学生子女“金秋助学”工作红头文件，全区困难职工子女“金秋助学”报送人数7人，经区总工会认真核实，报送拉萨市总工会。为继续扩大和帮助区总工会困难农牧民工会员子女上学问题，区总工会于9月底在全区范围内开展困难农牧民工子女“金秋助学”工作，共报送符合要求人数50人，区总工会根据援藏工作方案民生类项目上5万元用于“金秋助学”，区总工会救助人数20人，其余30人报送至拉萨市总工会。

【开展丰富干部职工业余文化生活】 年内，为使堆龙德庆区干部职工能以最大的热情、活力、动力投入到工作中，加强干部职工之间的协作，区总工会举行系列丰富干部职工精神文化生活的活动，开展“篮球赛”“两学一做知识竞赛”“足球赛”“首届青年农牧民工创业展销会”和“民族团结一家亲·青春践行中国梦”为主题的系列活动，共投入经费132030元。

【开展系类服务职工活动】 年内，为充分发挥工会组织联系职工群众的桥梁纽带作用，进一步密切党和政府与职工群众的血肉关系。区总工会于8月28日在西藏达氏集团有限责任公司以送温暖、送文化、送法律、送政策、送医送药为主要内容的“温暖职工心贴心，工会服务在基层”系列服务职工活动。区总工会协调区护路办为职工带来精彩的文艺演出，区总工会为职工送来9645元的生活必需品和大量的法律法规宣传资料，充分发挥工会组织为职工办实事、做好事、解难事。

【推动工资集体协商提升增效工作】 2016年，根据拉萨市总工会关于工资集体协商提质增效工资目标要求及分配名额情况，确定堆龙德庆区范围内要约企业4家，为：远大建材有限公司、雄巴拉曲神水藏药厂、远征包装公司、东嘎水泥厂。示范企业1家：远大建材有限公司。规范企业2家：雄巴拉曲神水藏药厂、东嘎水泥厂（东嘎水泥厂处于停产状态）。提升企业1家：远征包装公司。

根据区总工会协调指导，并按照文件精神确定堆龙德庆区雄巴拉曲神水藏药厂开展工资集体协商相关事宜，各项工作均落实到位。

【安全生产与工会工作相结合】 年内，区总工会加强矛盾纠纷排查、女职工维权、维护稳定和安全生产检查工作，将安全生产和工会工作相结合。区总工会走访雄巴拉曲神水藏药厂、羊达蔬菜种植农民专业合作社等企业，详细了解各企业是否存在矛盾纠纷，做到底数清、情况明。实地了解企业车间生产情况，要求企业切实抓好安全生产和公共安全管理，并加强应急值守工作。

【落实参与各项宣传活动】 年内，区总工会大力普及安全知识，提升安全素养，弘扬安全文化，积极参加“安全生产月咨询日”活动。区总工会于堆龙团结路设立宣传点，设置安全生产宣传标语，结合工会工作实际，向过往路人发放《中华人民共和国劳动合同法实施条例》《企业工会工作条例》《职业眼部危害及防护知识》《中华人民共和国劳动合同法》等法律宣传手册，切实发挥工会组织积极作用，把维护职工群众生命健康权益落到实处。

结合全区“综治宣传月”活动的开展，在3月敏感时期、6月综治宣传周活动、9月平安日宣传时期，区总工会按照全区维稳工作会议精神组织全体干部职工学习维稳的重要性，到包村及企业检查维稳情况并在企业积极宣传保护女职工权益的重要性，宣传相关法律法规。

区总工会于堆龙德庆区人力资源洽谈会设立宣传点，向前来招聘的50家企业，近900多名就业者免费提供政策咨询、就业信息服务、维权服务，结合当前广大职工、农民工在维护自身权益方面存在的突出问题和实际，制作、印制宣传资料，有针对性地发放维护职工权益的法律法规宣传资料、宣传册。

【促进宣传组织效果】 年内，区总工会通过对各宣传活动、领导建议要求、群众反映等情况进行总结，对以往“大书小册”的宣传方式进行改进，经区总工会请示分管领导意见，制作了包括《劳动合同法》、女职工维权、农牧民工进城务工手册、农牧民工集中入会“六问六答”等9个种类藏汉双语宣传资料，通过图文并茂的形式宣传维权法律法规及入会问答，该宣传资料将逐步下发至各乡镇工会及企业，制作宣传资料及铜牌共投入经费173600元。

【开展援藏工作】 2016年，区总工会根据对口援藏项目协议书项目内容，在文化类项目上，区总工会已在堆龙德庆区古荣乡、羊达乡分别援建职工书屋各1个，援藏资金使用4万元；民生类项目上，区总工会通过办公会议决定投资7万元，其中5万元用于困难农牧民工子女助学帮扶，帮扶人数20人，2万元用于大病救助，对区总工会包村点2户进行救助；人才培养类投资3万元，通过西藏堆八仓土特产产品有限责任公司开展农民工就业技能培训，参加职工100余人。

【干部职工劳模疗休养】 按照西藏自治区党委组织部、西藏自治区财政厅、西藏自治区人力和社会保障厅、西藏自治区审计厅、西藏自治区总工会《关于印发〈西藏自治区干部（会员）职工疗休养管理办法〉的通知》要求，区总工会制定《区总工会关于2016年干部职工劳模疗休养方案》。区总工会认真细致的做前期准备工作，在名额上按照《办法》规定，认真查看全区干部职工、劳模年龄、工龄结构，对疗养名额进行合理分配，由各乡（镇）、各部门拟推荐参加疗休养人员。

此次疗休养活动在区委、区政府高度重视下、在拉萨市总工会具体指导下，拟定疗休养人员共34人，包括各条战线上一线干部职工、工人、护路队员、环卫工人、教师等。区总工会经报请区总工会分管领导，通过堆龙德庆区第34次常委会后，进行公示。12月29日，召开疗休养动员大会，区总工会主席拉珍出席动员大会并提出具体要求，签订疗休养协议书，祝愿大家出行安全，疗养愉快。

从2016年11月30日至12月14日，团队在内地疗休养期间得到海南工人疗养院的大力支持，在食宿、交通工具和安全等方面做周密安排。参加疗休养的全体人员自觉遵守与区总工会签订的疗休养协议，队员之间相互帮助，相互照顾，和谐相处，在全体队员的大力配合和区总工会的积极努力下，2016年，组织的疗休养活动圆满结束，并与12月14日安全返回堆龙德庆区。此次干部职工劳模疗休养共用资金348923元。

【开展机动车驾驶技能、挖机技术培训】 区总工会依托拉萨市总工会关于困难职工、农牧民工机动车驾驶技能培训方案、挖机技术培训实施方案，区总工会结合全区具体情况，深入调研困难职工群众意向，机动车驾驶培训报名15人，挖机技术培训报名7人。

2016年12月13日，组织全区有意向参加机动车驾驶技能培训的困难农牧民工15人，其中学习B照驾驶技能3人，C照驾驶技能12人，均为堆龙德庆区精准扶贫户，区总工会包村点羊达村4人参加培训，其中2人为区总工会精准扶贫户。此次机动车驾驶技能培训要求参训学员具备初中以上文化程度，身体健康，品行端正和良好的心理素质。

区总工会与堆龙德庆区交安驾校积极协商培训事宜，并与其签订培训合同，培训教育以理论与实际操作相结合，由培训学校制定培训方案、教案、课时安排及学员在校期间的学习、安全、考勤、就业等方面的工作。

12月19日，挖机技能培训开始，区总工会将7名学习挖机技术困难农牧民工送至西藏吉萨职业技术培训学习进行为期45天的培训。此次两项培训资金皆由拉萨市总工会承担，区总工会积极协调组织、配合拉萨市总工会开展此项工作。

【依托党风廉政加强自身能力建设】 年内，区总工会党支部注重理论学习，组织党员干部深入学习领会习近平总书记系列重要讲话、中纪委六次全会精神，认真学习中央“八项规定”、《中国共产党章程》《中国共产党廉洁自律准则》《中国共产党纪律处分条例》《中国共产党问责条例》以及区委、区纪委各项规定和要求，认真落实党风廉政建设责任制和党风廉政建设各项规定，认真履行党风廉政建设和反腐败各项职责，积极抓自身党风廉政建设，促进区总工会党风廉政建设工作的顺利开展。

加强纪检制度保障，推动责任落实。定期组织学习党风廉政建设和相关文件精神，组织党员签订共产党员承诺书、党员干部党风廉政建设个人承诺书。坚决贯彻落实中央“八项规定”和区党委“约法十章”“九项要求”及市委“八项要求”区纪委关于重大节日廉洁规定精神，严格执行作风建设有关规定，把纪律和规矩挺在前面，立起来、严起来、执行到位。

（宋仿勇）

【领导名录】

主　席　拉　珍（女，藏族，2月任职）

副主席　普　吉（女，藏族）

　　　　黄西霞（女，7月离任）

共青团堆龙德庆区委员会

【概况】 2016年，共青团拉萨市堆龙德庆区委员会在区委和团市委的坚强领导下，全面贯彻中共十八大和十八届三中、四中、五中全会精神，深入学习贯彻习近平总书记系列重要讲话精神，深入贯彻落实党中央、自治区、拉萨市及区委关于群团工作部署，以保持和增强团的政治性、先进性、群众性，克服“四化”问题为目标，在全力推进“党建统区”上走在前、在全力推进“环境立区”上求作为、在全力推进“文化兴区”上当先锋、在全力推进“产业强区”上做表率、在全力推进“民生安区”上做贡献、在全力推进“依法治区”上当标兵，努力做到推动科学发展有佳绩、维护和谐稳定有作为、服务人民群众有实效、引导文明风尚有突破，进一步汇聚起推进“六大战略”落实、谱写中国梦堆龙篇章的强大正能量。

【紧跟党委战略决策部署，抓好学习】 年内，通过召开团堆龙德庆区委学习会、每月共青团例会，迅速传达学习会议精神，同时充分利用“堆龙德庆共青团”微信平台，发布、转载各方解读图文及视频，将会议精神不折不扣地传达到全区每一个基层团组织、每一名团员青年当中。并要求全区各级共青团组织精心组织，把学习贯彻各级党的群团工作会议精神作为当前和今后一个时期的重大政治任务和重点工作抓紧抓好，掀起各界青少年学习党的群团工作会议精神的热潮，凝聚全区青少年的广泛共识。

【积极谋划共青团改革，抓好落实】 根据照《中共拉萨市委员会关于贯彻落实〈中共西藏自治区委员会关于加强和改进党的群团工作实施意见〉的实施方案》要求，按照“凝聚青年、服务大局、当好桥梁、团要管团”四维工作格局，积极谋划2016年共青团改革工作，合理制定堆龙德庆共青团“十三五”工作规划，并探索具体有形的新载体新路径。

推进共青团工作网络化。通过堆龙德庆共青团企业号，开辟共青团本月任务专栏，面向各级团组织及时发布各项工作任务；通过工作信息模块，及时更新各项工作进展。通过青年之声模块，实现与青年面对面的交流，倾听青年心声。并组建堆龙团干微信群，方便各级团干部间学习交流。

推进共青团工作量化管理。实施共青团、少先队积分量化管理制度，经集体讨论于每月月初及时发布本月必选任务，并结合实际给予分值，规定完成日期、评分标准。月底及时公布本月得分，做到目标管理依据量化看得见，年底目标考核公平、公正。同时，为激发各乡镇团委工作的创新性，对每项创新工作给予较大积分。实施一年以来，各级团组织工作的积极性、有效性得到显著提高。

纵向推进各乡镇共青团交流定期化。实施共青团每月工作例会制度。为强化团区委与各乡镇团委的关系，增进各乡镇团委之间交流，4月以来，团区委定期流动召开每月共青团工作例会。每期例会由不同乡镇主动承办。以例会为契机，总结本月工作经验、分析存在问题、探讨工作思路，共同提升各乡镇团委的工作活力。截至年底，共召开共青团工作例会7次。

横向加强与其他群团组织联系。在区委领导下，每月定期召开群团（党群）工作联席会。3月份以来，团区委积极参与联席会筹备工作，并负责每期联席会会议议程、会议通知、会议纪要等工作。通过联席会，切实增进同工会、妇联等群团组织的沟通协调，形成工作合力，更好地服务青年群众。截至年底，共召开工作联席会7次。

正式建立专职团干部制度。乡镇团委人事任免由乡镇党委发函征求团区委意见建议，报组织部审批后，以红头文件任命；团区委定期向区委汇报乡镇团委和团干部的工作情况制度；乡镇团干部提拔使用征求团区委意见制度；探索专职团干部、西部计划志愿者挂职乡镇团干部、优秀贫困大学毕业生兼职乡镇团干部专挂兼相结合的团干部队伍，进一步充实乡镇共青团力量；正式建立每名机关团干部联系4名青年群众等工作机制，推动团干部摆脱文山会海、走出高楼大院，经常化、制度化下沉基层，做青年友、不做青年“官”。

从严管理团员队伍。控制增量，严格团员标准和入团程序，提高团员发展质量；扩大覆盖，发动团干部主动深入企业青年、流动青年、新兴社会组织等青年群体“找团员”，吸收团员。同时，健全团员档案资料，实现“一人一档”；管好存量，严格组织生活，严格教育管理，严肃团内执纪，引导团员在青年中充分发挥模范作用和凝聚作用，并切实做好推优入党工作，凡28岁之下申请入党的团员必须经团组织书面推荐。

【切实加强党的领导】 始终把共青团置于党的领导之下，坚决贯彻党的意志主张和各级党委的决策部署，引导广大青年坚定政治立场和政治方向。争取党委的支持，切实加强对共青团的政治领导、思想领导、组织领导，把党的理论和路线方针政策贯彻落实到共青团工作各方面、全过程，严格落实“县级以下共青团组织主要负责人按党章规定列席同级党组织有关会议”制度。2016年，团区委负责人已列席区委常委会及区委有关会议20余次，更好地了解党委工作重点，为做好党的助手和后备军、服务好党政中心工作提供有力保障；常委会专题研究共青团事项3次；区委主要领导亲自参加共青团活动10余次，批示共青团工作20余次。

【切实做好党建工作】 认真履行党建工作责任制。不断强化组织建设、作风建设和制度建设，把党建工作与业务工作同安排、同部署。在认真分析研究党建工作面临的新特点、新情况、新要求的基础上，针对性的把党建工作落实到日常工作和为群众服务当中，形成主要领导亲自部署，机关党建同步推进，党员干部人人参与的良好党建工作格局。坚持开展好领导班子民主生活会和民主评议党员工作，坚持“三会一课”和交心谈心活动，截至年底，召开支委会11次、党员大会1次。认真贯彻落实党风廉政建设“一岗双责”制，健全《团区委领导干部党风廉政建设责任分工》《重大财务审批制度》《党员干部廉政建设工作制度》和民主集中制，以制度严格规范人、财、物的管理，确保党风廉政建设责任制落到实处。

狠抓思想教育，增强党员干部宗旨意识。建立和完善党员干部理论学习制度，制定年度理论学习计划，采取平时自学、集中辅导和警示教育相结合，多形式开展党员干部的思想教育，确保党员干部头脑清醒、政治坚定。截至年底，共集中学习30次，讲党课2次，撰写学习心得20余篇。

【全面从严治团】 根据区委、政府领导、团市委及各乡镇团委意见建议，制定并及时下方《共青团拉萨市堆龙德庆区委员会关于从严治团的实施方案》。持之以恒贯彻落实中央“八项规定”精神和区党委“约法十章”“九项要求”及市委“八项要求”，启动全面从严治团，让共青团系统作风建设形成一种常态、一种风气。控制本单位三公经费支出。2016年，“三公”经费开支比往年明显下降；严格执行接待费、会议费、差旅费管理办法，降低行政运行成本；严格考勤制度；加强节假日作风监督，严查节日腐败问题，着力防范有令不行、有禁不止行为发生。活动开展以来，各级团组织面貌焕然一新，工作效率大幅提高。

【推进“环境立区”】 积极利用广泛的青年基础，利用自身良好的平台，积极开展保护母亲河、共植共青林等各类环保实践活动，以实际行动守护好堆龙的蓝天净土。3月12日上午，堆龙团委联合环卫公司开展“清理小广告·争做环境卫士”志愿服务活动，对青藏路725油库至雪山加油站路段，团结路丁字路口至中学路段，东嘎路老法院至南嘎村委会路段进行清除小广告、擦拭果皮箱，共清洁果皮箱近50个，清除小广告30余处，街道面貌焕然一新；4月11日，在古荣乡嘎冲村共青林开展植树活动。志愿者代表、团干部代表、团员代表、少先队员代表、护路队代表、青年文明号企业职工代表及当地群众代表210余人参加活动。整个活动共新栽树苗600余株。

【青少年理想信念教育】 发动各级团组织、少先队组织以“3·28”百万农奴解放日、“学雷锋日”、清明节、“五四”青年节、“六一”儿童节等重要节点开展社会主义核心价值观主题教育和中国梦教育活动：3月25日，开展“3·28”有奖知识竞答进机关、进校园活动，宣传普及西藏农奴解放史及西藏民主改革57周年以来取得的伟大成就，引导广大干部群众爱国爱社会爱家；4月4日清明节上午，统一组织区直机关干部、公检法干警、乡镇干部、村妇女主任及团员、少先队员、西部计划志愿者共计190余人来到拉萨市烈士陵园，祭祀扫墓，缅怀革命先烈，接受爱国主义的洗礼，区中学开展网络祭英烈活动，覆盖学生1000余名；5月4日，团区委组织100余名各界青年参加拉萨市、堆龙德庆区优秀青年青春分享会，激励青年通过诚实劳动创造人生价值；5月31日，举办“红领巾心向党·同心共筑中国梦”“六一”国际儿童节庆祝活动，区委、团市委主要领导和600余名少年儿童共度佳节，营造全社会共同关爱少年儿童健康成长的和谐氛围。同时，各乡镇团委、各村团支部、非公企业团支部纷纷开展重温入团誓词、参观博物馆、文艺演出等形式多样的“五四”活动、“六一”活动，切实发挥团组织思想引领的作用。

【深化青少年民族团结教育】 为吸引广大青少年群众自觉参与、自发传播“人人都讲民族情，人人都说民族团结话，人人都做民族团结事”，团区委积极倾听青少年群众心声，着眼青少年所想所需，有的放矢、精心设计，确保各项活动开展的有声有色。大力开展“与内地学校手拉手”活动。

2016年堆龙德庆区7所小学均与北京7所小学结对，共开展十余次活动，参与人数900人，共同唱响民族团结进步的主旋律；开展“共育民族团结花”活动。6月23日上午，南京航空航天大学支教团发起第二届“共育民族团结花”爱心助学活动，为12名中学生每人发放500元、24名小学生每人发放400元，共15600元；开展“9月民族团结月”系列活动。以“9月民族团结月”为契机，开展“书民族风雨·画堆龙辉煌”摄影、绘画、书法大赛，活动共征集绘画作品25副、摄影作品40副、书法作品30副。开展“讲述我身边的民族团结故事”演讲比赛，参赛选手从自身经历出发，讲述自己的民族团结故事、分享自己的人生感悟。开展“民族团结进步杯”乒乓球大赛，促进不同民族间干部群众的团结协作。开展“民族团结歌曲大家唱·唱响红歌庆国庆”合唱比赛，引导广大群众表达对祖国的热爱之情、对民族团结的珍惜。开展民族团结先进个人（集体）表彰活动，进一步营造民族团结教育活动的良好氛围，扩大民族团结教育系列活动的影响力和感召力。

【增强思想引导工作的针对性和感染力】 根据不同年龄段青少年的认知特点，熟练运用新媒体，采用知识竞赛、有奖竞答、PPT讲演等方式，大力宣传党团知识，区委、区政府“十三五”时期重要战略部署及2016年工作报告，青少年法制教育等方面内容帮助青年树立理想信念的精神支柱，树立向上向善的价值追求。此外，依托青年网络文明志愿者队伍，持续做好日常正能量传播，及时参与重点热点问题引导，旗帜鲜明地开展网上舆论斗争。

【掀起“人人学习先进、人人赶超先进”热潮】 积极推选区护路办为自治区爱岗敬业先进集体、波玛村边巴多吉为自治区孝老爱亲先进个人、色玛村巴桑罗布为诚实守信先进个人、德庆乡扎西泽仁为崇义友善先进个人、邱桑村多吉为创新创业先进个人；推选朗巴村次仁多吉为中国五四青年奖章候选人；举办“五四”表彰大会，对冲锋在改革、发展、稳定第一线的8家先进集体和69名优秀个人进行隆重表彰；举办“六一”表彰大会，对21名“优秀少先队员”和4名“优秀少先队辅导员”进行表彰；9月，对在各项民族团结活动中涌现出来的57名优秀个人（集体）进行表彰。同时，团区委还大力宣传各行各业典型青年的先进事迹，让青少年在身边人、身边事的潜移默化影响中进步成长。

【引领青年在全面深化改革中服务发展大局】 1—2月，开展返乡大学生关爱农牧区中小学生支教活动，给返乡大学生提供实践平台，增强大学生反哺家乡、反哺社会的意识。共有两个乡镇20名大学生、260余名中小学生参与到支教活动中来。1月29日，团区委召开“精准扶贫问计青年”座谈会，号召各界青年代表积极投身扶贫攻坚大局。5月开展“各乡镇待业大学生基本信息”统计，准确把握待业大学生待业原因、近期打算，下一步团区委将通过邀请创业青年现身说法，邀请专业导师开展人生规划讲座等措施帮助其解惑释疑、转变就业观念、明确人生目标，实现人生价值。7月11日，举办“青春心向党、建功十三五”青年PPT演讲比赛，进一步营造“人人关心‘十三五’、人人参与‘十三五’”的浓厚氛围，凝聚率先实现“十三五”发展目标的广泛正能量。

【激励青年投身创业大潮】 2月2日，举行2016年度“共青团与人大代表、政协委员面对面”座谈会，邀请6位区人大代表、政协委员及3名创业青年代表围绕“构建青年创业政策扶持体系”进行交流，根据讨论结果，团区委及时向区人大、政协递交“关于出台青年创业帮扶政策”的提案、议案，已圆满落实。2月22日下午，邀请邮储银行堆龙德庆区支行行长和信贷员，对堆龙德庆区创业青年代表进行金融知识尤其是银行信贷政策的介绍。2月27日—3月4日，组织全区9个优秀创业项目参加西藏共青团首届青年农牧民创新创业创优成果展，并分4批组织400余名青年前往参观学习。7月下旬，主动寻找、大力宣传，挖掘34名青年创业者投身拉萨市第二届青年创新创业大赛，并取得二等奖1名10万元、三等奖2名5万元的优异成绩。同时，积极筹办堆龙德庆区首届农牧民青年创新创业展，邀请17位优秀青年“草根创业者”，其中有4家公司、12家合作社、1家工厂，共展出近40种特色产品，涵盖特色种养殖、民族手工业、高原特色农畜产品加工、传统文化、广告传媒等类别。展览吸引1000余名观众前来参观，现场销售额达3万多元，达成订单十余件、意向成交额达5万余元。

举办贫困青年“SYB”创业培训班，对50名贫困青年及待业大学生进行有针对性、长期性的培训服务。同时，积极对接四业办、团朝阳区委开展贫困创业青年及优秀青年创业者学习参观活动，进一步提升创业工作水平。联合邮储银行堆龙支行实地开展创业贷款调研活动，根据调研情况，开展“青年创业贴息贷款”工作，通过政府担保，方便创业青年贷款。截至年底，已初步达成3000万元担保协议。

【推进志愿服务】 3月5日，开展“关爱空巢老人和留守儿童”志愿服务活动，志愿者们为留守儿童送去书包、文具、水杯等爱心礼物。并来到帮普村空巢老人曲吉卓嘎的家中，和老人拉家常、问困难，送上大米、清油、牛奶等慰问品。3月19日、4月22日，分别开展“梦想树”公益活动，和46名贫困孩子做游戏、讲故事，并帮助实现“小小心愿”，共投入爱心资金4000余元。12月5日，隆重举办国际志愿者日宣誓仪式，发动80余名青年志愿者开展交通劝导、爱心献血、盲道清理、悬挂党旗党徽等系列志愿服务活动，营造浓厚的志愿服务氛围。

【走访慰问重点青少年】 2月2日下午，共青团西藏自治区委员会一行在团拉萨市委负责人陪同下莅临堆龙德庆区走访慰问4名重点青少年，送去大米、面粉、芝麻油、酥油、橄榄油、牛奶、酸奶等价值2000元的慰问品及6000元慰问金。年前，及时为“关爱青少年彩虹行动”的3名闲散青少年送去6000元的培训资金，为9名留守儿童送去9000元的生活补助。5月31日下午，前往包村点古荣乡加入村幼儿园，看望慰问师生，给孩子们送去节日的礼物。

【积极参与扶贫脱贫】 2016年，经各乡镇团委多次入户调查，堆龙德庆区共建档立卡1324户、4430人。其中，18—45岁青少年建档立卡1940人；搬迁户数400户，涉及青少年624人。针对重点青少年及贫困青少年实施“以助脱贫”，开展亲情陪伴、物质帮扶、心理辅导、素质拓展等各种关爱服务，实施“1+1”爱心助学活动、“共育民族团结花”爱心助学活动、“梦想树”爱心服务活动、“关爱重点青少年彩虹行动”，投入资金6万余元。并向上级团委争取“国酒茅台”“阳光学子”“芙蓉学子”“苏州圆梦”助学金15.8万元。针对团区委结对帮扶户，团区委定期入户看望、交流，并帮助联系资源、寻找工作，全心全意助其脱贫。

【加强法制宣传教育】 1月18—23日，以“五下乡”活动为契机，开展青少年法制知识有奖竞答活动，发放宣传资料1200余册，投入资金6000余元，覆盖6个乡镇300余名青少年；2月4日，联合拉萨市预青办开展“青春自护 关爱生命”主题宣讲活动，为东嘎村、通嘎村和加木村的青少年讲解未成年人犯罪的相关知识，覆盖1000余名青少年。3月31日，团区委在堆龙德庆区团结路设置宣传点积极开展“加强法制宣传·预防青少年违法犯罪”主题宣传活动，共发放《未成年人自我保护知识读本》《青少年法律知识读本》《法律进校园知识读本》《拉萨市中小学生民族团结知识读本》共计200余份，提供相关咨询30余次。6月24日上午，团区委结合区“综治宣传周”法制宣传活动在东嘎农贸批发市场设置宣传点积极开展“增强青少年法律意识 提升青少年法律素质”主题宣传活动，发放宣传读本260本，提供相关咨询30余次。11月1日，区预青办（团区委）牵头，区妇联、法院、教育局、司法局联合举办“珍惜青春·远离犯罪”青少年模拟法庭活动，让青少年直观、真实地感受法律。

【把青少年维权工作纳入制度化轨道】 年内，团区委充分利用“青年之声”和“堆龙共青团”微信平台，切实做好“下达”“上传”的工作，把党组织的主张和要求宣传贯彻到青年中去；并建立直接倾听和回应青少年需求的工作渠道，常态化了解青年意愿和困难，定期向区委、区政府专项报告青少年的状况和诉求，把青年的声音传递给党组织，让青年的意见建议有渠道表达、能得到回应。

【加强人员安全管理，严防出现各类安全事故】 规范西部计划志愿者安全管理，完善请销假制度，并多次对志愿者宿舍进行安全检查，保证不出事故。3月30日，联合后勤服务中心和消防大队，对“大学生志愿服务西部计划堆龙德庆志愿者之家”开展一次水、电、暖、煤气、防火防盗、饮食卫生等安全排查活动，发现安全隐患4起。截至年底，团区委根据具体整改要求进行整改：在每个楼层、活动中心和厨房配备灭火器材共20个；统一将照明灯更换为节能灯；清理楼道内杂物，保持消防安全通道畅通；对电源线路裸露处需重新做绝缘层。4月21日，邀请堆龙消防大队参谋杨萧，对堆龙德庆区西部计划志愿者开展消防安全和突发事件应急对策培训。

（王丹丹）

【领导名录】

团区委书记

张 建 武

团区委副书记

拉巴曲珍（女，藏族）

团区委书记助理、邮储银行挂职干部

旦增卓嘎（女，藏族）

堆龙德庆区妇女联合会

【概况】 2016年，堆龙德庆区妇联、区妇儿工委办在区委、区政府的正确领导和高度重视下，在区市妇联的业务指导和大力支持以及各乡（镇）妇联组织的通力配合下，以邓小平理论和“三个代表”重要思想为指导，深入贯彻落实中共十八大、十八届历次全会、中央第六次西藏工作座谈会精神、拉萨市第九次党代会精神以及中央、区市、区委党的群团工作会议精神，坚持“男女平等”基本国策和“儿童优先”为原则，创造性地开展全区妇女儿童工作。

【各项工作得以顺利开展】 区委、区政府历来高度重视全区妇女儿童工作，并把妇女儿童事业纳入到全区经济社会发展总体规划中来，定期不定期听取妇联及妇儿工委工作汇报，及时研究和解决事关妇女儿童切身利益的重点难点和热点问题。区政府切实承担起实施妇女权益保障法和妇女儿童发展规划的主体责任，定期召开妇女儿童工作会议，保障妇女儿童工作经费，从而为促进全区妇女儿童事业的全面均衡发展奠定坚实的基础。

【全面提升妇联工作整体水平】 堆龙德庆区妇联团结带领全区广大妇女，紧紧围绕区委、区政府中心工作，立足堆龙德庆区妇女发展事业，组织妇女参与经济社会发展，增强广大妇女投身新农村建设的主体意识和责任意识，自觉担负起时代的光荣使命，使堆龙德庆区基层妇女真正成为建设社会主义新农村的主力军。加强政治理论及业务知识的学习，提高妇联干部的政策理论水平和驾驭本职工作的能力。组织干部职工对党章、中共十八大、十八届历次全会、中央第六次西藏工作座谈会、拉萨市第九次党代会、中央和区市党委党的群团工作会议精神以及堆龙德庆区委、区政府一系列重要会议精神进行深入学习解读，切实做到吃透精神实质，提升自身素质的要求；严格落实周会制度，高效完成工作任务。坚持每周一召开干部职工会议，对上一周工作完成情况进行总结，安排部署下一周工作，通过实施周例会制度，进一步提高行政工作效率，及时完成各项既定目标。

【深入开展调研，摸清基层底数】 为了进一步了解和掌握各村妇联组织和妇女儿童基本情况，全面推动堆龙德庆区妇女儿童各项工作和精准扶贫工作。由堆龙德庆区妇联主席牵头，深入辖区30个行政村，从各村妇女组织建设情况、如何发挥村妇代会主任作用、“妇女之家”日常活动开展情况、基层妇联组织开展工作过程中存在的重点难点及制约妇联工作的主要因素；培训意向；乡镇领导及村两委班子对村级妇联工作的重视程度；区妇联如何更好地开展基层贫困妇女儿童等弱势群体的帮扶；区妇联班子成员及干部职工在深入群众、服务群众、服务态度、办事效率等八个方面内容展开细致的调研、了解基层妇联基本情况、查找存在问题的根源。

经过梳理归纳后主要存在的问题有：个别妇代会主任职责不明、思想陈旧落后，引领各村妇女开拓创新意识不强；大部分村“妇女之家”没有固定的活动场所，阵地发挥作用不尽人意；由于项目倾斜及资金投入力度较少，让更多的农牧民妇女实现居家创业、就近就业存在一定的障碍；区妇联将2016的工作重点放在精准扶贫上，通过多种渠道，扎实有序开展妇女脱贫工作，用妇联的实际行动向区委、区政府交上一份满意的答卷。

【妇女儿童合法权益得到有效维护】 随着法律法规的不断健全完善和维权渠道的不断拓展，使妇女儿童的合法权益得到有效维护。以“3·28”“综治宣传月”“学习雷锋日”“平安西藏宣传日”等各种节点活动为载体，进一步加大对《中华人民共和国妇女权益保障法》《中华人民共和国婚姻法》《未成年人保护法》等妇女儿童权益保障法及维权知识的宣传力度，为妇女儿童群众提供法律、政策、心理等咨询提供帮助，举办维权宣传5次，共发放宣传资料2600余份。堆龙德庆区司法局法律援助中心积极帮助解决贫困妇女因经济困难而打不起官司的问题，让所有妇女能在法律公正的保护下生活和工作，法律援助中心为广大妇女解答法律咨询、提供法律援助4次，解决妇女“告状难”问题。为切实保障妇女儿童合法权益，充分发挥审判机关职能优势，拓展妇女维权渠道，掀开妇女儿童维权工作新局面，在堆龙德庆区人民法院成立妇女儿童维权合议庭并举行揭牌仪式。通过“婚姻家庭纠纷调解室”和“妇女儿童维权岗”共接待、下访、回访、调处妇女儿童来信来访20件，信访调解率100%，更好地维护妇女儿童的合法权益。

【围绕中心，服务大局】 在全面推进小康社会建设中，努力创新工作载体，充分发挥优势，激发新的发展欲望和参与激情，在引领妇女参与构建和谐堆龙进程中取得新进展。从区市妇联和“四业工程办”争取39.6万元项目资金，用于妇女服装裁制、手工编织、藏餐等转移就业培训及SYB创业培训，共有270余名妇女参加培训。通过实施转移就业及创业培训，为堆龙德庆区更多农村富余女劳动力就近就地实现就业和增收致富拓宽渠道，增加家庭现金收入；召开纪念“三八”国际妇女节表彰大会暨2016年妇联工作会议。对2015年妇联工作进行全面总结，对2016年工作进行安排部署，同时对2015年里各乡（镇）妇联目标考核先进集体及各类先进人物进行表彰。

【为贫困妇女儿童解难事，办实事】 2016年，在“三大”节日期间，共对堆龙德庆区31名贫困妇女、孤残儿童、空巢老人进行看望慰问，并送去价值18600元的慰问金；春节期间堆龙德庆区妇联到8名离退休干部家中进行走访慰问，每人送去600元，共计4800元的慰问金和新年祝福；母亲节来临之际，西藏自治区妇联在堆龙德庆区乃琼镇贾热村举行“百事桂格贴心包”把健康和营养带给藏族母亲——母亲邮包发放仪式，区市妇联领导为贾热村30名贫困母亲捐赠价值20000余元的母亲邮包；在中国妇女发展基金会和自治区母子保健协会的大力帮助下，15个贫困母亲家庭收到价值3000余元的15包婴儿关爱包；堆龙德庆区妇联联合包村点乃琼镇贾热幼儿园开展内容丰富、形式多样的庆“六一”活动，为包村小朋友们送去价值7000余元的学习用品和节日的祝福；举行2015年度堆龙德庆区“格桑花”贫困妇女儿童爱心救助基金发放仪式，并对全区36名贫困妇女儿童进行19万元救助，其中一等救助人员11名，每人救助资金1万元，共计11万元；二等救助人员2名，每人救助资金0.5万元，共计1万元；三等救助人员1名，救助资金0.4万元；四等救助人员22名，每人救助资金0.3万元，共计6.6万元。为8名“两癌”患者争取到8万元的救助基金，使更多的农牧区因病返贫、因病致贫的特殊群体深切感受到区委、区政府的关怀和社会大家庭的温暖。为切实解决堆龙德庆区部分2016年新入学的贫困女大学生因家庭经济困难，承担不起学费的问题，区妇联工作人员深入到辖区各乡镇，对2016年新入榜的22名贫困女大学生每人发放5000元爱心救助基金，共计11万元。积极为贫困女大学生争取“爱心春蕾生”资助基金，救助8名贫困女大学生，共计发放1.12万元；为了进一步加强青少年法制教育，切实加强青少年法制意识，有效预防和减少青少年违法犯罪，堆龙德庆区妇联联合区法院、区教育局、团区委在家长学校——堆龙德庆区中学的配合下，举办青少年走进法院“模拟开庭”活动。堆龙德庆区妇联邀请拉萨市现代妇产科医院为德庆乡其美龙寺67名尼姑和周围10余名村民进行免费健康体检，随后为其美龙寺、热果寺、聂寺尼姑赠送价值7000余元的常用药品。为了让堆龙德庆区广大贫困儿童拥有一个温暖的冬天，堆龙德庆区妇联、团区委联合山东英才学院举办“圆梦小天使”活动，从堆龙德庆区八个中小学中选出200余名贫困儿童，将他们的梦想反馈给山东英才学院，由山东英才学院青年志愿者协会承办。活动中对接孩子们的礼物有棉衣、棉鞋、学习用品等价值四万元的物资。

【为妇联工作注入新的生机和活力】 2016年，围绕“三八”国际劳动妇女节、“3·28”百万农奴解放纪念日等重大节点，广泛开展系列主题宣传教育活动，丰富妇女文化生活，唱响爱党爱国的时代主旋律；围绕未成年人思想道德建设工作，开展“童心向党，快乐成长”“争做合格家长、培养合格人才”等家庭教育实践活动，弘扬科学家教理念，全面推进家庭教育；祭扫烈士陵园，缅怀革命先烈。联合堆龙德庆区直机关工委、组织干部职工在拉萨烈士陵园和谭冠三纪念馆举办清明节扫墓及缅怀先烈活动。由堆龙德庆区委、区政府主办，区直机关工委、工会、妇联、团委、工商联共同承办的堆龙德庆区第三届“堆龙杯”篮球比赛，并对大赛6支球队及2名个人进行表彰。为深入贯彻落实党中央、国务院关于“大众创业，万众创新”的号召，堆龙德庆区委宣传部、团委、妇联、工会在堆龙德庆区文化活动中心举办堆龙德庆区首届“农牧民青年创业特色产品展”。展览共邀请17位优秀青年“草根创业者”，其中有4家公司、12家合作社、1家工厂，其中共有4位女性创业者，共展出近40种特色产品，涵盖特色种养殖、民族手工业、高原特色农畜产品加工、传统文化、广告传媒等类别。展览吸引400余名观众前来参观，现场销售额达3万多元，达成订单十余件、意向成交额达5万余元。为进一步提高基层党员干部的廉洁自律意识，堆龙德庆区妇联联合羊达乡政府开展为基层党员“送廉政知识”活动，邀请区纪委干部就基层廉政建设和基层党员如何更好地廉洁从政作了简要的阐述和说明，区妇联主席对中共十八届六中全会公报提出的几项重点内容进行传达学习。

【提高广大妇女的自我保健意识】 年内，协同拉萨市现代妇产科医院在羊达乡开展“两癌”预防保健健康知识宣传活动，让广大妇女群众接受和掌握“两癌”预防健康常识，不断提高农村妇女的健康意识和生活质量，提升家庭幸福指数。为切实维护好全区妇女干部职工的生命健康，大力倡导健康文明、积极向上的生活理念，努力提高广大女性的健康意识，促进女性身心健康，社会和谐稳定。在堆龙德庆区委、区政府的大力支持及妇联的积极争取下，在堆龙德庆区人民医院为区内自愿接受体检的9786名妇女进行免费“两癌”筛查，并为所有参检人员建立个人健康档案。

【“两学一做”主题教育活动】 根据《区党委办公厅印发〈关于在全区党员中开展“学党章党规、学系列讲话，做合格党员”学习教育实施方案〉的通知》和自治区、拉萨市“学党章党规、学系列讲话，做合格党员”学习教育工作座谈会精神及《堆龙德庆区委“两学一做”教育实践活动实施方案》要求。堆龙德庆区妇联结合本部门业务实际，及时制定专教活动实施方案、成立以区妇联主席为组长的专教活动领导小组、制定学习计划、召开动员大会。以规定动作不走样、自选动作亮点纷呈的要求，扎实有序地开展各环节学习任务，截至年底，共集中学习18次、自学27次、撰写心得体会15篇、开展专题讨论3次、编写专题简报19期，做到两手抓、两不误、两促进的要求。在下一步学习活动中，区妇联将继续严格按照实施方案要求，扎实有序、富有成效地开展学习教育活动各个环节工作，避免活动走形式、走过场，确保教育实践活动取得实实在在的效果。

【社会治安综合治理工作】 从多角度，全方位抓紧抓好社会治安综合治理工作，为促进堆龙德庆区社会局势稳定彰显巾帼风采，2016年，区妇联先后共召开7次维稳专题工作会议，传达学习自治区、拉萨市、堆龙德庆区委系列维护稳定工作会议精神，会上，要求干部认真领会会议精神，正确树立维护稳定是福，分裂动乱是祸的思想，时刻绷紧维稳这根弦，始终把思想、行动统一到堆龙德庆区委、区政府的各项维稳决策部署上来。根据2016年楚布寺“次曲”佛事活动安全防范工作实施方案要求，区妇联抽调的4名干部职工，能够严格按照堆龙德庆区委、区政府的有关规定，严肃工作纪律，严格按照活动指挥部的统一指挥、统一调度、服从命令，与男同胞一道认真落实活动各项执勤任务，在维稳一线充分发挥妇女半边天作用。坚持单位一把手负总责，其他干部层层负责的原则，严格执行堆龙德庆区政府大门口值班制度，认真落实各项维稳措施，切实做到“三无”“三不出”，为维护堆龙德庆区社会局势的全面稳定、长期稳定、持续稳定做出积极的贡献。

【开展包村工作】 严格遵守包村工作纪律。按照区委、区政府包村工作要求，定期不定期组织包村两委班子成员研究、部署、商议包村工作，制定切实可行的帮扶计划，及时解决当地村民在生产、生活中遇到的热点、难点问题。认真排查不稳定因素，维护社会和谐。通过干部群众座谈会、走访了解等多种方式掌握村情民意，排查各种不稳定因素，及时化解各种矛盾纠纷。加大对包村弱势群体的帮扶工作，在“三大”节日、六一儿童节期间开展送温暖，献爱心活动，共慰问资金达27000余元。按照精准扶贫，精准脱贫的要求，积极引导包村困难群众解放思想，更新观念，为增收致富出谋划策，并时刻教育村民要消除“等、靠、要”思想，通过实施“四业”工程项目，努力使自身掌握一技之长，最终依靠自己勤劳聪慧的双手，达到致富增收目的，尽早实现脱贫，让全家过上一个幸福美满的生活。

【党风廉政建设和反腐倡廉工作】 堆龙德庆区妇联领导班子始终认真贯彻落实中共十八大，十八届三中、四中、五中、六中全会精神，中央“八项规定”、自治区“约法十章”市委“九项要求”以及党风廉政建设的政策法规和区委有关廉政会议精神，严格执行党风廉政建设责任制，努力打造一个政治坚定、作风过硬的妇联班子，处处树立妇联干部良好的形象。按照建设“马克思主义学习型政党”和“切实加强廉政从政教育和领导干部廉洁自律”的要求，以采取集中学习、个人自学、观看警示教育片、交流体会等多种形式，开展经常性党风廉洁学习教育活动，狠抓班子廉政建设，坚持用科学理论武装头脑，牢固树立正确的世界观、人生观、价值观、权力观、地位观和利益观，不断增强妇联党员干部遵纪守法、反腐倡廉的自觉性。

（张 莺）

【领导名录】

主 席 胡仕梅（女）

副主席 刘桂香（女）

堆龙德庆区工商业联合会

【概况】 2016年，堆龙德庆区工商业联合会核定机构编制为干部3名，实有干部4名、工人1名。实有干部中主席1人（主持工作），副主席1人，副主任科员1人，科员1人，区工商联机关工作人员学历结构为本科2人，大专2人，小学1人。2016年，堆龙德庆区非公有制企业共461家，其中规模以上企业28家，固定资产近75亿元，解决社会劳动就业8806人。个体工商户3427户，注册资金2.5亿元，从业人员6139人。非公有制经济实体上缴税金达15578.13万元。其中，工商联会员企业79家，已建立党支部的有16家。

【开展“两学一做”学习教育】 年内，区工商联始终把学习放在首位，切实加强自身建设，着力提升综合素质和服务非公经济发展的能力。扎实深入开展“两学一做”专题教育活动。及时传达学习堆龙德庆区委关于印发的《堆龙德庆区深入“两学一做”开展专题教育活动实施方案》，组织召开“两学一做”专题教育活动动员会议，制定《堆龙德庆区工商联深入开展“两学一做”专题教育实施方案》，严格按照区委、区政府努力践行党的群众路线主题教育实践活动要求，结合区工商联工作实际，明确目标，落实责任，把“两学一做”专题教育活动同干部队伍建设和作风建设结合起来，同服务企业、为企业服务结合起来，提高广大干部职工对教育实践活动重要性的认识。在做好机关活动的同时将《堆龙德庆区深入开展“两学一做”专题教育活动实施方案》转发给辖区各非公企业，让非公企业按照各自实际，制定实施方案，积极参与学教活动，并对企业活动开展情况进行监督指导。

【开展非公企业党建工作】 2016年，区工商联出资5.64万元制作了堆龙德庆区非公党工委党建工作笔记本、党员学习笔记和定做非公党支部党务公开栏、党员发展流程图和党员转入转出流程图。并且通过采取会员座谈会，学习优秀国企先进管理经验，为会员企业送温暖活动等方式，在非公企业与政府之间建立起一座沟通、联系的桥梁；做好“两新”组织班子成员的选配。通过集中辅导、座谈交流、组织实地参观、观看电教片等多种形式，加强教育，提高党务工作的实际能力；逐步健全完善党建工作机制。在非公有制企业党组织中建立“三会一课”、民主评议等制度，开展党员先锋岗、党员责任区等活动，使党组织更加活跃，更加规范，更加富有成效。

“两新”组织党工委办公室（区工商联）结合堆龙德庆区实际，相继制定《堆龙德庆区工商联关于进一步推进非公有制经济组织党建工作的实施方案》《堆龙德庆区工商联两新组织党建工作情况调查表》和《堆龙德庆区工商联党员信息登记表》下发给企业党支部，将各企业所上交的党建工作情况调查表和党员信息登记表进行梳理归档，并按照企业上报的数据制定出台年度非公有制组织党建工作目标任务及年度非公有制经济组织党建工作目标和任务明细表并加以落实。

按照“坚持标准、保证质量、改善结构、慎重发展”的方针，在认真开展入党积极分子的培养、教育、考察的基础上，及时在堆龙德庆区所有非公企业中广泛宣传区、市非公党建相关文件精神。按照“成熟一个发展一个，巩固一个组建一个”的原则，截至年底，已成立批准16家非公企业党支部，非公企业党员共计122人。

认真开展摸底调研、排查走访、座谈沟通，广泛地与企业主及党员交流思想，加深感情，全面地掌握非公企业党建工作的现状，建立《党组织非公企业情况统计表》《新经济组织党员基本信息统计表》等档案台账，基础数据库，并将全区非公企业党组织、党员信息全部梳理归档，真正做到“成熟一个、发展一个、录入一个、统计一个”。

区工商联“两新”党工委始终严格按照拉萨市非公党工委《关于在全市非公有制企业建立党建联络员队伍的通知》要求，“两新”组织党工委及时制定出台《关于在全区非公有制企业建立党建联络员队伍的通知》，按照属地管理原则下发给各乡镇、各相关单位，为促进非公企业党建工作的规范化建设，建立责任明确，分级负责的非公党建工作机制和一级抓一级，层层抓落实的工作格局。

【开展企业服务工作】 年内，区工商联用心服务企业，通过各种渠道的调研、了解非公有制经济人士的困难和迫切希望，对重大问题，及时向堆龙德庆区委、区政府或有关部门报告、反馈，积极参与事件的协调处理。为金路通汽车销售有限公司、双安工贸有限公司、西藏冀鑫有限公司协调处理销售纠纷。工业园区的会员企业向区工商联反映工业园区由于电压不稳定给民营企业造成不便，区工商联及时给区委、区政府反映，用电安全得到了解决。拉萨远大建材有限责任公司关于页岩烧结砖严重滞销导致企业处于半停产状态，恳请区工商联协调有关部门扶持当地企业，确定区城投公司的建设项目，全部采用页岩烧结砖。针对企业融资难、维权难等问题，区工商联邀请有关专家开展《构建金融—企业—法律新生态，助推企业跨越式发展》主题座谈会，为非公经济人士进一步指明企业跨越式发展方向，理清企业融资、法律援助思路，达到预期目的。并帮助非公企业申请区、市扶持非公经济发展专项资金1635万元。

【开展维稳工作】 区工商联历来高度重视维稳工作，常抓不懈，确保维稳工作落到实处。要切实把思想和行动统一到中央和堆龙德庆区党委、区政府关于当前维稳形势的分析判断上来，认真贯彻落实好西藏自治区、拉萨市、堆龙德庆区委关于维稳工作的决策部署，把区工商联的维稳工作责任落实到位；汲取经验教训，要始终保持昂扬向上的工作状态，坚决克服麻痹、松懈思想，牢固树立维稳工作没有局外人的观念，领导干部要以身作则，带头履行责任，当好标杆做好示范；严格工作纪律，按照堆龙德庆区委的值班要求，在岗期间要确保人员全员、全时、全心在岗，并认真做好检查登记工作；要保持高度政治敏锐性，在一些重要节点日深入包村点排查了解化解矛盾纠纷，及时向上级汇报苗头性、倾向性问题，了解群众所思所想，解决实际问题。

深入包村点督导检查维稳工作。在重要节点日，按照上级部门的要求，区工商联组织工作人员多次深入包村点古荣乡那嘎村，排查了解重点时期维稳各项工作，重点督导检查维稳及值班备勤工作、驻村工作队员是否在岗等情况。并传达区委、区政府关于做好重点时期维护社会稳定工作的指示精神，为切实落实好那嘎村的维稳各项工作。2016年，那嘎村村两委班子成员、驻村工作队员、维稳值班人员未发现脱岗情况，值班人员严格落实出入村登记制度，维稳各项工作落实到位，生产生活秩序井然。

督促辖区非公企业做好安全生产及维护稳定工作。根据自治区、拉萨市、堆龙德庆区非公有制经济做好安全生产及社会稳定有关事项的通知要求，区工商联高度重视，召开非公经济组织维稳工作部署会议，及时下发关于全区非公有制经济组织做好安全生产及重点时期社会稳定有关事项的一系列通知，要求企业把安全生产始终放在首位，彻底排查安全隐患，认真解决安全生产管理上存在的问题和薄弱环节。同时，抓好各企业的维稳防控工作，严密制定工作预案。加强对企业员工的教育管理，严禁党员职工参加各类宗教活动。确保“三无”“三不出”，确保堆龙德庆区社会局势和谐稳定，为创建“美丽堆龙”“平安堆龙”“和谐堆龙”打下坚实基础。

【开展“精准扶贫”工作】 2016年，区工商联高度重视“精准扶贫”工作，严格按照堆龙德庆区委、区政府指示精神，及时召开堆龙德庆区民营企业参与“精准扶贫”座谈会，成立以区委统战部部长普布斯曲为组长，区统战部、区扶贫办、区工商联主要领导为副组长、各相关部门为成员单位的“企帮村”精准扶贫工作领导小组并下设办公室；按照上级要求，结合堆龙德庆区实际，广泛征求党政机关，非公企业以及非公经济人士的意见建议基础上精准扶贫领导小组认真研究制定《堆龙德庆区“企帮村”精准扶贫工作实施方案》。

区工商联始终坚持将精准识别扶贫对象作为开展精准扶贫工作的重要前提，精心组织、严格审核，切实做到情况清、底数明。规范建档立卡程序。严格按照国家和区市扶贫标准，通过入户调查和乡（镇）审议进行严格排查评定，严把申请关、调查关、评议关，切实做到符合标准的贫困户全部纳入数据库，确保数据的准确性；公开建档立卡结果。在广泛宣传，确保群众知情权的基础上，重点做好民主评议和公示两个环节，切实做到民主评议不走过场、不走形式，信息公开及时到位、全面覆盖，确保“建档立卡”工作的公开、公平、公正。根据摸底统计情况，2016年堆龙德庆区有“建档立卡”贫困人口1324户4430人，其中一般贫困户601户2101人，扶贫低保户481户1789人，低保户131户395人，五保户111户145人，贫困发生率占全区农村总户数、总人数的11.5%、11.4%。

区工商联组织辖区会员企业相继召开民营企业参与精准扶贫行动座谈会、“精准扶贫”工作进行再安排再部署，并发放“堆龙德庆区参与精准扶贫”倡议书。按照会议要求，联系并动员辖区内所有非公企业积极参与，填写“企帮村”精准扶贫活动记录表，为非公企业参与精准扶贫做出精确的统计。实行区级全力总抓，乡（镇）、部门具体抓的扶贫开发管理体制和扶贫工作责任制，堆龙德庆区上下达成共识，统一思想，理清思路，明确责任。

自堆龙德庆区民营企业参与“精准扶贫”座谈会召开以来，共有16家民营企业参与到我区“精准扶贫”行动中。其中产业扶贫5家，教育扶贫1家，就业扶贫12家。

【区民营企业参与产业扶贫工作】 2016年，拉萨新生建材设备有限责任公司投资800万元扩建二期工程，平均年产值8000多万元，为合作社每年增加收入达200万元左右，提供特困户就业岗位10人，每人3.6万元，共计36万元。堆龙德庆区东嘎镇东嘎村农牧民建筑和运输合作社对口东嘎村和桑木村进行帮扶，为桑木村实现就业80人，东嘎村解决就业720人，总计为帮扶村实现增收760万元左右。小宝建材有限公司为帮助贫困村民脱贫，解决堆龙马乡设兴村50辆运输车的运输问题，解决贫困人员就业50人，为贫困户增收180万元左右。西藏古荣生物科技开发有限公司进行药材种植解决贫困户就业，实现精准扶贫50户100余人，从2015年起每年为贫困户增加收入300万元。西藏恒跃柳工机械销售服务有限公司计划每年拿出5万元，扶持我区贫困户，区工商联通过深入包村调研了解到古荣乡那嘎村委会为提高村集体经济，改善村民的生产生活条件，计划筹备新修梳毛房，对此，区工商联积极发挥桥梁纽带作用，把恒跃柳工的5万元扶持资金，投入用于修建梳毛房，既解决工商联结对帮扶的7户贫困户共21名贫困人口就业和医疗扶贫问题，又拓宽该村的集体经济来源和贫困户的实际问题。

【区民营企业参与就业扶贫工作】 年内，通过对民营企业展开调查，从而了解各企业对可接收贫困户到公司就业的问题，区工商联了解到，共有12家企业可接收279名贫困户到公司就业。区工商联就各企业以就业扶贫的方式参与精准扶贫所能解决贫困户就业问题形成材料对接给区人社局。

【区民营企业参与教育扶贫工作】 年内，西藏泰通物流有限公司针对家庭特别困难、无经济来源以及学习成绩好的学生计划每年拿出3000—4000元进行扶持。

【区民营企业参与医疗扶贫工作】 年内，拉萨远大建材有限责任公司董事长洛桑金巴个人名义向通嘎村村民拉巴次仁送去10万元的治病款。

【区民营企业参与捐赠扶贫工作】 善财福利综合服务有限责任公司于2016年9月28日上午，在乃琼镇加木村委员会举行精准扶贫资金捐赠仪式，向加木村26户共84名贫困人员捐赠扶贫资金100万元，平均每人可获得11000余元的扶贫资金。

【区民营企业参与其他扶贫工作】 年内，拉萨远大建材有限责任公司在堆龙德庆区乃琼镇加木村和堆龙德庆区羊达乡通嘎村召开座谈会。并向加木村5户贫困户送去20000元慰问金，并与加木村村委会、通嘎村村委会签订下一步结对帮扶协议书。

【开展党风廉政建设】 年内，区工商联积极学习党风廉政建设制度，深刻认识党风廉政建设和反腐败工作的长期性、复杂性、艰巨性，认真贯彻落实各级党风廉政建设和反腐败工作的部署和要求，调整充实区工商联党风廉政建设领导小组，加强党风廉政建设管理工作。组织党员学习《中国共产党廉洁自律准则》和《中国共产党纪律处分条例》等各项规章制度。为进一步落实党风廉政建设制度，区工商联制定并完善财务管理、公务接待、公务用车等制度，不断提高反腐倡廉的制度化水平。

（肖晓燕）

【领导名录】

主　席　达瓦次仁（藏族）

副主席　普布次仁（藏族）

武装

堆龙德庆区人民武装部

【概况】 2016年，区人武部在警备区党委的坚强领导和机关的正确指导下，认真贯彻两级军区和警备区党委扩大会议精神，深入学习贯彻中共十八届五中、六中全会精神，积极响应党的改革强军号召，突出军事斗争准备和国防后备力量建设这个中心，守住安全稳定这条底线，大力加强思想政治和作风建设，深入开展群众工作和双拥工作，扎实打基础，反复抓落实，单位全面建设有序展开，扎实推进，成绩明显。

【思想政治建设】 党委严格落实党对军队绝对领导的根本原则和制度，主动参与并带动全体官兵深入学习贯彻习近平一系列重要指示，突出对改革强军重要思想的学习，以开展改革强军主题教育活动为契机，狠抓思想政治和作风建设，思想政治建设各项工作稳步推进。2016年，区人武部以重大教育活动展开为重点，认真组织开展党委中心组理论学习、“两学一做”专题教育、改革强军主题教育和“尊干爱兵纯洁内部关系”专项教育等教育整顿活动，在位官兵全员参与教育整顿，休假官兵认真进行补课，所有官兵结合教育内容撰写心得体会100余篇。通过系列教育活动的开展，进一步筑牢官兵听党指挥、能打胜仗、作风优良的思想基础，坚定爱党信党改革强军的理想信念。根据“两学一做”专项教育安排，6月初，警备区韩司令员到区人武部指导召开党委专题民主生活会，进一步规范组织生活制度。11月中旬，开展“全面彻底肃清郭伯雄、徐才厚流毒影响”系列党课，区人武部官兵围绕军区提出的“十二个什么是”和“二十个有没有”展开讨论，大家积极踊跃发言，激烈展开思想交锋，触及内心，触动思想，彻底肃清郭徐流毒对自己工作和生活的影响，确保思想绝对纯洁和行动绝对自觉。

【民兵思想政治教育和国防教育】 2016年，区人武部按照上级要求，在广大民兵中开展国防教育和形势战备教育。紧密结合形势任务，利用春节、藏历年、“两会”“3·14”“五一”“十一”和“萨嘎达瓦”宗教活动等重点时段，利用民兵进行应急处突训练演练和担负维稳执勤任务等时机，在民兵中随机开展政治教育和国防教育，进一步增强民兵的国防意识和战备意识。认真贯彻落实国防法律法规，把思想政治教育贯穿其中，在民兵中开展“学习贯彻国防教育法、推动全民国防教育深入开展”系列教育，开展“中印边境形势”和“南海形势”等形势战备教育和“苦练军事技能，争当合格民兵”专题教育，定期组织官兵深入到学校、企业、乡镇和民兵连排等基层一线宣讲党的政策、普及国防知识，开展国防教育，取得良好效果。

【战备执勤和军事训练】 落实习主席“能打仗、打胜仗”指示要求，按照《人武部军事训练和考核大纲》规定，组织本部官兵完成军事理论、军事技能和专业技能等科目的学习。做好民兵队伍的教育、训练和管理工作，确保“招之即来，来之能战”。重大节日社会管控得力。2016年在元旦、春节、藏历新年期间，区人武部组织应急民兵100人，协助地方公安、武警和基层乡镇，加大辖区重要目标和区域巡逻执勤力度，累计巡逻200余次。在三月份敏感期和“两会”期间，区人武部分别组织应急民兵，积极协助地方政府加强辖区重要目标警戒；积极指导铁路护路办加大青藏铁路巡护力度，结合实际开展针对性训练；积极帮助重点乡镇加强安全防范，有力维护社会稳定。

确保重大宗教活动安全顺利开展。2016年来，区人武部在“萨嘎达瓦”、楚布寺“立幡”“燃灯节”和直孔梯寺“颇瓦大法会”等宗教活动期间，及时组织民兵巡逻执勤，全年累计出动民兵，巡逻900余次，为维护辖区社会稳定做出积极贡献。

加强本部人员和应急民兵分队训练管理。严格落实好一日生活制度，部领导带头出操、带头组训、带头施教，单位秩序井然，管理正规，安全形势良好。安排不少于1名军事干部负责民兵训练管理，在民兵队伍中培养训练尖子和管理骨干，科学制定训练计划，按部队正规化要求带好训好应急民兵分队。2016年来，应急民兵无论是参加维稳执勤、日常训练演练，还是年终军事考核，均取得优异成绩。

【开展双拥工作】 在工作中注重发挥人武部“三队”作用，扎实深入地做好群众工作和双拥工作，切实维护民族团结共建的良好局面。2016年5月，组织本部官兵和民兵连续奋战，圆满完成楚布寺“次曲”宗教活动期间的安保任务，着眼人民群众的需求，以点带面，逐步推进民族团结进步事业深入发展。坚持积极向驻地群众进行征兵宣传，扎实做好部队院校招生、直招士官等招生的政治审查、筛选把关和推荐入学工作。2016年，区人武部共服务考生，征召地方适龄青年参军入伍，工作中未发生一起因处置不当影响民族团结的群体性事件。开展“爱心进村、法律进村、科技进村、文明进村、文化进村、项目进村”的“六进村”活动，培养30余名种养殖技术骨干，促进农牧民群众致富增收。以开展“共产党员民族团结先锋活动”为契机，定期安排人员与区民政局工作人员一道开展节日慰问、精准扶贫帮困，解决军属就业、子女入托入学等活动，以实际行动为群众解难题、办实事，进一步巩固和发展平等、团结、互助、和谐的社会主义民族关系。

【征兵工作】 2016年7—9月，区人武部以区（市）两级征兵工作会议精神为指导，遵照上级下发的新兵征集任务，严格按照征兵工作计划和征集流程，严把征兵各个关口，积极协调地方公安、民政、财政、卫生、教育等职能部门抽调人员组成征兵办，筹划安排征兵工作会议；开展征集初检、初审、体检、政审等具体工作；主动邀请地方纪委监督征兵流程，确保征兵过程公平、公正、公开，为部队输送合格兵员，有效确保兵员质量，圆满完成年度征兵工作。

（王富成）

【领导名录】

部　长（未配）

政　委　孙振立

堆龙德庆区公安消防大队

【概况】 2016年，在上级单位的有力指导下，堆龙德庆公安消防大队（以下简称区消防大队）全体官兵团结一致、努力拼搏、勇于创新，以贯彻落实国务院《关于加强和改进消防工作的意见》为契机，按照支队及区政府下发的各类文件要求，以平安建设为抓手，以切实减少火灾事故为目标，不断提升消防工作整体水平。紧紧围绕强军目标，以中共十八大、习近平总书记系列重要讲话精神以及全军、公安现役部队政治工作会议精神为指引，践行“两学一做”要求，开展“作风纪律教育整顿”专题部署活动，查思想、查执行、查作风、查纪律，深入排查部队存在的各类突出问题。以为堆龙创造良好的消防安全环境为总目标，求真务实，真抓实干，全力提升防火灭火、应急救援、维稳处突能力和部队正规化建设水平，圆满完成各类重大活动、敏感节点的消防安全保卫任务，确保火灾形势持续平稳和部队高度安全稳定。

年内，区消防大队共检查单位2261（家、次），发现火灾隐患2118处，督促整改火灾隐患2115处，下发责令改正通知书901份，处罚单位、个人6个（次），罚款3.5万元，依法查封危害公共消防安全单位0家，责令“三停”单位0家，挂牌督办的0家重大火灾隐患单位已按时整改销案。区消防大队官兵共接警出动238起、出动车辆408余次、出动警力2755人次、抢救被困人员12人、疏散被困人员28人、抢救财产价值24万余元。

【加强班子建设】 2016年，区消防大队始终将班子建设摆在各项工作的首要位置，全队官兵精诚合作，和谐共处，保持着高度的统一；支部书记大队长身先士卒，严格按照上级要求，牢牢把握整个大队的工作目标和工作方向，认真落实七项组织生活制度，坚持议事议案制度，充分发扬民主，从制度上、行为上规范全体官兵。

【强化官兵思想】 区消防大队始终将思想政治教育贯穿于全年各项工作当中，充分发挥政治工作的生命线作用。2016年，区消防大队政治工作主要围绕全国“两会”和“G20峰会”等一系列重要节点的维稳安保任务，引导大队官兵始终保持旺盛的政治热情、昂扬的精神风貌和坚韧的战斗意志，确保各项维稳消防工作任务的圆满完成。主要开展部队保密教育、法纪教育、党风廉政建设等各类主题教育学习活动和“两学一做”专题部署活动，并通过交流座谈，思想讨论，帮扶教育、文化交流、撰写心得、摘抄笔记、视频宣传等方式，掌握官兵的思想状态，确保官兵思想稳定。通过一系列的学习活动，使官兵思想得到统一，在一定程度上解决官兵条令意识淡化、一日生活制度、请销假、查铺查哨、用车审批、营区安全管理等方面存在的问题，切实增强全体官兵的政治意识、大局意识、责任意识和忧患意识，坚定全体官兵敢打胜仗、敢打硬仗的信心和决心。进一步严格队伍管理，树立部队的良好形象。

【构建消防新格局】 2016年，区消防大队以防火安全委员会为平台，以工作联席会议为纽带，全面协调公安、安监、住建、工商、工信等有关职能部门力量，紧盯易燃易爆场所、文物古建筑、人员密集场所、在建施工工地、仓储物流场所五大防控重点，持续深入开展易燃易爆场所、仓储物流场所、夏季消防安全整治等一系列消防安全专项整治行动，始终保持严打严治严改火灾隐患的高压态势。行动中，各有关部门紧密配合、联查联动，及时进行消防信息互通，定期开展联合执法检查，有效凝聚消防安全打非治违强大合力。特别是公安、消防部门，积极发挥主力军作用，广大公安干警、消防官兵以“5+2”“白+黑”的超常付出，时刻奋战在清剿火灾隐患的最前线，对发现的隐患和消防违法行为，敢于动真碰硬。

先后召开5次消防工作专题会议，着力提升辖区火灾防控总体水平，大力推动“三类场所”消防安全专项整治行动、夏季消防安全检查专项行动、今冬明春火灾防控工作等贯穿全年的大项消防安全专项整治。针对辖区隐患较多的人和汽贸城、羊达工业园区、有寺无僧寺庙、易燃易爆场所、民生场所、夜间营业场所以及仓储物流场所等，联合区各职能部门和辖区直接负责人分别开展有针对性的专项检查，实现消防工作全覆盖、无缝隙排查，受到社会各界的高度赞誉和认可。

区消防大队在抓好全区火灾形势稳定的同时，配合上级单位，采取大队主官带队、监督参谋具体实施、中队全面熟悉的方式，以及白天监督检查、晚上错时夜查的工作模式，对所有社会单位开展全面排查。同时，指派专人负责大庆期间信息上报，为支队、区政府提供可靠的科学依据。

【加大消防宣传力度】 消防工作，宣传系于一半。2016年，区消防大队以落实《全民消防安全宣传教育纲要》为主线，以“四个必训”（有火必训、有会必训、有演必训、有用必训）为抓手，在常态化开展“八进”宣传和“错时制”宣传基础上，不断创新工作方法、拓宽宣传渠道，并对318国道的大型消防宣传牌进行更换。另外，在开展监督执法的同时，大队防火干部还坚持结合典型火灾案例，对被执法对象进行深入的宣传教育，使其主动消除火灾隐患，自觉抵制消防违法行为，从源头上减少隐患的产生。同时，制定《堆龙消防大队2015年“119”消防宣传活动细化方案》，并根据方案组织开展“参与社区消防，建设平安家园”为主题的“119消防宣传月”系列宣传活动，进村入社、言传身教，受到广大群众一致好评，宣传效果良好，氛围浓厚。2016年，区消防大队开展消防宣传培训20余次，受训人员达5000万余人、发放各类消防宣传资料6000余份、消防宣传鼠标垫、杯垫、文具盒、围裙、纸杯等2000余个。

【开展岗位练兵】 年内，为了全面提高部队整体业务技能和技、战术水平，按照支队岗位练兵实施方案要求，区消防大队以“练为战”为指导思想，坚持“从严、从难”的训练原则，严格要求，保证训练的“时间、内容、人员、效果”的四落实。按照训练大纲要求，堆龙中队精心拟定训练计划，依照计划内容逐一展开训练，中队干部深入现场，精心组织，官兵认真听讲，反复摸索动作要领，通过循序渐进的训练，队员们的训练成绩也有迅速提高。

【提高实战能力】 年内，为了提高队伍的灭火救援能力，对全区的市政消火栓进行普查，对有问题的报请区政府进行维修；制定灭火作战预案及消防安全重点单位提示卡；建立联动灭火救援机制，提高与军警民联合作战的能力；区消防大队有针对性的组织大家学习火场供水，易燃易爆、寺庙古建筑及人员密集场所的现场火灾扑救理论，以理论指导实践，为处理各类火灾事故打下坚实的基础，全面提高全体官兵实战与理论水平；对人员重新进行战斗编程，明确分工、明确职责、明确任务；对车辆、器材定人定位，随时进行保养，加强对值班人员的检查，以确保人员、制度、装备、通讯四落实。通过以上扎实的工作，提高大队全体官兵的战备意识，为参加灭火战斗和抢险救援做好充分的准备。

（董甜甜）

【领导名录】

大 队 长　卢　　伟（11月任职）

副大队长　索朗达娃（藏族，11月任职）

武警堆龙德庆区中队

【概况】 武警堆龙德庆区中队组建于1977年6月，2005年5月，原拉萨市支队与第一支队合并为拉萨市支队（旅级）后，系拉萨市支队六大队堆龙德庆县中队，主要担负堆龙德庆县看守所看守勤务和各类临时勤务。2016年，随着堆龙德庆县撤县设区，更名为武警堆龙德庆区中队（以下简称中队）。年内，中队官兵以队为家、默默奉献、艰苦奋斗、开拓创新，扎扎实实打基础、认认真真抓落实，官兵思想基础牢固，建设标准不断提升，支部一班人视荣誉为生命，奋力为集体增光添彩，以堆龙德庆撤县设区为契机，把握发展时机，以“向先进中队看齐、以市区中队为标杆”为目标，大力提升建设水平。

【坚定政治信念】 年内，中队党支部坚持用党的创新理论和习主席系列讲话精神铸魂励志，强化官兵听党指挥、立场坚定、忠实履职的政治信念。坚持紧贴强军目标搞灌输，紧贴官兵思想抓引导，紧贴岗位要求促转化，针对官兵对强军目标和新一代革命军人要义领悟不深的实际，采取专家宣讲、干部串讲、骨干辅讲的方式，围绕军人的灵魂是什么、当代革命军人怎么做才是真正的有本事等重点问题破题讲课；鼓励官兵在板报小报上谈认识、讲道理、话收获，调动官兵钻研理论、丰富头脑、指导实践的积极性；深入开展“新一代革命军人样子”大讨论。

【提高训练水平】 年内，中队以干部骨干为重点，树尖子带一般，按照“一带二”骨干培养模式，严格军事训练“八落实”，大抓实战化训练，认真抓好战训法集训成果转换，有效提高骨干组训组勤能力；广泛开展兵对兵、班对班等群众性比武竞赛活动，坚持每周会操、每月考核，将考核成绩与“双争”挂钩，树立训练典型，鼓舞官兵士气，激发练兵热情，部队战斗力进一步提升。

【突出班子建设】 “火车跑得快，全靠车头带。”中队始终瞄准建设能打胜仗的党支部，一班人牢固树立“事业第一、集体第一、士兵第一”理念，在“两学一做”活动中，主官带头、支委示范、党员挂牌宣誓、支部公开承诺的做法一直在坚持，干部每月住一次班、上一次哨、帮一次厨、为战士过一次生日的传统一直在延续，成武县中队“五先四后”的好传统也被及时借鉴开展。党员干部自觉站排头、上一线、打头阵的良好形象，带动和影响中队官兵。

【固定勤务】 中队常年担负堆龙德庆区公安局看守所的看守勤务，始终把固定目标执勤作为经常性执勤工作的重心，坚持以人为本，依靠规范的部署，完善的设施，强化重点，力补弱项，努力实现“正规执勤、确保安全”。坚持防范、约束、处置紧密结合的原则，加大“防逃、制逃、追逃”研究和演练，进一步完善中队各类执勤方案，做到合理布兵，科学组勤，严密组织，坚决把保证固定执勤目标绝对安全、万无一失的要求落到实处。

【临时勤务】 中队担负重要节假日期间堆龙德庆区主要路段的武装巡逻，参加抗洪抢险救灾任务，积极参与植树、武装日保障等工作，参与每周升旗护卫活动，为维护堆龙德庆区的安全稳定做出贡献。

【双拥工作】 年内，中队结合任务实际，广泛开展“共讲党恩跟党走、共促团结反分裂、共建文明树新风、共谋发展惠民生、共抓党建固根基、共创平安保稳定”维稳群众工作“六共”活动，积极配合区委、区政府及区中直相关部门搞好拥政爱民教育、国防教育。同时，中队注重加强对党委、政府、用兵单位、共建单位、友邻单位的走访慰问，进一步密切警政警民关系；深入开展精准扶贫工作，采取定期和重大节日期间到帮扶对象家中进行走访慰问。不定期举行党政军警民座谈会，邀请地方政府、用兵单位、友邻单位和营区周边普通群众进行座谈，积极汇报部队建设情况，征求对部队建设的意见和建议，形成改进意见和措施，促进拥政爱民工作健康协调发展。

（杨双双）

【领导名录】

中 队 长 马焕磊

政治指导员 兰 旭

法 治

中共堆龙德庆区委政法委员会

【概况】 年内，中共堆龙德庆区委政法委员会（以下简称区政法委）在区委、区政府的坚强领导下，在市委政法委、市综治办、市维稳一线指挥部等上级业务部门的正确指导下，本着“治国必治边，治边先稳藏”的战略思想，全面落实各项措施，积极开展创建平安堆龙活动，深入推进社会管理创新工作，不断增强政法综治工作服务大局、服务民生、保障科学发展的能力，在堆龙德庆区各乡（镇）、区（中）直各部门、驻区各企（事）业单位的大力支持和积极配合下，通过政法干警、各级党政机关干部职工以及广大基层干部和群众的共同参与，全区综治维稳工作整体水平不断提高，有力维护堆龙社会局势和谐稳定，确保社会大局持续稳定、全面稳定、全年稳定。

【社会治安综合治理工作】 年内，区委、区政府始终站在保稳定、促发展、讲政治、顾大局的高度，进一步强化责任意识、风险意识，切实加强对全区综治工作的领导。严格按照区市党委、政府和区市综治委一系列关于社会治安综合治理工作的安排部署，精心组织、周密部署，狠抓各项综治工作的落实，全力推进平安堆龙、法治堆龙建设，为推进全区经济社会发展和长治久安创造安全稳定的社会环境、公平正义的法治环境和优质高效的服务环境。各级党政一把手对综治工作亲自研究、亲自安排、亲自部署，把精力放到社会治安综合治理和维护稳定上来，列入重要议事日程来抓，并严格执行“一岗双责”责任制，逐步、逐层、逐人落实责任。年初，召开政法维稳综治工作会议，对2016年政法维稳综治工作进行安排和部署，充实以区委副书记、区长为主任的社会治安综合治理委员会，并同各乡（镇）、区直各部门、驻区各企事业单位签订《社会治安综合治理目标责任书》，强化责任，明确任务，严格执行综治考核制度，同评先选优挂钩，同干部选拔任用挂钩，认真执行“一票否决权制”，对全区的综治、平安建设和维稳工作起到加压和激励的作用。

【维护稳定工作】 年内，区政法委紧紧围绕市委、市政府、市维稳一线指挥部和区委、区政府的工作部署，全面细化落实各项维稳措施，以各个敏感期的安保工作为主线，采取一切行之有效的措施，全面加强社会面防控工作，各单位内部安全保卫工作，严密防范境内外敌对势力的渗透、策反等分裂破坏活动，严厉打击一切危害国家安全的违法犯罪活动，切实维护堆龙德庆区社会政治局势的进一步稳定。通过全区干部职工的不懈努力，确保“三大节日”、三月份敏感期、“萨嘎达瓦”、楚布寺“次曲”佛事活动等重要节点和重大活动期间的安全稳定，确保全年无重大责任事故、无重大刑事治安案件和无重大群体性事件，实现“三无”“三不出”的工作目标，为全区的社会和谐稳定和经济发展做出应有的贡献。

【综治宣传工作】 在三月份综治宣传月、六月份综治宣传周、“9·16”平安西藏宣传日期间，堆龙德庆区扎实开展具有针对性、广泛性、深入性、内容丰富且形式多样的宣传活动。其中：各乡（镇）积极联合驻村工作队、下沉干部采取定点宣传和流动宣传的方式，深入到农牧民群众中间，积极宣传综治和“双联户”工作、强基惠民政策及相关民生政策，共向农牧民发放宣传资料100000余本；区直各综治成员单位结合自身业务，在区城主要道路沿线，通过发放宣传材料、现场答疑、设立展板等方式，广泛宣传各类法律法规知识和惠民利民政策，特别是针对东嘎农贸批发市场刚投入运营，外来人员多、治安复杂的情况，6月专门组织力量联合开展法制宣传，切实提高守法、用法意识。其间，共悬挂横幅250多条，摆放展板160多幅，发放藏汉两种文字的各种宣传单、宣传册5万余份，为全区社会治安综合治理、平安建设各项工作措施的落实起到积极的推动作用，为建设“团结、稳定、平安、和谐堆龙”营造良好的社会氛围。

【“双联户”工作】 抓覆盖。进一步拓展“双联户”触角，全区农牧区、机关、沿街商铺、居民小区等全部纳入双联户管理，做到全覆盖。2016年，堆龙德庆区共划分1265个联户单位，民主推选1265名联户代表，共吸纳联户家庭15700多户，55800余人；抓规范。进一步建立健全各项规章制度，落实星级“先进双联户”创建评选工作办法，加大对联户代表业绩考核力度，严格落实奖励措施，区委、区政府每年安排专项资金500余万元用于绩效奖励，对联户代表每年在务工补贴基础上，按照每人3600元标准落实绩效奖励，充分调动联户代表工作主动性、积极性；抓教育培训，年初制定培训计划，组织抽调力量，开展联户代表教育培训工作，让其熟悉工作业务、职责，切实发挥作用，年内，共举办联户代表培训50余期，参与人数达1500余人次；抓宣传引导。利用综治宣传周、宣传月等活动，制作宣传展板、悬挂宣传标语，广泛宣传联户职责、评先标准、表彰办法，讲明“先进双联户”升学就业考试加分、入党入团等激励措施，取得联户群众的理解、支持。年内，共制作宣传手册4种，15000余册，各类宣传栏50多块，真正使“双联户”工作融入农牧民生活；抓信息化建设。扎实推进综治工作信息化建设，落实“双联户”微信平台措施，区政府统一配备工作手机，制作《“幸福家园”双联户微信平台操作手册》，保障工作推进，区、乡（镇）综治办加强信息办理、上报工作，严格落实“双联户”每日有事报事、无事保平安的工作制度，确保基层平安、全区平安。截至年底，“双联户”上报平安达5.4万余次，上报事件5000余条。同时，结合双联户工作实际，设立堆龙双联户微信公众号，及时发布各类优惠政策和经验做法，接收联户代表民意反映，做到与联户代表的无缝对接；抓工作实效。一方面，把开展“联户平安”作为深化“双联户”工作的基础环节，使联户代表在基层一线充分发挥作用，贡献力量。另一方面，把推进“联户增收”作为深化“双联户”工作的核心要义，加大政府引导和帮扶力度，充分调动广大联户群众积极性、主动性和创造性，宜农则农、宜牧则牧、宜商则商、宜游则游，年初，通过前期调研、梳理、筛选，按照每个项目有联户代表管理实施、有联户家庭参与、有精准扶贫户吸纳的模式，共投入114.54万元，扶持7个联户增收项目，共有联户代表45名，104户联户家庭参与，吸纳27名精准扶贫户，切实增加群众收入；严格考核评选。按照自治区先进双联户考核标准，堆龙德庆区严格考核程序，评选区级先进乡（镇）2个，区级先进村3个，区级先进双联户210户家庭，市级先进双联户84户家庭，自治区级先进双联户25户家庭。

【平安创建工作】 区委、区政府高度重视平安建设工作，层层成立主要领导亲自挂帅的工作领导小组，摆上重要议事日程，年初召开平安创建工作会议，安排部署本年度工作。成立平安创建活动办公室，配备专人负责平安创建工作，深入开展平安乡（镇）、平安村、平安医院、平安家庭等多种形式的基层平安创建活动，截至年底，堆龙德庆区区级平安单位创建率达99%。年内，堆龙德庆区重点开展“平安家庭”创建工作，区委、区政府对200户家庭授予“平安家庭”称号。加大经费保障力度，区政府专项安排平安创建工作经费45万元，有力保障各项工作的顺利推进。加强平安创建活动动态管理，加大动态跟踪力度，实现有效管理。

【党建工作与干部队伍建设】 狠抓党的思想建设和组织建设。以邓小平理论、“三个代表”重要思想和科学发展观、习近平总书记系列重要讲话为主要内容的理论武装工作，结合“两学一做”学习教育活动，学习贯彻中共十八届六中全会精神，从思想、组织、制度、作风上构建从严治党，通过集中学、个人学，使每名党员干部思想政治理论水平得到有效提升，同时，增强党的意识、宗旨意识、大局意识、责任意识，做到为党分忧、为国尽责、为民奉献。根据班子调整，及时对党支部进行改选调整，建立和完善“党员活动室”“党员学习室”等硬件设施和软件台账；狠抓各项制度建设。健全岗位工作制度、支部组织生活制度、民主评议党员制度等，使党建工作步入正规化、规范化；以各种活动为载体，加强干部队伍建设。扎实推进“两学一做”专题学习教育活动，有效提升干部队伍思想政治建设，以“七一”党建节等为契机，大力组织开展重温入党誓词、参观学习新旧西藏对比展览等活动，结合精准扶贫工作，深入包村点一线，认真落实党员联系群众制度，实行党员干部结对帮扶制度，积极开展贫困户慰问活动等。

（德青曲珍）

【领导名录】

区委副书记、政法委书记、公安局局长

谢公瑾

政法委常务副书记

管 兵（1月任职）

政法委副书记

巴 桑（藏族，1月任职）

堆龙德庆区公安局

【概况】 2016年，堆龙德庆区公安局（以下简称区公安局）在堆龙德庆区委、区政府的正确领导和拉萨市公安局的精心指导下，坚持“稳定压倒一切”的思想，以确保春节、藏历年、三月份敏感期及萨嘎达瓦等重点时段安全为中心工作，进一步建立健全维稳工作机制，驾驭社会防控网络，全面加强对重点人员管控，严厉打击各类刑事犯罪活动，有效整治治安复杂场所，深入扎实的开展民爆物品及成品油管理，进一步深化“交通严打”等专项行动，扎实开展“两学一做”等专题教育活动，推进民警队伍建设，圆满完成上半年各项公安工作，确保“三无”“三不出”的工作目标。2016年，区公安局有警力199人、编制数138个、内设机构22个，分别是：办公室、网络监察大队、技通信息科、指挥中心、警务保障室、政工监察室、国保大队、治安大队、刑警大队、交警大队、法制科、羊达检查站、德庆检查站、东嘎镇派出所、乃琼镇派出所、羊达乡派出所、德庆乡派出所、马乡派出所、古荣乡派出所、卡堆派出所、看守所、楚布寺派出所。

【圆满完成各项安保工作】 在拉萨市公安局和堆龙德庆区委、区政府及维稳一线指挥部的领导下，区公安局专门研究制定《堆龙德庆区公安局2016年元旦春节藏历年期间安全保卫工作实施方案》《堆龙德庆区公安局第一、二、三、四季度维稳防控工作方案》《三月份全区社会面安全防范工作方案》《萨嘎达瓦全区社会面安全防范工作方案》《堆龙德庆区公安局乡党委换届期间安保保卫工作实施方案》《堆龙德庆区农副产品批发户搬迁安置期间安防工作方案》等59个工作方案，同时根据全年堆龙德庆区佛事活动的特点和规模，组织国保大队、派出所在以往工作经验的基础上，多次实地调研，研究制定《楚布寺2016年扎仓“古朵”跳神宗教活动安全保卫工作方案》《觉木龙寺“跳神”佛事活动安全保卫工作方案》《措麦寺“讲经”佛事活动安全保卫工作方案》《其美龙寺“迎请强巴佛”佛事活动安保方案》等15个佛事活动方案。各部门、派出所严格按照既定方案，以“高度戒备、预防为主、不出事为核心”的总体原则，提前进点，全面落实各项维稳防控措施，圆满完成各项安保工作，确保“三无”“三不出”的核心目标。

成立由区公安局局长谢公瑾任现场指挥长的警戒状态下社会面安全防范和处置突发事件工作领导小组，全面评估，研判堆龙德庆区社会治安形势，因情施策，制定各类工作预案。

层层召开民警动员大会，统一思想、统一步调、统一行动，多次召开动员会议，全面动员部署，要求全体民警紧紧围绕“三无”“三不出”这个核心目标，尤其是在2016年春节、藏历年、三月份敏感期、社会治安综合整治暨严打行动期间及萨嘎达瓦期间等节日，堆龙德庆区全体公安民警、武警官兵、民兵、法院、检察院备勤力量以及区政法委、司法局、消防大队等部门密切配合积极联动，充分发扬连续作战，不怕疲劳，雷厉风行，顽强拼搏的作风，坚决克服松懈麻痹思想和厌战情绪，以振奋的精神，昂扬的斗志全身心地投入到各项备勤执勤等维稳工作中，在全体参战民警的共同努力下，圆满完成各项敏感节点及佛事活动的安保工作。

【狠抓情报信息工作】 2016年，全局各业务部门共搜集上报各类情报信息1010条，其中区公安局采纳842条，被市公安局采纳83条。

【强化寺庙安全工作】 2016年，强化出入境人员管理工作及政审工作，严格出境人员的审批制度。加强“巴吾”“顶嘎”活佛安全保卫工作，确保活佛绝对安全。

【深入持久的开展严打整治斗争】 2016年，刑警大队在局党委的重视领导和上级业务部门的指导支持下，以确保堆龙德庆区社会治安秩序稳定为首要任务，坚持开拓创新、锐意进取、负重拼搏的精神，充分发挥刑侦部门破案打击主力军作用，始终抓住辖区群众反映强烈的突出问题，强化措施，重拳出击，有力打击和震慑各类刑事违法犯罪活动，有效维护广大人民群众的生命财产安全，为促进堆龙德庆区社会治安秩序持续良好发展做出积极贡献。

2016年，刑警大队共立案侦查案件208起，破获案件30起，破案率14.1%。重大案件33起（盗窃25起，普通诈骗4起，电信诈骗2起，职务侵占1起，故意毁坏财物1起），其中，破获故意毁坏财物案1起，盗窃案2起，诈骗案3起；一般案件175起，其中盗窃案135起，电信诈骗案22起，普通诈骗案5起，强奸案2起，抢夺案1起，故意伤害案1起，故意损坏财物案1起，妨害公务1起，故意伤害案2起，侵犯财产案起，过失致人死亡案1起，入室抢劫案1起，拐卖妇女案1起，过失致人重伤案1起（共破获24起，其中盗窃案16起，故意伤害案2，抢夺案1起，故意损坏财物案1起，妨害公务案1起，过失致人死亡案1起，拐卖妇女案1起，强奸案1起），刑事拘留18人，取保候审12人，逮捕12人。

【强化社会面严管严控】 立足“五大行动”抓日常管理，牢牢把握治安大局。区公安局治安大队、各派出所及便民警务站继续深化“五大行动”，不断加强对旅馆、招待所、娱乐场所、网吧、洗浴中心、流动暂住人口、出租房屋、重点单位、重点目标、三无人员的清查整治工作力度，并对辖区重点目标进行24小时巡逻检查。2016年，治安大队、各派出所对各单位、企事业进行监督检查2950次、铁路守护点共检查200余次、宾馆（招待所）2750余次、网吧2150余次、娱乐场所2800余次、加油站4250余次，沿街商铺1560余次，茶馆2500余次，苗圃50余次，砖厂400余，施工工地40余次，轮胎修理部520余次，石材加工厂300余次，废旧物品收购站165次，金属电焊业150余次，美容美发350次，洗浴场所、淋浴80次，仓库250次，出租房2300余次。清查流动人口16596人，办理居住证人。从检查的情况来看大部分行业场所都能按照要求做到值班人员在岗在位，各监控设施都运转正常，做到实名制登记，各消防器具都运转正常。同时按照“以房管人、以业管人”分类管理和动态管理的要求，提高流动人口和出租房屋的登记率和人户一致率，做到“底数清，情况明”。通过深入扎实的开展“五大行动”工作，有效净化社会治安环境。

【推进网格化管理，促进社会管理机制创新】 2016年，根据区域功能、居住人员情况等实际情况，区公安局实施统一编号、细化管理，并科学的依照网格地区的重要性对网格进行划分，形成乡（镇）、村各级政府和辖区各企事业单位全员参与，驻村民警负责日常综治工作的网格化管理机制，真正做到熟悉和掌握常住、流动人口基本信息，及时收集掌握居民群众对社会治安意见建议与情报信息，及时发现排查社会治安隐患与矛盾纠纷，并对各类重点人员和特殊人群进行管控和帮教。

【青藏铁路堆龙段周边安全防范工作】 各派出所专门组织警力深入辖区铁路沿线进行全面细致的检查，及时查找问题了解情况，及时消除隐患。2016年，共检查铁路守护点2400余处（次），铁路沿线巡逻2000余次，确保青藏铁路堆龙段的安全。

【开展民爆物品安全管理大检查】 治安大队与各派出所严格依照《民爆物品管理规定》的规定，对堆龙德庆区所有涉爆单位进行规范管理，专人管理、专人负责，采用追踪卡登记制防止民爆物品的流失。2016年，治安大队队联合德庆派出所转存51种易燃易爆化学物品到拉萨市安委会指定的大地经纬公司（位置在羊达乡辖区），对辖区涉爆单位（天津矿业公司）炸药库库房检查50余次，共审批炸药360051公斤，导爆管100700发，电雷管7000发。

【严格落实实名制加油及加注散装油管理工作】 为进一步提高辖区散装油品管理工作水平，扎实推进“平安堆龙、和谐堆龙”建设，区公安局结合《西藏自治区零散成品油销售管理办法》之规定，切实推行实名制加油，加强散装成品油管理，消除治安和消防隐患，严格按照“谁主管、谁负责、谁受益、谁负责、谁登记、谁负责、谁加油、谁负责”的原则，做好实名制登记加油和零散品销售管理及加油站安全管理工作。2016年，共报备184500公升柴油、25公斤汽油。

【主动上门服务】 2016年，区公安局户籍民警继续深入到堆龙德庆区四乡两镇主动上门办理户政业务及二代证采集工作，切实体现便民、利民、爱民、为民，进一步和谐警民关系。全年共办理身份证3150张，其中初办1112张、丢失补办1797张、办理临时身份证241张。新生上户568人、死亡注销207人、市外迁入333人、迁出市外165人、市内迁入168人、市内迁出196人、主项变更6人、非主项变更8人、补录户口9人、分户768户。

【受理治安案件】 2016年，区公安局共受理治安案件191起（当场调解169起，案卷调解2起，查处20起）结案191起，抓获违法人员39人。

【道路交通整治工作】 年内，为全力做好堆龙德庆区道路交通秩序的维护和疏导工作，区公安局交警大队及各派出所、便民警务站多项举措全力加大对国道109线、318线及乡村道路的交通安全巡视力度及交通整治工作。

全力排查重点驾驶人安全隐患情况；截至年底，交警大队完成拉萨市公交公司堆龙场站56名公交车辆驾驶人的违法记录、驾驶资格等审查情况，未发现严重违法未处理及违法记分满12分的情况。并对堆龙德庆区9名校车驾驶员，全部登记注册，在对该9名驾驶人的交通违法行为查询中，未发现严重违法未处理及违法记分满12分的情况。

全力整治农村严重交通违法行为。交警大队根据拉萨市公安局交警支队下发的《集中开展全市农村“大劝导”统一行动工作方案》的要求，深入开展农村交通安全大检查、大整治工作，并联合堆龙德庆区各乡镇、行政村，双联户代表等，在开展交通秩序专项整治动员部署以来，按照上级部署和要求，大队继续加大路面巡查、严查严扣、大队共出动警力3248次余人、出动警车826余台、设立固定检查站5处；共查处违法行为3890起（其中已处理2332起、未处理1558起已录入交管平台，包括电子测速抓拍及违停）。违法行为中包括无证驾驶6起（行政拘留6人）、未系安全带622起、违停1832起（当场警告824起）、逆行156起、闯信号灯108起、超长24起、开车拨打电话124起、证件未审28起、超速734起（超速10%一下264起警告处理）、车门未关好行驶22起（警告）、未随车携带证件64起、未悬挂号牌4起、其他违法行为166起。参加违章学习人员1248人；共计收取罚款290458元整。

继续加强危险路段巡逻检查。交警大队组织人员每日不定点不定时的对堆龙德庆区各危险路段进行巡逻检查，对巡逻检查中发现的交通违法行为及交通安全隐患，进行及时整改，并联合安监局等部门对西环线各个单位进行检查，对存在的隐患进行及时上报和排除。

加大宣传工作，重点对摩托车、电动车、农用拖拉机等违法行为进行大力度宣传及教育学习。交警大队采取严密管控，广泛宣传等工作措施，全面强化两轮摩托车安全管理。截至年底，查处摩托车违法行为89件次，扣留摩托车12台。同时大队以“文明交通安全行动计划”为契机，组织民警深入公路沿线村庄，发放宣传材料，受教育群众850余人，收到良好的宣传效果；大力开展学习教育活动，结合严查严处整治行动，大队民警在克服警力有限的条件下组织机动车违法驾驶人员及摩托车、电动车、农用拖拉机违法驾驶人员统一参加学习，民警通过组织宣讲和播放宣传视屏等方式对违章驾驶人进行道路安全法律法规讲解，在办理农用拖拉机上牌工作同时进一步对农用车驾驶人在日常行驶中出现的违法载人现象，未按规定安装车灯等行为进行宣传教育，倡导驾驶人文明出行，其间共展出宣传展板80副、发放宣传资料600余份。同时，交警大队集中对堆龙德庆区多名校车驾驶员进行法制宣传，再次讲解《中华人民共和国道路交通安全法》的相关规定。宣传结束后对驾驶员进行核查，对发现的问题书面给堆龙德庆区教育局下发整改通知书。

2016年，交警大队共完成各类勤务168余次。共接处警1924次、出动警力5640余人，出动警车1825余次。2016年1月1日至10月17日，全区共发生道路交通事故1097起，其中当场协商757起、简易处理285起、死亡交通事故13起（死亡18人）、伤人交通事故2起（伤2人），立案13起，待处待查0起，取保8人，刑事拘留4人，行政拘留6人，逮捕2人，起诉9起，直接财产损失1535800余元。分别比上年同期发案率上涨43.2%，死亡人数上涨11人。

【**发挥护城河检查站职能作用**】 年内，德庆检查站认真履行“护城河检查站”工作职能和社会责任，按照“五逢必查”的要求，对车、人、物进行各类严格检查，切实的从源头上消除了“潜入型”“输出型”维稳隐患。2016年，检查站共检查车辆29万余辆，人员80万余人，其中四省藏区21985人，僧尼4698人，三无3人（劝返3人），新疆籍维吾尔族36人，新疆籍其他民族1011人，查处交通违法行为101起，发放限速单22万余张，收回限速单24万余张，查扣散装柴油102公升，查扣散装汽油21公升，查扣管制刀具6把。

【**狠抓公安监管工作**】 区公安局监管民警始终坚持管理与教育感化相结合的原则，严格执行《看守所工作人员职责》《监管工作程序和工作规范》等十余项规章制度，切实加强对在押人员的管理，积极开展在押人员帮教活动，积极宣传国家政策和法律制度，与在押人员“谈心”，深挖余罪。同时进一步加强对监外执行人员的管制，防止脱管、漏管现象的发生。监管民警始终坚持“人性化”管理，节日期间，组织在押人员参加内容丰富的座谈会。组织在押人员开展“主题教育”撰写心得体会，每月开展和谐监舍评选活动，大大增强在押人员的爱国教育。同时，实行夜间不定时轮班制度，加强对新关押人员的巡视，建立新关押人员七日跟踪教育制度并建立台账，确保监所的绝对安全。2016年，对监所检查进行50余次，对在押人员集体教育60余次，对在押人员进行室外活动170余次。

【加强案件审核工作，确保案件质量】 坚持以事实为依据、以法律为准绳，严把案件事实关、证据关、时限关、程序关、法律适用关和裁量关，严格各项法律审核。2016年，共审核各类案件121件，其中刑事案件97件，行政案件24件（治安16件，交通8件），共刑事拘留27人，（刑警19人，交警8人），报捕18人，批捕17人（刑警13人、交警4人），起诉30人（刑警21人，交警9人），取保候审22人（刑警13人，交警9人），行政处罚24件35人，行拘并罚款23人，行政拘留10人，罚款2人。在所有审核、审批的案件中，没有一起被行政复议或被行政诉讼。

【开展执法规范化工作】 加强执法管理，开展专项活动。严格案件法律审核把关，确保执法办案质量。开展好立案突出问题专项治理工作；加强执法主体能力建设。继续开展法治理念教育活动，“新刑诉法”、两个“程序规定”和新版公安法律文书制作使用的学习培训和贯彻落实，认真研究解决基层执法实践困难和问题，及时提供准确的法律指导服务。广泛开展新法律法规、规范取证、证据收集审查运用、非法证据排除、民警出庭作证、正确适用强制措施等专题学习培训及收听收看公安部法制机关大讲堂专题讲座，不断地提高民警执法能力与水平。通过有效采取各种培训措施和办法，在全局上下掀起学法，用法的热潮，营造良好的学习氛围，切实提高民警的法律素质和执法水平，保证广大民警业务素质能够适应公安工作的需要。积极推进执法规范化建设。规范网上办案，加强法制信息网页建设，及时将各种相关法律、法规、司法解释、工作指引等挂入网内。开展执法指导活动。协助各办案部门开展执法规范化建设相关工作，并及时对执法中的难点、疑点提供法律支撑及指导，狠抓监督，规范执法行为。组织民警参加执法资格考试，不断提高民警素质。进一步提高执法质量，提升民警执法办案能力，积极组织民警参加2016年度执法资格等级考试。

【加强法制宣传活动，增强群众法律意识】 年内，法制科联合交警、刑警、治安及派出所先后在堆龙德庆区交通事故多发地段和人口密集地段积极开展法制宣传活动，发放各类宣传资料5000余份。通过图画展示、发放一系列内容丰富的宣传资料及真实案例现场说法等形式，使受人民群众知法、懂法、自觉遵守法律，有问题依靠法律来解决，进而增强人民群众的法律意识。

【全力做好公安信访工作】 坚持属地管理、分级负责、谁主管、谁负责，依法、及时、就地解决问题与疏导教育相结合的原则，全力做好涉访涉诉人员的稳控工作，及矛盾纠纷的排查统计工作。截至年底，未化解矛盾纠纷12起，乃琼所6起，羊达所3起，东嘎所2起，德庆1起。

【抓思想政治建设】 年内，为进一步巩固和扩大学习“三严三实”教育活动工作成果，确保区公安局在开展“两学一做”活动中取得实效，真正成为群众的满意工程。区公安局继续深入地开展“两学一做”学习教育，制定出台《堆龙德庆区公安局开展“两学一做”学习教育实施方案》《堆龙德庆区公安局“两学一做”学习计划表》《堆龙德庆区公安局开展一树两抓三比四提高活动方案》《堆龙德庆区公安局忠诚教育月活动方案》，实行“一把手”亲自抓、分管领导具体抓的方式，把学习教育切实落到实处。

2016年，区公安局政工监察室制定民警学习计划，严格落实周一、周五集体学习制度，组织民警认真学习党章、党规及习近平总书记系列讲话精神，坚持不懈地对民警进行理论体系教育，坚定民警的政治信念，坚定不移地做中国特色社会主义事业的建设者、捍卫者。学习上要求民警要有专门学习笔记，每月记学习笔记不少于3000字，每季度撰写1篇心得体会；要求每个单位要有学习计划、学习安排、集中学习记录、集体讨论记录，每周有一次《情况反映》，每月组织一次学习心得体会交流，并严格落实民警学习笔记审核签字制度。上半年区公安局采取集中学习与自学、导读与讨论、读书与谈体会相结合等形式，制作学习专栏3次，上报政工简报40期。通过一系列的学习，进一步提高广大民警的政治理论水平，打牢执法为民的思想根基，着力改进工作作风，密切党群关系，警民关系，为推动区公安局公安工作又好又快发展和重塑形象打下坚实基础。

【组织民（辅）警培训】 2016年，区公安局为更好地提高民警业务能力，全面提升民警综合素质，加强对民警素质的培养，增加民警培训机会。上半年，共组织2名民警参加公安厅举办的警督培训、看守所所长培训班、警务实战化培训班。年初，区公安局还对2016年新招录的16名新辅警进行为期一个月的岗前培训；按照区委、区政府的要求，区公安局组织民警积极参加周末文秘班和双语班学习，加强民警学习教育，不断提高民警自身素质，切实将为民服务的宗旨贯穿于整个公安工作中，建立良好的公安队伍。

【全力抓好队伍管理及督导检查】 2016年，为确保各项安全保卫工作的顺利开展，在局领导的统一带领下，局领导及政工监察室民警一同对局民警进行家访，开展交心谈心，共制作谈心笔录3份，随时加强民警思想教育。组织民警观看警示片《镜鉴》。通过开展形式多样的学习教育活动，进一步激发区公安局民警的爱国热情，凝聚警心、鼓舞斗志，切实夯实反分裂斗争，维护祖国统一、民族团结、西藏稳定的思想，从而为做好安全保卫工作奠定强而有力的思想基础。同时按照全年各项维稳防控工作要求，切实加强“三月敏感期”“五一”“萨嘎达瓦”“端午节”期间及“楚布寺”佛事活动等各项公安维稳防控的督导检查，及时掌握民（辅、协）警的思想动态，加大敏感时段对民（辅、协）警的队伍管理，最大限度调动民（辅、协）警的工作积极性，确保各项维稳防控工作有序开展。同时，为进一步抓好思想教育，扎实做好党风廉政建设，上半年，区公安局以组织民警学习案例、观看反腐倡廉教育片等活动，筑牢区公安局民警拒腐防变得思想防线，同时进一步完善谈心谈话制度，及时掌控民警的思想工作，加强监督检查，对执行“三项纪律”“八项规定”和西藏公安机关“八个严禁”情况进行明察暗访，进一步巩固“队伍素质建设年”活动成果。上半年，政工监察室会同执法监督大队深入各部门、派出所进行督导检查390余次。

【做好公安改革各项工作】 统一外观标志标识。2016年，区公安局将各派出所、检查站、便民警务站等窗口单位，设置统一规范的外观标志标识，便于群众识别、辨认。尤其是便民警务站、检查站等昼夜为群众提供服务的窗口单位，设置明显的指示灯箱或警示红灯，其他窗口单位也在醒目的地点和位置设置指示标牌。入驻政府行政服务中心的窗口单位，按照堆龙德庆区行政服务中心的统一管理要求灵活进行设置。

合理划分功能区域。根据区公安局窗口单位的实际条件，合理划分工作区、服务区、等候区等相关功能区域，确保各功能区域能够相对独立、保持良好秩序，并在各功能区域设立相应的指示牌，为群众办事提供指引。例如：区公安局在户籍办证大厅里设立群众等候区和休息区，并为办事群众提供饮用水、纸张等用品，开通快速复印通道和绿色服务通道，更加便捷、实效地为群众办事提供有利条件。区公安局还在在工作区内，设立警民联系箱、意见簿，安装录像电子监控设备，方便群众评价和监督。区公安局还根据窗口单位具体情况，按照内紧外松原则，适度采取安全防范措施，及时防范处置突发情况，确保办事群众和工作人员人身安全。

保持环境整洁有序。区公安局要求各窗口单位必须保持干净、整洁、有序，办公区域各种设备、物品摆放应当整齐统一，各种资料应当及时整理、归集、保存。

建立健全岗位责任制。按照窗口单位担负的职责任务，明确不同岗位的职务和责任，确定分工负责的范围和办理业务必须履行的义务，以及岗位工作的具体标准要求。

建立健全首接负责制。区公安局明确各窗口单位在接待群众报警、求助、咨询和办证、办事等工作中的首接责任，建立健全首接责任制和分流移交机制。即：第一位接待群众报警、求助、咨询和办证、办事的工作人员是首接责任人，担负着首接责任，对属于自己职责范围内的事项，应当及时办理；对不属于自己职责范围但属于本单位职责范围的事项，应当先行受理，及时移交或者将群众引导至有关承办人员处办理，并向群众说明情况；对不属于本单位职责范围内的事项，应当当场明确告知，并尽可能提供指导和帮助；对管辖有争议，可能属于其他司法机关或行政机关管辖的事项，应当在7个工作日内书面决定是否受理。

建立健全限时办结制。区公安局对群众办理的事项，要求在规定的时限内办结，并向群众提供办理进度查询渠道。对办理中出现疑难问题确需延期的，要求民警在请示报告的同时，尽快通知当事群众并做好解释工作。

建立健全预约办理和上门服务制度。区公安局户籍办理窗口拓展服务渠道，开通电话为载体，方便群众办理的预约模式，群众通过电话预约的方式提出预约申请，户籍办理员根据预约情况合理安排时间集中办理同一类别事宜，尤其是对老、弱、病、残、孕等确有特殊困难不能到窗口单位办理的，且根据法律规定必须由本人办理的，尽最大可能提供上门服务。

建立健全弹性工作制。区公安局各窗口服务单位除24小时服务窗口（检查站和便民警务站）外，其他窗口单位视当日办证、办事群众多寡情况及时调整工作时间，对于当日办证、办事群众较多的，延迟下班时间和减少午休时间，尽量让前来办证、办事的群众能够当天办结。

建立健全责任追究制。如发现或群众投诉窗口单位工作人员在办理业务过程中，有对群众态度蛮横、行为粗暴、故意刁难以及吃拿卡要等违法违规行为，情节轻微的，区公安局政监察室给予批评教育并当场进行纠正；情节严重的，由局党委根据有关规定给予纪律处分，并依据相关规定对部门领导予以行政问责。

【加强党组织建设】 2016年，区公安局党委及各党支部始终围绕建设抓管理，加强对各支部委员会的党建工作的指导：坚持“三会一课”制度，每月一至两次党委集体学习和个人自学，有计划、有部署地组织学习习近平总书记系列讲话精神；进一步加强党员“一对一结对帮扶”工作；按照“党章”相关规定，对党委及各党支部委员会进行改选，确定新一届党委及各支部委员会领导班子成员；完善入党积极分子、预备党员等各项工作。

【开展精准扶贫工作】 2016年，是精准扶贫工作的重要之年，按照区委、区政府的统一安排部署，年初，区公安局党委委员来到德庆乡帮村进行调查了解，对15户特困家庭进行走访了解，建立特困档案，准确掌握15户贫困家庭的基本情况和需求。为下一步的精准扶贫打下坚实基础。并由政府购买服务人员区公安局按每村4名要求招录交通协管员、流动人口管控员进一步解决堆龙德庆区流动人口、交通管控因撤县设区激增带来的压力。

【推进“110”接处警正规化建设】 区公安局指挥中心进一步落实110接处警制度，提高民警110接处警质量和服务态度，确保110在接处警中不发生“冷、硬、横、推”现象，确保不发生有损“110”窗口形象的问题。上半年，指挥中心共受理群众报警3620起。

【积极做好后勤保障工作】 2016年，区公安局警务保障室在局领导的有力指挥和各部门的全力配合下，较好地完成各类大小会议管理、公安统计、财务管理、后勤保障、日常事务管理、敌、社情信息的收集、处理、反馈工作。共整理上报公安信息290期，公安简报256期、每日信息160期，起草制定各类报告建议、工作预案、汇报材料等210余份，阅办文件490余份，公安行政平台签收、发送文件、信息2700余份。

【继续强化信息建设及日常维护工作】 2016年，信通科按照局党委和上级业务部门总体部署，扎实开展自身工作，充分发挥信通自身的职能作用，信息化工作水平有进一步提高，主要负责指挥部视频会议点名与会议召开的任务，截至年底，共保障视频会议70余次，点名600余次，完成卫星点名任务10次，从未出现人员不在岗引起的通报批评。对全局各个部门及派出所的公安网计算机以及局机房进行日常维护98次，对已安装旅馆业系统的40家宾馆、招待所和14家出租房进行网络排查40次，并对4家新开招待所及2家出租房屋安装旅店业系统，旅店业管理平台检查中发现35家宾馆、招待所能够熟练地进行旅客的入住、退房等操作，系统运行情况良好。2016年，共完成达扎寺“入行论”两次、顶嘎寺“灌顶”、古荣乡的赛马节、乃琼的“摸顶”五次安检任务。2016年，邀请公安部研究一所对堆龙德庆区“天网”工程进行了初步调研、实地选址，形成可行性报告2篇。其间，网安组织信息工作培训3次上报网上舆情信息上报65条。

【扎实开展保密工作】 区公安局以求真务实的态度，保持责任感与自觉性，坚持推进查漏补缺、网络安全、警钟长鸣三大工作。促使全局民辅警自觉履行保密义务和职责，确保业务工作开展到哪里，保密工作就跟踪到哪里、保密责任就落实到哪里，始终绷劲保密这根弦。组织保密学习6次，并与各科所队签订保密责任书19份。

【亮点工作】 口袋+平台管理。2016年，免费办理堆龙德庆区出租房屋备案证，并签订治安责任书，领证后方为合法出租，对于合法出租的房屋，辖区网格民警将按照“一户一档”的模式进行有效管理，规范统一制作流动人员信息登记簿及流动人员信息登记卡，登记簿类似名片簿，其中设有若干个口袋，用于对信息卡进行存放；信息卡用于登记流动人员各项基本信息，其中包括出租门牌号、承租人员姓名、性别、民族、籍贯、身份证号码、联系方式、承租时间、退租时间以及免冠照片，共10项基本信息内容。网格民警和房东各持一本登记簿，房东使用登记簿对房内人员变动情况进行掌握申报，将人员变动信息及时申报至网格民警处，同时双方都以“人来进袋、人走离袋”的方式将新增入住人员的基本信息采集装册，将离开退组人员的信息卡取出存档，使人员变动情况实时直观地反映在登记簿中，切实达到“人来登记、人走注销”的总体要求。在日常检查过程中，网格民警通过出租房屋备案证出租房档案信息与该出租房屋备案证对比，以此核查出租房是否合法。通过网格民警所持的出租房屋信息簿，与房东持有的信息簿相比对，以此核查承租人员与登记人员是否一致；通过民警及房东持有的信息簿与实际承租人员的有效身份证相比对，再次验证承租人员登记情况。以上三者全部相符为唯一合格标准，即“一户一证、一房两薄、一人三卡；户证相符、簿簿相同、人卡相一”。在此项工作推进同时，网格民警与各出租房房东签订责任书，各房东业主必严格落实外来人员入住申报制；在外来人员入住10分钟内通知网格民警前往实地落实“10分钟见人查物落责任”；当网格民警实地审查通过后，务必将流动人员的基本信息在10分钟内登记装册；督促房东在12小时内带领新入住流动人员前往辖区派出所办理居住证；当承租人员退租堆龙德庆区辖区时，房东务必10分钟内通知网格民警进行核实注销。通过警务信息平台与“口袋式”模式的有效结合成功的攻克以往的“登记易、注销难”这一老大难问题。切实提升堆龙德庆区流动人口服务管理工作效率。

（毛 源）

【领导名录】

区委副书记、政法委书记、公安局党委书记、局长
谢公瑾

区公安局党委副书记、政委
蒋学忠

区公安局党委委员、副局长
普布扎西（藏族）
白玛多吉（藏族）

堆龙德庆区人民检察院

【概况】 2016年，堆龙德庆区人民检察院在区委和上级检察院的坚强领导下，深入贯彻中共十八大，十八届三中、四中、五中、六中全会精神及习近平总书记系列重要讲话精神，深入开展“两学一做”学习教育，全面从严治检，加强检察队伍建设，扎实履行法律监督职能，各项检察工作取得新突破，迈上新台阶。堆龙德庆区人民检察院内设8个科室，编制37人，实有干警34人，干部32名，工人2名，男性10人，女性24人，党员32名，具有本科及以上学历干警32名，研究生12名，具有检察官资格的20名。

【坚决维护社会局势持续稳定】 年内，严格按照区委、区政府及区委政法委和区维稳一线指挥部的安排部署，认真贯彻关于反分裂斗争的方针政策和各项重要决策部署，始终坚持把堆龙和谐稳定作为检察工作的首要政治任务，努力发挥检察机关在经济社会中的特殊职能，着力化解社会矛盾，促进社会和谐稳定。深入开展反自焚专项斗争，积极参加敏感时段和重点部位值班备勤工作。2016年，累计投入检力1500人次、出动车辆280余次，参加城区周边区域重点路段、重点目标、加油站等24小时巡逻及维稳一线值班和寺庙安保执勤工作，派出3名干警驻村、驻加油站，领导干部深入包村点进行维稳督导20余次。同时，为做好机关内保工作，打造以机关大院无死角监控平台、磁卡门禁、入院安检为一体的信息化维稳值班室的基础上检察干警坚持24小时值班备勤达1000余人次，确保维稳责任落实，实现“三无、三不出”。

【依法严厉打击各类刑事犯罪】 2016年，受理区辖区域、经开区、柳梧新区、铁路公安处呈捕案件36件39人，批准逮捕28件30人，不批准逮捕8件9人，全年无错捕错不捕案件；受理起诉案件57件71人，提起公诉42件53人，不起诉3件3人，起诉有罪判决率达到100%，全年无撤回起诉案件、无罪案件，未发生法院通过非法证据排除影响定罪量刑的案件，未发生上级院纠正、决定起诉的情形。

【不断加强查办和预防职务犯罪力度】 2016年，针对线索少，举报少的特殊情况，为杜绝“坐等”案件的现象，加大宣传力度，拓宽案件线索来源，并不断加大反贪污贿赂案件的查办力度，集中力量查办反贪污贿赂案件2件2人，为国家挽回经济损失14.5万元。同时，针对职务犯罪高发、多发、易发等关键领域和环节，将监督关口前移，突出抓好重点建设领域的专项预防、重点行业的系统预防。通过实地调查拉萨市高新区标准化厂房、仓库建设项目开展情况，对工程建设实施同步预防，确保物资采购、资金拨付、使用和工程监理、竣工验收等环节的阳光运作。

【充分发挥控告检察“窗口”作用】 以矛盾排查化解为重点，妥善依法处理涉检信访，全力抓好涉检信访矛盾排查化解工作，全年受理来信来访16人次，并耐心释法说理，全部给予核实、反馈和息诉，全年未发生上级院纠正错误案件，未发生因工作失误造成越级访、重复访、进京访事件。同时，为进一步提升人民群众法治意识，堆龙德庆区人民检察院结合“五下乡”“综治宣传月”“送法进企业”等法制宣传活动，发放检察便民卡2000余张、宣传纸杯4000余个，藏汉宣传

资料1万余册，解答群众咨询80余人次，受教育群众达2万余人次。

【继续强化刑罚执行监督】 2016年，开展日常监所检查20余次，安全大检查10次，口头建议纠正安全隐患5次，对刑事执行中2件严重违法情况及时发出《纠正违法通知书》，并予以回复纠正。同时，加强社区矫正监督工作，对41名社区矫正人员依法开展监督检查11次，口头警告3人次。

【民事检察工作取得新突破】 2016年，扎实推动“基层民事行政检察工作推进年”专项活动，积极寻找案源，加大办理民行抗诉案件力度，民行工作上有新的突破，依法向上级院提请抗诉1件1人。同时，真正发挥在民事审判和行政诉讼中的监督作用，对3起民事执行活动进行全程监督。

【积极开展刑事诉讼监督】 2016年，进一步强化刑事立案、侦查、审判等常规性监督，发出书面《检察建议》4份，《纠正违法通知书》6份，并予以回复纠正。开展立案监督2次，重点检查侦查机关的案卷40册，报警情况登记表、行政处罚登记表等案件凭证50册，对3起交通事故采取提前介入、跟踪监督，加大对有案不立、降格处理等现象的监督力度；对堆龙德庆区工商局、农牧局等行政机关的执法工作进行监督，共审阅卷宗32件，举报登记本5册，未发现行政执法机关应移送刑事案件未移送的情况；对3起起诉案件成功改变定性并获得法院的支持。

【扎实推动阳光检务建设】 2016年，为进一步深化检务公开，真正把检察工作置于人民群众监督之下，增强检察机关执法办案的透明度，开通“两微一端”（微博、微信、客户端），发布检察动态42条，通过检察机关案件信息公开网公布程序性案件53件，重要案件信息公开1件，法律文书公开27件，做到公开信息依法、全面、及时、规范。同时，开展以“加强侦查监督、维护司法公正”为主题的“检察开放日”活动，邀请市区人大代表、政协委员、人民监督员和新闻媒体走进检察机关视察侦查监督工作和检察办案区，“零距离”了解检察机关。

【稳步推进党风廉政建设工作】 坚持把党风廉政建设和反腐工作列入院党组重要议事日程，及时制定《2016年党风廉政建设“两个责任”任务分解》，调整充实院党风廉政建设责任制工作领导小组相关人员，并严格落实“一岗双责”，党组成员、科室负责人与科室成员层层签订党风廉政建设责任书15份，对重点任务和工作责任分解细化、责任到人，专题研究部署党风廉政建设工作10余次；严格执行民主集中制原则，充分发挥集体领导作用，并坚持做到一把手末位发言，保证决策的科学性和正确性。2016年，召开党组会议15次，讨论决定各类事项39项。进一步促进检察文化建设，结合该院实际，充分利用办公楼走廊这个干警上下班和工作期间必经之路，从一至六层以廉政建设、为人处事、检察风采、为官之道、党的建设、大美西藏篇六个不同的主题打造具有堆龙检察特色的文化长廊，全视角展示堆龙检察的精神风貌和新形象。坚持从严治检，做到“以制度管人、以制度管事”。为严格组织纪律，在全区率先实行上下班指纹签到，大大提高干部遵守工作纪律的自觉性和主动性。为严肃公车使用纪律，新建公车停车棚，要求除公务用车外所有车辆必须集中统一停放在停车场的固定车位，在公务派车中严格落实“派车单”制度，并由院纪检组人员不定期检查公车停放情况和检察干警八小时内外的行为，全年无任何违纪情况的发生。

【努力打造过硬检察队伍】 为创建学习型检察院，以“两学一做”学习教育为契机，正确处理工学矛盾，坚持理论学习不放松，把学习中共十八大精神和习近平总书记系列重要讲话精神作为提升干部队伍素质的基础工作，全年共开展集中学习60余次，撰写心得体会96篇，组织观看教育影片5部。

牢固树立“立检为公、执法为民”的宗旨意识，组织全院干警纷纷走进乃琼镇玻玛村“香雄梅朵”生态旅游文化产业园区开展“捡石”和花卉种植义务劳动20余天，派出干警240人次，充分发挥党员先锋模范作用，进一步提升服务群众能力。

为提升队伍素能，全年派出17名干警前往北京、江西、山东等地及国家检察官学院林芝分院参加业务学习培训和司法考试培训，1名干警在拉萨市检察院参加跟案实训；为优化队伍结构，在区委、上级院以及区委组织部和政法委的关心下，21名干警得到提拔任用，使院班子建设得到强化，中层干部得到充实；通过组织开展清明扫墓、义务植树、党建主题活动和“五四”徒步登山等系列活动，进一步提升队伍凝聚力和战斗力。

为深入贯彻落实区委关于精准扶贫工作精神，切实解决关系群众利益的实际问题，堆龙德庆区人民检察院30名党员干部与包村点德庆乡昂嘎村34户群众进行结对，并深入包村点开展扶贫调研，拉家常、谈民生，开展送温暖活动，送去慰问金共计1.7万元。同时，组织干警积极参加区委组织的全国“扶贫日”募捐活动进行捐款外堆龙德庆区人民检察院自行组织全院干部职工为精准扶贫对象欧珠筹集医药费8650元，使基层群众切身感受到党和政府的关怀与温暖。

为积极推进司法体制改革工作，在区委和上级院的统一领导下，根据首批入额比例要求，堆龙德庆区人民检察院首批入额数量为13人，其中5名班子成员由市检院统一进行考核外，对符合条件的检察员、助理检察员通过考试、考核相结合的方式择优入额。堆龙德庆区人民检察院以客观公正、实事求是的工作原则，对参与入额的10名检察官根据考核和考试综合成绩依次进行排名，择优入选8名首批员额检察官并报请自治区检察院批准，为检察人员分类管理迈出关键一步。

（桑旦旺姆）

【领导名录】

党组书记、检察长

李　　华（3月离任）

边巴扎西（藏族，3月任职）

党组成员、副检察长

达　　珍（女，藏族）

伊 金 娟（女）

次仁卓玛（女，藏族，12月任职）

堆龙德庆区人民法院

【概况】 2016年，堆龙德庆区人民法院在区委的正确领导下，在区市两级法院的指导帮助下，认真贯彻中共十八届四中、五中、六中全会精神，紧紧围绕区委工作大局，忠实履行宪法法律赋予的职责，全面做好审判执行工作，全力维护社会和谐稳定，积极推进信息化建设，扎实开展“两学一做”，加强队伍建设，各项工作取得新的进步。共受理各类案件1976件，结案1884件，综合结案率95.34%。堆龙德庆区人民法院政法专项编制65个，实有干警59名，中共党员50人（占法院总人数的77%）。正职院长1人（副处级），副院长6人、挂职副院长2人，另有正科级干警6人，副科级干警20人。内设立案庭、刑事审判庭、民事审判一庭、民事审判二庭、行政审判庭、审判监督庭、执行局等7个审判业务庭及办公室、政工人事科（纪检监察室）、法警大队等3个综合部门，另设有4个派出法庭（3个在建）。

【积极参与维稳工作】 年内，在各级党委的正确领导下，全院干警时刻以维护堆龙德庆区社会稳定和繁荣发展的大好局面为己任，以“三不出”为目标，以清醒和高度负责的使命感，克服案多人少、维稳任务重的厌战情绪和麻痹思想。坚决执行各级党委政法委就维护稳定工作所作的一系列重要指示和决定，不计报酬、不提条件、不挑任务，坚持做到人、财、物主动向维护社会稳定工作倾斜，在三月份敏感时期、萨嘎达瓦、节假日期间，累计出动干警500余人次、100余车次，投入资金20余万元，圆满完成县级干部包村、区委大门口值班、一线指挥部值班、重大佛事活动执勤、加油站守护等任务。

【依法审理各类刑事案件】 深入贯彻《中华人民共和国刑法修正案（九）》等新法律法规，加强刑事司法人权保障，让罪犯受到应有的惩罚，确保无罪的人不受刑事追究，以充分体现刑事审判的社会效果和政治效果。2016年，共受理各类刑事案件45件，审结42件，结案率93.33%。对主观恶性、社会危害较大的案件依法从严从重从快惩处，依法对1起案件1名被告人判处五年以上有期徒刑；依法对3起案件3名被告人判处三年以上五年以下有期徒刑；依法对犯罪情节轻微、社会危害不大的38起案件50名被告人判处三年以下有期徒刑、缓刑。

【妥善处理民商事案件】 牢固树立五大发展理念，按照全区经济工作会议“九个一”的部署要求，突出司法服务的针对性、精准性、实效性，推动法院工作更好适应经济社会发展新常态。2016年，受理各类民商事案件1484件，审结1415件，结案率95.35%。本着做好庭前调解、做细庭上调解、做实庭后调解的原则，调解案件720件，撤诉220件，调撤率47.57%，促进了社会和谐。依法审结扎某等115户诉西藏天冠房地产开发有限公司商品房销售合同纠纷案件，维护了社会社会主义市场经济秩序。坚持人民利益至上，审理追索劳动报酬案件196件，规范用工行为，保护劳动者合法权益；依法审理合同纠纷案件1093件、其他类型案件29件，维护公平有序的交易秩序，促进经济发展；及时审结民事侵权案件44件，制裁不当行为，保护受害者的合法权益；以妇女儿童维权合议庭为阵地，妥善处理婚姻家庭案件40件，妇女儿童维权工作逐渐跨上专业化新台阶。

【多措并举推进执行工作】 按照最高人民法院院长周强提出的“用两到三年时间，基本解决执行难问题，破除实现公平正义的最后一道藩篱”及自治区高级人民法院“基本解决执行难”暨执行案款清理工作会议精神要求，规范执行行为、整合执行力量、深挖执行潜力、灵活运用执行手段、全力攻克执行难。2016年，受理执行案件447件，结案标的1.35亿元，执结427件，执结率95.53%，和解63件，和解结案率15%，清理积案24件，先后召开执行专项活动案款发放5次，发放案款1650余万元。加强与自治区公安厅情报科沟通协调，对88名“老赖”在全区范围内进行网上布控，成功查找到42名下落不明的“老赖”，对15名被执行人采取拘留措施。实施信用惩戒，公布失信被执行人115人次，发出限制高消费令40余条。认真落实执行救助措施，发放执行救助资金4000元。

【完善多元化纠纷解决机制】 推进诉讼服务中心建设，发挥立案大厅“门诊式”一条龙服务机制，加强诉讼引导、诉讼风险提示、法律咨询服务，引导当事人理性表达诉求。2016年，严格落实立案登记制，对依法应该受理的案件，做到有案必立、有诉必理，当场立案1900件，当场立案率95%以上，一次性告知当事人补正材料70次。加大司法救济力度，共减缓免诉讼费137余万元，确保困难当事人理性表达诉求。为进一步满足群众多元化司法需求，将法律文书制作成图片的形式，通过微信、短信平台送达200余件法律文书，方便群众参与诉讼。在立案庭设立“诉调对接中心”，完善纠纷对接机制，依托中心平台积极邀请行政机关、人民调解组织、人民陪审员、律师、法律工作者等开展诉前联动调解工作，调撤案件940件。做好涉诉信访工作，采取领导接访、法官带案下访、专人包案化解等机制，认真研究群众诉求，处理非诉案件及来信来访503件（800余人次）。同时，定期对办理案件进行排查，对涉诉信访苗头线索进行集中梳理，及时掌握动态，落实化解责任，认真抓好信访稳控。

【加强法制宣传】 堆龙德庆区人民法院“乡村和谐法庭”（车载流动法庭）本着有案办案、无案宣传的宗旨，依托全区农牧民群众发放的便民服务卡、34个行政村中选任的46名司法联络员，根据群众和司法联络员的电话预约，深入牧区、工矿企业巡回办案410件，且均以调解方式结案。同时，担负法治宣传职责，2016年，单独法制宣传346次，发放宣传资料37000余份，受教育群众18000人次，行驶里程达27000公里，实现覆盖到户、服务到人，受到广大农牧民群众的普遍欢迎。在落实以案讲法、以案普法工作基础上，联合区相关单位开展法律进机关、法律进学校、法律进企业等专项法宣活动，开展专题讲座近30场次。

【主动接受监督】 2016年，堆龙德庆区人民法院已形成“四位一体”的监督格局，即通过在重大案件审理和重大执行活动中积极邀请人大代表、政协委员参与案件旁听和整个执行活动，增加审判执行工作的透明度；通过主动邀请廉政监督员对审判执行活动进行廉政监督，确保司法廉洁；通过扩大邀请人民陪审员参与案件审理的数量，为人民陪审员参与案件审理创造便利条件，确保人民陪审员依法履行职责，充分发挥人民陪审员在审判监督和法制宣传方面的重要作用；主动邀请检察机关工作人员旁听本辖区有重大影响的民商事案件的审理，积极支持、配合检察机关依法履行诉讼监督职责。截至年底，邀请人大代表、政协委员廉政督导员参与重大、涉民生案件的审判执行活动31次。

【司法改革工作】 当前司法体制改革正处于全面推开的重要时刻，要推进改革政策落实到位、改革红利充分释放、改革效果明显提升，为司法责任制改革全面推开提供有力支撑，以司法责任制的全面落实，引导法官增强办案积极性、责任心，实现办案质效、司法公信力和司法权威稳步提升。

积极推进审判责任制改革。按照《西藏法院司法体制改革试点工作实施方案》文件精神，让审理者裁判、由裁判者负责，法官办案的主体地位得到加强，符合司法规律的责任体制逐步形成。

积极推进人员分类管理改革。将法官入额工作作为试点的首要任务，坚持以考核为主、考试为辅，建立统一、完善、周密的考核考试标准、程序，科学设定考核考试内容，在坚持政治标准基础上，突出对办案业绩、职业操守的考核。12月3日，堆龙德庆区人民法院21名首批入额法官参加西藏中基层法院法官首批入额考试，并以优异的成绩全员通过。

【队伍建设】 2016年，以“两学一做”专题教育活动开展为契机，全院干警集中学习40次、以支部为单位进行主题讨论5次、撰写心得体会300余篇、党组书记讲党课1次。通过支部学习与个人学习相结合、主要领导讲授与集体交流讨论相结合的方式，强化广大干警的宗旨意识和群众观念。严肃认真开展班子民主生活会，通过设立征求意见箱、召开座谈会、发放征求意见函、交叉征求意见的方式，广泛听取意见，共征求到各方面对党组和班子成员的意见建议10条，深入开展班子成员间谈心谈话20余人次，发现突出问题6个，已整改落实6个。

【精准扶贫工作】 把做合格中共党员与“精准扶贫工作”结合起来，先后组织47名中共党员干警前往堆龙德庆区人民法院包村点南巴村开展“精准扶贫结对帮扶”，详细了解结对帮扶对象的家庭情况、收入情况、致贫原因、脱贫计划等情况，从各个方面进行调查摸底，并详细记载到堆龙德庆区人民法院自制的“中共党员结对帮扶卡”上。帮助困难群众解决热点问题12件，理清发展思路8条，切实让广大人民群众感受到中共党员队伍的新面貌、新气象。全年，共为南巴村55户300余名贫困户送去慰问金30000余元。

（王　欣）

【领导名录】

党组书记、院长

巴　桑（藏族）

党组副书记、副院长

平措旺堆（藏族，10月退休）

赵红玉（女，6月离任）

慕艳梅（女，2月任职）

党组成员、副院长

索朗卓嘎（女，藏族，1月挂职）

加永次仁（藏族，1月挂职）
达瓦次仁（藏族，12月任职）
米玛次仁（藏族，12月任职）
审判委员会专职委员
晓　央（女，藏族）

堆龙德庆区司法局

【概况】 2016年，堆龙德庆区司法行政工作在区委、区人大、区政府、区政协的领导和监督下，在上级司法行政机关的指导以及在各相关部门的积极配合下，以学习贯彻落实中共十八届三中、四中、五中全会精神为切入点，以贯彻区市政法、司法行政工作会议精神为着力点，坚持“围绕中心、履职尽责、立足本职、服务大局”的工作思路，牢固树立“维护稳定是第一责任，办实事求实效是第一要求，服务对象满意是第一标准”的服务理念，以化解矛盾纠纷、维护社会和谐稳定为目标，以服务经济为主线，着力提高司法行政加强和创新社会管理水平，充分发挥司法行政机关维护社会稳定、服务经济发展、促进社会公平正义、推动依法治区的职能作用，为建设和谐社会、平安堆龙做出积极努力。

【法制宣传教育工作】 扎实开展“五下乡”法制宣传活动。在“两节”期间，区司法局以堆龙德庆区今冬明春藏历新年“五下乡”活动为契机，组织法律援助援藏律师、司法干警、深入全区四乡两镇开展为期6天的法制宣传活动，在活动中区司法局共发放《法律常识读本》《法治漫画》《农民工援助服务手册》《中华人民共和国婚姻法摘选》《中华人民共和国土地法》《生活法则》《堆龙德庆区法律法规知识手册》《堆龙德庆区法律援助便民服务卡》等各类法律法规宣传册（单）共计6000余份，展出交通安全展板10余份，现场解答法律咨询70余次；扎实开展三月“综治宣传月”法制宣传活动。根据《堆龙德庆区关于开展三月份“综治宣传月”集中宣传活动的通知》要求，区司法局组织全局干警和“1+1”法律援助律师，开展三月综治宣传月活动，此次宣传教育活动以发放资料、传单、悬挂横幅、设立法律咨询台等多种形式向过往的广大干部群众发放《法律知识读本》《中华人民共和国土地法》《农民工援助服务手册》《以案说法》《中华人民共和国婚姻法摘选》等各类法律法规共计1000余份，悬挂横幅1条，展出交通安全展板10块和咨询台1点，受教育人数达1000余人；深入推进“法律七进”活动。“法律七进”工作作为普法依法治理工作的重要载体，区司法局在坚持普法工作全覆盖的基础上创造许多行之有效的典型经验和特色做法。如：2016年区司法局在日常普法工作开展的基础上，为深入贯彻落实中共十八届三中、四中、五中全会精神和习近平总书记系列重要讲话精神，实现伟大中国梦，紧紧围绕堆龙德庆区中心工作，联合区委统战部、党校、公安、检察、法院、团县委、妇联、民宗、消防等相关部门组成四个普法宣讲组对6个乡（镇）、8个行政村、10所学校、23座寺庙、14家企业开展为期一个月的“法律七进”专项法制宣传活动，活动中共开展专题讲座55场、悬挂横幅55条、各行业参与人数2万余人，发放宣传资料3万余份。

【人民调解工作】 2016年，堆龙德庆区人民调解工作现已形成以乡（镇）司法所为枢纽，村调委会为基础，乡（镇）、村调委会为骨干，其他调委会为补充的人民调解组织网络体系。全区人民调解组织共计40个，调解员270名（全部兼职），其中乡级人民调解委员会6个，村一级人民调解委员会30个，人民调解员49人，人民调解员249人，专行业性人民调解组织4个（涉军人民调解委员会），男性调解员249个，女性调解员19个，平均年龄为35岁，2016年，全区各级调解组织共调处民事纠纷44起，调出率达100%，有效地预防民转刑案件发生。为维护辖区的和谐稳定奠定坚持的基础，充分发挥人民调解工作在维护社会稳定中“第一道防线”的作用。

【围绕社会创新，加强特殊人群的管理】2016年，堆龙德庆区刑释解教安置帮教工作以坚持“以帮教为手段、以安置为重点、以稳定为目标”的工作思路和“教育、挽救、感化”的工作方针，不断推进刑释解教人员的社会管理创新，最大限度地预防和减少重新违法犯罪。截至年底，全区共有刑释解教人员49人，其中49人是一般帮教对象，0人是重点帮教对象，全年新增22人，累计解除13人，已全部安置。

加大培训力度，提高安置帮教工作队伍整体素质。为全面提升堆龙德庆区安置帮教工作队伍的综合素质，切实做好新形势下堆龙德庆区安置帮教工作，堆龙德庆区邀请拉萨市司法局基层科授课老师对各乡（镇）司法所及全局干警进行专题培训，通过开展专题培训，全面提高堆龙德庆区安置帮教工作人员的业务能力，为下一步开展好安置帮教工作打下坚实的基础。开展爱心慰问“送温暖”活动。在“春节”和“藏历”新年前夕，为全区特困刑满释放人员进行走访慰问，为他们每人送去藏式取暖炉等慰问品，在“六一”儿童节期间为特殊人员家庭儿童送去书包、文具，切实帮助解决辖区内特困特殊人群的生活难题，让特困刑释解教人员能度过安定祥和的节日。

【围绕改善和服务民生，加强法律援助工作】法律援助作为区司法局的窗口部门，近年来始终处于全市法律援助工作的前列，并成为全区第一批法律援助项目实施单位，所承接案件数与结案数高居全市首位。区司法局法律援助中心坚持以“执政为民、服务百姓”为出发点，全面开展各项法律援助业务，使更多的弱势群体享有法律援助服务，维护当事人的合法权益。

积极开展法律援助工作，切实帮助困难群众解决突出问题。按照“应援尽援，尽援优援”的原则，扩大法律援助覆盖面。2016年，区司法局法律援助中心共办理各类法律援助案件199件，结案185件，其中追索劳动报酬纠纷150件，侵权纠纷11件，合同纠纷10件，人身损害赔偿纠纷11件，解除同居关系纠纷1件，婚姻关系纠纷5件，抚恤金纠纷1件，赡养费纠纷2件，刑事辩护案3件，劳动仲裁5件。涉案标的达1638万元，解答法律咨询1000余次。解答法律援助来电来访咨询1000人次，使法律援助这一民心工作取得明显实效，增强人民群众对政府的信任感和满意度。为堆龙德庆区社会局势稳定发挥作用。区司法局法律援助中心在承办日常的法律援助案件基础上，承办大量的涉访涉诉案件，为区委、区政府排忧解难。为堆龙德庆区经济发展服务。当前堆龙德庆区正处于跨越发展的关键时期，全区经济发展势头迅猛，在经济发展当中，法律援助中心充分发挥职能作用，为堆龙德庆区各项经济发展重大决策提供法律服务。如：实行区委、区政府重大决策风险评估机制，规范全区各类合同文书，设立6158148专项法律咨询电话，在各乡（镇）、信访、法院设立法律援助联系点等多种形式进一步扩大法律援助的职能作用，为全区经济发展做出积极的贡献；加大各部门联动机制，加强与法院、劳动监察大队、信访局、安监局等部门的协作配合，共同做好法律援助，从而有效地维护困难群众的合法权益和社会公平正义，为维护社会稳定，化解社会矛盾发挥积极作用。充分发挥“1+1”法律援助律师的作用。通过援藏律师的工作，区司法局法律援助中心进一步规范工作机制，提高工作效率。加大“以案释法”工作。将法律援助工作与日常的普法工作相结合，通过讲解实际案件，起到“以案释法”的作用，提高当事人的法制意识和以法维权的观念。

【围绕核心价值观教育，加强队伍建设】加强司法行政干部队伍建设，不断提高干部队伍的整体素质，是深入推进公正廉洁执法的重要保障。进一步加强司法所规范化建设，提高司法所工作质量和效率。2016年，区司法局制定并出台司法所月汇报工作例会制度。通过召开司法所所长工作例会，加强局机关与司法所之间的纵向联系，实现以例会促推进的良好工作效能动；加强司法所硬件设施建设，为司法所配备社区服刑人员报道器，统一制作人民调解、安置帮教工作档案，不断规范司法业务工作。

【包村扶贫工作】 年内，在认真做好司法行政工作的同时，多次深入包村点，努力使包村工作取得实效。在春节、藏历年前夕，联合四业办为包村点21名贫困户提供驾驶技能培训；多次实地了解7户精准扶贫结对户生产、生活情况，并经常性的为结对户解决实际困难。

（庹 超）

【领导名录】

局 长 庹 超

副局长 米 玛（女，藏族）

堆龙德庆区综治委铁路护路联防工作领导小组办公室

【概况】 2016年，在区、市护路办、堆龙德庆区委、区政府的高度重视下，在堆龙德庆区综治委铁路护路联防工作领导小组的安排部署下，沿线各乡涉铁（镇）、派出所的大力支持下，全体办公室工作人员和专职护路联防队员同心同德，共同努力，确保青藏铁路堆龙段的安全畅通。

【区委、区政府重视铁路护路联防工作】 区委、区政府始终将铁路护路联防工作列入重要议事日程，每逢重大节假日、特殊时期召开全区维稳工作会议，将铁路护路联防工作作为重点工作进行安排部署，并成立维稳督导检查组，加强对铁路护路联防工作的督导检查。2016年，为每名专职护路联防队员增加100元/月・人的生活补贴，达到每人300元/月・人，继续落实1000元/月・人全勤补贴和特殊岗位补贴；解决护路大队、中队改扩建项目资金600万元，解决防护栏维修资金74.8万元。在“三大节日”期间，慰问专职护路队员124.8万元；落实公用经费、专项资金29.92万元，全年投入资金共计1481.6万元。

沿线各乡（镇）、各部门多次对专职护路联防队员进行慰问。区委、区政府高度重视专职铁路护路联防队伍建设，为调动专职护路队员参政议政的积极性。激发护路队员的责任感和荣誉感，使护路队伍融入堆龙德庆区的大局工作中，莫嘎护路大队教导员旦增被选为拉萨市人大代表，高天护路大队教导员旦增旺堆被选为堆龙德庆区政协委员，充分体现对铁路护路联防工作的高度重视。

【定期召开铁路护路联防工作会议】 2016年，区综治委铁路护路联防工作领导小组召开会议2次，办公室召开会26次，传达学习区市护路办，区委、区政府，区铁路护路联防工作领导小组的重要指示精神，部署敏感时期和常态下各项铁路护路联防工作任务。区护路联防工作领导小组表彰2015年度堆龙德庆区铁路护路联防工作先进集体和先进个人，逐级签订《2016年度铁路护路联防工作目标管理责任书》，使铁路护路联防工作目标责任落实到乡（镇）村组和专职护路联防队员。

【敏感期铁路安保工作】 全面动员部署，明确工作任务。2016年，区护路办先后组织各护路大队、中队负责人及办公室工作人员召开专题会议26次；办公室驻各大队蹲点组先后组织召开专职护路联防队员会议14次；各护路大队负责人组织召开辖区中队长会议6次，组织专职护路联防队员会议80次。及时传达区市、堆龙德庆区维稳工作会议精神和区市护路办，区委、区政府、区护路联防工作领导小组的各项指示精神，动员部署敏感时期铁路安保工作，做到统一思想，提高认识。区护路联防工作领导小组及办公室及时制定下发各类部署通知、方案，层层签订《目标管理责任书》，进一步明确铁路护路联防工作责任和目标任务。

强化联防措施，确保铁路安全。为确保戒备期间青藏铁路堆龙段的万无一失，戒备期间办公室抽3名工作人员蹲点到沿线三个护路大队，指导和督导全区铁路护路联防工作。办公室留守4名工作人员，负责日常上传下达工作。铁路沿线全体专职护路联防队员一律停止请假，确保全时全员全心在岗；按照一级戒备预案要求，结合堆龙德庆区铁路护路工作实际，做到重点目标加岗加哨，强化纪律纠察和武装徒步巡逻，沿线各中队加强武装徒步巡逻；对督导工作进行分工分组，每个护路大队将办公室蹲点组、大队负责人分成4组，并每天安排2组进行巡逻，确保24小时有人巡逻。各涉铁乡（镇），各派出所按照《堆龙德庆区综治委铁路护路联防工作督导检查岗位职责》要求，加强对辖区铁路沿线的巡查力度；加强对辖区专职护路队员的政治思想、安全维稳形势、工作职责教育力度，不断强化队员的政治意识、大局意识和责任意识，增强自觉履行职责、维护铁路安全的使命感；充分调动沿线各乡（镇）、村组，各派出所防联动机制，各乡（镇）村组，派出所，护路办等有关部门密切配合、通力协作，齐抓共管、积极参与，形成有效的协作配合机制，把方方面面的力量调动起来，形成社会各界和人民群众广泛参与、齐抓共管的大护路工作格局；开展安全隐患大排查活动，重点对铁路桥梁、涵洞、隧道、明洞及防护栏损坏情况进行排查；加强应急演练，按照青藏铁路堆龙段《突发公共事件应急预案》《反恐防爆应急预案》要求，各护路大队、中队先后共开展应急预案演练68次，有效锻炼应急队伍快速反应和处置突发事件能力；完成3趟次重要列车的安保任务。

【铁路治安专项整治活动】 年内，开展废旧金属收购站排查整治，协同相关部门对辖区废旧金属收购站进行排查，与5家商户签订《拒收铁路电缆、光缆及设施设备责任状》，从源头上堵塞违法犯罪分子销赃渠道；加强防牲畜上道工作，深入沿线各行政村及牲畜养殖户，大力宣讲爱路护路知识，与各行政村及牲畜养殖户签订《牲畜管理责任书》共34份；加强重点人员管控工作，加强铁路沿线未成年人的监护管理，强化宣传力度，并与沿线各行政村签订《未成年人监护管理责任书》17份；加强沿线“五残”人员监护管理，深入沿线“五残”人员家中，对监护人进行爱路护路宣传教育，签订《铁路沿线“五残”人员监护人维护铁路运输安全协议书》共45份，切实做到“五残”人员监护责任到位，教育到位，管理到位；加强沿线可疑人员的排查，全体执勤队员及巡查人员严密监视沿线磕头朝佛人员、徒步旅行人员等可疑人员的动态，按照各自铁路守护责任段进行迎送交接，坚决做到不仅严防生面孔，还要盯紧老面孔，确保万无一失。

【环境整治工作】 2016年，区护路办结合“保护铁路，爱我拉萨”志愿服务活动，按照《青藏铁路堆龙段沿线环境清理整治工作制度》，组织各护路大队、中队开展捡拾铁路沿线白色、生活垃圾，清理建筑垃圾活动126次，共捡拾、清理垃圾943袋（约37吨）；协调区林业局解决树苗1200棵，种植在各护路大队、中队周围；先后组织1400人次参与“香雄美朵”旅游文化产业园区种花活动，共种植6万余棵。

【队员教育培训】 加强队员政治思想教育。区护路办年初认真制定专职护路队员政治教育计划，组织内容丰富、形式多样的学习活动。2016年，结合“两学一做”专题教育活动，区护路办党总支（支部）书记、副书记组织召开党员大会7次，召开支部委员会（党小组会）12次，开展书记上党课活动5次，邀请区党校老师上党课1次，护路大队每周制定周课程表，教育专职护路队员坚定不移地反对分裂，维护祖国统一，维护民族团结。同时，完善制定单位内控机制，强化对办公室工作人员的教育管理，特别是维稳纪律的教育。区护路办全年未发生一起违反维稳纪律行为。

加强队员综合培训。区护路办年初认真制定专职护路队员培训计划，加强专职护路队员集中培训。培训内容包括政治教育、军事训练，业务知识、法律知识、安全管理等方面。通过培训，专职护路队员思想素质、业务技能、军事素质和责任意识得到进一步提高；服从命令，听从指挥意识进一步增强，整体精神面貌得到全面提升，为推进执勤制度化，大队规范化，队伍正规化建设提供保障。

同时，在区四业办的大力支持下，选派11名队员在堆龙德庆区羊达乡蔬菜基地开展养殖种植业培训；选派2名驾驶员参加A1驾驶证培训。

【爱路护路宣传】 区护路办年初制定宣传计划，指定专人负责，利用3月综治宣传月等活动为契机，在堆龙德庆区城区、沿线乡（镇）村组户、学校、企业、工地，以现场宣讲、悬挂横幅、图片展览、发放传单、文艺演出等方式宣传《中华人民共和国铁路法》《铁路运输安全保护条例》等为主要内容的法律法规。全年共开展铁路护路宣传52次，发放宣传资料，宣传物品共2.45万余份，图片展览152幅次，悬挂横幅17条次。同时，区护路办利用广播、电视、报纸等媒体，大力宣传青藏铁路通车10周年以来取得的成绩。2016年，媒体宣传报道共8次，其中：西藏日报刊登报道1次，拉萨晚报2次，西藏电视台1次（全区护路工作现场会），拉萨电视台3次（领导小组会议、全市文艺会演、工会送文艺活动），FM91.4拉萨人民广播台专题报道1次。进一步提高护路工作的知晓率，提升广大干部群众、中小学生的爱路护路意识，取得良好的成效。

【梳理基础台账资料】 年内，区护路办工作人员深入到铁路沿线，进一步梳理、研究铁路守护工作，划分重点守护区段、重点守护目标，确定常态下及敏感时期铁路守护责任段，专职护路队员档案、资料规范齐全。

【落实情况报告制度】 认真落实《情况报告制度》，主动、及时向上级汇报各项工作开展情况，杜绝瞒报、漏报、误报、迟报等现象发生。2016年，向上级汇报各类护路文件、信息共计273份，切实做到政令畅通，互通信息、密切配合。

【矛盾纠纷排查化解】 区护路办将此项工作列入年度工作计划，作为一项重要工作来抓，每月定期组织开展涉铁矛盾纠纷排查化解。2016年，堆龙德庆区境内共排查涉铁矛盾纠纷3起，并得到妥善解决。

【加强路地双方工作配合】 进一步加强与铁路公安、养护部门的协调、合作力度，做到信息互通，通力合作。2016年，区护路办与铁路公安、养护部门召开联席会议5次，联合开展应急演练2次，排查调处23起安全隐患。特别是协调解决堆龙德庆区“香雄花寨”旅游文化产业园区项目在铁路K1925+200m至K1927段2条道路要穿越铁路涵洞，并需在涵洞下开挖作业事宜。协调解决高天铁路桥下路面整治事宜。

【落实值班检查制度】 由于铁路护路工作的特殊性，每逢重大节假日、敏感时期区护路办做到全员在岗。进入一级戒备时区护路办抽调人员到护路大队进行蹲点，办公室坚持24小时有人带班、值班。区护路办及各大队认真安排常态下和敏感时期的值班、带班及督导检查。全年区护路办未发生一起被盗案件、道路交通事故、犯罪治安案件及泄密事件。

【加强安全管理】 2016年，按照区护路办制定的《车辆安全管理规定》要求，区护路办主任与各护路大队负责人、驾驶员签订《车辆安全管理责任书》，教育车辆驾驶员认真遵守《中华人民共和国道路交通法》及文明驾驶相关规定；落实区纪委《关于进一步加强公务用车使用管理的通知》精神，进一步明确办公室、各护路大队车辆管理第一责任人和直接责任人，明确车辆使用范围、责任及维护程序。制作了《堆龙德庆区铁路护路办公室（护路大队）派车单》，并严格按要求进行登记。加强对车辆驾驶员的教育管理，严格落实车辆管理有关规定；严格落实《队员自身安全管理规定》和《执勤纪律规定》，杜绝出现队员自身安全事故；各护路大队、中队组建安全生产检查组，加强对日常的用火、用水、用电安全监督检查，全年未发生任何安全事故。

【加强经费管理】 年内，根据《西藏自治区综治委铁路护路联防工作经费管理暂行规定》及《堆龙德庆区两线专项转移支付资金管理办法》规定，实行堆龙德庆区综治委铁路护路联防工作领导小组组长“一支笔”管理，认真按财务制度办事，做到专款专用，账目清楚，杜绝违纪现象发生。每月队员劳务费及各项补贴及时、足额发放到队员手中，从未发生拖欠、截留、挪用队员工资等违纪现象，财务报表及时上报。

【文化建设】 加强专职护路联防队伍文化建设，积极协办6月23日“感恩奋进，守护铁路”文艺会演。日常工作之余开展丰富多彩的文艺娱乐活动，排练的节目受邀参加堆龙德庆区民族团结文艺会演、合唱比赛，区总工会沿线学校“六一”儿童节、行政村“望果节”文艺演出，先后演出共11场次。受到堆龙德庆区干部群众的一致好评，文化建设工作得到区市及堆龙德庆区各级领导的充分肯定。

【机关门卫工作】 自2014年7月起，堆龙德庆区机关大院门卫安保工作由区护路办12名专职护路联防队员承担，区护路办指定专人负责，加强对门卫班队员的日常教育管理。门卫值班队员24小时坚守岗位，详细盘查出入人员、车辆，组织队员坚持24小时不间断徒步巡逻，以良好的精神面貌和认真负责的工作态度，展现青藏铁路堆龙段“天路卫士”良好形象。2016年，门卫班组织队员开展学习84次，军事（体能）训练66次，大扫除49次，徒步巡逻检查1558次，盘查外来车辆1370台次，人员26730人次，区市督导组9次，圆满完成区委、区政府交办的任务。

【对口支援工作】 2016年，对口支援拉日铁路尼木县及柳梧新区的人数达到560人次，支援队员充分发挥以老带新的作用，加强与受援单位的沟通，相互学习、相互借鉴，达到共同提高的目的。截至年底，未发生一起违反纪律情况，圆满完成区市护路办交办的支援任务。

【坚持“以劳养护”】 大力开展养殖业。2016年，在沿线各护路大队、中队修建牛圈7间，猪圈6间、鸡圈8间、鸭圈1间，大队养殖牛46头（其中牦牛8头）、猪33头、藏鸡191只、鸭10只；大力开展种植业。在沿线各护路大队、中队修建温室10间，种植西红柿、黄瓜、莴笋、菠菜、大白菜、小白菜、青椒等蔬菜。通过大力开展养殖业，为专职护路联防队员节省生活费3.5万余元，通过开展种植业，为专职护路联防队员节省生活费3.9万余元。通过队员自己的劳动付出，极大地改善队员伙食条件，减轻队员经济上的负担，更调动队员的工作积极性。

【完成全区护路系统观摩学习团迎检工作】 2016年，自治区护路办、拉萨市护路办先后4次组织全区（市）护路系统负责人到堆龙德庆区铁路沿线观摩学习。特别是4月29日上午，全区护路系统领导莅临堆龙德庆区古荣护路大队及所属加入中队参观学习。参观学习一行领导实地查看堆龙德庆区铁路护路联防大队、中队规范化建设情况，专职护路联防队伍正规化管理情况；参观铁路护路联防工作综合图片展板；观看专职护路队员队列、拳术表演，应急处置情况演练。随后，在古荣护路大队召开自治区铁路护路业务工作现场会议。会上，谢公瑾代表堆龙德庆区委、区政府汇报堆龙德庆区铁路护路联防工作情况，自治区党委政法委副秘书长、综治办副主任、护路办主任格桑罗布同志作讲话。格桑罗布对堆龙德庆区铁路护路联防工作给予高度评价，要求参会的各地（市）县（区）护路办主任要学习堆龙德庆区好的经验做法，把全区铁路护路联防工作推向一个新的台阶。

【加强基层组织建设】 党组织建设。区护路办设有党总支1个，党支部3个，党小组9个。2016年，培养16名优秀专职护路联防队员加入中国共产党，区护路办党总支共有33名党员，24名预备党员，26名入党积极分子。

团组织建设。2016年，新成立“古荣护路大队团支部”，并根据团章规定，民主选举产生古荣护路大队团支部委员。区护路办设有团委员会1

个、团支部4个，共有团员65名。

工会组织建设。堆龙德庆区总工会将专职护路联防队员列入工会会员，时刻不忘关心、爱护护路队员，建立困难职工档案，专职护路联防队员优先享受疗养的政策，并为5名家庭困难队员进行慰问；7月20日，批准成立“高天、古荣、莫嘎护路大队工会委员会”，按照工会章程和工会法的要求，各大队工会委员会选举产生第一届工会委员会成员。

开展组织活动。5月4日，自治区直机关工委领导莅临高天护路大队团支部（团建业务结对联学点）检查指导团建工作，并开展慰问活动。7月1日，在区护路办党总支的指导下，各护路大队党支部开展“庆七一，迎通车十周年”主题党组织活动，并组织召开党员大会，表彰2015—2016年度6名优秀共产党员；组织党员参加“香雄美朵”义务劳动。深入开展结对帮扶和包村工作，加强党风廉政建设，严格落实“两个责任”；2016年，区护路办党总支（支部）书记、副书记组织召开党员大会次7次，召开支部委员会（党小组会）12次，开展书记上党课活动5次，邀请区党校老师上党课1次。

发挥党团组织作用。2016年，大队党（团）支部在确保铁路安全的前提下，由党团员带头，义务打扫乡（镇）、村委会、敬老院、学校大院卫生192次；开展“保护铁路，爱我拉萨”志愿服务活动126次，捡拾白色垃圾943袋（约37吨）；沿线植树1200株；帮助困难群众收割、转场、排除积水，慰问困难党员等好人好事26次；先后19次赶赴铁路沿线道路交通安全事故现场，帮助联系交警，协助交警维持现场秩序；协助公安部门维持楚布寺、乃朗寺、达扎寺等佛事活动、古荣乡“3・28”纪念活动及加入村赛马节现场秩序共15次；护路大队文艺小分队慰问演出11场次，切实发挥党团员的先锋模范作用。

【参与综治维稳工作】 *维持佛事活动现场秩序*。2016年，在确保青藏铁路堆龙段安全畅通的前提下，区护路办先后组织1860人次参与哲蚌寺、色拉寺、楚布寺、乃朗寺、顶嘎寺、达扎寺、热振寺、直贡寺佛事活动维持秩序任务12次。在现场的全体队员工作认真负责，耐心疏导前来朝佛群众，主动帮助老人、小孩等弱势群众，有效维持现场秩序。护路队员坚持做到“来的最早，站的最好，撤的最晚，群众最满意”。

维持“3・28”活动现场秩序。3月27日，区护路办组织莫嘎护路大队12名专职护路队员，协助德庆乡派出所维持德庆乡“庆祝‘3・28’百万农奴解放57周年活动’暨‘民族团结进乡村活动’”现场秩序；2月12日，8月9日，先后2次赶赴加入村“赛马节”活动现场维持秩序。

维持交通事故现场秩序。2016年，堆龙德庆区铁路沿线应急小分队先后赶赴道路交通事故现场19次，出动人力160余人次。帮助联系交警，救助事故伤员，协助交警维持事故现场秩序，疏通车辆。

开展武装巡逻。敏感时期，区护路办组织护路队员全副武装，在109国道沿线、乡（镇）村组街道开展武装车巡和徒步巡逻，有效遏制沿线社会治安案件的发生，为维沿线良好社会治安秩序起到震慑作用，充分发挥专职护路联防队伍在维稳工作中的特殊力量。

【“两学一做”学习教育活动】 按照区委统一部署，区护路办党总支及时细化制定实施方案，召开动员大会，部署活动内容。在学习教育活动中，办公室党总支和各基层党支部充分发挥战斗堡垒作用，成功组织多项活动，推动办公室学习教育活动的扎实开展，做到“两不误，两促进”。2016年，区护路办党总支（支部）书记、副书记组织集中学习研讨活动7次，开展书记上党课活动5次，邀请区党校老师上党课1次。

【完成项目建设任务】 护路房屋及院子改扩建项目。经堆龙德庆区委、区政府批准，计划对青藏铁路堆龙段沿线3个护路大队、8个中队、1个班房屋及院子进行改扩建。编制项目可行性研究报告，编制项目初步设计，编制建设工程概预算书、实施维稳风险评估、实施环境环保评估、节能评估手续，以及可行性研究报告，项目初步设计的评估报告已经办理完毕。按照区委2016年第22次常委会议纪要要求，区国土局、护路办对涉及征地的德庆乡、马乡、古荣乡段村组户进行协调，做好土地征用前各项准备工作，计划于2017年3月份动工。

防护栏维修项目。完成青藏铁路堆龙段95公里防护栏维修物资（刀丝）的采购，在全体专职护路联防队员的共同努力下，按时完成9500卷（每卷长10m）刀丝安装工作。

【主要数据统计】 2016年，堆龙德庆区铁路护路联防工作总投入人力11.98万余人次，车辆0.58万台次，车辆巡线里程22.33万余公里，徒步巡逻1.74万余次，徒步巡逻里程8.35万余公里，排除铁路安全隐患36起，排查可疑人员553次1023人，排查可疑车辆440次577台，清理沿线闲杂人员1207次1533人，清理沿线停靠车辆998次1153台，迎送朝佛磕头人员154次562人，清理牲畜645次2239头（只匹），爱路护路宣传52次，发放宣传资料1.95万余份；应急预案演练68次，维护现场秩序15次，道路交通事故救助19次，捡拾铁路沿线白色垃圾126次943袋，区护路办召开会议26次，各护路大队组织召开会议86次。

截至年底，全年安全迎送3趟重要列车，4200趟旅客列车249.9万余人，74567趟货运列车，货物371万余吨。

（普布扎西）

【领导名录】

区人大常委会副主任，区护路办主任

次　仁（藏族，4月任职）

区护路办副主任

西绕加措（藏族）

经济管理

堆龙德庆区发展和改革委员会

【概况】 2016年是“十三五”规划开局之年，也是精准扶贫实现精准脱贫的攻坚之年。做好全年改革各项工作，事关全面建成小康社会的全局，责任重大，意义深远。堆龙德庆区发展和改革委员会（以下简称区发改委）党支部领导全体干部职工，始终坚持创新发展、协调发展、绿色发展、开放发展、共享发展，牢固树立“和谐稳定、协调均衡、共享共建、绿色健康、创新开放”的发展理念，牢牢遵循“坚持人民主体地位、坚持科学发展、坚持深化改革、坚持依法治区、坚持统筹发展稳定两个大局、坚持党的领导”的重大原则，切实增强忧患意识、责任意识、大局意识，勇于创新，敢于担当，砥砺奋进，着力在优化结构、增强动力、化解矛盾、补齐短板上下功夫，奋力谱写改革发展的新篇章。

【发展改革工作思路】 2016年，在发展改革思路上始终坚持高举中国特色社会主义伟大旗帜，以邓小平理论、“三个代表”重要思想、科学发展观为指导，全面贯彻中共十八大和十八届三中、四中、五中全会及中央第六次西藏工作座谈会精神，深入贯彻习近平总书记系列重要讲话精神，全面落实区党委八届七次、八次和市委八届七次、八次全委会精神，坚持以“四个全面”战略布局为统领，坚持“治国必治边、治边先稳藏”重要战略思想和“加强民族团结、建设美丽西藏”的重要指示，坚持党的治藏方略，坚持“依法治藏、富民兴藏、长期建藏、凝聚人心、夯实基础”的重要原则，坚持稳中求快总基调，把维护祖国统一、加强民族团结作为工作的着眼点和着力点，把调整经济结构、转变发展方式作为工作的中心和重心，把改善民生、凝聚人心作为经济社会发展的出发点和落脚点，坚持创新发展、协调发展、绿色发展、开放发展、共享发展，牢固树立和谐稳定、协调均衡、共享共建、绿色健康、创新开放的发展理念，坚守稳定和生态两条底线，深入实施“六大战略”，坚定不移开展反分裂斗争，坚定不移促进经济社会发展，坚定不移保障和改善民生，坚定不移促进各民族交往交流交融，充分发挥首府城市副中心作用，确保国家安全和社会长治久安，确保经济社会持续健康发展，确保生态安全环境友好，确保人民生活水平和质量普遍提高，确保2016年实现基本脱贫。

【经济发展总体目标任务完成情况】 经济社会始终保持长足发展的良好局面，实现经济发展再突破、经济总量再扩大，在进一步增强发展平衡性、包容性、可持续性的基础上，确保主要经济指标快速增长。2016年，堆龙德庆区完成地区生产总值（GDP）26.28亿元，同比增长15.30%；公共财政预算收入6.26亿元，同比增长24.54%；全社会固定资产投资76.76亿元，同比增长32.3%；工业增加值9.67亿元，同比增长-8.43%；社会消费品零售总额9.16亿元，同比增长9.57%；农村居民人均可支配收入12297元，同比增长10.3%。城镇登记失业率仍然控制在2.2%以内，实现1471户4430贫困人口的精准脱贫。

【强化项目投资作用】 充分发挥投资对经济增长的关键作用，切实做好项目储备动态管理，加强项目规模衔接，争取更多项目纳入中央和区市计划大盘，实现重大项目建设的有序交替。2016年，实施重大项目65个，总投资131.9亿元，完成投资77.2亿元以上；本级资金投入力度加大，完成本级财政预算项目资金近0.9亿元，落实为民办实事项目资金0.4亿元。

【强力推进重大项目建设】 突出战略性新兴产业项目、各类重大工程建设，围绕加快新城区建设，波玛路二期市政工程建设标准有效提升，实现与西环线的全线对接，确保投资26.64亿元的拉萨西环线和西内环线市、堆龙大道市政道路工程加快推进建设；围绕国家战略布局，加快推动青藏铁路扩能（格拉段）、拉林铁路机务段开工建设，完成投资1亿元以上；围绕构建新兴产业体系，加快实施计划投资7.84亿元的“香雄花寨”旅游文化产业园区一期工程，确保桥梁开工建设；推动拉萨综合物流保税区规划建设，园区项目得到拉萨市发改委可研批复；围绕培育实体经济，一次性投资3.36亿元，完成工业园区B区基础设施建设的80%；围绕城乡防洪体系建设，实施堆龙河综合整治工程、城区二期防洪工程、嘎洞沟防洪工程、2个乡镇防洪工程及2个乡镇中小河流堤防工程建设；围绕培育新兴消费增长点，加快新城区5平方公里核心区规划建设工作。

【切实抓好要素保障】 统筹调度土地、能源供应，盘活存量，搞好储备，满足发展需要；创新投融资体制机制，做大做优融资平台，实现多渠道融资和银行信贷支持，与中国银行西藏自治区分行签订300亿融资战略合作协议。

【大力发展城郊特色农业】 年内，坚持把发展净土健康产业作为发展城郊特色农业的重要内容来抓，沿109国道继续扩大净土健康产业覆盖面，为实现“一村一品”发展目标打下坚实牢固的发展基础；围绕提质增效，深入推进旅游与净土健康融合，加大绿色食（饮）品、藏香（水）、藏医药养生、民族服饰等特色旅游产品开发和品牌创建，加快启动“六大沟”沟域经济的规划，以种植、采摘、观光、休闲、徒步、体验、原材料深加工为特征的沟域经济体系加快构建，精心打造富有民族特色的各类旅游精品，大力提升旅游消费层次。围绕培育和壮大乡村集体经济，高质量完成德庆乡、马乡、古荣乡上三乡生态农业示范园（净土健康产业园）建设。

【大力发展人文旅游业】 2016年，切实将“香雄花寨”旅游文化产业园区作为引领人文旅游业发展的核心内容来抓，加快完成园区规划、征地租地等各项前期工作，集中资源要素，集中资金力量，高标准、高品质开工建设桥梁、民宿、路网、给排水等一期基础设施配套；充分利用好季节因素，加快园区种植区域的土地改良，实现花海规模化连片种植，初步形成浪漫花海种植效果。

【大力发展新型工业】 年内，继续加大工业园区A区环境综合整治力度，推动园区水厂和110千伏安变电站运行管理，园区生活垃圾转运站、中小企业服务中心基本建成，A区承载力和服务能力有效提升；采取更加有力的措施，完成A区企业闲置土地清理，加快闲置土地开发利用，提升园区发展潜力。加快调整和完善工业产业布局规划，助推实体企业、新兴产业向园区集中入驻，工业园区A、B两区发展水平整体提升。

【大力发展现代物流业】 基于国家辐射南亚的物流中枢、西藏物资集散需要和拉萨产业发展要求，结合现有物流发展格局，以拉萨铁路西货站为核心，启动拉萨综合物流保税区规划建设，前期各项工作稳步推进。

【构建城市公共服务新体系】 2016年，以撤县建区为契机，加大以东嘎为核心，辐射乃琼、羊达的城市核心区规划建设力度，围绕城市精细化管理，加快推动城市路网布局，先行启动南嘎村棚户区改造，大力提升城市亮化、美化、绿化程度，城市既有风貌得以改造提升。以扩展城市发展空间为基础，着力构建新城区交通运输体系，大力推动西环线与拉萨市南北环线的有效连接，有效缓解城市交通运输压力。沿堆龙河精心打造城市绿地、滨河公园。围绕新城区“南移跨河”发展要求，加快城市功能区布局调整，大力储备城市发展用地，推动龙腾大厦开工建设。

【提升农村公共服务新能力】 2016年，以提高城镇化水平为着眼点和着力点，科学调整农村土地利用总体规划，德庆乡、马乡、古荣乡小城镇规划步伐加快，大力拓展农村发展空间，小康安居工程稳步推进；紧紧围绕农村基础设施建设的薄弱环节，继续加大农村公路通畅工程、农村安全饮水提升改造工程、供暖等清洁能源工程、农牧区电网改造工程投入力度，着力构建便民政务服务体系、农村客运体系、市场消费体系、金融服务体系、信息通讯体系，大力提升农村公共服务能力。在人口相对集中的自然村实施小康安居工程，农村向社区化管理迈进。

【深化各项改革任务】 2016年，继续推进农村土地制度改革，切实做好农村宅基地确权登记颁证、农村土地承包经营权确权登记颁证和农村集体土地所有权登记颁证工作；深化财税体制改革，建立健全财政管理体制，优化财政支出结构，提升财政保障能力；深入推进“先照后证”“三证合一”“一照一码”登记制度改革；坚持公有制经济主体地位，毫不动摇地鼓励、支持、引导非公有制经济发展，大力发展实体经济，着力壮大乡村集体经济；创新投融资体制机制，新型融资平台有效搭建；积极稳妥地推进国资监管体制改革，完善国资监管组织体系；建立健全城乡环卫保洁长效机制，大力创建自治区级生态村；加快政府机构改革，大力改善党务政务服务环境，新建区便民行政服务中心、区党校、区档案馆、区图书馆。

【继续扩大开放合作】 2016年，进一步调整和完善招商引资政策，建立电子招商平台，强化招商引资能力，加大产品推介力度，扩大区内外贸易合作，确保招商引资完成投资增速达到10%以上。进一步强化受援工作，充分发挥援藏投资的杠杆和撬动作用，东嘎镇桑木村小康社会人居环境整治工程开工建设。

【抓好精准脱贫工作】 坚持“精准扶贫、精准脱贫”的基本方略，对建档立卡户实行精准扶贫线与农村低保线的两线合一，大力实施以业脱贫、以迁脱贫、以补脱贫、以保脱贫、以助脱贫的15项精准脱贫方略，大力提升贫困群众人均可支配收入；围绕易地扶贫搬迁试点，加强贫困地区基础设施和公共服务体系建设，从根本上改善贫困群众生产生活条件，全力完成1000户搬迁建设和就地改造任务，确保堆龙德庆区1471户、4430人在2016年全部脱贫。

【统筹发展社会事业】 优先发展教育事业，围绕城市教育教学扩容，2016年，启动21个村级双语幼儿园改扩建工作和区第二小学、第二中学规划等前期工作，新建成姜昆希望小学教学楼、古荣乡中心小学教学楼。深化医药卫生体制改革，以城乡卫生服务一体化为切入点，积极创建区二级乙等医院，全面完成乡镇卫生院标准化建设，继续落实“一村一规范化”卫生室建设，基本公共卫生服务均等化水平不断提升。加强公共文化设施建设，以区文化活动中心演艺厅建设为切入点，建立集“会议、演艺、放映”为一体的文化传播平台，各类公益性文化活动广泛开展；加强文化遗产保护和群众文艺创作，积极传播先进文化，弘扬民族精神，凝聚群众力量，为全面小康提供精神动力和智力支持。

【完善社会保障体系】 年内，不断完善各类社会保险制度，深入推进机关事业单位养老保险制度改革，继续抓好养老、医保、失业、工伤、生育保险扩面工作。扎实推进“四业工程”，落实创业培训补贴、就业援助等扶持政策，切实做好精准扶贫贫困户、“零就业”家庭、未就业大中专毕业生、农村剩余劳动力转移和退役军人的就业工作。继续扩大社会保障覆盖面，稳步提高低保标准、补助水平以及城乡最低生活保障水平，进一步完善城乡低保、五保供养、大病救助、救灾救济等社会救助体系。

【创新社会治理】 年内，创新基层组织管理，全面启动25个村级干部职工周转房建设。以创建和谐寺庙为抓手，实施楚布寺僧舍落架维修、电力改造、水源地污染整治工程。以创建智慧堆龙，加快启动天网工程，“全响应”信息指挥中心加快构建；加强政法保障体系建设，区看守所整体搬迁工程和派驻监察室建设完成前期各项工作，2个乡镇中心人民法庭开工建设，加强党管武装工作，新建成适应新形势下的民兵训练基地，切实提高保障公共安全和处置突发事件的能力。牢固树立安全发展理念，加快城乡消防基础设施建设，大力推进安全生产信息化建设。深入推进隐患排查治理和预防控制体系建设，“大信访”工作格局建立。

（杨开颜）

【领导名录】

主　任　杨开颜

副主任　巴桑桑珠（藏族）

　　　　杜原红

堆龙德庆区财政局

【概况】 年内，全区财政部门深入贯彻落实中共十八大和十八届三中、四中、五中、六中全会精神，全面落实中央第六次西藏工作座谈会、区市经济工作会议精神，以全面建成小康社会和建设美丽家园幸福堆龙为目标，牢牢把握“稳中求快”的总基调，坚守稳定和生态“两个底线”，充分发挥财政职能作用，依法依规组织收入，合理有序安排支出，实现经济健康发展、民生持续改善、生态环境良好、社会和谐稳定的目标。2016年，堆龙德庆区财政局实有工作人员有18人。主要工作职能：编制年度财政预算、决算草案，执行经人民代表大会审批的财政预算；负责全区财政拨款，进行收支检查；负责全区国有资产的管理、评估工作；组织税收收入以外的其他财政收入；宏观管理全区财经工作，负责生财、理财，帮助企业提高效益，发展经济，增加财政收入；负责对全区财经人员进行业务指导，建立财会制度并检查执行情况。

【强化征管，全力确保财政增收】 坚持每月分析收入变化情况，及时组织各项收入入库，确保收入进度；加强收入调研和分析，及时了解税源增减变化情况，挖掘潜力税源；加强协税护税工作，堵塞征管漏洞；及时与国税部门协作整理、采集、传递、交换有关征收信息，实现信息资源共享；强化非税收入征收，确保各项非税收入均衡入库。

2016年，经堆龙德庆区第一届人大第一次会议审议通过的2016年公共财政预算总财力130097万元，其中：一般公共财政预算财力123657万元，政府性基金预算财力6440万元。在年度预算执行过程中，根据财力变化情况，经第一届人大常委会第十次会议批准，将2016年公共财政预算总财力调整为223994万元，比年初预算增加93897万元，增长72.17%。其中：一般公共财政预算财力调整为173518万元，增长40.32%；政府性基金预算财力调整为50476万元，增长683.79%。不断增强地方财力，为推动堆龙德庆区经济社会发展提供较强的财力保障。

【优化结构，合理保障支出需要】 2016年，在财政收入形势严峻、资金紧张的情况下，全区财政系统进一步调整和优化支出结构，大力压缩非刚性支出，全力保障重点支出需要。在确保机关运转、社会稳定和重点项目建设支出的同时，更加注重向民生领域倾斜。全区完成公共财政预算支出167124万元，比年初预算增长35.15%。

【着力解决“三农”问题】 坚持全面统筹财力，不断加大投入力度，切实把加大对“三农”的投入力度作为加快“城乡一体化”发展的重要举措。全年落实支农资金31447万元，同比增加6955万元，增长28.4%。其中，落实资金762万元，对农作物良种、优良牲畜推广和农资综合补贴、粮食直补、农机具购置等进行补贴；安排资金118万元，落实政策性涉农保险补贴；落实资金12316万元，积极开展精准扶贫各项相关项目；落实资金5792万元，实施净土健康产业项目；落实资金7536万元，实施小农水利基本建设和防洪工程建设项目；落实资金385万元，实施草原生态保护奖励机制；落实资金1125万元，继续支持拉萨周边防护林体系、重点区域造林、西藏生态安全屏障、森林生态保护等林业生态建设工程。

【优先发展教育事业】 全年落实资金22147万元，用于教育事业优先发展的投入，其中本级财政投入10045万元。落实“三包”及义务教育阶段农牧民子女营养改善计划资金2367万元，同比增加86万元，惠及更多的义务教育阶段农牧民子女学生；落实资金3174万元，同比增加2616万元，实施堆龙籍学生高等教育阶段学生奖励救助政策；使教育基础设施、教学条件、师生工作学习生活条件得到进一步改善。

【加强医疗卫生服务】 全年落实资金10111万元用于医疗卫生事业发展，同比增加2405万元，增长31.21%，其中本级财政投入3903万元，增加2035万元。安排资金2070万元，实施全区30个村级卫生室规范化改扩建项目、区公共卫生应急服务中心建设项目、区疾控中心业务用房建设项目；安排资金2788万元，落实新型农村合作医疗及风险基金；安排资金620万元，落实城乡医疗救助；落实资金511万元，开展城乡居民及寺庙在编僧尼健康体检；安排资金335万元，落实基本公共卫生等投入；安排专项资金125万元，支持医院设备购置；使医疗卫生体系建设不断完善，设施设备得到不断改善，卫生事业得到不断加强和发展。

【促进文化事业进步】 全年落实文体与传媒事业经费1067万元。积极推进文化大发展，实施5个乡镇文化站项目建设，支持文物、非物质文化遗产保护工程及农村书屋、乡村文艺队、合作社以及文化场所免费开放，推进文体及传媒事业繁荣发展。

【提高社会保障水平】 全年落实社会保障资金8675万元，同比增加594万元，其中本级财政投入3168万元，增加875万元。落实五保户集中供养资金215万元；落实农村低保补贴1140万元；落实城镇低保补贴1471万元；落实残疾人生活补贴576万元；落实老年人健康补贴资金96万元；落实公益性岗位补贴669万元；落实全区村干部基本报酬及业绩考核资金581万元，2016年村委会正职年补贴提高到4.99万元，副职年补贴提高到4.14万元，委员年补贴提高到3.51万元；落实小组干部报酬资金80万元；落实村民监督员报酬221万元。

【加大基础设施投入】 立足基层，统筹财力，进一步支持交通、电力、水利、保障性住房等基础设施建设，全年财政基建投资达到20528.38万元。实施三县福利院建设项目、政法基础设施建设项目、城区段防洪堤工程建设项目、东嘎镇桑木村旅游富民建设项目、城镇棚户区改造项目等。其中投入资金3880万元，实施43个为民办实事（强基础惠民）项目；投入援藏资金3200万元，实施生态农业园古荣园区建设项目、东嘎镇桑木村小康村居基础设施改造项目以及医院紧缺设备配置项目，使城乡基础设施建设、社会服务功能、产业健康发展、生态生活环境得到进一步加强和改善。

【加大基层党建投入】 立足于进一步加强党的建设，进一步夯实党在农牧区的执政根基，全年共落实党建经费495万元，开展乡（镇）、村、机关党建工作，村干部及党员教育培训工作。为驻村工作队和下沉干部提供保障经费920万元，开展干部指导帮助村（居）管理服务和建设工作。为基层党建工作提供保障，使基层社会管理和服务能力得到进一步提高，党的凝聚力、向心力明显提高，基层“战斗堡垒”作用发挥明显，党建统区的能力得到显著加强。

【提高财政管理水平】 坚持改革创新，加快财税体制改革，落实清费立税、增收节支、优化结构、提高绩效、重点保障基本民生支出，压缩其他支出等政策，着力转方式、补短板、防风险、促改革，提高发展的质量和效益，增强持续增长动力，为堆龙德庆区全面建成小康社会奋斗目标服好务。

完善政府预算体系。强化公共财政预算和政府性基金预算编制，将政府收支活动全部纳入预算管理；推进信息化建设，提高基层财政的预算编报能力和水平；扎实推进“三公”经费和全区预决算公开工作，全区决算公开单位23家，预算公开单位33家。

改进预算管理和控制。2016年，将一般公共预算审核的重点由平衡状态向支出预算和政策拓展，收入预算从约束型向预期型转变，逐步建立跨年度预算平衡机制。

加强财政收入管理。做大做强净土健康发展等支柱产业，积极申报效益好、潜力大的项目，增强经济发展后劲和财政持续增收能力；全面推进票据电子化管理，从源头控制收费项目；全面规范清理税收等优惠政策，维护国家税制公平。

优化财政支出结构。严格控制政府性楼堂馆所建设，财政供养人员以及“三公”经费等一般性支出严格执行中央和自治区的规定，“三公”经费压减19.57%，一般性支出得到较好控制；清理规范碎片化投入，整合资金、集中财力，进一步增强重点领域和薄弱环节财政保障能力；加强结转结余资金管理，及时清理存量资金，截至年底，共收回存量资金3749万元，根据堆龙德庆区实际情况盘活存量资金2279万元用于“香雄美朵”生态旅游文化产业园相关项目，剩余1470万元，计划用于村级活动场所建设。

（杜　橙　孙旭昇）

【领导名录】

局　　长　王考昌（2月离任）
　　　　　洛　旦（藏族，3月任职）
　　　　　洛　旦（藏族，6月离任）
副 局 长　赵雪梅（女）
　　　　　白玛曲珍（女，藏族）

堆龙德庆区国土资源规划局

【概况】 2016年，堆龙德庆区国土资源规划局按照区委、区政府的统一部署要求，深入贯彻中共十八届六中全会精神，高度重视，精神策划，周密部署，扎实工作，采取一系列措施，抓学习、抓制度、抓落实，把改进工作作风、优化服务环境作为推进国土资源管理工作发展的一个重要落脚点，以扎实开展“两学一做”专题教育活动为契机，强化“服务发展，保护资源、维护权益”责任意识，主动担当、克难而进，各项工作取得一定的成效。2016年，区国土局行政编制5名，其中科级领导职数3名，实有工作人员18名，下设：行政办公室、建设用地规划科、建设用地科、地籍科、矿产管理科、执法监察大队、不动产登记中心。

【全面推进作风建设】 加强思想教育，从提高素质上推进国土系统机关作风建设。以巩固群众路线教育实践活动成果着力点，2016年，区国土局以巩固“三严三实”和“忠诚干净担当”专题教育活动成果为着力点，以“两学一做”专题教育活动为契机，认真制定学习计划表、利用集中学习、上党课、党员活动日等，不断强化党员思想政治教育，增强党员干部和职工的“五个意识”。截至年底，局机关作风效能领导小组办公室和局“两学一做”专题教育活动办公室共组织学习20次，开展专题研讨会6次，观看警示教育片1次。组织全体党员开展以学党章、准则、条例的知识竞赛，提升党员干部对条例、准则以及习近平讲话精神的理解。通过开展“廉洁国土”系列活动，向22位干部职工发放“致国土干部家属的一封信”，让干部职工进一步提高认识，充分把握当前的党风廉政的严峻形势，切实提高拒腐防变能力，转变工作作风。让国土干部家属同志们为亲人吹好“廉政风”，算好“人生账”。开展“两学一做”知识竞赛活动。通过解，增强全局党员干部的“五个意识”，在人民群众中树立起“作风优良、服务优质、办事高效、执法严格、行为规范、人民群众满意”的国土资源部门形象。扎实开展土地征收工作锤炼干部作风。在拉萨市环城路市政道路、青藏铁路格拉段扩能改造（堆龙段）、堆龙新城土地一级开发等建设项目土地征收过程中全体干部始终保持干劲十足、作风优良的工作状态，征地拆迁工作开展以来，干部职工基本取消双休日，不分昼夜、不分晴雨，全天候、超负荷地开展工作，充分发扬“厚脸皮、磨嘴皮、跑脚皮”的作风，耐着性子，找准路子、蹲下身子，耐心细致地做群众思想工作，坚持在拆迁一线锤炼干部作风，确保征地拆迁工作顺利推进。2016年，区国土局进一步深化行政审批制度改革，扎实推行权力清单制度工作，全面实行规范高效的“一次性告知”和“限时办结”审批运行机制，切实提高行政服务效能。为深入贯彻落实中共十八大和十八届五中、六中全会精神，努力形成“边界清晰、分工合理、权责一致、运转高效、依法保障”的国土部门职能体系，根据区委编办《关于开展堆龙德庆区各级政府部门行政职权清理工作的通知》，按照权责匹配、有权必有责的要求，安排专人对堆龙德庆区职能范围内的行政职权进行全面梳理，认真清理、审核和确认，共梳理出行政职权147项，其中行政许可18项、行政处罚85项、行政强制3项、行政裁决1项、行政征收5项、行政检查12项、行政确认7项、行政奖励3项、行政给付1项、其他类11项，并编制工作流程图和服务指南，形成边界清晰、分工合理、权责一致、运转高效、依法保障的政府职能体系和科学有效的权力监督、制约、协调机制，努力建设人民满意的服务型机关。

【加强党风廉政建设】 2016年，区国土局把创建廉政班子和高效团队为目标，把党风廉政建设和精神文明建设与国土资源业务工作同安排、同部署、同落实，取得明显效果。加强制度建设，进一步落实党风廉政建设责任制。区国土局积极推行领导干部问责制，建立健全“一把手”负总责、分管领导具体负责、领导班子成员共同抓的工作机制。优化完善重大事项集体决策制度，对建设用地审批，国有建设用地使用权及采矿权招标拍卖挂牌出让、储备资金列支计划等问题实行集体决策；加强机关作风建设，进一步提高机关效能水平。通过开展机关效能建设规范化管理，全局取得六个方面的效果：内控管理制度规范完善，大局意识明显增强，机关作风明显好转，行政行为明显规范，政务环境明显改善，行政执行力明显提高；开展廉政风险防控管理及工程建设领域专项治理工作。确定包括土地审批、土地出让、土地整理、土地登记抵押、征地拆迁、土地执法、采矿权审批、思想道德、体制机制等九个关键环节共41个廉政风险点及防控措施，制作了《廉政风险防范管理流程图》和《堆龙德庆区国土局廉政风险点及防控措施一览表》。在工程建设领域专项治理工作中，着重解决非法批地、低价出让土地，擅自改变土地用途、违规征地拆迁，以及违法违规审批和出让探矿权、采矿权等问题，切实维护人民群众的根本利益，维护国土资源部门的良好形象，促进反腐倡廉工作。2016年1月25日，自治区党委常委、纪委书记王拥军一行到区国土局检查党风廉政机制建设情况，并对区国土局党风廉政工作落实情况给予充分肯定。

【落实好最严格耕地保护制度】 2016年，通过宣传教育（以6·25、法制宣传日等为契机，大力宣传），抓土地整治（完成1个高标准农田建设项目），抓层层落实，抓异地补充（异地补充耕地项目）。

【保障发展，助推堆龙经济发展】 紧扣“依托职能以及主动地服务于全区经济建设”这一中心，组织挂牌出让国有建设用地11宗，全年土地出让基金专户收入共计35861.609万元。

【积极开展土地征收】 根据区委、区政府安排征收集体土地7宗，共5506.29亩，征地补偿款全部兑现到位。完成乃琼镇岗德林村蔬菜基地片区西至铁路支线、北至经开区B区、东至岗德林蔬菜基地520亩土地征收工作，3380万元征地补偿款已兑现到位；北环路延伸段和拉萨市环城路（西环段）市政道路建设项目征地拆迁工作已经进入收尾阶段，截至年底，109国道（堆龙大道）段、318国道（拉贡公路）段、波玛路段道路断面范围内外业测量、征地拆迁登记工作均已完成，共拨付资金99902.75万元，施工队已经进场施工。

【各项基础业务有序开展】 地籍方面：截至年底，区国土局共办理各类权证189件，其中初始登记17件、抵押登记143件、变更登记29件。规划方面：共办理规划手续215件，其中拉萨市城市规划区外建设用地规划许可证及红线图12件、核发工程规划许可证4件，规划区内转办拉萨市城乡规划局43件，复函及规划意见156件。不动产方面：根据拉萨市委下发的《关于堆龙德庆区不动产登记机构编制事宜的通知》（拉机编〔2016〕39号）以及《关于堆龙德庆区不动产登记机构编制事宜的通知》（堆机编发〔2016〕2号）文件精神，区国土局成立不动产登记中心达瓦拉宗任不动产中心主任，并抽调农牧局工作人员1名，区住建局工作人员1名，开展登记工作，至工作开展以来区国土局共办理房产证582本，他项抵押张335本，房产抵押注销登记180件。

【保障重点项目符合规划】 强化服务意识，坚持规划到现场服务、到一线服务，为推进堆龙德庆区大庆项目相关手续办理，积极与市局进行沟通，并按照急事急办、特事特办的原则，深入实地、主动服务，依法依规对大庆项目给予大力支持，并积极协调市城乡规划局为涉及需调整规划的大庆项目用地进行调规，全面保障全区大庆建设项目和其他重点建设项目的实施。

【推进农村土地制度改革】 2016年，农村宅基地确权登记颁证工作有序开展，同时全面完成辖区内四乡两镇73177.72亩农村土地承包经营权确权登记颁证外业测量工作。

【做好矿证管理工作】 完成矿产卫片中越界开产等违法行为企业的立案调查工作，全年共开展矿山安全检查6次，引导和监督各矿山企业依法、有序、规范地开发利用矿产资源。

【加大执法监察力度】 加大土地执法巡查力度，严格落实执法监察责任制，土地执法巡查240余次；开展“五下乡”活动宣传国土法律知识，为满足广大农牧民群众日益增长的精神文化需求，根据2016年堆龙德庆区“五下乡”安排表，安排专人到各乡（镇）、村委会进行法律宣传，并开展法律知识有奖知识竞赛，列举10道贴近群众的国土法律知识题目，发放宣传手册2350本，发放礼品价值3500元，现场对农牧民群众提出的土地问题予以解答；积极开展违法建设摸底排查工作。2016年3月28日，根据拉萨市违法建设摸底排查工作实施方案，抽调专门人员和非法专班（人员由各乡镇抽调）组成摸排组，对辖区四乡两镇违法建设进行摸排登记，截至年底，已登记300多宗。在2016年6月25日土地宣传日当天，区国土局派出3个宣传小组，分别到乃琼镇岗德林村、区政府主干道以及羊达乡进行宣传，还在乃琼镇岗德林村开展《中华人民共和国土地管理法》等法律的培训，切实增强广大群众遵纪守法的法律意识，为环线征地工作带来便利。

【干部队伍建设】 全年组织干部职工培训8次，其中参加各级国土、规划系统培训3次，参加党校培训2次，组织干部内地培训3次，切实做到把所有干部都均轮训一次。同时，为进一步调整充实干部队伍，经区编办批准成立土地储备中心，为下一步土地储备业务的开展奠定坚实的基础。

【做好维稳工作】 根据区委、区政府的统一部署，结合《堆龙德庆区2016年维护社会稳定工作总体方案》的具体安排严格执行值班安全保卫制度，安排工作人员建立全天24小时值班制度，切实做到带班领导在岗、值班人员到位。结合部门业务实际，制定出台《堆龙德庆区国土资源规划局2016年社会面维稳防控工作方案》《堆龙德庆区国土资源规划局2016年社会面维稳防控工作方案》《堆龙德庆区国土资源规划局2016年春节藏历新年期间社会面安全防范工作总体方案》等方案，把矛盾纠纷分解细化到各科室，要求各科室根据自身的职能职责，接待好，处理好每一起群众来信来访，把矛盾纠纷化解在基层、萌芽状态。积极主动协助包村点做好综治维稳工作。深入包村点与村委会座谈，嘱咐村“两委”班子成员要按照“属地管理”原则，按照区委、区政府的有关要求切实做好第三届中国西藏旅游文化国际博览会期间辖区内维护稳定和安全防范各项工作，要充分发挥基层党政组织作为“宣传队、工作队、战斗队”的作用，深入细致做好群众工作，广泛发动群众参与属地联防、共保辖区安全，变“要我稳定”为“我要稳定”，全面确保辖区内的社会稳定。加强社会面的防控确保9月藏博会如期举行，区国土局要求执法大队加强土地违法巡查，截至年底，区国土局共下发违法建设停工通知书120余份，加大矛盾纠纷排查，为藏博会的顺利开展创造一个稳定的环境。

【开展“送温暖”慰问活动】 以元旦、春节和藏历新年为契机，春节、藏历新年来临之际，局领导带领工作人员慰问单位包村点马乡马村贫困户，慰问组与困难群众亲切交谈，虚寒温暖，详细地询问他们的家庭生活情况和存在的困难，鼓励他们要树立信心，积极应对，克服困难。6月1日，开展包村点慰问工作，为孩子们送去书包文具、印有国土宣传标语的杯子等礼物，并向孩子们献上洁白的哈达和节日的问候。8月19日，区国土局到包村点常木村开展望果节慰问活动，8月25日，根据变更后的包村点加木村为他们送去节日的祝福。11月13日，为包村点送去5400元慰问金。

【信访、信息公开、信息】 全年共受理群众信访、举报件6件次，其中受理群众信访3次，违法用地举报3件，总量同比减少3%，截至年底，已全部办结。全年共上报各类信息135条，较2015年同期增长44%，全面向区委、区政府反映局每日动态及日常工作中的新情况、新思路、新举措，及时、准确、到位的提供信息服务。

【创建机制，全面提升科学行政能力】 积极创新机制，寻找突破口，全面提升科学行政能力。以制度建设为抓手，全面规范局机关内控管理机制，并得到区委、区政府的充分肯定。2016年，为适应新常态下的工作需求，创新档案管理模式，邀请专业设计单位，针对堆龙德庆区档案种类多，内容杂、年份久的特点，结合实际，研发堆龙德庆区国土档案电子化管理系统，并制定49组档案室专用密集档案柜，全面规范土地档案管理；积极推行法律顾问制度，保证法律顾问在制定重大行政决策、推进依法行政中发挥积极作用，聘请西藏拉姆律师事务所律师担任区国土局常年法律顾问，将“依法治国”理念切实贯彻落实到国土资源依法行政工作实践中，切实维护骨拼图资源管理秩序中梳理国土资源管理的法治权威，不断提升国土资源管理法治化建设进程。

（秦婉婷）

【领导名录】

局　长　许　　毅（4月任职）
副局长　汪　　吉（藏族，4月离任）
　　　　泽仁顿珠（藏族，6月任职）
　　　　李 焕 好（女，5月任职）

不动产登记中心主任

达瓦拉宗（藏族，5月任职）

堆龙德庆区统计局

【概况】 年内，统计工作在区委、区政府的正确领导和上级统计部门的指导下，以中共十八大精神为指导方针，紧紧围绕区委、区政府年初确定的各项工作目标，以服务全区经济建设为重点，从抓职工的思想政治工作入手，狠抓各项统计工作，取得一定成效。

5月29日，区统计局升格为正科级政府职能部门，并加挂社会经济调查队牌子。全局在职干部职工7人，西部志愿者1名，其中正科级（含主任科员）干部2名，副科级（含副主任科员）干部4名。机构不断完善，职责不断明确，队伍不断强大。

【国民经济快速发展】 2016年，全区完成地区生产总值26.28亿元，同比增长15.30%，其中第一产业增加值达1.6亿元，同比增长4.3%；第二产业增加值达22.29亿元，同比增长15.10%；第三产业增加值达2.37亿元，同比增长8.80%。

【加强统计法制建设】 根据拉政办发文件和区委、区政府主要领导的指示精神，堆龙德庆区统计局认真组织开展全区统计执法大检查。印发《堆龙德庆区2016年统计执法检查工作实施方案》的通知，对全区统计执法检查作了统一要求。成立由分管统计工作的常务副区长赵涛任组长，相关部门主要领导为成员的统计执法检查领导小组。

【狠抓业务培训提升业务水平】 为了切实提高基层统计人员的业务素质和依法统计的水平。2016年，采取有力措施狠抓统计上岗培训和统计法律知识培训。定分管领导亲自抓；明确工作人员具体抓；下发文件，加强电话督办；组织人员精心准备。通过上述措施取得明显成效，积极参加由自治区组织的行政执法证的培训，派出1名同志参加国家统计局组织的在北京举行的为期7天的统计知识培训和派出1名同志参加国家统计局在江西南昌举办的统计业务知识培训。通过培训统计人员的业务水平普遍提高。

【积极开展各项专题调查】 受西藏自治区国税局委托，根据自治区、市统计局的文件精神，随机抽取200户纳税人单位，开展纳税人满意度调查；受西藏自治区政法委委托，根据自治区、市统计局的文件精神，到抽样的乃琼镇、羊达乡3个村，开展群众安全感的调查。认真将调查信息录入系统，并对调查信息及时分析研究，反馈给各相关部门。

【重要事迹】 2016年6月，统计支部获批成立；2016年11月，在区委党校召开第三次全国农业普查培训暨布置会。

（戴　衍）

【领导名录】

局　长　姚鹤珍（女，11月任职）

副局长　拉姆卓玛（女，藏族，4月任职）

副队长　单增旺姆（女，藏族，5月任职）

堆龙德庆区工业和信息化局

【概况】 2016年，堆龙德庆区工业和信息化局在区委、区政府的正确领导下，在上级主管部门的指导下，区工信局主动适应经济发展新常态，以科学发展观为指导，紧紧抓住“发展”主线，深化改革，加强管理，完善服务，统筹兼顾，通过抓项目、争投入、强素质，在工业经济运行、企业服务、产业规划调研、企业入规、产业招商、企业信息化推进、产业集群建设等方面做大量的工作，确保各项工作上台阶，为区域经济健康可持续发展再铸辉煌。2016年，区工业和信息化局内设商务局、招商引资办公室、国有资产委员会、质监局，有行政编制7名，其中科级领导职数4名，实有干部12名。

【全区经济运行持续增长】 2016年，区工信局及时准确把握工业经济运行态势，增强堆龙德庆区工业经济分析的时效性、预见性、针对性和指导性，促进全县工业经济又好又快发展。截至年底，全区完成工业总产值28.28亿元，同比增长14.04%；完成工业销售产值28.09亿元，同比增长13.52%；完成全年目标任务的100.48%；完成工业增加值9.67亿万元，同比增长-8.43%，完成全年目标任务的103.06%；完成工业税收3.21亿元，同比增长23.23%，完成全年目标任务的103.02%；完成工业投入17.63亿元，同比增长18%，完成全年目标任务的102%。

【项目带动经济发展】 为充分宣传全区招商引资及投资环境，展示投资发展魅力，推介净土健康产业及旅游文化、城市综合开发等招商引资重点项目，推进区域经济社会实现快速可持续发展，以“2016拉萨雪顿节经贸洽谈会”“2016藏博会”为契机，共邀请区内外15家企业参加推介会，完成签约项目5个，其中正式签约项目3个，意向签约项目2个，总投资达16.2亿元，涉及光伏、绿色饮食品加工、商贸类等项目。积极向区内外客商全方位介绍堆龙德庆区招商引资环境、园区基本情况及部分企业发展情况等。

在雪顿节推介会上，区政府副区长邬斌峰代表堆龙德庆区与招新能源投资（上海）有限公司签订100兆瓦高效农业光伏互补电站项目，总投资12亿元。

“雪顿节”“藏博会”“昆交会”“兰洽会”“京交会”等招商活动为契机，进一步整合全区的自然资源优势，突出堆龙德庆区交通、区位、劳动力等方面优势，与工业园区、有关区直部门和乡镇配合联动，共同开展好对外宣传推介工作，增加堆龙德庆区税源收入。

【经济调控】 强化工业经济运行监测调控。工业经济运行监测调控是区工信局工作的首要任务，自始至终区工信局紧抓工业经济运行不放松，通过文件、电话、实地调研等方式严格要求企业健全和规范统计制度，专职人员按时上报统计数据，对全区14家规模以上工业企业及80余家区域内企业实施动态跟踪管理，每月定期上报企业主要经济指标报表，按时编制工业经济发展工作简报，通过分析工业经济运行数据，找出问题，并及时反馈区委、区政府领导，供领导参考决策，同时为下步工作安排找准目标，定期走访企业。2016年，积极配合自治区、市、区经济工作部署，定期深入企业进行调查研究，及时掌握企业生产经营情况和重点项目的建设进展情况，找出企业发展过程中存在的困难和问题，进行总结梳理，并提出合理化建议，为区委、区政府当好参谋。通过掌握企业的生产经营情况，指导有条件的企业入规，根据所掌握的资料。跟踪重点项目的建设进度，力促项目早建成、早投产、早日发挥效益；年内，组织堆龙德庆区企业及区工信局工作人员参加区、市上级业务部门开展的工业经济数据统计培训，区工信局邀请专家老师组织开展全区工业经济数据统计培训班，进一步加强企业统计人员的业务能力，完善规范规模企业统计制度，以避免出现漏报、突击报等现象。

【开展招商引资活动】 2016年1—12月，堆龙德庆区共接待区内外客商470余人次，招商引资项目数51个，项目总投资662867万元，项目实际到位资金19.61亿元，同比增长25.11%，完成全年目标任务的103.26%。

其中，堆龙德庆区在建重点项目3个，分别为：西藏天赐源生物有机肥公司总投资3000万元的年产5万吨有机肥项目，截至年底，该项目处于试生产阶段；西藏博可生物有限公司总投资4500万元的青稞麦绿素项目，截至年底，该项目正处于厂房建设及和设备购置阶段；高争建材股份有限公司总投资27000万元的四期水泥磨项目和五期生料磨项目，该项目属于技改项目。以上3个项目的资金来源均为企业自筹。

【促进社会消费，商务工作稳中推进】 引导商贸企业扩大促销。积极引导督促企业，抓住节假日，藏历年、春节、“雪顿节”时机，采取合理的促销措施，拉动消费增长。2016年，社会消费品零售总额9.16亿元，同比增长9.57%。2016年，区工信局对涉及六个乡（镇）30个行政村的碘盐供应工作已全部完成。积极开拓农村市场，挖掘农村消费潜力。促进“家电下乡”渠道畅通，打开农村市场，扩大农村消费。加快推进城乡农贸市场升级改造，大力发展农村超市，便利店；认真开展“诚信兴商宣传活动”，紧紧围绕“凝聚诚信力量，推动堆龙发展”的主题，把工作重点放在弘扬诚信兴商为重点的商业道德建设普及宣传食品安全知识；碘盐配送工作稳步推进，对涉及6个乡（镇）30个行政村的碘盐供应工作已全部完成。实现农牧区碘盐覆盖率连续9年达到100%的目标。区工信局严格按照拉萨《报废汽车回收管理办法》，严格办理汽车报废手续，截至年底，已对630辆办理报废手续。继续抓好商贸领域安全生产工作，对全区范围内农贸批发市场、超市、加油站（点）、油库进行安全生产大检查，建立健全检查台账，有效预防和遏制各类安全生产事故的发生，做到提前预防、提前防范。

【安全生产和节能减排】 2016年，区工信局通过全面深入的调查摸底和大排查工作，进一步落实企业的安全生产主体责任和政府的安全生产监管责任，严厉打击非法违法生产、建设、经营、储存行为，彻底排查治理事故隐患，认真解决安全生产管理上存在的突出问题和薄弱环节，有效防范和坚决遏制各类安全生产事故的发生。进一步引导企业完成节能减排目标，加大节能耗能、淘汰落后产能的工作力度，大力促进产业结构优化升级。制定驻区企业安全生产大检查工作方案，通过检查有效杜绝排查各类企业安全生产隐患，为全区工业经济平稳健康发展打下坚实的基础。

【信息化建设】 推动服务平台互联互通与协同服务。2016年，区工信局建立微信公众平台、微信公众订阅号，积极打造工信网站建设，及时发布堆龙“香雄美朵”生态旅游文化产业园招商公告申报“电子商务示范县（区）”项目、堆龙新城都市型现代化核心区招商公告、招商引资重点项目概况、招商引资相关政策等信息。

大数据信息网络服务平台项目建设由西藏“阳光大数据与云计算中心”项目由西藏阳光云计算科技有限公司（中恒数字文化科技有限公司与上海巴沃投资有限公司投资组建）负责建设，总投资3.026亿元，其中企业自筹2.026亿元，申请国家资助1亿元，占地50亩，总建筑面积28000平方米。主要包括云计算数据中心、综合办公楼、生活配套建筑、小型太阳能发电站、其他配套设施等。项目正式运营后，年营业平均将达到8000万元以上，年均上缴税收达500万元以上，截至12月，该项目已正式立项，正在办理相关环评手续。

组建企业管理咨询专家库。随着经济的不断发展，堆龙德庆区在招商引资方面存在人员紧张、专业化低、服务滞后等问题日益突出，直接影响堆龙德庆区招商引资工作的开展和后续对企业的服务，制约堆龙德庆区税源建设和经济发展。为此，依据《中华人民共和国经营企业法》等法律法规的规定，结合堆龙德庆区实际，同西藏惠谷信息技术有限公司组建向通谷布局信息科技有限公司，依托社会化力量开展堆龙德庆区招商引资及后续对企业的服务管理工作。

【党的群众路线主题教育实践活动】 2016年，区工信局强化组织领导、坚持领导带头，有序开展“两学一做”专题教育活动，深入学习习近平总书记重要讲话精神、党章及自治区、拉萨市有关文件精神，集中观看专题教育片，统一广大干部职工的思想认识。通过广泛征求意见和建议、向社会进行公开承诺，接受广大群众的监督。同时，精心谋划、全面梳理并完善《党风廉政建设工作制度》《工作纪律制度》《财务制度》《保密制度》《学习制度》《考勤制度》《印章管理制度》《档案管理制度》《车辆管理制度》等17项制度，以及8项业务流程细化图。

【落实党风廉政建设责任制】 加强领导，落实责任是做好党风廉政建设工作的前提条件，区工信局始终把党风廉政建设工作作为“一把手”工程，放在突出位置切实抓好抓实，把责任制的全面落实贯穿到党风廉政建设和反腐败各项工作之中。完善以局长为组长的党风廉政建设工作领导小组，及时调整充实党风廉政建设领导小组成员，定期组织召开专题会议，分析研究党风廉政建设各项工作，制定《堆龙德庆区工信局2016年党风廉政建设和反腐败工作实施方案》，明确党风廉政建设和反腐败工作的指导思想、工作要点及具体要求，为做好全年工作打下基础、指明方向、明确责任。区委、区政府、区纪委有关反腐倡廉建设工作会议召开后，区工信局及时组织召开工信系统党风廉政建设工作会议，传达有关会议精神，全面安排部署2016年的党风廉政建设和反腐败工作，健全机制，形成主要领导亲自抓，各分管工作的领导配合抓，工作人员具体抓的工作格局，确保党风廉政建设和反腐败各项工作的正常开展。

【提高干部职工廉洁自律意识】 加强思想道德教育，提高干部职工的廉洁自律意识，是做好党风廉政建设工作的基础。2016年，区工信局始终把加强思想道德教育，提高干部职工的廉洁自律意识作为做好党风廉政建设和反腐败斗争工作的基础。加强学习，提高干部职工的廉洁意识和理论水平。采取集中学习和个人自学相结合的方式，定期和不定期学习开展，以会代学等机会，组织班子成员，干部职工开展对党章、廉政准则、十八大精神和中央“八项规定”“九项要求”“约法十章”及区、市有关文件精神的学习，不断提高干部职工的廉洁意识和增强其拒腐防变的能力；结合思想作风整顿，切实开展党风廉政建设主题实践教育活动。在全局广泛开展以提高干部反腐倡廉意识和廉洁自律能力为核心，以建设学习型组织、廉洁型班子为目标的廉政教育活动，强化廉政学习理念，营造廉洁自律氛围；加强反面典型教育。在坚持正面教育的同时，通过组织干部职工观看警示教育片，通报反腐败典型案例等方式进行反面典型教育，以案说法，及时提醒，常敲警钟，引导干部职工树立正确的世界观、人生观、价值观和政绩观，筑牢干部职工拒腐防变的思想防线。

【构建拒腐防变的保障机制】 年内，区工信局始终把制度建设作为工作的重中之重，不断建立和完善党风廉政建设和反腐败工作相关制度，出台财务管理制度、报账审签制度、公务接待制度、请销假制度等一系列管理制度，进一步规范管理，使加强机关作风建设，落实干部职工廉洁自律，制止奢侈浪费行为等有关工作有章可循；继续推行党务、政务公开制度。在推行党务、政务公开工作中，坚决做到“五个必须公开”和“五个明确”。通过公开，杜绝弄虚作假和吃、拿、卡、要现象，遏制官僚主义、形式主义和办事拖拉行为，转变门难进、脸难看，事难办等作风。

【党建工作】 年内，区工信局机关党支部积极开展学习实践活动，以开展“两学一做”专题教育活动为契机，不断加强局党支部班子和党员队伍的思想建设、组织建设和作风建设。按时参加区委组织的“每月一课”学习，并围绕学习实践科学发展观和弘扬“老西藏”精神，采取中心组理论学习和组织专题讨论等形式，有计划地组织全局党员干部集中学习。定期召开党委民主生活会，开展批评和自我批评，相互指出思想、工作、生活中存在的不足，找出差距，制定个人整改方案和措施。制作宣传版面做好党务、政务公开工作，自觉接受党员群众的监督。

【机关效能建设】 年内，区工信局把机关效能作风建设作为重点工作来抓，不断强化机关职能、提高工作效率、树立机关良好形象，进一步完善各项工作制度，制定人员工作职责、心得体会栏等并予以及时公开，全局干部职工全心全意为人民服务的意识明显增强，工作积极性明显提高，工作效率也明显提高。结对帮扶工作成效明显。

对羊达乡通嘎村及调整后的古荣乡嘎冲村进行走访，了解帮扶对象困难，帮助解决急事难事，为他们送去慰问品及慰问金。

【保密及信息宣传工作】 年内，区工信局严格按照区保密局的相关要求，积极做好涉密计算机的管理工作，切实做到处理公文的计算机禁止上网，联网的计算机禁止处理公文，禁止移动介质在联网和非联网计算机之间交换信息。同时，按照要求，由区工信局一名副局长负责全局的保密工作，并安排两名工作人员配合其开展本单位保密工作。按照相关文件要求归档后移交区档案局，切实做好档案的移交工作。严格执行和落实区委、区政府文件、会议决定事项，按照相关要求办理督查、督办事项。全年共办理区委、区政府督办纸质类文件26件，电话类督办文件60余件。办理上级业务部门纸质类督办文件42件，电话类督办文件30余件，上报各类工作信息100余条。

（段喜娟）

【领导名录】

局　长　刘　强

副局长　贺　蓉（女）

次旦罗布（藏族）

次仁玉珍（女，藏族）

堆龙德庆区净土产业投资开发有限公司

【概况】 2016年，在区委、区政府的正确领导下，公司紧紧围绕“一核两带、三区五园、六沟多点”的总体空间布局，以创新发展为主线，以项目推动为重点，以打造一流现代企业为目标，全力以赴推进落实年初制定的目标任务，各项工作均取得较好的成绩，圆满完成公司既定目标。

【着力抓资产管理，公司经营取得新成效】 2016年，公司总产值1175.35万元，实现营业收入233.77万元，同比增长69.6%。总资产3.4亿元，比成立之初增长240%，同2015年年末相比，增加0.2亿元，增幅6.25%。主要体现在岗德林基地移交、“香雄美朵”产业园温室拆迁、苗木损失等。

【加大银企对接，增强融资实效】 根据公司发展计划和资金需求，在农行融资8000万元流动资金贷款，该笔资金已审批发放；按照区委、区政府工作安排部署，以“香雄美朵”产业园基本建设项目向市发改委申请国家专项基金，获批后根据堆龙德庆区发展实际进行统筹使用，截至年底，已获批资金3.77亿元，且该申请已纳入国家专项基金项目库；向中国银行申请贷款2亿元，申请资料已全部提交并已受理。

【用活项目政策，多渠道争取项目资金】 公司通过多方争取项目资金达13678万元，其中：30栋菜篮子工程建设项目600万元、蔬菜分级包装配送项目142万元、城郊花卉项目256万元、2231亩黑青稞种植项目480万元、农牧厅12万平方米温室建设项目1800万元、扶贫项目200栋温室建设5500万元、援藏资金5000万元。其中，30栋“菜篮子”工程项目、蔬菜分级包装配送项目、城郊花卉项目和2231亩黑青稞种植项目已落地实施，农牧厅12万平方温室项目已通过市级评审，5000万元援藏资金申报材料已全部提交市发改委。

【采取参股并购、探索融资新模式】 与市净土公司的合作，双方共同投资4500万元在古荣乡嘎冲村新建温室150栋；整合各方资源，在工业园B区打造高原特色食品深加工基地；与古荣乡政府签订2231亩黑青稞订单种植收购协议，项目投资480万元；为促进当地农合组织的发展，与尼珍种植专业合作社签订40万公斤红土豆种植收购协议；参股、收购产业发展前景较好的民营企业。

【净土香料厂项目】 项目建设地点经变更调整后，其原设计单位也随之进行更换，前期所做的初设、地勘、环评、鸟瞰图等工作都需重新再做，截至年底，项目新的选址、地勘已完成，其整体设计方案正在结合生产设备及工艺流程进行细化，待完成项目可研和设计审查后即可实施。同时，结合园区发展，正在进行香雄美朵、香雄花寨、香雄（香水、香料、藏香）、香雄神水、象雄美朵、象雄古香（香水、香料、藏香）、象雄古泉等26个商标的注册。

【天然饮用水厂项目】 为更好地推动堆龙德庆区天然饮用水的快速发展，公司按照区委、区政府的工作安排，已完成对雄巴拉曲、“香雄美朵”产业园区、邦普村3处水源点的水量监测和水质检测。同时，完成拉萨山泉77.47亩土地的购买，经与拉萨山泉饮料有限公司沟通，待其取水证办结后，双方将签订合作协议。

【现代香料花卉示范中心】 该项目已完成项目选址、土地流转申请、鸟瞰图、地勘、设施农业用地备案等工作，项目建设地上附着物（原农发361栋温室）已全部拆除，整体设计正在进一步细化，项目可研及初步设计已在区发改委上会评审。

【千栋温室项目】 该项目总投资2.9亿元，分三期完成：其中一期30栋“菜篮子”工程项目和蔬菜分级分拣中心项目已基本完工。波玛公司150栋智能温室项目节能评估、社会稳定风险评估、环境影响评估已完成，可研及初步设计已基本完成，项目评审已通过。截至年底，设计单位正在出施工图纸，并完善土地相关手续。为了解决项目用地问题，2016年10月，净土公司与古荣乡政府签订1093.24亩土地租赁协议，并划定援藏资金项目用地，但在10月13日的援藏座谈会中，要求援藏资金不再继续用于温室建设，后经与拉萨市净土公司协商，决定由波玛公司以“氧入户”项目申请援藏资金。

【奶牛基地建设项目】 按照区委、区政府工作部署，以“公司+基地+农户+产业+市场”的发展模式，对西藏古龙良种奶牛繁育有限公司进行整体提升改造，建设奶源生产标准化、专业化、规模化的奶牛养殖示范基地。该项目占地104亩，截至年底，公司正在进行场地整治并与设计单位对接，进一步细化可研及初步设计。

【乳制品加工厂项目】 公司坚持以市场为导向，结合堆龙德庆区奶牛资源优势和独特的区域优势等得天独厚的有利条件，与西藏藏地吉龙农业开发有限公司合作，采取生产设备、销售渠道、物流资源、产品研发共享的模式，引领区内奶牛产业的整合升级。公司现有厂区占地5.7亩，扩建后将达到44亩。

【藏泉实业股权收购】 根据区常委会第22次会议要求，已对收购藏泉酒业在藏泉实业公司中的股份事宜分别与各股东进行沟通衔接，并对运营情况及其债权债务进行了解，同时积极配合国资委对藏泉实业现有资产进行审计和评估。截至年底，公司对藏泉实业股权收购、资产重组及下一步运营方案已起草完毕，待区委、区政府批准同意后，实施下一步工作。

【着力抓品牌推广，全面拓展销售渠道】 公司充分利用现有的销售平台，积极做好区内外市场开拓和渠道建设。绿地销售公司按照“公司+基地+农户”的模式，加强对农超、农校、农企、农军的对接和资源的整合，全年销售额364余万元，实现销售利润72.8万元；借助“青色麦田”上市发布会的影响力，加大公司产品在市区各大酒店、土特产店进行铺市，截至年底，拉萨市铺货已达203家，发展区外经销商5家，实现利润50余万元。同时，以240万元（经营权10年）的价格竞拍小昭寺附近门面1间，设立“堆龙净土”健康产品形象专营店，提升对本地市场的影响；借助援藏的资源优势，积极与北京西城区政府对接，加大区外市场开拓；成立广告事业部，全局统筹“堆龙净土”品牌推广工作，提升品牌知名度和美誉度，利用公司门户网站、微博、微信公众号累计发布信息300余次；立足市场需求，开发更具西藏特色青稞产品，以丰富公司产品结构，在原有青稞产品的基础上，新推出青稞桃花饼、青稞蛋果子、青稞雪米糕等3种产品，2016年青稞产品种类已达11种。

【构建扶贫帮扶长效机制】 与古荣乡巴热村、嘎冲村签订2231亩订单式黑青稞种植协议，覆盖种植户333户，其中贫困户80户，免费发放黑青稞种子45.84吨，尿素22.313吨，二胺22.313吨。同时，按高于市场价格（3.5元/斤）进行统一收购，户均可增收3600元。

为加强古荣乡加入村、嘎冲村，马乡岗吉村，德庆乡门堆村4个村的扶贫帮扶工作，公司主要负责人亲赴扶贫村走访了解，分析致贫原因，商讨帮扶对策，确定帮扶人员280人（德庆乡80人、马乡78人、古荣乡122人），并和上述乡镇签订精准扶贫帮困协议书，于2016年11月10日前向每名帮扶人兑现3500元帮扶金，共计980000元，做到扶贫精准到人、精准到户。

为加大与农合组织的发展和扶持力度，年初公司与尼珍种植专业合作社签订40万公斤红土豆种植收购协议，并于2016年11月将收购的40万公斤红土豆分发给乃琼镇波玛村、古荣乡失地村民及贫困户。

结合“香雄美朵”种植实际情况，与园区100户易地搬迁户签订就业协议，有效解决易地搬迁户的就业需求，并有针对性的组织开展两期花卉种植技能培训，为“香雄美朵”种植区花卉园艺管理提供技术人才支撑。

【着力抓制度建设，企业面貌焕发新生机】 结合公司实际，修改完善公司规章制度33项，形成8大类71项制度，编印成公司《制度汇编》，进一步创新内部管理，逐步形成高效、规范的现代企业运营模式；缩短会议时间，提高工作效率。每两周召开一次中层以上会议，共同商讨解决工作中遇到的重点、难点，并形成会议纪要下发执行，确保各项工作目标顺利完成，推行员工年终考核制度。公司纪检组全程监督考核情况，按季度对员工的德、能、勤、纪进行考核，考核结果将作为薪酬分配、晋职晋级和评选先进的主要依据，从而提高办事效率，有效地规范公司经营管理活动；根据工作需要，采取自行招聘的方式引进懂生产、善管理的高素质人才，并积极鼓励员工参加学习和培训，提高员工的综合素质。全年累计发布招聘信息40余次，收集人员信息1419份，筛选和通知面试267人次，录用28人。

【认真落实党风廉政建设责任制】 加强领导，确保责任到位。根据党风廉政建设责任制要求，公司建立以党委书记为组长，党委副书记、纪检组长为副组长，其他领导班子成员及部门负责人为成员的公司党风廉政建设领导小组，领导小组下设办公室，由纪检组长负责处理党风廉政建设和反腐败工作日常事务；落实“一岗双责”，抓好廉政责任分解。公司领导班子成员按照各自职责分工，认真贯彻落实“一岗双责”责任，公司党委书记与班子成员签订《党风廉政建设责任书》，形成主要领导负总责，分管领导亲自抓，全体干部职工积极参与的党风廉政建设工作格局。

【严格执行党风廉政建设各项规定】 继续推进廉政制度建设。进一步规范“人、财、物”等方面的管理，严格遵循民主集中制原则。在财务支出上，严格执行财务支出先批后办制度、审批程序、支出范围和权限。在大额资金支付上坚持“一事一议”的原则，资金支付要附有会议纪要，从不搞领导个人说算。在重大事项决策上，严格按照制度要求，所有“三重一大”事项均提交董事长办公室审议，共召开董事长办公会39次、董事会23次，总经理办公会60次，公司纪检组人员全程参与，进行监督。做好监督管理，查找廉洁风险点。及时梳理公司领导班子及部门负责人的党风廉政建设廉洁风险点，共查找廉洁风险点28条，制定相应的防控措施，并做出展板张贴在公司的宣传栏中公示，公司纪检组负责对存在的风险点进行把控。为确保公司的战略目标顺利实施，提高效率，公司纪检组、行政部、人事部组成联合督查小组，督办公司各项工作的开展及完成情况。

【“香雄美朵”产业园接收后的运营管理】 2016年9月12日，按照区委、区政府的安排部署，公司对“香雄美朵”产业园种植区进行正式接收。为推进种植区运营管理工作，提升工作效率，公司及时成立以总经理为组长，纪检组长、副总经理为副组长的种植区管理运营领导小组，选派公司骨干人员和专业人员到园区工作。同时参照国内园区的先进运营管理经验，结合项目实际，制定园区下一步的运营管理方案，并按计划完成4000亩雪菊采摘、500亩藏木香油用牡丹种植、25亩郁金香的种植任务以及50000株树状月季、多年生苗木越冬防护工作，累计用工12000余人次，解决就业1500余人，涉及波玛村、加入村7个村民小组，共支付工资210余万元，确保种植区各项工作有序推进。

（王泽军）

【领导名录】

党委书记、董事长
阿旺次仁（藏族）
党委副书记、总经理
骆翰墨
区纪委派驻纪检组长
阿　奴（藏族）
副总经理　洛桑次仁（藏族）

堆龙德庆区工业园区管委会

【概况】 2016年，堆龙德庆区工业园区在区委、区政府的正确领导下，在区各有关部门的配合下，以科学发展观为统领，紧紧围绕建设美好堆龙园区的总要求，全力以赴打好工业强攻战，以转型升级主线，不断提升环境优势，打造竞争优势，构筑产业优势，立足新常态，实现新发展。

【经济运行稳步提升】 全年园区完成工业总产值7.98亿元，同比增长22.23%；完成工业销售产值7.6亿元，同比增长10.95%；完成工业增加值3.74亿元，同比增长8.43%，完成目标任务3.74亿元的100%；完成税收1亿余元，其中工业企业税收4400万元；完成财政收入3033万元，完成目标任务3000万元的101.1%；新增规模以上企业1家（西藏天畅建材有限公司）。

【A区配套设施不断完善】 2016年，园区基础设施续建、新建项目共5个。总投资约1.7亿元，其中续建项目堆龙110千伏变电站建设工程已竣工，于2016年7月11日正式投入运营；始建于2012年的园区自来水厂经多次完善并与自来水厂成功对接；投资新建962.8万元的中小企业服务中心建设项目已完工；2016年，投资800.08万元的垃圾转运站建设项目已完成总工程量的95%；由林业局负责实施的A区绿化工程第一期已竣工。这些基础设施的进一步完善，将有力提高园区整体形象，降低企业入驻成本。

【B区开发建设与招商同步进行】 B区基础设施建设项目近30项前置手续在区委、区政府规定的时限内，克服种种困难顺利完成。2016年初开工建设。B区基建项目资金经堆龙城投协商，区委、区政府同意，充分利用城投贷款优势，以城投三年免息贷款形式集资委托建设，为大型项目开发建设走出一条新路。B区开发建设实施同时高调开展B区招商工作，努力实现B区动工与招商项目入驻同步，实现B区竣工与招商项目竣工同步。截至年底，拟确定企业有5家，即投资19703.17万元的西藏吉祥哈达民族用品有限公司，投资15993.39万元的西藏广祺科技实业有限公司铝材加工厂建设项目，投资7310万元的西藏天楚六冶设备技术园设备科技及金属结构加工项目和由堆龙德庆区净土健康产业公司实施的高原特色食品加工厂。

【招商引资力度稳步提升】 园区招商引资企业陆续开工建设，进一步拉动园区经济发展。截至年底，具体项目有：投资2000余万元的圣云药业已进场开工建设；投资9000万元的万控变电柜项目于2016年7月中旬开工建设；投资3000万元的拉萨市志成气体有限责任公司气体生产线项目用地已挂牌；投资共1.7亿元的西藏雪峰管业有限责任公司生产2500吨PE管材加工生产线、西藏高业工贸有限公司年产600万米网围栏生产基地建设、西藏至友工贸有限公司ZDC型透油生产基地项目以及西藏祥益实业有限公司西藏彩色水泥生产线建设，4个项目均于2016年4月立项，项目紫线图已确定，等待土地挂牌。园区组织召开三次拟入园项目联席会，拟定8家入园企业，待政府常务会通过立项后，及时督促企业办理入园相关前置手续，确保招商引资项目落地快、投产快、收益大。

【企业安全生产意识不断加强】 园区坚持以“安全第一、预防为主、综合治理”的方针，进一步加强园区及各企业安全生产各项工作，有效防范和坚决遏制各类安全生产事故的发生。3月30日上午，工业园区管委会联合区消防大队结合近年来发生的火灾案例，为企业生动、全面地演示具体的防火措施和方法；10月24—26日，园区管委会聘请西藏飞跃迅达会务服务有限公司在园区组织一期为期3天的“新安全生产法解读与EHS经典案例分享”的专题讲座，为各企业的安全生产负责人解析新法要点，用真实案例分享生产安全管理的成熟经验；定期对园区内部安全设施开展检查工作，正确指导园区2名保安如何开展安全检查，确保全年园区工作落实到位，不发生任何事故；联合园区企业组织成立园区义务消防队，分为三个小组对园区企业开展走访调研，对发现的问题能当场整改的责令企业当场整改，不能当场整改的，将给予整顿日期，在期限内完成；2016年，园区同企业签订安全生产责任书50余份，召开安全生产专题会3次，排查企业安全隐患3次，下令整改企业4家。

【服务企业水平不断提高】 园区始终树立服务理念，积极发挥政府与企业间的桥梁纽带作用。积极争取2016年“雪顿节”“藏博会”等节日企业产品展示，鼓励企业积极参与展示活动，借助各类平台打响企业品牌认真周密接待北京、区、市各级领导到园区参观指导，截至年底，园区累计接待区市主要领导、区内外考察团10余次，累计人数100余人；主动解决涉企信访事件，截至年底，解决信访事件及矛盾纠纷事件8起，涉及金额6万余元；大力创造“大众创业万众创新”双创环境氛围，为堆龙德庆区青年创业西藏堆八仓土特产开发有限公司等数家企业免费提供办公室场所、办公设施等，开拓青年创新创业工作新格局；全面推行办事公开制度，利用园区企业微信群、党务政务公开栏、财务公开栏，对办事流程、服务企业事项的相关政策、文件、法规进行及时公示，接受监督；为进一步规范园区企业环评手续，园区管委会积极配合市环保局、区环保局做好企业环评相关工作，截至年底，园区管委会已走访企业10余次；全年园区完成工作简报57篇，红头文件76篇，相关总结材料24篇。

【提高土地利用工作】 2016年，针对园区部分闲置土地，园区管委会积极与涉嫌闲置企业负责人面对面交谈，已有1家企业无偿收回，1家企业重现签订投资协议，1家企业办理项目前置手续，1家企业已动工，其余企业将在园区110变电站及自来水厂正式运行后逐一重新签订投资协议。

【规划布局逐渐完善】 为实现规划先行，特别是规范B区招商产业范畴，组织数次专家评审，相关部门讨论，严格把关，实现产业定位明确，截至年底，《堆龙工业园区产业规划》已基本成熟。

【党风廉政建设深入开展】 2016年，园区以深入学习“两学一做”专题学习教育为契机，有效推进党风廉政建设，加强干部的思想建设、组织建设、作风建设和制度建设。全年组织党员干部集中学习10次，园区共完成60课时的学习计划，简报53篇，心得体会20篇；认真开展“讲党课”活动与“两学一做”学习教育相结合，夯实党建基础，增强基层党组织的凝聚力，加强作风转变和党风廉政建设；截至年底，园区共完成12课时的“讲党课”学习计划，简报20篇，课件10篇，专题讨论3次。2016年，园区成立党支部，加强支部班子建设，完善各项规章制度，全面落实党建工作责任制，建立健全工作职责。党建各项规章制度已完善上墙10项。结合园区实际，以企业需求为出发点，创新性地开展学习教育活动，园区在“七一”前后邀请共青团中央隶属公益组织光华讲堂到园区开展公益讲座，邀请的两位研究员分别以“读万卷书 读出人生智慧”“从全球民营企业寿命分析青年企业家注意什么”为课题讲座，课题知识量大，内容丰富，极受企业的欢迎；邀请西藏飞跃迅达会务服务有限公司组织开展关于企业高层管理培训，赢得企业一致好评。结合“两学一做”学习教育，园区管委会及时开展学习月，将十八届六中全会、区市第九次党代会精神系列学习活动引向深入；园区前后开展“篮球比赛”“足球比赛”“跳绳比赛”“民族团结茶话会”“朗诵比赛”等形式多样内容丰富的活动，进一步增强党组织的凝聚力和向心力；召开专题民主生活会2次，解决班子自身存在的问题8条；开展一对一谈心谈话10余次，针对作风建设累计走访企业60余次，征集各类意见建议5件，已解决2件；藏历年、春节期间，慰问贫困户9户，送去慰问金、各类生活必需品共计4000余元；动员企业积极参与精准扶贫工作，解决农牧民就业300余人，贫困户10余人。

（薛 娟）

【领导名录】

园区主任 王保峰
园区副主任 德 吉（女，藏族）
园区副主任 顿珠拉久（藏族）

堆龙德庆区安全生产监督管理局

【概况】 2016年，堆龙德庆区安监局（以下简称区安监局）在区委、区政府的正确领导及自治区、拉萨市安委会的精心指导下，在各乡（镇）、安委会各成员单位及企业的大力配合下，在2015年获得全市安全生产绩效荣获前三的基础上，再接再厉，开展一系列安全生产工作，保持全区安全生产形势的持续稳定好转。2016年，区安监局编制人员共3名，共有10名工作人员，其中行政编3名，事业编制1名，工人2名，志愿者1名，公益性3名，没有分科室。

【加强组织领导，落实安全职责】 2016年，堆龙德庆区认真贯彻落实国务院、区、市安全生产工作会议精神，全区共召开各类安全生产工作会议4次，专题会议4次，区委常务会专门听取部署安全生产工作3次，不断加大安全生产，成立安全生产大检查、打非治违专项行动和安全生产月宣传活动工作领导小组，制定下发各类安全生产检查方案。分季度总结部署安全生产工作，并根据各乡镇、安委会相关成员单位安全生产工作开展情况，制作了全区安全生产工作汇编；为落实安全生产“五级五覆盖”，根据拉萨市安委会的要求，堆龙德庆区因人事变动，调整区、乡（镇）安委会成员名单。按照安全生产法等相关法律法规，制定乡（镇）安委会工作职责、工作流程和乡（镇）安监站工作手册，确保全区安全生产工作上下衔接；强化安全生产责任制，安委会与各乡镇、安委会成员单位、重点企业层层签订安全生产目标责任书，建立构建安全生产的长效机制。

【生产安全事故统计联网直报工作】 2016年，按照《生产安全事故统计管理办法》和《生产安全事故统计报表制度》的要求，区安监局加大对事故统计工作的力度，加强队伍建设、落实统计人员、完善工作机制、明确工作责任、狠抓督促落实，根据公安交警大队、消防大队提供的事故信息数据和工矿商贸领域安全事故情况，及时准确上报通报全区生产安全事故。

【普及安全知识、培养安全意识】 2016年，区安监局动员安委会成员单位及重点企事业单位开展“安全生产月”“安全生产西藏行”和“安全生产平安创建宣传活动”，宣传共发放有关安全生产、消防、旅游、劳务、食药、电力、环保等各类的宣传资料11000余册；以道路交通、建筑施工、用火用电、职业健康、安全生产法为内容，开展各类安全生产知识培训15期，对各乡（镇）、村委会、行业主管部门和企业等3000余人进行安全生产知识培训，提高堆龙德庆安全监管水平，加强安全生产基层基础执法体系建设，同时注重提高安全监督人员业务知识水平，积极参加区、市安全生产相关培训；编制完善危化、矿山、交通等领域应急救援预案，制定应急评估和应急处置考核制度，通过以火灾、油品泄露、山洪泥石流、隧道坍塌为内容，对油库、加油站、西环线建设工地开展7次应急演练，提高广大从业人员的应急救援能力。

【注重创新领先，努力争先创优】 年内，区安监局以党建促业务、党风廉政建设促规范执法为方式，上交不符合执法资格人员的执法证书，签订依法行政责任书，不断规范执法程序，严格要求依法执法，全年未发生一起行政诉讼案件，未发生一起执法人员工作失误和吃、拿、卡、要、报现象；整理安监局行政权力和责任清单，制定工作流程图；安全生产作为重要指标纳入区直部门和乡（镇）的社会主义精神文明、党风廉政建设和社会综合治理及其主要领导的绩效考核中，将安全生产作为专篇纳入堆龙德庆区的国民经济与社会发展“十三五”规划中。建立健全建设项目安全生产事故“一票否决”制度、安全生产“一岗双责”制度、责任联系点制度和考核赏罚制度。区委、区政府高度重视安全隐患排查治理工作，建立安全隐患排查治理系统。利用该系统把监管部门与企业直接相互连接，企业及时上报事故隐患等各类信息，监管部门及时反馈并督促企业整改存在的安全隐患，并及时进行隐患整改验收，实现对企业安全隐患的排查、治理、验收、销账和报告的闭环管理功能，提高安全监管人员的执法检查效率，实现实时监控的作用，对安全隐患排查治理全覆盖和无缝化管理起到积极作用；建立安全社区。以乃琼镇乃琼村为示范点，联合乃琼村工作队、乃琼镇人民政府、村委会以及相关职能部门，初步建立安全社区。主要在现有的安全防范措施的基础上，以在乃琼村824户社区的路灯上安装国旗和安全生产宣传标语，设立宣传栏，发放宣传资料，在重点区域安装监控摄像头，在人员经过较多路段铺设减速带，对社区居民进行安全知识培训、进行事故应急演练等措施，努力创建安全社区，加大安全文化的影响，为堆龙德庆下一步推进安全社区建设起到示范作用。

【深入开展“打非治违”行动】 年内，根据区、市两级安委会的工作要求，区安监局制定安全生产领域“打非治违”专项行动工作方案，为严厉打击安全生产领域非法违法生产经营建设行为，确保安全生产“打非治违”专项行动进一步深入开展，区安委会要求全区各部门各单位切实加强组织领导，继续深入开展“打非治违”专项行动。对在检查中发现的非法违法生产经营行为，要依据有关法律法规，予以严厉处罚，该停产的停产，该关闭的关闭。通过专项整治行动，2016年，停业整改企业9家，上缴区财政罚款32500元。

【开展检查整治，排查整治隐患】 2016年，通过开展安全生产大检查、大排查、大整治专项行动，在辖区内开展检查共429次，其中：联合检查86次，单独检查343次，对存在问题和隐患的生产经营单位下发整改指令书90余份，职业健康网上申报企业19家。截至年底，向区财政局上缴风险抵押金125万。

【狠抓危化领域的安全监管】 在“三大节日”、三月份敏感期和萨嘎达瓦、雪顿节、藏博会期间，强化全区成品油安全监管，定期监督安全监管员履职尽责情况。针对调整乡（镇）下沉干部担当安全监管员职责的建议，经请示区委、区政府主要领导同意，及时进行调整，制定乡（镇）

干部驻站监管员改为每日一次巡查，保证加油站的安全监管工作；区安监局聘请危化品领域专家，联合市安监局、区消防大队等相关单位对全区油库、加油（气）站、液化气储备库和第三类易制毒化学品储存仓库等企业进行“三查三改”安全生产专项检查，通过专家把脉会诊排查各类安全隐患56处。

【加大非煤矿山监管力度】 年初，对非煤矿山企业在开工前进行复查验收，检查各采石场的安全隐患自查情况，对安全隐患自查自纠不到位、证件不全、达不到安全生产条件的矿山企业要求一律责令停工整改。平日对古荣道渣场、善财福利矿山、天津矿山等单位为重点进行多次实地检查，排除治理矿山安全隐患。12月底，按照相关文件要求，监管矿山冬季停工停产。

【强化烟花爆竹安全管控】 为春节、藏历新年、雪顿节、藏博会营造安定祥和的节日环境，区安监局联合区工商局、治安大队、消防大队和辖区派出所开展烟花爆竹零售选址、培训、办理手续和安全监管工作。同时，针对堆龙德庆区一家长期烟花爆竹零售店，规定每周对其进行安全检查，并通过隐患排查治理系统进行实时监控，确保正常的烟花经营销售秩序。

【建筑施工领域安全监管】 2016年是堆龙德庆区大建设时期，区安监局联合区住建、国土等单位，以拉萨市西环线建设为重点，对全区建筑施工领域进行多次安全检查，并通过应急演练、安全培训，宣传教育等形式，强化施工人员的安全意识。2016年，在建设施工领域共检查68次，其中单独执法检查15次，联合执法检查53次，下达限期整改通知书26份。

【组织党员干部学业务知识活动】 年内，区安监局党支部按照区委“两学一做”学习教育活动要求，制定工作方案、计划，细化工作任务，落实工作责任，将每周一和每周三下午作为固定学习以及交流时间，强化安全生产法律法规和规范要求的学习，截至年底，共进行集中学习22次，自学31次。

（益 西）

【领导名录】

局　　长　刘　　强（2月离任）

　　　　　陈　　斌（2月任职）

副 局 长　旦增坚才（藏族）

堆龙德庆区国家税务局

【概况】 2016年，堆龙德庆区国家税务局始终坚持以邓小平理论和“三个代表”重要思想为指导，深入开展学习实践科学发展观的活动，认真贯彻中共十八大和十八届四中全会精神，深入贯彻落实市局党委的要求。紧紧围绕市局的要求用中国特色社会主义理论体系教育和武装党员，以创建一流队伍，培养一流作风，创造一流业绩为目标，围绕税收中心工作，继续加强党的组织建设和思想建设、作风建设，充分发挥基层党组织的战斗堡垒作用和共产党员的先锋模范作用，积极探索工作的新思路，不断实践工作的新途径，努力构建工作的新格局，着力开创工作的新局面，圆满完成全年党建工作任务。

【提高思想认识，明确工作目标】 年内，区国税局深入贯彻落实《深化国税、地税征管体制改革实施方案》《西藏自治区深化税收征管体制改革实施方案》和拉萨市国家税务局关于落实《深化贯彻落实西藏自治区深化和税收征管体制改革实施方案的意见》（拉国税发〔2016〕147号）的通知，以改革创新动力、加强法治引领、突出平常税务工作特色、推动服务深度融合、不断优化完善现代税收征管体制，降低征纳成本、提高征管效率、提升税法遵从度和纳税人满意度，确保税收职能有效发挥作用，促进经济健康发展和社会公平公正。

努力构建现代税收征管体制。完善服务机制创新，不断提高纳税服务水平。实现征管方式科学有序，不断提高税收收征管效能。推进税收征管组织体系建设，不断提高组织保障水平，建成现代税收征管体制；打造全区领先，树立典型。以电子税务、纳税人分类分级、税收风险管理、建设办税服务厅等方式创新服务纳税服务机制及征收管理，大力推进国税征管体制改革；为了加强税收风险管理工作，增强税收风险管控机制，区国税局抽调业务骨干人员成立数据分析团队。

【加强行政审批流程管理】 年内，为全面落实行政审批税务事项改革，区国税局按照税收管理主要由依靠事前审批向加强事中事后管理转变的要求，及时公布税收行政审批目录，进一步简化税务行政审批流程和管理流程，全面推行“互联网+税务”的思维。

【实行创新发票管理模式】 2016年，区国税局全面推行电子发票系统，结合互联网、手机平台，推行代开发票自助终端。对信用评级达到B级以上的企业进行增值税专用发票进项抵扣网上认证，极大缓解纳税人排队压力、提高办税效率，截至年底，有43户企业，在网上进行认证；实现24小时自助发票认证终端，纳税人办税既可以选择人工服务、也可以选择自助、规范办税目录、格式，分流税务机关办税窗口的工作负担，全面提升办税服务质量；建立堆龙企业QQ群、微信公众平台，并通过网络平台实现网上办理预约及咨询办税服务，截至年底，预约及咨询办税服务人数为529人次；通过防伪税控系统对企业发票的领购及开具情况进行管理，准确掌握纳税人纳税申报情况。

【7×24小时自助办税服务落成】 区国税局为进一步提升服务质量，方便纳税人，在区政府的帮助下，在区市两级国家税务局相关科室在指导下，购买浪潮自主终端为纳税人提供发票发售、发票代开、抄报税、认证、涉税信息查询等自助服务，截至年底，正在积极调试中。

【加强税收风险识别管理】 通过资源整合、制度协调，以重点监控重点税源企业，通过金三催报处理模块采取下户及电话方式联系长期未申报企业，并做好发票风险管控工作，截至10月，累计催报催缴3438户次；通过工商外部信息，及时联系涉及股权转让而未在区国税局进行股东变更的企业，要求其及时报送相关资料并进行变更，共处理工商投资方变更信息中涉及区国税局纳税人208户；采取安排专人上门“面对面”辅导房地产企业开展自查手段，帮助纳税人管控涉税风险，降低税收成本，争取纳税人理解与支持，截至10月底，堆龙德庆区房地产行业纳税人通过自查补缴增值税及附加18.83万元，印花税1.72万元，补缴土地增值税168万元，有效提升房地产企业自行纳税的遵从度。

【制作流程、堵塞漏洞】 制作并使用“税控收款机票表比对异常纳税人”流程。拉萨市国家税务局针对税控收款机票表比对异常纳税人采取办税服务厅实时补税同后台提取比对清单相结合的工作程序，但是后台提取清单工作往往较为滞后，导致纳税人税收成本增加。为解决该问题区国税局制作并使用“税控收款机票表比对异常纳税人”流程；制作并使用“增值税专用发票代开纳税人”比对流程。区国税局在实际工作中发现部分纳税人即通过税控收款机开具普通发票，又因生产经营需要到税务机关代开增值税专用发票，代开增值税专用发票涉及的税款已在开具增值税专用发票时缴纳，但是往往因代开的金额超过核定额，税控收款机开具发票需要缴纳的税款存在漏征现象。因此，区国税局通过测试并使用“代开增值税专用发票纳税人”数据比对流程；制作并使用“非正常户”清理流程。由于在日常征管中发现存在个别纳税人登记多个企业，并在登记后又不履行正常纳税义务，造成金三系统中大量非正常户的产生，进而影响税务机关征管系统的数据质量问题。为减少纳税人涉税风险，区国税局利用SQL数据库技术通过对拉萨市国家税务局所辖增值税一般纳税人同区国税局非正常户纳税人法定代表人进行比对、分析工作。发现区国税局所辖企业中存在11户增值税一般纳税人法定代表人同时登记有其他多个非正常户纳税人的情况。截至10月，纳税人风险识别累计196户，先后解除86户。

【完善纳税人服务机制】 年内，区国税局通过优化流程、简并兼容、增进合作，进一步完善首问责任制度。首问责任人必须对纳税人所办事项负责到底，做到纳税人“话有人听，惑有人解，事有人办”的具体工作要求，设计和印制《拉萨市国税局首问责任制登记簿》，形成落实首问责任制的闭环结构，确保优质服务到位。设立即时办结岗。区国税局随时抽取办税服务厅窗口前台工作人员的业务办理时限情况，由管理所人员轮流值岗，有效避免纳税人两头跑、多头跑现象，并要求通过在预生产环境中反复练习及自习，不断提高业务办理效率，确保各项涉税事宜都在规定时限内办结；实行延时服务。按照《纳税服务规范》的基本要求，全面推行延时服务，所有办税服务厅提前15分钟到岗，严格按照延时服务规范办理业务，并主动将延时服务时间延长至下班后30分钟，尽最大能力将当天的业务办结。严格落实免填单业务。区国税局对注销税务登记办理、个体工商户税务登记办理、停业登记、变更税务登记、三方协议登记，三方协议签订户数由2015年12月31日的1534户上升至2016年10月31日的2762户、全面实行免填单业务。推行网上申报力度。开展网报宣传工作，加大力度推行网上申报，提交网报材料办理CA的纳税人由2015年底的782户上升至2016年10月31日的1848户，实现纳税人在直接上门申报时TIPS扣款，登记户数89户；推行“二维码”一次性告知。根据《国家税务总局关于做好“二维码”一次性告知工作的通知》要求，负责印制相关展板、展架和宣传册，由办公室负责在官网上公布，由各征收单位负责在实体办税服务厅进行宣传和发放。完善纳税服务投诉。畅通纳税人投诉渠道，对依法不履行职责、办事效率低、服务态度差等投诉事项实行12306工单回复，对工作人员的服务质量进行处置和反馈，截至10月，收到工单反馈20条。严格落实“三证合一”。在全面落实《全国税收征管规范》基本规范基础上，对部分升级规划进行创新实践，通过“三证合一”方式实现税务登记办理新模式。截至年底，共受理完“三证合一”税务登记户为1324户。

【创新征管服务机制】 为了方便纳税人办理纳税申报事项，区国税局研发4个自动计算模板，研发出企业所得税季度申报自动计算模板，在最短的时间内可以检查出纳税人填写的减免税额是否正确，从2016年第一季度至第三季度共计算企业所得税减免税额939724202.76元，共计惠及企业553户次；研发出企业所得税年度汇算清缴自动计算模板，及时的校验出纳税人的申报错误，减少纳税人的办税等待时间；研发出票表比对异常户纳税评定自动计算模板，提升对纳税人票表比对异常户的纳税评估工作的效率。1—10月，累计进行票表比对异常户纳税评定156户，纳税评定税款共计1810760.01元；研发出二手房交易自动计算模板，极大的提升二手房交易申报的效率，1—10月，共计自动计算营业税税额291839元，增值税税额533818.74元，个人所得税税额635941元，共计惠及户数300户。

【构建纳税信用管理】 年内，区国税局严格按照规范对纳税人信用度进行评级，并将评级变更信息通过短信、电话告知或现场告知，在增值税防伪税控系统中建立风险纳税人管理制度，将长期不做纳税申报，逾期未申报，存在发票风险，不配合税收管理的纳税人纳入风险管理系统，给予停票限制、不予申报限制，只有在税源管理所进行登记和相应的处罚之后才解除相应的限制措施，督促纳税人按时提交纳税申报材料办理纳税申报，维护纳税人信用等级。建立纳税人信用信息共享机制，保障国税部门及时获取第三方涉税信息，让纳税人依法查询纳税信息，全面发挥纳税信用在社会信用体系中的作用。

【加大宣传、培训工作】 年内，积极探索国税发布税收公告、政策解读，开展农贸市场宣传工作，加强税法宣传，强化纳税人“户籍”理念，分发个体工商户办理税务登记证须知事项；强化与工商部门的协调配合，联合宣传“证照”法律规定，建立健全部门联系，杜绝因宣传不到位而产生税务“黑户”现象；加强税收日常宣传，充分运用堆龙企业QQ群、微信公众平台、导税员宣传等宣传渠道，围绕税收热点问题和工作重点、开展专题性、系列化、集群式税收宣传；为提高纳税人纳税申报能力和税收政策水平，区国税局组织进行“营改增”专场培训。

（旺　姆）

【领导名录】

局　长　罗布次仁（藏族）

正区级纪检员

张 春 兰（女，8月离任）

扎西次仁（藏族，8月任职）

副局长　杨　　宇

洛桑次列（藏族）

堆龙德庆区工商行政管理局

【概况】 2016年，堆龙德庆区工商局（以下简称区工商局）认真贯彻落实全市工商工作会议、堆龙德庆区经济工作会议精神，着力深化商事制度改革，大力推进市场主体发展，积极维护市场经济秩序，努力优化消费环境，各项工作取得新进展。

【开展党风廉政工作】 扎实开展“两学一做”专题教育。通过开展专题党课、研讨会、专题学习等主题活动，进一步坚定理想信念，强化党性原则，明确干事创业的行为准则；加强党风廉政建设。严格贯彻中央“八项规定”、区党委“约法十章”“九项要求”、区委“十项规则”，认真落实“一岗双责”，以加强党性党风党纪教育为先导，开展党风廉政建设宣传教育月活动，以日常干部管理为中心，切实加强政风行风工作，不断增强区工商局干部职工的廉洁自律意识和服务改革发展的能力。

【服务地方经济】 自实施商事制度改革以来，区工商局积极推进注册资本认缴制、简化住所登记手续、“先照后证”、年度报告信息公示和抽查及“三证合一”“五证合一”“一照一码”等改革措施，严格落实国务院取消和调整行政审批项目，实行“一体化”办公、“一条龙”服务，办照时间由法定5个工作日缩短为3个工作日以内，80%的工商登记业务实现当日办结。1月至10月，堆龙德庆区新登记各类市场主体2217户，同比增长61.12%，其中新增企业866户、增长489.1%。截至10月底，市场主体总量达到6488户，企业1639户。

【事中事后监管】 积极推进年度信息报告公示。区工商局创新监管机制，变强化信息公示、信息共享、信息约束，以企业信息公示制度为核心的新型监管模式正在形成。区工商局创新工作方式，通过召开年报座谈会、走村入户、联系各乡（镇）负责同志等宣传培训的工作方式，2016年，年报公示率均达98%以上。同时，高度重视市场主体数据质量建设，截至年底，已清理并依法注销名存实亡各类市场主体26户。

开展年报信息抽查工作。严格执行企业公示信息检查抽查制度，认真开展2016年企业、农民专业合作社和个体工商户年报信息抽查工作，从而加强对年报信息的监督管理，强化对市场主体的信用约束。

积极开展辖区内大型市场调查工作。对辖区内人和汽贸市场、东嘎农贸市场、铁器铝合金市场、工程机械市场、物流区、西货区、南嘎修理厂等大型市场摸底调研。拓展思路，转变工作方式，为铁器铝合金市场、东嘎农贸市场搬迁商户提供便捷服务，现场办理营业执照，送证上门，得到商户的一致好评。

【执法办案和消费维权工作】 市场专项检查与办案齐抓，全力整顿市场秩序。以维护公平正义为重点，提高竞争执法和打击假冒伪劣执法工作水平。2016年，区工商局注重提高干部执法办案的能力，在办案件数、办案种类、办案范围等方面都有新拓展，促进案件的查办工作。2016年，依法查处违法违规案件51起，案值达36.9614万元，罚款23.9036万元。依法处理消费者投诉、举报和深化消费教育引导工作。按照新“消法”和“工商部门处理消费者投诉实施办法”规定，依法按时处理消费者投诉、举报。积极有效地开展消费教育和引导工作，重点行业或区域发布消费教育、消费警示，及时上报“12315”数据分析报告，依据数据分析结果，对被投诉较多的企业、行业开展行政约谈。通过“3·15”“4·26”“综治宣传月”“12·4”等法治宣传日，面向社会广泛宣传新“消法”“商标法”“广告法”“侵害消费者权益行为处罚办法”等有关法律、法规，累计开展法制宣传5次，悬挂横幅标语7条，发放宣传资料1800余份。以强化全民法制观念，营造和谐堆龙。

【开展市场专项检查】 以市场辖区专项检查、抽检和举报投诉方式为契机，开展成品油、易燃易爆化学品、食品、农资、文化市场、学生用品、家用电器等领域的专项整治。截至年底，共开展各类专项行动156余次，检查各类市场主体3600余户。有效维护全区市场和谐的消费环境。

【综治维稳工作】 区工商局严格以区委、区政府、市局关于2016年度“查处无证无照经营和打击传销文件”要求，区工商局制定2016年度“堆龙德庆区工商局关于查处无证无照经营和打击传销工作实施方案”和进一步明确查处无照经营和打击传销的工作职责和任务，加强与其他部门之间的协作，全面形成无照经营和传销全区共治的新工作格局。

【开展商标广告工作】 推进商标战略实施。在“广泛宣传、定向培训、跟踪服务、打击侵权”的基础上，通过选派商标联络员和开展实地走访，增强区工商局辖区内的商标注册、使用和保护意识。截至年底，辖区拥有注册商标168件，新增78件，拥有驰名商标2件，著名商标8件，正在申请的著名商标1件，地理标志商标1件.大力实施广告发展战略。以新“广告法”为契机，制定联合机制，使广告市场主体快速发展，营造良好的发展环境。

（央　吉）

【领导名录】

局　长　洛　　布（藏族）

副局长　拉巴次仁（藏族）

　　　　谯　　莉（女）

堆龙德庆区旅游局

【概况】 2016年，在区委、区政府的正确领导下，在市旅游局的大力支持下，堆龙德庆区旅游局（以下简称区旅游局）以“两学一做”教育活动为契机，奋发有为、积极进取，不断夯实产业发展基础、优化产业发展环境、提高产业服务水平，旅游产业呈现蓬勃发展的势头。2016年，区旅游局创新思路，积极进取，全力合作，经过努力，堆龙德庆区旅游配套设施日趋完善，全区旅游景区招徕、吸纳游客的能力进一步增强，旅游经济持续增长。截至11月底，全区接待游客96.98万人次，同比增长22.62%；旅游收入3397.57万元，同比增长35.66%。

【抓好党支部建设】 2016年，区旅游局以局长为书记，副局长为副书记，其他工作人员为成员的支部小组，并按照党建工作要求结合旅游工作实际制定党建工作职责，健全工作制度，做到分工明确，完善工作职能。落实党务公开，加强党内民主监督政策，支部工作集体讨论决定，局机关涉及人事、资金和重要工作事项均有局党支部集体讨论决定，做好科学决策，民主决策；健全落实党支部学习制度和党员干部政治学习制度，加强党员管理，严格党内组织生活，按期按规定要求召开局党组和支部专题民主生活会，认真开展批评和自我批评；按照“坚持入党自愿，个别吸收，成熟一个发展一个的原则”做好新党员发展工作；按照党支部要求，有计划，有组织推进学习型党支部建设。

【抓好党风廉政建设】 区旅游局在年初与班子成员签订党风廉政建设责任书。积极制定《堆龙德庆旅游局开展廉政风险防控工作实施方案》《堆龙德庆区旅游局“三重一大”集体决策细则》。认真学习《关于新形势下党内政治生活的若干准则》和《中国共产党党内监督条例》等，并结合旅游工作实际，积极为完成2016年的工作任务和“十三五”工作目标而努力。

【深入学习贯彻“两学一做”精神】 2016年，区旅游局专门召开专题学习会，认真学习党章、习近平系列讲话精神等，认真开展学习教育、从严查找突出问题、从实进行党性分析、切实解决存在问题，并持续深化专项整治，做一名合格的共产党员。

【绘就旅游新蓝图】 依托全区游资源布局，按照“新理念、高起点、大手笔、重保护”的原则和“一条环线，一带画廊”的总体思路，区旅游局编制堆龙德庆区旅游业发展“十三五”规划和堆龙德庆区全域旅游发展规划。

结合旅游工作实际，区旅游局及时理清工作思路，在年初制定全年旅游发展计划。将举办第二届楚布沟骑行赛、首届宇妥藏药浴体验和摄影活动及旅游纪念产品研发设计等作为全年重点工作；对二十三座寺庙的历史进行挖掘、收集、整理、石刻、出书；对宇妥宁玛·云丹贡布出生地进行挖掘、收集、论证；同时对楚布寺、桑木藏年花、通嘎村大石头等进行保护性的商标注册。

【打造旅游新名片】 *发展乡村旅游*。2016年，区旅游局根据堆龙德庆区自然和历史文化资源，突出乡村旅游特色的优势，以保护农村环境和民俗文化为目的，对措麦村进行详细规划。同时，进一步提升桑木民俗自然村的基础设施，将桑木民俗度假村建设成旅游家访示范户和中小型旅行团接待点。截至年底，桑木村先后接待国内外游客80余人，受到游客们的高度评价。

举办节庆活动。为进一步打造堆龙旅游新名片，区旅游局将自行车体验赛、养生之旅体验活动常态化，2016年成功举办第二届楚布沟自行车体验赛、药王谷养生之旅体验活动，使楚布沟、药王谷成为常规旅游景点。同时，在举办节庆活动的同时，为牦牛王、圣香海螺、净土公司等10余家涉旅企业（涵盖旅游食品、旅游饰品、旅游服饰等）提供良好的宣传平台，获得广大观会领导、游客、群众的好评。

多样进行宣传。开发全新堆龙旅游官方微信平台，借力旅游节庆、旅游实时等热点事件及时发声，制作了堆龙旅游资讯平台，从多角度宣传展示堆龙旅游新形象。截至年底，关注人数已达600余人、发送信息10次、浏览次数达3200余人次；随着堆龙德庆区旅游业的逐步发展的需要，区旅游局与多家公司合作出品“宇妥沟养生之旅”“楚布沟第二届自行车体验赛”“罗萨美朵”等宣传片，将整理23座的寺庙资料出书，用于参考学习。更换109国道楚布沟桥以西三面大型高炮广告牌的旅游宣传画。为打造宇妥云旦贡布纪念馆，组织召开宇妥云旦贡布论证会。

【树立旅游新形象】 *注重招商引资*。区旅游局高度重视招商引资工作。截至年底，与四川快捷318汽车旅馆投资管理有限公司洽谈好建设房车营地事宜；正在与河南冰雪旅游文化有限公司商谈在楚布沟建设滑雪场相关事宜。相关旅游公司的引入，将为堆龙德庆区旅游发展注入新活力。

完善基础设施。积极争取香雄美朵旅游附属设施建设项目，投入2000万元（资金已到位），建设内容包括停车场、厕所；在旅游景点（区）上开展“厕所革命”工作，争取到楚布沟停车场及旅游厕所项目，总投资80余万元。邱桑温泉附属设施改扩建项目总投资190万元、邱桑温泉景区藏式大门

项目总投资57万元、桑木村富民工程总投资100万元。截至年底，邱桑温泉附属设施改扩建项目、邱桑温泉景区藏式大门项目已竣工通过验收。

【加强联合执法】 2016年，根据区政府对全域旅游整体要求，专门制定工作方案，成立工作领导小组，联合区安监局、卫生局、民政局、发改委（物价局）、住建局、公安局、文广局（文物局）、食品药品监管局、工商局、国税局、区消防大队等单位对全区旅游景点、宾馆、招待所、接待游客的寺庙等涉旅企业进行摸底调查和整顿。截至年底，开展各类旅游安全生产大检查活动共计30余次，出动工作人员120人次、联合执法6次进一步规范堆龙德庆区旅游市场，防止重大旅游安全事故的发生，进一步树立安全、诚信的旅游形象。

【推动精准扶贫】 2016年，区旅游局按照“旅游发展带动扶贫开发，扶贫开发促进旅游发展”的思路，以旅游为载体，以脱贫为目的，做大做强旅游产业、做特做优现代农业、做精做美城乡环境，合力推进精准扶贫和城乡统筹发展，提升全域旅游水平和档次，加快贫困村和贫困人口脱贫致富步伐。积极改善邱桑温泉基础设施，截至年底，邱桑温泉纯收入由上年的40万元达到现在的170万元。“七一”期间，慰问南嘎村老党员2100元。区旅游局干部职工通过走访、建档立卡等方式掌握受帮扶人员的基本情况，并积极帮扶受帮扶对象，帮扶资金达2500元。

（朱翔宇）

【领导名录】

局　长　朗珍曲尼（女，藏族）

副局长　徐 文 博（女）

“香雄美朵”生态旅游文化产业园领导小组办公室

【概况】 “香雄美朵”生态旅游文化产业园是堆龙德庆区“十三五”规划重点项目之一，也是对接全市经济建设，拉动堆龙德庆区文化旅游产业蓬勃发展的重要举措。项目自2015年9月启动规划以来，区委、区政府将“香雄美朵”生态旅游文化产业园区作为推动产业强区战略、优化“一核两带、三区五园、六沟多点”产业空间布局、大力发展净土健康产业和文化旅游产业、加紧推进精准扶贫、加快三产融合发展的重要抓手，加强顶层设计，厘清发展思路，统筹协调推进各项工作，使“香雄美朵”生态旅游文化产业园成为助推堆龙经济社会发展的重要载体。“香雄美朵”生态旅游文化产业园项目位于距堆龙德庆区政府13公里处的堆龙河河谷，总面积38.28平方公里，项目核心区位于乃琼镇波玛村，占地面积6.69平方公里。项目规划空间结构紧扣一环一轴和“象雄文化”“精品香料”“万亩花海”三大主题，分为“圣地香都、和美家园、象雄宝地”三大板块，包括象雄博物馆、特色民宿、浪漫花海、现代花卉香料示范中心、水景观、演艺中心、房车营地、古堡桥梁等景点，形成以花海为背景衬托、以象雄博物馆为核心连接一环一轴两大片区的总体空间结构。项目将通过近远期结合进行开发建设。近期建设主要为核心区范围，分一、二期进行开发。一期建设预计投资18亿元，主要打造地标核心建筑，培育片区知名度，建设工期为1—2年；项目二期建设工期为3—5年，主要完善核心片区建设。

【项目推进情况】 项目自启动规划以来，在拉萨市委、市政府的有力指导下，在区委、区政府的坚强领导下，“香雄美朵”生态旅游文化产业园项目按照“一期打造地标性核心建筑，培育片区知名度；二期完善核心片区建设；三期完善生态旅游产业园区整体建设”的工作思路，积极谋划、精心部署、加大力度、加快进度，各项工作扎实有序推进。

2016年3月，区委、区政府根据工作实际需要，成立“香雄美朵”推进领导小组办公室，下设种植指挥部、主体建设指挥部、高效智能温室、香料厂指挥部、水景观、防洪堤指挥部、桥梁指挥部等5个指挥部，分别负责各项目前期设计及后期建设。2016年10月，根据人事变动和项目建设需求等实际情况，对内设机构进行调整，将5个项目指挥部变更为项目推进指挥部、运营管理指挥部、管委会筹备办公室等3个内设机构，明确统筹协调、项目建设监管和种植区维护管理等任务职责，使机构设置更加科学全面，职责更加明确。

在项目推进过程中，上级领导多次到园区开展实地调研对项目开展情况进行指导，区委、区政府主要领导定期率领区直有关单位及设计团队深入一线，现场指导项目选址、征地拆迁等工作，领导小组定期不定期召开项目推进会，听取项目规划设计等工作推进情况，不断深化园区整体规划，明确园区主题定位、重点部位和关键环节的设计理念。截至年底，已召开现场调度会8次，领导小组及办公室会议24次，区委常委会议、政府常务会议分别听取进展情况10次，实地调研20余次。

2016年，种植区完成雪菊、树状月季、唐菖蒲等17种花卉、经济林种植工作，共6830亩，其中雪菊干花产量为750公斤；一期100套精准扶贫民宿已建设完成，贫困户已搬迁入住；古堡桥梁已进场施工；路网、演艺中心等项目可研及初设通过区发改委专家评审；其他项目正在开展前置手续、深化设计等工作。2016年3月以来，堆龙德庆区结合“两学一做”学习教育，组织党政干部职工4000余人次投身园区，先后开展清理杂石、种植花卉、除草等义务劳动12次，种植区也因此成堆龙党员干部的田间课堂。园区种植旺季每天组织500名群众投劳，主要从事花卉种植和田间管理工作，截至年底，已带动堆龙德庆区贫困户112户，170人就业，人均增收7000元。

（索朗扎西）

【领导名录】

办公室主任

张　勇（区委常务副书记）

常务副主任

赵　涛（区委副书记、常务副区长）

董智杭（区政府副区长）

皮志帅（区政府副区长）

副主任　陈俊宇（区政府办副主任）

艾茂飞（区委组织部组织编制信息中心主任）

成　员　索朗扎西（藏族，区委区政府督查室负责人）

杨　珊（女，德庆乡人民政府工作人员）

社会事业

堆龙德庆区民政局

【概况】 2016年，在区委、区政府的坚强领导下，在上级业务部门的关心和指导下，以及各乡（镇）党委、政府和区直有关部门的积极配合下，以“两学一做”学习教育为契机，紧紧围绕全区中心工作，坚持“以人为本、为民解困、为民服务”的民政工作理念，以保民生、保稳定、促发展为根本目标，着力保障和改善民生，狠抓重点，突出亮点，扎扎实实开展社会救济救灾、基层政权建设、双拥优抚安置、全国第二次地名普查、老龄以及各项行政事务等工作，充分发挥民政在堆龙社会建设中的骨干作用，为全区经济发展和社会稳定做出积极的贡献。

【以保脱贫工作，精准落实】 在区、市党委政府的坚强领导下，在区、市攻坚脱贫指挥部的总指挥下，全面贯彻落实各级党委政府关于打赢脱贫攻坚战的各项决策部署，扎实推进堆龙德庆区精准扶贫工作。以保脱贫工作在区、市民政部门的指导和帮助下，按照堆龙德庆区提出的“二年脱贫、三年巩固”精准扶贫工作目标，围绕“瞄准特困对象、实行兜底保障、开展精准扶贫”的工作思路，充分发挥民政“兜底保障”作用，以建档立卡扶贫对象为核心，以精准扶贫、精准脱贫为根本，全面推进精准扶贫工作。截至年底，全区建档立卡人数2184人，以保脱贫829人。

【城乡低保、临时救助和医疗救助工作】 截至年底，全区共有城镇低保436户，465人，农村低保730户，2519人；发放城镇低保金及提标资金341.11万元；发放2016年困难群众生活补助资金24.6万元；发放农村低保及提标资金1573117.5元，发放2016年农村低保对象生活补贴资金4946808元。进一步规范临时救助工作，对低保边缘困难群众和因突发性灾害、重大疾病等造成生活暂时困难的群众实施临时社会救助，有效缓解城乡困难群众的临时生活困难问题。截至年底，支出临时救助资金31.85万元，共救助207人次；支出医疗救助资金514.8万元，为困难群众提供直接医疗救助717人次，其中住院711人次、门诊6人次。

【提高补贴标准，实现全面脱贫】 堆龙德庆区认真贯彻落实各级最低生活保障办法，努力实现动态管理下的应保尽保、应扶尽扶、不脱贫不脱保。拉萨市农村低保补贴标准每人每月为：A类189.17元；B类144.17元；C类93.58元。同时结合堆龙德庆区实际，专门研究修订《堆龙德庆区最低生活保障实施细则（试行）》，堆龙德庆区农村低保按市、县（区）1：1配套生活补贴后标准达到3345元，再通过本级财政补贴，使农村低保补贴标准每人每年达到：A类4300元、B类4000元、C类3700元。

【集中供养服务中心工作】 集中供养服务中心认真贯彻执行党和国家的五保集中供养方针政策和区、市各级政府对服务中心工作的指示精神，以服务五保老人为重点，以服务优质化、管理制度化、生活规律化、设施齐全化为标准，全中心上下团结一心，坚持以人为本，注重从完善制度入手，努力实现以制度管理服务中心，并建立健全绩效考核制度，在新的体制下完善分配激励机制和健全分配宏观调控机制，调动全体工作人员积极性，促进社会福利事业发展、提高公益服务水平。在区双拥办的积极协调下，服务中心与岗沙库部队建立双拥共建单位。9月，顺利完成迎接国务委员王勇检查堆龙德庆区五保集中供养各项工作，并得到王勇委员的充分肯定。截至年底，集中供养服务中心意愿集中供养率达100%，集中供养率达81%，老人生活标准每年人均达到22600元为全区最高，并通过向区委、区政府积极申请，解决集中供养服务中心运行经费400万元。

【流浪乞讨人员的救助管理工作】 为做好流浪乞讨人员的救助管理工作，区民政局严格贯彻执行《救助管理办法》，针对堆龙德庆区流浪乞讨人员救助管理工作实际情况，成立流浪乞讨人员救助工作巡查督察小组。6月，对109国道沿街乞讨的流浪人员进行全面的排查，9月，对城区范围内乞讨的流浪人员进行全面的摸排，共救助22人，并全部遣送返乡，形成流浪乞讨人员救助管理工作的良好局面，进一步维护城市的良好形象和社会的和谐稳定。

【提高灾害预防救助能力】 按照“上为党和政府分忧，下为群众解难”的工作要求，救灾救济工作坚持预防为主，进一步改善救灾应急水平，提升防灾救灾能力，保障受灾群众得到妥善安置。逐步完善救灾救济制度建设。以健全和完善救灾体系建设为重点，进一步贯彻执行区、乡、村三级应急预案，制定汛期值班制度和信息报送制度，坚持一天一报制度，加强灾害信息员队伍建设，做好灾害信息系统报送，确保灾害信息报送的时效性和准确性；切实落实好救灾资金和救灾物资。2016年，共计发放冬春救灾大米面粉37500公斤，发放救灾棉被600床，共落实自然灾害救助金28.85万元，有效保障受灾群众生产生活正常有序。强化救灾装备，提升救灾救援能力。区民政局储备20万元的救灾储备粮，冲锋棉衣裤250件、棉被410床、褥子410床、毛毯150床、折叠床200个、口罩3000个、棉鞋250双、雨鞋50双、蜡烛、手电筒等救灾物资作为防寒、防冻救灾储备物资和40顶救灾帐篷。为了保障救灾物资的及时供给，区政府拨付区水利局146万元的支农经费，储备物资：编织袋14万条、铁丝18吨、铅丝笼3000米、块石5000平方米，各类型号水泥管80根，奠定扎实的救灾物资保障。区政府每年预算100万元作为救灾储备金，保障防灾、救灾工作及时有序。区民政局还与区武装部签订协议，建立民兵救援应急分队，各乡（镇）建立救援小分队，适时开展救援演练。

【稳步推进双拥工作】 历年来，堆龙德庆区双拥工作在市双拥办的指导下，扎实开展双拥共建、军地矛盾纠纷排查、退伍军人安置、优抚资金落实等各项工作，并取得良好成绩，2016年双拥工作进一步规范化、制度化，获得全国双拥模范县“八连冠”的荣誉称号。截至年底，全区优抚对象共347人（其中，三属6人，革命伤残军人3人，对重点优抚对象信息资料实行规范化管理，做到一人一档）。

拥军优属、拥政爱民是堆龙德庆区双拥工作的光荣传统，2016年1月，区委、区政府召开议军会，解决驻区部队靶场安装铁丝网，营区门口交叉路段安置减速带的事宜等5个问题；解决关于部队（司训大队）营区13.6千米拦网（每10米需一个水泥界桩支撑，网高1.5米）的事宜和修整营区上游河道防洪渠的事宜；解决关于区消防大队购买价格500万元DG34C登高平台消防车的事宜；协调关于驻区部队大门外道上金珠西路中心绿化带开辟宽约60米的车辆通行路口的事宜。针对退伍士兵在部队立功受奖的情况，区民政局保障有力，由分管民政副区长协调武装部工作人员亲自前往马乡设兴村给予荣立二等功的退伍军人立牌匾，并送去3000元奖金。

在“八一”建军节期间，堆龙德庆区为进一步巩固和发展双拥工作成果，加深军地友谊，增进军民关系，促进军地发展，大力推进堆龙德庆区双拥工作向深层次发展，更好地开创堆龙德庆区双拥工作新的里程碑，于7月26日至7月29日期间，开展走访慰问活动，更进一步增进军地关系；开展党政领导过军事日活动，增强领导干部的国防观念；开展以“军民携手，共建和谐，同庆八一”为主题的文艺会演活动，共谱军民鱼水情。在每年退伍军人返乡后，区民政局均组织为全体退伍军人进行一次职业技能培训，使其能够充分了解当前社会就业形势和如何去融入社会。在就业形势严峻的当下，区民政局还利用有限的渠道，主动联系国企单位（东嘎水厂），为退伍士兵提供5个就业岗位。全年本级财政投入双拥经费共计1200余万元。

截至年底，共安置1名退役士兵在区工业园区工作，共发放2015年自主择业退役士兵优待金及一次性经济补助61.6万元，发放死亡伤残定期抚恤金12.5万元，并圆满完成2016年度征兵工作。

【区划地名工作】 堆龙德庆区自2016年1月12日开展全国第二次地名普查工作以来，在上级部门的统一部署下，在区委、区政府的高度重视下以及各乡（镇）、区直各部门的大力支持下，全区普查员齐心协力，在180个工作日里，对全区范围内的地名及相关属性信息进行全面的调查、补充、更新、完善，基本摸清全区30年地名变化情况，建立完善地名数据库，为进一步提高堆龙德庆区地名管理和服务水平，推动经济社会又好又快发展奠定坚实基础。

本次全国第二次地名普查工作，全区完成图幅标记15张，地名更名301个，新增293个，正音124个，一致768，正字31个，共计1517个，其中：类别31个，地标45个，历史地名9个。

在开展全区第四轮县级行政区域界线联合检查工作中，堆龙德庆区认真履行行政区域界线管理工作职责，按照行政区划法律法规和勘界联检具体要求，精心组织、周密安排、积极沟通、密切合作，较好地完成堆龙德庆区与林周县、当雄县的勘界联检工作。

【基层政权建设】 推进基层民主政治建设，维护农村社会稳定，进一步建立健全群众自治制度，指导村委会依法开展民主自治工作；加强村务公开民主管理，加大对村务公开的监督指导，牵头组织区财政、农牧、发改等村务公开领导小组成员单位，对全区各乡（镇）的村务公开经常化、制度化，切实保障农民群众的“四权”；建立健全村级事务管理监督机制，积极配合纪检监察部门建立健全村民监督委员会制度，充分发挥其对农村基层民主政治建设的保障和促进作用。

【殡葬服务管理】 年内，为进一步规范天葬事务管理工作，区民政局严格贯彻落实自治区政府《关于进一步加强天葬管理工作的通知》和《天葬管理暂行规定》等政策规定，严格管理，从严要求，切实加强对天葬的管理工作，天葬台作为藏民族逝后丧葬的重要场所，区民政局积极争取，将辖区三处天葬台（其美龙天葬台、顶嘎天葬台、楚布寺天葬台）道路、网围栏、遗属休息室、遗物焚烧场所等建设纳入“十三五”项目规划，进一步加大天葬台基础设施建设，为天葬传统文化的传承提供保障，加强领导、明确责任。为切实实现规范化管理，明确工作职责，成立天葬台管理工作领导小组，同时年初区民政局同天葬师签署责任书，加强天葬工作管理，维护天葬台周边环境与正常秩序，在“三大节日”期间，区民政局对辖区内西山殡仪馆进行慰问，送去慰问粮食及慰问金。

【婚姻登记】 堆龙德庆区把婚姻登记规范化建设和登记达标工作放在重要位置，把以人为本和人性化服务贯穿工作始终，依法规范婚姻登记，不断创新服务措施。截至年底，共办理结婚登记

589对，办理离婚登记114对，补办结婚登记112对，并针对因重病无法到现场办理婚姻登记手续的新人，由区民政局派专人进行入户办理，没有发生任何违规现象。登记合格率达100%。此外，区民政局已完成2015年婚姻档案整理、归档及台账登记工作，并对各乡镇婚姻档案、婚姻登记台账进行核查，以确保全区各乡镇历年来的婚姻档案完整。

【社会组织管理工作】 截至年底，堆龙德庆区共登记各类社会团体5家，实际参加清理整顿工作的社会组织5家，参检率达100%。其中，能依法办会、开展活动、发挥作用、正常运作的有5家，占42.6%，共有会员113人，其中党员61人。根据《社会团体登记管理条例》的规定，针对这5家社会组织进行年检活动，明确社会组织检查的意义、步骤和要求，严格审查各社会组织人员变动、经费支出、重大活动、遵纪守法等方面的情况，根据具体问题依法做出不同的处理意见。在10月21日，由区民政局邀请区党校老师组织开展社会组织党建知识培训，成效显著，使堆龙德庆区社会组织党建工作推上一个新的高度。

【推进民政项目建设】 堆龙德庆区民政项目建设工作在区委、区政府的正确领导和区、市民政部门的指导帮助下，在区发改、财政、国土、环保、住建等有关部门的积极协助下，把项目建设当作落实改善民生的具体行动，坚持“用足政策、整体规划、多方筹措、分步实施、平衡推进”的原则，顺利完成年初工作目标。2016年，区民政局实施的本级自筹项目资金980万元，共有3个，分别为：残疾人综合服务中心附属工程、五保集中供养服务中心廊庭改造、德庆乡民政乡级救灾仓库，除救灾仓库外均已竣工。同时，积极衔接“十三五”及援藏项目，已完成3个天葬台维修项目国土规划手续，项目正在环评、设计过程中，3个日间照料中心正在进行选址确认，下一步将及时办理国土规划手续，开展项目前期工作。积极争取到援藏资金对五保集中供养服务中心进行改扩建，新建三县（区）洗衣房、温室大棚，对院内园林景观进行改建。

【做好老龄工作】 2016年，区民政局利用“三大节日”期间，共慰问五保老人112人，发放慰问金89600元，发放价值106400元慰问品。

*完善老龄工作各项台账。*完善享受低保中的失能老人和高龄老人统计台账，并进行核实；核实80周岁以上高龄老人健康补贴发放台账；进一步做好55周岁以上老人信息统计，同时将以下信息：是否是低保、残疾、失能、空巢以及老人生活经济来源、身体健康状况、有无子女等情况纳入2016年统计范畴内。

*认真落实寿星老人健康补贴。*2016年，堆龙德庆区有寿星老人人数1643人，其中70—79岁1283人，80—89岁320人，90—99岁38人，100岁以上2人。城镇80岁以上高龄老人11人；僧尼80岁以上高龄老人5人。为切实提高老年人生活水平，区党委、政府高度重视养老服务业的发展，在区市老年人健康补贴的基础上堆龙德庆区将70—79岁老人纳入健康老人中，70—79岁400元；80—89岁老年人健康补贴500元；90—99岁老年人健康补贴1000元；100岁老年人健康补贴1200元。

通过深入基层倾听民意，了解老年人诉求，并积极宣传《中华人民共和国老年人权益保障法》和老年人保健知识讲座，让老年人学法、懂法、守法，切实增强法律意识以及提高老年人生命质量。充分利用春节、藏历新年、“九九”重阳节等节日，组织全区退休老同志开展丰富多彩的老年文体活动，对农村贫困老人开展走访慰问活动，积极协调各级有关部门，妥善解决、落实各项老年优待政策，通过“五保”、临时救助及医疗救助等方式，落实农村老年特困群体的帮困措施。截至年底，发放高龄老人健康补贴资金共178200元，其中：80—89岁319人。90—99周岁，90—99周岁43人，100岁以上2人。发放2016年老年人“两项”补贴资金102600元。其中：高龄老人111人，失能老人60人。

【财务工作】 年内，在工作中，区民政局严格资金的管理，按专户管理、专账核算，根据指定用途和指定对象发放，同时，坚持民主评议、登记造册、公开发放的程序，做到救助对象、救助标准、救助数量全部公开，自觉接受监督。严格按照财务管理专项制度，明确会计、出纳人员职责，严格执行“一支笔”制度，定期向全体干部职工公布一次本局的账目，做到收、支、现金三公开，接受各级财政、审计、纪检等部门的监督。在做好会计账的对账工作的基础上，认真完成定期与银行、财政专户、拉萨市民政局各项资金收支对账工作。

【做好核对工作】 2016年，按照厅、市指示精神要求，核对中心各项工作稳步推进，特别是在困难群众最低生活保障、住房救助等专项社会救助时，核对中心从两方面入手，严把社会救助入口关。通过与人社、住房、公安、工商、税务、住房公积金等部门联合，全面核查申请对象中拥有的社保养老、房产、车辆、经商、纳税信息；通过入户走访调查，了解申请对象吃穿用住等实际生活状况，详细核对家庭成员信息、家庭收入以及资产情况。多方面依法对申请社会救助家庭的经济状况进行比对，有效缓解家庭收入核算难、低保对象认定难的问题。开展申请救助居民家庭经济状况核对工作，不仅能够提高低保家庭信息的准确性，更能进一步摸清其家庭收入和财产状况，还能增强社会公众对低保政策严肃性的认识，从而确保低保这一政策的公平、公开、公正，现阶段核对中心工作的开展在堆龙德庆区已初见成效。

【推进民政系统党风行风建设】 2016年，以“两学一做”教育活动为契机，区民政局始终狠抓班子自身建设，班子内部团结、作风扎实，能够将心往一处想、劲往一处使，认真贯彻“以民为本、为民解困、为民服务”的宗旨，用实际行动为困难农牧民群众做好事、办实事、解难事。严格按照区委、区政府的统一安排，以“以抓建设、强素质、提效能”为要求，以让群众放心满意为原则，切实加强民政干部自身思想学习教育，严格各项规章制度，积极构建爱心民政，阳光民政，和谐民政。以坚持把民政工作作为经济社会平稳较快发展服务的切入点，充分发挥民政工作在经济建设中的稳压器作用，高度重视对解决民生，促进基层民主，优化民政公共服务，保障困难群众基本权益等重大政策措施的落实和跟踪监管工作，确保资金专款专用，足额发放到民政对象手中。

（次仁顿珠）

【领导名录】

民政局局长

仓决卓玛（女，藏族）

民政局副局长

旦增欧珠（藏族）

陈 文 珂（女）

民政局核对中心主任

刘 延 梅（女，藏族）

堆龙德庆区五保集中供养服务中心主任

次仁卓嘎（女，藏族）

堆龙德庆区人力资源和社会保障局

【概况】 2016年，堆龙德庆区人力资源和社会保障局（以下简称人社局）在堆龙德庆区委、区政府的正确领导下，在自治区、拉萨市大力支持和指导下，认真贯彻中共十八大和十八届三中、四中、五中、六中全会及自治区、拉萨市第九次党代会精神，紧紧围绕2016年拉萨市各县（区）人社工作目标考核内容和堆龙德庆区迎接拉萨市目标绩效争先进位考核任务分解表的相关要求，充分履职尽责，坚持科学合理、公正透明的原则，着力提升工作效能，促进各项工作任务圆满完成，为堆龙德庆区健康和谐发展提供坚实基础。

【增强劳动者职业技能】 努力建设高技能人才队

伍，开展农民工、高校毕业生、企业职工等各类群体的职业培训与能力开发，增强劳动者职业技能，促进就业。2016年，全区实现就业再就业培训272人，完成市局下达目标任务的118%；农牧民转移就业培训560人，完成市局下达目标任务的102%；职业介绍621人，完成市局下达的目标任务的115%；职业介绍成功362人，完成市局下达目标任务的151%；精准扶贫转移就业724人，完成市局下达的目标任务的104%；开发就业再就业岗位668个，完成市局下达目标任务的134%；实现困难就业人员就业212人，完成市局下达目标任务的125%；实现新增就业1727人，完成市局下达目标任务的107%；城镇登记失业人员151人；职业技能鉴定300人，完成市局下达目标任务的103%；农牧民专项职业技能鉴定76人，完成市局下达目标任务的190%；农牧区劳动力转移就业1.51万人，2.71万人次，实现收入0.9亿元，完成市局下达目标任务的101%；高校毕业生实名制统计370人；组织40人参加创业培训，完成市局下达目标任务的133%；组织实施高校毕业生见习60人，完成市局下达目标任务的200%。

【为干部群众兑现保险】 贯彻执行《中华人民共和国社会保险法》，继续推进新农保工作，加强城乡居民养老保险宣传力度，提高各险种参保人数，参保率和覆盖面。认真开展基金监督制度自查，切实加强基金的监督管理。包括干部职工医保，城镇居民医保及僧尼医保。2016年，企业职工基本养老保险实现参保676人，完成市局下达目标的100.9%，征缴基金710万元，完成市局下达目标任务的102%；城乡居民基本养老保险实现参保24103人，完成市局下达目标任务的123%，征缴基金200.3万元，完成市局下达目标任务的101%，已完成一至三季度到龄人员待遇申请及相关业务，完成待遇发放576.35万元；截至12月份，堆龙德庆区城镇职工基本医疗保险实现参保2446人，完成市局下达目标任务的108%，征缴基金1763.79万元（其中财政局转移单位部分医疗保险1288.33万元），完成市局下达目标任务的103%；城镇居民基本医疗保险工作实现参保1740人，完成市局下达目标任务的100%，征缴基金77万元，完成市局下达目标的100%；生育保险实现参保2096人，完成目标任务的106.4%，征缴基金123.7万元，完成目标任务的106%；失业保险实现参保1100人，完成目标任务的100%，征缴基金个人部分160万元，完成目标任务的145%；工伤保险实现参保220户、5926人，征缴基金369.48万元，完成目标任务的143%；待遇支付方面：共完成居民和职工住院及生育报销，其中职工住院报销762010.38元；生育报销491019.5元；居民住院及生育报销累计396885.58元。

【工资福利和专技工作】 专业技术人员的职称评审和继续教育培训工作。全区确认初级资格10人，中级资格24人；对岗位设置通过的单位人员下发聘任文件，其中初级8名，中级15名；并配合市局于8月份，对区医院拟晋升高级职称人员（1人）进行民主测评。2016年12月，协助区教体局对拟聘副高职称4人开展竞聘工作。

规范工人职称申报。严格按照市局要求，规范工人职称申报程序，对区内申报职称的17名工人进行初步审核，并上报市人社局。2016年通过考试并取得资格的共13人，其中技师8人，高级工3人，中级工1人，初级工1人。

促进人才资源的合理配置，营造宽松的人才流动环境。严格按照干部、工人管理权限，审批办理干部、职工调动手续。根据区委组织部人事调动相关手续，协助办理调动手续27人（其中调出10人，调进17人）。

做好增资呈报和工资福利审批工作，强化基础性管理。完成机关事业单位调整西藏特殊津贴标准增资呈报工作、做到数据翔实、情况清晰。年内，审批完成83名新录用人员工资定级工作；执行工龄认定政策，对30名部队考录人员进行工龄追加及档案核定；发放退休老干部丧葬费、抚恤金5人，共计55.2174万元。在职人员丧葬费、抚恤金3人，共计30.4941万元；兑现24名提前退休人员工资。

【维护劳动者合法权益】 为切实履行劳动保障监察职责，贯彻执行劳动保障法律法规，严格监督检查用人单位遵守劳动法律法规的情况，积极受理违反劳动法律法规的行为，进一步提高办案质量和结案率，对案件以最短时间给双方当事人公平、公正的调解；继续以规范劳动市场秩序为工作重点，加强劳动相关法律法规宣传教育普及工作；加大劳动监察执法力度，继续重点解决拖欠农民工工资，收缴民工工资保证金等问题，保障劳动者合法权益。2016年，已对83家企业进行用工许可检查，对44家施工企业1755名农民工签订或补签劳动合同，监督检查面达到98%，共受理投诉举报案件177起，结案173起，正在协调解决4起，成功移交5起案件。帮助1394名农民工追讨工资2218.3万元，35家企业预存建筑领域农民工工资保证金4152.91万元。

【公益性岗位和政府购买服务人员管理机制】 为深化堆龙德庆区公益性岗位和政府购买服务人员人事制度改革，建立科学、规范的薪酬和绩效考核机制，充分调动其工作的积极性和主动性，保证全区经济社会发展各项任务圆满完成，根据堆政发关于印发《堆龙德庆区政府购买服务人员薪酬分配方案（试行）、绩效考核实施办法（试行）、管理暂行规定（试行）》的通知，区人社局认真贯彻落实文件相关要求，进一步完善堆龙德庆区公益性岗位和政府购买服务人员的管理机制和福利待遇，坚持“谁用人、谁管理”的原则，加大对人员管理和监督力度。

【政策法规宣传】 建立综合协调的执法工作机制。建立以区人社局、公安局、信访局、安监局、司法局等多家职能部门协调的联合执法领导小组执法机制，配备专业人员，形成工作网络，清理建设领域拖欠工程款和农民工工资等现象，并按照目标、任务、节点，落实工作部门和责任人，做到每项工作任务实、节点明、责任清。加强宣传，提高社会认知度。区委、区政府多次召开会议，依托30个行政村人社工作协理员大力宣传外出务工人员须知，通过邀请市直部门专家在每年3月组织外出务工人员实施政策法规类培训，5月利用春风行动专场招聘会现场发放宣传资料，6月利用综治宣传月在主要干道组织堆龙德庆区人力资源社会保障局劳动监察大队干部实施现场讲解，现场咨询等方式的宣传活动。截至年底，共组织各类宣传9次，发放劳动法和维权手册8500余册。

【做好包村点扶贫工作】 年内，根据掌握了解的实际情况，经同村委会领导班子，村民代表商议，初步拟定“输血”和“造血”相结合，积极调动和发展当地优势，借助外部支持，最终实现脱贫致富的目的。在开展帮扶工作中，积极做好思想和组织动员工作的同时，教育引导扶贫对象克服“等、靠、要”思想，树立自力更生、自主创业、自我解困意识，力求在必要的外力扶持下，通过贫困妇女群众自身不懈努力实现脱贫致富；坚持职业技能培训、创新培训促进创业为中心，紧紧围绕全区改革发展稳定大局，坚持抓重点、攻难关、创亮点、求突破的工作思路，下大力气做好就业再就业工作，开创出就业工作新局面；将包村工作列入区人社局重要工作日程，按要求到村开展各项工作，充分发挥部门优势进行帮扶，同时通过包村工作，进一步将部门工作与当前开展新农村建设工作结合起来，培养堆龙德庆区人力资源社会保障局干部对农村工作的认识，密切干群关系，改进工作作风，进而促使区人社会局工作更上新台阶。

【民生工作】 年内，公开办事流程和岗位职责。年内，社保大厅制作张贴五项社会保险业务流程图，制作了“岗位职责”工作证，每名干部职工主动亮明身份、服务承诺和标准，做到工作职责明确、办事程序清晰。开展办事流程简化和备案制度。对劳动保障监察的投诉举报、书面审查、工资保障金办理等多项业务工作流程进行简化。养老保险业务每月集中一周在服务大厅实行养老保险退休手续一站式办理，极大提高办事效率，收到良好效果。开辟网上办事和服务平台。

建立业务工作群（就业岗位开发、基层服务平台等），及时发布最新政策法规，加强学习交流，促使服务更加便捷。

【自身建设】 年内，堆龙德庆区人力资源社会保障局狠抓自身队伍建设，切实转变工作作风。结合堆龙德庆区人力资源社会保障局深入开展“两学一做”学习教育，加强组织领导，精心筹划部署，创新活动方式，增强干部素质。坚持每周四下午学习制度，通过集中学习，使干部队伍政治信仰更加坚定，学习科学发展、服务科学发展的工作思路更加清晰，把握发展大局、加快区人社局发展的责任意识进一步加强。

加强党组织建设力度，确保党建工作取得实效。认真落实党内组织生活制度，开展民主评议和专题民主生活会，严格执行党支部“三会一课”制度，加强全局党员干部的管理教育工作，确保党员受教育率达98%以上。

严格执行党风廉政主体建设，进一步健全完善机制。局支部坚持党要管党、从严治党要求，始终以高度的政治责任感和历史使命感，把主体责任记在心上、扛在肩上、抓在手上。年初安排部署2016年党风廉政建设重点工作，尽职尽责种好“责任田”，层层签订党风廉政建设责任书。深入推进惩治和预防腐败体系建设，努力构建不想腐、不敢腐、不能腐的长效机制。坚持党风廉政专题会议制度、领导干部个人重大事项报告和述廉制度、党风廉政建设考核和监督制度、民主生活会制度、廉政谈话提醒制度。

转变工作作风，增强服务意识。区人社局严格按照中央“八项规定”、自治区“十条禁令”、拉萨市“九项要求”精神，积极谋划工作，不推诿，不敷衍，不积压，无乱收费、乱摊派现象；认真对待办事群众，主动承担责任；能认真贯彻党风廉政建设制，做遵法、学法、守法、用法的模范；重点整治纪律涣散问题。对无视组织纪律和工作纪律、“为官不为”现象进行大力整顿，重申“五不让”的纪律要求，配合纪检部门明察暗访工作，大大减少办事拖拉、相互推诿、敷衍塞责的现象。

（陈　翔）

【领导名录】

局　长　洛桑达吉（藏族）

副局长　土登群培（藏族）

　　　　杨洁琼（女）

堆龙德庆区民族宗教事务局

【概况】 年内，堆龙德庆区民族宗教工作在区委、区政府的坚强领导下，在上级业务部门的有力指导下，深入贯彻落实科学发展观，紧紧围绕民族工作主题，贯彻党的民族宗教工作基本方针政策，坚持一手抓稳定不放松、一手抓发展不动摇，认真贯彻落实区、市、区党委政府的各项决策部署，认真抓实抓好年初工作安排的落实，民族宗教工作扎实有序开展。2016年，区民宗局有编制10人，实有工作人员12人（含借调人员2人，自聘1人，临时工1人，志愿者1名），分为宗教事务办公室、民族团结工作办公室、项目财务办公室、综合办公室。

【开展“两学一做”专题教育活动】 自2016年3月成立民宗局党支部以来，区民宗局党支部扎实开展党风廉政建设和专题教育活动，严格按照区市区各级党委政府对“两学一做”专题教育活动的相关要求，组织党员干部深入学习党章、党纪党规、习近平系列重要讲话精神、十八届六中全会精神、自治区和拉萨市第九次党代会精神、区市区各级党委政府重要会议和领导讲话精神；扎实开展党风廉政教育，组织党员干部重温中央“八项规定”、自治区“约法十章”、市委“八项要求”和“十个严禁”，认真学习《中国共产党廉洁自律准则》《中国共产党纪律处分条例》《中国共产党党员领导干部廉洁从政若干准则》《关于新形势下党内政治生活的若干准则》《中国共产党党内监督条例》等内容；开展“一树两抓三比四提高”“手抄党章100天”“学雷锋志愿服务”“党支部书记讲党课”“不忘初心跟党走、恪尽职守报党恩”等一系列活动。截至10月底，党支部组织党员干部集中学习33次，集中讨论11次，开展各类活动8次。

【做好民族团结宣传教育工作】 年内，为使民族团结教育深入人心，区民宗局工作人员经常深入各乡（镇）、寺庙、学校宣传党的民族宗教政策、《拉萨市民族团结进步条例》等相关政策、法律法规，帮助广大干部、群众、僧尼和青少年牢固树立“三个离不开”的思想。同时充分利用民族团结进步月、“9·17”民族团结进步节“9·16”平安西藏宣传日等节庆点，通过悬挂横幅、设立宣传点、发放宣传资料、播放宣传影片、召开座谈会、组织参观爱国主义教育基地、举办文体活动等多种形式开展宣传教育。共悬挂藏汉两种文字宣传横幅90余幅、LED显示屏滚动宣传民族团结标语18处，发放宣传资料30000余份，发放印有民族团结标语的笔记本、手提袋8000余个。

【召开2016年度民族团结进步模范表彰大会】 为进一步做好全区民族团结进步模范集体和个人评选表彰活动，区委、区政府高度重视，在2015年基础上，进一步扩大表彰范围和规模，按照评选范围、评选条件，采取自下而上、自上而下、上下互动、逐级评选的方式方法，以优中选优的原则对各组织所推荐的模范集体和个人进行筛选，并报区委组织部、区纪委审核后，于8月15日上午召开全区民族团结进步模范表彰大会，共表彰31个模范集体、76个模范家庭、436个模范个人，共发放奖金89.8万元。

【开展寺庙慰问及包村慰问活动】 在2016年“三大节日”前夕，区民宗局党员干部先后两次前往结对包村点古荣乡那嘎村了解结对帮扶贫困户家庭情况，并送去价值6600元的砖茶、青油、大米等慰问品及5000元的慰问金；同时，在区委、区政府的大力支持和关心下，区民宗局根据寺庙规模、人数等情况，制定慰问方案，为各寺庙送去大米、清油、砖茶等慰问品和慰问金共计64685元。

【开展“民族团结月”各项活动】 民族团结月期间，按照《拉萨市开展第五个“民族团结进步节”暨第26个“民族团结宣传月”活动实施方案》文件精神，区委、区政府高度重视，并研究制定《中共堆龙德庆区委办公室、堆龙德庆区人民政府办公室关于印发堆龙德庆区开展第五个“民族团结进步节”暨第26个“民族团结宣传月”活动实施方案》，由区民宗局牵头联合区委宣传部、区直机关工委、团区委、区司法局等10多家单位在全区范围内开展以“民族团结”为主题的知识竞赛、摄影绘画书法展、歌唱比赛、演讲比赛、乒乓球比赛、文艺演出等丰富多彩的文化体育活动，共发放奖金65000元整。通过此次活动，为全区各族人民和干部职工营造出浓厚的民族团结氛围，进一步促进各族群众和干部职工之间的交往交流交融。

【积极申报宗教领域为民办实事项目】 年内，为切实改善民生，着力解决僧众最关心、最直接、最现实的利益问题，2016年区民宗局向区委、区政府为7座寺庙申报为民实事项目及环境整治项目，区政府共投入专项资金674.94万元。截至年底，项目已全部完工。

【班子僧尼成员岗位补贴资金】 年内，严格按照《堆龙德庆区宗教活动场所僧尼管理成员岗位补贴和绩效奖励发放管理实施细则（暂行）》要求，做好岗位补贴和绩效奖励发放工作，使寺庙管理委员会班子僧尼成员真切感受到党和政府对他们的关心与厚爱。截至年底，已兑现全年各寺管会（专职特派员）班子僧尼成员岗位补贴72万元整。

【确保各类宗教活动顺利有序开展】 按照《西藏自治区大型宗教活动管理办法》的相关规定，2016年，经区、市、区政府审批的宗教活动均严格按上级部门的要求分别制定《宗教活动书面申请》《宗教活动实施方案》《宗教活动安保方案》《宗教活动应急处置预案》《宗教活动风险评估报告》等，为确保各项宗教活动顺利有序开展，建立各部门联防联动机制，区委、区政府主要领导亲临活动现场坐镇指挥，各部门协同作战，确保各场佛事活动正常有序开展。2016年，各项佛事活动未出任何问题，确保“三无”“三不出”。

【僧尼自然减员补充学经及新僧尼吸收工作】 按照《西藏自治区藏传佛教寺庙定员僧尼吸收补充暂行办法》和《拉萨市2016年藏传佛教寺庙定员僧尼吸收补充工作实施方案的通知》精神，区民宗局及时制定《堆龙德庆区2016年藏传佛教寺庙定员僧尼吸收补充工作实施方案》，根据拉萨市名额分配，堆龙德庆区共补充吸收12名新僧尼，结合寺庙员额核定编制等实际情况，将名额进行科学合理的分配，切实做好在编僧尼自然减员补充学经新僧尼吸收工作。

【深入推进寺庙法制宣传教育工作】 结合2016年9月民族团结宣传活动月，区民宗局联合区司法局、区人民检察院、区委党校、区公安局、区人民法院等单位组成宣讲工作组开展进寺庙巡回宣讲活动，宣讲以习近平总书记系列重要讲话精神、民族区域自治法、反分裂国家法、文物保护法、消防法、《拉萨市民族团结进步条例》及宗教政策法规文件选编等为主要内容，覆盖驻寺干部、僧尼率达100%，发放宣传图书资料230余份（册）。

【举办2016年僧尼培训班】 为提高全区寺庙僧尼整体素质、宗教造诣、道德修养，教育引导僧尼树立正确的祖国观、民族观、宗教观、文化观，增强法治意识、稳定意识，努力建设一支政治上靠得住、学识上有造诣、品德上能服众的爱国宗教人士队伍，区民宗局制定《堆龙德庆区2016年寺庙僧尼培训方案》，采取集中培训、进寺庙宣讲、到内地学习交流的方式开展培训活动。通过集中培训和到内地学习交流，僧尼学员们认真学习民族宗教事务条例、相关法律法规、寺规戒律、习近平总书记系列重要讲话精神及近年来中央、区市区各级党委政府出台的一系列利寺惠僧政策，深切感受到伟大祖国的社会经济发展变化、汲取到内地佛教圣地的好经验、好做法，成效显著。

【落实僧尼体检工作】 年内，为进一步落实党和政府的利寺惠僧政策，做好全区在编僧尼的体检工作，区委、区政府高度重视，按照区委、区政府主要领导的指示精神，区民宗局联合区人民医院及相关单位召开僧尼免费体检工作安排部署专题会议，对全区僧尼参加体检的具体时间、地点及要求作了周密安排部署，确保僧尼参加体检率达到100%。

（曹　阳）

【领导名录】

局　长　尼玛旺堆（藏族）
副局长　马玉华（女，回族，2月任职）
　　　　次仁扎西（藏族）
　　　　黄　敏（女，2月离任）

堆龙德庆区卫生局

【概况】 2016年，堆龙德庆区卫生局（以下简称区卫生局）。有行政管理人员共计8人，实有工作人员（人口计生委）9人。医疗卫生下属机构有区医院、疾病控制中心、5个乡（镇）卫生院、30个村卫生室，堆龙德庆区卫生计生工作人员共有258人。区、乡、村三级医疗预防保健网络基本健全。初步实现保健不出村，小病不出乡，大病不出区，重疑难病及时转诊的工作目标，能为农牧民群众提供综合、便捷、安全、有效、经济的医疗卫生保健服务，使堆龙德庆区农牧民群众有地方看病、看得起病，确保病有所医的国家政策得以有效落实。

【党风廉政工作】 年内，区卫生局认真贯彻落实中央、自治区、市及堆龙德庆区委、区政府关于党风廉政建设精神及工作部署，把落实党风廉政建设责任制作为重要工作抓紧抓实，组织党员干部学习业务技能、法律知识、廉政知识等，紧紧围绕卫生中心工作，坚持标本兼治、综合治理、惩防并举、注重预防的反腐倡廉的工作方针，不断总结完善党风廉政建设责任制，严格各项管理制度措施，积极推进党风廉政建设，扎实抓好卫生系统的党风廉政建设和作风建设工作。年内，区卫生局把党风廉政工作纳入全年整体工作，将反腐倡廉工作任务分解到医院、疾控中心、各乡（镇）卫生院，明确责任内容，落实具体责任人，促进卫生系统党风廉政建设和反腐败工作的顺利开展。

【卫生事业】 进一步加强医疗卫生基础设施建设。区委、区政府把医疗卫生事业视作重大的民生工程，2016年，堆龙德庆区投入500多万元的资金，修建区医院放射科和发热门诊等相关基础设施，投入600万元购置16排CT机，已投入运行。2016年，在北京口腔医院的大力扶持下配备口腔科所需的设施设备，并于8月初开设口腔科，为广大老百姓提供良好的诊疗条件。2016年本级财政投入900万元实施全区25个村卫生室规范化改扩建项目。

按照拉萨市卫生局2015年目标责任书的要求，实现“每个行政村达到3名乡村医生”的工作任务，提高基层医务工作者的工资待遇，将村医每月工资由1800元提升到2590—3100元。同时，建立乡村医生基本公共卫生服务工作考核奖励机制，经考核合格，年底一次性发放奖励补助，有效调动乡村医生工作积极性，稳定村医队伍，各项医疗和基本公共卫生服务任务得到较好的落实。

【农牧区医疗制度健康运行】 2016年，农牧民个人筹资率达到100%，农牧区医疗政府补助标准提高至年人均435元，较2012年的人均300元增加135元；农牧区参加个人筹资的人数为39227人，个人筹资缴费金额人均提高到30元，合作医疗个人筹资总金额为117.68万元。2016年，大病统筹补偿金额2005.2万元，较2014年大病统筹补偿金额676.58万元增加735.45万元的开支。为实现2020年堆龙德庆区全面建成小康社会的目标，2016年，区政府除投入1200万元合作医疗大病统筹补充资金以外，还增加1000万元合作医疗精准扶贫专项资金，不设报销上限按80%报销医疗费用。

【探索开展即时结报工作】 年内，在全区各医疗机构开展及时结报方式的基础上，在区医院开展“先诊疗、后结算”的管理模式，这一举措极大地方便农牧民，解决农牧民住院垫付经费困难的问题。

【提高农牧民医疗保障水平】 2016年，对在保险年度内，农牧民发生的住院和特殊病种门诊医药费用超过农牧区医疗最高支付限额的部分，实施大病补充医疗保险赔付，赔付封顶线为每年每人7万元。农牧民医疗保障水平得到大幅度提高，对有效防止农牧民家庭因病返贫、因病致贫发挥积极作用。

【新增医用一次性材料的补偿政策】 2016年，为有效缓解因病致贫、因病返贫，按照中央第六次西藏工作座谈会议精神和西藏自治区关于扎实推进农村扶贫开发工作意见、西藏自治区农牧区医疗管理办法第116号主席令、堆龙德庆区农牧医疗实施细则相关文件精神堆龙德庆区新增医用一次性材料的补偿政策，对确有因病致贫、因病返贫的参加合作医疗患者，如在住院期间所发生的医用一次性材料费用（按照堆龙德庆区农牧区合作医疗实施细则不予以核销的），区卫生局按照医用一次性材料（心脏起搏器、心脏支架、人造骨置换、人工钢支架等）的80%予以补偿。截至年底，此政策有19人享受，总金额费用109626.66元。

【全面实施国家基本药物制度】 在自治区卫计委

下发的《国家基本药物目录（2009年版基层部分）》基础上，区卫生局按照《西藏自治区政府关于基层医疗机构基本药物采购工作实施办法》的要求，2016年，共采购西药194种和藏药227种。

区委、区政府高度重视全区实施国家基本药物制度工作，按照建立国家基本药物制度工作安排，实现全区所有政府办基层医疗机构实施国家基本药物制度的目标。截至年底，享受零差率药品政策的人口达39521人左右，资金约200多万元。

【促进基本公共卫生服务逐步均等化】 年内，按照自治区基本公共卫生服务项目，明确堆龙德庆区公共卫生服务范围，确保国家和自治区基本公共卫生服务项目免费向城乡居民提供。为进一步落实基本公共卫生服务，提高服务质量，规范和加强基本公共卫生服务专项经费管理，充分发挥资金使用效益，通过政府购买服务的方式，大力开展各项公共卫生服务，如慢病管理、地方病防治、规划免疫、结核病防治，性病艾滋病防控等公共卫生工作。

全面推进建立农牧民健康档案工作。全区全面推开建立农牧民健康档案和僧尼健康体检工作。截至年底，城乡居民健康档案建档率达100%，僧尼健康档案建档率为100%，为416名僧尼进行健康体检。堆龙德庆区全民体检人数42172人，体检率为99.8%，妇女体检人数为11315人，体检率为99.9%，0—18岁儿童先心病筛查人数为9827人，筛查率为100%，堆龙德庆区每年投入100万元用于解决先天性疾病患者看病难、看病贵的问题，2016年，先后共解决7名先天性疾病患儿前往北京治疗的费用。

为15岁以下人群补种乙肝疫苗项目覆盖全区6个乡（镇），对15岁以下学生和儿童实施乙肝疫苗接种，提前两年完成任务，2016年，继续开展乙肝疫苗常规免疫工作，免疫接种率达到97%以上。

大力实施“降消”“母子系统保健”和“孕期微营养素补充”等项目，继续实施城乡农牧民孕产妇住院分娩特殊报销补偿政策和生活救助政策，积极开展妇女常见病普查诊治。2009年以来，堆龙德庆区全面实施农牧区住院分娩补助、增补叶酸工作，截至9月30日，对堆龙德庆区226名孕前及早孕妇女发放叶酸，发放叶酸片340盒，并在羊达乡开展“两癌”检查项目。根据市卫生局要求，堆龙德庆区继续对农牧民住院分娩实行优惠政策，农牧民住院分娩费用实行100%报销补偿，对每位住院分娩的农牧民和护送者分别给予50元的奖励补助。据统计，2016年，堆龙德庆区孕产妇死亡率为零，婴儿死亡率为13.1%，近3年来呈下降趋势。住院分娩率由2015年的98.49%，提高到2016年的100%。计生两项扶助金发放率达100%，受助合格率达100%；完成孕前优生健康检查501对，出生缺陷体检人数279对。区卫生局还配合区妇儿工委开展贫困母亲“两癌”救助项目，截至年底，已对2名农村贫困妇女“两癌”患者进行救助，救助金额达1.6万元。

【进一步强化公立医院内部管理工作】 在2015年的基础上继续努力执行“先诊疗、后结算”，有效缓解农牧民群众“看病难”的现状，这一举措是老百姓切实享受到医疗卫生事业改革发展带来的便利和实惠，真正体现公立医院改革的公益性和便利性。切实加强公立医院内涵建设和内部管理，积极开展“医疗质量万里行”“平安医院”、医院管理年、医疗安全百日专项检查、区医院巡查活动。优化诊疗流程，加强重症学科、急诊科、护理等重点科室的建设与管理，加强医院感染、医疗质量和临床用药安全管理，开展优质护理服务示范工程，提高临床护理质量，加快医院信息化建设步伐，逐步规范临床检查、诊断治疗和用药行为，探索人事制度改革试点，医院整体管理水平、医疗服务水平和医护质量进一步提高。

【城乡居民免费健康体检工作】 在各乡（镇）人民政府的大力配合和区卫生局的精心安排下，通过全区医务人员的不懈努力，全民健康体检工作取得较好的成绩。自2016年5月起，对所有寺庙在编僧尼、编外人员以及驻寺干部进行免费健康体检，并建立健康档案。自2016年6月起，对堆龙德庆区4个乡2个镇42172人进行全民健康体检工作，市级参加体检人数42106人，参检率99.8%。0—18岁应检9827人，参检率达100%。

（白　玛）

【领导名录】

局　长　郭　斌

副局长　马玉华（回族，2月离任）

李扎西（藏族，2月任职）

堆龙德庆区食品药品监督管理局

【概况】 年内，堆龙德庆区食品药品监督管理局在区委、区政府的正确领导和上级部门的精心指导下，深入贯彻落实中共十八大，十八届三中、四中、五中、六中全会精神和习近平总书记系列重要讲话精神，紧紧围绕“依法行政，执政为民”的工作宗旨，以思想建设为重点，“四个最严”为抓手，全面提升党建水平、业务水平、服务水平，切实保障公众饮食用药安全。全区辖区连续实现食品药品安全零事故目标。2016年，全局在职干部职工8名，其中正科级干部1人，副科级干部（含副主任科员）4人。

【严把行政关口加强源头治理】 按照区、市食药局关于食品经营许可证两证合一行政许可相关工作要求，依照《西藏自治区食品经营许可管理办法（试行）》规定，负责对辖区内食品销售和餐饮服务经营活动进行许可管理工作，并稳步推进“西藏自治区食品经营许可管理系统”使用工作，行政许可采取网上申请、受理、结办等工作。严格落实食品经营许可证办证程序，规范许可档案备份工作。2016年1—7月共计办理餐饮服务许可证176个，8—12月共计办理食品经营许可证142个。同时，按照《中华人民共和国药品管理法》、新版《药品经营质量管理规范》（GSP）规定，共认证2家药品经营单位，办理药品经营许可证2个。

【食品安全监管】 年内，区食药局建立和完善“地方政府负总责、监管部门各负其责、生产经营者为第一责任人”的责任机制。同各乡（镇）及各食品安全成员单位签订《食品安全责任书》38份。依据《中华人民共和国食品安全法》《餐饮服务食品安全管理办法》，开展餐饮服务环节食品安全日常监管，规范餐饮服务食品安全操作，巩固“堆龙德庆县国家餐饮服务食品安全示范县”荣誉。截至年底，日常监督630余家次，下达限期整改通知书126余家次，口头警告25余家次。出动执法人员300余人次。

【食品安全抽检工作】 为切实排查辖区食品安全隐患，确保辖区食品安全。每月及时完成食品安全抽检采集及采样信息录入工作和样品送达各项工作任务。2016年，共深入68家次食品经营户，抽检121批次食品，其中肉及肉制品19批次、腌制品5批次、面及其制品32批次、蔬菜类42批次、餐具7批次、酒类2批次、其他14批次；涉及餐饮环节39家次，食品流通环节29家次。

【药品及医疗器械质量安全监管】 2016年，依据《中华人民共和国药品管理法》《医疗器械管理条例》，开展药品、医疗器械经营单位、使用单位质量安全日常监管。认真落实新版《药品经营质量管理规范》（GSP）规定。对区医院、卫生防疫站监督检查11次，对乡镇卫生院、村卫生所监督检查6次，对个体零售药店、诊所检查11次，共监督270余家次，下达限期整改通知书80余家次。

【专项整治工作】 2016年，在“三大节日”、三月份敏感时段、区“两会”、萨嘎达瓦、藏博会、雪顿节、国庆期间加大食品药品安全专项监督力度，期间开展全区“党代会”“两会”食品安全保障工作、“春节”“藏历新年”期间药械质量专项监督、建筑工地食堂食品安全专项监督、“三大”（高、中、小）考试期间食品安全保障工作以及春秋季学校食堂食品安全专项监督，以及“雪顿节、藏博会”期间食品安全系列监督工作。开展专项监督19次，569家次，下达监督意见书113家次。同时，开展楚布寺“次曲”、达扎寺惯例“入行论”、雄巴拉曲“次曲”、觉木龙寺展佛、跳神、哲蚌寺、雪顿展佛和600周年庆典活动等宗教佛事活动期间食品安全保障工作。

【食品药品安全宣传培训】 为进一步增强餐饮从业人员和广大消费者的食品安全意识，突出宣传，强化预防，2016年区食药局组织开展餐饮服务从业人员食品安全培训6期，食品经营从业人员培训2期。在4月、6月、9月分别举办药品经营质量管理规范（GSP）和药品分类管理、药品与医疗器械不良反应监测及上报等知识的培训3期。共培训11期，从业人员500余人次，发放食品安全结业证405余本。同时，结合“五下乡”“安全生产宣传月”“食品安全宣传周”“综治宣传”“安全用药月”“食品安全进校园”等系列宣传活动，深入乡（镇）、学校、企业，采取设立宣传点、宣传栏、发放宣传册等方式，普及食品药品安全科学知识，并积极配合区委宣传部加大文明餐桌宣传力度。促进农牧民群众树立健康饮食理念，增强生产经营者守法诚信意识。共计开展20余次宣传活动，共发放食品药品安全知识宣传载体6000余件（本、件）。

【作风建设】 年内，以“两学一做”学习教育活动为抓手，坚持“依法执法、文明执法、公正执法”，充分结合教育实践活动，切实加强党员干部的党性修养，为民服务本领，不断转变作风。严格落实“三会一课”制度，定期召开党员会议、支委会议，扎实开展党员讲党课活动。进一步完善党支部各项制度。积极参与到“香雄梅朵”义务劳动，组织开展“文明餐桌”宣传引导等“党员志愿者服务活动”每月定期组织开展廉政专题集中学习活动，每季度定期开展廉政专题会议。坚持“三重一大”议事规则，坚持每月对党务、业务、党风廉政建设、干部管理等事项进行公开公示，切实推动权力在阳光运行。

（尼玛卓嘎）

【领导名录】

局　长　旦增平措（藏族，7月离任）
　　　　土　登（藏族，7月任职）
副局长　尼玛江才（藏族）
　　　　赖雪萍（女，2月任职）

堆龙德庆区人民医院

【概况】 2016年，堆龙德庆区人民医院（以下简称区医院）在堆龙德庆区委、区政府的高度重视和上级卫生主管部门的关心指导下，区医院严格遵照上级领导的指示精神，全院上下围绕稳步推动公立医院改革和等级评审“两项中心”工作，凝心聚力、开拓创新，较好地地完成医院各项医疗卫生工作。

区医院占地面积33335.00平方米，建筑面积5705.17平方米，全院共有50张床位，院内设有行政、总务后勤科、医务科、信息科、护理部、设备科、病案室、财务科、保卫科、内科、外科、手麻科、儿科、口腔科、藏医科、妇产科、120急救中心、药房、影像科（B超、心电、放射科）、检验科、供应室及收费室等22个科室，全院共有122人（正式职工92人，借调1人，公益性岗位8人，聘请临时工21人），其中，行政10人，占总人数8.20%，卫生技术人员96人〔临床医师（士）50人，护师（士）27人，药剂6人，医技13人〕，占总人数78.69%，工勤人员16人，占总人数的13.11%。

【狠抓基层党建工作】 区医院作为业务性单位，一直以来存在“重业务、轻党建”的突出问题，为切实解决好这一实际问题，2016年，为更好发挥基层党支部的战斗堡垒作用，区医院党支部严格遵照党章及上级党组织的相关文件会议精神，以制度建设和组织建设为抓手，进一步完善党支部各项规章制度，配齐配强党组成员，建立健全相关组织机构，扎实开展党员培养、重大节日专题活动等组织活动，有效增强基层党支部的凝聚力和战斗力。

按照中央八项规定和自治区、拉萨市、堆龙德庆区委相关文件会议指示精神，院党支部及时召开全院党风廉政建设（结合医德医风）工作动员部署专题大会，按照“两个主体责任”的规定要求，医院党支部书记作为医院党风廉政建设的主体负责人，与院长及相关科室负责人签订《区医院党风廉政建设目标责任书》，组织全院党员认真学习《中国共产党廉洁自律准则》《中国共产党党纪处分条例》，要求摘抄笔记、撰写心得体会，并将卫计委“九不准”的相关规定作为区医院职工的行为准则，全面强化医院职工防腐拒变的能力，增强全院职工的党风廉政建设思想意识；根据相关要求区医院完善制度、强化措施，在医院人事变动、资金使用、基础建设等重大决策上实行集体研究、民主决策，确保党的相关政策规定切实落到实处，从源头上杜绝腐败情况的发生。

按照堆龙德庆区委统一部署，根据“两学一做”专题教育学习活动的总体安排要求，区医院党支部紧密结合医院稳步推进公立医院改革、有序推进医院等级评审工作、逐步完善绩效考核制度、加强抓好医院基础管理工作、打造平安医院等重点工作，把全面加强医德医风建设，扎实抓好“三好一满意”放在工作的核心位置，立足本职、精心谋划、强化措施、统筹推进，为有效提升基层医务人员真心为民、服务大众的为民情怀思想意识发挥基层组织的战斗堡垒作用。

在党支部的带领及全院上下干部职工的共同努力下，2016年10月20日，党员活动中心正式启动，党员活动中心的开办使党组织产生无限凝聚力、创造力，使全院上下党员和干部职工有属于自己的党组织活动室，以及下一步医院成为一所学习型医院奠定良好的基础。

【深入推进扶贫开发工作】 2016年，区医院相继开展多项结对帮扶工作，2016年区医院已安排5名同志分别在乃琼镇加热村、马乡岗吉村、德庆乡德庆村、马乡朗巴村、羊达乡通嘎村驻村，并为认真落实堆龙德庆区精准扶贫精神，深入推进精准扶贫工作，加快贫困群众早日脱贫致富，组织全院职工个人出资，看望各自结对帮扶对象，共为古荣乡82家贫困户捐助32462元，乃琼镇色玛村6家贫困户捐助3000元资金，于11月3日对乃琼镇6位村民进行免费健康体检，并建立了结对帮扶卡。

【完成各项应急保障任务】 为了积极响应堆龙德庆区委统战部及区民宗局的工作部署，保障堆龙德庆区各寺庙佛事活动的顺利开展，全年区医院出动救护车及医务人员参加市区各寺庙佛事活动10余次，参与突发应急抢救80余次（其中包括交通事故等），出色完成各项医疗救治应急处突任务。

【继续执行药品“零差价”的销售】 2016年，区医院继续把196种基本药物（西药）和227种藏药按“零差价”进行销售，受益患者达3万余人，资金约200万，得到国家卫计委、自治区卫生厅、拉萨市卫生局及堆龙德庆区委、区政府领导的高度认可和广大农牧民患者的真心欢迎。

【执行“先诊疗、后结算”，方便群众就医】 在2015年的基础上继续执行“先诊疗、后结算”，有效缓解农牧民群众“看病难”的现状，截至年底，区医院救治受益群众达800人，医疗金额达160万余元。这一举措使老百姓切实享受到医疗卫生事业改革发展带来的便利和实惠，真正体现公立医院改革的公益性和公立性。

【进一步改善医疗就医环境】 堆龙德庆区委、区政府把医疗卫生事业视作重大的民生工程，2016年，区委、区政府相继投入500多万元的资金，修建区医院放射科和发热门诊等相关基础设施，并支出600万元购买16排CT机，截至年底，发热门诊准备接收患者，CT机已投入运行。以上举措，为公立医院的稳步改革和医院等级评审创造有利条件。2016年，在北京口腔医院的大力扶持下配备口腔科所需的设施设备，并于8月初开设口腔科，为广大老百姓提供良好的诊疗条件。

【全力筹备等级医院评审工作】 医院等级是医院功能、任务、规模和管理水平、质量水平、技术水平的综合标志，是医院综合竞争力的体现。为了提升医院综合竞争力，建立医院科学的长效管理机制，更好地为全区老百姓提供优质的医疗服务，按照自治区卫生厅、拉萨市卫生局的要求，区医院从2015年10月开始，筹备等级评审工作，一年来在各级领导关心支持下，全院人员齐心协力工作有序推进，成绩喜人。

*动员全院、分解任务。*医院专门抽调6名院内骨干人员，设立创评办、成立创评领导机构，组织召开全院动员大会，统一思想，提高认识，认真学习《二级综合医院实施细则与核心条款》，明确各阶段目标任务和工作要求，并制定详细的实施方案，进行各项任务分解，收集整理、汇总分析各类基础信息，督促指导、检查考核各项创评工作。

*政府支持、完善硬件设施。*在堆龙德庆区委、区政府的大力支持下，按照等级评审实施细则的要求成立输血科、病案室、重症医学科，改造门诊输液室、生化实验室、外科手术室，购买各科室内所需医疗设施设备，采购全院的办公用品，为顺利通过二乙评审创造有利条件。

*完善制度、落实措施。*在创评办四小组（行管组、医疗组、医技组、护理组）成员的共同努力下，汇编《堆龙德庆区人民医院制度和职责》《堆龙德庆区人民医院医疗卫生法律法规》《堆龙德庆区人民医院应急预案》《堆龙德庆区人民医院工作流程图集》等20本，并下发到各科室、各职能部门，做到人人知晓，人人了解，按照已汇编的内容执行和完成各项工作。

*邀请专家、整改问题。*为顺利通过二乙终评工作，院领导多次联系上级医院，邀请专家到区医院督导检查创评工作，在专家们耐心地讲解和指导下，医院创评工作有很大的提高，除此之外组织医院骨干人员在行政副院长次仁措姆的带领下到墨竹工卡县人民医院开展学习创评工作先进经验和取经活动，并对参观考察活动进行深入的总结探讨。针对专家组提出的信息化建设力度不够、无职代会、抗菌药物合理使用未落实、职能部门督导检查记录不全、消毒灭菌不规范、临床诊疗指南资料不全等共326条意见和建议（行管组92条，医技组45条，护理院感组99条，医疗组90条），开展为期3个月的专项整改，完成33项核心条款的内容，整改专家提出的326条存在问题。

*总结分析、持续改进。*在各创评小组的带领下，使全院工作有制度、有记录、有总结、有分析、有反馈，每项工作按评审标准中的PDCA（P–计划、D–实施、C–检查、A–处理）程序执行，保证各项工作目标实现。

*不懈努力、成功创建。*在堆龙德庆区委、区政府和各级卫生行政部门的大力支持和关心下，以及在全院职工的共同努力下，顺利完成等级医院评审工作，并且成功通过二级乙等医院最终评审。

【推动医院医疗卫生事业的健康有序发展】 为进一步推动堆龙德庆区卫生事业的向前发展，给广大患者提供更加优质的医疗服务，2016年7月，北京市垂杨柳医院签订帮扶协议，垂杨柳医院将每年下派骨干医务人员到区医院工作，同时区医院医务人员到支援医院进修学习，根据支援医院的协助组织开展临床教学、技术培训、手术示教、疑难病例和死亡病历讨论等，不断提高常见病、多发病和疑难重症的诊疗水平，使群众就近得到较高水平的医疗服务，降低区医院院外转诊率，基本实现大病不出堆龙德庆区的目标，缓解群众看病的问题，保障群众身体健康。

在堆龙德庆区委、区政府的大力支持和北京口腔医院的帮助下，区医院于2016年8月初开设口腔科，科内设有先进的口腔设备，有专业的口腔医师开展诊疗工作，为广大老百姓提供优质的诊疗服务，不仅为区医院无口腔科室的历史填补缺口，而且为全区口腔疾病患者提供方便。

【推进业务工作】 强化业务学习，加大人才培养力度。年内，为了加强区医院医疗人员的业务素质，积极选派基础好、责任心强的年轻人出去学习深造，共派出医务人员到上级医院学习培训11余人次；各科室定期组织医护人员进行专科理论知识和技能操作的学习，医院制定详细的业务学习方案。按照医院制定的业务学习计划，秉承公平公正的方式进行全院医务人员“三基三严”考试三次，全院各项业务学习10次，全院医务人员发表论文4篇（均为省级刊物）。

紧抓业务工作，积极完成各项业务指标。医院紧紧围绕堆龙德庆区委、区政府2016年医疗卫生各项工作的总体安排部署要求及“拉萨市卫生局目标考核验收责任书”指标体系的年终考核验收工作要求，强化措施、统筹安排、上下联动，在全院各个科室医务人员的共同努力下，全院业务工作有序开展、扎实推进，以下为2016年区医院业务数据统计表。

堆龙德庆区人民医院2016年业务数据统计表

表2

科室	门诊	住院		出院（单位：人）	
内科	7042	437		430	
妇产科	3366	229		225	
外科	3400	360		356	
藏医科	4282	15		15	
急救中心	12060	295		0	
合计	30150	1336（包括留观）			
藏医类	针灸	盐疗	霍尔夫	按摩	考电
	350	26	71	351	352
	温针	肝腹位	火罐	火灸	放血
	32	15	25	18	52
辅助科室	检验-常规	检验-生化	超声	心电图	放射
	18462	8210	9145	7051	3804

2016年，妇产科住院分娩活产术218例；手术室手术168台次，其中，外科手术126台：阑尾切除术49台，胆囊切除术30台，包块切除术9台，骨科手术12台，肛周脓肿6台，斜疝2台，痔疮18台。妇产科手术42台，其中剖宫产3台，绝育术6台，门急诊小手术15台次，药流14人，人流4人；2016年全院床位使用率达88%，床位周转次数为2.6次，出院者平均住院日为9天，入院病人3日确诊率达90%，入出院诊断符合率达99%，手术前后诊断符合率达100%，院内感染发生率为0；基础护理合格率达100%，急救药品完好率达100%，护理技术操作合格率达90%。一人一针一管一用灭菌合格率达100%，一次性注射器、输液器毁形率达100%，一次性医疗废物回收率达100%，患者护理工作满意度达92%，年压疮发生次数为0，手术切口感染率为2.1%。

立足本职、注重传承、打造藏医特色专科。藏医药历史悠久、内涵丰富，经过上千年的发展演变已形成独具特色的医药体系，成为中国三大医药体系中的一颗璀璨的明珠。区医院历来十分重视传承和发扬藏医药工作，把打造和发展藏医药特色科室纳入推动全院医疗卫生事业发展的重要位置，强化措施、统筹谋划，为藏医药事业的健康有序发展创造有利的条件。2016年，全体藏医科医务人员创造性地开展工作，藏医文化室在原有藏医药药材标本368种基础上，2016年，采集18种草药，总数达到386种，同时通过开展考察、调研、专题研究等前期工作的基础上，制定切实可行的规划方案，全面启动藏医院建设筹备工作。截至年底，藏医住院人数为15人，出院15人，门诊就诊4282人，藏医火罐治疗25人、针灸治疗350人、放血治疗52人、火灸治疗18人、吸牛角治疗26人、肝复位治疗15人，藏医论文2篇。

【开展“全民免费健康体检”工作】 区医院据全院之力，自2016年5月20日起，组织区医院骨干医护人员历时3个月对堆龙德庆区内所有寺庙在编僧尼、编外人员以及驻寺干部进行免费健康体检，并建立健康档案，共完成体检416人。自6月25日起，区医院组织20余名骨干医护人员，为全区四乡两镇42172人进行全民健康体检工作，应参加体检人数42172人，实际参加体检人数42106人，参检率99.8%。0—18岁应检9827人，参检人数9827参检率100%；育龄妇女应检11324人，参检人数11315参检率99.9%。僧尼参检416人，参检率100%。0—6岁应检：1432参检人数978参检率68.2%，并为体检中筛查出的各类疾病做疾病分析普。

【开展“送医、送药、送温暖”活动】 为了深入开展送医、送药活动，以实际行动践行“两学一做”专题活动，区医院专门抽调10余名医院骨干人员、4名援藏医生以及部分党员干部，组成医疗小分队，分别到古荣乡、乃琼镇及三县福利院开展送医、送药、送温暖活动中，2016年共开展4次义诊活动，为600余人次进行免费诊疗，免费发放120多种藏、西药，总价值近2万余元，得到广大老百姓的一致好评。

（强央曲珍）

中级职称以上人员名单

表3

序号	姓名	性别	民族	工作单位	职务名称	批准单位	批准时间
1	罗布次仁	男	藏	堆龙德庆区人民医院	党支部书记（副高）	自治区人社厅	2008.8
2	泽　多	男	藏	堆龙德庆区人民医院	院长（中级）	拉萨市人社局	2012.11
3	次仁措姆	女	藏	堆龙德庆区人民医院	副院长（中级）	拉萨市人社局	2009.7
4	张　丽	女	汉	堆龙德庆区人民医院	副院长（中级）	拉萨市人社局	2009.9
5	拉巴顿珠	男	藏	堆龙德庆区人民医院	院办主任（中级）	拉萨市人社局	2014.8
6	毛　卫	男	汉	堆龙德庆区人民医院	医务科主任（中级）	拉萨市人社局	2014.8
7	穷　达	女	藏	堆龙德庆区人民医院	护理部主任（中级）	拉萨市人社局	2005.5
8	丹增卓玛	女	藏	堆龙德庆区人民医院	护理部副主任（中级）	拉萨市人社局	2008.6
9	夏　晖	男	汉	堆龙德庆区人民医院	主治医师（中级）	拉萨市人社局	2010.9

续表3

序号	姓名	性别	民族	工作单位	职务名称	批准单位	批准时间
10	葛　军	男	汉	堆龙德庆区人民医院	主治医师（中级）	拉萨市人社局	2014.8
11	巴　珠	女	藏	堆龙德庆区人民医院	主管医师（中级）	拉萨市人社局	2009.3
12	尼　拉	女	藏	堆龙德庆区人民医院	主治医师（中级）	拉萨市人社局	2005.12
13	张　琮	男	藏	堆龙德庆区人民医院	主管药师（中级）	拉萨市人社局	2009.9
14	陈　玮	女	汉	堆龙德庆区人民医院	主管药师（中级）	拉萨市人社局	2005.5
15	次　旺	男	藏	堆龙德庆区人民医院	主治医师（中级）	拉萨市人社局	2008.1
16	王仕会	女	汉	堆龙德庆区人民医院	主治医师（中级）	拉萨市人社局	2010.9
17	吴仕华	男	汉	堆龙德庆区人民医院	主治医师（中级）	拉萨市人社局	2010.9
18	德吉卓嘎	女	藏	堆龙德庆区人民医院	主管护师（中级）	拉萨市人社局	2011.12
19	尼玛仓决	女	藏	堆龙德庆区人民医院	主治医师（中级）	拉萨市人社局	2011.12
20	巴　桑	女	藏	堆龙德庆区人民医院	主治医师（中级）	拉萨市人社局	2004.7
21	白玛措姆	女	藏	堆龙德庆区人民医院	主治医师（中级）	拉萨市人社局	2012.11
22	张相梅	女	汉	堆龙德庆区人民医院	主治医师（中级）	拉萨市人社局	2012.11
23	巴　桑	女	藏	堆龙德庆区人民医院	主治医师（中级）	拉萨市人社局	2013.7
24	达　瓦	男	藏	堆龙德庆区人民医院	主治医师（中级）	拉萨市人社局	2014.1

【领导名录】

书　记　罗布次仁（藏，7月任职）

院　长　泽　多（藏，7月任职）

副院长　次仁措姆（女，藏族）

　　　　张　丽（女，7月任，12月离任）

堆龙德庆区疾病预防控制中心

【概况】 2016年，堆龙德庆区疾病控制中心在区委，区政府的正确领导下，在上级主管部门的大力支持下，继续坚持与时俱进，开拓创新思想，以十八大精神、邓小平理论和“党的群众路线教育实践活动”重要思想为指导，认真落实实践发展观，进一步加强党的作风建设，解放思想、更新观念开拓思路、深化改革。区疾控中心在工作中认真贯彻执行党的路线方针政策，实践党的全心全意为人民服务的宗旨，结合《中华人民共和国传染病防治法》《中华人民共和国公共场所卫生法》《中华人民共和国职业病防治法》《突发公共卫生事件应急条例》等法律法规，认真贯彻落实自治区、市、堆龙德庆区卫生工作会议精神按时完成布置的各项工作任务，完成市、区（县）卫生工作综合目标责任合同中规定完成的各项工作。2016年，区疾控中心核定事业编制29名，在职职工21人；职称结构：中职4人，初职9人，医士（护士）2人，高级工1人，普工2人，公益性1人，驾驶员2人。学历结构：本科5人、大专10人、中专2，高中1人，初中3人。中心设：传染病控制科、地方病科、流病科、性病艾滋病科、结核病防治科、妇幼保健科、健康教育科，公共卫生监督科、计划免疫科、慢病科共10个科室。

【政治思想工作】 区疾控中心每季度召开中心办公会，学习贯彻上级的各项会议精神，了解各科情况，听取各科工作完成情况及各种学习情况汇报。党支部认真开展政治思想学习，提高党员素质，认真执行“三会一课”制度带动职工端正工作及学习态度，树立正确人生观，改变不良价值观，要求党员在工作及学习生活中起模范带头作用，榜样作用，按照区委深入开展“两学一做”学习活动，区疾控中心按照实际，突出重点，狠抓落实，在认真开展学习讨论的基础上，结合中心实际，通过采取召开座谈会、下发征求意见表和深入开展调查研究等形式，广泛征求群众意见，深入查找制约和阻碍中心发展的突出问题，查找中心和职工存在的不符合科学发展的工作方式和工作制度，并针对查找出来的突出问题，查找中心和职工存在的不符合科学发展的工作方式和工作制度，并针对查找出来的突出问题，梳理出中心发展问题所存在的主要问题，在经过认真分析后，确定突出的重点问题，制定整改目标和整改措施，以整改行动来彰显学习实践活动的成效，认真贯彻落实以人为本、全面协调可持续发展的科学发展观。区疾控中心党支部现有党员10人，在中心支部的组织领导下，在各自的岗位上认真履行岗位职责，能够完成下达的各种工作任务。2016年，区疾控中心开展维稳工作会议3次；“三好一满意”学习活动2次；“两学一做”学习活动25次；“安排部署目标考核任务”会议1次。2016年，区疾控中心全体职工对结对帮扶的4户困难群众，积极开展扶贫助困，强化党内关爱帮扶，党员干部自筹帮扶、慰问金共计1.42万元；为5名贫困大学生发放慰问金5000元；给麻风病患者发放慰问金5000元。

【传染病监测及疫情处置】 年内，以“预防为主”“早发现、早隔离、早治疗”的原则，发生疫情时第一时间赶赴现场，深入调查疫情的源点，掌握第一手资料，分析疫情动态趋势，切断传播途径，保护易感人群并及时制定有效的防治措施，积极开展传染病防治知识的宣传。坚持做好每日疫情上报及监测工作，坚持零报告制度，不漏报、不瞒报、不迟报、不谎报，将每日疫情按时进行电话上报及网络直报，并做好疫情的汇总和备案工作。

【2016年1—10月疫情分析】 按审核日期统计，2016年1月1日—10月31日全区网络直报及电话共报告法定传染病乙、丙两类10种共309例，总发病率532.89/十万，与上年同期（241例）相比上升28.22%，无甲类传染病报告。无死亡病例。乙类传染病报告发病7种237例，占发病总数的76.45%，发病数与上年同期（196例）相比上升20.2%。丙类传染病报告发病3种72例，占发病总数的23.23%，发病数与上年同期（45例）相比上升60.0%。（其中包括各大医院报告堆龙德庆区病例266例）

乙类传染病发病情况

表4

疾病名称	发病数		发病率/十万		发病率与上年同期比（%）
	2016年1—10月	2015年1—10月	2016年1—10月	2015年1—10月	
菌痢	41	12	70.71	21.04	241.67

续表4

疾病名称	发病数		发病率/十万		发病率与上年同期比（%）
	2016年1—10月	2015年1—10月	2016年1—10月	2015年1—10月	
肺结核	83	67	143.14	117.52	23.88
病毒性肝炎	46	61	79.33	107.0	-24.59
梅毒	51	41	87.95	71.92	24.39
猩红热	7	10	12.07	17.54	-30.0
麻疹	9	3	15.52	5.26	200.0
HIV	3	2	5.17	3.51	50.0
合计	237	196	408.72	343.79	20.92

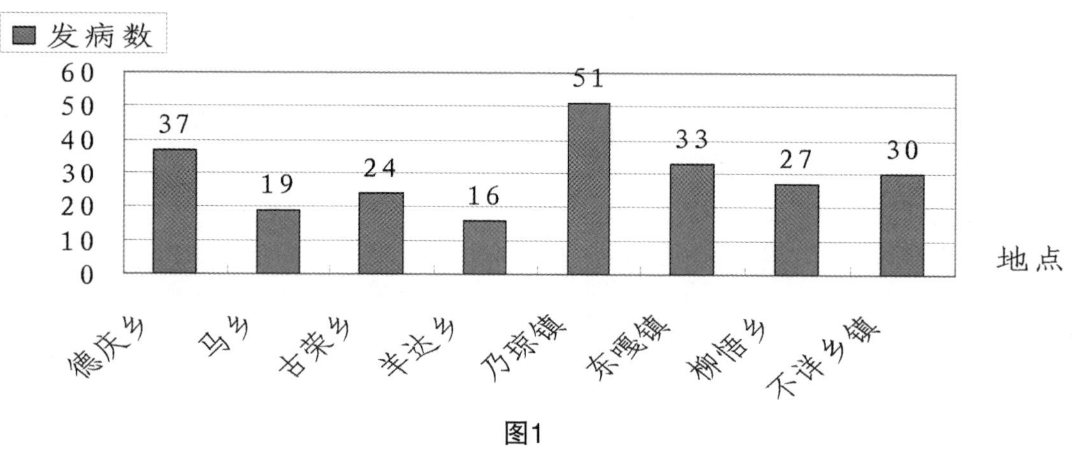

图1

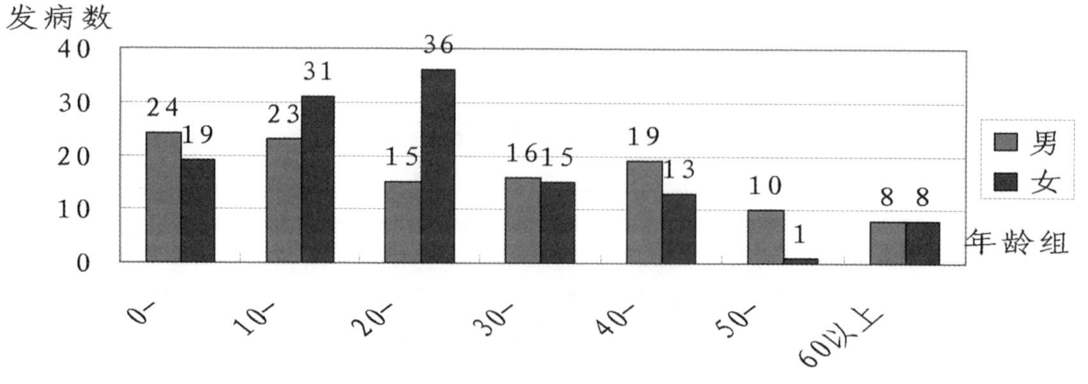

图2

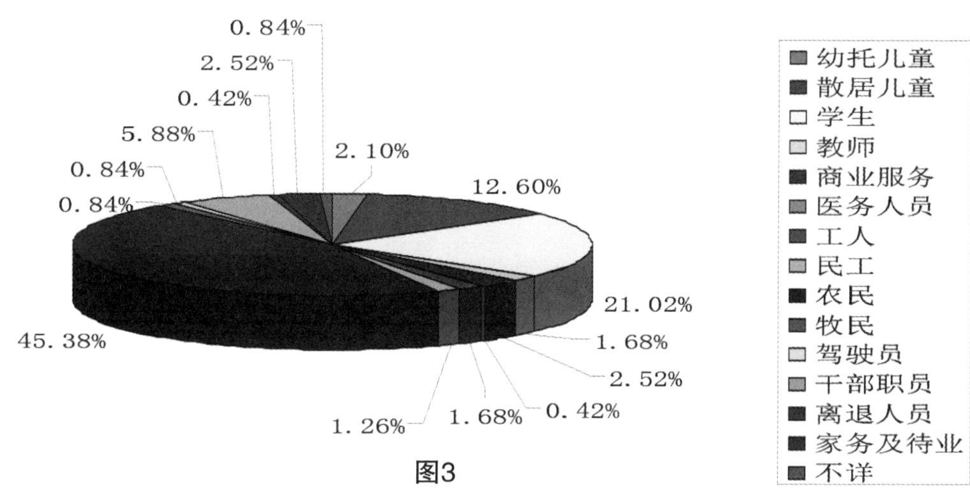

图3

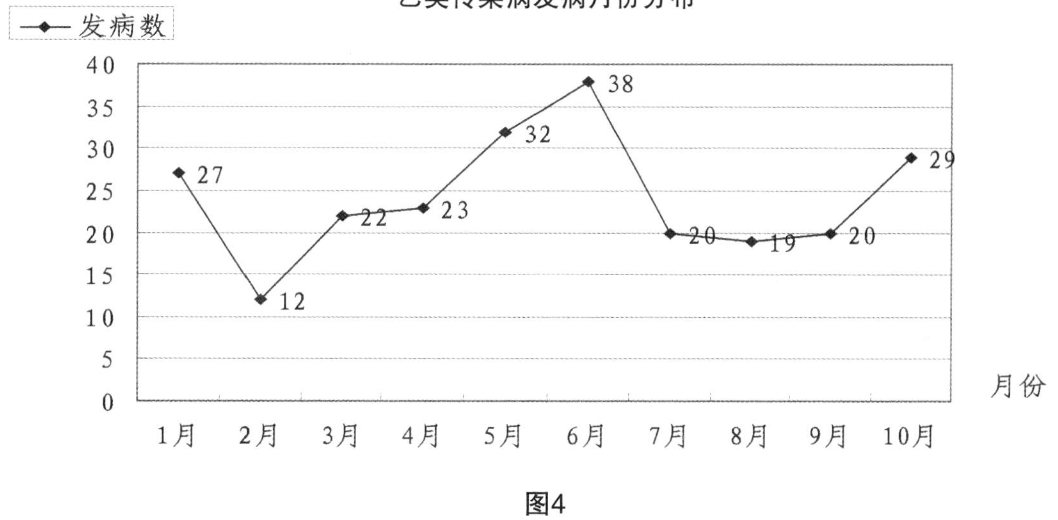

图4

丙类传染病发病情况

表5

疾病名称	发病数		发病率/十万		发病率与上年同期比%
	2016年1–10月	2015年1–10月	2016年1–10月	2015年1–10月	
风疹	1	—	1.72	—	—
流腮	10	5	17.24	8.77	100.0
手足口病	61	5	105.2	8.77	1120.0
包虫病	—	35	—	61.39	—
合计	72	45	124.17	78.93	60.0

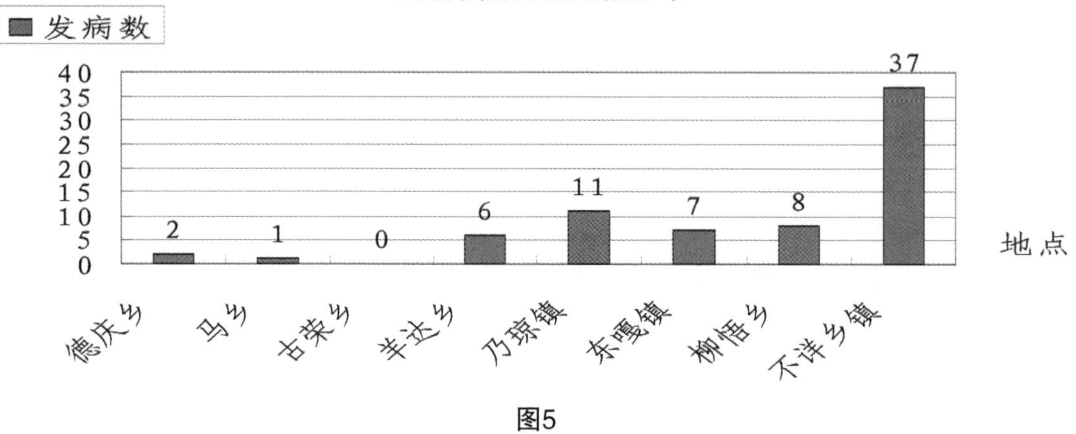

图5

丙类传染病发病性别年龄分布

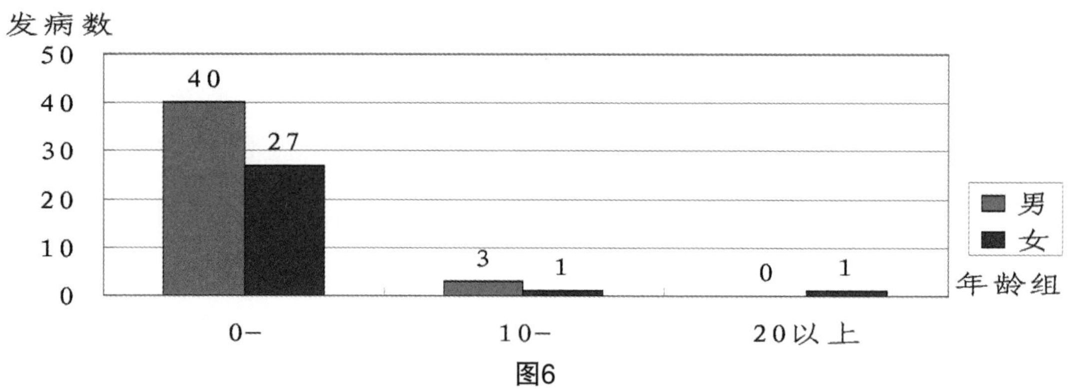

图6

丙类传染病发病职业构成图

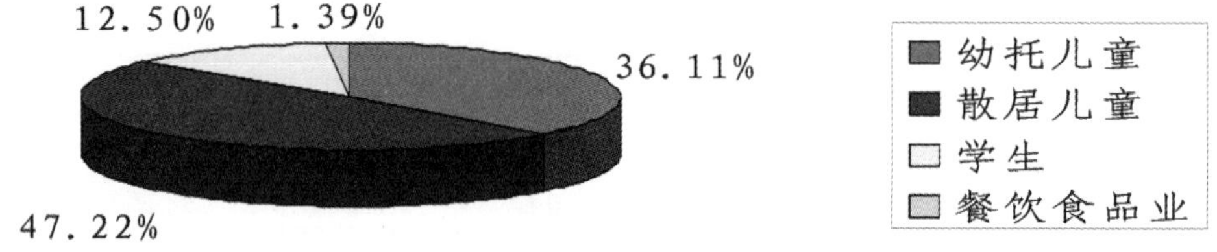

图7

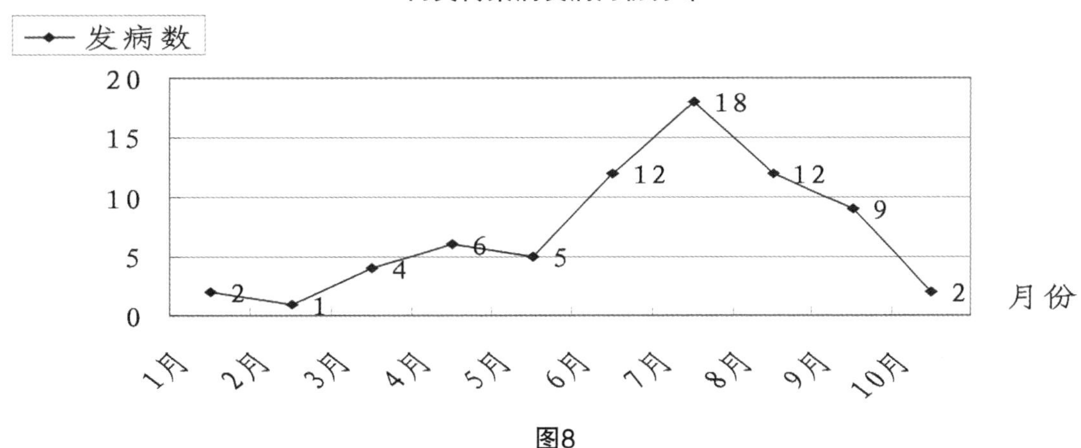

图8

【重点疫情分析】 麻疹：2016年共网络报告9例，并详细做好登记和零报告制度。其中：3例系堆龙德庆区籍病人，4例为流动人员，1例为柳梧新区的病人。发病率为15.52/十万，无死亡病例，与上年同期比（3）上升200.0%，占发病总数的2.9%。

2016年，未发生突发公共卫生事件，为进一步有效预防和控制学校传染病暴发流行及突发公共卫生事件的发生，更好地将学校传染病防控工作落到实处，根据相关要求，成立传染病防治领导小组，建立健全传染病登记报告制度、自查制度、管理制度。2016年10月，组织专业人员到各学校进行传染病的宣传同时发放消毒片（万福金安）共计65瓶、宣传图画31副。为进一步规范乡（镇）传染病疫情报告质量和熟悉传染病网络直报操作，2016年5月，举办堆龙德庆区“传染病管理和网络直报培训”，网络直报专兼职人员共15人参加培训。通过此次培训提高堆龙德庆区各级医疗卫生机构对传染病管理的意识，避免迟报、漏报、错报、瞒报等现象的发生，为卫生行政决策提供科学准确的数据。

【基础免疫工作】 2016年，主动搜集免疫工作薄弱区域和外来流动儿童，保证儿童免疫接种率的持续高水平。在安全有效接种的基础上确保免疫规划接种率达98%以上。

【查漏补种工作】 2016年，在全区开展的脊灰查漏补种工作中，常住人口应种32人、实种31人、接种率达96%。流动应种36人、实种34人、接种率达95%。

【强化免疫工作】 *脊灰强化*。2016年，第一轮强化常住儿童应种1564人，实种1496人、接种率95.5%，第二轮强化常住儿童应种1625人，实种1589人、接种率97.8%，流动儿童应种197人、实种187人、接种率95%。2016年4月25日是第31个“全国儿童预防接种宣传活动日”。为广泛宣传接种疫苗对预防疾病重要性，号召全社会关注和参与预防接种工作，区疾病控制中心于4月25日在区政府门口人口密集处悬挂“依法预防接种，享受健康生活”的横幅，口头宣传预防接种的重要性，为群众提供相关咨询服务120余人次，发放各种宣传单及宣传画共210余份，给各乡镇发放宣传材料共500余张，并要求各乡镇深入开展宣传活动。

麻疹查漏摸底及补种工作。2016年，全区共调查3664名儿童，其中常住3603人、流动61人。需补种115名儿童，其中常住106名、已补种102名，接种率达96.2%，流动儿童需补种9名、已补

种9名，要求各乡镇发现漏种儿童及时查漏补种。

新生入托、入学接种证查验补种工作。此次查验范围定格在全区30所托幼机构、7所小学内，共查验1622名儿童，其中本地儿童1378名、流动儿童244名。查验率达100%，需补种疫苗的补种率达95%。

【性病、艾滋病防治工作】 年内，对堆龙德庆区辖区内的人员进行免费HIV筛查工作，人群主要分布：公共场所从业人员、流动人口、孕产妇、育龄妇女等人员。截至2016年11月21日，已对278人进行检测，未发现初筛感染者。对全区534名孕产妇进行HIV、梅毒、乙肝筛查，其中乙肝阳性49人、初筛梅毒阳性24人。为及早发现感染者和病人，2016年，区疾控中心在堆龙小旅馆、招待所场所、美容美发店、洗浴中心从业人员开展高危干预工作。活动现场向他们发放艾滋病防治宣传资料，并对咨询者和干预对象传输正确观念，号召他们规范自己的行为，树立正确认识。此次高危干预工作，共计干预56人，发放安全套93盒。

【麻风病防治工作】 截至年底，累计麻风病人共有8例，治愈健在4人、治愈后死亡4人。同时，还调查密切接触者33人，均无异常。年内，慰问4例麻风病治愈健在者，为病人送去棉鞋、大衣及慰问金5000余元。1月31日是“世界防治麻风病日”。为进一步落实麻风病防治政策，呼吁全社会共同关注麻风病患者及畸残者这一特殊群体，支持麻风病防治工作，进一步提高认识，健全工作机制，普及麻风病防治知识，消除麻风歧视，由区卫生局、疾控中心联合开展“世界防治麻风日”宣传活动，广播播放4次，前来咨询群众达200余人，在场宣传的医护人员针对麻风病的感染途径、方法，感染后的表现及如何预防、治疗等进行详细的讲解，使在场的群众对于麻风病的知识有进一步的了解。

【结核病防治工作】 2015年10月1日—2016年9月30日，共登记131例、可疑结核病人，其中因症就诊3例、检出结核病人1例、乡村医生推荐可疑结核病人84例、检出6例结核病人、转诊可疑结核病人21例、检出结核病人15例、追踪65例、到位23例。实验室检查情况：2015年10月1日至2016年9月30日，总体上实验室比较整洁，登记本清晰，无填写错误，全年共痰检164人次，其中初诊病人痰检84人次，复查病人痰检80人次，共652张玻片进行涂片镜检，每半年各区（县）相互复检结果抽查，未发现定性误差，合格率达100%。2016年3月24日，是第21个世界防治结核病日，肺结核是法定乙类传染病，过去20年里，国家不断加强结核病患者的诊断、治疗和管理工作，增加结核病防治经费的投入，使结核病的患病率降低一半，死亡率降低80%，提前5年成功实现联合国结核病千年发展目标。在“3·24”宣传日组织进行宣传工作，发放宣传单300张、宣传册250册、宣传袋100袋；并对5名贫困学生进行慰问，发放营养品（牛肉、牛奶、奶粉、鸡蛋、水果）等价值5000元。

堆龙德庆区可疑肺结核病人转诊情况一览表

表6

单位	总人数	推荐可疑病人指标	实际推荐数	涂阳病人	新发涂阴病人	完成率%
德庆	7496	38	23	0	0	60.5
马乡	5109	26	21	0	3	80.7
古荣	6460	32	7	0	0	22
羊达	3924	20	12	0	1	60

续表6

单位	总人数	推荐可疑病人指标	实际推荐数	涂阳病人	新发涂阴病人	完成率%
东嘎	5560	28	2	0	0	7.14
区院		20	15	0	9	75
乃琼	10082	50	19	0	1	38
合计	43282	214	99	0	14	46.26

【地方病防治工作】 鼠防监测工作。2016年，送检不明原因死亡动物43只，其中6只为鼠疫阳性（地点分别在：马乡朗巴村5组纳吴金、马乡朗巴村2组朗普带吉南、马乡朗巴村2组朗普带吉南、马乡朗巴4组龙布纳沟、德庆乡昂嘎村达吴朗沟、德庆乡昂嘎村罗鲁组），其余为阴性；旱獭数量密度调查82个样方，总面积2913Ha，见獭76只，平均旱獭密度为0.026只/Ha；探洞干蚤调查303个洞，其中编号31、33号洞各捡到一匹蚤共2只；采集各类动物血清297份，其中狗血47份、绵羊血250份；小型鼠种类调查，每月放夹六次，每次100夹，连续5个月，共3000夹次，未捕获。

在新老疫区阳性点周围共计赌废弃洞805处，见旱獭数31只；投药赌洞数611处，保护性灭獭71公顷，堵洞共出动人员43人次，车辆7辆次；使外环境活体旱獭密度降低至0.001只/公顷以下。发放各式藏汉双语宣传材料1652份。其中，手册1476本，海报126张，受益人数达5000余人次。

碘缺乏病监测。在堆龙德庆区四乡一镇随机抽取300户，进行食盐定量检测300份，均为合格碘盐，合格率达100%。

【公共卫生监督工作】 公共场所卫生监督工作。对全区公共场所经营单位进行建档，建档率100%，同时建立电子档案，纸质档案和电子档案相结合，确保经营的单位资料的完善，同时做好档案的日常管理，及时更新，有效做到档案的最新化，并及时地进行网络直报，规范资料的信息化管理。2016年，共办理各类卫生许可申报26件、注销2件、变更4件、公共场所复核6件，公共场所新申请22件。现已全部办结，办结率为100%。监督检查348户次数，监督覆盖率100%。截至年底，已体检2859人，从业人员健康证办证率为100%。根据量化分级管理评分标准，对全区250家公共场所进行量化分级管理，公共场所量化分级覆盖率均达到98%，2016年度量化分级达100%。其中，住宿业B级单位2家、游泳馆B级单位1家。C级单位229家。

水质监测工作。对市政供水、农村集中式供水、农村学校自建设施供水进行监测及监督检查，2016年，辖区内共监测采集77个水样；其中区政府所在地市政供水单位16家，乡镇农村集中式供水单位52家，学校自备供水9家。共计送检77个水样，合格76个水样，不合格1个样。抽查供管水人员7人，持有效健康证35人。在检查中发现存在的问题，下达监督意见书，限期进行整改，确保堆龙德庆区生活饮用水的安全卫生。

农村环境卫生监测工作。根据拉萨市2016年农村环境卫生监测技术方案，堆龙德庆区作为项目实施区，区疾病控制中心严格按照要求确定监测范围和对象，监测主要采取实地培训和现场检测的方法，严格按照实施方案的要求，共对堆龙德庆区的5个乡镇，19个行政村、8所学校、100户家庭进行调查。通过对堆龙德庆区和农村环境卫生信息的收集、分析和整理，发现19个行政村存在不同程度的环境卫生差，环境卫生管理不到位、经费投入不足。部分行政村建立农村垃圾集中堆放点，但是绝大多数行政村未建立垃圾集中堆放点，农村生活垃圾、生活污水存在随意排放等问题。100户被监测家庭中，农村户厕类型均为非卫生厕所，厨房普遍可见蝇类和鼠迹，周围环境存在蚊蝇滋生地。在调查的8所学校卫生中主要的供水方式为学校自备集中式供水，处理方式均为沉淀过滤。共调查16个厕所其中非卫生厕所16个（水冲式16个），大部分学校均未建立学校卫生室，也没有卫生专业技术人员，均未建立学生健康档案。采集土壤20份并已送检。

【慢性病防治、监测工作】 2016年，高血压建档人数1092例、糖尿病建档人数24例、疑似重症精神病建档人数32例、僧尼前三位慢性病管理建档人数213人。建档患者每月都有定期随访并记录。堆龙德庆区疑似重症精神疾病共有37例患者，由区疾病控制中心组织协调相关部门的28名工作人员将28例疑似精神病患者送至第二人民医院精神卫生中心进行排查诊断，出动12辆救护车，切实做到“应治尽治、应管尽管、应收尽收”。年内组织开展宣传4次，制定宣传板4个、活动制作横幅4个、免费咨询点4处，现场发放各类宣传册1000份、宣传单200张、限盐勺100个、限油壶100个、牙刷100个，笔100个、围裙100个、现场义务开展咨询200人次、免费测血压250人次。

【健康教育工作】 建立健全健康教育与健康促进工作机制，把健康教育工作融入疾控的每一项业务工作中。按照健康教育工作要求，分别利用世界艾滋病日、世界卫生日、结核病防治日、计划免疫日、世界无烟日、碘缺乏病防治等节日组织人员在区繁华地段多次开展健康教育、健康咨询等活动，在人员比较密集和人员较为特殊的乡镇和行政村举办多次健康巡讲活动，共悬挂横幅16条，发放健康教育宣传资料9种约12000余份，宣传海报4种1520余份，发放互动小礼品2000余份，为居民进行健康咨询500人次，受益人数达8000余人。通过咨询活动使广大居民的健康意识有所提高。在2016年的监督检查中向248家公共场所里张贴禁烟标识，自此堆龙德庆区辖区内的公共场所张贴禁烟标识率达到100%。对辖区内各大娱乐场所发放安全套1850多只，AIDS的宣传册520册，同时开展艾滋病自愿咨询检测工作。不定期对堆龙德庆区辖区内各娱乐场所的从业人员讲解AIDS、性病方面知识，通过对他们危险行为的干预措施，进一步提高从业人员自我保护意识。6月，针对区直各有关部门、乡镇、辖区内的各采石采矿点、青藏铁路沿线、拉贡公路、铁路施工部门等6家单位和在每个新老疫区都开展小型培训班，共31次，受训人数达5000人次，发放鼠防宣传材料1652份。通过开展以上的健康教育工作使堆龙德庆区的农牧民和在校师生、企业员工进一步提高自身的健康素养，特别是加强外来务工人员对鼠疫防治的深入了解。

【规范农村孕产妇住院分娩补助项目】 动员各乡镇卫生院不断加大对项目的宣传力度，使党的这项惠民政策家喻户晓，努力提高全区项目补助兑现率。截至9月底，农牧区住院分娩产妇535人，享受补助产妇535人，补助兑现率达100%。兑现提前待产生活补助16140余元，住院分娩奖励及护送者补助金额58.8余万元。

【阻断艾滋病母婴传播工作】 按自治区《预防艾滋病母婴传播工作实施方案》的相关要求，建立“逢孕必检”的工作机制。并因地制宜的紧紧围绕所有孕产妇及婚前保健人群等目标人群开展相关工作。利用各种卫生宣传日大力宣传“预防艾滋病母婴传播”知识，发放各种宣传册、画报、宣传单等资料，向孕产妇传递艾滋病母婴传播知识和信息。提供自愿咨询与自愿检测服务。2016年，孕期HIV检测人数534人，阳性患者1人。孕期乙肝检测534人，阳性患者49人，梅毒检测534人，初筛阳性24人。

【增补叶酸预防神经管缺陷项目工作】 加强项目宣教是“增补叶酸预防神经管缺陷”项目的重要

内容。采取宣传栏，印发宣传资料等形式宣传准备怀孕农村妇女及孕早期妇女补充小剂量叶酸的好处及领取叶酸的程序。大力宣传小剂量叶酸增补相关知识，提高待孕妇女的优生优育的意识，尽量为减少新生儿神经管畸形出生缺陷的发生做好预防工作。截至9月底，对全区226名孕前及早孕妇女发放叶酸，发放叶酸片340盒。加强妇幼专干对项目知识的培训，要求对辖区内的待孕妇女进行摸底造册，并组织发放小剂量叶酸片，做好发放登记信息上报工作。

【新生儿疾病筛查工作】 按自治区《新生儿疾病筛查项目实施方案》的相关要求，区疾病控制中心制定以分管副区长为组长、相关部门负责人为成员协调领导小组和技术领导小组的实施方案。截至年底，全区新生儿疾病筛查213人、未检出阳性患儿。

【妇幼保健事业】 2016年，在各级党委、政府的大力支持及各项目工作及时开展下，孕产妇住院分娩、婴儿住院治疗得到100%的报销。对本区户籍的孕产妇孕期在堆龙德庆区医院可享受三次免费产前检查，高危、贫困孕产妇及婴儿住院分娩及治疗的可及时拿到绿色通道卡，对住院分娩产妇及1岁之内婴儿及时住院治疗的区委、区政府年底给予市级相同标准的奖励。同时，堆龙德庆区流动人口享有与户籍同等的妇幼保健服务，改善妇幼保健服务的公平性和可及性。

【妇幼保健管理工作】 按照区卫生局工作目标责任书的要求及堆龙德庆区妇幼保健工作的实际需要年内已针对乡级医务人员召开6次例会。针对乡、村级妇幼保健工作进行12次监督指导。2016年，对全区11例婴儿死亡进行4次市、堆龙德庆区级死亡评审，同时分析死亡原因，提出相应的措施方案，死亡评审的结果是11例婴儿死亡均为不可避免死亡。无孕产妇死亡。

*孕产妇保健工作。*全区农牧区总人口数40219人，总户数12413户，育龄妇女数11394人，孕产妇总数776人，建卡数776人，建卡率为100%。产妇数538人，分娩总数542人，双胎数4对，死胎死产8人，活产数534人，其中男婴286人、女婴248人。接受系统管理产妇人数535人，率为100%。接受早检的产妇数538人，率为100%。接受产前访视四次的产妇数538人，率为100%，接受产前访视六次的产妇数538人，率为100%，接受产后访视三次的产妇数538人，率为100%。截至年底，全区已发现孕妇238人，产妇接受新法接生数535人，率为100%，在堆龙德庆区级以上医院住院分娩人数535人，率为100%。全区高危孕产妇筛选出277人，中重度高危孕产妇1人，高危产妇住院分娩209人，率为100%。高危产妇接受产前访视六次数为209人，率为100%，高危产妇接受产后访视三次数为209人，率为100%，孕产妇死亡数为0例。

*儿童保健工作情况。*2016年，0—14岁儿童总数为7959人，死亡数14例，死亡率1.7‰，0—7岁儿童总数4301人，死亡数14例，死亡率3.2‰，0—5岁儿童总数3181人，死亡数13例，死亡率为24.3‰，婴儿死亡数11人，死亡率为20.5‰。新生儿死亡数7人，死亡率为13.1‰。7天内死亡数为5人，死胎死产数8例。

2016年0—7岁儿童“四病”管理工作中筛选肺炎患儿104人，腹泻患儿63人，新发贫血儿1人（全名体检贫血149人）患佝偻病儿74人。“四病”管理数为651人，其中死亡数为1例，治愈数为650人，率为99.8%。

*2016年0—7岁儿童体检工作。*0—5岁儿童应体检数3181人，0—5岁儿童实体检数3109人，实体检率为97.7%，体重<2SD人数176人。0—3岁儿童应体检数2145人，0—3岁儿童第一次实体检数1816人，实体检率为84.7%，0—3岁儿童第二次实体检数1837人，实体检率为85.6%，0—1岁儿童应体检数1026人，0—1岁儿童第一次实体检数989人，实体检率为96.4%，0—1岁儿童第二次实体检数838人，实体检率为81.6%。

2016年3月，召开《农牧民儿童营养改善项目》动员大会，并同时针对该项对乡村医生及农牧民群众进行宣传教育，参加人数大500余人。截至9月，共发放营养包2076盒、服用人数1610人；发放宣传册650张、宣传海报60张、发放儿童营养改善项目专用箱22个，出动车辆15次。

（向巴泽登）

【领导名录】

主　任　达　　娃（藏族，7月离任）
　　　　向巴泽登（藏族，7月任职）
副主任　向巴泽登（藏族，7月离任）
　　　　次旦卓嘎（女，藏族）

堆龙德庆区文化广播电影电视（新闻出版、文物）局

【概况】 2016年是“十三五”规划开局之年，也是全面建设小康社会决胜阶段开局之年。2016年堆龙德庆区文化广电事业在上级业务部门大力支持和区委、区政府的正确指导下，继续深入贯彻中共十八大会议精神，高举旗帜、围绕大局、服务人民、改革创新，以加强建设文化、广电各项事业为总目标，着力推进公共文化服务体系建设工作，创造文化广播电影电视工作的新局面，为“建设经济强区，共创和谐美好新堆龙”提供强大的精神动力和文化支撑。

【群众文化蓬勃发展】 堆龙德庆区文化广播电影电视（新闻出版、文物）局，以下简称区文广局，坚持以丰富群众文化生活为目的，以繁荣群众文化为主线，组织民间艺术团联合梦之舞演艺公司、远大农民工演出队、老年艺术团、8支藏戏队共开展数百场丰富多彩、喜闻乐见的群众性文化活动，如“五下乡”“3・28”百万农奴解放纪念日“首届书法、绘画、摄影艺术作品展”“五一”下乡演出、“六一”慰问德庆乡门堆村幼儿园、“七一”建党文艺演出、“八一”建军节文艺演出“首届藏戏文化艺术节暨藏戏大赛”、民族团结月合唱比赛、庆祝长征胜利80周年文艺会演等形式多样的文艺活动。截至年底，参演人员共计6000人次，观众达156000余人次。

隆重举办堆龙德庆区第一届大型“3・28”百万农奴解放纪念日专题庆祝演出活动，充分展现堆龙德庆区悠久历史、底蕴浓厚的文化魅力，赢得社会各界的好评，同时堆龙德庆区民间艺术团以较高的艺术造诣和表演水准参加拉萨市藏历火猴新年联欢晚会，为宣传民间文化艺术起到积极的作用。2016年，堆龙德庆区文化活动中心正式投入运营，并在活动中心开展40次大型文艺演出、会议及艺术展等活动，堆龙德庆区廉政基地也在堆龙德庆区文化活动中心建设完成并投入运营。

【公共文化基础设施建设】 在多方协调和积极督促下堆龙德庆区文化活动中心已建设完工，并投入使用。将大力实施文化惠民工程，着力构建公共文化服务体系，努力扩大公共文化服务覆盖面和辐射力，真正实现丰富群众精神文化生活、促进经济发展、构建和谐社会的文化兴区目的；2016年年初，完成区级新华书店的书籍配置及建设工作，堆龙德庆区连锁新华书店于4月正式投入运营；2016年，加快推进公共文化基础设施建设，着力构建公共文化服务体系，努力扩大公共文化服务覆盖面和辐射力，完成对各乡镇发放免费开放经费30万元并完成对5个乡镇文化站的设备配置工作，同时更新堆龙德庆区42个农家书屋、29个寺庙书屋的图书（1000余册）。

【非物质文化遗产传承和发展】 为更好的弘扬非物质遗产文化，充分表现堆龙德庆区“保护为主、抢救第一、合理利用、传承发展”的文化兴区战略，出资57万余元抢救时挖掘一项具有传统历史意义民间文化魁宝“猴年猴戏”，其独特而神秘的民族性演出方式于2016年成功登上拉萨台藏历火猴新年晚会，并取得良好的社会反响。

为继续做好非遗非物质文化遗产的挖掘和申报工作，区文广局将桑木村传统技艺非遗项目“罗萨美朵”申报市级非物质文化遗产、完成那嘎村藏戏队的“那嘎谐钦”和措麦村藏戏队的提

级申报，并完成乃琼镇村名旦巴云旦勉唐派绘画非遗传承人申报工作。

发放2016年县（区）级非遗产业扶持资金65万元，为进一步提升非遗的自身造血功能，推动文化成为支柱产业的发展和堆龙德庆区“文化兴县”的战略目标进程，提供强有力的保障。

为夯实堆龙德庆区文化产业基础，增强产业发展后劲，加大堆龙德庆区文化产业的投入，支持文化产业重点项目和文化产业基地建设，争取339万元用于建设设兴藏戏传习基地、那嘎藏戏队非遗传习基地和措麦藏戏队合作社项目，预计2017年元月底建设完成。

为将堆龙“藏戏之乡”的美誉打响，区文广局于2016年8月举办堆龙德庆区“首届藏戏文化艺术节暨藏戏大赛”并颁发各类奖状及奖金54000元，进一步激励堆龙德庆区八支藏戏队传承发展民族曲艺文化。

【文物工作】 大力开展文物保护和修缮工作，积极从本级财政争取39万元嘎东寺屋顶维修项目，解决该寺燃眉之急。开展走乡入村，开展堆龙德庆区境内无级别文物保护点排查工作，为下一步做好文物点文物保护范围、设立保护标志的前期调研工作，截至年底，堆龙德庆区境内无级别文物保护文物点为56处。积极开展文物安全巡查工作，使各项活动常态化，强化责任意识，在“三大节日”“3·28”等重要等各类节庆及全国“两会”召开前夕联合区民宗、消防大队等相关执法单位深入到各个寺庙及文物点，细致查看文物点火灾安全隐患、防盗措施情况等相关文物保护工作5次；对堆龙德庆区68个文物保护点建立文物保护石碑，为文物保护点树立标识，同时方便建立文物数据库；堆龙德庆区正在进行环线施工，为不破坏沿线野外文物，区文广局同施工方及市局、乡镇协商后，搬迁雄巴拉曲山体7处摩崖造像；完善对觉木隆寺山体宗喀巴大师的脚印、膝印及修行洞的保护措施；发放4处野外文物点的文物看管人员工资100800元，确保堆龙德庆区文物看管、保护无盲点无漏点。

【文化市场综合管理】 区文广局紧紧抓住文化市场管理关键环节，对全区文化、文物、新闻出版、广播电视的行政管理职能进行归并整合，全面完成政府对文化、文物、广电、新闻出版等行政管理职能的归并管理，统筹兼顾，推进文化市场综合管理工作高效有序运转。

*加大文化市场监管力度。*规范演出类市场管理，与经营场所、演职人员签订政治安全责任书；严格行政审批制度，规范管理工作，新办理2家网吧，5家打字复印店的文化经营许可证；积极组织文化执法大队、公安、工商等部门开展联合检查、突击行动，集中开展文化、新闻出版、“扫黄打非”、卫星地面电视接收设施治理等市场综合管理；为了营造安全、健康、绿色的文化市场环境，文化执法大队结合上级部门的要求，及时研究制定各种检查方案，根据方案要求，联合公安、工商等相关单位以日常检查和联合检查的方式对管辖内的网吧、娱乐场所、音像制品店、打字复印店、文物市场以及个人违规安装卫星地面接收设施进行全面不定期的反复查、夜间查行动，效果明显。

截至年底，检查各类文化市场经营单位共475家次。检查出动车辆共156台次，出动人员334人次，检查网吧179家次，娱乐场所78家次，音像制品店104家次，打字复印店114家次。通过对各类文化市场的检查，确保堆龙德庆区文化市场安全有序。

【广播电视设备维修与管理情况】 堆龙德庆区有单收站24座，收转站21座，有线电视网4座，电视村锅站8座，有线闭路用户700余户；自2009年全区实施“户户通”广播电视项目工程以来，截至2016年年底，全区已建成“户户通”广播电视工程建设项目为14926户；完成53座宗教活动场所504间僧舍和48间集体活动场所的552套广播电视“舍舍通”安装调试工作；完成7个乡镇级干部职工784套广播电视接收设备安装调试工作；完成堆龙德庆县青藏铁路护路队42套广播电视接收设备安装调试工作，完成对堆龙德庆区农牧民清流机顶盒升级置换、安装、入网工作，切实保障堆龙德庆区农牧民群众收听收看广播电视权益，及时完成项目，截至2016年年底，全区境内广播电视覆盖率达到99%。

2016年，区文广局积极开展清流机顶盒升级置换工作。为进一步丰富农牧民群众的精神文化生活，改善村民原有“户户通”老旧设备接收信号质量问题等实际，区文广局向市局协商申请，2015年开始在古荣乡巴热村开展机顶盒更新换代整村推进工作，更换价值5.84万元的146台户户通卫星接收设备。为切实保障堆龙德庆区农牧民群众收听收看广播电视权益，2016年，区文广局向市局申请11008万套新设备并在7月底完成堆龙德庆区农牧民清流机顶盒升级置换、安装、入网工作。

【保障广播电视安全播出工作】 2016年，为了确保广播电视节目的安全播出春节藏历双节和三月敏感月期间、全国“两会”等重大节假日期间广播电视安全输出，确保堆龙德庆区广播电视正常收听收看，区文广局明确安全播出责任与各乡镇、各寺管会、各寺管小组签订安全播出责任书，还制定区乡广播电视安全播出值班表，保证双岗值班，做到人不离岗，密切注视，加强巡逻，严防死守，确保党的各大节庆的盛况转播万无一失。

【坚持不懈，加大宣传】 年内，积极协助区委宣传部与自治区区市各大新闻媒体沟通协作，为宣传堆龙德庆区经济社会发展工作作出努力，同时每月一次深入6个乡（镇）在开展广播电视发射站台维护工作和宣传广播电视管理法规活动，发放宣传册，有效地将堆龙德庆区系统内广播电视安全播出知识宣传到千家万户，把安全隐患消灭在萌芽状态，更让堆龙德庆区广大农牧民群众认识到自觉遵守广播电视管理法规的重要性。

【农牧区电影工程】 为推进农牧区电影工程，巩固“2131”目标成果，区文广局加大对农村电影放映工作的实施力度，结合各大从区、市电影公司引进大量的藏、汉语爱国主义影片和科教片，配合“两学一做”“五下乡”等各类活动开展主题电影放映工作，积极开展，电影进学校、进农牧区、进机关、进军营活动，2016年累计放映电影945余场，受益群众1.5余万人次。受到较好的社会效益，得到广大农牧民群众的一致好评。极大地丰富农牧民群众精神文化生活，切实使电影“2131”工程真正落到实处。

【包村和驻村点工作】 在2016年春节藏历年前，区文广局组织党员干部，以物质投入为手段，重点帮扶贫困户。开展德庆乡门堆村走访慰问活动，为困难群众送上价值12750多元的慰问品。在3月份开展维稳督导同时，慰问一线工作人员为送去1000元的慰问品。切实将包村工作做好做实。为庆祝“六一”，区文广局到德庆乡门堆村幼儿园，为全校22名学生送上2596元的生活用品，区文广局还组织堆龙德庆区民间艺术团为孩子们同庆“六一”，送上精彩绝伦的文艺表演。为将精准扶贫工作落到实处，区文广局组织全局干部职工（共计21人）多次深入贫困户家中实地了解情况，确保扶贫工作落到实处。

【抓主题、促实践、讲实效】 2016年，紧密结合工作实际，开展形式多样的学习教育活动。共计开展集中学习24次，自学100余次。区文广局从区、市电影公司引进大量的藏、汉语爱国主义影片和科教片，配合“两学一做”“五下乡”等各类活动开展主题电影放映工作，积极开展，电影进学校、进农牧区、进机关、进军营活动，累计放映电影208场，受益群众9000余人次，受到较好的社会效益，得到广大农牧民群众的一致好评。区文广局党支部经常性召开会议进行批评与自我批评，着重查找遵守党的政治纪律和在“四风”方面存在的突出问题，认真分析原因，并结合自身实际深刻剖析问题的根源，达到“团结—批评—团结”的预期效果，更好地把教育实践活动成果落到实处。

【党内活动丰富多彩】 根据全年工作安排，结合2016年工作开展实际，区文广局按照以一月不少于一个活动的工作要求，开展了12次党内活动，丰富的党员干部的精神文化生活，提高了党支部的凝聚力，战斗力。

（次卓嘎）

【领导名录】

文广局局长　巴桑罗布（藏族，3月离任）
　　　　　　米　　玛（藏族，3月任职）
文广局副局长　朱志霞（女）

堆龙德庆区农牧局

【概况】 2016年，全局在职干部职工26人（含2名借调），西部志愿者1名，其中正科级3人（含主任科员），干部16人（含3名新分配），工人7人（含净土公司3名）。

【农业生产】 2016年，堆龙德庆区总耕地面积为76790.05亩，其中春播面积为63803.05亩，其中春青稞35211亩、豆类2749亩、经济作物21920.05亩、饲草3923亩，冬播面积12987亩（冬小麦），完成任务的90%，其中山东7号6800亩，完成任务的75%；冬青18号500亩，完成任务的100%；其他5687亩，完成任务的80%。2016年，粮食总产量23004.11吨，其中青稞15026.17吨，冬小麦7311.71吨，豌豆666.23吨，粮食产量比2015年减产9.61万公斤，但比拉萨市下达的指标增产0.411万公斤，油菜产量比2015年增产148.789万公斤。

【畜牧业生产】 2016年，堆龙德庆区牲畜年末存栏总数为11.35万头（只、匹），与指标持平，牲畜出栏数4.2472万头（只、匹），出栏率达到37.42%，新生仔畜数2.6105万头（只、匹），成活数2.5322万头（只、匹），仔畜成活率达到97%，成畜死亡率控制在1.1%以内。

畜禽产量：猪牛羊肉产量4200吨（与指标持平），禽肉产量437吨（与指标持平），禽蛋产量144.01吨（比指标增加0.01），奶产量7520吨（比指标增加20吨），山羊绒产量0.81吨（比指标增加0.01吨）。牲畜年末良种覆盖率达到34.85%（与指标持平）。

以春防、秋防为重点，扎实开展重大动物疫病免疫工作，严格按照“区不漏乡、乡不漏村、村不漏组、组不漏户、户不漏畜、畜不漏针、针不漏量”的标准要求，在程序免疫工作的基础上，按照《2016年高致病性禽流感和口蹄疫等主要动物疫病免疫方案》要求，堆龙德庆区对牲畜口蹄疫、高致病性禽流感、猪瘟等重大动物疫病实施程序化强制免疫。

春防共免疫牲畜23.4201万头（只），其中：牛7.4988万头（黄牛2.3669万头，牦牛5.1319万头），羊1.5272万只（绵羊0.8294万只，山羊0.6978万只），猪1.3491万头，禽类13.045万羽（鸡4.195万羽，鸭8.85万羽）。

秋防共免疫牲畜26.8596万头（只），其中：牛8.6221万头（黄牛2.9112万头，牦牛5.7109万头），羊1.7862万只（绵羊1.077万只，山羊0.7092万只），猪1.4359万头，禽类15.0154万羽（鸡5.4454万羽，鸭9.57万羽），做到应免尽免，免疫密度达到100%。

截至年底，堆龙德庆区改良点共11个，黄改授配面扩大到6个乡（镇）11个行政村，培养22名从事黄牛冻精配种改良工作的兽医技术人员。全区黄牛冷配改良工作从冻精供应、人工授精、怀胎检查、人员配备、建档立卡，以及机构建设、组织管理等方面，从区到乡（镇）、村，已形成较为完整的三级改良体系，在畜牧业各项业务工作中已成为主要开展的常规工作之一。

2016年，堆龙德庆区黄牛改良配种任务为2500头，黄改工作自6月19日开始，10月20日顺利结束，共配牛2800头（冷配1470头、热配1330头），其中：德庆乡配种1050头；马乡配种1050头；古荣乡配种200头；羊达乡配种130头；东嘎镇配种90头；乃琼镇配种280头，领取冻精颗粒3000粒，共消耗液氮570粒升。

【农牧业重点项目】 2016年，开展为民办实事项目6个，总投资1525万元：乡镇农技综合服务站建设项目第二期，总投资210万元，马乡70万元，羊达乡70万元，截至年底，工程已全部竣工。乃琼镇70万元，因面临搬迁，截至年底，项目还未开工。青稞高标准农田建设，总投资820万元，截至年底，项目已完成拨款547万元（70%），已完工。2016年，堆龙德庆区实施4个黄改点，总投资60万元，德庆乡、马乡、古荣乡、羊达乡各15万元，已完工。基层农技推广体系改革与建设项目，总投资60万元，重点示范推广农牧业增效实用技术，截至年底，项目正在运行阶段；2015年度草原生态保护补助奖励机制绩效考评奖励资金人工饲草地建设项目，总投资225万元，建设1500亩紫花苜蓿基地，截至年底，项目正在运行阶段。2015年，堆龙德庆区饲草复种工程项目，总投资150万元，饲草复种1000亩，修建水渠2543米，网围栏3664米，复种品种箭舌豌豆，截至年底，项目正在实施阶段。

【科技工作】 年内，区农牧局加大项目的申报力度，综合全区现有资源，增强调研、筛选和论证等项目前期工作，认真审核项目可行性研究报告和实施方案，在区市科技部门的大力支持下争取到3个项目，其中自治区科技厅项目1个：石斛花繁殖栽培技术研究与示范推广项目，总投资为75万元；拉萨市科技局项目2个：羊肚菌种植栽培技术研究与示范推广项目，总投资为45万元，马乡马村15年太阳能光伏照明设备引进示范项目（拉萨市强基惠民项目），总投资10万元，项目于2016年建设完成，等待验收。

【农牧民专业合作社组织】 2016年，堆龙德庆区在工商部门依法登记注册并在农牧部门备案的合作社135家，注册资金总额1.3075亿元，入社成员2943名，种养业合作社流转土地面积1886.14亩，2016年，总产值14186.7万元，带动5860户农牧民群众增收致富，另外招收贫困工人562人，额外扶贫人数有4082人，额外扶贫资金达711.29万元。

【草补工作】 2016年，堆龙德庆区草原总面积250.40万亩，可利用草原面积245.16万亩。人工种草及农副产品载畜量6.46万个绵羊单位，可利用天然草原载畜量23.38万个绵羊单位。草畜平衡载畜量29.84万个绵羊单位，可利用草原载畜量标准（亩/绵羊单位）10.59个绵羊单位。

堆龙德庆区人工种草面积为5700亩（其中乃琼镇1200亩、羊达乡1000亩、古荣乡1500亩、马乡1000亩、德庆乡1000亩），每亩补贴10元，共计5.7万元。

堆龙德庆区根据《西藏自治区开展基本草原划定工作实施方案》要求，认真组织、精心部署，2015年年底开始对各乡（镇）基本草原进行摸底调查，同时深入农牧户，通过宣讲、发放宣传单等方式向农牧户进行政策宣传。2016年年初，开始对堆龙德庆区基本草原进行室外采点、GPS定位等工作。2016年，堆龙德庆区基本草原划定初步草图已出图。

为落实好草原补奖政策，落实好精准扶贫的就业工作，提高草原监督员队伍素质，于11月30日—12月2日，对来自全区6个乡镇的草原监督员共600人进行为期3天的培训。

（赵福晓）

【领导名录】

局　长　旦增久乃（藏族，1月任职）

副局长　杨　　方

堆龙德庆区农业综合开发办公室

【概况】 堆龙德庆区农业综合开发办公室（以下简称：区农业开发办）主要从事全区扶贫、农发项目的申报及实施工作。2016年，有人员编制15人（党员10人），正科级1人，副科级干部1人，科员2人，员级5人，工人3名，公益性1人，临时工1人。2016年，区农业开发办争取自治区、拉萨市支持以及本级财政扶持，共执行中央、自治区、拉萨市扶贫、农发项目24个（扶贫项目22个，农发项目2个）、易地扶贫搬迁工程2

个，争取到投资资金共计39631.07万元（扶贫投资12655.72万元，农发投资6803.35万元，易地搬迁款20172万元），其中国投15388.21万元（扶贫国投6327.86万元，农发国投6530.35万元，易地搬迁款2530万元），自筹、金融贷款24242.86万元（扶贫金融贷款6327.86万元，农发自筹273万元，易地搬迁贷款17642万元）。

【扶贫项目】 年内，区农业开发办深入贯彻落实拉萨市以及区委、区政府相关扶贫政策，瞄准“建档立卡”工作识别出的贫困人口，共1324户4430人。积极落实2016年扶贫项目，共实施面上扶贫项目22个，其中第一批扶贫项目10个，第二批扶贫项目12个，总投资为12655.72万元，其中国家投资6327.86万元，自筹6327.86万元，自筹部分由中国邮政储蓄银行堆龙德庆区支行提供贷款，同时由本级财政为贷款提供贴息。项目涉及堆龙德庆区6个乡镇包括民族特色旅游类、农畜产品加工类、建筑建材类等关系民生的各方面。新建2处民族手工艺合作社、3处农牧产品加工点、1处仓储物流园区。扩建牦牛养殖合作社、购置收割机、食品加工等给全区带来方便，扶持合作社、企业，拓宽贫困人口的就业渠道，带动“建档立卡”贫困群众1207人脱贫。

【农发产业项目】 年内，区农业开发办共申报产业化项目共2个，项目总投资6803.35万元，其中国家投资6530.35万元，自筹273万元。堆龙德庆区古荣乡农业综合开发土地治理项目，堆龙德庆区2016年乃琼镇波玛村及古荣乡巴热村农业综合开发高标准农田建设项目。结合产业化经营项目实施，促进产业结构调整，吸收群众进工厂，增加群众的劳务、现金收入。群众参与农发项目，不仅得到实惠，也加深对农业综合开发项目的了解，提高参与农业综合开发项目的积极性，使农发项目在群众中有着较好的口碑。

【易地扶贫搬迁工作】 党和政府把易地扶贫搬迁当作新时期探索脱贫开发的一项重要举措。2016年，区农业综合开发办公室按照“搬得进、稳得住、能致富”的要求，全力以赴推进堆龙德庆区波玛村100户、桑木村300户易地扶贫搬迁集中安置点项目建设。截至年底，2个易地扶贫搬迁集中安置点，各项工作如期推进，工程顺利完成建设。

堆龙德庆区重点打造桑木村300户集中安置试点工程和“香雄美朵”生态旅游文化产业园100套民宿扶贫搬迁安置试点工程，根据家庭人口数量和产业园区规划，在桑木村设置60平方米、80平方米、100平方米的公寓式住房，在“香雄美朵”设置120平方米、140平方米、160平方米、180平方米的庭院式住房，2016年搬迁400户1438人，桑木村实现300户1032人、波玛村实现100户406人搬迁入住。同时，为解决搬迁群众的后顾之忧，区委、区政府投入资金892.34万元，为其配备家具家电。截至年底，波玛村安置点、桑木村安置点搬迁群众已实现入住。易地扶贫搬迁工程的最终目的，为了更好地解决搬迁群众后续生计问题，堆龙德庆区重点在搬迁安置方式上下功夫，确保每户搬迁群众至少有1人实现就业。

【对口帮扶献爱心】 2016年，区农业综合开发办公室严格按照《社会治安综合治理目标管理责任书》的有关规定，层层落实，及时掌握情况，将各种对维护社会治安不利的问题解决在萌芽状态。同时将维护稳定与对口包村点工作相结合，要求包村点马乡朗巴村委会切实做好社会稳定工作，确保堆龙德庆区的社会政治稳定。村委会班子成员团结上进，关心群众，没有群体性事件发生，寺庙的宗教活动均处于合法活动之内。在对口包村工作中，区农业综合开发办公室还积极组织开展在职党员到村组报到服务联系群众活动，按照基层所需、群众所盼、党员所能的原则，组织在职党员到朗巴村委会报到登记，发挥党员所长，直接联系群众。为给朗巴村的孩子们营造一个良好的生活和学习条件，区农业综合开发办公室到朗巴村教学点详细了解教师和学生的生活和学习情况后，在教师节为包村教学点送去节日爱心1500元。为帮助村委会更好地发挥村集体经济带动作用，区农业综合开发办公室组织党员干部多次到朗巴村了解情况，因地制宜的为帮扶村提供发展规划建议。

（苏广龙）

【领导名录】

主　任　杨　炜

副主任　拉巴普赤（女，藏族）

堆龙德庆区林业绿化局

【概况】 2016年，堆龙德庆区林业绿化局党风廉政建设工作在区委、区政府、区纪委的正确领导下，以邓小平理论、“三个代表”重要思想和科学发展观为指导；全面落实上级反腐倡廉建设工作会议精神，坚持标“本兼治、综合治理、惩防并举、注重预防”的方针，把党风廉政建设融入林业业务建设、领导班子建设、干部队伍建设和党的建设之中；以作风为突破、以教育为基础、以制度为保障、以监督为关键、以纠风为重点，进一步加大从源头上预防和治理腐败的力度；继续推进惩防体系建设，切实加强党风廉政建设和反腐败工作，为推动林业事业实现新跨越提供坚强保障。2016年，堆龙德庆区林业绿化局有核定行政编制为3名，无其他编制，共有干部职工共8名。

加强领导，全面落实党风廉政建设责任制。加强领导，落实责任是做好党风廉政建设工作的前提条件，2016年，区林业绿化局始终把党风廉政建设工作作为“一把手”工程，放在突出位置切实抓好抓实。完善以局党组书记为组长的党风廉政建设工作领导小组，定期组织召开专题会议，分析研究党风廉政建设各项工作。制定《党风廉政建设实施方案》，明确党风廉政建设和反腐败工作的指导思想、工作要点及具体要求；按照“谁主管、谁负责”“管行业必须管行风”的原则，全面落实党风廉政建设责任制；健全机制，形成局党组统一领导、主要领导亲自抓，各分管工作的领导配合抓，工作人员具体抓，确保党风廉政建设和反腐败各项工作的正常开展。

加强教育，提高干部职工廉洁自律意识。加强学习，结合“两学一做”教育活动的开展，采取集中学习和个人自学相结合的方式，充分利用中心组学习，定期和不定期学习，以会代学等机会，组织班子成员，干部职工开展对新党章、廉政准则、十八大精神、中央“八项规定”等有关知识的学习，不断提高干部职工的廉洁意识和增强其拒腐防变的能力；结合思想作风整顿，切实开展党风廉政建设主题实践教育活动。强化廉政学习理念，营造廉洁自律氛围；加强反面典型教育。在坚持正面教育的同时，通过组织干部职工学习一些违法违纪文件，观看警示教育录像片，筑牢干部职工拒腐防变的思想防线。

完善制度，扎实构建拒腐防变的保障机制。制度是具有规范功能和强大约束力的为保障目标实现的规范性文件，制度建设关系到党风廉政及作风建设工作的成败。区林业绿化局始终把制度建设作为工作的重中之重，不断建立和完善党风廉政建设和反腐败工作相关制度，坚持用制度管人、管物、管事的原则，确保党风廉政建设各项工作顺利开展。建立健全各项管理制度。出台财务管理制度、报账审签制度、公务接待制度、公车管理制度、请销假制度等一系列管理制度，进一步规范管理，加强机关作风建设，落实干部职工廉洁自律，制止奢侈浪费行为等有关工作做到有章可循。

【林业工作】 截至年底，区林业绿化局已完成西藏生态安全屏障防护林体系建设19120.05亩、总投资956万元，分别在德庆乡德庆村、热果寺、昂嘎村、马乡朗巴村、常木村、措麦村、岗吉村、马乡设兴村、古荣乡那嘎村等；拉萨周边防护林项目8400亩，总投资为114万元，建设规模为2000亩造林、6000亩封育，建设地点为古荣乡加入村和马乡设兴村；109国道提升工程，打造825亩绿色长廊，投资为499.94万元，项目地为109国道沿线马乡、德庆乡、古荣乡段进行；重点区域公益林建设工程，人工造林398.7亩，投资309万元，建设地点为马乡常木村；新一轮退耕还林工程，建设内容为49户退耕还林户造林及第1、3、5年的补助，投资为302.5853万元；工业园区A区道路绿化，打造78427.71平方米园林绿化，投资1983.47万元。

【加强重点公益林建设】 2016年，继续加强堆龙德庆区森林生态补偿基金建设，加强对原生植被、珍稀野生动物种群的保护管护涉及3乡1镇，管护面积360365亩，管护人员162名。公益林管护费为3元/亩，每年实现管护人员现金收入1081095元。

【森林防火工作】 森林防火工作是区林业绿化局林业工作的头等大事之一，为此2016年区林业绿化局将及时向各乡镇下发《堆龙德庆区森林火险隐患排查方案》《森林防火通知》和与各乡镇签订《森林防火责任书》。每周对各乡镇进行一次森林火险排查，进一步强化森林防火意识，在森林防火成效上实现新的进步。

【疫源疫病监测，掌握禽病动态】 2016年，区林业绿化局继续严格实行疫情监测日报告制度，不折不扣的落实防控监测的各项工作。在重点防控监测片区内实施巡护人员严密的疫情动态监测制度。

【野生动物肇事损失实行补偿】 2016年，严格执行上级业务部门对相关野生动物肇事损失补偿工作流程，开展好野生动物肇事损失工作的申报、审核、调查取证等工作。野生动物肇事损失补偿按照自治区承担60%，拉萨市承担30%，县级承担10%。

【有害生物防控，确保林业安全】 2016年，根据国务院发布《森林病虫害防治条例》有关规定及自治区林业厅对林业有害生物防治工作的相关部署，结合堆龙德庆区林业有害生物现状，发展趋势，防治措施等问题，坚持“预防为主，科学治理，依法监管，强化责任”的林业有害生物的防治方针，以根除青杨天牛，控制春尺蠖等林业有害生物不扩散，不蔓延为主要目标，根据区委书记格桑平措对堆龙德庆区林业有害生物防治方案工作作出的重要批示，采取灵活多样的除治方式，综合运用人工，生物，化学等除治措施，分类施测，分阶段治理，有效清除，改善林木生存环境，保证林木健康生长。

【工作亮点及采取的主要措施】 树种选择。2016年，本着因地制宜、因害设防原则，以人工造林作业区的立地条件、施工经营条件为基础，结合当地生态经济需求，树种的选择坚持立地条件与树种生态学和生态学特性相一致，遵循“适地适树、适种源”，兼顾当地群众生产生活的需要的原则，主要选择抗性强、耐干旱瘠薄、根系发达、萌蘖性强、经济和生态效益高的优良乡土树种和外地引进的树种相结合。如河北杨、青杨、江孜沙棘等3种树种形成层次，可以有效地提高防护效能和稳定性。

*将林业工作和精准扶贫相结合。*坚持造林绿化与构建和谐社会、坚持社会主义新农村、建设生态文明、增加农牧民收入相结合的原则，除树苗的采购外，其余全部工作量交由村委会组织群众实施，结合本年度精准扶贫工作要求，将精准扶贫户优先纳入到小工行列。拉萨市林业局主要领导多次到该项目点指导工作，加强管理，落实责任，质量与收益挂钩，鼓励发展农牧民造林专业队。

*超前准备。*针对春季造林时间紧、任务重的实际，堆龙德庆区林业绿化局到2016年涉及项目的乡镇、行政村开展前期组织协调、计划安排等工作，确保春季植树造林受到重视，形成声势，取得实效。各乡镇、行政村将于年后抓紧开展造林前的整地、挖坑（机械）、小型水利设施的建设等工作。

*加强种苗管理。*针对堆龙德庆区2016年造林项目种苗的需求量，区林业绿化局着重对区域内的私营苗圃及个体农户苗圃情况进行全面细致

的调查，全面掌握堆龙德庆区内苗木情况，全部苗木在堆龙德庆区境内的苗圃基地采购。造林种苗选择和使用上，在苗木标准合格的前提下，优先考虑政府扶持建设的农牧民个体苗圃生产的苗木。严把苗木质量关，进一步加大优质壮苗的使用率，特别是乡土树种的使用率，切实提高造林成活率。

明确责任、分工协作。由于2016年堆龙德庆区造林和绿化任务工作任务重、时间急，区林业绿化局高度重视，并召开局务会议，成立工作项目领导小组，把任务分工到具体的人头上，要求明确具体负责人，做好此项工作。下设的两个小组必须要明确自己的责任，确保事事有人管、件件都落实的工作要求，将工作进度在每周五及时进行汇总和上报有关单位，争取将此项工作做好、做实。

落实造林责任。为了提高造林的成活率和保存率，堆龙德庆区对各造林工程项目以承包的形式，承包给当地乡镇、村委会及园林绿化公司。能够切实发挥项目所在地乡镇、村的主观能动性；结合精准扶贫工作，劳动力要求优先使用本村精准扶贫户；坚持谁造林、谁经营、谁受益的原则，不植无主树，不造无主林，与各乡镇及园林绿化公司签订目标责任书，并将后期管护成果作为当年年终各乡镇的考核内容挂钩；充分发挥护林员的管护作用，把巡查、监测和防治工作落实到具体的地块。

坚持因地制宜，适地适树，科学营造的原则。遵循自然规律，尊重群众意愿，选择适宜的造林树种，确立科学的造林模式；采取带、片、网、点相结合，乔灌草合理配置；在造林方式上，宜造则造、宜封则封，实行封、造、抚、管有机结合。

（李欢欢）

【领导名录】

局　长　江　　央（藏族，11月任职）

副局长　央吉拉姆（女，藏族，7月任职）

原局长　拉　　珍（女，藏族，3月离任）

堆龙德庆区水利局

【概况】 2016年，堆龙德庆区水利局内设有行政办公室、财务办公室、水利办公室、水利普查办公室、防汛抗旱值班室等部门。在职干部职工16人，其中正科级1人，副科级2人。人员结构：公务员6人（其中1人于11月退休，1人为长期病假）；事业人员10人，其中：专业技术人员10人，含助理工程师4人。在职人员中具有大专以上学历14人，中共党员占职工总数的100%。2016年，堆龙德庆区共投入水利建设资金16175.46万元，中央15633万元，完成各类水利建设项目22件，解决灌溉面积2.86万亩。

【加强农田水利基本建设】 堆龙德庆区原有小型农田水利设施由于建设时间早、标准普遍偏低、配套差。加之后续投入不足，工程严重老化失修，已成为提高农业综合生产能力的主要制约因素。为提高水利服务农业的能力，2016年，堆龙德庆区实施2016年小型农田水利“重点县”项目，总投资为2825.42万元。

【水利“十三五”规划报告】 2016年，根据堆龙德庆区发展要求，堆龙德庆区水利局委托设计院结合堆龙德庆区实际情况，编制完成《堆龙德庆区水利发展“十三五”规划报告》，本次规划报告项目总投资为36.7亿元。涉及重点水利工程建设项目投资25.12亿元，占68.13%；防洪减灾体系建设项目投资2.4996亿元，占6.75%；水资源保障体系建设项目投资5.9392亿元，占16.08%；水生态保护体系建设项目投资2.04亿元，占5.53%；农村水利工程体系建设项目投资1.168亿元，占3.15%；水利行业能力建设项目投资0.1082亿元，占0.27%。

【山洪灾害治理项目】 堆龙德庆区嘎洞沟防洪工程于2016年3月15日开工，至11月15日完工，项目总投资1915.37万元。项目的实施将保护东嘎镇及整个城区安全。

【堆龙河二期县城段防洪工程】 该项目总投资2959.40万元，项目位于堆龙河下游波玛桥至水泥厂约6.5公里长的河道范围内，新建堤防总长12.425公里，右岸为6.35公里，左岸为6.075公里，保护堆龙德庆区工业园、学校、青藏公路、铁路及部队驻地等主要设施及河道两岸分布的4627亩农田及林草。堆龙德庆区堆龙河二期防洪工程于2016年10月初开工，项目由堆龙德庆区城投公司代建，截至年底，已完工35%。

【中小河流治理工程】 东嘎镇、古荣乡防洪工程。总投资2608万元，工程范围从古荣乡龙巴桥段至乃琼镇波玛桥段防洪堤工程，河道治理长度16.40公里，堤防工程总长为16.30公里，主要保护东嘎镇、古荣乡的耕地12432.95亩，草地42393亩，林地3882亩，并防止水土流失。项目由堆龙德庆区城投公司代建，截至年底，已完工40%。

马乡防洪工程。总投资1760万元，建设堤防长度11.0公里，保护马乡的农业耕地、草场和林地，防止水土流失。该项目由堆龙德庆区城投公司代建，截至年底，已完工30%。

德庆乡防洪工程。总投资1877.07万元，工程范围为堆龙河德庆乡管辖段，河道治理长度13.5公里，堤防工程总长12.24公里，保护耕地13949亩、草地13476.7亩，林地1676亩，防止水土流失。项目将于2017年开工建设。

乃琼镇防洪工程。总投资2880万元，建设堤防长度11.0公里，主要任务是防洪，保护贾木村6个自然村，共计118户，703人，保护土地面积共3470亩，其中耕地2855亩，林草地615亩；保护帮古村4个自然村，共计94户，481人，保护土地面积共计3933亩，其中耕地3063亩，林草地870亩。截至年底，工程已完工。

【水保项目】 古荣乡巴热村水土流失综合治理工程于2016年10月初开工，总投资为1019.02万元。项目实施将治理水土流失面积26.49平方米。项目由堆龙德庆区城投公司代建，截至年底，已完工45%。

【防汛抗旱工作】 2016年汛期，堆龙德庆区不同程度受到强降雨、冰雹等恶劣天气影响，共遭受洪涝灾害8处，山洪泥石流灾害6处。冲毁人饮水源点3处，蔬菜大棚受灾85亩，农田56.06亩，农田网围栏700米，农田水渠1670米，人畜桥9座，乡村道路1440米，进水口8座，防洪堤905米。灾情发生后，区防汛抗旱指挥部第一时间组织国土、安监、发改、农牧、民政等部门赶赴现场，根据实际情况及时启动防汛应急预案，妥善处理灾情，共调用挖掘机40台（次），装载机18台（次）；解决直径63人饮管道150米，直径75人饮管道150米，直径50管道330米；铅丝笼171圈，编织袋39000条，铁丝圈1.5吨。防汛物料总投入资金共计104.3063万元。同时，由于2016年汛期灾情严重，已向各乡镇下发防汛资金50万元。2016年堆龙德庆区防汛抗旱经费总计投入154.3063万元。

【扶贫攻坚工作】 为认真贯彻落实堆龙德庆区扶贫开发工作会议精神，深入推进精准扶贫开发工作，加快贫困群众脱贫致富步伐，实现全区“建档立卡”贫困人口2016年全面脱贫，将精准扶贫工作落到实处，根据堆龙德庆区委、区政府相关要求，堆龙德庆区水利局扶贫工作人员于8月12日同扶贫办和各乡镇工作人员一同，与堆龙德庆区82名河道管护员（均来自堆龙德庆区“建档立卡”贫困人口）签订劳动合同，并要求在确保自身安全的基础上，发挥本职工作的职能，定期巡查堆龙河段的垃圾倾倒现象和私自占用河道工作。9月14日，按市水利局要求堆龙德庆区已上报126名堆龙德庆区水生态保护岗位人员名单（均来自堆龙德庆区“建档立卡”贫困人口）。同时，堆龙德庆区水利局全部党员前往包村点，签订精准扶贫目标责任书，并按区扶贫攻坚指挥部的要求，填写精准扶贫结对帮扶登记卡。通过开展以上工作，认真落实堆龙德庆区水利精准扶贫开发工作。

【为民办实事项目】 2016年，涉及农田水利和农村饮水的为民办实事项目总投资124.14万元，按照区委、区政府要把为民办实事工作落到实处，把好事办好、办实，使群众能够真正地从项目中得到实惠的要求，堆龙德庆区水利局与涉及乡镇签订工程协议，要求严把工程质量关，把项目实施与群众参与紧密地结合起来，使群众从项目中受益，增加农牧民群众手中的现金收入，把好事办好、办实。

【水行政执法工作】 2016年，对在堆龙德庆区境内非法取水，非法占用河道，非法采砂等行为坚决查处，堆龙德庆区水行政执法事件共计38余次，主要为非法占有河道、建筑垃圾和生活垃圾非法倾倒、非法采砂、破坏堤防等方面。按照自治区法制办相关要求，堆龙德庆区水利局在职干部于9月28—30日参加为期3天的拉萨市行政执法人员法制培训，落实持证上岗。

（龚艳辉）

【领导名录】

局　长　拉巴卓玛（女，藏族）

副局长　谢 远 晋

堆龙德庆区教育（体育）局

【概况】 2016年，堆龙德庆区有中小学校8所，其中初级中学1所，小学7所（东嘎镇内有2所，即堆龙丰台小学和堆龙姜昆黄小勇希望小学；其他各乡镇均有1所中心小学），另有区中心幼儿园1所；区第二中心幼儿园于2016年10月建成并投入使用。全区4个乡2个镇有在职正式教职员工647人（其中专技人员647名、工勤人员2名）中，初中专任教师147人，小学专任教师369人，幼儿园专任教师131人，教师学历合格率100%。在自治区、市、区党委和政府的正确领导下，在自治区、市教育主管部门的大力支持下，投入本级财政收入的20%，大力支持教育事业发展。不断巩固和提高“两基”和“教育均衡”发展成果，加强学籍管理，全面控辍保学。根据《堆龙德庆区“十三五”时期国民经济和社会发展规划纲要》整体部署，率先在区直各部门率先完成《拉萨市堆龙德庆区教育（体育）改革与发展“十三五”规划》工作，并建立落实和规划体系机制。在全区率先完成农村学校学前三年教育普及，学前教育意愿入学率达到100%。继续推动“十三五”规划落实，按照自治区五个100%的安排部署，完成全区学前及义务教育阶段布局，按照“多点就近”原则，完成城区8所幼儿园布局，开工建设二小，完成区第二中学前期工作，全区教育事业得到持续、稳定、健康发展。

【义务教育】 2016年，全区在校中小学生5594名，其中初中生1505名，初中毛入学率达到109.59%；小学生4089名，小学毛入学率达到106.57%。全区各中小学不断巩固和提高“两基”成果，促进学生德、智、体、美、劳的全面发展和身心健康成长，教育教学质量稳步提升。2016年，全区有46名小学毕业生录入内地西藏初中班，有73名区中学毕业生进入内地西藏高中入读，实现《拉萨市提高中小学教育教学质量三年行动计划》要求的义务教育阶段学生考试成绩逐年提高30分以上的目标。

【学前教育】 2016年，全区幼儿园共计37所，在园幼儿1914名（不含SOS儿童村），适龄幼儿在园率达到97%，区教育局按照“多点就近”原则，完成城区8所幼儿园布局，并充分利用以区中心幼儿园、区第二幼儿园为中心，中心小学、完小和教学点为支撑的学前教育网络，大力推行学前双语教育，不断加大幼儿园管理力度，规范幼儿园办园行为，使适龄幼儿享受到较好的学前教育条件。2016年，推动幼儿园教师专业化成长工作纳入日程，采取以赛代培的方式，举办幼儿园教师赛课、业务考试活动等，通过学习和反思获得专业提升，进一步加强教师的教学保育方法研究。

【教育惠民】 落实各类教育惠民政策，最大限度地促进教育公平。在全面贯彻落实国家、区、市对义务教育阶段政策措施的同时，进一步加大工作力度，提高本级财政补贴额度，确保外来流动人口子女等非“三包”学生享受到本地生源同等待遇。创新实施农牧民子女接受高等教育奖励资助政策，对全区在校大学生奖励资助进行提标扩面，实施全区农牧民群众、城镇居民、干部职工子女高等教育政府奖学金、助学金政策，为2016年度全区奖励资助高等教育在读生共947人发放奖励资助金740.2万元。其中，为精准扶贫建档立卡家庭子女215人发放奖励资助金174.6万元（其中含拉萨市实施的201名精准扶贫对象资助金93.3万元）。2016年，堆龙德庆区本级财政拨付精准扶贫资助金81.3万元，奖励资助金565.6万元，共计资金646.9万元。

【党建工作】 2016年，坚持党建统教，按照“围绕教育抓党建、抓好党建促发展”的工作思路，大力推动党的思想、组织、作风和制度建设。突出教育系统基层党组织建设工作，抓好党风廉政建设目标责任制的落实，严格执行党风廉政建设和反腐败工作的各项规定。发挥区教育局“党风廉政师德师风室”作用，组织开展党支部书记业务培训，组织教育系统人员到拉萨市廉政教育基地接受警示教育等，加强党员队伍的管理与教育，发挥党员的先锋模范作用，认真做好党员发展工作。区教育局督促《学校党建带动团建、队建工作的实施方案》的落实，各学校切实开展好党建带团建、队建工作，形成党、团、队工作合力，推动学校各项工作又好又快发展。

【素质教育工作】 11月14—16日，拉萨市素质教育督导组依据《拉萨市振兴教育教育教学质量三年行动计划（2014—2017）》《西藏自治区中小学素质教育督导评估暂行办法》相关要求指标体系从办学行为、条件保障、常规教学、德体美育、办学成效等5项一级指标、18项一级指标、116项具体内容，通过看、查、问、听、访、谈等形式，深入全面地对堆龙德庆区的素质教育开展情况进行评估，在全市接受初评的3个县域中唯一一个通过市素质教育评估验收县（区），为带动区域深入推进素质教育起到示范引领作用。

【教育信息化】 年内，区教育局加快基础教育信息化进程，促进教育资源共享。推进全县中小学实验室和功能室的标准化建设，积极争取宽带入校、数字化校园建设、计算机教室建设项目；推广交互式电子白板运用，教师逐渐熟悉和乐于使用交互式电子白板教学新模式，充分发挥设备的投资效益。教育局机关及全区中小学区实施信息化系统工程，包含监控系统、广播系统、视频会议系统、课程录播系统、高清非线性编辑系统、网络及资源平台系统等。全区中小学计算机网络教室12个、多媒体教室8个、交互式电子白板教室103间和液晶触摸一体机教室53间，全区所有学校的教室均可实现信息化教学。

【德育工作】 坚持诸育德为先，深入推进德育工作。确保生均50元的德育经费落实到位，加强未成年人思想道德建设，突出抓好反对分裂、维护祖国统一、维护民族团结为核心的爱国主义教育以及社会主义核心价值观教育。2016年，区本级财政教育投入中安排德育专项经费19.175万元。

【师资队伍建设】 率先在全自治区实现教师年度全员培训，切实提升教师教育教学能力，加强与成都市外国语学校、北京、上海、常州、宜兴等手拉手学校的结对交流。在争取上级部门安排培训的基础上，把提升教师队伍素质作为义务教育阶段素质教育发展的关键点和切入点，全面制订切合学校教育教学工作实际教师培训计划。针对区内各学校音乐教师紧缺的实际情况，结合区域内义务教育均衡发展工作的具体要求，区教育局建立城乡教师交流机制，规划区域校长教师交流工作，2016年，共交流教育干部10人，教师40人，其中校级骨干教师35人。全区20名中、小学及幼儿园教师参加为期一周的培训。2016年9月8日，全区隆重举行庆祝第32个教师节表彰大会，159名区级师德标兵奖、优秀班主任、优秀教师、优秀教辅人员、优秀管理工作者受到表彰。

【教学质量提高行动】 年内，为解决各学校教学质量差异影响和制约全区义务教育高位均衡发展水平和进程的问题，加大推行《堆龙德庆区全面提高教育教学质量三年行动计划实施细则》力度，继续实行教师轮岗制度，落实专职教研员蹲点包校、各小学结对交流工作，强力破解制约教育教学质量整体提升的体制瓶颈和机制障碍，进一步建立健全考核评价体系，提升广大教职工工作积极性、主动性，各学校实行全区统一考试交流会审制度，充分运用区教育局教研室提供的分析数据，认真进行考后质量分析。同时，在加强学校精细化管理方面狠下功夫，建立学校综合评价体系，针对教育热点、难点问题开展综合督导评估，将督导评估结果作为学校改进工作的主要依据，引导学校逐步在管理效益方面形成竞争机制，通过提升学校管理来实现办学水平、教育质量的提高。

【教育经费保障】 保持教育投入强劲力度，切实保障学校教育事业经费正常运转。2016年，区本级财政对教育投入预算为10045万元，教育投入连续实现过亿元。按照相关规定和程序，严格经费管理使用。区教育局严格红线、不破底线，把好资金审批使用关口，先后接受自治区巡视组、自治区审计厅、拉萨市审计局以及市教育局的专项审查；落实各乡镇校车运行补贴，区教育局每年分两次将补贴经费足额划拨到各乡镇，保证学生上下学接送。

【安全卫生工作】 年内，区教育局坚持维稳处突和常态工作相结合的工作机制，由区教育、公安、安监、卫生、消防等部门协调联动，加强隐患排查整改。将校园安全的岗位责任逐条细化，实行“一岗双责”，落实到具体工作中，建立起覆盖所有工作环节的安全防控体系。通过加强针对消防安全、交通安全、饮食卫生安全、建筑安全和突发自然灾害安全事故的知识教育及演练活动，进一步提高学生的安全防范意识和应对、处理突发事件的能力。实行部门联动，加强校园及周边综合治理，加强交通安全和校车管理工作，突出学校食堂食品安全监管工作，制定应急处置机制，建立整治和预防并重的长效工作机制。区教育局为各学校聘请专职安保人员，实行合同制管理，形成教育系统专职的安保队伍。

【体育工作】 2016年，堆龙德庆区各学校体育器材基本满足体育教学需要，每周开设两节体育课，住宿制学生每天坚持早操和课间操；渗透“我运动、我健康、我快乐”的阳光体育理念，坚持开展“每天运动一小时”活动，充分利用器材、器械开展体育课教学和课余体育活动，全面启动学校阳光体育冬季长跑活动。各学校根据学生自愿成立体育课外兴趣小组，如篮球队、足球队、乒乓球队、田径队、广场体操方队、呼啦圈兴趣活动队、跳绳兴趣活动队、校园集体锅庄、现代舞活动队等，在指导教师的带领下利用早晚课余时间进行练习。堆龙德庆区城区学校每年举行春、冬两季运动会，各乡镇小学于夏季或秋季天气较好的时间，纷纷召开全校学生运动会，各班基本上达到人人参加一个比赛项目，在国家学生体质健康标准数据测试与上报工作中，全区中小学生体质监测健康监测覆盖率达到100%，全部测试数据及时报至国家教育部审核。

（郑文玉）

【领导名录】

书　记　何景平

局　长　林　芸（女）

副局长　达瓦扎西（藏族）

堆龙德庆区粮食局

【概况】 年内，堆龙德庆区粮食局在区委、区政府的正确领导下，在市粮食局的指导和区发改委关心下，高举邓小平理论伟大旗帜，深入贯彻党的群众路线总体目标和要求，坚持“一个中心、两件大事、三个确保”的西藏工作指导方针，较好的完成年度各项工作。

【学习“两学一做”实践活动】 2016年，区粮食局共集中学习5次，集中讨论5次，按照学习调研形成一份分析检查报告，开一次民主生活会的要求，在会上大家自我发言，自我批评，共同查找存在的问题，以支部为主对分析检查报告进行评议，区粮食局共发放21份评议表，对各单位发放征求意见表12份，群众发放11份，大家主要提的意见是，调研不深入，对党建工作不够重视，学习浮于形式，服务观念需要提高，基层调研需要加强，安排工作不够深入具体，主动服务群众需要加强，思想观念陈旧，没有开拓进取的精神，此次学习对区粮食局实际看，对促进堆龙德庆区粮食工作的向前发展具有很强的现实指导意义。同时，针对国有粮食企业改制后的现状和特点，不断深化改革，以健全、完善一系列岗位责任制和企业经营管理制度为重点，将各项工作业绩指标细化责任到人。

【粮食销售情况】 2016年，销售粮食1813万公斤，同比上年同期增加0.2%以上。调入内地粮食为28.18万公斤，同比上年同期增长0.03%以上。

【粮食购入】 2016年，当地青稞收购0.75万公斤，与上年同期持平。糌粑购进0.5万公斤，比上年同期增加0.8%。

【粮食供应】 2016年，全区供应粮食15万公斤，同比上年同期减少0.03%，主要原因是2016年堆龙德庆区民政救灾粮及居民口粮由区粮食局供应外，三包学生供应的粮食，堆龙德庆区教育局指定其他企业供应。

【食用油购销】 2016年，菜籽油购进0.51万公斤，销售1.3万公斤。

【粮油库存】 截至年底，粮油期末库存为78万公斤，同比上年年初库存量增长0.2%。

【救灾粮食储备】 堆龙德庆区是洪涝、泥石流和干旱等自然灾害频发的地方，历年都有各种自然灾害发生，并造成农业生产损失，为及时解决每年受灾群众的生产生活困难，2016年，区粮食局和区民政局签订堆龙德庆区救灾储备粮管理使用办法，并订购40万元储备粮食，其中20万元的粮食，按照堆龙德庆区民政局的有关文件精神兑现供应给缺粮户及贫困户。

【包村点慰问】 在藏历年和春节期间，区粮食局局长带领局领导班子成员到区粮食局包村点古荣乡巴热村，购买粮油等食品对包村贫困户进行慰问，送去价值5000元的慰问品。

【安保工作】 为了进一步搞好单位的内保工作，真正做到看好自己的门，管好自己的人，办好自己的事，切实担负起保一方平安的政治责任，根据堆龙德庆区2016年社会治安综合治理目标管理责任书及堆政法2016年一系列文件精神，及时召开各种会议，重新调整和充实综合治理小组成员和内保人员。

年内，区粮食局召开15次安全会议，下基层检查指导9次。结合粮食企业工作实际，特别是严格管理区粮食局各商品房，把有关安全事项通知给每个店主，并签订租赁合同，节假日期间，局领导在重大会议及节日期间亲自带班，坚守值班，坚持深入基层第一线，帮助基层组织解决实际困难，及时安排单位内保组织24小时值班制度，特别是配备必要的专用工具、交通工具和消防设施。同时，按照区综治办的要求，由专人负责建立双联户，并进行登记存档。2016年，区粮食局没有发生重特大事故，重大案件，重大交通事故，火灾事故。

【粮食安全检查工作】 根据拉萨市粮食局转发的《关于依法加强粮食市场监管工作》的通知精神

和区委、区政府提出的让老百姓吃上“放心粮油食品”的要求，为切实做好粮食质量保障工作，维护粮食经营者、消费者的合法权益，按照区食品安全委员会有关文件精神，按照《粮食流通管理条例》等粮食法规赋予粮食局的职能职责，2016年，区粮食局对堆龙德庆区辖区的18个粮油销售店和4个粮油加工店及各学校的粮油进行不定期的检查。

【粮食市场监管】 区粮食局作为堆龙德庆区食品放心工程领导小组的成员单位，时刻把全区人民的食品安全放在第一位，扎实有效地开展对粮油食品的检查工作，严格食品质量关，确保堆龙德庆区广大人民群众吃上放心粮食。2016年，区粮食局所辖粮油门市部、粮油销售点的食品合格率100%。对变质、陈化等不合格粮油食品，区粮食局检查中坚决予以查收，并协调有关部门作为饲料处理。特别是对堆龙德庆区住校“三包”学生的食品安全，区粮食局作为食品检查重点常抓不懈。每年的粮食收购季节，区粮食局工作人员不定期地检查和监管堆龙德庆区粮食收购企业的粮食收购情况，确保堆龙德庆区粮食收购市场顺利开展。

【企业多种经营】 区粮食局认真研究和分析本地区的实际情况，以三大创新为动力，本着办一件事成一件事的原则，加强新项目的研究和论证。制定好长远发展计划，结合实际实施，减员增效，将富余人员到第三产业，力争搞好多种经营工作，保证干部职工的工资及福利按时发放，提高干部职工的工作积极性。坚持充分发扬民主集中制原则，在2016年藏历年和春节，区粮食局筹集资金38130.2元对区粮食局19名离退休老干部职工进行慰问。

（巴　桑）

【领导名录】

局　长　多布杰（藏族，1月退休）

　　　　边　巴（3月任职）

堆龙德庆区中学

【概况】 2016年，堆龙德庆区中学在区委、区政府及区教体局的正确领导下，坚持以邓小平理论、“三个代表”重要思想和科学发展观为指导，认真贯彻落实中共十八大精神，深入落实基层党建工作责任制和党风廉政建设责任制，积极开展“两学一做”活动，坚持“成人、成才”的办学思路，解放思想，与时俱进，树立“以人为本”的办学理念，加强教师队伍建设，以课堂转型为契机，以校园文化建设为载体，努力提高教学质量，力创平安学校、和谐校园。

【领导班子建设】 2016年，区中学在区委、区政府和区教体局的高度重视下，班子建设以勤政、廉洁、务实、高效为目标，积极进取、务实肯干、团结协作，通过抓强化学习促思想建设，抓效能建设促工作作风等途径，努力建设工作务实高效、服务师生发展的领导班子。

【开展党风廉政建设】 年内，通过校委会会议、中层干部会、党员大会，开展理想信念、从政道德、党纪党规、法律法规教育；教职员工的廉洁从教。通过党员大会、教职工大会，弘扬“公正、包容、责任、诚信”的价值取向，开展师德建设主题教育活动，每位教师都签署师德承诺书，形成“执教为民、廉洁从教”的良好氛围。

【加强师德师风建设】 2016年，区中学成立由校长任组长，其他班子成员和班主任为成员的师德师风教育活动领导小组，通过广播、黑板报、标语、展板、简报、学习手册、学生问卷调查等形式开展师德师风教育活动，引导教师不仅重言传，更要重身教，时时处处体现为人师表。同时，多次组织广大教师认真学习《中华人民共和国教师法》《中华人民共和国教育法》《中小学教师职业道德规范》《教育部关于加强和改进师德建设的意见》等法律法规，通过政治学习、业务学习、开展读书活动等载体，增强广大教师的法制观念，提高广大教师的职业道德素质，力促教师在提高政治素质、思想素养上求实效，在转变教育理念、提高教育教学质量上求实效，在服务学生、服务家长、服务社会上求实效，在为人师表、树立良好形象上求实效，在促进学校发展、争先创优上求实效。

【教师业务培训】 通过“国培计划”、县培计划、校本培训和建立“手拉手”联谊学校、邀请区教科所、市教研所专家、市内兄弟学校名师来校指导，通过研、培、导、练、赛等多种形式，积极挖掘教师的潜能，发现教师的创新点，提升教师专业成长，为教育教学质量的提升创造有利条件。2016年，区中学分别与那曲班戈县中学、达孜县中学、林周县中学、曲水县中学开展交流活动，邀请上海共康中学高级教师班主任工作室吴晓云老师到校指导班主任工作，与拉萨北京实验中学开展“城乡结对”活动，派学校学科组长到北京丰台实验中学培训，派班主任到上海共康中学培训，2016年，区中学培训教师达150人次，有力地促进教师专业素质。

【顺利通过拉萨市素质教育督导验收】 为全面推进拉萨市中小学实施素质教育，全面促进内涵发展，振兴教育教学质量，根据《拉萨市振兴教育教学质量三年行动计划（2014—2017）》《西藏自治区中小学素质教育督导评估暂行办法》相关要求，2016年11月15日，拉萨市教育局素质教育督导评估组到区中学开展素质教育工作督导与评估。督导组听取校长王书清关于学校在办学条件、组织管理、队伍建设、教研教改活动、办学特色等方面的情况汇报，随后督导组分成三个小组查看学校功能室配置及使用方面的情况。然后，评估组成员深入课堂随堂听课，评课，观摩大课间活动，召开师生座谈会，随机检查该校素质教育常规活动的开展情况等，广泛采集信息，全方位、多角度地分析综合评价。

【课堂教学】 教学工作是学校的中心工作，教育质量是学校的生命线，而进行课改研究就是提升教育教学质量的强有力的保证。学校要求全体教师树立“面向全体、全面发展、主动发展”的教学思想，努力做到“把眼光盯在质量上，把功夫下在备课上，把基础放在个人素质提高上，把关键放在教学方法的改革上，把目标放在全体学生的进步和提升上，把效果显现在40分钟的课堂上”，保证教学工作扎实有效。

2016年，在常规管理工作中，区中学充分发挥教学管理处的作用，定计划、定措施，展开竞争，在课堂教学、作业指导、成绩考查、专业发展等方面对教学工作进行量化考核。以抓教学细节入手，规范教学教研常规工作，着力打造高效课堂，做好推门听课、集体备课、一课多讲、同课异构等多形式课堂教学活动，坚持面向教育教学实践、切实解决实际问题，以如何使学生日日有进步为着眼点，筹建课题，大兴研究之举，积极找对策，转变教学理念，抓好教学环节，集中教师进行自我反思、全面总结、提炼经验。每年中考结束后，组织教师对试卷成绩进行分析，认真反思，查漏补缺，研究对策，增强实效。

为了深入推进区中学教学教研工作，全面落实市、区《振兴教育教学质量三年行动计划》，学校组织部分教师到拉萨北京实验中学参观学习、邀请拉萨北京实验学校教育专家到校上示范课、邀请拉萨市教育专家和堆龙德庆区中学优秀教师一起上“优质示范课”活动、开展“共创有效课堂”赛课评比大赛、开展与内地西藏班校长交流活动。

为确保学生德、智、体、美、劳全面发展，区中学利用现有教学设施，开设阳光阅读课、阳光体育课、心理健康课、兴趣课等校本课程，组建校文艺队、校足球队，校鼓乐队等，成立科技兴趣小组、计算机兴趣小组等，每学期定期举办学生美术作品展、学生成就展，并利用“五四”青年节“六一”儿童节等节日开展评奖活动，促进学生发展。

【积极拓展教育教学空间】 年内，区中学以形式多样的活动为载体，激发学生学习兴趣，充分发挥现有教育资源的作用，开展丰富多彩的课余活动，学校的图书室、体育场（馆）、青少年活动中心、实验室等场所向学生开放，有组织、有计划地为学生安排丰富多彩的科技、文艺、体育等活动；有计划地组织社会实践活动，积极探索实践教学和学生参加社会实践帮老助残的有效机制，丰富学生的生活体验，在实践中发展，在体验中成长；强化德育实践环节，利用清明节、“五四”青年节、“一二九”爱国运动、9月民族团结月、法制进校园、开辟校外法制基地、新生军训、卫生安全教育等活动，加强新生思想政治建设；每年召开不少于3次的家长会，开展“大家访”，加强家庭教育、社会教育，引导家长树立正确的教育观，促学生文明养成、自我管理有长足的发展。

【思想道德教育】 年内，区中学积极推进培育践行社会主义核心价值观教育长效机制建设，完善诚信教育机制，拓展教育方式，通过多种形式的主题教育活动，加强实践体验，努力提高德育工作的实效性。学校利用升国旗、奏国歌、国旗下的讲话、主题班会、学生大会、新生军训、播放有意义的影片等活动加强政治思想教育；利用校园广播、班级板报、校园宣传栏、阳光小报等宣传平台渲染政治思想教育氛围，加强对学生的爱国主义和集体主义教育。同时，区中学结合重要的节假日、纪念日，开展有意义的教育活动，如结合三月份“向雷锋同志学习”、综治宣传月活动，开展一系列“传承雷锋精神”和反对分裂、爱我中华活动；结合清明节，开展网上祭英烈活动，以培养学生爱国情感；结合“五四”召开表彰大会，弘扬“爱国、进步、民主、科学”的五四精神，并开展“放飞青春”校园歌手大赛；结合“九一八”事变教育学生“牢记历史，勿忘国耻”之手抄报活动；在11月组织学生参加“珍惜青春·远离犯罪”模拟法庭活动；结合“一二九”运动开展朗诵活动，进一步激发学生的爱国热情和历史使命感。

【民族团结教育】 2016年，区中学积极探索加强民族团结的新思路、新方法，通过坚持不懈地开展民族团结教育活动，学校各族师生互相支持，亲如一家，保持学校团结稳定的大好局面，促进学校各方面工作的协调发展。

抓舆论宣传。充分利用横幅、宣传标语、黑板报、校园广播等宣传工具，在校园内加大宣传力度，广泛宣传党的民族政策，宣传民族团结教育的重要性，使广大师生在自觉与不自觉中受到民族团结的教育，营造和谐民族氛围。

学习民族理论政策。为了更好地了解和掌握民族理论政策、民族法律法规和民族基本知识。区中学组织全体师生，深入学习《中华人民共和国民族区域自治法》《拉萨市民族团结进步条例》等法律法规。

民族团结教育进教材。将民族团结教育列入教学计划，各任课教师依照任教学科特点在课堂上对学生渗透民族团结教育、爱国主义教育、人格塑造等教育，做到在教案中有体现，在课堂上有落实，切实保证教学时间、教学质量和教学效果；利用民族团结教育月、重大节日、纪念日等契机组织开展丰富多彩的活动，加强各族师生之间的文化交流，促进民族团结，如开展民族团结月活动、开展民族团结演讲比赛；将藏民族的民族舞穿插到学生课间操中，并开发为校本课程，以这种“春风化雨、润物无声”的方式，增进民族文化的交流与融合，增强学生的民族团结意识。

【积极开展体育运动】 体育教学方面，已成为学校工作的一大特色。为达到体魄强健这一目标，学校在确保“两操一课”到位的基础上，积极开展每年春秋季两次运动会趣味运动会、篮球比赛、足球比赛，还把师生的体育考核成绩纳入到师生成绩总考核当中，并在九年级实行体育月考，在七、八年级实行体育期末考试。同时，各年级每学期统一进行一次体质检测。为了贯彻

《教育部等6部门关于加快发展青少年校园足球的实施意见》精神，落实好足球特色学校活动计划，推动校园足球的蓬勃开展。3月17日，区中学足球班级联赛开幕式在校操场正式拉开帷幕。通过足球班级联赛，让足球课程进入每一个班级，激发学生喜爱足球，学练足球的积极性，营造良好的校园足球活动氛围，从而促进青少年身心健康，强健体魄。

为丰富教师业余文化生活，优化育人环境，展现学校教师活力，构建和谐校园，5月5日至5月20日，开展第一届教师校园文化艺术节。6月24日至7月4日，区中学共有16名运动员代表参加全国青少年“未来之星”阳光体育大会，西藏分会场“我爱足球”中国足球民间争霸赛西藏海选赛暨拉萨市校园足球联赛。

【开展心理健康教育】 年内，区中学以培养“体魄强健，人格健全，懂得感恩，学会求知”的既定人才为目标，健康教育室（阳光小屋）积极通过心理疏导、阳光课堂、阳光天使、阳光小报等活动的开展，为区中学学生的全面发展奠定心理基础。

（薛富春）

【领导名录】

校　长　王书清
副校长　朱艳美（女）
　　　　扎西旺堆（藏族）
　　　　强巴卓嘎（女，藏族）

堆龙德庆区小学

【概况】 2016年，堆龙德庆区小学在区教育局正确领导下，在全体教师的共同努力下，区小学以中共十八大及十八届四中、五中全会精神为指导，以“让学校成为师生共同成长的乐园”为理念，以素质教育和课程改革为核心，全面贯彻党的教育方针，办好人民满意教育，巩固现代化学校创建成果，不断深化教育改革，不断强化常规管理，不断提高素质教育质量，不断推进师生发展。一学期来学校办学质量和管理水平得到进一步提升，办学特色得到进一步彰显，人民群众对学校的满意度得到进一步提高。

【优化师德师风】 年内，学校党支部围绕“照镜子、正衣冠、洗洗澡、治治病”的总要求，统筹规划各阶段活动，根据上级有关要求，在认真做好规定动作的同时，从为民办实事的目标出发，精心谋划自选动作，认真组织党员、教师进行走访困难学生活动，虚心听取群众意见，组织党员教师深入基层。将教育实践活动与师德师风建设、办人民满意教育、遏制有偿家教等有机结合。抓实教师的师德师风与职业道德建设。

【定期开展班主任培训】 年内，学校通过“班主任经验交流会”，学习优秀文章，交流先进经验，剖析管理现状，研讨管理策略，全面提升工作能力；认真上好主题班队会，办好班级黑板报，打造班级文化；经常加强家校沟通，有效进行心理疏导，全面关注学生成长。

【强化家校沟通交流】 家校联动实现共育。架设育人立交桥，改变农村相对封闭的德育模式，整合优化社会德育资源，充分发挥学校、家庭和社会三位一体的育人功能。利用家长会、班级微信群等，丰富活动内涵，加强家校联系，召开的家长会收到良好的效果。

【创新升旗仪式与红领巾广播站】 让学生成为每次活动的主角是学校的理念。升旗仪式上主持人是学生，旗手是学生，讲话者仍然是学生；红领巾广播站中吟诵诗文的是学生，夸赞身边人的是学生，播放音乐的仍然是学生。每次活动各班班主任都能高度重视，精心选材，认真辅导，反复练习，实践证明参与面广，实效性强。

【追求最优的教学质量】 进行课堂跟踪。学校规定每学期教师听课不少于16节。6月进行普遍听课，了解课堂教学情况，及时进行分析指导；定期检查制，强化备课作业管理。教导处每月抽查教师备课、作业等各项工作，不定期对教师备课，学生作业进行一次全面检查，了解备课时数、质量，要求超前备课2—3节，坚决杜绝不备课、草率备课现象，要求精心设计适量、多层次的课内外作业，特别是家庭作业，确保三至六年级每天作业量不超过一小时，教学处每周进行作业监控，班主任负责协调，切实减轻学生过重课业负担；落实质量监控制。区小学制定教学质量监控方案，特别是对期中、期末考试，要求教师做好试卷分析工作。找出存在的问题，针对性的解决问题。

【搭建平台，提高学生综合素质】 年内，学校组织开展丰富多彩的各类学生竞赛活动，认真贯彻体育、卫生两个条例，抓好“两操”，认真实施《国家学生体质健康标准》，阳光体育开展得有声有色。强化广播操。大课间活动中师生共舞矫健的身姿、规范娴熟的动作，彼此起伏的欢笑，成校园亮丽的风景。

【加强对食堂饮食卫生监督检查管理】 年内，学校不断提高食堂从业人员的素质，努力促使食堂工作规范化。后勤处经常有针对性地对食品的质量、食堂、餐厅卫生状况、从业人员的身体健康等情况进行检查，发现问题及时解决，并将检查情况作好记载。不定期向师生询问食堂采购的食品是否新鲜卫生、价格是否合理、饭菜质量是否达到师生要求等，千方百计地使全校师生吃得安全、卫生、放心和满意。

【积极开展“安全生产月”活动】 年内，学校根据要求，充分利用各种形式宣传安全知识，强化安全意识，认真开展安全生产宣传教育活动：做好预防溺水专题教育；开展交通安全和食品安全知识教育；在端午节、暑假到来之前集中开展一次安全教育；分发《安全告家长书》，专门进行安全宣传工作，真正做到“把安全工作延伸到校外”；通过家校通平台，给每一个家长发送暑假安全监管信息，落实安全责任。

（唐　红）

【领导名录】

党支部书记　达娃曲珍（女，藏族）
校　　　长　尼玛旦增（藏族）
副　校　长　巴桑卓嘎（女，藏族）

堆龙德庆区自来水公司

【概况】 年内，在区委和区政府的大力支持和帮助下，公司坚持以邓小平理论和“三个代表”重要思想为指导，全面贯彻落实科学发展观，深入学习“三严三实”，坚持供水工作为全区人民服务的指导思想，紧紧围绕着全区的工作大局，以保障全区城镇居民生产和生活用水为根本，经过公司全体干部职工的共同努力，圆满完成年初制定的各项任务指标。2016年，全区供水量达到130万立方米，管网维修共计2000多次。

【狠抓安全管理】 年内，公司认真学习安全生产文件，宣传贯彻公司安全生产工作会议精神，结合实际制定全年工作安全生产计划，明确具体时间，具体工作内容，操作性有很大提高，在组织安全生产知识培训时，以提高职工安全意识和防范技能为重点，培训内容切合岗位实际需要，注重培训的实效性。

突出安全监管的实效性，在安排检修时，先进行安全告知，要求施工单位必须签订安全协议，并加强作业过程中对安全措施落实情况进行检查。有关人员每次都到现场进行监管，检查施工单位是否按安装标准规定进行作业；坚持签工作票，注明安全措施要求。根据公司统一部署开展春、夏、秋、冬安全生产大检查，各部门制定活动方案，进行本岗位的自检自查。

【贯彻综合治理工作】 年内，公司结合单位实际，贯彻综合目标责任书，全力以赴抓好单位民族团结和维稳工作。为此，公司多次召开专题会议安排单位维稳工作，强调公司党员干部职工要高度重视稳定、民族团结工作，增强忧患意识，扎实工作，切实为维护好政治稳定、社会稳定做出贡献。公司切实把值班制度落到实处，保证领导亲自带班，使维稳工作细致扎实地进行，更好地做好基层稳控工作。同时，多次开展民族团结专题教育培训教育，将民族团结工作纳入到平时的工作、学习和日常生活中，关心他们的生活困难，尊重民族同志的生活风俗习惯。公司党组通过开展一系列贴近实际，贴近生活的整顿干部工作作风工作，公司上下精神面貌焕然一新，工作面貌发生很大转变，服务水平和服务质量得到明显提高。

【抓管理、加大收费力度】 根据年初下达的指标任务，公司对营业部召开专门工作会议，分析当前收费工作存在的问题，以及应采取的措施。根据实际结合公司的规定，逐项逐步处理，对查处的私按乱接黑管等问题，该堵的堵，该罚的罚，教罚兼并，因此，该项工作收到很好的效果。

【抓抄表、提高准确率】 水费回收率的提高关键在于抄表，根据以往抄表工作的经验和教训，2016年，公司对该项工作进行认真总结，查出问题，对抄表人员进行整顿，对收费和抄表人员彻底分开，避免以往在工作中的不利影响；对抄表人员划区分片，责任到人，并要求做到：抄到位、查到户、送到人且数字要看准、写准、算准，确保抄表率达到99%。

【抓学习、提高业务素质】 年内，公司及时采取措施，定期组织各科室人员学习业务知识和法律知识，通过学习使大家真正达到提高业务素质，增强法律意识的目的。

【加大管理力度，使收费工作走向正规】 年内，公司为了便于管理和今后的收费工作能够顺利进行，克服资金和技术上的困难，对跑冒滴漏及时进行维修并保证收费任务按时完成，为公司增加经济效益，使回收率逐年上升，同时也取得较好的社会效益。截至年底，经区委、区政府同意，整合成立堆龙龙跃恒通水电气服务发展有限公司。

（郑　军）

【领导名录】

总 经 理　刘　波

副总经理　郑　军

城市建设·环保

堆龙德庆区住房和城乡建设局

【概况】2016年，堆龙德庆区住房和城乡建设局（以下简称区住建局）在区委、区政府的坚强领导下，在全区各部门的大力支持和积极配合下，全局上下团结一心、顽强拼搏、攻坚克难，不断加强基础设施建设，在优化城区环境上下功夫，大力推进保障性住房建设，增强建筑市场监管力度，不断改进工作作风，努力提高服务质量，使堆龙德庆区城镇体系逐步完善，城镇化水平稳步提升，人居环境明显改善，城乡面貌日新月异。2016年，区住建局下设3个内设机构和2个事业机构，分别为局办公室、基建科、财务室；圣洁保洁公司、城管执法大队。

【作风效能建设】加强理论业务学习。2016年，区住建局牢固树立正确的理想信念，时刻保持政治上的清醒坚定。不断加强业务学习，定期组织干部职工认真学习城乡建设和管理等相关专业知识，提升业务素质，提高办事效率；强化内部管理。努力做到热情办事、正确履职、严守纪律，严厉查处违反“四条禁令”的行为，不断提升干部队伍的执法、管理和服务水平。全力打造一支尽心履职、行为规范、工作高效、服务优质、勤奋廉洁的干部队伍；加强党风廉政建设。区住建局时刻把党风廉政建设作为一项重要政治任务，始终把党风廉政建设与干部作风建设紧密结合起来，认真落实党风廉政建设目标任务，进一步规范干部职工从政行为，加强监督检查，促使干部职工廉政自律。通过狠抓机关效能作风建设，形成工作一盘棋，发展一条心，干事一股劲，一心一意谋发展，聚精会神搞建设的良好氛围，干部职工团结协作，精神面貌焕然一新，工作作风明显好转，工作效率明显提高。

【已完工项目】2015年公共租赁住房建设项目。该项目总投资820.26万元。建设内容及规模包括新建公租房64套（其中德庆乡16套、古荣乡16套、乃琼镇32套），建筑面积2560平方米。

2015年乡镇干部职工周转房建设项目。项目总投资2913.91万元。建设内容及规模包括新建周转房184套（其中区直机关周转房小区院内预留地72套、区医院院内32套、乃琼镇政府新址院内24套、羊达乡政府储备用地院内40套、古荣乡政府院内16套），总建筑面积9273.16平方米。

乃琼镇波玛村五组外墙粉刷美化工程。工程总投资174.876万元。建设内容及规模包括波玛村5组内57套民房外墙立面美化及大门整修。

拉萨市东嘎区供排水管网建设项目。项目总投资2681万元。建设内容及规模包括新建供排水管网26公里（其中给水管网12公里，污水管网7.2公里，雨水管线7.1公里）以及附属设施。

拉萨市东嘎区供排水管网二期建设项目。项

目总投资1402.54万元。建设内容及规模包括沿109国道建设污水管网，由羊达乡派出所至工业园区，新建给水管网5200多米，污水管网5250多米，雨水管线5250多米公里，以及附属设施。

区民兵训练场整治项目。项目总投资1771.45万元。建设内容及规模包括平整场地，整治2条排水沟，修缮围墙、靶位、靶场，场地硬化及栽种树苗和草皮。

香雄美朵精准扶贫特色民宿（一期）。项目预算总投资7500万元。建设内容及规模包括在波玛村五组建设100套民宿及道路、绿化、亮化、广场等附属设施，总占地面积17440.89平方米，总建筑面积8242.04平方米。

东嘎村及乃琼村下沉干部周转房及食堂建设项目。东嘎村工程总投资330.43万元，新建周转房12套，建筑面积717.06平方米，新建食堂1栋，建筑面积321.93平方米及室外总体。乃琼村工程总投资320万元，新建周转房12套，建筑面积717.06平方米，新建食堂1栋，建筑面积321.93平方米及室外总体。

【在建项目】 堆龙德庆区2016年28个行政村下沉干部职工周转房及食堂建设项目。项目预算投资11835.46万元。建设内容及规模包括周转房及食堂建筑面积1046平方米及室外总体。截至年底，该工程完工率达到30%。

堆龙德庆区既有建筑节能改造及建筑风貌提升改造建设项目。项目预算总投资20000万元。建设内容及规模包括全区规划内主要建筑楼体实行节能改造及风貌提升。截至年底，该工程完工率达到75%。

东嘎镇桑木村小康示范基础设施建设项目（援藏项目）。项目预算总投资998.31万元。建设内容及规模包括混凝土道路硬化4259.01平方米，石板铺装2520.39平方米，卵石人行道铺装778.12平方米，绿化2558.12平方米，16平方米化粪池2座，9平方米化粪池，50平方米化粪池2座，12平方米化粪池1座，排水工程，电气入地，太阳能路灯42盏。截至年底，该工程完工率达到40%。

堆龙德庆区加入村农牧民集中安置区。项目总投资3.22亿元，占地525.75亩建设668套住房。项目能解决当地137户419人小康安居工程试点安置群众；解决海拔4500以上274户，1152人扶贫搬迁群众；利用产业发展商业，剩余住房用于香雄美朵产业园职工宿舍、加入村藏家家庭旅馆开发和加入村集体经济用房，形成新村带产业、产业促新村的发展格局；城市延伸，通过试点市政综合服务设施，水、电、管网基础项目配套、商业项目的一次上齐，将城镇范围延伸至古荣段，朝着堆龙德庆区城镇人口达40万目标逐步推进。

【计划开工项目】 乃琼镇乡镇政权建设项目。该项目预算总投资3400万元。建设内容及规模包括办公楼、周转房、干部食堂及群众活动中心等附属设施。截至年底，该项目已完成立项、设计、概算等工作，待拉萨市开会研究同意建设后实施。

棚户区改造项目。项目预算总投资4780万元。建设内容及规模包括改造棚户区730户及道路改造、给排水管网、亮化、停车场、广场等附属设施。

香雄美朵路网给排水建设项目。项目预算总投资25000万元。建设内容及规模包括新建8条道路及一座互通式立交，道路总长26公里，含给排水、电力管沟管道铺设。截至年底，项目已完成可研初设评审工作。

香雄美朵精准扶贫特色民宿（二期）。工程建设内容及规模包括建设400套民宿及附属设施建设，截至年底，该项目正在进行设计阶段。

香雄美朵演艺中心。该工程预算总投资8500万元。建设内容及规模包括接待中心、马厩、演艺场、绿化、亮化等，截至年底，项目已完成可研初设评审工作。

香雄美朵博物馆。工程预算总投资35000万元。截至年底，项目已完成可研初设评审阶段，因前期设计单位未在堆龙德庆区备案，影响项目的进度。

【建筑市场监管】 工程项目建设管理规范有序。加大对明火作业、生活电器和重大危险源的安全监管，加强施工现场消防安全的防范工作，确保消防设施齐全有效，并联合相关部门进行安全检查，坚持日常检查、集中排查和阶段验收相结合。2016年，区住建局共召开安全生产会议11次，开展安全检查15次，签发限期整改通知书5份；企业管理深入细致。持续整顿拖欠工程款和农民工工资现象，加强工程开工、验收备案等环节监控，与资质晋级和项目招投标相挂钩，落实农民工工资保障金制度，努力减少建设行业拖欠现象；认真受理群众质量投诉，及时联系相关单位并跟踪处理，针对群众反映的质量通病进行综合整治，对影响使用的建筑部位进行重点检查，有效减少群众投诉现象。

【加强城市管理】 城市管理井然有序。城市管理综合执法大队以“文明执法，树立城管良好形象”为理念，以“完善管理机制，提升堆龙环境”为奋斗目标，不断加大对影响城区容貌的违规违章行为整治力度，对私自设立摊点、占道经营等行为进行依法惩处；对109、318国道城区段及团结路、东嘎路和柳梧东路等路段的商铺门前卫生，进行分户承包、定人定责，明确规定维护的范围和责任。

环卫工作常抓不懈。随着环卫管理制度的不断完善，堆龙德庆区环卫工作逐步进入一个良性循环阶段，垃圾收集与清运工作步入正轨。按照全区环境卫生整治方案和各乡镇的环境卫生整治方案，以实行台账制和销账制，逐步消除卫生死角，城区内生活垃圾做到日产日清（含羊达乡、东嘎镇、乃琼镇等范围内的生活垃圾），2016年清运生活垃圾达4850余吨。

不断加强路面管控。由于堆龙德庆区处于建设发展阶段，运输建筑物料、垃圾的车辆较多，沿街撒漏垃圾、不盖篷布的现象十分严重，给路面卫生整治造成很大影响。为了加强管理优化环境，城管大队执法人员主动放弃休息时间，对重点路段进行蹲点守候逐一清查，严厉查处纠正违规车辆，路面卫生得到明显改善。

（程　博）

【领导名录】

局　长　皮志帅（8月离任）

　　　　金　咪（藏族，12月任职）

区安居办主任

　　　　洛桑顿旦（藏族）

副局长　罗　桑（藏族，9月离任）

　　　　杜晓颖（4月离任）

　　　　王妤玮（女，12月任职）

堆龙德庆区环境保护局

【概况】 2016年，堆龙德庆区环保局有工作人员11人。堆龙德庆区环保局充分体现“以人为本”的环保理念，坚持科学发展观，认真贯彻拉萨市环保工作精神，真抓实干，开拓创新，立足于构建生态安全屏障、建设生态堆龙，全面推进环境保护与建设，严格环境执法监管、“6·5”世界环境日、环保执法检查等深入推进，各项环保工作取得较大进展。

【全面落实环保目标责任量化工作】 不断强化环保第一审批权，认真落实环境影响评价制度。2016年，共计审批建设项目环境影响登记表180个，出具建设项目环境影响报告书（表）预审意见27期，未出现“未评先批”“拆分环评”“越权审批”现象；制定《西藏拉萨市堆龙德庆区环境影响评价机构考核管理办法（试行）》。出动40人次对全区3家矿山企业及时开展检查，排查相关企业和隐患源点18家（处）；截至年底，共检查重点污染企业32次，查处环境违法行为44起，下达《行政处罚单》2起，下达《环境违法行为限期改正通知书》29起，向7家违法企业收缴罚款13.6万元，写有现场检查笔录29份。对辖区内的德庆乡、马乡、东嘎镇3个乡镇的共18处疑似盗采点进行现场检查。经过逐一检查后，18处均不存在盗采情况。2016年，区环保局密切配合区发改委、工商、安监等部门，加强对新、扩、改建项目的环境管理，坚决执行《中华人民共和国环境影响评价法》，强化建设项目“三同时”管理，要求所有在堆龙德庆区范围内的建设项目进行环境影响评价和“三同时”监督检查，严格把关对不符合国家产业政策、环保法律法规、城市总体规划和清洁生产、总量控制要求的建设项目。同时，对具备验收条件的项目及时进行环保验收；利用“6·5”世界环境日在辖区开展宣传工作，2016年6月5日是第45个世界环境日，主题是“改善环境质量，推动绿色发展”，区环保局在109国道、团结路等区城主要道路悬挂横幅，并设立宣传咨询点，当天活动共发放《环保知识宣传手册》《拉萨高原湿地之旅》《节约用水从点滴做起》《全民环保知识宣传教育手册》等单（册）1000余份，环保购物袋300个、围裙150个；认真开展矛盾纠纷排查，及时处理群众举报，共接到各类举报17起，处理17起，处理率达100%，出动执法检查处理200人次，车次100余次；2016年，区环保局编写环保信息共90期，“禁白”宣传活动在拉萨晚报市级媒体宣传2次，生态文明建设工作在自治区级媒体宣传1次。2016年，区环保局参加区、市等上级环保部门举办的环保业务技能培训3次，派出人员3名。配合拉萨市环保局完成工业企业固废申报调查工作，对堆龙德庆区24家企业进行详细调查，主要检查防治污染设备及设施、固体废物产生处置情况、固体废物（含危险废物）各项制度执行情况。根据拉政发〔2013〕127号文件精神，按照拉萨市人民政府关于批转执行《拉萨市2013年禁止白色污染工作方案》的通知精神，认真贯彻落实拉萨市人民政府第35号令，坚持以“三个代表”重要思想为指导，紧紧围绕生态建设这一主题，坚持以人为本、依法行政、严格管理，以专项综合整治和常规管理相结合，共收缴一次性发泡塑料袋3000余个，发放环保购物袋6500余个。2016年，共有46户企事业单位进行排污申报，征收排污费59619.4元。

【奠定牢固基础】 2016年，堆龙德庆区共计申报9个“自治区级生态村”，通过验收成功申报的行政村7个，分别是羊达乡羊达村、通嘎村、帮普村、乃琼镇加木村、古荣乡嘎冲村，巴热村、南巴村；成功申报东嘎镇、乃琼镇、德庆乡、古荣乡、马乡等5个乡镇为自治区级生态乡（镇）。

【污染物总量控制和节能减排工作】 根据拉萨市人民政府的要求，区环保局组织西藏红墙烧结砖有限公司、西藏高争建材股份有限公司、拉萨青达陶瓷有限公司、西藏堆龙东嘎水泥厂、西藏藏泉酒业有限公司、西藏雄巴拉曲神水藏药厂、西藏自治区皮革厂等7家重点企业与拉萨市人民政府签订“十二五”主要污染物总量控制目标责任书。2016年，要求东嘎水泥厂、远大水泥厂更换除尘设备，每年度监督性监测，国控不得少于4次，区控不得少于2次。总量排放控制在化学需氧量643吨、氨氮78吨、二氧化硫603吨和氮氧化物1886吨之内，顺利完成辖区内重点污染企业“十二五”期间主要污染物总量控制目标责任书签订工作。全年使用水质快速监测仪、噪声监测仪、pH酸碱度快速分析仪平均达到6次以上。组织展开排污申报及审核工作，紧紧围绕节能减排，促使企业大力推动产业结构优化升级，促进清洁生产，发展循环经济，从源头减少污染，推进建设环境友好型社会。

【加大环境监察和环保执法力度】 开展环保专项行动，做好环境信访工作。2016年，共检查全区65家企业，查处违法企业8家，限期整改6家，整改砂场8家，整顿规范养殖场14家，出动执法人员120余人次，50余车次；加强对区城主要道路建设工程环境整治，对施工现场扬尘和存在的其他环境问题进行整改，对区城道路沿线环境卫生死角进行认真排查，对西环线项目施工过程中存在的施工扬尘（柳东路与109国道交叉口）及道路沿线存在垃圾露天焚烧现场和部分农户焚烧农田杂草产生浓烟等环境污染问题进行统一整治。

【环境执法绩效评估工作】 根据《西藏自治区

环境保护实绩考核办法（试行）》和《拉萨市环境保护实绩考核办法（试行）》的要求，区环保局制定切实可行的环境绩效评估工作方案，撰写《堆龙德庆区环境保护实绩考核办法（试行）》并成立工作领导小组。同时，分发至四乡两镇，根据工作计划，区环保局将在每年年底对各乡（镇）进行环保工作验收，未通过的，将直接影响到区级年底验收的总成绩。

【环境信息】 全年编发堆龙德庆区环保局信息90期。

（旦增卓玛）

【领导名录】

局　长　金　咪

副局长　旦增卓玛（女，藏族）

堆龙德庆区新城规划建设领导小组办公室

【概况】 堆龙新城项目自启动规划设计以来，区委、区政府高度重视，坚持将新城规划建设作为推动经济发展、持续改善民生的重大举措和政治任务，加强组织领导，创新工作模式，扎实开展土地储备、融资、项目设计等前期工作，着力将堆龙新城建成宜居、宜业、宜商、宜游的城市现代休闲和滨水文化娱乐的最佳之地。领导小组办公室负责堆龙新城规划建设的组织领导和统筹协调，领导小组下设办公室，办公室工作人员从各相关职能部门抽调，实行全员脱产集中办公。领导小组下设项目推进组、征地拆迁组、群众工作组、联合执法组、维稳防控组、宣传报道组、资金保障组、督导检查组共8个小组，各专项小组在领导小组的统一领导下开展堆龙新城规划建设推进工作。

【加强组织领导，合力推进工作】 积极发挥领导小组的统筹协调作用，各成员单位按照既定目标任务，落实责任、联动协作，定期召开专题会议（截至年底，已召开38次），围绕堆龙新城设计蓝图，立足堆龙社会经济的长远发展和群众的安居乐业，深入谋划项目规划建设工作，努力解决项目推进工作滞后的问题，统筹安排堆龙新城规划建设宣传报道、社会风险评估工作等基础工作，为项目实施建设提供良好的舆论导向和社会支持。

【土地收储工作，保障项目用地需求】 堆龙新城拟储备土地3788.8亩，根据重点项目的建设需求，按照“先易后难，统筹推进”的原则制定土地收储计划，有序开展土地评估测绘、入户登记、签订搬迁协议、兑现资金等工作。截至年底，向签订搬迁协议的企业、商户和民宅兑现资金5689.1512万元，正在加紧进行南嘎三四组常住户入户评估测绘工作。

【加快推进基础设施建设】 结合堆龙新城规划调整，确定堆龙新城核心区将建设滨河路、加落三路、加落二路、规划四路、加米二路、加米一路、乃加三以及拉青路八条路网，正在进行初步设计工作，并结合新城城市实际需求，合理设计出综合管廊与蓝线管廊（综合管沟+电力管沟）相结合的具体方案。明确拉青路与堆龙河、青藏铁路节点采用下穿隧道方式进行修建。针对堆龙新城规划范围内高压电线及铁塔现状严重影响堆龙新城规划建设的问题，着眼于城市长远发展，明确高压电线入地改造的具体方案。

【有序推进项目设计工作】 截至年底，堆龙新城总体规划已经调整完毕，正在开展堆龙新城市政项目总体可研工作。综合考虑土地收储情况、招商引资情况等因素，扎实有序推进重点项目的各项工作。拉萨新天地、拉萨之冠、城市商业综合体、滨河花园已完成概念设计。堆龙新城搬迁安置项目龙腾大厦已经完成设计方案，滨河路和滨河公园电力线路迁移改造工程正在抓紧开展可研及初步设计工作。堆龙河综合整治工程已经完成设计方案，水系景观设计方案多次经专题会议审核，水坝选型和坝体结构详图和水利计算已经完成，正在抓紧进行可研编制，乃琼镇波玛村防洪水系景观工程已经完成可研、初设以及概算工作，下一步将抓紧组织专家评审会进行评审。

【积极创新融资方式，做好项目资金保障】 采取银行融资、立项争资和招商引资多措并举，破解建设资金瓶颈。做好项目资金保障工作，确保又好又快推进堆龙新城项目建设。

融资工作情况。堆龙德庆区多次与国开行、农发行、中国银行等金融机构沟通协调，详细了解相关金融政策；先后6次与拉萨市城投公司进行主动对接，并前往项目选址进行实地踏勘，就融资工作有关事宜进行协商。2016年11月3日，堆龙德庆区与中国银行股份有限公司西藏自治区分行签订战略合作协议，根据协议，未来五年，中行将在基础设施建设、交通运输体系、民生事业发展和精准扶贫等投资领域，为堆龙德庆区提供不低于300亿元的融资额度和授信支持。2016年11月29日，堆龙德庆区与西藏银行签订战略合作协议，根据协议，未来五年，西藏银行将在基础设施、精准扶贫、净土文化产业、交通运输、能源供应、水利通信等投资领域为堆龙德庆区提供不低于300亿元的融资额度和授信支持。

招商引资工作情。通过微信公众号、招商平台、西藏商报、拉萨晚报等线上线下宣传媒介，广泛发布堆龙新城招商信息，截至年底，已有10余家企业来电咨询，其中西藏世邦投资有限公司，已明确表示拟承建城市商业综合体项目建设。

立项争资工作情况。根据项目建设性质，正在积极与上级有关部门进行有效对接，争取国家投资以及城镇化建设金融政策（棚改、旧改、农村危旧房改造、地下管廊等）、城市发展基金、海绵城市配套资金等政策扶持，避免建设成本过高、未来政府财政负担过重等问题。

（代艳平）

【领导名录】

主　任　赵　涛（满族，区委副书记、常务副区长）

常务副主任

皮志帅（区政府副区长、住建局局长）

副主任　张淑娟（女，区农牧局正科级干部）

温　颖（女，马乡党委委员、宣传委员）

成　员　代艳平（女，古荣乡工作人员）

邮政·通讯

中国电信堆龙德庆区电信局

【概况】 堆龙德庆区电信局位于堆龙德庆区青藏路25号，主要覆盖区域堆龙德庆区城（包括人和汽贸城）、4个乡2个镇以及拉萨市经济开发区。2016年，有员工11名，其中党员5人、管理岗3名。下设3个服务营销中心、城区内设有天翼手机卖场1家（营业厅）、11家合作营业厅，在各乡建立天翼手机卖场各1家、乡镇代理点2家，在区内有25家代理点方便广大电信客户办理各类电信业务。实现乡镇30个便利店延伸。

【网络建设】 年内，堆龙德庆区实现光网进各小区、各单位、中小型企业等项目。区政府网络、线路改造统一布放光纤皮线，全区实现28处ONU退网，乃琼镇安居院已实现光纤到户，全堆龙德庆区光网覆盖率达到90%。

人大会议议案中多次提案门堆村、邦村无基站覆盖问题，经区电信局多年努力，2015年已实现门堆村、邦村无线基站覆盖，已解决门堆村、邦村无信号、信号差等问题。

【“三下乡”活动】 年内，结合区委宣传部组织的“三下乡”活动，分别在乃琼镇、东嘎镇、羊达乡、马乡、古荣乡、马乡开展电信“天翼惠民”政策，深入了解当地农牧民群众的电信业务需求，并为当地村民带来实在的惠民政策。

【慰问活动】 与友好共建单位携手共进。2016年，在第四高级中学开展运动会期间，及时送去慰问品，为莘莘学子送去关爱和电信人的问候；在“八一”建军节到来之际，区电信局慰问组前往羊八井慰问54旅一线集训的官兵指战员，同时为县域内54旅、980油库、独立团、司训大队等部队送去饮料、水果等节日慰问品；在春节、藏历年来临之际，慰问坚守在岗位一线的干警，送去节日的问候及慰问品。

（永春花）

【领导名录】

局　长　曹建平

副局长　永春花（女）

　　　　刘树忠

中国移动通信集团西藏有限公司堆龙德庆区分公司

【概况】 拉萨移动堆龙德庆区分公司位于堆龙德庆区团结路24号，辖区市场范围覆盖堆龙德庆区各乡（镇）、经济开发区主要区域。2016年，公司在岗员工12名，下设10家合作厅、渠道代理点14家、集团单位532家。分公司尊崇“自力更生，积极进取”的企业精神，并以诚信、共赢、为经营理念，创造良好的企业环境。以全新的管理模式，完善的技术，周到的服务，卓越的品质为生存根本，公司始终坚持用自己的服务去打动堆龙德庆区各族群众。公司在自治区、市公司及区委、区政府的正确领导下，深入贯彻落实中共十八大精神，落实公司战略转型、改革创新的战略。实施、战略转型能力打造工程，以客户为中心，以市场为导向，以执行提升为保障，面向流量经营时代转型，打造可持续发展新能力，推动公司可持续健康发展。

【“五下乡”活动】 为满足广大农牧民群众日益增长的精神文化需求，对广大农牧民在春节藏历新年来临之前进行《送政策、送法律、送文化、送科技、送卫生》五下乡的活动，公司积极响应政府的号召，在1月18日—1月23日共6天时间分别在马乡、古荣乡、羊达乡、德庆乡、乃琼镇、东嘎镇等6个乡镇给广大农牧民群众带来优惠的产品及优质的服务。公司全体员工为农牧民客户带来“预提卡、充值卡、299元手机、积分兑换购物卡”等因地制宜的优惠活动。

【“5·17”国际电信日活动】 5月16—17日，公司全体员工联合堆龙各大型手机卖场在堆龙移动营业厅广场展开“相伴十五年 和你共永远——热烈庆祝第四十七届国际电信日的活动”。公司为客户带来移动4G终端、家庭宽带、无线座机、家庭短号网、数据业务、软件安装等促销。公司为许多客户解答关于移动业务的疑问，提高营销活动的知晓率。

【节日营销】 年内，公司员工利用“雪顿节”人流量大的契机，结合农村“望果节”时机，在区域内的重点小区及各乡（镇）多次组织驻点营销活动。此次活动充分调动了农村客户参与活动的热情，并及时推广了家庭宽带及近期营销活动。

【关爱社会、关爱他人、关心弱势群体】 为了践行优秀企业社会责任感，提高公司客户群体的感知度。10月17日，公司根据拉萨分公司党委统一部署，参加了马乡精准“扶贫日”募捐仪式，为马乡牧区的贫困农牧民捐款1000元，并捐赠衣物。11月7日，公司按照拉萨分公司党委统一部署，与拉萨分公司党群工会部、北区分公司、东区分公司相关人员一同前往堆龙德庆区乃琼镇波玛村，对精准扶贫的7户贫困户进行慰问，及时了解贫困户实际存在的困难，制定相应的帮扶措施，并结成帮扶对子，为创建小康城市工作添砖加瓦。

（旦增旺堆）

【领导名录】

总经理　薛晨炜（2月离任）
　　　　董清民（2月任职）
　　　　董清民（10月离任）
　　　　秦晋杰（10月任职）

堆龙德庆区邮政分公司

【概况】 2016年，堆龙德庆区邮政分公司以落实自治区公司以及市分公司文件精神为重点，在市分公司及区委、区政府的大力支持和堆龙分公司全体员工的共同努力下，坚持以科学发展观为指导思想，以创新机制、强化经营、优化管理、改善服务为主线。调动一切积极性、迎难而上促发展，从年初开始，就努力寻找市场，开拓市场，积极走向市场，牢牢把握稳中求进的总基调，通过加强企业管理、强化基础工作、提高服务质量等一系列措施，推动堆龙分公司各项业务的稳步发展。

【经营指标完成情况】 1—12月，累计实现业务收入300万元，绝对值增长40.5万元，同比增长15.6%，完成市公司预算目标102%。“思乡月”期间积极寻找目标客户完成“思乡月”产品销售15.78万元；制作村规民约挂图3350份，产生收入8.37万元；“大干六十天 冲刺四季度”活动，所有员工积极响应不畏困难，全员达到满分10分。

（吕庆英）

【领导名录】

分公司经理　吕庆英（女）

金 

中国农业银行股份有限公司堆龙德庆区支行

【概况】 2016年，中国农业银行西藏自治区分行营业部堆龙德庆区支行坚持“普惠金融”的市场定位，围绕“政治责任第一、服务担当第一、市场份额第一”的工作总要求，充分发挥金融服务主力军作用，全面落实中央赋予堆龙德庆区的优惠金融政策。年内，在区区委、区政府的关心支持、自治区分行党委和拉萨市分行营业部党委的正确领导和全体员工共同努力下，农行区支行的各项业务取得长足的发展。正是由于扎实有效的推进精细化管理，研究制定具体的管理细化、量化及检查处罚标准，从而夯实农行区支行各项业务的基础。围绕农业增产、农业增效、农民增收，农行区支行积极配合区委、区政府及上级部门全面落实各项扶农惠农政策，积极寻找信贷介入的切入点和突破口，不断改进金融服务手段，创新金融产品，优化信贷机制，加大信贷投放力度，形成经济、金融的良心互动格局。面向“三农”是农业银行的永恒主题，服务农牧业、农牧民和农牧区是全行上下的重要职责。为更好地服务地方区域经济，提高农牧民生产生活水平，农行区支行始终坚持稳中求进、改革创新的工作基调，不断提高“三农”业务经营管理水平、加大信贷投放力度，自觉按照“目标明确、服务到位、风险可控、发展可持续”的要求，推进“三农”业务又好又快发展。

【业务完成指标】 截至年底，各项贷款余额为501333万元，较年初增长336149万元。其中，对公存款余额为347577万元，较年初增长140991万元；储蓄存款余额为153755万元，较年初增长24193万元。各项贷款余额为129542万元，较年初增长113153万元。其中，个人贷款余额为22710万元，较年初增长5251万元；公司类法人贷款余额为55290万元，较年初增长5559万元；涉农贷款余额为51542万元，较年初增长5579万元。

【“三农”业务】 按照“广覆盖、普惠制、商业化”的要求，农行区支行继续加大对农牧民发展生产经营的支持力度，以农牧户贷款证为依托，以小额信贷为载体，全年累计发放涉农贷款53538万元，涉农贷款总额占全行贷款总额73.64%，其中：累计发放农牧户到户贷款20338万元，余额51542万元，占涉农贷款总额的54.24%。截至年底，涉农贷款余额达95026万元，较年初增加11912万元，增长14.33%。年内，培育涉农小企业客户3家，培育农牧业产业化经营龙头企业2家，为县域“三农”业务发展不断注入新的活力。2016年，有信用乡（镇）9个，信用村46个，累计发放贷款证13742张，发证面和使用率均达到98%以上。深入推进金穗“惠农通”工程，支行营业室全年共发放惠农卡2040张，累计发放惠农卡14627张。近3年来，推广新系统的上线6个，共向县域及以下营业网点新办理POS机18台。2012年，根据区分行的安排在，堆龙德庆区乃琼镇波马村进行“惠农通”业务的试点，极大地方便波马村群众支取小额存款，得到有关部门的良好评价。截至年底，已设立助农取款服务点45个，实现金融空白网点全覆盖，从而为农牧民提供足不出村、方便快捷的基础金融服务，有效延伸农村支付窗口，覆盖全县所有的行政村和部分组。妇女小额担保贴息贷款余额16万元。

【精准扶贫】 2016年，农行区支行精准扶贫建党立卡贫困户数有1727户，贫困人数5813人，截至2016年11月底，贫困户贷款余额为3220万元。1月至11月，对建党立卡贫困户200户，703人，累计发放贷款871万元，

截至年底，由堆龙德庆区政府确定的精准扶贫企业类贷款已发放6家企业，企业贷款金额合计达13200万元，带动贫困户415人。正在受理两笔本地合作社，申请贷款金额共计2000万元，带动贫困户100人。

截至年底，累计发放农村个人生产经营贷款364笔，累计金额达8740万元，贷款余额22054万元。

农行区支行根据《堆龙德庆区精准扶贫结对帮扶工作实施方案》，组织精准扶贫结对帮扶的干部职工与堆龙德庆区扶贫办指定的20户被帮扶贫困户签订了结对帮扶责任书，实行家访制，积极与被帮扶对象进行交流沟通，为贫困户及时传达各级就业信息和政策，鼓励贫困户自力更生、自助就业，推动贫困户实现就业脱贫，切实改变贫困户等，截至年底，农行区支行对贫困户帮扶金额6000余元，促使贫困户按计划脱贫。

（次仁顿珠）

【领导名录】

行　长　达桑次仁（藏族）
副行长　袁　　登（藏族）
　　　　王　　荣（女）

乡（镇）概况

东嘎镇

【概况】 2016年，东嘎镇在区委、区政府的正确领导和区直部门以及包镇区级领导、各村委会、各驻村工作队的大力支持下，紧紧围绕社会稳定和经济发展两件大事，全体干部职工团结一致、转变作风奋发有为，以构建“小康、和谐、平安、绿色”东嘎为主题，以实现“农民增收、农村稳定”为目标，圆满完成各项工作目标和任务，保持全镇社会局势稳定、经济发展良好的态势。东嘎镇位于青藏公路与拉贡公路交汇处，距离拉萨市区仅12公里，是堆龙德庆区驻地镇，也是堆龙德庆区乃至整个拉萨市的西门户，地理位置极其重要。东嘎镇总面积10平方公里，耕地面积为4511.32亩，2016年，全镇下辖3个行政村，17个村民小组，总户2121户，常住人口5614，其中妇女3018人，劳动力2962人；东嘎镇党委下设3个党总支、19个党支部、45个党小组，党员总数为443人，其中农牧民党员392人（东嘎村党员115人，南嘎村党员139人，桑木村党员138人），占农牧民人数的7%。全镇有干部职工71人，行政编制45人（其中副科级以上干部14人），事业编制13人，工人4人，公益性等工作人员7人，政府购买服务性岗位2人。3个行政村共22名村“两委”成员，其中初中文化程度14人、高中2人、大学本科1人，平均年龄43岁。调整充实村级配套监督委员会、共青团、妇委会、民兵、治保等组织。各村级组织活动场所、农家书屋和群众活动中心全部健全。

党的建设

【围绕作风抓党建，从严治党落实处】 明确党委主体责任。及时成立以东嘎镇党委书记为组长，党委副书记为副组长，其他班子领导为成员的党风廉政建设和反腐败工作领导小组，指导镇属各行政村也相继成立以党组织负责人为组长的领导小组，按照“党委统一领导，党政齐抓共管，纪委组织协调，部门各负其责，群众积极参与”的工作机制，形成“一把手”负总责、一级抓一级、层层抓落实的良好工作格局；进一步明确党组织负责人是落实党风廉政建设第一责任人，对东嘎镇党风廉政建设负总责，将反腐倡廉工作与经济建设和其他重要工作同部署，同落实。认真落实党政领导班子“一岗双责”，分别与东嘎镇11名班子成员、3个村党支部签订“党风廉政建设责任书”，将反腐倡廉工作任务逐项分解，分别落实给党政班子成员，做到每项工作有责任领导、有具体责任人；建立健全“党风廉政建设责任制度”“三重一大决策制度”“重要情况报告制度”“述职述廉制度”“民主生活会制度”“谈话和诫勉制度”“村财镇管村用制度”“村务财务公开制度”等一系列工作、生活、学习制度，将这些规定、制度制定成册，发放到每位镇村干部手中。

落实纪检监督责任。按东嘎镇党委、政府的部署，东嘎镇纪委严格对在建重大项目建设工程招投标、机关效能建设、干部遵纪守法、惠民政策落实等情况进行廉政监督，起到制约作用；东嘎镇纪委从群众普遍关心涉及群众切身利益的问题入手，要求镇属各部门将政府行政管理、经济管理活动及与村务公开对应事项的办事依据、条件、程序、时限、结果、服务承诺等进行及时公开。设立廉情监督员4名，对3个村和17个村民小组的财务进行审计3次，接受群众的监督，实现村务和政务公开基本步入民主化、制度化、规范化轨道；严格落实中央“八项规定”，紧密结合“两学一做”学习教育，针对贯彻落实中央“八项规定”和干部“四风”方面存在的问题，及时健全完善相关制度措施，对党员干部自身存在的问题，进行整改，有效地改进干部作风；强化教育，组织专题学习反腐倡廉8次，开展党风党纪教育4次，开展廉政文化“七进”活动10余场次。同时，以镇党委书记、镇长为主要约谈人开展廉政约谈活动，完成约谈部门负责人2人次、村“两委”主要负责人8人次，形成约谈记录20000余字，实现全镇“一把手”约谈全覆盖。

【围绕队伍抓党建，树立党员新形象】 建阵地。搭建便民服务平台，借鉴便民服务的工作模式，东嘎镇政府内新建便民服务大厅，实行坐班制，为广大群众办事咨询提供更加高效便捷的服务。大力开展村级党支部规范化建设。按照村级组织活动场所的“九有”要求，切实对各村党支部活动场所进行排查。同时，各村根据自身实际，积极争取上级单位支持，建立便民服务大厅、远程教育室、党员活动室、农家书屋等，定期开放为民服务；充分发挥阵地宣传作用。有效利用远程教育、藏文报纸和宣传栏，积极开展法治、文明、环境保护、惠农政策、“平安堆龙创建”等宣讲培训活动，党员群众的“创建”意识、法律意识和环保意识得到提高。打造东嘎村和桑木村色拉庄园2个爱国主义教育基地。2016年，东嘎镇党委联合东嘎村、桑木村接待区、市、县及其他地市参观考察人员共计30余批次1200余人。

抓班子。建设“学习型”党组织。深入开展学习活动，通过健全东嘎镇干部职工学习制度，周四定期组织开展学习和讨论等方式，巩固、提升干部职工的履职能力。积极建设“民主型”党组织。东嘎镇党委在工作中始终坚持民主集中制，通过定期召开民主生活会，建立健全《东嘎镇党委议事规则》《东嘎镇政府议事规则》《东嘎镇“三重一大”事项议事决策制度》等制度，形成“集体研究，集体决策，决议后分工负责”的工作机制。2016年，东嘎镇先后召开党委会25次，决策决议事项93项，决议落实率达到100%；大力开展镇领导班子党建联系和包村蹲点工作、下沉干部和村“两委”成员包组工作。要求包村的镇领导班子成员每月下村开展工作不少于5天，包组的村干部每月入户开展工作不少于7天，有力地推动党建联系和包村、包组工作持续有效开展。实行村干部“坐班办公、便民服务”的运作方式，强化村干部坐班制度和便民服务制度，落实定人、定班、定时、定责。

带队伍。认真做好发展党员工作。2016年，东嘎镇新发展党员18名，重新确定“三个培养”对象4名，从优秀团员青年中推优培养积极分子12人。将表彰激励与处理不合格党员工作有机结合。2016年，东嘎镇共对35名优秀共产党员、8名优秀党务工作者进行表彰；组织开展“承诺、设岗、摘星”活动。对3个行政村群众基础较好、工作能力较强的152名农牧民无职党员惠民政策宣传岗、村情民意收集岗、文明新风示范岗等15个岗位进行的设岗定责活动和直接与年底分红挂钩的十二星级摘星评比活动。

重教育。全面深入开展“两学一做”学习教育。研究制定专题学习教育实施方案、实施细则、计划表等，明确专题教育的指导思想、目标任务、活动范围和方法步骤。创新形式，采取个人自学、集中学习、书记讲党课、专项研讨相结合的方式开展理论学习，并将每周四中午定为东嘎镇集中学习日，先后组织集中学习12次。开展书记讲党课活动6次，组织交流研讨会8次。在抓好理论学习的同时，以“3·28”西藏百万农奴解放纪念日活动为契机，适时组织干部群众观看爱国影片6场次，组织群众参观各类新旧对比展、爱国主义教育基地3场次，积极引导全镇党员干部群众感党恩、听党话、跟党走。

【党建工作】 东嘎镇在做好经济发展的同时，也将精神文明建设纳入日常工作中，牢牢坚持党对精神文明建设总的指导思想和总的要求。

不断提升宣传文化水平。以定期订阅党报、党刊及其他党的书刊为主，以开展“五下乡”“两学一做”专题学习教育以及民间文艺队进行文艺汇演等活动为辅，从思想上、生活上丰富干部群众的精神文化生活。截至年底，东嘎镇共发放报纸杂志教育书籍2300份，发放科技种养殖书籍500余册。东嘎镇向区里推选“最美家庭”6户；向区、市推荐“道德模范”“身边好人”11人；对40名民族团结先进个人和16个民族通婚家庭进行表彰。

重视各村文化建设，积极开展节庆活动。组织开展好藏历新年、“3·5”学雷锋、“3·28”西藏百万农奴解放纪念日、新旧西藏对比、民族团结月活动，丰富群众精神文化生活。

把握导向，加强社会舆论宣传。在做好简报、材料报送工作的同时，进一步加大对外宣传力度，加强对突发事件的防范与应对，积极主动与新闻媒体沟通，释疑解惑，做好舆论引导，积极创办东嘎周报。在第三届中国西藏旅游文化国际博览会胜利召开之际，通过在镇大门口LED屏滚动刊播宣传标语、各行政村悬挂横幅等形式为节日创造浓厚氛围。组织开展好“我们的节日——重阳”系列主题活动，大力培育和践行社会主义核心价值观，弘扬中华民族的传统美德和孝道文化。组织开展“道德模范和好榜样在身边”学习宣讲巡演活动，形成人人争当道德模范的良好风尚。

【围绕群团抓党建，营造社会新风尚】 按照“党建带团建、党建带工建、党建带妇建”的发展思路，东嘎镇积极扩大工会、团委、妇联工作的覆盖面，自觉将该项工作作为党委工作的重要内容，纳入到党委工作目标。

全面开展团镇委工作。认真收集整理青年信息，截至年底，东嘎镇青年有1513人，团员64人。多方位推进青年就业创业，围绕团市委推出的“青年创业小额信贷”工作，积极做好宣传发动，给青年农牧民群众详细讲解青年创业小额贷款的流程，鼓励青年农牧民利用这个机会申请贷款进行创业。结合远程教育系统对返乡农民工就业创业进行培训工作、多举措、多途径服务返乡青年就业创业。积极参加团市委、团区委组织的各个活动，并在2016年“堆龙杯”第三届女子篮球比赛中，东嘎镇女篮获得冠军，“堆龙杯”第四届男子足球比赛中，东嘎镇南嘎村男子足球队荣获亚军。

不断推动工会组织发展壮大，发挥工会建言献策和监督的作用。截至年底，东嘎镇共有工会组织4家，组建率为100%。2016年，新增工会会员22名，职工入会率达90.4%。农民工会会员51人，其中东嘎村有18人，南嘎村有20人，桑木村有11人。“三大节日”期间，慰问3名困难户，慰问资金1500元。坚持和谐主题，不断创新妇女工作机制。截至年底，东嘎镇共有妇女3028，占总人口的54%。三个行政村均设有妇代会，配备妇女主任。2016年，东嘎镇积极开展妇儿帮扶工作。在2016年“三八”妇女节之际，组织妇女群众多达1000余人开展植树造林活动，并向3个行政村妇女群众发放3000元作为活动经费。

积极组织广大妇女参加“两癌”体检检查，并组织干部职工对下属行政村1200名妇女开展健康教育活动。坚持不懈开展法制宣传教育活动。组织妇联干事入村宣传《中华人民共和国妇女权益保障法》《中华人民共和国婚姻法》等法律、法规。积极组织妇女参加技能培训，努力提高妇女就业竞争力。2016年，组织3名妇女参加创业培训，并鼓励广大妇女同志自主创业，带领3个行政村的妇女主任、女科技明白人、女致富带头人等前往桑木村进行参观学习藏毛毯编织手艺。

【围绕稳定抓党建，凝聚人心强基础】 服务群众，争取民心。结合精准扶贫工作，组织东嘎镇干部职工开展“结对、认亲、交朋友”活动，与群众面对面谈心交心，询问生活困难，征求意见建议。收集心愿800余条，并通过制作微心愿墙的方式让在职党员认领，帮助困难群众完成心愿。截至年底，通过多种渠道帮助困难群众完成微心愿87件，涉及节日慰问、解决学费、医疗费用、购买生活物品等10个方面，累计帮扶资金达61000余元，暂时完成不了的群众心愿做合理解释和政策引导。

多措并举，维护稳定。积极推行“4+2+2”工作法。凡是涉及村集体发展和村民切身利益的重大事项，都必须经村党总支（支部）提议、村“两委”会商议、党员大会审议后，提交村民会议或村民代表会议讨论决议，决议内容公开和实施结果公开。同时，重大事项的决议和决议实施全过程都要自觉接受村纪检监察员和村民监督委员会的监督；建立健全村规民约。结合实际，东嘎镇各村分别将“严禁私搭乱建，非法买卖土地”“积极支持和配合家访接待工作”等列入村规民约中，并通过十二星级摘星评比进行奖惩，对维稳工作和爱国爱党实行一票否决制，一旦摘星将取消年底的一切福利和评优资格，其余十项如果摘星则按10%来扣除分红款。

经济建设

【经济收入】 截至年底，东嘎镇镇级财政收入达到109.97万元。农村经济总收入达13071.62万元，比2015年同期增加2140.36万元，增幅为19.58%；农牧民人均纯收入达15411.65元，比2015年同期增加2494.34元，增幅为19.31.%；现金收入达11268.13元，比2015年同期增加1838.49元，增幅为19.5%。

【农、林、牧业健康发展】 2016年，东嘎镇耕地总面积4511.25亩，其中粮食作物面积为2620.95亩，总产量0.12万吨。经济作物总面积1140亩（其中：油菜865.05亩，饲草作物面积189.9亩、蔬菜1243.32亩）。农作物有害生物灾害损失1%。2016年，植树造林达300亩，造林存活率93%。全镇三个行政村牲畜总头数为2400头，比2015年增加15头；出栏1866头，出栏率77.75%；生仔畜1348头（只），成活率为98.5%。牲畜良种年末覆盖率45%。2016年，东嘎镇科技工作按照上级部门要求“科技兴农、科技兴镇”战略，及时成立相关工作小组，继续落实相关工作要求，加大田间技术培训力度，提高农牧民科技水平，有效地提升东嘎镇农牧民增收。

【劳务输出逐年增长】 2016年，东嘎镇党委、政府切实把“为民解忧、促民就业、帮民致富”摆到重要位置，积极与用人单位和劳动就业部门联系，截至年底，东嘎镇劳务输出2575人，比2015年增加125人。劳务输出收入达2132.8万元，比2015年增加218.48万元，增幅11.41%。共开展就业技能培训4期，培训人员130人，分别为砌筑工10人、钢筋工25人、汽车驾驶73人、装挖机操作32人。年培训失地农民达500余人次，参加包括格桑花、藏年花、驾驶员、装载机、挖掘机培训以及相关服务业等。此外，向堆龙德庆区党政机关及事业单位推荐公益性岗位176人，向政府购买服务人员263人，聘用保洁人员283人。

【重点项目争取到位】 2016年，东嘎镇实施为民办实事项目共3项，投资总金额为415.73万元。其中区政府投资412.61万元，村委会自筹金额3.12万元。截至年底，南嘎村妇女编织合作社和南嘎村五组、七组亮化、绿化工程已完成100%，桑木村扶贫商品房项目正在招标公示阶段。各项工程的顺利实施，改善农牧民群众的生产生活条件，同时增加农牧民群众的收入。

【特色产业形成规模】 2016年，东嘎镇结合实际，立足原有的资源优势，加大对特色产业的开发力度，不断发展壮大特色产业。截至年底，桑木村藏年花、格桑花特色经济作物成片种植逐渐规模化，收益稳步提升，产品远销区内外；桑木村藏毯手工编织厂、南嘎手工编织厂已逐步形成规模，吸收剩余劳力60人，辐射带动40户家庭增收。同时，鼓励引导农牧民建立合作社。截至年底，东嘎镇已有10个农牧民合作社，吸收剩余劳动力600多人，带动400余户家庭增收，预计资金收入达2800万元。

民生保障

【全面落实各项惠民政策】 认真做好社会保障卡登记发放工作，按时完成城乡居民医疗保险和社会养老保险续缴费任务。城乡居民医疗保险工作方面：完成新农保办公室专职人员的配备及档案的规范化建设工作任务。2016年，东嘎镇参保人数5699人（除企业工作和学生没有参保），资金达170970元，参保率为100%；社会养老保险工作方面：2016年新型农村养老保险参保人数达2236人，其中新增165人，参保率达97.38%，资金达267400元。60岁以上享受养老保险人数为516人，养老保险发放率达100%。

【民政工作稳中有进】 2016年，东嘎镇有低保户91户共274人，僧人低保2名。五保户5人，孤寡老人集中供养率为60%。优抚对象95人。“一孩双女”户135人；东嘎镇积极开展对困难党员、群众和病残老弱等社会弱势群体的帮扶活动，切实帮助解决群众生产、生活困难；及时成立城乡低保工作领导小组，并实行动态管理。继续加强低保的规范管理，保障低保工作的公开、公平、公正和动态管理，认真开展低保专项核查。做好低保户家庭调换工作，及时将有特困情况的家庭纳入低保范围，整理资料，做到档案规范齐全，并及时通知低保家庭去银行开户，统计开户账号录入到区民政局系统中，以便做到及时、足额兑现低保金和低保补贴；深入开展双拥共建活动，对重点优抚对象进行全面普查，对民政对象进行信息化管理，调查了解情况，并对237名残疾人进行建卡造册，完善资料，保障优抚资金落实到位；做好临时救济发放工作。做好冬令、春夏荒救济，为328户缺粮户发放大米（糌粑）24975公斤，为群众申请临时救助金3200元，为医疗救助患者领取救济金4900元。救济款发放工作顺利开展，做到干部一身清，对象无怨言。

【扶贫工作有序推进】 2016年，根据实际情况进行分类，东嘎镇有精准扶贫户121户364人（低保贫困户99户310人、306人为民政低保固定人数）、五保户5户5人，一般贫困户17户49人。121户364人中主要致贫原因是缺劳力57户、因病32户、因学20户、其他29户、易地搬迁户71户215人、社保兜底户104户315人，占东嘎镇贫困户的81.9%。截至年底，东嘎镇脱贫人员121户364人，占东嘎镇脱贫户的100%。2016年，东嘎镇按照精准扶贫、精准脱贫的要求，通过“以迁脱贫”“以业脱贫”“以保脱贫”“以教脱贫”等方式，全面动员，迅速行动，深入贫困村户走访调研，制定帮扶措施，狠抓工作落实，确保各项工作顺利开展、有序推进。

以迁脱贫。除去5户五保户之外，有71户扶贫搬迁户，意愿搬迁率100%。

以业脱贫。即政府购买服务型岗位就业（保洁员3人、道路管护员1人、道路养护员1人）。

以补脱贫。即通过生态补偿脱贫，全年解决草原监督员51人、护林员144人、水生态保护员17人、河道管护员3人、环境监测员3人的岗位，通过解决岗位实现农民增收56.355万元。

以教脱贫。堆龙区教育局对东嘎镇28名精准扶贫在校大学生进行每人3000元的资助，共计8.4万元。下一步，东嘎镇将积极与教育部门衔接推进贫困户贷款政策，同时加大对贫困生的资助力度。

以助脱贫。通过积极与卫生局、区医院沟通后确定东嘎镇需“以助”脱贫的人员为22人，通过“以助脱贫”彻底遏制“因病致贫、因病返贫”现象。

以保脱贫。积极引导扶贫低保贫困户、五保

户、以保脱贫人员参与新农保、农村合作医疗等，为实施保障贫困户落实保障政策。

结对帮扶。组织干部与扶贫户开展一对一帮扶工作，充分尊重群众的意愿，科学、合理制定帮扶措施。定期走访贫困户，动态监测贫困户的第一手信息，及时反馈走访情况，做好记录工作。与贫困户时刻保持电话联系，为贫困户如期脱贫提供各方面的帮助，办力所能及的事，使贫困尽快脱贫致富，确保东嘎镇精准扶贫工作更加准确高效。

截至年底，东嘎镇东嘎村、南嘎村、桑木村均有惠农扶贫项目建设意向，同时，在区委、区政府的大力支持下，东嘎镇也争取到部分惠农扶贫项目建设，各项手续申报和流程办理正在紧密筹备当中，一旦落成，将全面解决东嘎镇扶贫户的就业收入问题。

社会事业

【文体教育事业蓬勃发展】 文化、广播事业健康发展。依托东嘎镇综合文化站为平台，不断创新和丰富文化载体，各村委会均已设立农家书屋和村民活动中心。广播电视覆盖率达100%，极大地丰富村民的文化生活。

精神文明建设得到进一步深化。通过组织开展一系列重大节假日活动，为精神文明建设搭建坚实的平台，提供有效的载体，东嘎镇广大群众的文明意识、爱护环境意识、践行社会主义核心价值观意识、增收致富的观念日渐成熟，文明素质普遍提高。

高度重视教育事业。2016年，东嘎镇辖区有4所学校，教职工226人，设有90个班，在校师生总数达3167人。2016年，东嘎镇小学入学率达到100%，学前教育入园率达到100%，小学毕业学生整班移交率为100%。2016年，东嘎镇不断加大对教育硬件设施的投入力度，大力支持中小学、幼儿园基础设施建设，优化办学条件。全年为姜昆希望小学购买价值1.8万元的办公用品，同时拨付演讲台工程款4.38万元。在“六一”儿童节和教师节等节假日期间，东嘎镇主要领导到辖区4所学校慰问，发放慰问资金4.3万元。2016年，对考入大专以上的79名学生，发放一次性奖励资助金12.5万元。2016年，东嘎镇镇级财政收入对教育事业投入22.98万元，占本级财政收入的20.89%。进一步加大对校车安全管理方面的投入力度，截至年底，东嘎镇辖区内的校车未出现过一次安全事故。积极开展在校大学生奖励资助对象摸底工作，准确率为100%。

全面实施素质教育。深入农户广泛开展科普宣传与教育活动，切实授予农户实用技术，架起致富金桥。

【医疗卫生服务不断提升】 不断规范完善各村卫生所规章制度，大力推进农村医疗公共服务项目。大力实施农村新型合作医疗制度。组织农牧民群众进行全民体检，全年体检人数达2400人，体检率达95%，组织28对育龄妇女开展免费优生优育检查；加大对辖区内食品药品安全检查。东嘎镇辖区内设有桑木村和东嘎村2座卫生所，配备专职村医10名。2016年，东嘎镇参加合作医疗人数达到5699人，集资金额170970元，个人筹资率为100%。协同区医院到下辖的3个行政村及“五保户”老人家中开展义诊活动，免费提供医疗常规检查及发放常用药物，受到广大干部的一致好评。

【食药安全工作得到有效加强】 东嘎镇建立健全食品药品安全责任追查追究制度，进行食品安全责任分解，层层落实，专人负责，并与各村和辖区内各单位签订食品药品安全目标管理责任书；深入开展节日期间食品药品安全专项整治工作，确保节日食品药品安全；积极开展食品药品安全知识宣传工作，全年召开食品药品安全会议共3次，通过发放宣传册、悬挂横幅等方式组织人员对辖区村民进行食品药品安全知识讲解，共发放宣传册500余份；加强应急防备，及时完善应急救援预案，为可能发生的安全事故应急救援提供应急指导和重要保障。2016年，东嘎镇食品安全率

100%。在辖区内共开展3次大规模食品、药品安全大检查、大排查、大整治，未发现重大问题和隐患。

【严格落实土地管理工作】 东嘎镇积极配合堆龙区国土局开展北环线和平路段拆迁协调及资金补偿工作。截至年底，所有涉及拆迁房屋均已搬离，该项目已顺利施工，共计兑现拆迁补偿资金13713.83万元。同时，积极配合区国土局对东嘎镇南嘎村菜农开展搬迁协调工作，兑现生活补偿款17万元；通过发放土地政策宣传资料、悬挂横幅、工作人员讲解等多种形式，积极开展土地政策宣讲活动，取得了良好的效果。同时，与各行政村签订禁止私自买卖土地保证书，全年没有新增加土地私自买卖案件。

【认真部署防抗灾工作】 东嘎镇已建立健全各类救灾应急预案，救灾物资储备到位。2016年，在3个行政村通过发放宣讲、宣传资料，观看抗灾录像等形式共开展3次防灾宣传工作。同时，组织3个行政村两委班子成员、各村组组长、村民共40余人在嘎东沟开展应急演练，得到良好的效果。为了及时掌握各类灾情的发生做到及时上报，东嘎镇专门成立防抗灾工作领导小组，进一步明确灾情信息，做到灾情报送及时、数据准确。

生态保护

【植树造林工作】 2016年，东嘎镇结合实际，积极向堆龙区林业局争取小区及山坡绿化项目，全年在辖区范围内种植925珠树苗，造林面积30亩，成活率达93%，较2015年增长4个百分点。

【落实草补奖励机制】 2016年，东嘎镇结合草场实际面积，按照区农牧局和草补奖励文件指示精神，配备专职干部负责全镇草补工作，进一步调整充实草原生态保护补助奖励机制工作领导小组，并明确职责，与各村签订目标责任书，巩固和完善《东嘎镇草场保护和建设管理办法》等各项管理制度。切实抓好草补奖励机制的资金兑现工作，全年东嘎镇享受草原补贴58130亩，达到草畜平衡58130亩。共享受补助奖励资金94908.69元。

【加快人居环境整治工作】 东嘎镇作为区政府所在的乡镇，也是城乡联系的第一个重镇，人居环境建设工作直接影响全区的形象和面貌。因此，东嘎镇党委、政府始终把改善人居环境和整治脏乱差工作作为全镇工作的重要内容之一，加以重视和落实。不断实施人居环境改造工程，积极配合区相关部门完成桑木村援藏项目环境改造工程，并积极联合上级相关部门集中整治辖区道路车辆乱停乱放、非法占道经营、更新更换广告牌等工作，有效提升人居环境，创造良好的环境氛围。2016年，东嘎镇向上级财政争取到65万元资金用于解决东嘎镇辖区环境卫生脏、乱、差问题。截至年底，东嘎镇共有34名环卫工人，全部签订聘用合同，该项资金已全部投入使用。

社会治安综合治理和维护稳定

【强化组织领导，健全有力的维稳组织体系】 东嘎镇党委高度重视社会治安综合治理工作，镇党委书记亲自主持会议，定期对维护稳定工作进行专题研究和部署，及时解决难点、热点问题。完善各类工作机制和相关应急预案，年初与各行政村签订综治维稳各项责任书，及时调整充实综治维稳工作领导小组。逐年加大对综治维稳工作的资金投入力度，截至年底，维稳工作总投入50.5万元，为确实抓好综治维稳工作提供强有力的资金保障。将业务水平突出、善于做群众工作的人员及时调整充实综治干部队伍，综治工作总体由东嘎镇党委副书记、人大主席分管，配备镇村两级综治专干共8名。同时，调动党员、联户代表等健全完善群防群治队伍，在敏感时期组织开展治安巡逻工作，2016年东嘎镇为群防群治队伍发放务工补贴共计75000元。东嘎镇作为全区民族团结“七进”进乡镇试点镇，严格落实“一把手”工程，深入开展民族团结工作，2016年，辖区共涌现出先进个人23名、先进家庭16户。

【强化社会治安管理，打牢社会和谐稳定根基】 东嘎镇严格落实各级党委、政府关于社会治安防控工作决策部署，坚持落实层层报告制度。2016年，共开展维稳督导检查157次，慰问辖区各维稳力量5次，共计4万元；加大综治宣传及综治培训力度，投入12.5万元制作综治宣传资料，开展综治宣传活动13次。按照“以证管人”要求，强化流动人口服务管理工作，流动人口办证率达100%，扎实推进城乡一体化进程，为流动人口融入本地创造有利条件。加强特殊人群管理服务工作。东嘎镇共7名社区服刑人员、9名刑满释放人员大部分有较稳定的收入。东嘎镇2016年慰问11名特殊人群，共投入9000元。积极组织辖区民警、干部、联户代表开展宗教佛事活动治安防控工作，深入开展寺庙管理工作，嘎东寺和驻寺分别获得“2016年拉萨市平安寺庙”和先进驻寺称号。

【狠抓矛盾纠纷调处，消除化解各类隐患】 及时调整充实镇村两级人民调解委员会，配备专职调解员，设立调解室，健全完善基层调解制度；2016年，东嘎镇共受理信访案件11起（已结案8起，法院诉讼2起，正在协调1起），共调处矛盾纠纷14起（其中已解决10起，形成卷宗9个、法院诉讼1起，正在协调3起）。针对疑难复杂案件召开专题会议讨论研究，截至年底，东嘎镇矛盾纠纷及信访案件受理率达100%，调解成功率达84%；加大安全隐患排查力度，共开展21次安全生产检查活动，发现问题及时整改，投入17000元改善辖区重点部位消防设施。

【加大“双联户”工作力度】 科学合理划分出335个联户单位、并精选出335名责任心强、群众威望高的联户代表；认真落实“双联户”各项政策，为辖区符合加分条件的考生开展政策引导及落实工作；兑现各级“先进双联户”奖金、联户代表务工补贴、绩效奖金及“幸福家园”微信平台信息报送奖金；积极开展“联户平安、联户增收”工作，组织联户代表开展治安巡逻工作，发放务工补贴。倡导联户单位集体增收致富，引导联户单位创建合作社。

2016年，东嘎镇共涌现出村级“先进双联户”809户（67个联户单位）、镇级“先进双联户”154户（13个联户单位），区（县）级“先进双联户”48户（4个联户单位），已进行表彰。

【工作成效及亮点】 新年花（藏年花）种植合作社。桑木村5组联户代表边巴结合本联户单位资源优势，带动13个联户家庭，创办新年花（藏年花）种植合作社，对此镇、村积极协调区委政法委争取项目资金8万元。在区委政法委的支持下，截至年底，该项目已投入使用。该项目能为每户带来1.5万余元纯收入。

*联户单位内形成互帮互助好氛围。*例如：2月，南嘎五组村民德吉家发生火灾，五组全体联户代表带动村民帮助德吉化解困难；10月，桑木村五组某村民因车祸去世，该联户单位其他家庭共同筹资1200元慰问逝者家属，帮忙办理后事，联户代表边巴帮助逝者家属办理索赔事宜。

*桑木村探索和实施“双联户”考评机制。*为进一步加强对联户单位的管理，夯实基层基础，桑木村结合自身实际探索实施“双联户”考评体系。考评涉及联户代表工作笔记、微信报平安率、联户单位内治安及增收情况等内容，由组、村民监督委员会、村警务室、村委会共同打分，形成科学民主的考评机制，并充分结合“十星级”考评办法，推荐评选各级“先进双联户”，得到村民的一致好评。

*东嘎镇综治工作得到上级部门的好评。*东嘎镇社区服刑人员档案撰写工作得到自治区司法厅的好评，档案被用于推广。区政府采纳东嘎镇提出的有关加油站安全监管职责调整草案，使基层工作力量薄弱的问题得到一定的解决。东嘎镇将各办公室工作开展情况编辑成东嘎周报，使工作台账更加明细、更加规范。

*加强政策宣传，提高群众思想认识。*东嘎镇统筹各办公室供需求，结合群众实际情况，投入

12.5万元制作5000多套综合宣传品。宣传内容与老百姓切身利益息息相关，如安全生产知识、食品安全、精准扶贫、消防知识、易地搬迁等。东嘎镇将利用入村、综治宣传活动对村民进行发放宣传。

（尚晨阳）

【领导名录】

镇党委书记

土　　登（藏族，7月离任）

旦增平措（藏族，7月任职）

镇党委副书记、镇长

李　　宁（7月离任）

贺　　进（7月任职）

镇党委副书记、人大主席

普布卓玛（女，藏族）

镇党委副书记

田 德 全（7月离任）

马 立 玲（女，7月任职）

镇党委委员、宣传委员

扎西次仁（藏族，5月离任）

白　　玛（女，藏族，5月任职兼任南嘎村第一党支部书记）

镇党委委员、人武部部长

平措扎西（藏族）

镇党委委员、纪委书记

仇 力 晖

镇党委委员、组织委员

索娜央珍（女，藏族，5月任职）

副镇长　扎西次仁（藏族）

则　　比（女，藏族）

武 雅 文（女，5月任职）

乃琼镇

【概况】 乃琼镇位于区城市中心以南，北隔堆龙河，西部与古荣乡相邻，南部与曲水县连接，平均海拔3700米，辖区土地面积256平方公里。全镇下辖乃琼、色玛、岗德林、加木、波玛、贾热6个行政村、37个村民小组，共有3335户，10416人，共有耕地面积18302.7亩，是全区面积最大的农业镇。

2016年，全镇共有1所中心小学、5所幼儿园，教师96人（其中幼师20人），学生1032人（其中幼儿园362人）。双联户代表361名（其中农牧民联户代表294名，企业联户代表67名）。主要寺庙有觉木龙寺、达扎寺、雄巴拉曲拉康，其中觉木龙寺属自治区级重点文物保护单位。主要历史文化有蓝面具、觉木龙藏戏、勉唐派唐卡、文成公主遗址、直龙遗址等。

【严格落实党建工作责任制】 分级明责。明确镇党委书记党建工作第一责任人，副书记党建工作直接责任人，班子成员抓党建工作分管责任的领导机制，切实履行职责，研究部署基层党建工作，召开党建工作各项会议12次，前往各村党建调研、指导14次，形成调研报告9篇；科学定责。利用“七一”纪念中国共产党建党95周年会议，同各村签订《2016年基层党建工作目标责任书》，组织各村每月开展“三会一课”，定期听取汇报18次，进行检查20余次；强化履责。对重点工作部署，特别是对软弱涣散整改等工作进行专项督导。以堆龙德庆“党建统区”为战略指导，以加快辖区稳定发展为目的，努力推进基层组织建设整体水平，为建设先进基层组织提供保障。根据统一部署，于2016年8月7日前利用一周时间不定期前往各村进行软督导检查，查漏补缺、帮助梳理台账，理清工作思路，完善工作制度。

【加强基层党组织建设】 优化组织设置。截至年底，乃琼镇共有4个党委、2个党总支、35个村民小组党支部、77个联户党小组。2016年，乃琼镇党委作出整体安排部署，对全镇各村党员发展、经济发展等情况进行全面调研；壮大村级干部队伍。乃琼镇共安排25名优秀干部下沉到各村，充实到村两委中开展工作，为更好地管理、激励下沉干部制定《乃琼镇机关下沉到村干部管理办法》，制定各村3个办公室工作职责，明确第一书记、书记、第一主任、主任工作职责，为村两委、驻村工作队和下沉干部形成合力提供保障；抓好党员队伍发展与培训。乃琼镇2016年共发展党员46名，其中发展农牧民党员40名，吸收积极分子168人。乃琼镇高度重视党员的发展培训工作，采取书记讲党课专题培训的宣讲等方式，镇、村开展培训活动4次，参加人员达300余人次。乃琼镇针对性地开展各种教育，定期对入党积极分子进行考核，对入党积极分子的学习心得、思想汇报及时存入档案，作为向党组织推荐重点培养对象的依据。

【扎实做好换届工作】 乃琼镇于3月14日召开换届工作部署会，4月15日召开严肃换届纪律保证换届风清气正工作的会议，按照“六必签”要求，与“两代表一委员”、新提拔干部、换届工作人员、乡镇党委书记、副书记、纪检书记分别签订换届承诺书142份。结合乃琼镇实际情况，按照“四必谈”的要求新增“两个必谈对象”，形成“六必谈”。从3月26日开始，先后8次在机关、各行政村同镇班子成员之间，党委跟调整提名人员、各村第一书记、书记、“两代表一委员”、监督委员会成员、优秀青年创业者之间进行谈话。召开专题会学习“一片一书”并撰写心得体会10余篇。组织“两代表一委员”、换届工作人员进行换届纪律知识测试，通过知识测试的方式让大家掌握换届内容。给6个行政村、中心校等单位发放宣传手册3400余本、宣传横幅14幅、宣传标语海报30余份，镇机关干部人手一本“明白卡”，悬挂横幅3幅、张贴宣传海报8份。乃琼镇换届工作方案齐全，相关通知、会议记录等资料完善、已封存选票。相关档案、文件资料按照换届流程图的四个阶段进行整理归档。

【“两学一做”学习教育活动】 严格按照区委安排部署，于4月28日召开“两学一做”学习教育工作推进会，传达区委书记陈献森在堆龙德庆区“两学一做”学习教育工作座谈会上的讲话精神。制定“两学一做”实施方案、“书记讲党课”实施方案、“两学一做”学习教育督导工作方案。报送区强基办“两学一做”知识竞赛答题卡15份，制订学习计划，召开推进会2次，研讨会1次，摸底调研1次，督导1次，集中学习4次，《中国共产党章程》心得体会14篇，《如何做一名合格党员》14篇，学习《习近平总书记系列讲话精神》发言稿9篇，书记讲党课3次（镇党委书记1次，村里书记2次）。调动广大干部职工的积极性和创造性，进一步解放思想、振奋精神、转变作风、凝聚力量，为主题教育活动的开展夯实基础。

【开展讲党课活动】 为深入开展“两学一做”学习教育活动，镇党委积极部署，6月28日，乃琼镇开展“书记讲党课”活动。镇党政班子成员，各村第一书记、书记、主任、驻村工作队队长、党群办副主任，各村普通党员代表、镇机关新发展的党员70余人参加此次活动。镇党委书记尼玛从自身实际出发，用“藏汉”两种语言，就“入党誓词”做详细讲解，对习近平总书记提出的新时期好干部的标准“信念坚定、为民服务、勤政务实、敢于担当、清正廉洁”20字要求从五个方面做深入解析，在全镇范围内掀起“讲党课”的热潮。

【党风廉政建设】 严格落实“两个责任”的要求。及时调整充实镇党风廉政建设和反腐败工作领导小组，年初召开会议安排部署全年党风廉政建设和反腐败的各项工作任务，与各行政村签订《2015年度党风廉政建设责任书》。制定《2015年党风廉政建设责任制和反腐败工作实施方案》，对党风廉政建设工作进行责任分解。按领导干部“一岗双责”工作要求，将党风廉政建设工作列入包村领导工作内容之一。坚持自下而上的工作程序，坚持入户调查、民主评议或张榜公示，从140多户低保户中删选出53户真正低保，从根本上杜绝各行政村以往存在的优亲厚友选低保的现象。

开展党风廉政教育。开展宣传教育，营造反

腐倡廉氛围，全面搭建宣传平台。认真开展正反典型案例教育组织镇、村、组干部到拉萨廉政教育警示基地进行参观学习。按照党委确定的党风廉政建设责任制“一岗双责”要求，对新任村“两委”班子进行任前廉政谈话，在廉洁从政打好“预防针”。组织学习教育，增强廉洁意识。及时传达学习中央、区、市县纪委工作会议精神，让党员干部了解上级反腐方针和决心。组织党政领导班子成员、全镇机关干部、村干部、农牧民党员等通过邀请区党校老师利用一周时间到6个行政村开展巡回宣讲活动，学习《中国共产党纪律处分条例》《廉政准则》等党纪法规，教育干部职工遵纪守法，学法、懂法、依法办事，增强自律意识，加强自我约束，自觉接受监督，严格遵守廉洁自律的各项规定，提高干部群众的法纪意识。2016年以来，开展廉政建设专题教育4次，全镇举办廉政党课教育1次、组织党员干部观看警示教育片、参观警示教育基地、集中宣讲等共11次。全年对镇政府和6个行政村的三务公开、资金兑现、班子交接进行23次的监督。及时对“三公”经费使用情况进行自查，公务接待费用同比2015年减少57%，公务用车下降11.5%。

完善内控管理机制。制定党风廉政、党建工作、财务工作、综治工作、作风建设、学习、会议等八大类共计75项制度，根据镇、村、组内控管理规范化建设，在各个村设立业务流程图及内控制度的公示宣传栏，并在乃琼村顺利召开全区各行政村内控管理规范化建设现场会议。为了及时了解群众的社情民意，特制定领导干部1、3、5领导干部下访制度及“1+3”民意诉求机制，真正形成用制度管人、用制度管事、用制度管物的管理机制，为防止和减少贪腐的发生起到有效的防范作用。

【基础设施改善】 2016年，全镇农村经济总收入2.398亿万。其中，第一产业收入有0.56亿元、第二产业收入有0.041亿元、第三产业收入有1.79亿元。本镇共有为民办事实项目6个，总投资439.86万元。截至年底，在区相关业务部门的大力支持和帮助下，各建设项目前置审批手续齐全，已完成建设项目1个（加木沟赛牦牛场地项目）、待验收项目3个（加木村砂石路项目、乃琼村比喜沟蓄水池项目、波玛村门面房配套设施项目，完成率均达90%以上）、待建项目2个（色玛村门面房前道路硬化工程建设项目、乃琼村生态园林小区及防护建设项目）。全镇6个行政村，全部实现村村通水泥路的目标，基本解决群众出行难问题。各村光缆覆盖率、有线电视覆盖率均达100%。

【城乡面貌不断发生新变化】 紧紧围绕拉萨市“东延西扩”的发展战略，针对全镇基础设施，先后启动建设多个民生保障类基础设施建设项目。为民办实事“强基惠民”驻村项目。年均在每个行政村投入资金200余万元。2016年，全镇共有为民办事实项目6个，总投资439.86万元，这些项目能够及大地提高乃琼镇居民的居住环境及丰富乃琼镇居民的文化生活；农牧民合作社项目。镇政府积极协调，不断加大对农村合作社的组织宣传和投入力度，先后向上级争取资金4500余万元，切实推动农村合作社向前发展。当前全镇农牧民专业合作经济组织共有40余家，合作社采取以企业带动型、能人带动型等不同方式带动周边农牧民425户1054人增产增收，全年合作社农副产品销售总额1072.2万元，人均年增收近1000元。

【教育工作】 镇政府高度重视社会事业协调发展，核拨大量资金。2016年，乃琼镇在本级财政无收入的情况下，在教育方面投入13.6万元的资金，同时为177名发放高等教育在校生奖励金155.7万元。积极开展学生奖励资助政策，让广大干部群众及学生充分了解各级学生奖励资助政策的内容和工作流程。

【文化工作】 先后派出多批文化工作组深入各村建立镇域内现有的文化人才档案，建立日姆勉唐派唐卡文化档案32个、觉木龙文化档案31个、镇文化档案7个。收集整理镇域内历史文化遗产，建立文成公主遗址、觉木龙藏戏、雄巴拉曲神水、日姆勉唐派唐卡等历史文化遗产名录16个。建立制度保护非物质文化遗产，起草并制定《乃琼镇非物质文化遗产保护和传承的方法与措施》。利用重要节日，以传统的藏戏、赛马等形式到部队、各村组进行艺术会演多场，加深农牧民群众对传统文化的了解与认识。并撰写《乃琼镇农家书屋管理运行情况自查报告》，针对农家书屋存在的问题提出具体整改意见及时进行整改，并完善相关管理规定。

【医疗工作】 2016年，乃琼镇医务人员不断加强业务学习，努力提高业务水平，保障本地常见病、多发病得到及时救治。截至年底，全镇合作医疗9894人，筹资率达100%，农牧民筹资共计296820.00元。乃琼镇计生部门本着“健全组织、落实经费、加大宣传、强化服务”的工作思路，不断推进计划生育村民自治，使计生工作得到有效开展。2016年度，乃琼镇人口自然生长率控制在14‰以内。自2015年10月至2016年9月，镇卫生院藏、西医门诊共32440人次，平均每日门诊88.9人次。医务人员出诊469人次，合作医疗核销29548人次，核销总金额为1153788.73元。

【综治维稳工作】 切实加强各寺庙安全维稳工作检查，高度重视安全生产排查工作，结合实际，及时组织各村、学校和辖区内各生产型企业代表召开专题部署会议，建立完善“一级抓一级，一级督查一级，一级向一级负责，层层抓落实”的工作机制，形成各司其职、各负其责、齐抓共管的工作格局。5年来，深入各村组、寺庙、学校、企业等单位实施安全隐患排查780余次的实地检查，与各单位签订安全责任书150份，共查处安全隐患40余处，整改36余处；注重加强矛盾纠纷排查，严格“预防源头化、排查常态化、渠道畅通化、化解实效化、处置法制化、责任倒查化、队伍规范化”的信访工作“七化”要求，主动作为，扎实做好矛盾纠纷预防排查化解工作，重点组织各村组，联合镇派出对辖区各企事业单位不稳定不确定因素开展大检查、大排查、大整治工作，努力把矛盾化解在萌芽状态，确保“小事不出组、中事不出村、大事不出镇”的既定目标。注重健全信访工作制度，建立长效运行机制。把每周二、周四确定为书记、镇长信访接待日，实行分级接待、归口办理。对确因问题复杂，需要上级相关部门协调办理的，及时向上级部门汇报，切实做到群众信访有人接、有人管、有人办。3年来，共接待信访270余次，共排查矛盾纠纷161件，成功调解129起，调处成功率达80%；深入贯彻落实“联户增收、联户平安”的双联户政策，对先进双联户进行表彰，推动开展星级“先进双联户”创建评选活动，不断筑牢广大人民群众加强团结、反对分裂、维护稳定的思想基础；加强流动人口的服务管理，加强对流动人口的网格化管理，提高对流动人口的服务效率，大大改善乃琼镇对流动人口的服务管理水平。接待流动人口1560余人次，为外来人员办理相关证件16000余本。

【环卫工作】 为切实改善乃琼整体形象，改善群众生产生活环境，投入专项资金317万元，其中堆龙德庆区投入217万元，经开区投入100万元。解决138人的就业，进一步壮大环保队伍，为乃琼镇环境整治工作顺利开展奠定坚实基础，组建的环卫队，对重要交通要道和经开区B区环境卫生进行清理。并进行9次环保宣传活动。全年清理垃圾1095吨。2016年4月，在波玛村组织开展植树活动，共计植树300余棵。与此同时，拥军优抚、社会保障等各项社会事业建设也都取得新的成效，促进经济和社会协调发展。

【农牧林工作】 农牧林工作成效显著。2016年，全镇完成粮食总产量5318.89吨；农作物损害控制率为100%；牲畜出栏率37%；存栏总头数12587头；仔畜成活率97%；成畜死亡率1%。2016年，全镇实施退耕还林作业共34亩。开展生态安全屏障共80.8亩。4月1日，响应上级号召在波玛村2组义务植树300余株。春秋两季各开展重大防疫动员大会，春季全镇牲畜接种疫苗5953头；秋季全镇牲畜接种疫苗6866头，免疫密度达到100%，牲畜抗体保护率达到98%以上，有效预防高致病性禽流感、牲畜口蹄疫、高致病性猪蓝耳病、猪瘟、鸡疫等五种疫病的防治工作，做到镇不漏村、村不漏户、户不漏禽、禽不漏针，针不漏量，确保全镇畜牧的安全。

【食品药品安全工作】 2016年，镇食品安全委员会办公室联合食药局在辖区重点区域宣传咨询活动。发放宣传材料2105份，咨询群众60人次。在4月—9月期间，前后共8次对辖区内超市、小餐馆、学校等单位进行重点检查。2016年3月、6月、9月，乃琼镇食药监办公室在辖区内集中开展疫苗类药品的专项检查3次。通过27天的集中检查。截至年底，乃琼镇卫生院、村医务室和诊所、药店未发现违规操作和违规购入相关违规疫苗和药品的现象。通过多次的检查，有效保障乃琼镇居民食品药品的安全问题。

【精准扶贫工作】 以“五看法”，经八次入户识别确定精准扶贫总户数198户，556人。其中，波玛村52户，156人；加木村26户，86人；贾热村39户，95人；色玛村16户，42人；岗德林村30户，82人；乃琼村35户，97人。镇党委政府按照“一年脱贫，四年巩固”的目标任务，以“六个精准”“五个一批”的措施，建立一户一人帮扶措施，制作户档资料，并整理成册。在精准扶贫办公室，制作了精准扶贫户基本信息宣传栏。

（其美卓嘎）

【领导名录】

镇党委书记
　　尼　玛（藏族）
党委副书记、镇长
　　任　威
党委副书记、人大主席
　　格桑曲珍（女，藏族）
党委副书记
　　李雅娟（女）
镇党委委员、纪委书记
　　米　玛（藏族，2月离任）
　　格桑德吉（女，藏族，5月任职）
镇党委委员、人武部长
　　曲尼旺姆（女，藏族，5月离任）
　　巴　珠（藏族，5月任职）
镇党委委员、宣传委员
　　格桑德吉（女，藏族，5月离任）
　　曲尼旺姆（女，藏族，5月任职）
镇党委委员、组织委员
　　禹新娟（女，5月任职）
副镇长　巴　桑（藏族）
　　高祥龙
　　禹新娟（女，5月离任）
　　米　珍（女，藏族，5月任职）

羊达乡

【概况】 羊达乡距拉萨市中心17公里，辖区总面积119.7平方公里，耕地面积为6579.97亩。下辖3个行政村、12个村民小组，1394户、4171人。全乡7个基层党支部（村党支部3个、机关党支部1个、中心校党支部1个、合作社党支部2个），2016年，全乡共有党员318名（农牧民党员237人、机关教师党员23名，干部党员58人，妇女党员142人），三老人员33人；精准扶贫户118户、388人（其中有劳动力的155人），低保户61户、195人、五保户12人；中心小学1所、幼儿园3所；1座乡级文化服务活动中心、3座村文化宣传站、3所农家书屋；1座寺庙（1名僧人）、3座拉康；乡卫生院1所、3个村级卫生医务室，1个乡级兽医站6名兽医；县级工业园区1个，现代设施农业园区1个（360栋高效日光温室、占地865亩）。

【党的建设】 乡党委始终坚持“发展不忘抓党建，建好党建促发展”的工作思路，牢固树立“党要管党、从严治党”的观念，先后召开15次党政联席会议、专题党委会4次，较好的推动羊达乡党建工作的发展。2016年，羊达乡共发展党员26名，全部为农牧民党员。乡党委始终重视加强党员尤其是党员领导干部的思想政治建设，结合羊达乡工作实际，强化理论学习教育。要求羊达乡党员定期开展支部组织生活，组织全乡党员干部职工学习党的方针政策，中共十八大和十八届四中、五中、六中全会，中央第六次西藏工作议会精神及自治区、拉萨市第九次党代会精神；通过不定期召开党员学习会议、观看各类教育影片以及参加党员志愿者等活动，进一步增强党员的党性修养。为贯彻落实全面从严治党要求，巩固和拓展“三严三实”“忠诚干净担当”活动成果，持续深入推进党的思想建设和作风建设，按照区委、区政府的部署，乡党委在年初就制定《羊达乡开展“两学一做”学习教育实施方案》，为扎实开展好“两学一做”学习教育奠定基础。

【**党风廉政建设**】 乡党委严格按照《堆龙德庆区党风廉政责任书》的内容，多次组织乡机关干部职工及各村“两委”班子主要成员观看警示教育片。制定和完善一系列廉政建设的规章制度，大力加强机关党员干部队伍作风建设，明确行为规范，落实岗位职责，严格考核奖惩机制。乡党委、政府按照廉政建设责任制的要求，履行“一岗双责”，带头查找廉政风险内容，领导干部带头抓好自身和管辖范围内的廉政风险防范管理，带头签订廉政风险防范管理责任书，并开展对财务公开、村务公开、村民议事、村民监督、矛盾调处等五项工作的监督监管，进一步规范除涉密以外须公开的内容，完善公开程序，落实群众的知情权、参与权、监督权，从源头上预防腐败现象的发生。

【**文化宣传**】 羊达乡宣传工作紧密围绕区委、区政府工作的部署，坚持正确的舆论导向，坚持“维稳和发展”的原则，集中力量做好以“构建和谐稳定新羊达、争先创优”为主题的报道，乡党委、政府以“综治宣传月”“综治宣传周”“安全生产宣传月”及“创模”工作等活动为契机，扎实开展法律宣传活动，对羊达乡辖区内的各行政村、寺庙、学校、企业进行各类宣传累计35次，发放宣传单、各类宣传册1200余份，制作宣传栏12个、悬挂横幅30条、LED电子显示滚动宣传标语50余条，在乡政府院内创办文化长廊，展出展板30余块，最大程度扩大宣传覆盖面，有效解答群众各类疑难问题100余个。为取得良好的新闻外宣效果，羊达乡积极与各类媒体取得联系，对羊达乡“两学一做”、经济发展情况、精准扶贫工作开展等通过报纸、电视等多媒体进行15次报道。此外，充分利用春节、藏历新年、“三八”妇女节、“3·28”“五四”青年节、“望果节”等节点日组织丰富多彩的文娱活动。利用“五下乡”活动积极宣传党和国家的方针政策和区委、区政府的中心工作，从而使党和政府在农村的各项工作得到广大干部群众的理解和支持，取得良好的效果。

【**经济发展**】 2016年，全乡农村经济总收入达7984.28万元、同比增长17%，财政收入实现14.08万元、农牧民人均现金收入达10150.87元，同比增长20%（其中农牧民人均家庭经营性收入达5563.72元、同比增长9%）。2016年完成农牧民培训252人，劳动输出总人数达1419人；农牧民人均纯收入达14501.25元，同比增长20.6%。

【**农业工作**】 农田水利、农机装备、科技服务等基础支撑坚实有力，粮食总产量2963.32吨，蔬菜总产量4799.48吨，牲畜总量6910头，牲畜总出栏率达到35.6%。截至年底，羊达乡粮食规模化经营模式基本形成，优良品种覆盖率达到95%以上，高产栽培技术推广面积达到90%以上，粮食生产水平高于堆龙德庆区平均水平。乡政府指导各村制定“一村一样”方案，根据各行政村资源特点，因地制宜，突出主业，形成地方特色。不断加大农牧业投入，逐步改善农牧业生产条件。以服务“三农”为宗旨，开展农技推广服务。

【**畜牧业**】 2016年春、秋两季，乡政府及时完成畜禽各项防疫工作任务，有效地防止疫情的发生。羊达乡春、秋两季利用2个多月的时间，乡农牧综合服务中心相关人员在区兽医站的积极配合下，组织乡、村兽医，对辖区内的牲畜及家禽进行疫苗防疫注射。重点加强疫情监测、免疫注射工作，有效地保障羊达乡畜禽春、秋两季免疫工作的有序开展，充分做到“乡不漏村、村不漏户、户不漏畜、畜不漏针、针不漏量”的规定，确保免疫密度达到100%。全年共免疫牲畜6910头，免疫率均达到100%。

【林业工作】 加强绿色通道建设。乡村公路绿化及公益林绿化面积达820亩，栽培绿化树苗16000余株。开展义务植树活动。2016年3月以来，乡政府组织党员干部职工、村委会成员及双联户代表积极投身植树造林活动，在辖区3个行政村义务植树4200余株。

【净土健康产业】 羊达帮普村藏鸡生态养殖项目已发展到一定的规模，经济效益和社会效益十分显著。截至年底，合作社带动的社员已达32户，9名产业工人（其中管理人员1名，技术人员3名，贫困户5名），藏鸡存栏数达到47500只。羊达设施农业园区作为堆龙德庆区“农业设施示范园区”（孵化基地），拥有温室360栋，占地865亩，形成总资产4000余万元，年产无公害蔬菜360万公斤以上，年产值1500万元以上，年利润总额500万元以。2016年，园区为羊达乡农民技术培训600余人次，解决7户精准扶贫户就业问题，帮助1户精准扶贫户发展大棚蔬菜种植业，带动羊达乡75户农户就业。截至年底，羊达村889户农牧民通过园区发展，直接增收168.98万元，户均增收1900元，其中土地流转增收124.98万元；政策优惠减免棚租19.6万元；解决全乡临时用工2800余人次，兑付工资43.988万元；产业工人7人，支付工资12.24万元。园区合作社秉承“服务农民为主、农民利益至上、合作社可持续发展”的理念，采取“政府+合作社+基地+公司+农户”的经营机制。合作社推行统一农资采购和供应、统一蔬菜种植标准、统一技术和培训服务、统一品牌和销售的生产方式，合作社实行“农超对接”“农校对接”，安居园设点、蔬菜配送、园区采摘等经营方式，提升农业种植科技含量，大力发展城郊现代设施农业，不断拓展市场份额，辐射带动周边失地农民增收致富。

【综治工作】 乡党委、政府定期把综治工作列入乡党委会议重要议事日程，研究羊达乡平安建设工作，真正担负起维护一方稳定、确保一方平安的重大政治责任。乡综治办定期组织综治成员召开综治月工作例会、季度社会治安形势分析会等，保证综治工作月月有调度，季季有安排，确保任务措施落实细化。年初，乡党委、政府同各行政村、村与组、组与双联户层层签订目标责任书，将社会治安综合治理工作的重要内容纳入村规民约中，有效发挥村、组及广大群众的力量，充分发挥好村治保、双联户及人民调解委员会的作用，及时化解矛盾纠纷，保证“小事不出组，中事不出村、大事不出乡”，确保各项任务和工作措施落实到村组、落实到每一户群众，形成人人参与平安建设、人人共保平安羊达的工作局面。没有严格的责任追究，社会治安综合治理工作的各项任务就会落空。乡党委、政府加强对社会治安综合治理的考评工作，定期不定期地对乡综治办和各行政村综治工作进行考核评估与抽查，对因领导不得力、措施不落实、工作不到位，及时严肃追究责任，切实形成层层狠抓落实的责任体制，有力推动各项工作措施贯彻落实到位的乡党委、政府紧紧围绕建设“打造法制和谐羊达”的宏伟目标，下大力抓普法工作，为创建“平安堆龙”发挥积极的作用，营造良好的法治环境。据统计，2016年，羊达乡共开展六五普法宣传教育工作共9次，包括2月流动人口普法宣传、“3月份综治宣传月”宣传2次、“3·28”百万农奴解放纪念日宣传、4月通嘎村委会法制讲座、9月综治宣传周。

【联户工作】 加强社会管理创新工作，充分将网格化管理工作与双联户工作有机结合，乡党委将该项工作纳入工作日程，强化责任意识和集体认同感、集体荣誉感，提升羊达乡农牧民群众自我服务、自我管理水平，充分发挥联户单元在治安联防中的积极作用，增进利益牵连、促进共同富裕。

责任落实，实行责任区域划分，各个片区设定责任人、联络员、调解员。各村拥有联户代表和其管辖下的各户主的详细信息，并录入归档。在责任制度落实上制作了藏汉双语的《承诺书》并要求全乡各联户签订，切实把责任细化。沿街商户和企业的联户工作上取得一定的成绩，在商户的管理上严格按照区域的划分民主选举出商户的联户代表。在对企业的管理中严格执行每个企业选举出一位联户代表来管理企业员工，将员工的基本信息也录入归档，实行对流动人员的严格控制。

联户增收，羊达乡在联户增收上取得较好的成绩，其最为突出的是羊达村的增收情况。羊达村的贡培糌粑加工合作社在区政法委的帮助下，解决更换变压器，带动羊达乡精准扶贫户8名，为本村村民提供良好的就业条件，也帮助扶贫户村民增加经济收入。通嘎村在第一书记阿努的带领下建立采砂合作社，提高村集体经济收入。

【矛盾排查】 强化细化措施，共保和谐稳定，根据年初制定的目标计划和所签订的目标责任书要求，乡党委、政府和乡综治办进一步强化、细化各项工作措施，狠抓责任落实，有力维护羊达社会大局的和谐稳定。

*完善矛盾纠纷排查调处机制。*建立健全党政统一领导、综治办组织协调、协同单位各负其责的矛盾纠纷排查调处联动机制。对排查出来的矛盾纠纷，坚持以群众满意为目标，采取“一个纠纷、一名领导、一个调处班子、一套方案、一包到底”的措施。对于疑难复杂纠纷和重信重访案件，实行定领导、定责任、定措施、定时间的调解机制，有效控制群众越级上访和群体性事件的发生。同时，大力加强乡、村人民调解委员会的建设力度，做到制度上墙、人员到位、台账规范。充分发挥村人民调解委员、双联户、党员等群防群治力量在矛盾纠纷联排联查中的作用，做到把矛盾纠纷化解在基层，控制在萌芽状态。2016年，全乡共排查化解婚姻纠纷10起、劳资纠纷9起（涉及资金216.14万元）、解决重大疑难信访案件1起（涉及资金达334.5302万元），4起正在积极努力调解中。

【安全生产】 加强组织领导，提高责任意识。羊达乡进一步调整充实安全生产工作领导小组，认真贯彻落实工作安排部署，与各村委会、企业层层签订安全生产目标管理责任书，使安全生产责任层层落实，建立健全安全生产管理体系；大力做好安全生产宣传教育工作。通过悬挂宣传横幅、发放宣传手册等形式，向辖区企业和农牧民群众大力宣传安全生产的重要性和必要性；加强安全生产检查，提高整治力度。羊达乡抓好正常的每月一次例行检查，消除安全隐患。在各节假日，敏感节点抓好专项整治工作。认真落实检查工作，切实做到不走过场、不流于形式，严密排查各类安全生产、消防安全隐患，做到覆盖全面，不留死角。截至年底，共开展各类安全生产检查32次。

【寺庙安全】 超前谋划、周密部署，统筹安排，提前制定完善各类宗教活动安防方案、应急处置预案和风险评估等，并结合宗教活动和敏感节点维稳防控工作体系的实际，制定有针对性、可操作性的各类方案。坚持凝聚人心，深入落实寺庙“9+5”工程，按照“三不增加”的要求严格管理宗教事务，严格落实寺庙属地管理责任，落实领导干部联系寺庙僧尼制度。严格落实僧人请销假制度，严格寺内外安防措施，加强对僧人正面教育引导，确保宗教领域绝对稳定。

【油料管理】 进一步加大散装成品油的管理力度，更严格的落实散装成品油管理制度，根据《西藏自治区零散成品油销售管理办法》和《拉萨市实名制登记加油和零散成品油销售管理实施办法》的相关规定，为了确保散装成品油安全，羊达乡对加注使用散装成品油的用油企业重新进行备案登记造册，并与用油企业签订油料安全使用管理责任书，进一步对用油企事业单位说明申请油料流程，宣传安全用油、储油方式方法，要求各用油单位提高认识，明确油料管理人员，落实好责任，做到“五证一保一责”，保证散装成品油的绝对安全。

【公共安全】 深入开展道路交通安全整治工作，针对2016年堆龙大道的改扩建，道路交通状况复杂，存在很大的道路交通安全隐患，羊达乡组织工作人员联合乡派出所民警加大对道路交通安全的整治，坚持严管严控，不断深化对“三超一疲劳”、酒驾、无证驾驶等突出交通违法行为的处罚监管力度，坚决防止重大道路交通安全事故的发生。对辖区人流量、车流量大的各路段、路口进行交通疏导，加大对农村公路危险路段、事故多发点及交通安全设施的排查工作，坚决消除各类交通安全隐患；加强对建筑工地、工矿商贸企业等场所和容易发生自然灾害等领域的排查整治，加大对交通运输、食品药品安全、水电油气等重点领域的安全检查力度。特别是针对2016年雨季时间长、雨量多，极易发生滑坡、泥石流、洪涝等地质灾害的情况，乡党委、政府高度重视，安排专人做好应急值班，加强每日排查，完善汛期应急处突方案、预案，做到第一时间发现、第一时间撤离、第一时间救援，确保人民群众生命财产的绝对安全。

【教育保障】 狠抓学校的教学管理工作。乡党委、政府坚持不懈地与学校配合，巩固学生的入学率，力争不使一名学生流失。小学入学率、巩固率均达到100%，学前教育入学率也达到100%，尽最大努力确保每一位适龄儿童及时接受义务教育。对31名贫困大学生实施结对救助帮扶行动，在区委、区政府的大力帮助下投入资金达13.3万元，并在教师节、“六一”儿童节等节日期间解决资金5.575万余元。

【卫生医疗】 2016年，全乡乡卫生院参加合作医疗共计1366户，4092人，总金额122760.00元，羊达乡筹资率达到100%，参保率达98%。截至年底，乡卫生院总门诊数为24227人次，出诊2765人次，总核销350902.44元。计划免疫工作正常开展，严格执行国家有关政策，积极开展免疫工作，接种率达100%。积极做好妇幼保健工作，保障妇女儿童健康。为全乡75名孕产妇建立孕产妇卡，其中筛选高危产妇25名。做好“一孩、双女”工作，对7户可以享受扶助政策的农牧民进行登记造册。做好全乡农牧民体检工作，对羊达乡4079人进行体检，体检率达到97%。

【精准扶贫、精准脱贫】 2016年，全乡上下统一思想，努力攻坚克难，乡党委、政府严格按照“因户制宜、精准施策、勤劳致富、脱贫光荣”的工作方针，针对贫困户的具体问题，制定具体方案，准确采取措施脱贫。截至年底，羊达乡建档立卡贫困户118户、388人已全部脱贫，脱贫率达到100%，贫困发生率控制在3%以内（为1.37%）。2016年，全乡贫困户人均纯收入达到7522.7元，同比增长391.4%。工作中对于主动到乡里寻求帮助的贫困户，乡党委、政府积极做好接待、引导工作，帮助其解决实际困难。对不主动的贫困户，乡扶贫人员、结对帮扶责任人及村“两委”主动到贫困户家里去做思想工作，还结合羊达乡“一、三、五”下访工作机制，将办公地点搬到村、组、贫困户的家中，扩大精准扶贫工作的主战场阵地。

乡党委、政府经过实地调研，充分利用帮普村的有利环境资源和地域优势，结合当地的实际情况，发动该村贫困户种植红皮土豆，由乡政府与贫困户代表签订保底收购合同，以1元/斤的价格保底收购。红皮土豆的种植不但增加贫困户的收入，还有效带动其他群众种植热情，有力的发展帮普村生态种植业，为帮普村下步产业的发展打下坚实的基础。2016年，羊达乡精准脱贫红皮土豆种植项目发展种植户16户（均为贫困户），种植36亩红皮土豆，为贫困户带来效益21.9306万元，参与种植的贫困户平均增收达13706元，进一步在农牧民群众中树立“勤劳致富光荣”的思想理念。在2016年8月初，羊达乡根据区委、区政府扶贫工作安排对辖区内“特殊边缘户”进行摸底。在精准扶贫工作开展的同时，及时、准确掌握“特殊边缘户”群众的生产生活状况和思想动态，并做好其心理抚慰工作，引导他们正确认识和了解精准扶贫工作，并制定有效措施。

针对精准扶贫成立乡、村小型精准扶贫帮扶基金，羊达乡将辖区内合作社（协会、基地）、企事业单位精准帮扶力量有效进行整合，筹集资金26万元，成立羊达乡精准扶贫帮扶基金，设立羊达乡精准扶贫岗位，对羊达乡积极脱贫户进行奖励分红，帮助全乡贫困户脱贫致富奔小康。各行政村也根据自身村集体经济情况，筹措15万至30万元资金，分别成立村级帮扶专项基金，用以促进各级精准扶贫工作的有序开展。截至年底，羊达乡三个行政村集体经济收入已达355.28万元（其中通嘎村244.36万元，羊达村98.92万元，帮普村12万元），同比增长19.6%。利用壮大村集体经济、合作社，帮扶企业、发展特色产业等措施，建立健全长期有效、切实可行的帮扶机制，避免“形而上”“假大空”的形式主义。

（旦增措尼）

【领导名录】

党委书记　刘　　军（5月任职）

副书记、乡长

强　　勇（藏族，5月任职）

党委副书记、人大主席

洛桑索朗（藏族）

党委专职副书记

王 亚 娟（女，5月任职）

党委副书记、派出所所长

马 进 忠（5月任职）

党委委员、人武部长

达瓦次仁（藏族）

党委委员、纪检书记

琼 卓 玛（女，藏族）

党委委员、组织委员、羊达村第一书记

仁旦卓玛（女，藏族，5月任职）

党委委员、宣传委员

文　　兵（7月任职）

副 乡 长　拉　　珍（女，藏族）

钟　　晋

副乡长、羊达乡帮普村第一书记

扎西罗登（藏族）

古荣乡

【概况】 2016年，古荣乡在区委、区政府的坚强领导和广大干部群众的共同努力下，以市、区经济工作会议精神为指导，以精准扶贫精准脱贫为目标，以开展“两学一做”主题教育为契机，紧紧围绕“强基础、兴产业，促发展、利民本”的工作思路，积极创新工作机制，通过基础设施建设、小康安居建设、扩大招商引资等多项措施，全面发展现代化农牧业，净土健康产业和楚布沟旅游业“三大产业”，较好地完成年初确定的各项工作目标和主要任务，全乡经济社会发展呈现稳定较快增长态势。古荣乡地处拉萨市西部，青藏铁路及109国道沿线，距区政府驻地23公里，离拉萨市中心35公里，全乡总面积764.79平方公里，其中耕地面积13300亩、林地面积25901.85亩、草场面积13.45万亩；全乡共有加入、嘎冲、巴热、古荣、南巴、那嘎6个行政村，32个村民小组，总户数1819户，总人口6542人。

【党委自身工作】 加强对班子成员的教育培训。年内，坚持观念创新、形式创新和内容创新，通过一月一次党委中心组集中学习、每人每年至少撰写一篇调研文章等方式，不断提高班子成员的工作能力和综合素质。规范健全科学决策机制。全面落实集体领导和个人分工负责相结合的制度，实行“集体领导、民主集中、个别酝酿、会议决定”的科学决策制度。转变作风提高为民服务本领。坚持和完善联村包户制度，每个班子成员除做好分管工作外，还要做好信访接待、矛盾化解及结对帮扶等工作。重点加强对乡级换届工作纪律、干部选拔任用工作条例等法律、法规和文件的学习。深刻认识整治选人用人不正之风的重要性和紧迫性，纯洁选人用人风气，加强和推进机关干部队伍建设，按要求完成党委、人大、政府换届任务。

【强化组织载体建设】 2016年，以坚持学习习近平总书记系列讲话为中心，贯彻落实中央关于深入学习贯彻习近平总书记系列重要讲话精神扎实开展学习教育精神，全乡7个党支部均陆续建立手机微信群，用于党员讨论和不定时发送党建知识，并引导广大党员订阅关注共产党员和西藏先锋网微信，及时了解党的最新政策动态。

【党风廉政建设】 2016年，乡党委高度重视党风廉政建设工作，始终把班子领导廉政水平、干部作风建设及对党员群众的宣传教育贯穿党风廉政建设的始终。在年初召开全乡纪委工作会议。全面总结2015年全乡党风廉政建设和反腐败工作，深刻分析当前党风廉政建设和反腐败工作面临的形势，安排部署2016年党风廉政建设和反腐败的各项工作任务；通过召开专题会议，通报干部考勤，强调机关干部工作纪律，抓好干部作风建设。同时，结合“三严三实”和“忠诚干净担当”专题教育，将干部作风及组织纪律教育融入日常工作学习中，在重大节日期间，组织专人检查各项违纪违法行为，确保风清气正的良好氛围。

【农村经济】 2016年，古荣乡生产总值1.057亿元，同比增长15.8%。第一产业收入7040.79万元，同比增长15.65%，其中农业收入5091.93万元，牧业收入1915.17万元，林业收入33.69万元。第二产业收入381.09万元，同比增长16.6%，第三产业3150.21万元，同比增长15.5%。农牧民人均收入突破万元大关，达到10793.75元，同比增长16.1%。2016年，全乡各类农村合作社36家，同比2015年增加4家。主要产业为糌粑、青稞、小麦、土豆、油菜、藏鸡、藏鸡蛋、奶牛养殖、设施农业等，村民主要收入为务农、畜牧及外出务工、项目建设、自主创业等收入。

【乡村集体经济】 充分发挥资源优势和村集体土地集体所有优势，通过盘活闲置场地、集体闲置货币资金，找准需求点开展资本运作，实现资产增值。重点发展净土健康产业，投资1934.07万元建设巴热藏鸡养殖基地，援藏投资3799.78万元建设古荣生态农业园，投资180.51万元继续扩大玫瑰种植规模。乡政府加强资源管理，大力发展乡净土开发公司，2016年集体经济收入20万元。加入村利用老村委会将手工编织合作社进行集中整合，积极参加项目建设，2016年集体经济收入52.25万元。那嘎村投资建设糌粑、菜籽油加工坊，2016年集体经济收入13万元。南巴村将旧村委会改造成商品房，将集体土地进行度假村建设，2016年集体经济收入38万元。巴热村进行土地流转增收，2016年集体经济收入25万元。嘎冲村积极利用旧村委会和商品房作用，利用装载机参与项目建设，2016年集体经济收入135万元。古荣村积极承办自行车赛、利用林地开发建设度假村，2016年集体经济收入44万元。

【精准扶贫、精准脱贫】 坚持把精准扶贫工作作为兴乡富民、加快发展的头等大事来抓，坚决响应堆龙德庆区“一年脱贫、四年巩固”的目标要求，加强组织领导，乡、村两级分别成立精准扶贫精准脱贫工作领导小组，扎实开展结对帮扶，层层签订目标责任书。注重宣传引导，多次召开精准扶贫精准脱贫工作推进会，出台《古荣乡精准扶贫精准脱贫工作宣传方案》，制定精准扶贫精准脱贫的宣传栏和横幅。精准识别建档，进村入户进行调查核实，层层进行公示监督，组织开展交叉督查。狠抓措施落实，扎实开展以业脱贫、以迁脱贫、以教脱贫、以补脱贫、以保脱贫、以助脱贫“六项措施”。截至年底，在包乡领导和区脱贫攻坚指挥部的精细指导下，在区直部门和社会企业的帮扶下，实现以业脱贫137人，以迁脱贫94户317人，以教脱贫46人，以补脱贫442人，以保脱贫42户63人，以助脱贫20人。全乡建档立卡贫困户354户1247人，全部实现脱贫。

【农牧业工作】 以土地确权登记为基础，大力推进土地流转，种植玛咔1000亩、玫瑰500亩、枸杞300亩，建设农业设施园224亩。创新农村科技种植技术，改变传统种植模式，将传统青稞种植调整为黑青稞、冬小麦、红土豆种植。2016年，全乡粮食种植面积10365亩，总产量951.31万公斤，同比增加1.66万公斤。经济作物总面积2694亩，总产量866.60万公斤，同比增加4.78万公斤。强化牧业工作，扎实开展疫病防治，动物免疫率达100%。全乡牲畜总存栏22805头（只、匹），大牲畜17992头（只、匹），鸡存栏4813只，成畜死亡率1.3‰，仔畜存活率98%。全年肉产量达634.99吨，禽蛋10.71吨。

【农村工作】 积极推进美丽乡村建设，大力开展植树造林，将西环公路建设砍伐树木进行移栽，2016年植树造林351亩，有林地25901.85亩。加大乡村道路养护力度，2016年投资27万元，对古那公路、乡村道路进行维护，保障道路畅通。

【技能培训】 加强群众思想教育，大力开展“四业工程”培训，2016年全乡城乡劳动力3252人，全年实现劳务输出975人，占全乡总劳动力的30%。全年，乡政府积极从区“四业”工程办共申请各项实用人才培训项目7期，主要包括：加入村奶牛养殖专业合作社奶牛养殖技术培训、那嘎村其美古珠编织技能培训、那嘎村当孔农畜产品加工专业合作社红景天加工技能培训、古荣高原民族服装制作专业合作社编织技能培训、巴热村利民糌粑专业合作社糌粑加工技能培训、那嘎村嘎尊杨善吉祥农家乐农牧民专业合作社旅游服务技能培训、楚布那日加沃藏香专业合作社藏香制作技能培训。参加培训农牧民群众335人，实现转移就业325人，涉及贫困户群众56人。积极组织群众参与香雄美朵、设施园区、下沉干部周转房等项目建设，2016年群众人均现金收入为5949.71元。

【教育工作】 加大教育管理和支持力度，2016年，共投入42000元用于教育事业发展，占全乡本级财政收入的21%。乡党委、政府定期听取教育工作开展情况汇报，全乡小学入学率达到100%，巩固率100%；初中入学率99.9%；巩固率100%，学前教育入学率99%。大力帮扶困难大学生，及时发放区政府资助资金。

【卫生工作】 积极推进城乡卫生服务一体化工作，改善乡卫生院环境，加大乡村卫生工作监督力度，2016年，新生婴儿91人，孕产妇91名，未出现孕产妇死亡。扎实开展全民体检工作，切实做好孕前检查，组织农牧民群众参加体检。2016年，古荣乡全民体检工作应体检6525人，实检6309人，体检率达到96.7%。加强食品卫生监督，组织卫生院医务人员对古荣乡小学、各幼儿园及寺庙周边开展5次食堂卫生安全检查，全乡未出现食品安全事故。

【民政工作】 2016年，古荣乡共有农村低保户148户523人，优抚对象26人，五保户37户，其中集中供养34户，散居3户，残疾人178人。2016年，古荣乡对新申请的低保户严格按照申请、核查、公示、上报的程序进行办理。组织人员对新申请户按照相关文件要求，采取入户调查、邻里走访等形式，了解申请户的家庭情况；同时按照市、区要求对古荣乡低保户进行全面复核调整，对照低保复核情况及时更新低保系统信息，确保信息的准确性，做到户户与人见面、与卡见面。积极宣传低保政策，坚持按照“应保尽保、规范运作、分类施保、动态管理”的要求，层层把关，打造阳光低保工程。

【文化工作】 2016年，古荣乡有乡级文化活动中心1个，基层农家书屋6个，年内共补充书屋书籍460余本。配备文化站站长1名，文化干事6名，覆盖率达到100%。全乡广播、电视覆盖率99%。2016年，古荣乡通过加大农家书屋管理力度，对乡文化活动中心进行装修管理。开展丰富多彩的文体活动，先后开展“3·28”百万农奴解放纪念日专场文艺演出、“望果节”等各类文体活动10余场次，近万名农牧群众参与。加大非物质文化遗产的保护力度，古荣乡辖区内现共有各类文物保护单位17个，其中自治区级非物质文化遗产1个——古荣糌粑，市级非物质文化遗产1个——那嘎藏戏队，市级非物质文化遗产传承人1人。通过对古荣糌粑进行产业升级，组织那嘎藏戏队参加自治区藏戏大赛。加强文物保护工作力度，定期对辖区内文物保护单位进行检查。加大农村文化电影播放场次，全年累计播放农村文化、爱国电影72场次。完成“一个村一个月放映一场公益电影”的目标，丰富古荣乡农牧民的精神文化生活。

【旅游工作】 合理开发利用有限资源，促进经济发展。通过开发古荣乡境内的特色生态自然资源的经济潜力，拉动经济发展。比如，那嘎村为了有效增加村集体经济收入，使老百姓摆脱贫困的现状，结合那嘎村实际情况，利用楚布河谷风景区和楚布寺、乃朗寺等独特的自然、人文条件，通过以联户代表为单位，投入40余万元，大力发展乡村农家乐、林卡、度假村等生态旅游业，年增8万余元。

【综治维稳工作】 将社会治安综合治理工作作为维护稳定，确保一方平安的政治任务来抓好、抓实。深入研讨维稳形势，周密部署寺庙活动安保工作。在乃朗寺“灌顶”佛事活动、“萨嘎达瓦”、楚布“次曲”宗教活动中，前期均对活动现场进行提前踩点，并结合实际详细制定佛事活动风险评估和应急预案，同时组织联户代表、护村队、民兵参与维稳安保工作，确保佛事活动有序、顺利进行。进一步夯实“联户平安、联户增收”长效工作机制。积极引导群众参与“双联户”工作，充分调动群众参与维稳工作，发挥“双联户”的重要作用。先后安排联户代表80余人在“3·28”百万农奴解放纪念日、楚布寺“次曲”等宗教活动期间进行安保工作；强化安全生产督查。2016年，古荣乡党委、政府先后两次会同区安监局、派出所负责人组成联合执法小组，深入各村各采石场检查安全生产工作，共发现安全隐患4处，均已整改完毕。

【项目建设】 2016年，古荣乡政府共实施产业项目2个，玫瑰种植项目4月份全部完工，巴热藏鸡养殖基地已完成终验。为民办实事项目5个，项目总投资560余万元。分别为加入村特色产品销售商品房建设项目、嘎冲村委会至古荣完小道路硬化建设项目、古荣乡政府周转房周边环境整治改造建设项目、古荣乡政府给排水整治改造项目以及南巴村商品房建设项目。截至年底，加入村特色产品销售商品房、嘎冲村委会至古荣完小道路硬化建设项目主体工程已建设完工。古荣乡政府周转房周边环境整治改造建设项目以及政府给排水整治改造项目正在顺利实施当中，南巴村商品房建设项目已进入招投标阶段。

【环境保护】 全乡新增环卫工61名，已全部上岗，上岗率达100%。投入乡本级财政2.2万元为6个行政村开展村容村貌整治排查工作。出台“乡规民约”，大力开展环境保护宣传教育，为各村配备保洁员、环境监督员。全面推进村容村貌整治，大力实施草场、林地和野生动物保护工作。同时，参照各村“村规民约”积极开展环境文明卫生村建设，各村各户实行“门前三包”责任制，搞好公共卫生。乡财政投入资金近2万元，为环卫队配置电动三轮车6辆、铁锹12把、大扫帚36把、小扫帚72把、簸箕24个和环卫服6套等环卫工具。

【土地管理】 加强土地法规宣传，经常性对土地使用情况进行巡查监管，聘请专业人员对加入、嘎村土地和村庄进行飞行拍摄。加强土地属地管理，及时上报辖区内违法买卖土地情况。对巴热村采石场私自跨越原有坐标开采及时上报区国土部门进行相应处罚，坚决杜绝乱开采、破坏当地原有生态环境的现象发生。截至年底，古荣乡无土地私自买卖、非法租赁、未批先建等违法违规现象。

【防抗灾方面】 坚持未雨绸缪、预防为主、防治结合。在防汛工作中，提前安排部署，准备防抗灾物资，加强巡逻排查，及时应急处理。在冰雪灾害上，抓好隐患排查整治，投入资金15万元，对古那公路历年发生冰雪灾害的路面进行修复。

（杨　恒）

【领导名录】

乡党委书记

索朗曲珍（女，藏族）

乡党委副书记、乡长

吕 鹏 程（6月离任）

陈 传 勇（6月任职）

乡人大主席

欧珠平措（藏族）

乡党委委员、党建书记

吕 秀 峰

乡党委委员、人武部部长

强巴次仁（藏族）

乡党委委员、宣传委员

白玛曲珍（女，藏族）

乡党委委员、组织委员

黄 西 霞（女，7月任职）

乡党委委员、纪委书记

平　　旺（藏族，6月离任）

刘　　青（女，7月任职）

乡人民政府副乡长

次仁玉珍（女，藏族）

杨　　恒

尼玛偏多（女，藏族，6月任职）

马　乡

【概况】 “马”为藏语音译，意为“红色”，因境内部分山土颜色呈红色而得名。马乡位于堆龙德庆区西北部，堆龙河中游，距区政府驻地约40公里。南依堆龙古荣乡，北接堆龙德庆乡，东与林周县接壤，西与当雄县接壤。极点直线距离东西32千米，南北21千米，总面积为470平方公里，平均海拔为3900米；全乡属山地、冲积河谷平原、洪积扇、风积沙地地形地貌，为高原温带半干旱气候区；农作物品种有青稞、小麦、油菜、豌豆等；畜牧养殖有牦牛、黄牛、绵羊、犏牛、山羊、藏鸡、藏猪等；矿产资源以红土为主，另有少量铁、大理石等。

2016年，在区委、区政府的正确领导和区直部门的无私帮助下，马乡党委和政府团结带领全乡各级党组织、全体党员干部和农牧民群众，胸藏数年来的转型心智，参与堆龙德庆撤县划区的涅槃重生，追逐全面建成小康社会和民族复兴的光荣梦想。在这承前启后的重要节点，马乡在期待中重新出发。党的建设与集体经济同步积蓄，增长与保质成为新的目标。精准扶贫与民生保障全面覆盖，让群众获得感在山间小道继续延伸。纪检监督与“两个责任”从未松懈，延续自我警醒与励精图治的基层新政。维护稳定与创新管理在平衡中继续深化，切中“稳定压倒一切”的朴素经验。新的发展路上又响起的号角，传来马乡5000党员干部群众的共同心声。

2016年，全乡下辖6个行政村，19个自然组，有农牧户1552户、5221人。全乡共有7个党支部，1个党总支，党员524名（正式党员482名、预备党员42名），农牧民党员425名，干部党员99名；建档立卡精准扶贫户212户736人；低保户155户、589人，五保户29户、31人；设有7个文化宣传站，1所中心小学，7个学前教育点，教师47名，在校学生519名；1个乡卫生所和6个村卫生室，医务人员40名；乡境内共有4座寺庙，8座日追拉康，在寺僧尼30人。

【党的建设】 年内，马乡党委按照组织部下发的党员发展计划，共发展培养新党员37名。

细化责任分配模式。积极履行党委抓基层党建主体责任，持之以恒整顿转化后进村支部，认真落实“三会一课”制度，认真落实党委民主生活会和支部组织生活会，坚持每周四集中学习。狠抓班子成员做好分管区域党建工作的指导。建立班子成员联系村支部制度，加强对所联系支部的组织领导。

落实党建重点任务。对党组织关系集中排查，及时完善党员档案和党员台账。对党代会代表和党员违纪违法情况进行排查。马乡各级党组织按时完成换届选举工作。安排专人负责党费收缴工作，做好党费收缴台账，确保各级党员按时足额缴纳党费；通过发挥党员致富带头人的拉动作用，积极开展抓党建促脱贫攻坚工作。截至年底，带动118人29户贫困户实现脱贫。

完成换届选举工作。通过狠抓组织领导、广泛宣传发动、仔细登记选民、合理划分选区、酝酿推荐代表、优化代表结构、精心组织选举、严格选举程序、强化全程监督等措施，马乡顺利完成党委人大换届选举工作。共选举乡级党代表50名、人大代表40名，并产生新一届马乡党委班子和政府班子。

加强党员教育培训。安排专项经费5万元，以党建促脱贫攻坚、党风廉洁、换届纪律等为主体开展各类培训7场次。扎实开展“两学一做”学习教育，共集中学习24次，集中研讨8次，邀请党校讲师开展党性教育4次，开展书记“讲党课”活动4次。积极运用图书阅览室等活动场所，开展新老干部、藏汉干部“一对一”“一对多”的知识交流。

创新党组织服务机制。依托马乡微信群，吸纳部分村组干部群众，公开服务群众事项，畅通群众询问渠道。传承“结对认亲”理念，组成72个帮扶对子，发放慰问金2.3万元。创立咨询引导服务，对来访群众进行问题解答和政务处理。

狠抓党组织监督执纪。召开廉政工作会议3次，开展廉政谈心12人，开展廉政教育1次，对村、队、寺执纪督导100余次。拓宽举报渠道，采用设立意见箱、发放问卷、公布电话等形式，接受社会各界投诉举报。搭建制度“笼子”，建立完善九大类共计96项的制度规定，行政村建立完善30余项村级建设制度。

【经济发展】 2016年，马乡实现农村经济总收入1.11亿元，同比增长8.2%；农牧民人均纯收入10674.75元，同比增长17%，其中现金收入7663.14元，同比增长19.98%。社会固定资产投资5.484亿元，同比增长22%；粮经饲种植比例68：24：8，实现粮食产量4489.39吨，油料产量412.23吨，优良青稞品种统供率达90%以上，全年农作物有害生物灾害损失控制在2%以内；全年牲畜总头数为25928万头（只、匹），仔畜成活率97.4%，牲畜出栏率40.2%，牲畜死亡率控制在1.03%，年末牲畜良种覆盖率为60%；各项经济指标保持健康平稳的增长态势，经济总量实现大跨越。

推广种植新品，提高农业作物产量。推广种植藏青2000新品7100亩、喜拉22号新品500亩、箭舌豌豆饲草1000亩，年粮食产量达4489.39吨。

发展净土产业，增强内源发展动力。全年投入334万元，扶持措麦村牦牛养殖合作社、马村犏牛养殖基地、措麦村原种藏鸡繁育基地以及岗吉村藏鸡养殖基地等净土养殖产业，以农牧民合作社形式，增加群众收入。

狠抓集体经济，拓宽集体经济来源。2016年，共成立马村民俗文化休闲中心、措麦村牦牛繁育基地等集体产业项目5个，年创收达40万元；全乡专业合作社已发展至12家，年收入达100余万元。

完善基础设施，增加参与建设收入。全年总投入1.032亿元，实施48个基建项目。其中农田水利建设18个，村级办公场所建设7个，植树造林项目13个，集体产业项目5个，道路交通项目3个，设施农业项目1个。群众通过项目建设实现创收780余万元。

【综治维稳】 乡党委、政府年初对综治维稳工作领导机构进行调整充实，配齐配强综治维稳工作力量。

细化责任，强化措施落地。乡、村、组、联，层层签订责任书，形成维稳工作人人抓、人人管的机制。乡、村、队、寺，不定期召开维稳会议，加快信息反馈、明确责任追究、分析社会形势、制定针对措施。

建立台账，健全队伍建设。建立完善92册台账记录和21项应急方（预）案。指导各村完善台账12册。健全综治工作领导小组，成立综治工作督查领导小组。

依托卡点，注重源头治理。结合实际，开创性地实施卡点守护工作。村口设置卡点，对外来人员和车辆进行登记，防止不法分子实施渗透破坏。

借助平台，提高联户实效。借助“双联户”微信平台，为及时掌握民情、宣传政策提供很好的传播载体；借助马乡科技科普实验示范基地平台，成立联户种植示范区，对联户代表进行种植技术培训，层层传递种植知识，群众反响较好；借助农牧民经合组织平台，以联户单元为基础，成立8个合作社，为实现“联户增收”目标起到很好的引领作用。

应急处突，建立应急队伍。提高处置突发事件能力，组建应急队伍7支，共74人，平均年龄32岁，并配备迷彩服和防暴器材，2016年，组织开展防暴演练2次；为提高灾害应对能力，强化灾害防范意识，2016年，组织开展抗洪抢险演练1次。

护路联防，确保铁路安全。将辖区内的1个护路大队、3个护路中队，按照行政村的形式分级定位，确保护路联防工作的组织、指挥落实到位。马乡连续9年被评为西藏自治区铁路护路联防工作先进集体，受到各级部门的高度赞扬。

凸出重点，确保全面稳定。严格落实佛事审批措施，为在编僧尼办理社会养老保险、医疗保险和低保，为3个寺庙解决僧舍维修、道路硬化等问题，促进宗教和顺；开展安全隐患和矛盾纠纷排查工作，建立人民调解委员会，设置人民调解员，将社会防控面重心前移。

【工青妇团】 根据工作需要，参照基层党组织设置模式，加强基层群团组织建设。形成纵横交错、条块结合、结构合理、功能完备的基层群团组织网络。2016年，在行政村均建立工会组织，并吸纳267名农牧民加入工会。积极开展群团文化活动。2016年组织开展“三八”“五四”“六一”“关爱妇女儿童义诊”“扶贫自愿捐款”等活动，进一步融洽党群干群关系。加强工青妇指导员选派工作。采取兼职形式，从下沉干部中选派党性强、素质好、善于做群众工作的党员担任工青妇工作指导员，使工青妇组织成为服务青年、服务大局的坚强领导集体。负责行政村工青妇组织建设，重点帮助建立群团组织、完善规章制度、培养积极分子、考察及发展党员等工作。

【文化事业】 大力实施文化惠民工程。投入80万元建设措麦藏戏队传习基地，积极争取到设兴村文化室建设项目1个。深入挖掘文艺资源优势。借助各类节庆平台，组织措麦藏戏演出40余场次，并获得堆龙德庆区首届藏戏文化节大赛一等奖。卫星电视系统全面升级。扩大各级广播电视节目的传播覆盖率，确保党和政府的声音进入千家万户。组织各类文体活动20多次，参与群众达2万余人。踊跃参加红歌合唱比赛。获得区委组织的“唱响红歌庆国庆”活动二等奖，激发党员干部爱党爱国的情怀。创建读书沙龙交流活动。确立周五读书会活动，切实提高干群业余文化质量。

【教育事业】 改善教学条件，强化教学管理。全年适龄儿童入学率达到100%，学前教育入园率100%，未出现一例中小学在校学生辍学事件。提高教育质量，转变教学方式。注重师风师德建设，2016年，马乡中心校考入内地西藏班学生一名，突破几年来无人考入内地班的成绩。对接公益部门，申请教育资金。乡政府与北京公益基金组织沟通，达成20万元的资助意愿。注重师生关爱，关怀教育工作。在儿童节、教师节期间，组织师生开展各类文体活动，慰问全体教职工并表彰一批先进教师，共支出资金5万余元。加强隐患排查，保障学生安全。加强学校周边安全隐患排查工作，加强学校食品安全，加强疫苗接种工作，加强做好学生接送和校园安全管理工作，切实保障学生安全。

【卫生事业】 改善卫生医疗条件。实施六个行政村卫生室标准化建设，完成乡村两级卫生场所新改建项目。充实卫生医疗队伍。配齐乡村两级卫生人员36名，同时配备2名食品药品监管员。落实医疗报销政策。全乡合作医疗参保率和集资率达100%。帮助贫困户报销医疗费用10.7万元。加大食药监管力度。深入开展食药安全知识宣传15次，开展食药专项督查26次，签订食药安全责任书8份，全年未发生一起食药安全事故。配合开展全民体检。全民体检率达100%，全年无孕产妇死亡，无婴儿死亡，人口自然增长率在14‰以内。

【生态保护】 紧紧围绕“环境立乡”“生态立村”路线图，统筹发展与环保相协调，积极推进生态文明建设。开展植树造林工作。共实施植树造林项目13个，造林绿化面积达1515.7亩，树苗成活率达到80%以上。建立专职环卫队伍。配备相关环卫设施、工具，同时完善环卫工作相关制度，以迎藏博会为契机，大力开展环境整治工作，先后开展多次集中整治，有效改善城乡环境风貌。完善环卫服务体系。以“生态村”“文明村镇”创建和申报工作为契机，争取人居环境整治项目，大力开展农村饮水安全工程，大力开展垃圾池、垃圾填埋点基础设施建设工作，着力完善农村垃圾清理、清运、回收体系，环境事业得到有效改善。

【民生工作】 落实就业政策方面。全年组织农牧民群众参与重点项目建设800余人，实现城镇就业人数达314余人。累计组织农牧民转移就业培训4期，开展职业指导600余人次，职业介绍200人次。落实保险政策方面。全乡参加新型农村养老保险人数为2364人，除在校生、外出务工、僧尼外，参保率达100%。适龄人员享受养老保险率达100%；落实五保低保方面。34名五保户全部参加集中供养，供养率达100%。低保户达158户，577人，做到应保尽保，不错保，不人情保。落实惠民资金方面。全年共兑现各类惠民资金1046.57万元，涉农保险覆盖面达100%，兑现涉保赔偿资金207.53万元。

【精准扶贫】 紧扣“一年脱贫、四年巩固”的既定目标，大力实施“六个精准”“五个一批”和“八个到位”措施，严格按照区委、区政府有关扶贫工作的要求，成立以党政主要领导为组长的精准扶贫工作领导小组，严把入户调查、民主评议、公示公告等关键环节，深入摸底，建立健全扶贫档案，全乡干部对原建档立卡445户1223人进行摸底排查，先后共开展3轮筛选排查，按照贫困标准组织集体评议，通过申报审核公示，最终确认精准贫困户212户736人，占全乡总人口数的14%，做到“不漏一户、不掉一人、精准识别”。严格落实以业脱贫、以迁脱贫、以教脱贫、以补脱贫、以保脱贫、以助脱贫“六项措施”，全乡精准扶贫、精准脱贫工作顺利推进，坚持问需扶贫，问计帮贫，因地、因人、因贫准确施策，确保全乡211户726人全部实现脱贫。全乡共结对认亲211户726人。

马乡紧抓区域内重点项目建设的机遇，组织精准贫困户富余劳动力就近劳务输出，实现经济创收。马乡设施园区建设项目，为常木村37户37人贫困人员提供劳务岗位，共创收43万元，人均收入8000元左右；香雄梅朵产业园区建设项目，为设兴、措麦31名贫困人员提供劳务输出岗位，共创收12万元，人均增收3800元左右；常木村劳务输出合作社与西藏天水有限责任公司合作，帮助劳务输出35人，月工资5000元以上；积极借助包村单位的资源，多发筹集帮扶资助资金，帮扶发展解决困难。如措麦村包村单位发改系统组织12家企业进行募捐资助，共筹得31万元；结合“百企帮百村”精准扶贫行动，积极与企业建立结对帮扶关系，马村16户63人与西藏达氏集团签订帮扶协议。

（付沛东）

【领导名录】

乡党委书记

达瓦次仁（藏族）

乡党委副书记、乡长

张 淑 娟（女，5月离任）

王 定 平（5月任职）

乡党委副书记、乡人大主席

次仁德吉（藏族，5月离任）

次　　央（藏族，5月任职）

乡党委副书记

平措朗杰（藏族，2月任职）

乡党委副书记、派出所所长

索朗严扎（藏族）

乡党委委员、纪检书记

马 晓 伟

乡党委委员、宣传委员

次仁玉珍（女，藏族，5月离任）

温　　颖（女，5月任职）

乡党委委员、武装部长

格桑多吉（藏族）

乡党委委员、组织委员

李 倩 倩（女，5月任职）

副乡长　阿　　努（藏族，2月离任）

周　　伟（5月离任）

拉巴次旦（藏族）

格桑曲珍（女，藏族，5月任职）

洛桑央金（女，藏族，5月任职）

后勤服务中心主任

次旦卓嘎（女，藏族）

德庆乡

【概况】 德庆乡，藏语意为“极乐之地”，位于堆龙德庆区西部，地处堆龙河上游两岸，距市中心约67公里，距县政府约55公里。东北部和西部分别与林周县和当雄县接壤，东南部与马乡相连。

截至2016年年底，全乡区域面积约930平方公里，其中耕地面积15820.8亩，草场面积55400公顷，平均海拔4220米。全乡辖6个行政村，23个村民小组，总户数2098户，7658人。有干部职工58名（其中借调9名，下沉干部23名，公益性岗位2名、临时工10名）。德庆乡具有鲜明的地方特色和深厚的藏文化底蕴，乡境内名胜古迹随处可觅。藏医鼻祖宇妥云丹贡布、吐蕃赞普松赞干布的妃子门萨赤江、大臣噶东赞（禄东赞）分别出生于德庆乡邱桑村、门堆村和顶嘎村。乡境内有4座寺庙，共104名僧尼，有藏区著名的其美龙天葬台和顶嘎天葬台，还有堆龙邱桑温泉。

乡机关设有6个内设机构和4个副科级事业机构，分别为党群综合办公室、政务综合办公室、经济发展和社会事务办公室、维护稳定和综合治理办公室、财务所、司法所；农牧综合服务中心、文化服务中心、后勤服务中心、卫生院。

【统筹谋划基层党建工作】 为进一步明确全乡各级党组织和党员队伍工作责任和目标，不断推进“党建统乡”战略。2016年，乡党委在全面总结过去一年来党建工作基础上，认真分析研究下一步的党建重点工作方向，明确思路。年初层层召开会议进行全面部署，与各党支部层层签订《德庆乡基层党组织建设目标责任书》和《德庆乡党风廉政建设责任书》，层层分解任务，细化重点工作，层层传导压力，层层落实责任。在周密部署的基础上，采取下村检查和听取汇报相结合，不定期督促检查党建工作推进情况，全年召开26次乡党委（扩大）会议分析研究部署党建工作，形成书记抓总体，抓党政班子成员，抓各村第一书记、抓党员队伍，乡党委专职副书记具体抓，班子成员和机关干部按照各自包村工作，实行包村工作从党建抓起。全年乡党政主要领导下村检查调研党建工作40余次，上年的党建工作薄弱村邱桑村经过一年的整改已经摘掉软弱涣散的帽子，对2016年的党建薄弱顶嘎约谈整改5次，真正做到扑下身、放下架、贴近群众、做好服务。

【加大优化基层组织体系建设】 2016年，德庆乡党委下辖10个党支部（1机关党支部和6个行政村党支部、3个寺管会党支部）15个党小组，553名农牧民党员，54名机关党员干部，三老人员75名。另外，中心小学党支部从原来由教育局直属管理模式划分到乡党委直接管理，同时由于普信矿业全面停止运营，所辖党员撤离德庆乡的原因，撤销普信矿业党支部。严肃换届工作。及时成立德庆乡领导班子换届选举委员会和换届选举筹备、督查、资格审查等工作领导组织，召开换届选举工作部署、推进会10次，党委（扩大）会议专题分析研究换届工作相关事宜6次；共发放换届风气民主测评表194份（其中藏文版140份，汉文版54份），发放换届纪律宣传手册2000余册；撰写区级“两代表一委员”个人考察报告17套和乡级“两代表”个人政审考察材料101套，个别谈话53人，填写考察记录表53份。召开6次专题会议安排部署换届风气监督工作，干部集中学习培训换届纪律12次，参加人数500人次；对照“五个责任主体”“四必谈”“六必签”“七必看”在全乡各村各组设立巡回举报投诉箱，在乡政府门口设立固定举报投诉箱，努力营造风清气正的换届氛围；圆满完成乡党委、人大换届选举各项工作。

村级机构进行优化设置，搭建分类服务平台。结合干部下沉工作，精心分工，设岗定责。打破村级组织无专设工作机构的现状，组建党建办、经发办、综治办、财务室和村民监督委员会办公室等工作机构服务点，更加理顺工作，方便广大群众，夯实基层基础。

高度重视干部下沉工作，精心部署选派23名机关干部分别到6个行政村工作，明确分工责任，制定《德庆乡下沉干部管理制度》，加强跟踪管理，有效的优化基层工作基础。

进一步整顿软弱涣散村，优化部分村“两委”班子成员。针对顶嘎村班子作用发挥不明显，党建工作推进不深入等问题，采取思想整顿与组织整顿相结合的方法，结合去年底的换届选举工作对主要领导职务进行调整，并结合“两学一做”教育为契机，对班子成员进行约谈督促整改。

【重视抓班子带队伍工作】 抓好驻村工作队和下沉干部以及“村两委”班子成员。年初，乡党政主要领导一一对每一名下沉干部谈话谈心的基础上，安排包村党政班子成员带队在所在村召集工作队成员和“村两委”班子成员召开协调会，明确下沉职责及下沉任务，理顺三股力量关系，确保步调一致，目标一致。全年召开驻村工作队阶段性工作交流会3期，全乡干部大会4期，召开下沉干部工作交流会3期，下沉后约谈下沉干部3次3人。班子成员常态化下村了解在村干部的工作和思想情况，确保下沉干部、驻村队员与村“两委”沟通到位、协作到位、形成合力。全年召开驻村工作队阶段性工作交流会3次，下沉干部动员大会1次，召开下沉干部工作交流会3次，约谈下沉干部3人。班子成员下村了解在村干部的工作和思想情况，确保下沉干部、驻村队员与村“两委”形成常态化沟通及时、协作到位、形成合力。

围绕乡党委中心工作，配好第一书记，配强村级干部队伍。为确保乡党委中心工作得以不折不扣的落实到位，让村级党组织真正成为群众认可的领头雁和火车头，乡党委克服机关工作人员紧缺的困难，精心挑选6名乡党政班子成员和中层骨干兼任各村任第一书记，强化第一书记责任心和担当意识，以时不我待的精神狠抓村级班子建设，带好广大党员群众，强党建促发展保稳定工作不断推进。

强化干部队伍学习培训，永葆共产党人先进性。通过积极鼓励机关干部和村干部参加区市区组织的各类培训班学习，全年农牧民党员群众等参加各类培训18期500人次，并积极鼓励并组织村干部参加学历提升、廉政教育、惠民政策宣讲等各类学习培训班25期700余人次，有效提升乡村干部的政策理论水平和业务能力以及廉政勤政意识。

【党员队伍建设和群团工作】 扎实做好党员发展，强化党员意识的提高。根据党员发展计划，严格按照党员发展“十六字方针”，以质量关为核心，把好党员入口关，2016年把各方面表现较为突出的34名入党积极分子培养为预备党员，在双联户代表、村民小组长、致富能手和退伍军人中的54名群众发展为入党积极分子，同时，根据党员干部培训计划，2016年召开党委中心组理论学习会7期，“书记讲党课”6次，党政主要领导以会代训上廉政党课8次。

依托活动载体，强化党员日常管理。在党内组织生活和“三会一课”制度、党费的收缴等规定动作不走样的前提下，通过开展无职党员设岗定责，党员公开承诺制，党员先锋活动以及拓宽活动载体，在全乡党员中创造性地开展“转作风·强素质”为主题的“三严三实”作风建设座谈会、“严肃换届纪律·保证换届风清气正”主题宣传教育、第二届“感动德庆”先模人物评选活动，深化“三严三实”教育，并通过表彰先进典型组织和个人，开设善行义举榜等措施，及时总结经验推广先进典型；通过开展全乡“党建统乡”战略推进会暨“七一”表彰大会，对机关干部、村“两委”、驻村工作队及新发展党员集中进行入党宣誓和重温入党誓词，进一步坚定广大党员的理想信念，增强党性观念。2016年，结合“3·28”“七一”“十一”等重大节庆活动，在广大党员和群众中开展集中宣讲活动23次，参加人数达5400余人次。

大力开展党员服务活动，充分发挥共产党员先锋作用。结合党员结对帮扶、在职党员到村报到活动、党员承诺践诺和无职党员设岗定责活动，大力开展慰问访谈、政策宣传、医疗咨询、治安保卫、民事调解、护林防火等党员服务活动。

认真落实党内激励帮扶政策，维护好基层党员干部权益。在做好各项工作的同时，乡党委高度关心和时刻关注维护好基层党员干部自身权益，在涉及党内激励帮扶政策落实、慰问救助物资发放、村组干部工资兑现、三老补贴发放、村干部务工补贴等方面，严格按照“及时、足量、足额”兑现，决不允许克扣延期、拖泥带水的现象存在，确保党员干部队伍在履行好自身岗位职责的同时合理权益和基础保障得到有效落实。注重发挥321党建工程项目的帮带帮扶作用，邦村三组旺久服装染色加工厂共带动精准贫困户13户。乡财政出资2万余元继续四年对德庆村321百货商品批发店注入资金，帮扶德庆村贫困党员并带动周边经济的发展。出资1万元对扎西康萨组贫困党员洛桑旺杰维修水磨房，确保其正常生产和收益。深化“结对帮扶”活动。乡机关干部职工与精准扶贫户全部结对认亲269户，积极主动做好思想帮扶、技能帮扶、实事帮扶、组织帮扶等工作，在解决其困难的同时引导其靠自身努力逐步走上致富的道路，全面实现全乡脱贫摘帽的宏伟目标。

统筹全局、协同推进、扎实做好群团工作。按照党建带团建带群团组织建设要求。组织青年团员举办篮球联赛，参加团市委举办的创业项目比赛，组织机关干部职工、在村青年、假期返乡大学生、护路联防队员等开展青年志愿者活动6次，乡工会结合德庆乡困难职工和大学生家庭实际，为2016年66名大学生，积极申请市区级奖励资助金的同时，争取“金秋助”“芙蓉学子”“国酒茅台”等各项资助项目。慰问贫困工会会员25人。乡妇联全年组织妇女干部培训3期，优生优育知识培训1期；通过争取区妇联“格桑花”培训资金10万余元，为德庆村阿佳手工编织合作社为妇女创建就业平台。

【建立健全各项基本制度】 在新形势、新常态下，德庆乡党委、政府研究制定“三重一大”“三会一课”“一岗双责”“干部管理”“机关效能”及民主议事决策、乡规民约、干部请销假、公车管理运行、“三公开”等72项乡村组内控管理制度，并形成册子印发乡村组干部，以党支部为单位认真组织学习，《德庆乡内控管理制度汇编》，并形成册子印发给乡村组干部，以党支部为单位认真组织学习，并把机制落实情况与争先评优、干部岗位调整、选拔任用、评估能力和考核实绩紧密挂钩，确保各项规章制度落到实处，进一步推动乡村财务阳光运行，严格规范干部管理工作，规范公务车辆管理，营造全乡风清气正的良好氛围。

【发挥基层阵地的作用】 2016年，在区委、区政府的关心下，积极争取项目，全方位地改善6个行政村的办公条件和党员活动场所，全部达到规范化要求，并积极发挥应有的作用，使各基层党支部阵地建设有保障，有资金搞活动、有场所搞活动。2016年，各村的干部职工周转房以及食堂，在区发改委的监督下正在建设之中，德庆乡积极配合相关工作并定期不定期的派出工作人员对相关安全生产工作进行督导检查。在党建资金保障上，各村支部安排每年5万元的党建经费和5万元的办公经费足额核销，规范管理。同时，足额发放村组干部报酬待遇和下沉干部的各类经费补助，共发放村组干部报酬待遇资金103万元，下沉干部各类经费157万元，有效激发基层干部的工作热情。

【加大基层党风廉政建设】 立足党委主体责任，抓好各项工作协调开展。2016年，将党风廉政建设工作与发展、稳定工作同部署、同安排、同检查。结合实际制定党风廉政建设工作计划，明确工作要求和措施，通过制定《乡党委议事规则》《乡党委理论中心组学习制度》和《德庆乡干部职工行为规范条例》等共细分72多项的《德庆乡内控管理制度汇编》，加大班子成员和干部队伍在纪律、作风和效能方面的建设。围绕党风廉政建设工作核心，认真落实《惩防体系分工方案》分解的任务，同时，组织全乡干部职工，各村主要领导召开党风廉政建设专题学习会议，召开“两学一做”专题分析部署会议2次，开展专题学习讨论会8次，观看《永远在路上》等主题影视教育片。

强化党委主体责任，增强班子和干部队伍廉洁自律意识。为提升村组干部的整体素质能力，乡党委层层召开村“两委”成员、村民小组长、全乡联户代表、监督委员会委员的培训会18次，不断加大对党员干部的教育培训和管理力度，努力提高基层党员干部的政治素质和拒腐防变能力，增强带领群众致富的本领。乡党委书记作为全乡党风廉政建设的工作第一责任人，在鼎力支持乡纪委工作的同时，全面约谈乡班子成员和各村支部第一书记、书记和村委会主任，促进基层组织的清正廉洁和健康发展。增强他们执行党的政治纪律、组织纪律、财经纪律和维稳纪律的主动性，从严治党入脑入心。2016年，全乡上下未发现一起违反中央“八项规定”，在工作中徇私舞弊，公款吃喝玩乐、接待、送礼和截留挪用惠民资金、突击发放补贴奖金等现象。在干部的管理教育上，既给干部职工营造宽松舒适的生活工作环境，又严明班子和干部队伍的各项组织纪律。强化干部上下班签到，请假事前登记制和月底公示制。由于制度完善，责任明确，机关干部作风明显好转，机关效能进一步提高，营造干事创业的良好氛围。

【严肃换届纪律，确保风清气正】 及时成立换届工作领导小组，亲自制定换届工作方案，组织召开换届选举工作部署、推进会10次，党委（扩大）会议专题分析研究换届工作相关事宜6次；组织“两代表一委员”到堆龙德庆区换届风气警示教育基地参观2次，平均参加人数达40人次，撰写学习心得体会10余篇，区级“两代表一委员”个人考察报告17套，个别谈话53人，乡村干部集中学习培训换届纪律12次，参加人数500人次；悬挂横幅28条，签订承诺书99份，上报换届专刊23期，新华社报道德庆乡换届工作1期，区政务网专题报道德庆乡换届工作6期，圆满完成乡党委、人大换届选举各项工作；根据2016年乡党委换届的实际情况，及时对机关支部进行改选，明确支部委员分工，确保支部各项工作有序开展。

【经济发展】 2016年，德庆乡实现经济总收入12953.14万元，农牧民人均纯收入达12490.92元，乡级财政收入60万元。第一产业得到安全健康科学有序的发展。

粮食再获丰收，在优化种植结构和引进良种（藏青“2000”）调换的双重作用下，种植业总产值达到3688.84万元。其中，青稞产量达4290吨，油菜产量达440吨，饲草料产量达3060吨，全年粮油生产总量达4714.3吨，全乡生产总值增长18%，达到13717.63万元；村民人均可支配收入增长16%，达到12523.77元；人工种植草场1000亩，参与草场承包1427户，7324人，完成草场承包831194.5万亩，实现草场承包全覆盖。

畜群结构进一步优化，良种繁育率明显提高。经过精心培育和科学防疫，牧业总产值达到2081.08万元。牲畜出栏42919头（只、匹），其中牦牛14513头，黄牛12006头，犏牛777头，良种改良牛257头、绵羊7750只，山羊5988只，马722匹，新生仔畜成活率达到97.11%。

稳步推进第二产业的发展，积极引导农牧民转变观念。以净土健康产业和扶贫产业为依托，打造牦牛养殖、育肥和畜产品深加工的“一条龙”产业；建设农产品加工作坊（电磨坊、水磨房、榨油坊、面点加工坊）以及家具制作、服装制作、手工艺编织等加工性产业；完成以乡机关业务综合用房附属工程、门堆村道路、顶嘎寺道路、邱桑温泉道路、邦村3组至6组道路、堆龙德庆区德庆乡公安检查站和昂嘎村委会护坡及道路为主的公共设施类建设，改善公共设施条件；以德庆村土地平整、德庆村主干渠、邦村蓄水池维修和门堆村网围栏为主的基础设施建设项目有序建成并投入使用。

大力发展第三产业。以打造邱桑村特色村庄为出发点，按照堆龙德庆区开发宇妥沟文化旅游业和节点乡镇的发展思路，完成邱桑村温泉道路、邱桑村实体经济、藏药浴项目建设，大力完善旅游基础设施，为下一步“六大沟战略”之一（宇妥沟）的发展打下坚实的基础。同时，加快实施乡政府周边以及各村委会所在地商品房、百货店建设，推进商业和服务业的发展，实现旅游收入上百万元。

2016年，为民办实事总投资515.3万元。当地农牧民群众积极参与项目建设，受惠群众达2800余人，农牧民增收3500余万元。

【劳务输出】 德庆乡不断加大劳务输出和运输业发展力度，保证农牧民增收。结合精准扶贫工作，德庆乡按照“以培训促输出、以技能促就业、以就业促增收”的思路，扎实做好农牧民劳务输出工作，加大劳务输出人员的岗前培训和职业技能培训，提高劳务输出人员综合素质和就业创业能力。2016年，实施各项培训共计160人次，其中组织开展农业科技技术培训50人次，参加装载机、挖掘机、车辆驾驶、水电工技术、保安培训110人。德庆乡通过各项措施实现转移就业人数279人、劳务输出765人、项目务工837人、合作社带动就业67人。

【教育工作】 德庆乡持续加大教育投入，改善教学条件。2016年，乡级财政支出11.2万元，用于扶持教育事业发展。德庆乡义务教育小学入学率均达99%以上，巩固率达到100%，学前教育入园率100%，小学毕业学生整班移交率达100%，中小学毕业率均为100%。2016年“六一”和教师节，投入6.3万元为中心校、各幼儿园添置办公设备及慰问教师；投入15万余元用于校车加油和日常保养等。

【公共卫生和社会保障】 2016年，德庆乡公共卫生和社会保障稳步推进。乡卫生院门诊病人总人数23048人，各村门诊总人数13527人；孕产妇建卡数165人，建卡率100%，按规定达到产前3—5次检查。2016年积极开展计划生育相关知识的宣传教育8次，共发放计生宣传画册500份，避孕药具140盒，全乡的人口和计生工作取得较好成绩。在全乡6个行政村开展合作医疗，合作医疗覆盖率达100%，涉及2098户，7658人，筹资率达100%，比往年同期增长3%，人均筹资30元，共筹资229740元；定期开展食品药品监督检查，严防食品药品安全事故发生。社会救助体系建设有序展开；德庆乡低保户140户、542人，五保户25户，优抚对象31人，残疾人275人。积极做好“五保户”入住敬老院工作，保证“五保户”老有所养；实现新型农村养老保险全覆盖，德庆乡缴费共2857人、其中一档及一档以上缴费2852人、低保160人、二级以上残疾13人、2016年新增人数65人、缴费金额共27900元整、缴费率达到100%，2016年满60岁领取待遇补交人数14人、补缴金额2100元、截至2016年底，今满60岁人数共12人。

【精准扶贫】 狠抓精准扶贫，实现全面脱贫。经多次入户调查、反复核对、反复研究讨论，通过公示，向广大农牧民群众以及“两代表一委员”征求意见，最终确定贫困户共269户1093人，其中一般贫困户138户667人、低保贫困户103户371人、纯低保户2户5人、五保户26户50人。乡党委始终把解放思想、更新观念、打破常规作为德庆乡精准扶贫户按期脱贫、长期脱贫的必要举措和重要手段，不断强化思想帮扶力度，改变他们“不想走、不愿走、走不出去”的现象和“等靠要”思想，同时强化理财意识。截至年底，德庆乡全面实现脱贫摘帽的宏伟目标。

【维护稳定和综合治理】 2016年，德庆乡党委、政府在各级党委、政府的领导下，以中共十八大和十八届三中、四中、五中全会精神为指导，深入贯彻习近平总书记讲话精神，特别是“治国必治边、治边先稳藏”重要战略思想和“努力实现西藏持续稳定、长期稳定和全面稳定”的重要指示，贯彻落实中央第六次西藏座谈会精神，特别是“依法治藏、富民兴藏、长期建藏、凝聚人心、夯实基础”的重要原则，紧紧围绕“三无”“三不出”的工作目标，精心安排、周密部署、狠抓落实。2015年，德庆乡未发生刑事案件、聚集上访和越级上访事件、自焚极端事件和暴力恐怖事件等影响社会稳定的事件。

严格落实各项制度，多举措保障社会稳定。加强组织领导，健全完善方案预案和各类领导小组。为进一步指导各项工作有序顺利开展，德庆乡党委、政府结合实际，制定各类方案预案及领导小组40余次。严格落实带班值班制度。重大节日和敏感节点落实24小时值班制度，坚持“零报告制度”，及时向上级报告值班和工作情况。重大节日和敏感节点，各行政村及时设置卡点，对进出车辆、人员进行详细的盘查登记，充分发挥民兵应急分队、联户代表和党员志愿先锋队的作用，不断加强社会面巡逻防控工作，积极搜集各类情报信息，切实筑牢德庆乡维稳防控工作的“防护圈”。认真开展督导检查工作，进一步加强乡级维稳督导力度，确保各项维稳工作落到实处。德庆乡维稳督导组深入辖区各行政村、驻村工作队、寺管会和铁路护路营区等进行督导检查工作，共督导检查350次，接受区、市、县督导检查65次。扎实做好流动人口管理工作。2016年，德庆乡综治办联合派出所对辖区流动人口进行排查工作10次，并结合实际，对辖区内所有流动人口实行“一人一卡”的“口袋式”管理模式，做到进入一名登记一名，办证率达到100%。加强法制宣传工作。德庆乡党委、政府以3月份综治宣传月、6月份综治宣传周、“9・16”西藏平安宣传日、“12・4”普法宣传日等活动为契机，利用各种宣传媒介大力对农牧民群众和学生进行法制宣传，引导教育广大群众知法、守法，调动各方面力量参与到综治工作中来。2016年，共印发资料3510余份、悬挂宣传横幅32条、制作展板25张、宣传墙报7条、现场解答群众政策、法律咨询220余人次、累计宣传教育5000余人次。

深入开展消防安全工作，扎实做好反自焚各项工作。2016年，德庆乡为各行政村、寺管会、乡中心校配置灭火器、消防桶、消防锹等消防器材，共计21402元。各村、组道路险段增设凸透镜和交通警示灯。联合区消防大队定期对各行政村、各寺管会、乡中心校等进行消防培训工作。为认真贯彻落实区市县反自焚工作会议精神，扎实开展好反自焚专项斗争，德庆乡党委、政府进行1次反自焚专项斗争实战模拟演练，进一步提高干部职工处置突发事件的应急能力。

深入开展寺庙创新管理工作，确保寺庙和谐

稳定。德庆乡现有4座寺庙，8座拉康日追，僧人编制104人，其中持证僧尼77人，无证僧尼27人。德庆乡高度重视寺庙僧尼管理工作，与各行政村、寺管会及时签订目标责任书。同时，德庆乡党委、政府积极开展爱国主义宣传教育活动，教育广大僧尼继承和发扬优良传统，自觉维护民族团结和社会稳定。真正做到寺庙和谐、佛事和顺、宗教和睦。

强化铁路护路联防工作，确保青藏铁路绝对安全。为切实做好铁路护路工作，确保境内的铁路安全畅通，在区护路办的指导下，德庆乡成立铁路护路护线领导小组，并通过明察暗访的方式，定期或不定期对辖区护路营区、护路队员在岗在位情况进行督导检查。为体现德庆乡党委、政府的关心，为辖区护路营区送去床、卡垫等生活用品及慰问金，全年共计达16000余元。

深入开展矛盾纠纷排查工作，全力维护社会大局稳定。德庆乡始终以“小事不出组、中事不出村、大事不出乡”为目标，深入开展矛盾纠纷排查检查工作。同时，充分发挥乡司法所、人民调解员和联户代表的作用，积极调解各类矛盾纠纷，切实做到将矛盾纠纷消除在萌芽状态。2016年，德庆乡共有18名人民调解员，6个行政村均建立信访矛盾纠纷排查调解委员会，移交乡机关接访调解纠纷11起，均为婚姻纠纷，调解率达100%。

深入开展安全生产工作，确保安全措施落实到位。2016年，德庆乡安全生产委员会在各级党委、政府的坚强领导下，在区安委会的具体指导下，认真开展安全生产各项工作，确保农牧民群众的生命财产安全。年初，德庆乡安委会按照区安委会的部署要求，及时召开德庆乡安全生产工作会议，层层签订责任书。德庆乡安委会还结合实际制订方案预案，成立安委会领导小组。在安全生产大检查大排查活动中，对辖区内建筑领域、109国道和乡村道路等进行安全隐患排查工作。2016年，德庆乡安委会开展安全巡查60余次，对排查出的隐患进行及时登记，并责令责任单位及时整改。在汛期来临时，及时指导各行政村安委会开展防汛工作，避免自然灾害对农牧民群众的生命财产安全造成影响。2016年，德庆乡安委会共投入安全生产经费150000元，用于修维修和改善道路安全防护栏、凸面镜以及寺庙的电路线路老化、乡周边重点部位太阳能路灯维修等。

【人民武装工作】 2016年，德庆乡在区、市、区相关部门的坚强指导下，认真开展各项工作。年初，及时完善各类方案预案和调整充实领导小组。德庆乡人武部根据区市县征兵工作精神，将征兵工作作为一项重点工作来抓。人武部结合实际及时召开征兵专项工作会议，将符合条件的应征青年及时录入到征兵网，确保一人不漏。德庆乡党委、政府积极营造氛围，通过悬挂横幅、广播及LED显示灯等多种方式对征兵工作进行大力宣传，发放宣传册1000余册。2016年，德庆乡输送3名优秀青年参军，为其家庭发放3000元的慰问金。

【联户平安、联户增收工作】 为进一步深化联户平安、联户增收各项工作，德庆乡党委政府高度重视，主动作为，狠抓落实。年初，召集各行政村召开“双联户”工作安排部署会，及时签订责任书、完善方案预案、充实领导小组。日常工作开展过程中，综治办深入各行政村对“双联户”工作进行指导检查，指导各行政村开展好相关工作，使双联户各项工作得到进一步规范。在围绕提高联户代表工作能力和责任意识上，综治办不定期对联户代表进行教育培训工作，使他们熟悉掌握自身工作职责和相关政策规定，共计对全乡联户代表进行培训10余次。在重大节日及敏感节点，充分发挥联户代表积极作用，在情报信息搜集、设卡巡逻、排查安全隐患、调解矛盾纠纷等工作方面，联户代表发挥不可替代的作用，为社会稳定做出积极的贡献。在联户增收方面，德庆乡党委、政府通过各种渠道，积极带领农牧民群众增收致富。2016年，通过“联户平安、联户增收”的途径争取资金24000元成立昂嘎村松热组妇女手工编制合作社，其中有5名贫困户安排就业、分红等方式脱贫。积极开展双联户创建评选工作，按照上级文件要求，根据联户代表日常工作情况、手机微信报平安等情况，评选出35个村级“先进双联户”、8个乡级“先进双联户”，同时还推选出3个县级“先进双联户”、1个市级“先进双联户”，并在区、市、区范围内进行表彰，大大提高联户代表的工作积极性，推进“联户平安、联户增收”的工作步伐。

【精神文明建设】 2016年，大力推进社会主义核心价值观教育实践，把培育和践行社会主义核心价值观贯穿经济发展、社会稳定等工作的具体实践中，引导广大党员干部群众进一步坚定道路自信、理论自信、制度自信和文化自信以及价值自信。建立健全组织机构。成立以乡党委书记为组长的精神文明创建工作领导小组，为精神文明创建提供组织保障。建设“二十四字核心价值观”户外公益广告2个，文明标语公益广告8面，“乡文明公约”户外公益广告1个。德庆乡召开第二届“感动德庆”先进模范表彰大会，对“热爱祖国，遵纪守法，诚实守信，邻里团结，互帮互助、敬业奉献、孝老爱亲”的16名同志进行表彰，推动全乡形成崇德向善、见贤思齐的浓厚氛围。加强志愿服务活动，推动学习雷锋，环境治理常态化，传承中华美德，树时代新风，2016年共开展志愿服务活动11次。发挥榜样示范引领作用，把本乡模范事迹通过善行义举榜张榜学习，建设善行义举榜3期、村级2期，推荐拉萨市第三届道德模范及申报第五次西藏自治区道德模范3人，其中邱桑村多吉被提名为“第五届西藏自治区道德模范候选人”，荣获“第三届拉萨道德模范提名奖”称号。深化“我们的节日”主题活动。在春节、藏历新年，望果节、亚吉节，清明节等节日期间，举办藏戏专场演出，村组自行举行锅庄、赛马，党员干部举行升国旗，网上祭英烈等活动。德庆乡始终不断把培育和践行社会主义核心价值观引向深入，抓牢抓实“思想建党”，为“党建统乡”工作提供正确的舆论导向，凝聚强大的精神力量。2016年，德庆乡以区级以上政务网、报刊、电视台等媒介为渠道和桥梁，发挥网络、报纸、电台和卫视等宣传纽带作用，及时宣传党委政府的工作开展情况，如实宣传德庆乡旅游文化资源等。截至年底，区政务网已采用德庆乡信息76期，新华社、《西藏日报》、拉萨晚报刊登涉及德庆乡内容报道近20期，西藏电视台播放新旧西藏对比2期、党建发展1期，西藏卫视播放铁路通车发展变化1期，牦牦tv播报铁路阿妈1期。

（强巴卓嘎）

【领导名录】

党委书记　罗桑次仁（藏族）

党委副书记、乡长

陈　　敏

党委副书记、人大主席

边　　巴（藏族，5月离任）

旦增群培（藏族，5月任职）

党委副书记

旦增群培（藏族，5月离任）

旦巴雅杰（藏族，5月任职）

党委委员、人武部长

索朗多吉（藏族，2月任职）

党委委员、宣传委员

杜 军 毅

党委委员、纪委书记

旦巴雅杰（藏族，5月离任）

斯朗曲宗（女，藏族，5月任职，7月离任）

张 良 宏（7月任职）

党委委员、组织委员

梁 彩 丽（女，5月任职）

副 乡 长　旦增曲珍（女，藏族）

多吉旺堆（藏族）

扎西曲珍（女，藏族，2月任职）

柳梧乡

【概况】 年内，柳梧乡辖区有卫生院1个，3个村级卫生室，4所幼儿园2所小学，1个农业银行储蓄所，4个寺庙1个拉康。在编僧尼24名。

【维稳工作】 年内，柳梧乡维稳工作共投入1195人次，其中党员780人次，共投入经费102000元，安排车辆200辆台次。敏感月期间，共组织党员166人次，群众208人次投入到维稳安保工作中。在探访慰问过程中给各寺庙、重点人员、铁路值班人员送去价值13000元的物资。经过全乡干部群众的共同努力，顺利实现柳梧乡“三无”“三不出”的维稳工作目标。

【人民内部矛盾排查调处工作】 1–11月，柳梧乡共调处各类矛盾纠纷19起，6起为疑难复杂“案件”，其中7起由乡政府协调并调解成功。

【铁路护路工作】 2016年，为切实做好柳梧乡境内铁路护路工作，在县护路办及柳梧新区综治办的指导下，按照属地管理原则，乡党委、政府专门成立柳梧乡铁路护路护线领导工作小组。坚持定期或不定期的巡查督导。前往护路营房探望护路队员，送去水果、蔬菜及衣服、鞋子等生活必需品，共投入3000余元，各敏感节点及日常督导检查达50余次，巡逻达300公里。

【双联户工作】 柳梧乡辖区90名联户代表按照上级相关单位的要求严格坚持“有事报事无事保平安”的工作机制，将每日联户单位情况及时有效的上报至操作平台。

【提高党员干部的政治理论水平】 抓理论学习，提高党员干部的政治素养，提高党性认识。大力倡导理论联系实际的优良学风，教育引导党员干部职工善于在学习中借鉴、在学习中思考，不断提高自身综合素质水平和实际工作能力。年内，乡党委、政府召集各驻村工作队及下沉干部集中学习12次，机关干部集中学习20次，完成调研文章8篇。组织村干部集中学习8次，农牧民党员集中学习5次，撰写学习心得体会400篇。

【加强组织建设】 严格按照《中国共产党章程》要求，严格把好发展党员工作的各个环节，严格履行入党手续，严格落实发展党员工作中的培训、政审、考察、审批、转正等各个环节。截至年底，柳梧乡共有478名农牧民党员和44个机关党员，年内，共发展预备党员9名，发展入党积极分子17名（其中：机关入党积极分子5名、农牧民入党积极分子12名），党员致富能手14名。

督促农牧民党员和机关党员自觉参加党组织生活会，完成党组织交给的任务，按规定交纳党费，自觉接受党组织的教育和培训。并利用相关节假日广泛开展各种活动，党员领导干部无论职务高低，都能以普通党员的身份参加组织生活会，自觉接受党组织和党员的监督。

【落实党风廉政建设责任制】 深入贯彻学习《中国共产党廉洁自律准则》《纪律处分条例》和中央“八项规定”等规章制度，组织乡机关干部和村“两委”观看《镜鉴》《榜样》等电影，将党风廉政教育具体化，进一步明确乡镇领导班子成员、各村党支部成员和党员在党风廉政建设中的责任，并层层签订党风廉政建设责任书。认真组织党员干部学习廉政准则、撰写心得体会，强化对党员干部的廉政教育。

【开展扶贫帮困活动】 乡党委充分利用各种纪念日、主题教育活动，积极组织开展党员结对帮扶慰问活动，帮助贫困党员群众解决急需解决的困难。年内，共组织结对帮困慰问活动2次，受益人数140余人，开展重大节日前慰问赠送慰问品活动，受益人数达70人。

【落实群团、武装工作】 工会、共青团、妇女、宣传、统战、武装等工作顺利开展，各项目标任务全面完成。在抓城乡环境综合整治中，在乡政府和各村均成立乡村道路保洁队，配备4辆保洁车，逐步建立城乡环境综合整治的长效机制。

【经济发展】 年内，全乡固定资产投资119296.77

万元，较上年增加89.11%；农村经济总收入达到10133.00元，比上年增加8.4%；农牧民人均收入达14380.01元，比上年增加15.2.79%；粮食总产量2020.38吨，油菜籽产量165.75吨，牛奶产量537.78吨；农牧民合作医疗、养老保险参保率均达到100%。

【农牧方面】 年内，根据4个行政村实际情况和地理位置，在结合往年农业工作经验的基础上，合理进行种植结构调整，压缩春小麦，扩大油菜及高效益农作物种植面积，柳梧乡4个行政村的耕地总面积共7701.45亩，其中，播种冬小麦1440亩，青稞2995.05亩，油菜籽1480.05亩，土豆729.45亩，蔬菜851.1亩，截至年底，顺利完成柳梧乡春耕、秋收、冬播等全面工作。

在牧业发展中，柳梧乡本着“保证存栏，加大出栏，优化养殖结构，提高效益”的指导思想，2016年，在上级领导部门和驻村工作队的大力支持帮助下支持下，购置奶牛等牲畜，进一步优化畜群畜种结构。在牲畜疫病防治方面，柳梧乡成立牲畜疫病防治领导小组，严格依照《中华人民共和国动物防疫法》《动物防疫条件管理办法》《动物管理检疫办法》等法律法规，加强疫病的防治，制定相关的实施方案，组织全乡农牧民群众填写牲畜免疫卡。年内，柳梧乡多次派出乡干部配合兽医技术人员，开展专项防、治病工作，共接种牲畜14517头（只、匹），其中牛12611头、羊1652只、猪254头，鸡1861只，接种率达到100%。

【新农村建设】 强化精神文明建设。为了满足农牧民日益增长的物质文化需求，柳梧乡党委、政府想办法、出主意，筹集资金，充分利用藏民族能歌善舞的特点，组织农牧民业余文艺演出队，把浓郁的民族风情、乐观进取的生活风采和昂扬向上的时代精神有机地结合起来，凝聚人心，激发热情，从群众中来，到群众中去，让群众得到教育，丰富群众精神文明生活。组织农牧民群众在藏历新年、“六一”儿童节、望果节、国庆节等传统节日与非传统节日期间举办各类文化活动、文艺演出，极大丰富农牧民群众的业余文化生活。充分利用“农家书屋”的作用，配齐适用农牧民群众生产生活的书籍，组织村民定期学习，提高村民科技致富的能力。

推进农业机械化。乡党委、政府以“为农服务、兴乡富民、促农增收”为宗旨，加强协调力度，全面推进农业机械化。

防灾、抗灾工作落实到位。针对柳梧乡防灾抗灾特点，掌握主动，防患未然。2016年，乡政府还成立防洪抗旱工作领导小组，及时调整、充实乡防汛指挥小组成员，从思想、组织、措施、抢险队伍、物资等方面作好充分准备。通过自筹资金并与有关部门积极联系，争取到铁丝、编织袋、石料等各类防汛抗灾物资，已将铁丝网115圈、编织袋5000只、手电筒30只、雨衣30套等发放给各村，争取做到有备无患。同时对德阳水库认真进行汛期安全检查，制订防汛抢险预案，对出现险情的处理进行科学指导。

【精准扶贫工作】 领导重视、责任明确，组织保障有力。根据市委、市政府及柳梧新区管委会统一部署，结合柳梧扶贫开发工作实际，柳梧乡及时调整充实柳梧乡扶贫开发工作领导小组并下设办公室，配备配齐扶贫专干，统筹推进柳梧乡脱贫攻坚各项工作。在“达东村扶贫综合（旅游）开发项目”等八大重点扶贫项目开发中，柳梧乡指定专人配合上级部门履行推进责任制，对项目管理、资金使用、效益带动等工作负全部责任。截至年底，乡扶贫开发工作领导小组组织召开精准扶贫工作专题推进会23次，扶贫攻坚办公室实行例会制度，柳梧乡精准扶贫、精准脱贫相关工作按照既定部署快速推进。

因地制宜、整体推进，坚持脱贫与奔小康相结合。根据市委、市政府“一村一品”战略部署，坚持将扶贫开发与特色产业、城乡一体化有机结合。围绕“柳梧2017年全面建成小康社会，确保精准扶贫户与新区一道同步实现小康社会”的目标任务，柳梧乡积极配合柳梧新区贯彻落实“一村一品”战略，以促进农村经济结构、生活方式转变提升为目标，精准施策，重点实施八大扶贫开发项目（估算总投资1.89亿元）。重点实施达东村“整村推进暨扶贫综合（旅游）开发”、桑达村“小康示范村基础设施改造”、柳梧村“城中村改造”、德阳村“扶贫搬迁和产业扶贫”等扶贫及小康示范工程，整体打造城乡一体、产业互动、节约集约、生态宜居的新型农村建设。全面推动农村水、电、路、房、管、绿化、亮化、通讯、宽带等基础配套全面改造提升，促进农牧民生产方式、生活习惯、致富途径、收入结构、思维方式等彻底转变，由小农经济向产业化转型。

【项目建设成效明显，发展后劲明显增强】 2016年实施的扶贫项目中：达东村“扶贫综合（旅游）开发项目”总投资1.2亿元，由柳梧和美乡村民俗文化旅游公司，对该项目进行全程代建和管理运营，达东村委会及群众入股参与分红。主要以改造提升乡村基础配套、开发旅游资源、发展旅游经济、搭建致富平台、拓宽农牧民增收渠道为目的，鼓励和扶持农牧民在旅游区兴办甜茶馆、农家乐、家庭客栈、旅游运输、特色餐饮、开店摆摊设点销售纪念品等方式实现增收。该项目已于7月底初见成效，投入使用后年接待游客将达15万余人次。“桑达村小康示范村项目”总投资7000余万元，将开辟拉萨小康村落发展新模式，以打造集小康新型社区、旅游服务驿站、区域物资集散地、净土产业聚集区四大功能为一体的小康示范村，项目已与布达拉文化旅游公司签订完代建协议，为桑达村农牧民实现小康社会打下坚实基础。“达东村生态公益林种植”项目总投资1100万元，占地1633亩，通过护林员岗位实现贫困户稳定就业，月收入达3000元以上。“柳梧乡经济果树种植”项目总投资1293万元，种植苹果、葡萄、油桃、香梨、黑枸杞、金银花等经济林苗木2000余亩80余万株，农牧民通过土地平整、打井、挖矿、种树、施肥、浇水等劳动实现德阳村42户153人、达东村37户139人贫困户人均收入5300元，运输业务实现增收，收入已达到小康水平。“德阳村砖厂改扩建”项目估算总投资800万元，将产生经济效益，解决20名群众就业，农牧民参与分红。“莱组小区基础配套改造”项目总投资1353万元，进一步改善农牧民居住条件，德阳村5户13人通过投劳将实现脱贫增收。

【净土健康产业发展基础】 为进一步打造“净土健康、美丽乡村”项目，实现“一乡一业”“一村一品”的规划及双联户“联户平安、联户增收”的目标，年内，乡党委、政府针对各村现有资源、产业特点进行分析规划，并积极联系有关部门，为各村申请项目，以奠定柳梧乡净土健康产业发展为基础，重点开展实施经济效益较好增收快的几类项目。达东村金银花种植项目。选址位于机场高速拉萨至机场方向左侧，占地面积约500亩，共投入120万元资金。德阳村藏鸡养养殖项目。经对德阳村当地气候、水质、饲料供应等综合考察，特向柳梧新区管委会申请15万元项目款，养鸡场养殖350只藏鸡。德阳村砖厂。在上级部门的资金支持下投入40万元用于的砖厂项目建设，截至年底，砖厂初见成效。

【教育工作】 继续深入推进“两免一加强”制度，并按照分级管理、分级办学的办学体制，加大教育投入力度，使全乡教育事业得以健康蓬勃发展。截至年底，柳梧乡4个村的学前班、学校各种基础设施和教学用具均已得到解决。乡政府每年安排专人对学校食品安全、三资经费使用情况定期检查，抽调驾驶技术过硬的司机担任校车司机，专门负责接送学生，并签订《2016年柳梧乡校车司机聘用合同》。乡财政共计教育支出11000元，2016年11月，拉萨市公交集团发放“金秋助学”活动，给困难的47名学生发放9.9万元的助学金。出台政策小学1000元、中学1000元、大学3000元。

【卫生事业】 年内，乡卫生院认真做好日常卫生医疗各项工作，每个月组织下村巡回医疗一次，并认真开展0—6岁儿童免费体检。截至年底，对桑达中心校进行食品安全检查20次，提出整改措施6项；对全乡食品、餐饮进行检查、督导10次，提出整改意见4条，对乡卫生院、各村卫生室进行药品安全检查4次，发现1次药品过期违禁现象，食品药品安全率控制在100%。全乡无一例孕产妇死亡。

【提高高校毕业生和失地农牧民就业率】 年内，柳梧乡和各驻村工作队开展农牧民技能培训和转移就业摸底调查工作，并建立基础台账，为做好失地农牧民转移和剩余劳动力就业技能培训工作提供依据。同时，乡政府积极与乡镇范围内企事业单位协调，为群众提供务工服务，组织对失地、少地群众进行驾驶和挖掘机培训，通过多方协调，2016年，解决失地群众就业75人，针对村民的文化程度及个人的生活实际情况成立保洁合作社，先后对15名村民提供乡村公路清洁员的就业岗位。

【顿珠金融产业园区】 经过柳梧乡及柳梧村委会等多方的努力，顿珠金融产业园区的征地及拆迁、兑现补偿款、平整工作已顺利完成。

【高新技术产业园区】 年内，为积极配合拉萨市、柳梧新区高新技术产业园区建设的前期准备工作顺利开展，柳梧乡多次召开关于高新区征地相关事宜会议，研究如何解决征地及拆迁工作存在的一些问题。从初期的选址到与村委会、群众各方的协调工作及征地补偿款等方面做大量的工作，尤其是征地拆迁过程中，柳梧乡专门成立征地拆迁领导小组，结合实际制定征地拆迁实施方案，并在拆迁之前多次前往实地做考察调研，确保按时完成相关拆迁工作，保证高新技术产业园区建设工作有序开展。截至年底，经过柳梧乡及村委会等多方的努力，高新技术产业开发园区前期征地及拆迁工作方面无留下任何的问题。

【柳梧村工作队及下沉干部】 协助村委会建立健全财务制度，将之前的财务凭证全部规范化；配合上级部门完成顿珠金融产业园区征地补偿款的实施工作；青铁小区采光8户重建工作取得群众的肯定；开设手机报；重新摸底全村情况，争取200多万元的惠民及致富项目。

【桑达村工作队及下沉干部】 建立健全村各项规章制度并落实到日常工作中，认真抓好党员发展工作。开展走访群众与村干部座谈活动，梳理出主要问题8条，察巴湖二期争取资金100万元，正在前期的筹划阶段。桑达村停车场（仓储中心，含洗车场、维修厂等），工作队争取资金70万元成立桑达村保洁队，解决16人的就业。大力配合新区管委会及乡政府顺利完成高新区4700余亩的征地及拆迁工作，第二期征地工作以协助村“两委”班子确定征地范围内的树木数量。积极协调相关部门解决村和林业厅苗圃基地的用地矛盾问题。完成调研报告3份。

【德阳村工作队及下沉干部】 开展调研，深入了解情况。先后与村“两委”班子成员进行工作交流20余次，召开党员大会12次，村民大会6次，通过召开会议、入户走访、见面随访等形式，组织党员开展升国旗、唱国歌活动，进一步强化党员爱国意识。深入学习宣传中共十八大、中央第六次西藏工作座谈会会议精神，大力开展爱国主义教育、感恩教育等活动。认真落实维稳责任，组建村联防队、护村队，抓好重要节点的值班备勤和联防队、护村队的巡逻工作。申报40万元创办砖厂项目，落实15万资金建设藏鸡养殖场。“短平快”项目整改土地，共投入资金19.38万元。对困难群众及困难大学生慰问4次，送去13500元慰问款。先后解决38万元惠民资金。

【达东村工作队及下沉干部】 截至年底，共召开群众大会8次，党员会议4次，入户宣传调研15次，最多的一户走访4次，发放宣传册300余份；开展矛盾纠纷排查，进行思想开导，有效调处8起婚姻纠纷、邻里纠纷；在拉萨市农村土地确权颁证工作上，达东村作为试点村，工作队全力配合柳梧新区土地确权办公室，做好相应的工作，确保土地确权工作的顺利完成；争取2头种公牛，在3、4、8组解决人畜简易桥，共投入13万元；2016年，争取500亩种植饲草料，每亩补贴1000元；连片种植300亩的核桃树、桃树等，为打造美丽达东奠定基础；协调曼杰拉公司建设100亩药材种植基地。试种50亩药材；通往1、2组路面建设水泥路；在达东村选取200亩荒地开垦进行金银花种植。每亩补贴2000元。

（单增拉姆）

【领导名录】

党委书记　王龙龙

党委副书记、乡长

格桑多布杰（藏族）

党委副书记、人大主席

巴　桑（藏族，11月离任）

党建副书记、纪委书记

达瓦曲桑（藏族）

党委委员、纪委书记

米玛仓决（女，藏族）

党委委员、统战委员

罗布次仁（藏族）

党委委员、组织委员

央　宗（女，藏族）

乡党委委员、人武部部长

旦增晋美（藏族）

乡党委委员、宣传委员

王　楠（女）

副乡长　刘金凤（女）

旦增卓嘎（女，藏族）

附 

受区（县）级以上表彰的先进集体名录

表7

获奖单位	获奖名称	表彰时间	授予单位
区司法局法律援助中心	全国“1+1”法律援助志愿者行动先进单位	2016年	司法部
柳梧乡	“先进双联户”创建评选先进双联户	2016年	中共西藏自治区委员会、西藏自治区人民政府
德庆乡	全区先进基层党组织	2016年	中共西藏自治区委员会
中共堆龙德庆区委宣传部	2015年度全区舆情信息报送工作先进集体	2016年	中共西藏自治区党委宣传部
区委统战部	2015年度全区统战信息报送工作先进单位“三等奖”	2016年	中共西藏自治区委员会统战部
区委统战部（宗教办）	2015年度全区统战信息报送工作先进单位“三等奖”	2016年	中共西藏自治区委员会统战部
区护路办高天护路大队	西藏五一劳动奖状	2016年	西藏自治区总工会
区委党校派驻波木村工作队	自治区级“优秀驻村工作队”称号	2016年	自治区强基办
堆龙德庆区人民法院刑事审判庭	全区法院刑事审判工作先进集体	2016年	西藏自治区高级人民法院党组
堆龙德庆区人民法院	“2015年度全区优秀法院”	2016年	西藏自治区高级人民法院
中国人民政治协商会议堆龙德庆区委员会	“《西藏政协年鉴（2015卷）》年度组稿一等奖”	2016年	西藏政协办公厅研究室、《西藏政协年鉴》编辑部
马乡	自治区文明村镇荣誉称号	2016年	西藏自治区精神文明建设指导委员会
堆龙德庆区中学	全区教育系统先进基层党组织	2016年	中共西藏自治区教育委员会
堆龙德庆区文化广播电影电视（新闻出版、文物）局	第四届全区藏戏大赛（集体类）组织奖	2016年	自治区文化厅 拉萨市雪顿节组委会

续表7

获奖单位	获奖名称	表彰时间	授予单位
堆龙德庆区文化广播电影电视（新闻出版、文物）局	第四届全区藏戏大赛（集体类）二等奖	2016年	自治区文化厅、拉萨市雪顿节组委会
堆龙区小学	2016年全民健身啦啦操大赛（少年组）	2016年	西藏自治区体育局
古荣小学	雪顿节藏棋赛优秀组织奖	2016年	西藏自治区藏棋协会
堆龙德庆区旅游局	拉萨市文化旅游产业先进单位	2016年	中共拉萨市委员会、拉萨市人民政府
堆龙德庆区信访局	2015年度信访工作先进单位一等奖	2016年	中共拉萨市委员会、拉萨市人民政府
区护路办	2015年度铁路护路联防工作第二名	2016年	中共拉萨市委员会、拉萨市人民政府
柳梧乡	“先进双联户”创建评选活动先进乡	2016年	中共拉萨市委员会、拉萨市人民政府
羊达乡	2016年度脱贫攻坚成效先进乡（镇）	2016年	中共拉萨市委员会、拉萨市人民政府
区委	2016年度脱贫攻坚成效先进党政领导班子	2016年	中共拉萨市委员会、拉萨市人民政府
区委	2016年度拉萨市目标绩效争先进位考核县区争先二等奖	2016年	中共拉萨市委员会、拉萨市人民政府
区委	全市档案系统先进集体	2016年	中共拉萨市委员会、拉萨市人民政府
中共堆龙德庆区委宣传部	拉萨市2015年度深化全国文明城市创建工作先进单位	2016年	中共拉萨市委员会、拉萨市人民政府
中共堆龙德庆区委政法委员会	2015年度社会治安综合治理工作第二名	2016年	中共拉萨市委员会、拉萨市人民政府
中共堆龙德庆区委政法委员会	2016年度“先进双联户”创建活动先进区	2016年	中共拉萨市委员会、拉萨市人民政府
堆龙德庆区旅游局	拉萨市文化旅游产业先进单位	2016年	中共拉萨市委员会、拉萨市人民政府
东嘎镇	2016年上半年“先进寺庙管理委员会（特派员机构）”	2016年	中共拉萨市委员会、拉萨市人民政府
堆龙德庆区人民政府	2015年度拉萨市目标绩效争先进位考核县区争先二等奖	2016年	中共拉萨市委员会、拉萨市人民政府
堆龙德庆区民族宗教事务局	拉萨市2016年度民族团结进步模范集体	2016年	中共拉萨市委员会、拉萨市人民政府
区委办	2015年度全市信息工作先进集体	2016年	中共拉萨市委办公厅、拉萨市人民政府办公厅
区委党校党支部	全市先进基层党组织	2016年	中共拉萨市委员会
东嘎镇	全市五四红旗团委	2016年	中共拉萨市委员会
德庆乡	全市先进基层党组织	2016年	中共拉萨市委员会
堆龙德庆区人民政府	2016年度消防安全先进集体	2016年	市政府、市防火安全委员会
堆龙德庆区安全生产监督管理局	2015年度全市安全生产先进单位	2016年	拉萨市人民政府

续表7

获奖单位	获奖名称	表彰时间	授予单位
堆龙德庆区工业和信息化局	2015年全市工业和信息化工作先进（县）区一等奖	2016年	拉萨市人民政府
堆龙德庆区工业和信息化局	2015年度全市招商引资工作一等奖	2016年	拉萨市人民政府
堆龙德庆区工业园区管委会	2015年度先进工业园区二等奖	2016年	拉萨市人民政府
乃琼中心校	优秀教师团队	2016年	拉萨市人民政府
堆龙德庆区农牧局	在2015年度科技工作中被评为先进集体二等奖	2016年	拉萨市人民政府
堆龙德庆区食品药品监督管理局	先进集体奖	2016年	拉萨市人民政府
羊达乡	2015年拉萨市政务服务工作示范乡（镇）	2016年	拉萨市人民政府
中共堆龙德庆区委宣传部	2015年度全市宣传思想工作先进集体	2016年	中共拉萨市委宣传部
区委统战部（宗教办）	荣获全市统战信息报送工作先进单位三等奖	2016年	中共拉萨市委统战部
中共堆龙德庆区委统战部、宗教办	获全市统战信息报送工作先进单位三等奖	2016年	中共拉萨市委统战部
堆龙德庆区人民政府办公室	2015年度全市政府系统办公室工作先进集体	2016年	拉萨市人民政府办公厅
羊达乡	五一劳动奖状	2016年	拉萨市总工会
堆龙德庆区人力资源和社会保障局	青少年维权岗奖	2016年	共青团拉萨市委员会、拉萨市预防青少年违法犯罪工作领导小组办公室
古荣乡	拉萨市2016年度共青团员“民族团结闪光行动”先进集体	2016年	共青团拉萨市委员会
共青团堆龙德庆区委员会	2015年度拉萨共青团工作目标考核第一名	2016年	共青团拉萨市委员会
堆龙德庆区人民检察院	2016年度民族团结模范集体	2016年	拉萨市人民检察院
堆龙德庆区人民检察院	2015年度全市基层检察院考核第二名	2016年	拉萨市人民检察院
堆龙德庆区人民检察院	拉萨市检察机关案件管理工作先进集体	2016年	拉萨市人民检察院
堆龙德庆区中学	拉萨市第四届汉字听写大赛优秀组织奖	2016年	拉萨市国家语言工作委员会
堆龙德庆区工商行政管理局	2016年度食品药品安全工作先进单位	2016年	拉萨市工商局
堆龙德庆区工商行政管理局	2016年度全市工商系统2016年度目标绩效考核优秀单位	2016年	拉萨市工商局
堆龙德庆区国家税务局	先进集体	2016年	拉萨市国税局
堆龙德庆区农牧局	堆龙德庆区：“十二五”期间净土健康设施园艺产业推进先进县	2016年	拉萨市农牧局
堆龙德庆区农牧局	堆龙德庆区：“十二五”期间净土健康生猪产业推进先进县	2016年	拉萨市农牧局
区司法局	全市司法行政工作2016年度目标考核第一名	2016年	拉萨市司法局

续表7

获奖单位	获奖名称	表彰时间	授予单位
乃琼中心校	优秀单位组织奖	2016年	拉萨市教育（体育）局
堆龙区小学	拉萨市校园足球联赛（小学组）第六名	2016年	拉萨市教育（体育）局
堆龙区小学	2015年度小学教学质量三等奖	2016年	拉萨市教育（体育）局
堆龙德庆区中学	实验教学优秀学校	2016年	拉萨市教育（体育）局
堆龙德庆区中学	振兴教育教学三年行动计划2015年度初中教学质量二等奖	2016年	拉萨市教育（体育）局
堆龙德庆区卫生局	先进集体	2016年	拉萨市卫生局
堆龙德庆区文化广播电影电视（新闻出版、文物）局	2015年度全市广播电影电视先进集体	2016年	拉萨市广播电影电视局
堆龙德庆区旅游局	2016年目标绩效争先进位考核进位奖	2016年	中共堆龙德庆区委员会、堆龙德庆区人民政府
马乡	2015年度社会治安综合治理工作第二名	2016年	中共堆龙德庆区委员会、堆龙德庆区人民政府
德庆乡	2016年度民族团结进步模范“先进集体”	2016年	中共堆龙德庆区委员会、堆龙德庆区人民政府
德庆乡	第三届“堆龙杯”篮球赛女子组亚军	2016年	中共堆龙德庆区委员会、堆龙德庆区人民政府
德庆乡	2015年度社会治安综合治理工作第三名	2016年	中共堆龙德庆区委员会、堆龙德庆区人民政府
德庆乡	2015年度信访工作先进集体三等奖	2016年	中共堆龙德庆区委员会、堆龙德庆区人民政府
东嘎镇	2015年度目标绩效“争先一等奖”	2015年	中共堆龙德庆区委员会、堆龙德庆区人民政府
东嘎镇	2016年拉萨市堆龙德庆区“团结歌曲大家唱·唱响红歌庆国庆”合唱比赛一等奖	2016年	中共堆龙德庆区委员会、堆龙德庆区人民政府
东嘎镇	第三届“堆龙杯”篮球赛（女子组）冠军	2016年	中共堆龙德庆区委员会、堆龙德庆区人民政府
东嘎镇	2015年度社会治安综合治理工作“第三名”	2016年	中共堆龙德庆区委员会、堆龙德庆区人民政府
东嘎镇	2015年度信访工作“先进集体”荣誉称号（东嘎村）	2016年	中共堆龙德庆区委员会、堆龙德庆区人民政府
东嘎镇	2016年上半年“堆龙德庆区和谐模范寺庙”荣誉称号（嘎东寺）	2016年	中共堆龙德庆区委员会、堆龙德庆区人民政府
东嘎镇	2016年上半年堆龙德庆区“先进寺庙专职管理特派员”荣誉称号（嘎东寺）	2016年	中共堆龙德庆区委员会、堆龙德庆区人民政府
堆龙德庆区安全生产监督管理局	2015年度社会治安综合治理工作先进集体	2016年	中共堆龙德庆区委员会、堆龙德庆区人民政府
堆龙德庆区安全生产监督管理局	2015年度目标绩效进位奖	2016年	中共堆龙德庆区委员会、堆龙德庆区人民政府
堆龙德庆区国土资源规划局	2015年度消防安全工作先进单位	2016年	中共堆龙德庆区委员会、堆龙德庆区人民政府
堆龙德庆区国土资源规划局	2015年度目标绩效争先一等奖	2016年	中共堆龙德庆区委员会、堆龙德庆区人民政府

续表7

获奖单位	获奖名称	表彰时间	授予单位
堆龙德庆区国土资源规划局	信访工作先进集体三等奖	2016年	中共堆龙德庆区委员会、堆龙德庆区人民政府
堆龙德庆区国土资源规划局	2016年度民族团结进步模范先进集体	2016年	中共堆龙德庆区委员会、堆龙德庆区人民政府
堆龙德庆区国土资源规划局	2016年度先进基层组织	2016年	中共堆龙德庆区委员会、堆龙德庆区人民政府
堆龙德庆区疾控中心	民族团结进步模范先进集体	2016年	中共堆龙德庆区委员会、堆龙德庆区人民政府
堆龙德庆区疾控中心	“两学一做”暨“民族团结月”有奖知识竞赛中获三等奖	2016年	中共堆龙德庆区委员会、堆龙德庆区人民政府
马乡中心小学	教育教学质量先进集体	2016年	中共堆龙德庆区委员会、堆龙德庆区人民政府
堆龙德庆区农业综合开发办公室	2015年度目标绩效进位奖	2016年	中共堆龙德庆区委员会、堆龙德庆区人民政府
堆龙德庆区农业综合开发办公室	堆龙德庆区创先争优强基础惠民生活动优秀组织单位	2016年	中共堆龙德庆区委员会、堆龙德庆区人民政府
人大办公室	2015年度目标绩效争先一等奖	2016年	中共堆龙德庆区委员会、堆龙德庆区人民政府
堆龙德庆区人民法院	2015年度社会治安综合治理工作先进集体	2016年	中共堆龙德庆区委员会、堆龙德庆区人民政府
堆龙德庆区人民法院	2016年度民族团结进步模范先进集体	2016年	中共堆龙德庆区委员会、堆龙德庆区人民政府
堆龙德庆区人民法院	2016年度创先争优强基础惠民生活动优秀组织单位	2016年	中共堆龙德庆区委员会、堆龙德庆区人民政府
堆龙德庆区人民检察院	2015年度社会会综合治理先进集体	2016年	中共堆龙德庆区委员会、堆龙德庆区人民政府
堆龙德庆区人民检察院	2016年度民族团结先进集体	2016年	中共堆龙德庆区委员会、堆龙德庆区人民政府
堆龙德庆区人民政府办公室	堆龙德庆区“两学一做”暨民族团结月知识竞赛三等奖	2016年	中共堆龙德庆区委员会、堆龙德庆区人民政府
堆龙德庆区食品药品监督管理局	2015年度目标绩效争先二等奖	2016年	中共堆龙德庆区委员会、堆龙德庆区人民政府
堆龙德庆区食品药品监督管理局	堆龙德庆区“两学一做”暨“民族团结月”知识竞赛三等奖	2016年	中共堆龙德庆区委员会、堆龙德庆区人民政府
堆龙德庆区委统战部、宗教办	全区“精神文明先进集体”称号	2016年	中共堆龙德庆区委员会、堆龙德庆区人民政府
堆龙德庆区卫生局	进位奖	2016年	中共堆龙德庆区委员会、堆龙德庆区人民政府
堆龙德庆区文化广播电影电视（新闻出版、文物）局	2016年度全区综治先进集体	2016年	中共堆龙德庆区委员会、堆龙德庆区人民政府
堆龙德庆区文化广播电影电视（新闻出版、文物）局	2016年拉萨市堆龙德庆区“团结歌曲大家唱、唱响红歌庆国庆”合唱比赛三等奖	2016年	中共堆龙德庆区委员会、堆龙德庆区人民政府
堆龙德庆区信访局	2015年度信访工作先进集体二等奖	2016年	中共堆龙德庆区委员会、堆龙德庆区人民政府
堆龙德庆区信访局	2015年度社会治安综合治理工作先进集体	2016年	中共堆龙德庆区委员会、堆龙德庆区人民政府

续表7

获奖单位	获奖名称	表彰时间	授予单位
堆龙德庆区中学	教育系统党建工作先进集体	2016年	中共堆龙德庆区委员会、堆龙德庆区人民政府
区护路办	2015年度目标绩效争先一等奖	2016年	中共堆龙德庆区委员会、堆龙德庆区人民政府
区护路办	2015年度社会治安综合治理工作先进集体	2016年	中共堆龙德庆区委员会、堆龙德庆区人民政府
马乡	“团结歌曲大家唱 唱响红歌庆国庆”活动二等奖	2016年	中共堆龙德庆区委员会、堆龙德庆区人民政府
马乡	2016年度民族团结进步模范先进集体	2016年	中共堆龙德庆区委员会、堆龙德庆区人民政府
马乡	2015年度目标绩效争先三等奖	2016年	中共堆龙德庆区委员会、堆龙德庆区人民政府
马乡	信访工作先进集体三等奖	2016年	中共堆龙德庆区委员会、堆龙德庆区人民政府
乃琼镇	2015年度目标绩效争先二等奖	2016年	中共堆龙德庆区委员会、堆龙德庆区人民政府
乃琼镇	2015年度信访工作先进集体二等奖	2016年	中共堆龙德庆区委员会、堆龙德庆区人民政府
乃琼镇	2015年度社会治安综合治理工作第二名	2016年	中共堆龙德庆区委员会、堆龙德庆区人民政府
乃琼镇	2016年度民族团结进步模范先进集体	2016年	中共堆龙德庆区委员会、堆龙德庆区人民政府
乃琼镇	2016年度“先进双联户”创建活动先进乡（镇）	2016年	中共堆龙德庆区委员会、堆龙德庆区人民政府
乃琼镇	2016年“团结歌曲大家唱，唱响红歌庆国庆”合唱比赛三等奖	2016年	中共堆龙德庆区委员会、堆龙德庆区人民政府
乃琼镇	第二届“堆龙杯”篮球比赛 男子组 三等奖	2016年	中共堆龙德庆区委员会、堆龙德庆区人民政府
堆龙德庆区武警中队	2016年度民族团结进步模范先进集体	2016年	中共堆龙德庆区委员会、堆龙德庆区人民政府
羊达乡	2015年度社会治安综合治理工作第一名	2016年	中共堆龙德庆区委员会、堆龙德庆区人民政府
羊达乡	2015年度信访工作先进集体一等奖	2016年	中共堆龙德庆区委员会、堆龙德庆区人民政府
羊达乡	“堆龙德庆杯”女子篮球第三名	2016年	中共堆龙德庆区委员会、堆龙德庆区人民政府
羊达乡	第四届“堆龙杯”足球赛体育道德风尚奖	2016年	中共堆龙德庆区委员会、堆龙德庆区人民政府
区委办	堆龙德庆区“两学一做”暨“民族团结月”知识竞赛二等奖	2016年	中共堆龙德庆区委员会、堆龙德庆区人民政府
区委办	2016年度民族团结进步模范先进集体	2016年	中共堆龙德庆区委员会、堆龙德庆区人民政府
区委党校	2016年目标绩效争先进位考核进位奖	2016年	中共堆龙德庆区委员会、堆龙德庆区人民政府
中共堆龙德庆区委统战部、宗教办	先进集体称号	2016年	中共堆龙德庆区委员会、堆龙德庆区人民政府

续表7

获奖单位	获奖名称	表彰时间	授予单位
中共堆龙德庆区委宣传部	2015年度目标绩效争先一等奖	2016年	中共堆龙德庆区委员会、堆龙德庆区人民政府
中共堆龙德庆区委宣传部	2015年度社会治安综合治理工作先进集体	2016年	中共堆龙德庆区委员会、堆龙德庆区人民政府
中共堆龙德庆区委宣传部	2016年度民族团结进步模范先进集体	2016年	中共堆龙德庆区委员会、堆龙德庆区人民政府
中共堆龙德庆区委政法委员会	第三届“堆龙杯”篮球赛优秀组织管理奖	2016年	中共堆龙德庆区委员会、堆龙德庆区人民政府
中共堆龙德庆区委政法委员会	“两学一做”暨“民族团结月”知识竞赛三等奖	2016年	中共堆龙德庆区委员会、堆龙德庆区人民政府
中共堆龙德庆区委组织部	2015年度目标绩效争先一等奖	2016年	中共堆龙德庆区委员会、堆龙德庆区人民政府
中共堆龙德庆区委组织部	2016年度民族团结进步模范先进集体	2016年	中共堆龙德庆区委员会、堆龙德庆区人民政府
堆龙德庆区民族宗教事务局	堆龙德庆区2016年年度民族团结进步模范先进集体	2016年	中共堆龙德庆区委员会、堆龙德庆区人民政府
堆龙德庆区民族宗教事务局	堆龙德庆区2015年度社会治安综合治理工作先进集体	2016年	中共堆龙德庆区委员会、堆龙德庆区人民政府
堆龙德庆区农业综合开发办公室	先进基层党组织	2016年	中共堆龙德庆区委员会
人大办公室	先进基层党组织	2016年	中共堆龙德庆区委员会
堆龙德庆区食品药品监督管理局	先进基层党组织奖	2016年	中共堆龙德庆区委员会
区护路办党支部	先进基层党组织	2016年	中共堆龙德庆区委员会
区委办	先进基层党组织	2016年	中共堆龙德庆区委员会
政协办公室	2015年目标绩效争先三等奖	2016年	中共堆龙德庆区委员会
德庆乡	先进基层党组织	2016年	中共堆龙德庆区委员会
堆龙德庆区民族宗教事务局	堆龙德庆区先进基层党组织	2016年	中共堆龙德庆区委员会
东嘎镇	2015年度消防安全工作“先进单位”	2016年	堆龙德庆区人民政府
东嘎镇	2015年度消防工作“先进单位”荣誉称号（东嘎村）	2016年	堆龙德庆区人民政府
堆龙德庆区安全生产监督管理局	2015年度消防安全工作先进单位	2016年	堆龙德庆区人民政府
德庆乡中心校	民族团结先进单位	2016年	堆龙德庆区人民政府
古荣小学	教育教学质量奖	2016年	堆龙德庆区人民政府
姜昆黄小勇希望小学	民族团结进步模范集体	2016年	堆龙德庆区人民政府

续表7

获奖单位	获奖名称	表彰时间	授予单位
姜昆黄小勇希望小学	“团结歌曲大家唱、唱响红歌庆国庆”合唱比赛三等奖	2016年	堆龙德庆区人民政府
乃琼中心校	先进集体	2016年	堆龙德庆区人民政府
乃琼镇	2015年度全县安全生产先进单位	2016年	堆龙德庆区人民政府
羊达乡	2015年度消防安全 工作先进单位	2016年	堆龙德庆区人民政府
中共堆龙德庆区委政法委员会	2015年度消防安全工作先进单位	2016年	堆龙德庆区人民政府
堆龙德庆区民族宗教事务局	堆龙德庆区2015年度目标绩效争先二等奖	2016年	堆龙德庆区人民政府
堆龙德庆区民族宗教事务局	堆龙德庆区2015年度消防安全工作先进单位	2016年	堆龙德庆区人民政府
堆龙德庆区工商行政管理局	堆龙德庆区“六五”普法先进单位	2016年	堆龙德庆区人民政府

说明：由于各单位资料提供不全，可能有遗漏

受区（县）级以上表彰的先进个人名录

表8

姓名	性别	民族	籍贯	政治面貌	工作单位	获奖名称	表彰时间	授予单位
普　琼	男	藏	堆龙	中共党员	乃琼镇	全国“优秀共产党员”	2016年	党中央
王　旭	男	汉	四川渠县	中共党员	堆龙德庆区林业绿化局	全国绿化奖章	2016年	全国绿化委员会
达　珍	女	藏	堆龙	中共党员	堆龙区小学	国培计划（2015）——示范性网络研修与校本研修整合培训项目评为优秀学员	2016年	全国中小学教师继续教育网
扎　桑	女	藏	堆龙	中共党员	堆龙区小学	“全国教师优秀科研成果”国家级一等奖	2016年	中国教育学会
白玛卓嘎	女	藏	堆龙	群众	堆龙区小学	优秀学员	2016年	全国中小学教师继续教育网
拉巴多杰	男	藏	日喀则	中共党员	堆龙区小学	优秀裁判员	2016年	中国大学生体育协会
次旦央宗	女	藏	拉萨	中共党员	堆龙区小学	“全国教师优秀科研成果”国家级一等奖	2016年	中国教育学会
穷　吉	女	藏	拉萨	中共党员	堆龙区小学	国培计划（2015）——示范性网络研修与校本研修整合培训项目评为优秀学员	2016年	全国中小学教师继续教育网
仓　琼	女	藏	堆龙	中共党员	堆龙区小学	优秀学员	2016年	全国中小学教师继续教育网
王丹丹	女	汉	河南陕县	中共党员	团区委	“第三届藏博会做出突出成绩的先进个人”	2016年	中国西藏旅游文化国家博览会组委会
牛世宏	男	汉	河南禹州	中共党员	波玛村村民服务中心	自治区优秀驻村工作队员	2016年	中共西藏自治区委员会、西藏自治区人民政府
索朗多吉	男	藏	山南	中共党员	德庆乡	自治区级“优秀党支部第一书记”	2016年	中共西藏自治区委员会
仓　决	女	藏	堆龙	群众	堆龙区小学	自治区乡村教师从教20年荣誉奖	2016年	西藏自治区人民政府
尼　玛	女	藏	拉萨	中共党员	堆龙区小学	自治区乡村教师从教20年荣誉奖	2016年	西藏自治区人民政府
普　珍	女	藏	堆龙	群众	堆龙区小学	全区中小学名教师	2016年	西藏自治区人民政府
达　珍	女	藏	拉萨	中共党员	桑木幼儿园	乡村教师从教20年荣誉奖	2016年	西藏自治区人民政府
白玛次仁	男	藏	林芝	中共党员	羊达乡中心小学	西藏自治区乡村教师从教20年奖	2016年	西藏自治区人民政府
仓木啦	女	藏	堆龙	群众	羊达乡中心小学	西藏自治区乡村教师从教20年奖	2016年	西藏自治区人民政府
拉　珍	女	藏	堆龙	中共党员	羊达乡中心小学	西藏自治区乡村教师从教20年奖	2016年	西藏自治区人民政府
达瓦卓玛	女	藏	拉萨	中共党员	羊达乡中心小学	西藏自治区乡村教师从教20年奖	2016年	西藏自治区人民政府
索朗次仁	男	藏	拉萨	中共党员	羊达乡中心小学	西藏自治区乡村教师从教20年奖	2016年	西藏自治区人民政府

续表8

姓名	性别	民族	籍贯	政治面貌	工作单位	获奖名称	表彰时间	授予单位
扎 西（化）	男	藏	山南乃东	中共党员	堆龙德庆区中学	自治区级优秀教师	2016年	西藏自治区人民政府
拉姆次仁	女	藏	林芝	群众	姜昆黄晓勇希望小学	自治区乡村教师从教20年荣誉奖	2016年	西藏自治区人民政府
段凤芝	女	汉	山东菏泽	中共党员	中共堆龙德庆区委宣传部	2015年度全区舆情信息报送先进个人	2016年	中共西藏自治区党委宣传部
晋 朗	男	藏	拉萨	中共党员	中共堆龙德庆区委统战部、宗教办	2015年度宗教工作优秀干部及优秀信息员	2016年	中共西藏自治区委员会统战部
秦彦章	男	汉	甘肃	中共党员	堆龙德庆区人民法院	“2016年度先进驻村工作队员”	2016年	西藏自治区强基办
索朗扎西	男	藏	拉萨	中共党员	德庆乡	西藏自治区“创先争优强基惠民活动”优秀个人奖	2016年	西藏自治区强基办
段文涛	男	汉	山东	中共党员	堆龙德庆区人民法院	“全区法院民事审判工作办案能手”	2016年	西藏自治区高级人民法院
何 翠	女	汉	陕西	中共党员	古荣小学	第三、四届“东方少年中国梦”作文指导奖	2016年	北京作家协会、拉萨市教育（体育）局
唐 红	女	汉	四川	中共党员	堆龙区小学	第四届“东方少年中国梦”作文大赛优秀教师指导奖	2016年	北京作家协会、拉萨市教育（体育）局
张文文	女	汉	河南	中共党员	堆龙区小学	第四届“东方少年中国梦”作文大赛优秀指导教师奖	2016年	北京作家协会、拉萨市教育（体育）局
扎 桑	女	藏	堆龙	中共党员	堆龙区小学	第四届“东方少年中国梦”作文大赛优秀指导教师奖	2016年	北京作家协会、拉萨市教育（体育）局
拉巴多杰	男	藏	日喀则	中共党员	堆龙区小学	优秀学员干部	2016年	四川省教师继续教育成都师范学员培训中心
拉巴次仁	男	藏	拉萨	中共党员	堆龙区小学	优秀学员	2016年	扬州大学教育科学学院
索朗德吉	女	藏	西藏昌都	中共党员	古荣乡	西藏自治区消防大使荣誉称号	2016年	西藏自治区消防总队
杨席刚	男	汉	云南昭通	群众	马乡中心小学	“一师一优课”一等奖	2016年	西藏自治区教育厅
强 桑	女	藏	拉萨	中共党员	堆龙区小学	“一师一优课、一课一名师”获得自治区有课	2016年	西藏自治区教育厅
德 吉	女	藏	堆龙	群众	堆龙区小学	第一届藏文作文比赛优秀指导教师	2016年	西藏自治区人民出版社
白玛卓嘎	女	藏	堆龙	群众	堆龙区小学	第一届藏文作文比赛优秀指导教师	2016年	西藏自治区人民出版社
丹增卓玛	女	藏	堆龙	群众	堆龙区小学	第一届藏文作文比赛优秀指导教师	2016年	西藏自治区人民出版社
努 努	女	藏	拉萨	群众	羊达乡中心小学	在第二期全区中小学书法教师培训（藏文班）中被评为优秀学员	2016年	西藏自治区教育科学研究所

续表8

姓名	性别	民族	籍贯	政治面貌	工作单位	获奖名称	表彰时间	授予单位
普布扎西	男	藏	堆龙	中共党员	区护路办	2015年度全区铁路护路联防工作先进个人	2016年	西藏自治区综治委铁路护路联防工作领导小组
阿旺平琼	男	藏	堆龙	群众	高天护路大队	2015年度全区铁路护路联防工作先进个人	2016年	西藏自治区综治委铁路护路联防工作领导小组
索朗次仁	男	藏	山南	群众	高天护路大队	2015年度全区铁路护路联防工作先进个人	2016年	西藏自治区综治委铁路护路联防工作领导小组
旦增格桑	男	藏	山南	积极分子	古荣护路大队	2015年度全区铁路护路联防工作先进个人	2016年	西藏自治区综治委铁路护路联防工作领导小组
洛桑次成	男	藏	堆龙	预备党员	古荣护路大队	2015年度全区铁路护路联防工作先进个人	2016年	西藏自治区综治委铁路护路联防工作领导小组
多布杰	男	藏	拉萨	群众	莫嘎护路大队	2015年度全区铁路护路联防工作先进个人	2016年	西藏自治区综治委铁路护路联防工作领导小组
加安	男	藏	芒康	群众	莫嘎护路大队	2015年度全区铁路护路联防工作先进个人	2016年	西藏自治区综治委铁路护路联防工作领导小组
米玛次仁	男	藏	当雄	群众	莫嘎护路大队	2015年度全区铁路护路联防工作先进个人	2016年	西藏自治区综治委铁路护路联防工作领导小组
普布扎西	男	藏	堆龙	中共党员	区护路办	2015年度全区铁路护路联防工作先进个人	2016年	西藏自治区综治委铁路护路联防工作领导小组
阿旺平琼	男	藏	堆龙	群众	高天护路大队	2015年度全区铁路护路联防工作先进个人	2016年	西藏自治区综治委铁路护路联防工作领导小组
索朗次仁	男	藏	山南	群众	高天护路大队	2015年度全区铁路护路联防工作先进个人	2016年	西藏自治区综治委铁路护路联防工作领导小组
旦增格桑	男	藏	山南	积极分子	古荣护路大队	2015年度全区铁路护路联防工作先进个人	2016年	西藏自治区综治委铁路护路联防工作领导小组
洛桑次成	男	藏	堆龙	预备党员	古荣护路大队	2015年度全区铁路护路联防工作先进个人	2016年	西藏自治区综治委铁路护路联防工作领导小组
多布杰	男	藏	拉萨	群众	莫嘎护路大队	2015年度全区铁路护路联防工作先进个人	2016年	西藏自治区综治委铁路护路联防工作领导小组
加安	男	藏	芒康	群众	莫嘎护路大队	2015年度全区铁路护路联防工作先进个人	2016年	西藏自治区综治委铁路护路联防工作领导小组
米玛次仁	男	藏	当雄	群众	莫嘎护路大队	2015年度全区铁路护路联防工作先进个人	2016年	西藏自治区综治委铁路护路联防工作领导小组
次旦罗布	男	藏	林芝巴宜	中共党员	德龙德庆区工信局	2013—2015年度记三等功	2016年	自治区人社局
朱艳美	女	藏	山西昔阳	中共党员	堆龙德庆区中学	拉萨市李氏教育奖个人奖	2016年	中共拉萨市委员会、拉萨市人民政府
索朗	男	藏	堆龙	团员	高天护路大队	2015年度铁路护路联防工作先进个人	2016年	中共拉萨市委员会、拉萨市人民政府
旦增边巴	男	藏	林周	群众	高天护路大队	2015年度铁路护路联防工作先进个人	2016年	中共拉萨市委员会、拉萨市人民政府
益西顿珠	男	藏	山南浪卡子	预备党员	高天护路大队	2015年度铁路护路联防工作先进个人	2016年	中共拉萨市委员会、拉萨市人民政府

续表8

姓名	性别	民族	籍贯	政治面貌	工作单位	获奖名称	表彰时间	授予单位
顿旦格列	男	藏	墨竹工卡	群众	高天护路大队	2015年度铁路护路联防工作先进个人	2016年	中共拉萨市委员会、拉萨市人民政府
罗　布	男	藏	堆龙	群众	高天护路大队	2015年度铁路护路联防工作先进个人	2016年	中共拉萨市委员会、拉萨市人民政府
拉巴平措	男	藏	堆龙	中共党员	古荣护路大队	2015年度铁路护路联防工作先进个人	2016年	中共拉萨市委员会、拉萨市人民政府
西　热	男	藏	林周	群众	古荣护路大队	2015年度铁路护路联防工作先进个人	2016年	中共拉萨市委员会、拉萨市人民政府
其　加	男	藏	达孜	团员	古荣护路大队	2015年度铁路护路联防工作先进个人	2016年	中共拉萨市委员会、拉萨市人民政府
旦增群培	男	藏	林周	群众	古荣护路大队	2015年度铁路护路联防工作先进个人	2016年	中共拉萨市委员会、拉萨市人民政府
罗　布	男	藏	堆龙	群众	莫嘎护路大队	2015年度铁路护路联防工作先进个人	2016年	中共拉萨市委员会、拉萨市人民政府
罗布占堆	男	藏	当雄	团员	莫嘎护路大队	2015年度铁路护路联防工作先进个人	2016年	中共拉萨市委员会、拉萨市人民政府
普布桑布	男	藏	当雄	团员	莫嘎护路大队	2015年度铁路护路联防工作先进个人	2016年	中共拉萨市委员会、拉萨市人民政府
拉巴扎西	男	藏	日喀则萨嘎	团员	莫嘎护路大队	2015年度铁路护路联防工作先进个人	2016年	中共拉萨市委员会、拉萨市人民政府
次成尼玛	男	藏	林周	群众	莫嘎护路大队	2015年度铁路护路联防工作先进个人	2016年	中共拉萨市委员会、拉萨市人民政府
达娃央吉	女	藏	拉萨	中共党员	中共堆龙德庆区纪律检查委员会（监察局）	拉萨市创先争优强基础惠民生活动先进个人	2016年	中共拉萨市委员会、拉萨市人民政府
段凤芝	女	汉	山东菏泽	中共党员	中共堆龙德庆区委宣传部	2016年度拉萨市民族团结先进个人	2016年	中共拉萨市委员会、拉萨市人民政府
扎西卓玛	女	藏	拉萨	中共党员	中共堆龙德庆区委宣传部	拉萨市2015年度深化全国文明城市创建工作先进个人	2016年	中共拉萨市委员会、拉萨市人民政府
王瑞芳	女	汉	山西朔州	中共党员	中共堆龙德庆区委宣传部	拉萨市2015年度深化全国文明城市创建工作先进个人	2016年	中共拉萨市委员会、拉萨市人民政府
旦　珍	女	藏	拉萨	群众	马乡中心小学	拉萨市优秀教师铜奖	2016年	中共拉萨市委员会、拉萨市人民政府
阿旺旦增	男	藏	拉萨	中共党员	堆龙德庆区民族宗教事务局	拉萨市2016年优秀驻村干部	2016年	中共拉萨市委员会、拉萨市人民政府
唐　菲	男	汉	重庆潼南	中共党员	堆龙德庆信访局	2015年度全市信访工作先进个人	2016年	中共拉萨市委员会、拉萨市人民政府
巴　珍	女	藏	日喀则	中共党员	堆龙德庆区中学	拉萨市园丁奖金奖	2016年	中共拉萨市委员会、拉萨市人民政府
德吉卓嘎	女	藏	拉萨	群众	堆龙德庆区中学	拉萨市园丁奖铜奖	2016年	中共拉萨市委员会、拉萨市人民政府

续表8

姓名	性别	民族	籍贯	政治面貌	工作单位	获奖名称	表彰时间	授予单位
扎西旺堆	男	藏	昌都左贡	中共党员	堆龙德庆区中学	拉萨市李氏教育奖个人奖	2016年	中共拉萨市委员会、拉萨市人民政府
李雅娟	女	汉	山西洪洞	中共党员	乃琼镇	拉萨市优秀党务工作者	2016年	中共拉萨市委员会
米玛旺堆	男	藏	堆龙	中共党员	古荣小学	优秀教师银奖	2016年	拉萨市人民政府
次仁旺堆	男	藏	堆龙	群众	姜昆黄晓勇希望小学	拉萨市优秀教师铜奖称号	2016年	拉萨市人民政府
边巴次仁	男	藏	拉萨	群众	堆龙区小学	拉萨市第一届青少年科技创新大赛获优秀指导员	2016年	拉萨市人民政府
央　珍	女	藏	堆龙	中共党员	羊达乡中心小学	拉萨市教师铜奖	2016年	拉萨市人民政府
久美旺修	男	藏	西藏昌都	中共党员	中共堆龙德庆区委组织部	2016年拉萨市优秀网宣工作者	2016年	中共拉萨市委组织部
努　努	女	藏	拉萨	群众	羊达乡中心小学	2016年新录用公务员岗前培训中被评为“优秀教师”	2016年	中共拉萨市委组织部、拉萨市教育（体育）局
古　扎	男	藏	拉萨	中共党员	堆龙区小学	第六届拉萨书画摄影作品展中获优秀作品奖	2016年	中共拉萨市委宣传部
白玛德吉	女	藏	拉萨	中共党员	羊达乡中心小学	第四届“东方少年中国梦”新创意中小学作文大赛（拉萨赛区）优秀指导教师	2016年	中共拉萨市委宣传部
达瓦维色	男	藏	堆龙	群众	古荣护路大队	拉萨五一劳动奖章	2016年	拉萨市总工会
曲　拉	女	藏	青海玉树	中共党员	堆龙德庆区人民检察院	拉萨市检察机关优秀办案人员	2016年	拉萨市人民检察院
桑旦旺姆	女	藏	山南	中共党员	堆龙德庆区人民检察院	拉萨市检察机关民族团结模范个人	2016年	拉萨市人民检察院
唐　斌	男	藏	四川	中共党员	堆龙德庆区人民检察院	拉萨市检察机关民族团结先进家庭	2016年	拉萨市人民检察院
尼玛德吉	女	藏	拉萨	中共党员	堆龙德庆区人民法院	优秀共产中共党员	2016年	中共拉萨市中级人民法院党组
普布卓玛	女	藏	拉萨	中共党员	堆龙德庆区人民法院	个人三等功	2016年	中共拉萨市中级人民法院党组
次仁德吉	女	藏	拉萨	中共党员	堆龙德庆区人民法院	十大先锋称号	2016年	中共拉萨市中级人民法院党组
拉姆次仁	女	藏	拉萨	中共党员	堆龙德庆区人民法院	民族团结先进个人	2016年	中共拉萨市中级人民法院党组
德吉央宗	女	藏	拉萨	中共党员	马乡中心小学	优秀共产党员	2016年	中共拉萨市教育（体育）局委员会
白玛央宗	女	藏	拉萨	中共党员	马乡中心小学	“感恩祖国、圆梦北京”优秀辅导员	2016年	拉萨市教育（体育）局

续表8

姓名	性别	民族	籍贯	政治面貌	工作单位	获奖名称	表彰时间	授予单位
旦增旺姆	女	藏	堆龙	群众	姜昆黄晓勇希望小学	“诵经典美文、做有德之人”优秀指导教师奖	2016年	拉萨市教育（体育）局
洛桑曲珍	女	藏	堆龙	中共党员	堆龙区小学	2016年拉萨市首届教师微课三等奖	2016年	拉萨市教育（体育）局
旦增桑珠	男	藏	山南	群众	羊达乡中心小学	拉萨市2016年首届机器人大赛中荣获三等奖	2016年	拉萨市教育（体育）局
强　珍	女	藏	拉萨	中共党员	堆龙德庆区国税局	先进个人	2016年	拉萨市国税局
洛桑次列	男	藏	拉萨	中共党员	堆龙德庆区国税局	先进个人	2016年	拉萨市国税局
阿旺白玛	男	藏	山南	中共党员	堆龙德庆区国税局	优秀公务员	2016年	拉萨市国税局
骆臣科	男	汉	安徽	中共党员	堆龙德庆区国税局	优秀公务员	2016年	拉萨市国税局
毛顺飞	男	汉	山西	中共党员	堆龙德庆区国税局	优秀公务员	2016年	拉萨市国税局
丁增拉珍	女	藏	昌都	群众	堆龙德庆区国税局	优秀公务员	2016年	拉萨市国税局
米玛布知	女	藏	日喀则	中共党员	姜昆黄晓勇希望小学	国培计划——小学综合教师培训优秀学员	2016年	拉萨市继续教育学校
云旦加措	男	藏	云南迪庆	中共党员	堆龙德庆区农业综合开发办公室	拉萨市2016年脱贫攻坚先进个人	2016年	拉萨市脱贫攻坚指挥部
扎西拉姆	女	藏	拉萨	中共党员	堆龙德庆区人力资源和社会保障局“四业工程”办公室	2016年度脱贫攻坚先进个人奖	2016年	拉萨市脱贫攻坚指挥部
古　扎	男	藏	拉萨	中共党员	堆龙区小学	拉萨市书法协会理事	2016年	拉萨市文联
索朗多吉	男	藏	山南	中共党员	德庆乡	2016年上半年“优秀涉宗干部”	2016年	中共堆龙德庆区委员会、堆龙德庆区人民政府
高振鑫	男	汉	山东	中共党员	德庆乡	2016年上半年“优秀涉宗干部”	2016年	中共堆龙德庆区委员会、堆龙德庆区人民政府
旦巴雅杰	男	藏	拉萨	中共党员	德庆乡	2016年度全区民族团结进步模范个人	2016年	中共堆龙德庆区委员会、堆龙德庆区人民政府
多吉旺堆	男	藏	四川德格	中共党员	德庆乡	2016年度全区民族团结进步模范个人	2016年	中共堆龙德庆区委员会、堆龙德庆区人民政府
杜军毅	男	汉	贵州	中共党员	德庆乡	2016年度全区民族团结进步模范个人	2016年	中共堆龙德庆区委员会、堆龙德庆区人民政府
尼玛玉珍	女	藏	拉萨	中共党员	德庆乡	2016年度全区民族团结进步模范个人	2016年	中共堆龙德庆区委员会、堆龙德庆区人民政府
达　珍	女	藏	山南	中共党员	德庆乡	2016年度全区民族团结进步模范个人	2016年	中共堆龙德庆区委员会、堆龙德庆区人民政府
孙建宇	男	汉	山西大同	中共党员	东嘎镇文化服务中心主任	2016年度民族团结“先进个人”	2016年	中共堆龙德庆区委员会、堆龙德庆区人民政府

续表8

姓名	性别	民族	籍贯	政治面貌	工作单位	获奖名称	表彰时间	授予单位
白　卓	女	藏	拉萨	预备党员	东嘎镇人民政府干部	2016年度“全区民族团结进步模范个人”	2016年	中共堆龙德庆区委员会、堆龙德庆区人民政府
仁青央宗	女	藏	拉萨	中共党员	东嘎镇人民政府干部	2016年度创先争优强基础惠民生工作“先进驻村工作队员”	2016年	中共堆龙德庆区委员会、堆龙德庆区人民政府
索朗拉吉	女	藏	西藏昌都	中共党员	东嘎镇人民政府干部	2015年度社会治安综合治理“先进个人”	2016年	中共堆龙德庆区委员会、堆龙德庆区人民政府
巴　桑	女	藏	拉萨	中共党员	堆龙德庆区地方志办公室	2016年度堆龙德庆区民族团结进步模范家庭	2016年	中共堆龙德庆区委员会、堆龙德庆区人民政府
旺　久	男	藏	堆龙	中共党员	德庆乡中心校	优秀校长	2016年	中共堆龙德庆区委员会、堆龙德庆区人民政府
米玛普赤	女	藏	拉萨	中共党员	德庆乡中心校	优秀教师铜奖	2016年	中共堆龙德庆区委员会、堆龙德庆区人民政府
达　杰	男	藏	堆龙	中共党员	德庆中心校	优秀班主任	2016年	中共堆龙德庆区委员会、堆龙德庆区人民政府
代卓玛	女	藏	青海	中共党员	德庆乡中心校	优秀班主任	2016年	中共堆龙德庆区委员会、堆龙德庆区人民政府
顿珠罗杰	男	藏	拉萨	中共党员	德庆乡中心校	师德标兵	2016年	中共堆龙德庆区委员会、堆龙德庆区人民政府
曲　尼	女	藏	堆龙	中共党员	德庆乡中心校	优秀班主任	2016年	中共堆龙德庆区委员会、堆龙德庆区人民政府
其美卓嘎	女	藏	拉萨	预备党员	德庆乡中心校	优秀班主任	2016年	中共堆龙德庆区委员会、堆龙德庆区人民政府
尼玛次仁	男	藏	堆龙	中共党员	德庆乡中心校	先进教育工作者	2016年	中共堆龙德庆区委员会、堆龙德庆区人民政府
朱　毅	男	汉	云南	中共党员	德庆乡中心校	优秀教师	2016年	中共堆龙德庆区委员会、堆龙德庆区人民政府
索朗顿珠	男	藏	拉萨	中共党员	德庆乡中心校	优秀教师	2016年	中共堆龙德庆区委员会、堆龙德庆区人民政府
朱　毅	男	汉	云南	中共党员	德庆乡中心校	民族团结先进个人	2016年	中共堆龙德庆区委员会、堆龙德庆区人民政府
次旦平措	男	藏	堆龙	中共党员	德庆乡中心校	优秀教师	2016年	中共堆龙德庆区委员会、堆龙德庆区人民政府
米玛普赤	女	藏	拉萨	中共党员	德庆乡中心校	民族团结先进个人	2016年	中共堆龙德庆区委员会、堆龙德庆区人民政府
顿珠罗杰	男	藏	拉萨	中共党员	德庆乡中心校	民族团结先进个人	2016年	中共堆龙德庆区委员会、堆龙德庆区人民政府
尼桑拉姆	女	藏	林芝	中共党员	德庆乡中心校	民族团结先进个人	2016年	中共堆龙德庆区委员会、堆龙德庆区人民政府
顿珠诺杰	男	藏	拉萨	中共党员	德庆乡中心校	手工绘画三等奖	2016年	中共堆龙德庆区委员会、堆龙德庆区人民政府

续表8

姓名	性别	民族	籍贯	政治面貌	工作单位	获奖名称	表彰时间	授予单位
旦增达杰	男	藏	山南	群众	德庆乡中心校	手工绘画二等奖	2016年	中共堆龙德庆区委员会、堆龙德庆区人民政府
顿珠罗杰	男	藏	拉萨	中共党员	德庆乡中心校	绘画比赛一等奖	2016年	中共堆龙德庆区委员会、堆龙德庆区人民政府
旦增达杰	男	藏	山南	群众	德庆乡中心校	绘画比赛三等奖	2016年	中共堆龙德庆区委员会、堆龙德庆区人民政府
洛桑旦增	男	藏	西藏昌都	中共党员	马乡中心小学	师德标兵	2016年	中共堆龙德庆区委员会、堆龙德庆区人民政府
阿旺索朗	男	藏	拉萨	中共党员	马乡中心小学	先进教育工作者	2016年	中共堆龙德庆区委员会、堆龙德庆区人民政府
白玛央宗	女	藏	拉萨	中共党员	马乡中心小学	优秀教师	2016年	中共堆龙德庆区委员会、堆龙德庆区人民政府
尼玛旺堆	男	藏	拉萨	中共党员	马乡中心小学	优秀教师	2016年	中共堆龙德庆区委员会、堆龙德庆区人民政府
边巴次仁	男	藏	拉萨	群众	马乡中心小学	优秀班主任	2016年	中共堆龙德庆区委员会、堆龙德庆区人民政府
次　白	女	藏	拉萨	群众	马乡中心小学	优秀班主任	2016年	中共堆龙德庆区委员会、堆龙德庆区人民政府
索朗拉姆	女	藏	拉萨	群众	马乡中心小学	优秀班主任	2016年	中共堆龙德庆区委员会、堆龙德庆区人民政府
刘训飞	男	汉	山东兰陵	中共党员	马乡中心小学	优秀班主任	2016年	中共堆龙德庆区委员会、堆龙德庆区人民政府
贾　亮	男	汉	甘肃酒泉	中共党员	马乡中心小学	民族团结先进个人	2016年	中共堆龙德庆区委员会、堆龙德庆区人民政府
母　萨	男	回	拉萨	群众	马乡中心小学	民族团结先进个人	2016年	中共堆龙德庆区委员会、堆龙德庆区人民政府
央　宗	女	藏	拉萨	中共党员	马乡中心小学	民族团结先进个人	2016年	中共堆龙德庆区委员会、堆龙德庆区人民政府
米　玛	男	藏	拉萨	中共党员	马乡中心小学	优秀教师	2016年	中共堆龙德庆区委员会、堆龙德庆区人民政府
格桑卓嘎	女	藏	拉萨	群众	马乡中心小学	优秀班主任	2016年	中共堆龙德庆区委员会、堆龙德庆区人民政府
尼玛旺堆	男	藏	拉萨	中共党员	马乡中心小学	民族团结先进个人	2016年	中共堆龙德庆区委员会、堆龙德庆区人民政府
拉姆次仁	女	藏	拉萨	中共党员	堆龙区二幼	优秀教师	2016年	中共堆龙德庆区委员会、堆龙德庆区人民政府
次仁拉姆	女	藏	拉萨	中共党员	堆龙区二幼	优秀班主任	2016年	中共堆龙德庆区委员会、堆龙德庆区人民政府
索朗查果	女	藏	山南	中共党员	堆龙区二幼	优秀工作者	2016年	中共堆龙德庆区委员会、堆龙德庆区人民政府

续表8

姓名	性别	民族	籍贯	政治面貌	工作单位	获奖名称	表彰时间	授予单位
边巴卓玛	女	藏	堆龙	中共党员	堆龙区二幼	优秀教师	2016年	中共堆龙德庆区委员会、堆龙德庆区人民政府
普布卓玛	女	藏	堆龙	中共党员	古荣小学	优秀教师	2016年	中共堆龙德庆区委员会、堆龙德庆区人民政府
白玛卓嘎	女	藏	堆龙	群众	古荣小学	优秀班主任	2016年	中共堆龙德庆区委员会、堆龙德庆区人民政府
强巴阿旺	男	藏	城关	中共党员	古荣小学	优秀教师	2016年	中共堆龙德庆区委员会、堆龙德庆区人民政府
普布多吉	男	藏	堆龙	中共党员	古荣小学	优秀教育工作者	2016年	中共堆龙德庆区委员会、堆龙德庆区人民政府
嘎玛平措	男	藏	安徽	中共党员	古荣小学	优秀教师	2016年	中共堆龙德庆区委员会、堆龙德庆区人民政府
穷美曲珍	女	藏	堆龙	中共党员	古荣小学	优秀教师	2016年	中共堆龙德庆区委员会、堆龙德庆区人民政府
扎西元旦	男	藏	阿里	中共党员	古荣小学	师德标兵	2016年	中共堆龙德庆区委员会、堆龙德庆区人民政府
扎西元旦	男	藏	阿里	中共党员	古荣小学	民族团结模范个人	2016年	中共堆龙德庆区委员会、堆龙德庆区人民政府
平措德吉	女	藏	堆龙	群众	古荣小学	民族团结模范个人	2016年	中共堆龙德庆区委员会、堆龙德庆区人民政府
巴　桑	男	藏	山南	群众	古荣小学	优秀班主任	2016年	中共堆龙德庆区委员会、堆龙德庆区人民政府
卓　玛	女	藏	堆龙	中共党员	古荣小学	优秀班主任	2016年	中共堆龙德庆区委员会、堆龙德庆区人民政府
边　巴	男	藏	堆龙	中共党员	古荣小学	优秀教师	2016年	中共堆龙德庆区委员会、堆龙德庆区人民政府
吕　婷	女	汉	陕西	中共党员	古荣小学	堆龙德庆区第二届教师教学大赛数学组优秀奖	2016年	中共堆龙德庆区委员会、堆龙德庆区人民政府
塔措卓玛	女	藏	堆龙	中共党员	古荣小学	优秀教师	2016年	中共堆龙德庆区委员会、堆龙德庆区人民政府
加　措	男	藏	堆龙	中共党员	古荣小学	民族团结模范个人	2016年	中共堆龙德庆区委员会、堆龙德庆区人民政府
次　仁	男	藏	堆龙	群众	姜昆黄晓勇希望小学	堆龙区民族团结进步个人	2016年	中共堆龙德庆区委员会、堆龙德庆区人民政府
唐素芳	女	汉	四川	中共党员	姜昆黄晓勇希望小学	堆龙区优秀教育管理者	2016年	中共堆龙德庆区委员会、堆龙德庆区人民政府
贯智慧	女	汉	河南	群众	姜昆黄晓勇希望小学	堆龙区教师技能大赛一等奖	2016年	中共堆龙德庆区委员会、堆龙德庆区人民政府

续表8

姓名	性别	民族	籍贯	政治面貌	工作单位	获奖名称	表彰时间	授予单位
尼 珍	女	藏	堆龙	中共党员	姜昆黄晓勇希望小学	堆龙区优秀教师	2016年	中共堆龙德庆区委员会、堆龙德庆区人民政府
穷 达	女	藏	堆龙	群众	姜昆黄晓勇希望小学	堆龙区优秀教师	2016年	中共堆龙德庆区委员会、堆龙德庆区人民政府
色 珍	女	藏	堆龙	中共党员	姜昆黄晓勇希望小学	堆龙区师德标兵	2016年	中共堆龙德庆区委员会、堆龙德庆区人民政府
仓 决	女	藏	堆龙	群众	姜昆黄晓勇希望小学	堆龙区优秀班主任	2016年	中共堆龙德庆区委员会、堆龙德庆区人民政府
张秀花	女	汉	堆龙	群众	姜昆黄晓勇希望小学	堆龙区优秀教师	2016年	中共堆龙德庆区委员会、堆龙德庆区人民政府
张秀花	女	汉	堆龙	群众	姜昆黄晓勇希望小学	堆龙区民族团结进步个人	2016年	中共堆龙德庆区委员会、堆龙德庆区人民政府
白 珍	女	藏	拉萨	中共党员	姜昆黄晓勇希望小学	堆龙区优秀教师	2016年	中共堆龙德庆区委员会、堆龙德庆区人民政府
边巴卓玛	女	藏	堆龙	群众	姜昆黄晓勇希望小学	堆龙区优秀教师	2016年	中共堆龙德庆区委员会、堆龙德庆区人民政府
旦增旺姆	女	藏	堆龙	群众	姜昆黄晓勇希望小学	堆龙区优秀教师	2016年	中共堆龙德庆区委员会、堆龙德庆区人民政府
旦增旺姆	女	藏	堆龙	群众	姜昆黄晓勇希望小学	“书民族风雨、画堆龙辉煌”书法大赛优秀奖	2016年	中共堆龙德庆区委员会、堆龙德庆区人民政府
大边巴卓玛	女	藏	堆龙	群众	姜昆黄晓勇希望小学	堆龙区优秀教师	2016年	中共堆龙德庆区委员会、堆龙德庆区人民政府
旦增欧珠	男	藏	堆龙	群众	乃琼中心校	优秀教师	2016年	中共堆龙德庆区委员会、堆龙德庆区人民政府
玉 珍	女	藏	堆龙	群众	乃琼中心校	优秀班主任	2016年	中共堆龙德庆区委员会、堆龙德庆区人民政府
阿 乃	女	藏	堆龙	中共党员	乃琼中心校	师德标兵	2016年	中共堆龙德庆区委员会、堆龙德庆区人民政府
尼 珍	女	藏	堆龙	中共党员	乃琼中心校	师德标兵	2016年	中共堆龙德庆区委员会、堆龙德庆区人民政府
次仁央宗	女	藏	陕西	中共党员	乃琼幼儿园	优秀班主任	2016年	中共堆龙德庆区委员会、堆龙德庆区人民政府
欧艳洁	女	汉	四川	中共党员	乃琼幼儿园	优秀教师	2016年	中共堆龙德庆区委员会、堆龙德庆区人民政府
强 桑	女	藏	拉萨	中共党员	堆龙区小学	优秀教班主任	2016年	中共堆龙德庆区委员会、堆龙德庆区人民政府
唐 红	女	汉	四川	中共党员	堆龙区小学	优秀教师	2016年	中共堆龙德庆区委员会、堆龙德庆区人民政府

续表8

姓名	性别	民族	籍贯	政治面貌	工作单位	获奖名称	表彰时间	授予单位
唐　红	女	汉	四川	中共党员	堆龙区小学	2016年度全区民族团结进步模范个人	2016年	中共堆龙德庆区委员会、堆龙德庆区人民政府
边巴次仁	男	藏	拉萨	群众	堆龙区小学	堆龙区2016年骨干教师	2016年	中共堆龙德庆区委员会、堆龙德庆区人民政府
达　珍	女	藏	堆龙	中共党员	堆龙区小学	堆龙区第二届教师教学技能大赛藏文组优秀奖	2016年	中共堆龙德庆区委员会、堆龙德庆区人民政府
拉巴次仁	男	藏	堆龙	中共党员	堆龙区小学	优秀教师	2016年	中共堆龙德庆区委员会、堆龙德庆区人民政府
拉巴次仁	男	藏	堆龙	中共党员	堆龙区小学	民族团结模范个人	2016年	中共堆龙德庆区委员会、堆龙德庆区人民政府
强　珍	女	藏	堆龙	群众	堆龙区小学	民族团结模范个人	2016年	中共堆龙德庆区委员会、堆龙德庆区人民政府
达瓦次仁	男	藏	堆龙	中共党员	堆龙区小学	民族团结模范个人	2016年	中共堆龙德庆区委员会、堆龙德庆区人民政府
周　峰	男	汉	重庆	中共党员	堆龙区小学	民族团结模范家庭	2016年	中共堆龙德庆区委员会、堆龙德庆区人民政府
次仁玉珍	女	藏	堆龙	群众	堆龙区小学	优秀班主任	2016年	中共堆龙德庆区委员会、堆龙德庆区人民政府
妮　玛	女	藏	堆龙	中共党员	堆龙区小学	优秀班主任	2016年	中共堆龙德庆区委员会、堆龙德庆区人民政府
拉巴多杰	男	藏	日喀则	中共党员	堆龙区小学	师德标兵	2016年	中共堆龙德庆区委员会、堆龙德庆区人民政府
普布占堆	男	藏	林周	中共党员	堆龙区小学	优秀教师	2016年	中共堆龙德庆区委员会、堆龙德庆区人民政府
边巴卓玛	女	藏	堆龙	中共党员	堆龙区小学	优秀教师	2016年	中共堆龙德庆区委员会、堆龙德庆区人民政府
扎　桑	女	藏	堆龙	中共党员	堆龙区小学	优秀班主任	2016年	中共堆龙德庆区委员会、堆龙德庆区人民政府
玉　珍	女	藏	堆龙	中共党员	堆龙区小学	优秀班主任	2016年	中共堆龙德庆区委员会、堆龙德庆区人民政府
仓　琼	女	藏	堆龙	中共党员	堆龙区小学	优秀教师铜奖称号	2016年	中共堆龙德庆区委员会、堆龙德庆区人民政府
强　珍	女	藏	堆龙	群众	堆龙区小学	优秀教育工作者	2016年	中共堆龙德庆区委员会、堆龙德庆区人民政府
拉　珍	女	藏	堆龙	中共党员	桑木幼儿园	优秀教师	2016年	中共堆龙德庆区委员会、堆龙德庆区人民政府
旦真罗布	男	藏	当雄	中共党员	桑木幼儿园	民族团结个人模范	2016年	中共堆龙德庆区委员会、堆龙德庆区人民政府

续表8

姓名	性别	民族	籍贯	政治面貌	工作单位	获奖名称	表彰时间	授予单位
李海燕	女	土家	安徽	群众	桑木幼儿园	优秀教师	2016年	中共堆龙德庆区委员会、堆龙德庆区人民政府
贡觉坚参	男	藏	墨竹	中共党员	羊达乡中心小学	全区民族团结进步模范个人	2016年	中共堆龙德庆区委员会、堆龙德庆区人民政府
李军	男	汉	河南	中共党员	羊达乡中心小学	堆龙区教育系统2016优秀教师	2016年	中共堆龙德庆区委员会、堆龙德庆区人民政府
李军	男	汉	河南	中共党员	羊达乡中心小学	全区民族团结进步模范个人	2016年	中共堆龙德庆区委员会、堆龙德庆区人民政府
达瓦卓玛	女	藏	阿里	群众	羊达乡中心小学	堆龙区教育系统2016优秀班主任	2016年	中共堆龙德庆区委员会、堆龙德庆区人民政府
达娃	男	藏	堆龙	群众	羊达乡中心小学	全区民族团结进步模范个人	2016年	中共堆龙德庆区委员会、堆龙德庆区人民政府
尼珍	女	藏	堆龙	中共党员	羊达乡中心小学	全区民族团结进步模范个人	2016年	中共堆龙德庆区委员会、堆龙德庆区人民政府
仓木啦	女	藏	堆龙	群众	羊达乡中心小学	堆龙区教育系统2016优秀班主任	2016年	中共堆龙德庆区委员会、堆龙德庆区人民政府
央珍	女	藏	堆龙	中共党员	羊达乡中心小学	堆龙德庆区第二届教师技能大赛二等奖	2016年	中共堆龙德庆区委员会、堆龙德庆区人民政府
江白加措	男	藏	墨竹	中共党员	羊达乡中心小学	优秀教育工作者	2016年	中共堆龙德庆区委员会、堆龙德庆区人民政府
拉珍	女	藏	堆龙	中共党员	羊达乡中心小学	堆龙区教育系统2016优秀教师	2016年	中共堆龙德庆区委员会、堆龙德庆区人民政府
达瓦卓玛	女	藏	拉萨	中共党员	羊达乡中心小学	堆龙区教育系统2016优秀教师	2016年	中共堆龙德庆区委员会、堆龙德庆区人民政府
加雷	男	藏	堆龙	中共党员	羊达乡中心小学	堆龙德庆区第二届教师技能大赛三等奖	2016年	中共堆龙德庆区委员会、堆龙德庆区人民政府
平措	男	藏	堆龙	中共党员	羊达乡中心小学	堆龙教育系统师德标兵	2016年	中共堆龙德庆区委员会、堆龙德庆区人民政府
益西拉姆	女	藏	堆龙	群众	羊达乡中心小学	堆龙区教育系统2016优秀教师	2016年	中共堆龙德庆区委员会、堆龙德庆区人民政府
马玉华	女	回	宁夏海原	中共党员	堆龙德庆区民族宗教事务局	2016年堆龙德庆区民族团结进步模范家庭	2016年	中共堆龙德庆区委员会、堆龙德庆区人民政府
王晓慧	女	汉	四川眉山	中共党员	堆龙德庆区民族宗教事务局	2016年优秀党务工作者	2016年	中共堆龙德庆区委员会、堆龙德庆区人民政府
阿旺旦增	男	藏	拉萨	中共党员	堆龙德庆区民族宗教事务局	2016年堆龙德庆区民族团结进步模范个人	2016年	中共堆龙德庆区委员会、堆龙德庆区人民政府
洛桑次仁	男	藏	堆龙	入党积极分子	堆龙德庆区民族宗教事务局	2016年堆龙德庆区民族团结进步模范个人	2016年	中共堆龙德庆区委员会、堆龙德庆区人民政府

续表8

姓名	性别	民族	籍贯	政治面貌	工作单位	获奖名称	表彰时间	授予单位
云旦加措	男	藏	云南迪庆	中共党员	堆龙德庆区农业综合开发办公室	堆龙德庆区农业综合开发办公室先进工作个人	2016年	中共堆龙德庆区委员会、堆龙德庆区人民政府
杨　　红	女	汉	四川广安	中共党员	堆龙德庆区农业综合开发办公室	堆龙德庆区农业综合开发办公室先进工作个人	2016年	中共堆龙德庆区委员会、堆龙德庆区人民政府
洛桑罗布	男	藏	堆龙	中共党员	人大办	2015年度信访工作先进个人	2016年	中共堆龙德庆区委员会、堆龙德庆区人民政府
刘长景	女	汉	河南开封	中共党员	人大办	2016年度全区民族团结进步模范个人	2016年	中共堆龙德庆区委员会、堆龙德庆区人民政府
次旦卓嘎	女	藏	拉萨尼木	中共党员	堆龙德庆区人民法院	2015年度信访先进个人	2016年	中共堆龙德庆区委员会、堆龙德庆区人民政府
晓　　央	女	藏	那曲	中共党员	堆龙德庆区人民法院	2016年度优秀党务工作者	2016年	中共堆龙德庆区委员会、堆龙德庆区人民政府
格　　珍	女	藏	青海	中共党员	堆龙德庆区人民法院	优秀政法干警	2016年	中共堆龙德庆区委员会、堆龙德庆区人民政府
拜有云	男	回	青海格尔木	中共党员	堆龙德庆区人民法院	优秀政法干警	2016年	中共堆龙德庆区委员会、堆龙德庆区人民政府
贡桑旺姆	女	藏	西藏阿里	中共党员	堆龙德庆区人民法院	优秀政法干警	2016年	中共堆龙德庆区委员会、堆龙德庆区人民政府
李　　娟	女	汉	四川仁寿	中共党员	堆龙德庆区人民法院	优秀政法干警	2016年	中共堆龙德庆区委员会、堆龙德庆区人民政府
次仁罗布	男	藏	西藏阿里	中共党员	堆龙德庆区人民法院	优秀政法干警	2016年	中共堆龙德庆区委员会、堆龙德庆区人民政府
米　　玛	女	藏	拉萨	中共党员	堆龙德庆区人民检察院	民族团结进步模范奖	2016年	中共堆龙德庆区委员会、堆龙德庆区人民政府
平措旺姆	女	藏	拉萨	中共党员	堆龙德庆区人民检察院	优秀驻村干部	2016年	中共堆龙德庆区委员会、堆龙德庆区人民政府
唐　　斌	男	藏	四川	中共党员	堆龙德庆区人民检察院	民族团结先进家庭	2016年	中共堆龙德庆区委员会、堆龙德庆区人民政府
索郎卓嘎	女	藏	拉萨	中共党员	堆龙德庆区人民检察院	优秀政法干警	2016年	中共堆龙德庆区委员会、堆龙德庆区人民政府
赵述勇	男	白	云南	中共党员	堆龙德庆区人民检察院	民族团结先进个人	2016年	中共堆龙德庆区委员会、堆龙德庆区人民政府
罗林芬	女	藏	大理巍山	群众	堆龙德庆区人民医院	2016年堆龙德庆区民族团结进步模范个人	2016年	中共堆龙德庆区委员会、堆龙德庆区人民政府
尼　　珍	女	藏	堆龙	中共党员	堆龙德庆区人民医院	2016年堆龙德庆区民族团结进步模范个人	2016年	中共堆龙德庆区委员会、堆龙德庆区人民政府
梁婷琴	女	汉	山西运城	中共党员	堆龙德庆区人民医院	2016年堆龙德庆区民族团结进步模范个人	2016年	中共堆龙德庆区委员会、堆龙德庆区人民政府

续表8

姓名	性别	民族	籍贯	政治面貌	工作单位	获奖名称	表彰时间	授予单位
尼　拉	女	藏	日喀则	群众	堆龙德庆区人民医院	2016年堆龙德庆区民族团结进步模范个人	2016年	中共堆龙德庆区委员会、堆龙德庆区人民政府
张　琮	男	藏	无锡	群众	堆龙德庆区人民医院	2016年堆龙德庆区民族团结进步模范个人	2016年	中共堆龙德庆区委员会、堆龙德庆区人民政府
王双剑	男	汉	陕西咸阳	中共党员	堆龙德庆区人民医院	2016年堆龙德庆区民族团结进步模范个人	2016年	中共堆龙德庆区委员会、堆龙德庆区人民政府
白　波	男	藏	林芝	中共党员	堆龙德庆区人民医院	2016年堆龙德庆区民族团结进步模范个人	2016年	中共堆龙德庆区委员会、堆龙德庆区人民政府
强央曲珍	女	藏	拉萨	中共党员	堆龙德庆区人民医院	2016年堆龙德庆区民族团结进步模范个人	2016年	中共堆龙德庆区委员会、堆龙德庆区人民政府
格桑平措	男	藏	拉萨	中共党员	堆龙德庆区食品药品监督管理局	堆龙德庆区民族团结进步奖	2016年	中共堆龙德庆区委员会、堆龙德庆区人民政府
贺　进	男	汉	陕西清涧	中共党员	堆龙德庆区信访局	2015年度全区信访工作先进个人	2016年	中共堆龙德庆区委员会、堆龙德庆区人民政府
次仁琼达	女	藏	拉萨	中共党员	堆龙德庆区信访局	2015年度全区信访工作先进个人	2016年	中共堆龙德庆区委员会、堆龙德庆区人民政府
罗　央	女	藏	日喀则	中共党员	堆龙德庆区信访局	2015年度全区信访工作先进个人	2016年	中共堆龙德庆区委员会、堆龙德庆区人民政府
强巴卓嘎	女	藏	拉萨	中共党员	堆龙德庆区中学	县区级优秀管理人员	2016年	中共堆龙德庆区委员会、堆龙德庆区人民政府
大达瓦次仁	男	藏	堆龙	中共党员	堆龙德庆区中学	县区级优秀管理人员	2016年	中共堆龙德庆区委员会、堆龙德庆区人民政府
佟福鼎	男	汉	辽宁大石桥	中共党员	堆龙德庆区中学	县区级师德标兵	2016年	中共堆龙德庆区委员会、堆龙德庆区人民政府
普布德吉	女	藏	达孜	群众	堆龙德庆区中学	县区级师德标兵	2016年	中共堆龙德庆区委员会、堆龙德庆区人民政府
王　芳	女	汉	四川广安	中共党员	堆龙德庆区中学	县区级师德标兵	2016年	中共堆龙德庆区委员会、堆龙德庆区人民政府
普　珍	女	藏	堆龙	中共党员	堆龙德庆区中学	县区级师德标兵	2016年	中共堆龙德庆区委员会、堆龙德庆区人民政府
元旦卓玛	女	藏	江达	中共党员	堆龙德庆区中学	县区级优秀班主任	2016年	中共堆龙德庆区委员会、堆龙德庆区人民政府
克　尊	男	藏	拉孜	中共党员	堆龙德庆区中学	县区级优秀班主任	2016年	中共堆龙德庆区委员会、堆龙德庆区人民政府
赵荣荣	女	汉	河南	中共党员	堆龙德庆区中学	县区级优秀班主任	2016年	中共堆龙德庆区委员会、堆龙德庆区人民政府
次仁央啦（语文）	女	藏	日喀则	群众	堆龙德庆区中学	县区级优秀班主任	2016年	中共堆龙德庆区委员会、堆龙德庆区人民政府

续表8

姓名	性别	民族	籍贯	政治面貌	工作单位	获奖名称	表彰时间	授予单位
普布卓玛（化学）	女	藏	丽江	中共党员	堆龙德庆区中学	县区级优秀班主任	2016年	中共堆龙德庆区委员会、堆龙德庆区人民政府
卓玛群宗	女	藏	四川德格	中共党员	堆龙德庆区中学	县区级优秀班主任	2016年	中共堆龙德庆区委员会、堆龙德庆区人民政府
胡燕梅	女	汉	山东	中共党员	堆龙德庆区中学	县区级优秀教师	2016年	中共堆龙德庆区委员会、堆龙德庆区人民政府
平措德吉	女	藏	拉萨	中共党员	堆龙德庆区中学	县区级优秀教师	2016年	中共堆龙德庆区委员会、堆龙德庆区人民政府
央珍	女	藏	拉萨	中共党员	堆龙德庆区中学	县区级优秀教师	2016年	中共堆龙德庆区委员会、堆龙德庆区人民政府
桑旦卓玛	女	藏	堆龙	群众	堆龙德庆区中学	县区级优秀教师	2016年	中共堆龙德庆区委员会、堆龙德庆区人民政府
巴桑拉姆	女	藏	拉萨	中共党员	堆龙德庆区中学	县区级优秀教师	2016年	中共堆龙德庆区委员会、堆龙德庆区人民政府
白红梅	女	藏	昌都	中共党员	堆龙德庆区中学	县区级优秀教师	2016年	中共堆龙德庆区委员会、堆龙德庆区人民政府
尼珠	女	藏	曲水	中共党员	堆龙德庆区中学	县区级优秀教师	2016年	中共堆龙德庆区委员会、堆龙德庆区人民政府
普布卓玛（藏文）	女	藏	江孜	中共党员	堆龙德庆区中学	县区级优秀教师	2016年	中共堆龙德庆区委员会、堆龙德庆区人民政府
次仁央啦（数学）	女	藏	日喀则	群众	堆龙德庆区中学	县区级优秀教师	2016年	中共堆龙德庆区委员会、堆龙德庆区人民政府
白玛玉珍	女	藏	曲水	群众	堆龙德庆区中学	县区级优秀教师	2016年	中共堆龙德庆区委员会、堆龙德庆区人民政府
仓决	女	藏	堆龙	群众	堆龙德庆区中学	县区级优秀教师	2016年	中共堆龙德庆区委员会、堆龙德庆区人民政府
次仁曲宗	女	藏	拉萨	群众	堆龙德庆区中学	县区级优秀教师	2016年	中共堆龙德庆区委员会、堆龙德庆区人民政府
赖丽	女	汉	四川	中共党员	堆龙德庆区中学	县区级优秀教师	2016年	中共堆龙德庆区委员会、堆龙德庆区人民政府
扎西曲珍	女	藏	堆龙	群众	堆龙德庆区中学	县区级优秀教师	2016年	中共堆龙德庆区委员会、堆龙德庆区人民政府
普布仓决（地理）	女	藏	错那	群众	堆龙德庆区中学	县区级优秀教师	2016年	中共堆龙德庆区委员会、堆龙德庆区人民政府
莫春燕	女	汉	四川	中共党员	堆龙德庆区中学	县区级优秀教师	2016年	中共堆龙德庆区委员会、堆龙德庆区人民政府
格桑仁增	男	藏	曲松	中共党员	堆龙德庆区中学	县区级优秀教师	2016年	中共堆龙德庆区委员会、堆龙德庆区人民政府

续表8

姓名	性别	民族	籍贯	政治面貌	工作单位	获奖名称	表彰时间	授予单位
扎西巴珠	男	藏	达孜	群众	堆龙德庆区中学	县区级优秀教师	2016年	中共堆龙德庆区委员会、堆龙德庆区人民政府
薛富春	男	汉	河南镇平	群众	堆龙德庆区中学	县区级优秀教师	2016年	中共堆龙德庆区委员会、堆龙德庆区人民政府
边巴次仁	男	藏	山南	中共党员	堆龙德庆区中学	县区级优秀教师	2016年	中共堆龙德庆区委员会、堆龙德庆区人民政府
索朗卓嘎	女	藏	拉萨	中共党员	堆龙德庆区中学	县区级优秀教师	2016年	中共堆龙德庆区委员会、堆龙德庆区人民政府
王成林	男	汉	青海	中共党员	堆龙德庆区中学	县区级优秀教师	2016年	中共堆龙德庆区委员会、堆龙德庆区人民政府
桑旦	男	藏	拉萨	群众	堆龙德庆区中学	县区级优秀教学辅助人员	2016年	中共堆龙德庆区委员会、堆龙德庆区人民政府
曲珍	女	藏	拉萨	群众	堆龙德庆区中学	县区级优秀教学辅助人员	2016年	中共堆龙德庆区委员会、堆龙德庆区人民政府
边珍	女	藏	拉萨	群众	堆龙德庆区中学	县区级优秀教学辅助人员	2016年	中共堆龙德庆区委员会、堆龙德庆区人民政府
赤列卓玛	女	藏	拉萨	群众	堆龙德庆区中学	县区级优秀教学辅助人员	2016年	中共堆龙德庆区委员会、堆龙德庆区人民政府
普布	男	藏	拉萨	群众	堆龙德庆区中学	县区级优秀教学辅助人员	2016年	中共堆龙德庆区委员会、堆龙德庆区人民政府
旦增卓玛	女	藏	堆龙	群众	区护路办	2015年度社会治安综合治理工作先进个人	2016年	中共堆龙德庆区委员会、堆龙德庆区人民政府
旦增旺堆	男	藏	堆龙	中共党员	高天护路大队	2015年度社会治安综合治理工作先进个人	2016年	中共堆龙德庆区委员会、堆龙德庆区人民政府
索朗扎西	男	藏	堆龙	中共党员	高天护路大队	2015年度社会治安综合治理工作先进个人	2016年	中共堆龙德庆区委员会、堆龙德庆区人民政府
嘎玛顿珠	男	藏	堆龙	群众	高天护路大队	2015年度社会治安综合治理工作先进个人	2016年	中共堆龙德庆区委员会、堆龙德庆区人民政府
米玛坚参	男	藏	山南	群众	高天护路大队	2015年度社会治安综合治理工作先进个人	2016年	中共堆龙德庆区委员会、堆龙德庆区人民政府
边巴	男	藏	堆龙	群众	高天护路大队	2015年度社会治安综合治理工作先进个人	2016年	中共堆龙德庆区委员会、堆龙德庆区人民政府
贡觉	男	藏	堆龙	中共党员	莫嘎护路大队	2015年度社会治安综合治理工作先进个人	2016年	中共堆龙德庆区委员会、堆龙德庆区人民政府
次仁顿珠	男	藏	堆龙	群众	莫嘎护路大队	2015年度社会治安综合治理工作先进个人	2016年	中共堆龙德庆区委员会、堆龙德庆区人民政府
旦真达瓦	男	藏	堆龙	群众	莫嘎护路大队	2015年度社会治安综合治理工作先进个人	2016年	中共堆龙德庆区委员会、堆龙德庆区人民政府

续表8

姓名	性别	民族	籍贯	政治面貌	工作单位	获奖名称	表彰时间	授予单位
旦增罗布	男	藏	堆龙	中共党员	莫嘎护路大队	2015年度社会治安综合治理工作先进个人	2016年	中共堆龙德庆区委员会、堆龙德庆区人民政府
土旦扎西	男	藏	堆龙	中共党员	莫嘎护路大队	2015年度社会治安综合治理工作先进个人	2016年	中共堆龙德庆区委员会、堆龙德庆区人民政府
巴　桑	男	藏	堆龙	中共党员	古荣护路大队	2015年度社会治安综合治理工作先进个人	2016年	中共堆龙德庆区委员会、堆龙德庆区人民政府
达瓦次仁	男	藏	堆龙	群众	古荣护路大队	2015年度社会治安综合治理工作先进个人	2016年	中共堆龙德庆区委员会、堆龙德庆区人民政府
郎珍多吉	男	藏	堆龙	群众	古荣护路大队	2015年度社会治安综合治理工作先进个人	2016年	中共堆龙德庆区委员会、堆龙德庆区人民政府
白玛多吉	男	藏	拉萨	群众	古荣护路大队	2015年度社会治安综合治理工作先进个人	2016年	中共堆龙德庆区委员会、堆龙德庆区人民政府
旦增次旺	男	藏	堆龙	群众	莫嘎护路大队	向上向善好青年	2016年	中共堆龙德庆区委员会、堆龙德庆区人民政府
普布扎西	男	藏	堆龙	中共党员	区护路办	2016年度全区民族团结进步模范个人	2016年	中共堆龙德庆区委员会、堆龙德庆区人民政府
李新兵	男	汉	甘肃	中共党员	高天护路大队	2016年度全区民族团结进步模范个人	2016年	中共堆龙德庆区委员会、堆龙德庆区人民政府
罗桑顿珠	男	藏	堆龙	群众	高天护路大队	2016年度全区民族团结进步模范个人	2016年	中共堆龙德庆区委员会、堆龙德庆区人民政府
岗　组	男	藏	山南	群众	高天护路大队	2016年度全区民族团结进步模范个人	2016年	中共堆龙德庆区委员会、堆龙德庆区人民政府
旦增群培	男	藏	日喀则	群众	高天护路大队	2016年度全区民族团结进步模范个人	2016年	中共堆龙德庆区委员会、堆龙德庆区人民政府
扎西顿珠	男	藏	日喀则	群众	高天护路大队	2016年度全区民族团结进步模范个人	2016年	中共堆龙德庆区委员会、堆龙德庆区人民政府
土旦平措	男	藏	拉萨	群众	高天护路大队	2016年度全区民族团结进步模范个人	2016年	中共堆龙德庆区委员会、堆龙德庆区人民政府
巴桑次仁	男	藏	拉萨	群众	高天护路大队	2016年度全区民族团结进步模范个人	2016年	中共堆龙德庆区委员会、堆龙德庆区人民政府
普布次仁	男	藏	堆龙	群众	高天护路大队	2016年度全区民族团结进步模范个人	2016年	中共堆龙德庆区委员会、堆龙德庆区人民政府
罗桑顿珠	男	藏	堆龙	群众	高天护路大队	2016年度全区民族团结进步模范个人	2016年	中共堆龙德庆区委员会、堆龙德庆区人民政府
马成有	男	汉	甘肃	积极分子	古荣护路大队	2016年度全区民族团结进步模范个人	2016年	中共堆龙德庆区委员会、堆龙德庆区人民政府
林银贵	男	汉	青海	群众	古荣护路大队	2016年度全区民族团结进步模范个人	2016年	中共堆龙德庆区委员会、堆龙德庆区人民政府
赤　列	男	藏	当雄	积极分子	古荣护路大队	2016年度全区民族团结进步模范个人	2016年	中共堆龙德庆区委员会、堆龙德庆区人民政府

续表8

姓名	性别	民族	籍贯	政治面貌	工作单位	获奖名称	表彰时间	授予单位
扎　西	男	藏	山南	积极分子	古荣护路大队	2016年度全区民族团结进步模范个人	2016年	中共堆龙德庆区委员会、堆龙德庆区人民政府
边　巴	男	藏	堆龙	积极分子	古荣护路大队	2016年度全区民族团结进步模范个人	2016年	中共堆龙德庆区委员会、堆龙德庆区人民政府
次占加措	男	藏	拉萨	积极分子	古荣护路大队	2016年度全区民族团结进步模范个人	2016年	中共堆龙德庆区委员会、堆龙德庆区人民政府
尼玛旺堆	男	藏	拉萨	群众	古荣护路大队	2016年度全区民族团结进步模范个人	2016年	中共堆龙德庆区委员会、堆龙德庆区人民政府
洛桑达杰	男	藏	堆龙	中共党员	古荣护路大队	2016年度全区民族团结进步模范个人	2016年	中共堆龙德庆区委员会、堆龙德庆区人民政府
桑旦多吉	男	藏	堆龙	群众	古荣护路大队	2016年度全区民族团结进步模范个人	2016年	中共堆龙德庆区委员会、堆龙德庆区人民政府
贡　觉	男	藏	堆龙	群众	莫嘎护路大队	2016年度全区民族团结进步模范个人	2016年	中共堆龙德庆区委员会、堆龙德庆区人民政府
旦增元旦	男	藏	堆龙	群众	莫嘎护路大队	2016年度全区民族团结进步模范个人	2016年	中共堆龙德庆区委员会、堆龙德庆区人民政府
边巴次仁	男	藏	堆龙	群众	莫嘎护路大队	2016年度全区民族团结进步模范个人	2016年	中共堆龙德庆区委员会、堆龙德庆区人民政府
扎西次仁	男	藏	堆龙	群众	莫嘎护路大队	2016年度全区民族团结进步模范个人	2016年	中共堆龙德庆区委员会、堆龙德庆区人民政府
土旦开曲	男	藏	堆龙	群众	莫嘎护路大队	2016年度全区民族团结进步模范个人	2016年	中共堆龙德庆区委员会、堆龙德庆区人民政府
扎西旺堆	男	藏	堆龙	中共党员	莫嘎护路大队	2016年度全区民族团结进步模范个人	2016年	中共堆龙德庆区委员会、堆龙德庆区人民政府
巴　桑	男	藏	堆龙	群众	莫嘎护路大队	2016年度全区民族团结进步模范个人	2016年	中共堆龙德庆区委员会、堆龙德庆区人民政府
旦增罗布	男	藏	堆龙	中共党员	莫嘎护路大队	2016年度全区民族团结进步模范个人	2016年	中共堆龙德庆区委员会、堆龙德庆区人民政府
曲　巴	男	藏	堆龙	中共党员	莫嘎护路大队	2016年度全区民族团结进步模范个人	2016年	中共堆龙德庆区委员会、堆龙德庆区人民政府
嘎　玛	男	藏	堆龙	中共党员	莫嘎护路大队	2016年度全区民族团结进步模范个人	2016年	中共堆龙德庆区委员会、堆龙德庆区人民政府
旦真达瓦	男	藏	堆龙	群众	莫嘎护路大队	2016年度全区民族团结进步模范个人	2016年	中共堆龙德庆区委员会、堆龙德庆区人民政府
拉巴曲珍	女	藏	四川资中	中共党员	团区委	“优秀共产党员”	2016年	中共堆龙德庆区委员会、堆龙德庆区人民政府
旦增卓嘎	女	藏	拉萨	中共党员	团区委	“2016年度民族团结进步先进个人”	2016年	中共堆龙德庆区委员会、堆龙德庆区人民政府
马焕磊	男	汉	河北廊坊	中共党员	堆龙德庆区武警中队	民族团结进步模范先进个人	2016年	中共堆龙德庆区委员会、堆龙德庆区人民政府

续表8

姓名	性别	民族	籍贯	政治面貌	工作单位	获奖名称	表彰时间	授予单位
强巴扎西	男	藏	四川新津	中共党员	中共堆龙德庆区纪律检查委员会（监督局）	精神文明创建先进个人	2016年	中共堆龙德庆区委员会、堆龙德庆区人民政府
强巴扎西	男	藏	四川新津	中共党员	中共堆龙德庆区纪律检查委员会（监察局）	民族团结模范个人	2016年	中共堆龙德庆区委员会、堆龙德庆区人民政府
达娃央吉	女	藏	拉萨	中共党员	中共堆龙德庆区纪律检查委员会（监察局）	民族团结模范个人	2016年	中共堆龙德庆区委员会、堆龙德庆区人民政府
格桑罗布	男	藏	日喀则	中共党员	中共堆龙德庆区纪律检查委员会（监察局）	民族团结模范家庭	2016年	中共堆龙德庆区委员会、堆龙德庆区人民政府
尹丽	女	汉	云南楚雄	中共党员	中共堆龙德庆区纪律检查委员会（监察局）	全区优秀党务工作者	2016年	中共堆龙德庆区委员会、堆龙德庆区人民政府
何平	男	汉	四川南充	中共党员	中共堆龙德庆区委党校	2016年度全区民族团结模范家庭	2016年	中共堆龙德庆区委员会、堆龙德庆区人民政府
仓决	女	藏	堆龙	中共党员	中共堆龙德庆区委党校	2016年度全区民族团结进步模范个人	2016年	中共堆龙德庆区委员会、堆龙德庆区人民政府
段凤芝	女	汉	山东菏泽	中共党员	中共堆龙德庆区委宣传部	2016年度堆龙德庆区民族团结先进个人	2016年	中共堆龙德庆区委员会、堆龙德庆区人民政府
王瑞芳	女	汉	山西朔州	中共党员	中共堆龙德庆区委宣传部	2015年度优秀青年志愿者	2016年	中共堆龙德庆区委员会、堆龙德庆区人民政府
管兵	男	汉	河南舞钢	中共党员	中共堆龙德庆区委政法委员会	上半年优秀涉宗干部	2016年	中共堆龙德庆区委员会、堆龙德庆区人民政府
管兵	男	汉	河南舞钢	中共党员	中共堆龙德庆区委政法委员会	优秀共产党员	2016年	中共堆龙德庆区委员会、堆龙德庆区人民政府
巴桑	男	藏	曲水	中共党员	中共堆龙德庆区委政法委员会	下半年优秀涉宗干部	2016年	中共堆龙德庆区委员会、堆龙德庆区人民政府
巴桑	男	藏	曲水	中共党员	中共堆龙德庆区委政法委员会	民族团结先进个人	2016年	中共堆龙德庆区委员会、堆龙德庆区人民政府
扎西玉珍	女	藏	日喀则	中共党员	中共堆龙德庆区委政法委员会	2015年全区优秀政法干警	2016年	中共堆龙德庆区委员会、堆龙德庆区人民政府
丹增敏吉	女	藏	拉萨	团员	中共堆龙德庆区委政法委员会	2015年度信访工作“先进个人”	2016年	中共堆龙德庆区委员会、堆龙德庆区人民政府
钱凯	男	汉	湖南石门	中共党员	中共堆龙德庆区委政法委员会	“民族团结月”演讲比赛第三名	2016年	中共堆龙德庆区委员会、堆龙德庆区人民政府
薛娟	女	汉	陕西绥德	群众	堆龙德庆区工业园区管委会	民族团结先进个人奖项	2016年	中共堆龙德庆区委员会、堆龙德庆区人民政府
李焕妤	女	汉	云南大理	中共党员	堆龙德庆区国土资源局	全区民族团结进步模范个人	2016年	中共堆龙德庆区委员会、堆龙德庆区人民政府

续表8

姓名	性别	民族	籍贯	政治面貌	工作单位	获奖名称	表彰时间	授予单位
益西康卓	女	汉	西藏山南	中共党员	堆龙德庆区国土资源局	全区民族团结进步模范个人	2016年	中共堆龙德庆区委员会、堆龙德庆区人民政府
仁丹旺姆	女	藏	拉萨	中共党员	疾控中心	全区民族团结进步模范个人	2016年	中共堆龙德庆区委员会、堆龙德庆区人民政府
阿旺卓玛	女	藏	山南	中共党员	疾控中心	年度全区民族团结进步模范个人	2016年	中共堆龙德庆区委员会、堆龙德庆区人民政府
次旦卓嘎	女	藏	日喀则	中共党员	疾控中心	全区民族团结进步模范个人	2016年	中共堆龙德庆区委员会、堆龙德庆区人民政府
次旦卓嘎	女	藏	日喀则	中共党员	疾控中心	全区驻村先进队员	2016年	中共堆龙德庆区委员会、堆龙德庆区人民政府
钟　晋	女	汉	四川内江	党员	区委办	2015年度信访工作先进个人	2016年	中共堆龙德庆区委员会、堆龙德庆区人民政府
罗　欢	女	汉	四川南部	党员	督察室	2015年度信访工作先进个人	2016年	中共堆龙德庆区委员会、堆龙德庆区人民政府
陈传勇	男	仡佬族	贵州正安	党员	督察室	2015年度综治工作先进个人	2016年	中共堆龙德庆区委员会、堆龙德庆区人民政府
张　翔	男	汉	河南浚县	党员	机要局	2015年度综治工作先进个人	2016年	中共堆龙德庆区委员会、堆龙德庆区人民政府
张　翔	男	汉	河南浚县	党员	机要局	2016年度年终考核“优秀”公务员	2016年	中共堆龙德庆区委员会、堆龙德庆区人民政府
王秦阳	男	汉	辽宁	党员	区委办	2015年度综治工作先进个人	2016年	中共堆龙德庆区委员会、堆龙德庆区人民政府
刘　敏	女	汉	河南永城	党员	区委办	2016年度全区民族团结先进个人	2016年	中共堆龙德庆区委员会、堆龙德庆区人民政府
张建英	男	汉	陕西靖边	党员	督察室	2016年度全区民族团结先进个人	2016年	中共堆龙德庆区委员会、堆龙德庆区人民政府
张建英	男	汉	陕西靖边	党员	督察室	2016年度年终考核“优秀”公务员	2016年	中共堆龙德庆区委员会、堆龙德庆区人民政府
樊晓瑞	女	汉	河南新郑	党员	机要局	2016年度全区民族团结先进个人	2016年	中共堆龙德庆区委员会、堆龙德庆区人民政府
张　毅	女	汉	山东东阿	党员	档案馆	2016年度年终考核“优秀”公务员	2016年	中共堆龙德庆区委员会、堆龙德庆区人民政府
巴　桑	女	藏	西藏拉萨	党员	地方志	2016年度年终考核“优秀”公务员	2016年	中共堆龙德庆区委员会、堆龙德庆区人民政府
田玉玲	女	汉	黑龙江鸡西	党员	区委办	2015年度“五四”优秀青年志愿者	2016年	中共堆龙德庆区委员会、堆龙德庆区人民政府

续表8

姓名	性别	民族	籍贯	政治面貌	工作单位	获奖名称	表彰时间	授予单位
索朗扎西	男	藏	日喀则南木林	党员	督察室	2015年度“五四”优秀青年志愿者	2016年	中共堆龙德庆区委员会、堆龙德庆区人民政府
白　卓	女	藏	拉萨	预备党员	东嘎镇人民政府干部	2015年度拉萨市堆龙德庆区“优秀共青团干部”	2016年	中共堆龙德庆区委
程鹏斌	男	汉	浙江遂昌	中共党员	人大办	优秀共产党员	2016年	中共堆龙德庆区委
扎　桑	女	藏	拉萨	中共党员	中国人民政治协商会议堆龙德庆区委员会办公室	“2016年度全区民族团结进步模范个人”	2016年	中共堆龙德庆区委
朱尚平	男	汉	山南	中共党员	德庆乡	民族团结“先进个人”	2016年	堆龙德庆区人民政府

说明：由于各单位资料提供不全，可能有遗漏

中国人民政治协商会议堆龙德庆县委员会常务委员会工作报告（草案）

——在政协第一届拉萨市堆龙德庆区委员会第一次会议上

拉萨市堆龙德庆区委副书记、政协主席　郭志锋

（2016年2月1日）

各位委员：

我受政协常务委员会的委托，向大会报告工作，对2016年区政协的工作提出建议，请予审议。

政协堆龙德庆县委员会于1984年10月宣告成立，迄今历经八届，走过了31年的光辉历程。31年来，县政协常委会在历届中共堆龙德庆县委的坚强领导下，在拉萨市政协的有力指导下，在社会各界的大力支持下，在历届委员的共同努力下，始终高举爱国主义和社会主义伟大旗帜，牢牢把握团结和民主两大主题，深入学习贯彻中共中央关于西藏工作的指导思想和一系列方针政策，紧密团结和带领广大政协委员、各族各界人士，围绕党和政府中心工作，服从服务于全县改革发展稳定大局，认真履行政治协商、民主监督、参政议政职能，为促进全县经济社会发展、维护局势稳定、加强民族团结和开启人民政协事业新征程作出了历史性的贡献。

2015年主要工作回顾

2015年是全面深化改革的关键之年、全面依法治国的开局之年、“十二五”规划的收官之年，县政协常委会在县委的坚强领导下，以邓小平理论、“三个代表”重要思想、科学发展观为指导，全面贯彻党的十八大、十八届三中、四中、五中全会精神，始终把坚持中国共产党领导、坚持中国特色社会主义道路、坚持民族区域自治制度作为履行职能的根本政治任务，始终把反对分裂、维护稳定作为履行职能的第一政治责任，始终把促进科学发展作为履行职能的第一要务，始终把加强民族团结、推进和谐堆龙建设作为履行职能的重大使命，始终把加强自身建设作为履行职能的坚实基础。突出团结和民主两大主题，紧紧围绕县委、县政府的中心工作和人民群众最关心、最直接、最现实的利益问题，认真履行政治协商、民主监督、参政议政职能，充分发挥协商民主主渠道作用，积极推进协商民主广泛多层制度化发展，为实现堆龙德庆县经济社会跨越式发展和长治久安作出了积极贡献。

一、加强理论武装，统一思想认识

常委会始终把思想政治建设摆在政协工作的首位，坚持以科学理论武装头脑、指导实践。坚持用中国特色社会主义理论体系统一思想行动。紧密结合形势任务和政协工作的实际，组织广大委员和干部职工，认真学习中国特色社会主义理论，力求把握精神实质并用以指导实践。常委会以学习贯彻党的十八大、十八届三中、四中、五中全会精神，习近平总书记系列重要讲话精神，中央第六次西藏工作座谈会精神以及区、市、县一系列重要会议精神为重点，全面加强党的路线方针政策的学习贯彻，使之深入人心并成为指导政协工作的准则。认真学习习近平总书记“治国必治边、治边先稳藏”的重要战略思想，学习贯

彻“依法治藏、富民兴藏、长期建藏、凝聚人心、夯实基础”的重要原则，坚持用党的治藏方略统一思想行动。不断坚定道路自信、理论自信、制度自信；增强全面深化改革、再创伟业的信心与决心，共同致力于实现中华民族伟大复兴的中国梦。

坚持用党的政协理论和方针政策统一思想行动。深入学习贯彻习近平总书记在庆祝中国人民政治协商会议成立65周年大会上的重要讲话精神和《中共中央关于加强社会主义协商民主建设的意见》，全面理解新时期协商民主的新思想，不断增强政协委员和政协工作者的光荣感、责任感和使命感。不断促进社会各界对政协工作的新认识，促进形成党委重视、政府支持、政协主动、社会关注、各方配合的良好局面。

二、牢记第一要务，助推科学发展

常委会始终把助推科学发展作为履行职能的第一要务，紧扣主题主线建真言、谋善举、献良策，为推进我县经济社会科学发展竭智尽力。

围绕中心履职尽责。抓住重大决策咨政建言，认真听取和协商讨论县委县政府的重要报告和重大决策，广泛征求意见，汇集多方智慧，为科学编制我县“十三五”规划献计出力，推动中心工作和决策的贯彻落实。

抓住全局性问题提出建议、提交提案和调研报告。积极反映我县需要解决的重大问题，着眼我县的中心任务和战略举措的贯彻落实，及时开展协商监督。县政协八届四次会议共受理提案、意见建议48件，提案办复率达到100%，满意率达到98%以上。提案质量得到进一步提高。以政协委员为主体，围绕重点难点问题，深入开展专项视察、专题调研和联合视察调研，掌握真情实据，深入分析研究，提出对策举措。先后共提交调研报告2份，提出意见建议40余条。这些意见建议在县委、县政府的高度重视下，相关部门都给予了认真办理落实，有的意见建议迅速转化为政策措施，有的被职能部门直接采纳，产生了良好的经济和社会效益。

关注重大项目建设，积极开展民主监督。组织委员紧扣我县基础设施、交通能源、产业发展、生态保护、文化科技、教育卫生等领域的重大项目开展视察调研。联合县直有关部门，深入各乡（镇）、企事业单位、农村牧区开展视察、调研、交流活动。联合县人大、县纪检委及相关部门针对“大庆”项目完成情况开展了专题视察，针对城镇道路建设以及农牧民土地流转、加强生态环境保护、强农惠农政策落实、基层医疗卫生队伍建设等开展专题调研。同时积极配合自治区政协调研组就政协全面深化改革工作、城镇化进程中失地农民的转移安置和就业问题以及设施农业、特色产业进行调研。形成了《关于基层医疗卫生队伍建设的调研报告》《目前农村普法教育中存在的问题及对策》等质量较高的调研报告，对发现的问题提出对策建议并积极协调解决。

以增强民族团结助推发展。常委会全面贯彻落实党的民族政策，始终坚持各民族共同团结奋斗、共同繁荣发展的主题，深入开展爱国主义和民族团结教育，积极引导委员和界别群众牢固树立“三个离不开”思想，充分认识加强民族团结的重要性，切实明白团结稳定是福、分裂动乱是祸的道理，自觉珍视、维护和加强民族团结，大力推动各民族和睦相处、和衷共济、和谐发展，不断增强伟大祖国的向心力、中华民族的凝聚力，不断推动民族团结进步。

三、发挥特殊优势，维护社会稳定

常委会团结带领广大政协委员，坚定不移地贯彻落实区、市、县党委关于维护社会稳定的重大决策部署，始终做到思想不动摇、认识不含混、态度不暧昧。在分裂与反分裂这个大是大非面前，立场坚定、认识统一、表里如一、态度坚决，始终与党中央保持高度一致，旗帜鲜明地与十四世达赖分裂主义集团作坚决斗争，为营造和谐稳定的社会氛围，促进民族团结、宗教和睦，全力推动我县社会局势和谐稳定发挥了不可替代的作用。常委会班子成员根据县委的统一安排部署，在三月敏感期、楚布次曲、自治区成立50周年活动等每个敏感时段和敏感节点，积极主动深入各乡（镇）、村、寺庙指导检查维稳工作，圆满完成了各项重大活动及敏感节点的维稳督导和值班任务，确保了维稳工作万无一失。

四、坚持履职为民，关注民生民意

常委会始终坚持关注民生、致力发展、奉献社会，助推改革发展成果共享。充分发挥政协组织的特殊作用，深入基层体察群众疾苦、倾听群众呼声、汇集群众意愿，积极向党委政府建睿智之言、献管用之策。一年来，通过政协提案、政协报告和讨论发言等形式，就群众普遍关心的新农村建设、环境保护、民族文化继承和发展、创业就业、富民增收等问题提出了一系列合理的建议和意见，受到县委、县政府及相关部门的高度重视并予以落实。

坚持以群众利益为重，以群众期盼为念。广大政协委员深入基层，贴近群众，积极反映社情民意，参与扶贫济困、捐资助学、结对帮扶和向灾区献爱心等工作。先后向困难群众、灾区群众捐款、捐物折合人民币达20余万元，以实际行动展现了委员们热心公益、关注民生、奉献爱心的时代风采和高尚情操，受到了社会的一致好评。

五、加强自身建设，提高履职水平

常委会始终坚持把加强自身建设作为一项重要任务来抓，内强素质，外树形象，不断推动政协事业向前发展。紧紧围绕深化思想认识、提高工作效率、提升服务水平，推进政协工作的要求，积极创建“学习型、服务型、创新型、和谐型”机关，全年共编报政协信息33期，编报“三严三实”和“忠诚干净担当”专题教育信息29期，举办了以中央第六次西藏工作座谈会精神、法律基础知识为主要内容的委员培训班1次，用藏汉两种文字编撰、发放《人民政协专用名词解释》手册70余本。以贯彻落实中央第五次、六次西藏工作座谈会精神为核心，以解决突出问题为重点，以履行政协职能为目标，以人民群众满意为标准，努力推进政协工作的制度化、规范化、程序化建设。以深入开展“三严三实”和“忠诚干净担当”专题教育活动为契机，不断加强作风建设，杜绝了“虚、假、浮、懒、散、庸、怕、奢”等方面存在的问题，提高了“说办就办，马上就办”的自觉性。进一步规范完善了学习、会议、提案、信息等20余项规章制度，通过切实落实制度，2015年“三公”经费结余9万元，占预算经费的28%，进一步转变了工作作风，干部业务素质明显增强、服务效能明显提高、机关风气明显好转，为我县政协事业健康发展提供了有力支撑。

一年来，常委会坚持解放思想，实事求是，与时俱进，认真履行职能，取得了可喜成绩，这些成绩的取得，是县委坚强领导、县政府关心支持、乡镇、部门密切配合的结果，是全体政协委员、各族各界人士共同努力的结果，在此，我代表县政协常委会向大家表示衷心的感谢！

回顾一年来的工作，也使我们清醒地看到，与新形势新任务的要求和人民政协肩负的使命相比，在工作中还存在一定差距。比如：委员的主体作用有待进一步发挥，民主监督的成效有待进一步强化，调研和视察的广度和深度需要进一步加强，提案和建议质量需要不断提高等等。对这些问题，我们要认真对待，深入研究，在今后的工作中切实加以改进。

2016年工作安排

堆龙德庆县撤县设区是全县各族人民政治生活中的一件大事，标志着堆龙德庆县步入了一个新的发展阶段，对于推进经济社会科学发展、跨越式发展，率先全面建成小康社会具有十分重要的现实意义。中共堆龙德庆区委第一次代表大会的胜利召开，为全区各族人民描绘了新的发展蓝图，指明了前进方向，也为政协工作明确了新的任务。作为新成立的区政协组织，政协堆龙德庆区委员会的工作任务将会更加繁重，肩上的责任将会更加重大，履职领域也将更加宽广。

2016年政协工作的指导思想是：全面贯彻落实党的十八大、十八届三中、四中、五中全会和中央第六次西藏工作座谈会精神，高举中国特色社会主义伟大旗帜，以邓小平理论、“三个代表”重要思想、科学发展观为指导，深入贯彻落实习近平总书记系列重要讲话精神，特别是“治国必治边、治边先稳藏”重要战略思想，贯彻落实“依法治藏、富民兴藏、长期建藏、凝聚人心、夯实基础”重要原则，贯彻落实习近平总书记在庆祝中国人民政治协商会议成立65周年大会上的重要讲话精神和《中共中央关于加强社会主义协商民主建设的意见》，贯彻落实区第一次党代会精神。按照“全面建成小康社会、全面深化改革、全面依法治国、全面从严治党”的战略布局，紧紧围绕到2020年率先全面建成小康社会的目标，以撤县设区为新起点，在区委的坚强领导下，全面履行政治协商、民主监督、参政议政职能，积极发挥协商民主主渠道作用，努力推进协商民主广泛多层制度化发展，充分发挥协调关系、汇聚力量、建言献策、服务大局的优势，切实做到思想基础更加牢固、履职成效更加显著、工作水平进一步提升。

一、坚定正确方向，打牢共同思想政治基础

习近平总书记在庆祝中国人民政治协商会议成立65周年大会上的重要讲话精神，是在新的历史起点上推进人民政协事业发展的科学指南。我们要按照中央、自治区党委、拉萨市委和区委的要求，把学习新时期党的理论和政协理论作为当前和今后一个时期的首要政治任务，进一步深化党的基本理论、基本路线、基本方针、基本经验的学习，深刻领会新时期人民政协的工作宗旨，进一步筑牢共同团结奋斗的思想政治基础。

要把学习与人民政协履行职能实践结合起来，从中国特色社会主义理论、道路、制度的高度，深刻认识政治协商制度的重要地位、独特优势，深刻理解人民政协事业与中国特色社会主义事业的重大关系，深刻把握发挥人民政协优势对于实现党和国家奋斗目标的重大作用，积极引导教育广大政协委员和政协工作者充分认识人民政协的性质定位，树立始终坚持党的领导，强化维护核心，把握方向的意识，从思想上、行动上切实增强做好政协工作的自觉性和坚定性。主动适应经济社会发展新常态，确保与党在思想上同心同德、在目标上同心同向、在行动上同心同行。

二、牢记职责使命，紧扣改革发展献计出力

要强化围绕中心、服务大局的意识，始终围绕区委、区政府中心工作履职尽责。认真组织开展区委、区政府重大决策之前和决策实施之中协商议政。围绕参与全区重大规划、重大项目的实施和全面深化改革的重点领域、关键环节，深入开展调查研究，组织多层次、多形式的协商议政活动，为区委和区政府重大决策提供参考。

要围绕全区经济社会发展中的重点难点问题、重大民生问题、重要举措的贯彻执行和全面深化改革任务的落实完成情况，积极开展民主监督，坦诚提出意见、建议。围绕事关全区经济社会发展的全局性、综合性、前瞻性问题，深入视察调研，积极参政议政，为提高经济运行质量和社会全面进步多建睿智之言，多献务实之策。要立足于生态文明建设，在加快推进城镇化进程等战略性问题上开展研究论证、咨政建言，在建设美丽堆龙幸福家园中发挥有力地助推作用。

三、关注民生改善，切实维护群众根本利益

要强化以人为本，履职为民意识。人民政协的性质决定了政协组织必须把履行职能的实践和广大群众的根本利益紧密联系在一起，积极协助区委和区政府做好保障民生、改善民生、服务民生的工作，是人民政协义不容辞的职责。要始终坚持民本理念，真诚倾听群众呼声，真实反映群众愿望，深切体察群众疾苦，及时反映群众关心、关注的热点难点问题，发挥好区委区政府与人民群众联系的桥梁和纽带作用。

要坚持工作重心下移，深入实际、深入基层、深入群众，做到知民情、解民忧、暖民心，多干让人民群众满意的好事实事，多办惠民利民的急事难事。时刻关注社会各界和人民群众的利益诉求，围绕群众普遍关心的就业、教育、医疗、住房、物价、食品安全、社会保障等民生问题，深入开展视察调研，坚持察实情、讲实话、出实招，提出有效解决民生问题的对策和建议，真正做到想群众之所想、急群众之所急、谋群众之所利。

要组织和动员政协委员和社会各界人士关注基层群众的生产生活，紧紧依托党的群众路线教育实践活动、“三严三实”和“忠诚干净担当”专题教育活动以及领导干部联系乡（镇）、村、寺庙、办公室包村等载体，为群众排忧解难，努力实现繁荣富强与民共建、发展成果与民共享。充分发挥广大政协委员的积极作用，积极关注民生，主动反映社情民意，保证政协提案和社情民意在实现和维护群众利益方面起到应有的积极作用。

四、发挥优势作用，努力促进社会长治久安

维护稳定是压倒一切的政治任务，也是人民政协履行职能的第一政治责任。要牢固树立坚决反对分裂，维护祖国统一的思想观念，强化履行第一政治责任的意识，坚决贯彻区党委、市委、区委关于维护稳定的一系列决策部署，充分发挥人民政协的优势，全力维护堆龙德庆区持续稳定、长期稳定、全面稳定。

要深入贯彻落实习近平总书记“治国必治边、治边先稳藏”的重要战略思想，落实“依法治藏、富民兴藏、长期建藏、凝聚人心、夯实基础”的重要原则，牢固树立稳定压倒一切的思想。不断深化反分裂斗争思想教育，教育引导广大委员进一步认清十四世达赖分裂主义集团的反动本质，在分裂与反分裂这个重大原则问题上，坚决做到立场坚定、旗帜鲜明、态度坚决、认识统一、表里如一，切实尽到维护稳定的政治责任。

要牢固树立围绕构建社会主义和谐社会，强化团结各界，凝聚人心的意识。紧紧围绕反分裂斗争中的深层次问题开展调查研究，积极反映具有苗头性、倾向性、预警性的重要情况。要充分发挥宗教界委员的特殊优势，协助区委、区政府做好加强和创新寺庙管理、城镇网络化管理等工作。要建立政协工作信访机制，主动开展政策宣传、释疑解惑、理顺情绪等工作，协助区委、区政府调处化解人民内部矛盾，努力维护社会和谐稳定。

五、完善体制机制，发展和深化协商民主

习近平总书记在庆祝人民政协成立65周年大会上的重要讲话精神和《中共中央关于加强社会主义协商民主建设的意见》，就发展社会主义协商民主作出了战略部署，对发展社会主义民主政治、建设社会主义政治文明具有重大而深远的意义。要充分发挥好人民政协作为协商民主主渠道和专门协商机构的特殊作用，推进协商民主广泛多层制度化发展。坚持“献策不决策、议政不行政、立论不立法”，牢牢把握政协的话语权，议政要议到关键处、参政要参到点子上、措施要落到实在处，靠民主寻求最大公约数，靠团结汇聚强大正能量。

要认真研究制定专题协商、对口协商、界别协商、提案办理协商工作计划，提高协商工作的制度化水平，确保协商民主的主题紧紧围绕区委、区政府中心工作。要严格按照区委、区政府的工作部署，制定政协开展年度协商活动的议题、程序、成果运用规划等。提高提案办理协商实效，健全承办单位、提案者、政协组织三方沟通协商机制，完善提案办理落实机制。

六、加强自身建设，努力提高政协履职能力

加强自身建设是确保人民政协履行职能的重要基础和保障。要以区政协第一次会议为契机，认真总结堆龙德庆县政协31年的履职实践和经验成果，自觉适应协商民主的时代要求，进一步推进政治协商、民主监督、参政议政制度化、规范化、程序化建设，切实改进和完善提案、视察、专题调研、大会发言、季度民主协商、反映社情民意、文史资料等工作，及早谋划、积极筹备，认真做好2016年政协换届工作。

要重视专题调研和视察考察工作选题的研究论证，紧紧围绕中心工作，牢牢把握工作全局，切实增强专题调研和视察考察工作选题的针对性和实效性。不断扩大委员参与面，综合运用多种研究方法提高调研视察的质量和效果。

要积极探索开展界别活动的新方法新途径，不断扩大人民政协的团结面和包容性，切实发挥政协界别作为扩大社会各界有序政治参与的重要渠道，充分调动各界别参政议政的积极性。

要切实加强委员队伍建设，建立健全委员学习、管理和履职评价考核体系，完善委员联络制度，拓宽委员知情明政渠道，精心组织委员活动，切实尊重和保障委员的各项民主权利，努力为委员履职尽责创造更好的条件；大力实施委员素质提升工程，强化委员履职培训，努力提高委员整体素质和履职尽责的自觉性和主动性；认真组织开展“四个一活动”，即：任期内每名委员每年必须提交一件提案、提出一条意见、反映一条社情民意、完成一项课题调研，切实发挥好委员的主体作用。

要加强政协机关建设，不断巩固和扩大党的群众路线教育实践活动成果，继续扎实开展“三严三实”和“忠诚干净担当”专题教育活动，加强勤政廉政建设，切实转变机关作风，不断强化全局意识、责任意识和服务意识，切实增强服务能力、统筹协调能力和后勤保障能力。加强对各乡（镇）“政协委员之家”工作的组织和指导，努力促进政协工作良性发展，不断增强整体活力。

要加大政协工作宣传力度，加强与新闻媒体的联系协作，大力宣传人民政协的性质、地位和作用，突出报道政协工作亮点、履职成效和委员风采，不断扩大政协影响力，进一步形成有利于人民政协事业发展的良好氛围。

各位委员，站在新的历史起点，我们更加感受到人民政协事业的神圣与光荣。区委第一次党代会对我区新的历史阶段的改革发展稳定工作作了全面部署。蓝图已经绘就，远景更加光明。让我们紧密团结在以习近平同志为总书记的党中央周围，在区委的坚强领导下，凝聚起围绕中心、服务大局的强大力量，不断开创政协工作新篇章，为建设小康和谐美丽幸福的新堆龙而努力奋斗。

索 引

说 明

一、本索引采用主题分析法编制。索引范围包括篇目、类目、部(门)目、条目等。
二、本索引按主题词首字汉语拼音音序(同音按音调)排列,若首字拼音相同则按第二字音序排列,以此类推。
三、索引款目后的数字表示内容所在的页码,数字后的拉丁字母(a、b)表示栏别(从左至右)。
四、篇目、类目、部(门)目用黑体字。

A

B

C

D

E

F

G

H

J

K

L

M

P

Q

R

S

T

W

Z

中共堆龙德庆区委员会

2016年7月28日，北京市委副书记、市长王安顺带领北京党政代表团到堆龙德庆区羊达现代农业设施示范园参观考察。自治区党委常委、拉萨市委书记齐扎拉，区委书记陈献森，区委副书记、区长格桑平措全程陪同

2016年1月8日，自治区党委宣传部副部长丁勇带领自治区理论中心组专项检查组一行4人，到堆龙德庆县检查指导中心组学习情况

2016年4月11日，北京考察调研组一行到堆龙德庆区调研。区委书记陈献森，区委副书记、区长格桑平措陪同

2016年3月17日，新华社记者到堆龙德庆区采访大棚育苗情况

中共堆龙德庆区委员会

2016年12月16日，拉萨市委常委、统战部部长阿努次仁一行到堆龙德庆区楚布寺调研指导宗教工作

2016年6月3日，区委书记陈献森、区委常务副书记杜江到香雄美朵开展植树活动

2016年4月9日，区委书记陈献森组织召开香雄美朵生态文化旅游产业园设计方案汇报会

2016年12月23日，区委书记格桑平措到德庆乡调研

2016年11月22日，区委书记格桑平措到东嘎镇、乃琼镇看望慰问结对帮扶对象

2016年12月20日，区委书记格桑平措主持召开维稳工作专题部署会议

2016年8月1日，区委副书记、区长格桑平措，区常务副书记杜江，区人大党组书记、常委会主任杨世军，区政协党组书记、政协主席洛桑强巴等领导前往驻区各部队进行慰问

2016年2月9日，区委副书记、区长格桑平措和三县福利养老院的老人们一起欢度新年，并送上慰问金

2016年7月12日，区委常务副书记杜江到香雄美朵实地调研

中共堆龙德庆区委员会

2016年11月4日，区委常务副书记张勇看望巴吾活佛

2016年12月23日，区委书记格桑平措到德庆乡调研工作并主持召开座谈会

2016年1月30日，堆龙德庆区召开第一届委员会第二次全体（扩大）会议

2016年7月11日，堆龙德庆区举办第三届篮球赛开幕式。图为各参赛代表队

2016年1月11日，堆龙德庆县主要领导实地查看“香雄花寨基地”实施情况

2016年7月24日，堆龙德庆区成功举办第二届楚布沟自行车骑行大赛

2016年9月14日，堆龙德庆区举办平安西藏宣传日暨民族团结宣传月集中宣传活动

堆龙德庆区人民代表大会常务委员会

2016年4月6日，自治区人大常委会副主任新杂·单增曲扎一行（前排左二）到堆龙德庆区调研“一法一办法”

2016年11月10日，自治区人大财经委副主任委员多吉才旺（一排左三）、王大海（右二）前往堆龙德庆区开展商务调研

2016年5月24日，拉萨市人大常委会副主任央金卓嘎（右二）到堆龙德庆区检查乡镇换届工作

2016年8月18日，区人大常委会主任杨世军（右三）主持召开人大常委会第五次会议

2016年10月19日，区人大常委会副主任达娃卓玛（右一）前往包村点主持召开精准扶贫调研座谈会

2016年10月27日，区人大常委会副主任罗桑次仁（左三）组织人大代表视察为民办实事项目

2016年12月8日，区人大常委会副主任马勇到空港新区交叉检查精准扶贫工作

2016年2月2日，召开堆龙德庆区第一届人大一次会议

2016年10月14日，召开堆龙德庆区第一届人大二次会议

2016年3月16日，堆龙德庆区人大常委会召开乡镇人大换届部署会

2016年10月14日，堆龙德庆区人大常委会组织人大常委会委员及政府组成人员向《中华人民共和国宪法》宣誓

2016年10月25日，堆龙德庆区人大常委会组织代表开展法律法规培训

2016年11月1日，拉萨市第十一届人大一次会议堆龙德庆代表团分组审议政府工作报告

2016年6月31日，堆龙德庆区人大常委会组织各乡镇人大交流学习换届工作经验

2016年12月2日，堆龙德庆区人大常委会组织人大代表到北京学习考察

堆龙德庆区人民政府

2016年11月5日，自治区党委常委、拉萨市委书记齐扎拉（左一）到堆龙德庆区桑木村调研精准扶贫工程及羊达乡流浪犬收容所工作。区委书记格桑平措（前排右二），区委副书记、区长杜江（前排右三）陪同调研

2016年11月28—29日，自治区精准扶贫考核组在区党委组织部部务委员吕叶辉的带领下到堆龙德庆区马乡、德庆乡检查指导精准扶贫工作

2016年12月1日，拉萨市副市长林生带队的自治区环境保护考核组到堆龙德庆区进行考核

2016年9月27日，拉萨市副市长崔晓峰（左二）到堆龙德庆区调研融资工作开展情况。政府副区长董智杭（前排右二）陪同

2016年5月31日，区委书记陈献森，区委副书记、区长格桑平措等全体在家县级领导出席堆龙德庆区“六一”文艺会演活动

2016年12月13日，拉萨市卫生局局长扎西德吉一行到堆龙德庆区考核验收2016年卫生计生工作

2016年2月12日，区委副书记、区长格桑平措在春节藏历新年马术表演赛上致辞

2016年10月20日，中国共产党堆龙德庆区代表会议召开。图为区委副书记、区长杜江在会议上讲话

2016年12月19日，区委副书记、常务副区长赵涛（左一）参加西藏自治区拉萨市堆龙德庆区不动产权证首发仪式

2016年10月22日，堆龙德庆区政府班子成员到曲水县学习调研，区委常委、副区长李晓强（前排右二）参加调研活动

2016年8月25日，区委常委、副区长刘春涛（中）调研考察乃琼镇甲拉庄园

堆龙德庆区人民政府

2016年9月4日，政府副区长邬斌锋（左二）前往东嘎镇中庆加油站检查工作

2016年11月29日，政府副区长马扎西（左一）陪同自治区食品安全考核评价组考核堆龙德庆区食品安全工作

2016年12月1日，政府副区长次旦朗杰参加堆龙德庆区2016年环保考核工作汇报会

2016年10月20日，政府副区长王考昌（右一）参加“堆龙杯”足球赛闭幕仪式

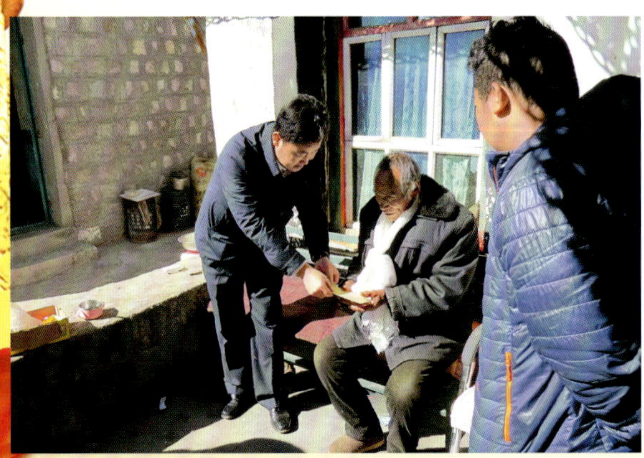
2016年11月19日，政府副区长皮志帅（左一）前往乃琼镇波玛村入户慰问贫困群众，调研精准扶贫工作开展情况

2016年12月8日，政府副区长土多旺久参加堆龙德庆区中共十八届六中全会和区市第九次党代会精神宣讲报告会

2016年11月3日，拉萨市堆龙德庆区人民政府与中国银行西藏自治区分行战略合作签约仪式

2016年9月21日，北京市朝阳区卫计委一行到堆龙德庆区，就医疗人才“组团式”援藏对接交流召开座谈会，并向堆龙德庆区卫生系统捐赠20万元和若干医疗技术相关书籍

2016年3月26日，堆龙德庆区隆重举办纪念西藏百万农奴解放57周年文艺会演

2016年8月17日，堆龙德庆区举办拉萨市第二届创新创业大赛堆龙赛区选拔赛，20名创业青年参加比赛。图为比赛活动现场

2016年9月8日，堆龙德庆区举办第32个教师节暨表彰大会，全体在家县级领导出席会议。图为县级主要领导与受表彰教师合影留念

中国人民政治协商会议 堆龙德庆区委员会

2016年1月19日，自治区政协副主席金世洵（左三）在顶嘎寺调研，堆龙德庆区政协主席郭志锋陪同调研

2016年6月15日，由自治区政协社会法制外事委员会、自治区高级人民法院组成的调研组到堆龙德庆区人民法院开展调研。图为调研组查看区人民法院法律宣传展台

2016年2月4日，召开政协第一届拉萨市堆龙德庆区委员会第一次会议

2016年10月10日，在堆龙德庆区财政局三楼会议室举办区政协第一届堆龙德庆区委员会委员及自治区拉萨市政协委员培训班，区政协党组书记、政协主席洛桑强巴，区委常委、统战部部长普布斯曲，区委常务副区长李晓强参会，区政协副主席钦热洛追主持开班会

2016年6月15日，自治区政协社会法制外事委员会、自治区高法组成的调研组到堆龙德庆区人民法院调研并召开座谈会

2016年8月26日，在政协会议室，组织机关委员学习习近平总书记“七一”重要讲话精神

2016年7月13日，区政协组织政协委员前往堆龙德庆区看守所视察工作

2016年8月4日，组织政协委员在顶嘎寺视察提案办理情况

2016年2月4日，政协第一届拉萨市堆龙德庆区委员会第一次会议全体委员及区委、区政府主要领导合影留念

中共堆龙德庆区纪律检查委员会（监察局）

2016年1月25日，自治区党委常委、纪委书记王拥军到堆龙德庆区检查工作并主持召开纪检会议

2016年5月28日，堆龙德庆区纪律检查委员会组织党员干部参观拉萨市党风廉政教育基地

2016年8月9日，区委常委、纪委书记尚志清讲党课

2016年8月18日，堆龙德庆区召开反腐败领导小组会议

2016年3月1日，堆龙德庆区纪律检查委员会组织召开干部任前链接谈话工作会议

2016年1月15日，拉萨市党风廉政考核组到堆龙德庆区考核工作并召开工作会议

2016年3月9日，召开中国共产党第一届堆龙德庆区纪律检查委员会第二次全体会议

2016年9月14日，堆龙德庆区召开重申“四风”问题、落实八项规定专题部署会

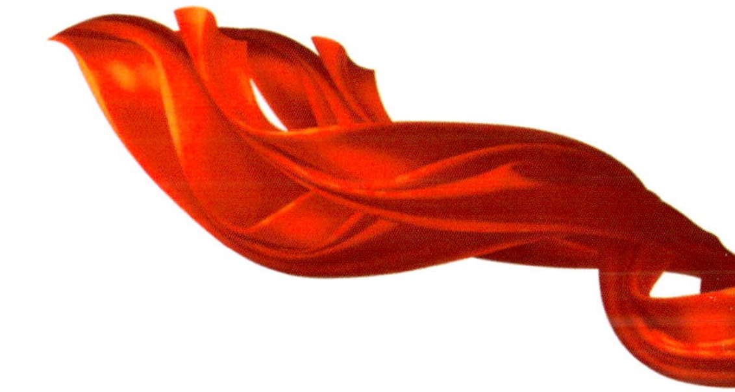

2016年5月30日，堆龙德庆区纪律检查委员会组织党员干部开展廉洁培训会

中共堆龙德庆区委组织部

2016年10月23日，自治区党委组织部工作组一行到堆龙德庆区开展人才调研工作

2016年12月5日，自治区党委组织部工作组到堆龙德庆区进行七项重点任务督导

2016年12月5日，拉萨市委组织部工作组一行到堆龙德庆区就基层党建工作开展情况进行检查

2016年12月28日，堆龙德庆区召开2016年度各乡镇党委书记、有关行业系统党工委书记抓基层党建工作述职评议考核会议

2016年3月1日，堆龙德庆区举办公检法干部任前廉政谈话

2016年12月16日，堆龙德庆区委组织部全体在家干部在支部党员活动室集中学习贯彻《关于新形势下党内政治生活的若干准则》《中国共产党党内监督条例》

2016年3月22日，堆龙德庆区召开党建统区工作会议

2016年4月21日，堆龙德庆区举办换届工作培训

2016年2月1日，堆龙德庆区四大班子领导出席2016年离退休干部职工喜迎春节、藏历火猴新年座谈会，并亲切看望慰问离退休老干部。图为区四大班子领导同演职人员合影留念

中共堆龙德庆区委宣传部

2016年4月21日，堆龙德庆区委宣传部在财政三楼会议室举办堆龙德庆区纪念西藏百万农奴解放纪念57周年宣讲报告会

2016年2月20日，堆龙德庆区委宣传部在常委会议室组织各部门传达学习习近平总书记在新闻舆论工作座谈会上的讲话精神

2016年3月14日，堆龙德庆区委宣传部召开部务会，专题研究部署全年工作

2016年12月17日，堆龙德庆区委宣传部牵头召开堆龙德庆区党的十八届六中全会和区市第九次党代会精神宣讲报告会

2016年5月，拉萨市严肃换届纪律警示教育主题展馆建成，位于堆龙德庆区活动中心西侧楼

2016年4月18日，堆龙德庆区委宣传部在综合楼二楼会议室举办区直机关“道德讲堂”活动

2016年9月30日，堆龙德庆区委宣传部与中共堆龙德庆区纪委、中共堆龙德庆区委组织部共同参加迎国庆合唱比赛

2016年10月25日，堆龙德庆区委宣传部在区文化活动中心牵头开展纪念红军长征胜利80周年文艺演出活动

2016年9月23日，堆龙德庆区委宣传部联合多个部门在区文化活动中心举办民族团结月文艺演出活动

2016年1月18日，堆龙德庆区委宣传部牵头开展“五下乡”宣传服务活动。图为羊达乡羊达村文艺演出活动现场

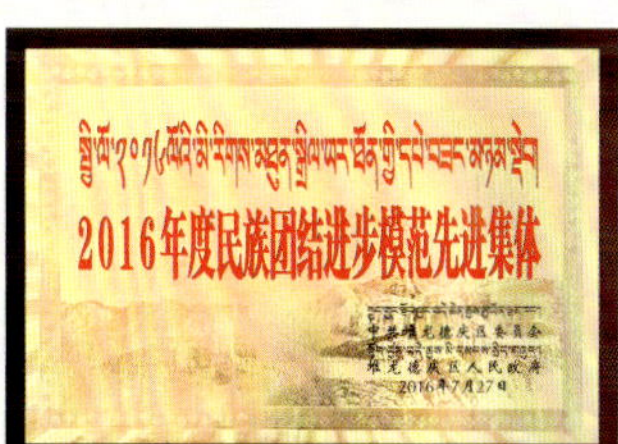

2016年6月20日，青藏铁路通车10周年新媒体采风团到羊达现代农业设施示范园采访

2016年10月18日，堆龙德庆区委宣传部在团结路开展文明创城宣传并发放宣传册

2016年7月11日，堆龙德庆区委宣传部牵头举办堆龙德庆区首届“书法、绘画、摄影”艺术作品展暨农牧民青年创业特色产品展。图为青少年学生参观特色产品

中共堆龙德庆区委统战部

2016年6月30日，区委常委、统战部部长边旦在庆祝建党95周年联欢活动上作重要讲话

2016年8月17日，区委常委、统战部部长普布斯曲在热果寺督导工作

2016年9月19日，区委常委、统战部部长普布斯曲（中）前往古荣乡那嘎村看望慰问结对帮扶对象

2016年11月5日，区委常委、统战部部长普布斯曲（二排左二）带领僧尼到北京交流学习

2016年10月22日，召开堆龙德庆区2016年下半年和谐模范寺庙暨爱国守法先进僧尼表彰大会

2016年10月22日，受表彰的僧尼代表发言

中共堆龙德庆区委办公室

2016年2月5日，区委办工作人员到乃琼村开展慰问活动

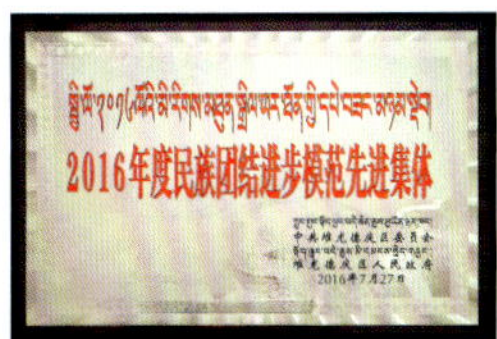

2016年3月21日，区委办工作人员整理常委会材料

2016年9月19日，区委办召开专题民主生活会

2016年12月2日，区委办举行集中学习会

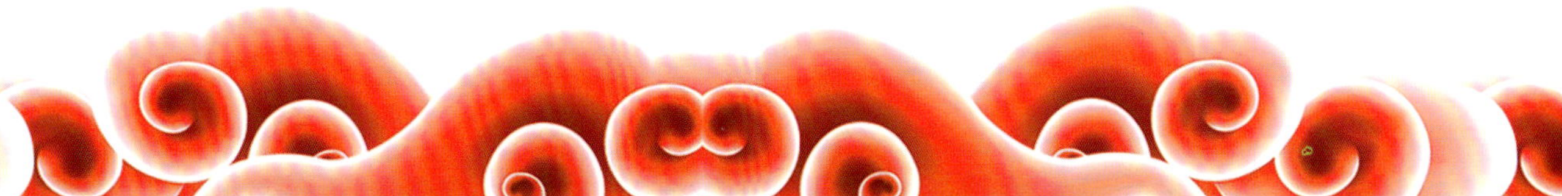

中共堆龙德庆区委政法委员会

2016年4月22日，区委书记陈献森与德庆乡党委书记罗桑次仁在区财政局三楼会议室签订2016年社会治安综合治理责任书

2016年3月31日，堆龙德庆区委政法委组织各单位在团结路集中开展“3月综治宣传月”活动

2016年3月31日，堆龙德庆区举办2016年综治“双联户”工作第一期培训班

2016年9月14日，堆龙德庆区委政法委组织各单位在团结路集中开展“9·16”平安西藏宣传日活动

2016年3月3日，堆龙德庆区召开维稳工作动员部署大会

2016年4月22日，堆龙德庆区召开平安堆龙建设暨2016年政法综治工作会议。图为获奖单位上台领取奖牌

堆龙德庆区人民代表大会
常务委员会办公室

2016年10月11日，区人大办工作人员在准备会议材料

2016年11月28日，区人大办全体人员前往马村慰问结对帮扶贫困户

2016年10月25日，区人大办组织人大代表观看《镜鉴》

2016年11月8日，区人大办集中学习十八届六中全会精神

2016年11月9日，区人大办到马乡马村召开精准扶贫座谈会

堆龙德庆区人民政府办公室

2016年10月21日，区政府办公室开展支部书记讲党课活动

2016年11月3日，区政府办党支部开展集中学习活动

2016年11月16日，区政府办编译室开展藏语文社会用字专题讲座

2016年9月14日，区政府办公室成员下村了解群众需求

2016年11月18日，区政府办公室成员深入包村点对贫困党员开展节前慰问

中国人民政治协商会议
堆龙德庆区委员会办公室

2016年10月28日，区政协党组书记、政协主席洛桑强巴带领工作人员视察提案办理推进情况

2016年8月13日，区政协办公室主任黄敏、副主任扎桑深入结对户家中进行摸底调查

2016年10月28日，区政协办公室副主任扎桑在羊达乡政协委员之家为委员解释提案答复情况

2016年12月7日，区政协办公室组织政协委员参加区检察院“检察开放日活动”

堆龙德庆区深入开展创先争优强基础惠民生活动办公室

2016年12月20日，自治区第一巡回检查组副组长崔晓东一行到堆龙德庆区各驻村工作队检查指导“两学一做”及驻村工作。区委常务副书记张勇陪同

2016年12月21日，拉萨市第三巡回检查组常务副组长顿珠多吉一行到堆龙德庆区各驻村工作队检查第五、第六批驻村工作队交接轮换情况及“两学一做”学习教育情况

2016年12月20日，区委书记、区创先争优强基础惠民生领导小组组长格桑平措（左三）深入昂嘎村调研强基惠民工作

2016年5月9—20日，北京市第七批援藏干部、区委书记陈献森（左二）率先垂范，亲自号召全区1320多名党员干部积极投身“香雄美朵”生态旅游文化产业园项目建设，顺利完成1000余亩种植基地的杂石清理工作

2016年4月26日，区委副书记、区长杜江（中）深入波玛村调研驻村工作，与驻村干部、村干部共同研究村级发展规划

2016年12月12日，区委副书记、区创先争优强基础惠民生活动领导小组常务副组长、办公室主任边旦（右三）出席乃琼村第五、六批驻村工作交接轮换座谈会

2016年12月21日，堆龙德庆区举办理论中心学习组暨“两学一做”专题学习研讨会

2016年11月8日，堆龙德庆区召开创先争优强基础惠民生活动第五批驻村工作总结表彰暨第六批驻村工作动员大会。区委书记、区创先争优强基础惠民生活动领导小组组长格桑平措出席并作重要讲话

2016年12月6日，堆龙德庆区组织第六批驻村工作队全体队员围绕驻村工作“5+2”任务进行岗前培训

2016年4月17日，堆龙德庆区驻羊达乡帮普村工作队慰问精准扶贫户

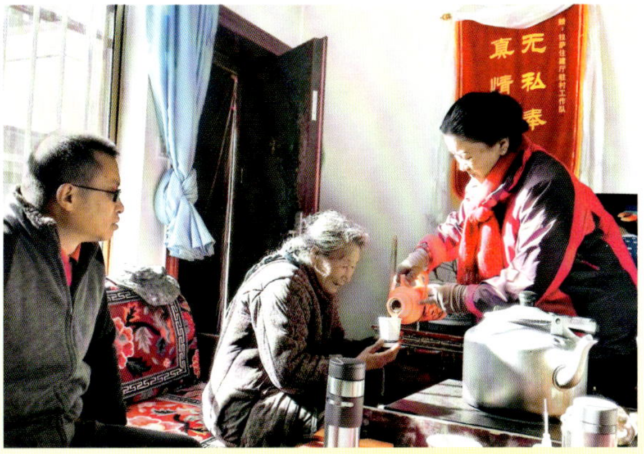

2016年，自治区住建厅驻堆龙德庆区德庆乡邦村工作队用心接待每一位来访群众，认真倾听每一位群众的心声

中共堆龙德庆区
直属机关工作委员会

2016年9月21日，堆龙德庆区举办“两学一做”及“民族团结月”知识竞赛活动

2016年8月24日，堆龙德庆区机关工委揭牌仪式

2016年12月5日，堆龙德庆区直机关工委组织志愿者开展服务活动

2016年8月24日，堆龙德庆区举办入党积极分子、预备党员培训班开班仪式

2016年10月20日，堆龙德庆区直机关工委组织举办第四届“堆龙杯”足球赛。图为区领导与参赛获奖队合影留念

中共堆龙德庆区委党校

2016年5月23日，自治区党委常务副书记吴英杰（左一）、拉萨市委书记齐扎拉（左二）到区委党校调研基层党校办学情况。区委书记陈献森，区委常务副书记、区委党校常务校长杜江陪同调研

2016年3月22日，区委党校校长朗珍率队到包村点岗德林村慰问贫困户

2016年7月2日，堆龙德庆区委党校组织村委会书记、村主任参观学习

2016年12月13日，堆龙德庆区委党校召开“两学一做”学习会

2016年3月22日，堆龙德庆区委党校召开支部民主生活会

2016年1月25日，堆龙德庆区委党校图书室对外开放

2016年1月18日，堆龙德庆区委党校开展“五下乡”宣传活动

堆龙德庆区 东嘎镇

2016年8月，区委副书记、区长杜江率领党政班子到东嘎镇南嘎村就“问计于民、问需于民”工作开展情况进行调研

2016年9月23日，东嘎镇党委在桑木村集体玉米饲料种植地组织开展“两学一做入农家”活动

2016年2月18日，东嘎镇政府协助团区委在东嘎村开展青少年“普法自护”活动

2016年9月21日，东嘎镇党委组织全体党员参观东嘎村爱国主义教育基地

2016年6月29日，东嘎镇党委、政府组织全镇优秀党员干部、优秀党务工作者参观拉萨市城市建设规划展览馆

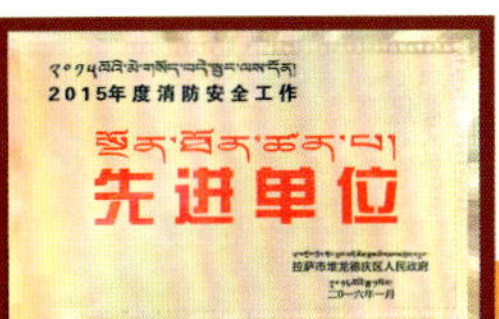

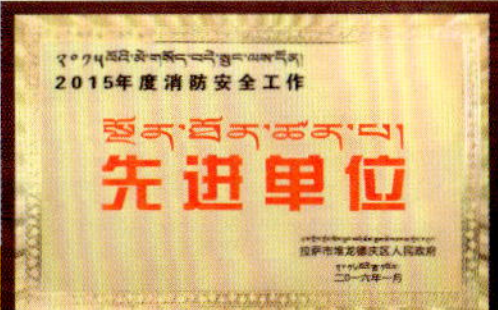

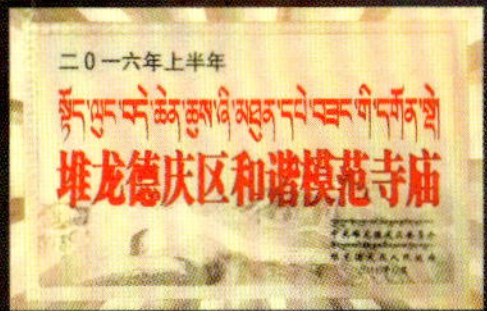

2016年10月，堆龙德庆区东嘎镇第一届人民代表大会第二次会议选举贺进为东嘎镇镇长

2016年11月17日，区委办公室、组织部、宣传部、工会、政协到东嘎镇考核东嘎镇基层党建工作

2016年10月27日，东嘎镇党委组织全体干部职工观看学习《作风建设在西藏》宣传教育片

2016年7月，堆龙德庆区东嘎镇换届选举工作圆满结束。图为镇人大代表合影留念

堆龙德庆区乃琼镇

2016年1月16日，区委书记格桑平措（右二）实地调研乃琼镇项目进展工作

2016年10月6日，区委副书记、区长杜江前往波玛村三组亲切慰问精准扶贫结对帮扶对象

2016年12月20日，乃琼镇党委书记尼玛在乃琼村幼儿园与孩子们一起开展阅读活动

2016年5月27日，乃琼镇召开第一次党员代表大会

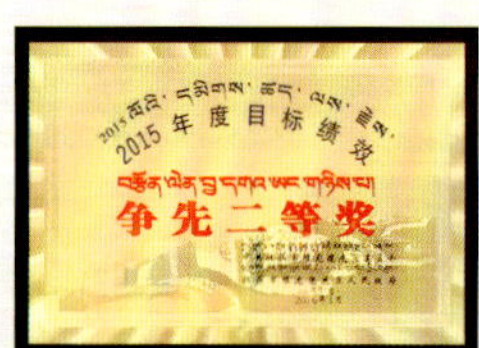

2016年5月30日，乃琼镇召开第一次人民代表大会

2016年12月2日，乃琼镇组织“两代表一委员”学习区市第九次党代会精神

2016年7月29日，乃琼镇邀请区司法局法律顾问开展预防青少年犯罪专题讲座

2016年1月20日，乃琼镇召集环卫工人部署环卫工作

2016年7月，乃琼镇在加木村举行山洪灾害防御预案演练

堆龙德庆区 羊达乡

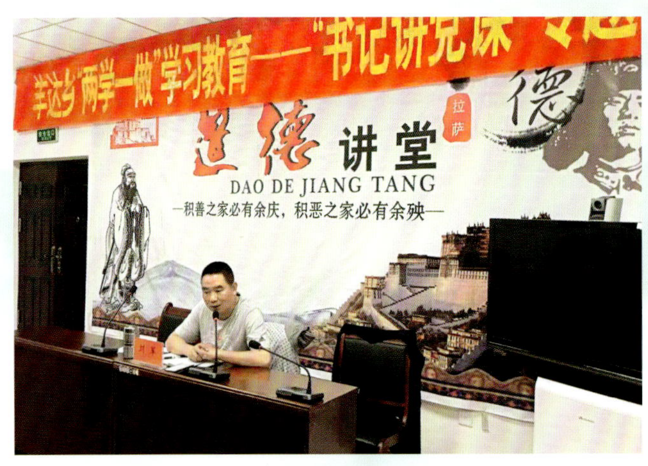

2016年7月1日，羊达乡党委书记刘军开展讲党课活动

2016年12月10日，羊达乡党委、政府向第一批搬迁至波玛村贫困户表示祝贺

2016年5月26—27日，羊达乡召开第一届人民代表大会第一次会议

2016年6月30日，羊达乡开展"两学一做"暨庆祝建党95周年知识竞赛活动

2016年8月17日，羊达乡举办"两学一做"学习教育专题研讨会

2016年12月29日，羊达乡召开综治、信访、安全生产工作总结暨表彰大会

2016年3月28日，羊达乡开展“3·28”百万农奴解放日纪念活动

2016年7月1日，羊达乡举办“七一”红歌比赛活动

2016年6月1日，羊达乡开展“梦幻六一 快乐成长”活动

2016年3月8日，羊达乡举办庆祝“三八”妇女节文体活动

2016年8月13日，羊达村举办“望果节”文艺活动

堆龙德庆区古荣乡

2016年5月，农业部副部长余欣荣（前排左二）到古荣乡调研指导农牧工作。自治区政府副主席多吉次珠（左一）、区委书记格桑平措全程陪同

2016年9月20日，古荣乡党委书记索朗曲珍到藏鸡养殖基地实地查看藏鸡养殖产业经营情况

2016年11月10日，区委副书记边旦（左一）到分包点古荣乡检查精准扶贫"一户一档"工作

2016年10月，新建成的古荣乡巴热藏鸡养殖基地

2016年7月，在古荣乡举办楚布沟自行车骑行大赛活动

2016年6月27日，古荣乡土地流转进行精致作物种植

2016年10月27日，古荣乡干部不畏严寒进村入户开展调研

物富人和的古荣乡

堆龙德庆区马乡

2016年5月3日，市委副书记、市委组织部部长陈军到马乡马村检查调研驻村工作

2016年10月6日，区委副书记、政府区长杜江（左三）到马乡慰问看望结对帮扶户

2016年10月24日，市委副书记、组织部部长陈军到马乡开展结对帮扶困难群众工作

2016年9月22日，马乡党委书记达瓦次仁开展精准扶贫调研

2016年7月1日，马乡党委热烈庆祝中国共产党诞辰95周年

2016年3月，县领导在马乡检查维稳备勤工作

2016年8月，马乡组织开展应急处突演练

2016年7月6日，马乡开展普法宣传工作

2016年，总投资1859万元的马乡农业设施园区建设项目

堆龙德庆区 德庆乡

2016年9月5日，区委书记格桑平措（前排左二）深入德庆乡检查指导精准扶贫工作

2016年5月16日，德庆乡举办“两学一做”学习教育研讨座谈会

2016年10月12日，区委副书记、区长杜江（前台右四）率区政府班子一行到德庆乡召开“问计于民 问需于民”专项活动座谈会

2016年6月11日，德庆乡召开“卡日热追”维稳工作安排部署会

2016年5月23日，德庆乡召开第一届乡级人大代表大会。图为乡人大代表举手表决

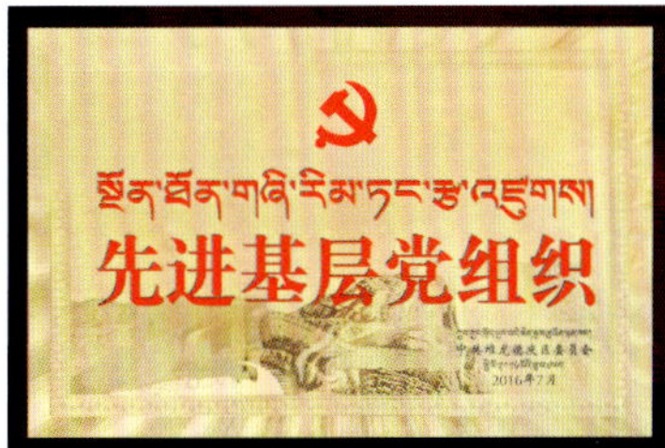

2016年9月10日，德庆乡召开第32个教师节表彰大会

2016年6月4日，德庆乡举办宇妥沟“藏医药养生”深度体验游启动仪式

109国道沿线油菜花田

德庆乡全景

干净、整洁的109国道——德庆乡沿线道路

2016年3月17日，重要节点期间德庆乡民兵队在乡政府周边巡逻

堆龙德庆区 柳梧乡

2016年2月13日，柳梧乡党委书记王龙龙前往达东村和村民一起庆祝望果节

2016年10月15日，柳梧乡党委书记王龙龙组织乡党员干部集中观看《镜鉴》

2016年7月10日，柳梧乡党委书记王龙龙主持召开工作例会

2016年1月12日，柳梧乡乡长徐永平召集各村主任商讨项目实施进展情况

2016年10月9日，柳梧乡乡长格桑多布杰汇报精准扶贫开展情况

2016年11月3日，柳梧乡乡长格桑多布杰慰问德阳村贫困党员

2016年8月，柳梧乡乡长格桑多布杰慰问驻村工作队队员

2016年11月29日，柳梧乡人大主席巴桑到德阳村调研工作

2016年9月10日，柳梧新区精准扶贫集中搬迁入住仪式

堆龙德庆区人民法院

2016年6月6日，自治区高级人民法院院长索达（左二）一行到堆龙德庆区人民法院（马乡人民法庭）检查工作

2016年6月6日，自治区高级人民法院院长索达（左五）一行到堆龙德庆区人民法院指导庭审工作

2016年5月13日，堆龙德庆区人民法院院长巴桑带领党员干部到包村点南巴村开展“精准扶贫结对帮扶”活动

2016年6月21日，北京怀柔区人民法院副院长刘景文（右排右三）一行4人工作组到堆龙德庆区人民法院就刑事速裁机制实践运用进行现场授课

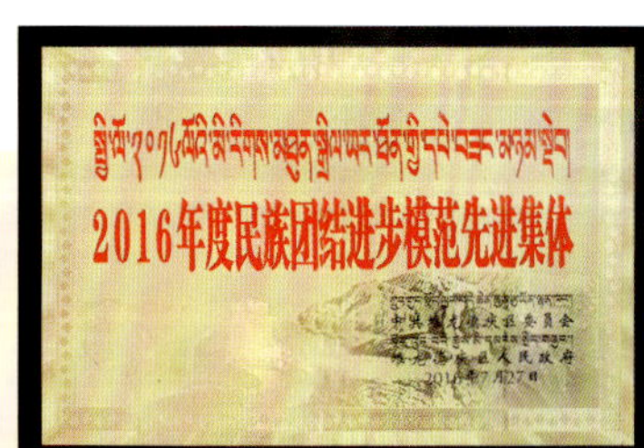

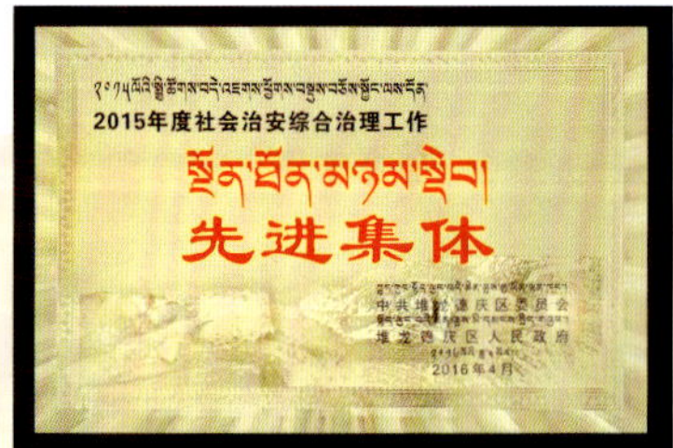

2016年3月10日，堆龙德庆区人民法院“流动法庭”在古荣乡那嘎村进行普法宣传

2016年12月26日，青少年维权岗在堆龙德庆区人民法院挂牌成立

2016年3月31日，堆龙德庆区人民法院法官为群众解答法律知识

2016年4月25日，堆龙德庆区人民法院法警队工作场景一角

2016年3月31日，堆龙德庆区人民法院法官在街头开展主题为“加强普法宣传教育　增强公民法律意识”法制宣传活动

堆龙德庆区人民检察院

2016年9月2日，堆龙德庆区人民检察院党组书记、检察长边巴扎西看望驻村干警

2016年9月26日，由堆龙德庆区人民检察院党组书记、检察长边巴扎西带队组织全体党员深入包村点开展精准扶贫结对帮扶“认亲认路”工作

2016年9月23日，堆龙德庆区人民检察院开展“法律七进”之送法进企业活动

2016年8月29日，堆龙德庆区人民检察院打造具有堆龙检察特色的检察文化长廊

2016年10月17日，堆龙德庆区人民检察院全体干警为精准扶贫对象捐款活动现场

2016年12月7日，堆龙德庆区人民检察院开展“加强侦查监督、维护司法公正”为主题的“检察开放日”活动

2016年6月24日，堆龙德庆区人民检察院组织全院党员干警到拉萨市纪律检查委员会廉政教育警示基地参观学习

2016年4月1日，堆龙德庆区人民检察院干警深入乃琼镇波玛村开展义务植树活动

2016年7月1日，堆龙德庆区人民检察院开展庆“七一”升国旗暨重温入党誓词仪式

2016年6月25日，堆龙德庆区人民检察院干警纷纷加入“香雄美朵”产业园区花卉种植

2016年5月3日，堆龙德庆区人民检察院组织全院党员到羊达乡境内开展“展检察风采，增队伍活力”徒步登山活动

堆龙德庆区公安局

2016年7月1日，区委副书记、政法委书记、公安局局长谢公瑾到德庆乡邦村组织老党员进行深切交谈

2016年11月21日，区委副书记、政法委书记、公安局局长谢公瑾参加基层民警发放新车仪式

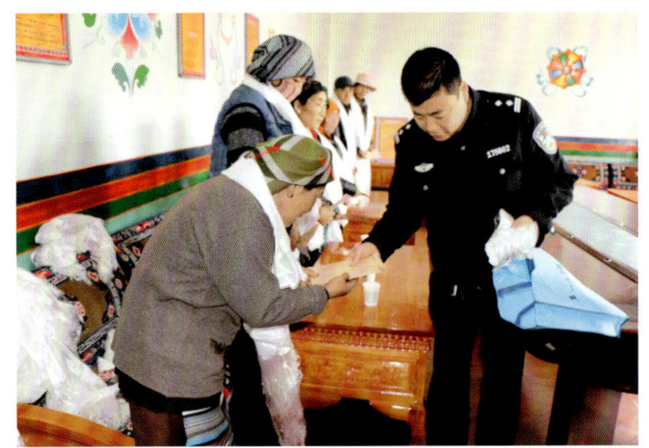

2016年7月1日，区公安局政委蒋学忠为德庆乡邦村老党员发放慰问金

2016年5月1日，区公安局政委蒋学忠到民警家访走慰问

2016年3月，区公安局110指挥中心开展法制宣传活动

2016年3月，区公安局召开三月份维稳工作部署会

堆龙德庆区 发展和改革委员会

2016年11月15日，区委书记格桑平措（二排左二）陪同拉萨市交通局局长扎西平措（二排左三）检查指导工作

2016年7月，堆龙德庆区发改委召开党支部党风廉政建设专题会

2016年11月，堆龙德庆区发改委召开项目建设前置手续工作会议

2016年9月，堆龙德庆区发改委就古荣项目建设后期进行实地验收

2016年3月，堆龙德庆区发改委组织召开项目稽查会议

堆龙德庆区 工业和信息化局

2016年11月4日，政府副区长董智杭带领区工信局党员干部到古荣乡嘎冲村农牧民家中开展走访慰问

2016年3月21日，堆龙德庆区工信局局长刘强率队一行到高争建材股份有限公司开展调研工作

2016年9月2日，堆龙德庆区参加拉萨雪顿节招商引资项目推介会暨集中签约仪式

2016年3月28日，堆龙德庆区工信局开展“3·28”西藏百万农奴解放纪念日宣传活动

2016年9月16日，堆龙德庆区工信局参加“平安西藏宣传日”集中宣传活动

2016年3月31日，堆龙德庆区工信局开展“3月综治宣传月”宣传活动

2016年4月18日，堆龙德庆区工信局积极开展“清洁家园、灭蚊防病”春季爱国卫生活动

堆龙德庆区教育（体育）局

2016年9月12日，以重庆市教委副巡视员徐剑锋为组长的国务院教育督导委员会督导组一行在自治区教育厅党组成员、副厅长吴爱珍（左三），政府区长杜江（右二），政府副区长、教育（体育）党总支书记何景平（右二）的陪同下在堆龙德庆区调研教育工作

2016年11月16日，拉萨市教育局调研员巴桑卓嘎（右二）带队对堆龙德庆区进行素质教育督导验收

2016年9月21日，堆龙德庆区教育系统参加自治区“两学一做”暨民族团结月知识竞赛活动

2016年9月18日，政府副区长、区教体局党总支书记何景平率队一行前往区教体局包村点——古荣乡巴热村调研精准扶贫工作

2016年9月28日，堆龙德庆区教育系统各学校领导参观拉萨廉政教育基地

2016年12月12日，堆龙德庆区教体局举办纪念“一二·九”运动暨第七届中小学、幼儿园学生书法（藏汉文）、绘画、手工比赛活动

堆龙德庆区中学

2016年3月17日，自治区政府副主席、教工委书记房灵敏（中）一行在区中学调研工作。区委书记陈献森（二排左一）陪同调研

2016年11月15日，拉萨市教育局调研员普布卓嘎（右二）率领素质教育督导评估组到区中学督导检查工作

2016年10月24日，拉萨市教育局教研所老师次旦卓玛（左一）与区中学校教师座谈

2016年10月24日，拉萨市教育局教研所到区中学开展“教研员蹲校”活动

2016年5月5日，区中学教职工篮球比赛在校室内篮球场举行

2016年5月9日，区中学在校礼堂举行“放飞青春”校园歌手大赛

堆龙德庆区小学

2016年11月20日，拉萨市教体局副局长普布卓嘎（前排中）带队到堆龙德庆区小学进行素质教育评估督导

2016年8月17日，江苏常州星河小学骨干教师到堆龙德庆区小学开展送教活动

2016年6月1日，堆龙德庆区小学开展庆“六一”文艺会演

2016年9月25日，堆龙德庆区小学举办“迎国庆传承民族文化”活动

2016年11月16日，堆龙德庆区小学参加拉萨市第一届青少年科技创新大赛并获得一等奖和三等奖

2016年5月11日，在拉萨市校园足球联赛开幕式上，堆龙德庆区小学学生表演足球操

堆龙德庆区工业园区管委会

2016年4月10日，工信部工作组一行到辖区内企业西藏藏泉酒业股份有限公司参观考察

2016年6月29日，中国光华基金会光华研究院研究员张卫发（左一）到堆龙德庆区工业园区为企业开展专题讲座

2016年5月5日，拉萨市科技局调研组一行前往堆龙德庆区工业园区辖区企业西藏阿卓商贸有限公司开展调研工作

2016年11月1—4日，堆龙德庆区工业园区邀请深圳市科略教育科技有限公司金牌讲师熊俊霖为工业园区各企业负责人进行关于企业管理方面的知识讲座

2016年3月30日，堆龙德庆区工业园区管委会联合区消防大队为园区10多家已开工企业进行消防安全知识和安全防范培训

2016年7月26日，堆龙德庆区第八批援藏干部参观辖区内企业西藏圣香海螺民族产品开发有限公司

2016年10月24—26日，堆龙德庆区工业园区管委会聘请西藏飞跃迅达会务服务有限公司在园区为企业开展了一期为期3天的“新安全生产法解读与EHS经典案例分享”专题讲座

香雄美朵 生态旅游文化产业园领导小组办公室

2016年6月3日，区委书记陈献森（右一），区委常务副书记杜江（右二），区委副书记、政协主席郭志锋（右三）参与园区花卉种植

2016年7月4日，区委副书记、区长格桑平措（左一），区委常务副书记杜江（左二）到园区调研

2016年11月9日，区委常务副书记、香雄美朵生态旅游文化产业园项目推进领导小组办公室主任张勇（左二）到园区种植区调研

2016年10月9日，园区邀请广州市政设计院专家对路网及地下管网进行评审

2016年9月29日，堆龙德庆区干部职工前往园区义务采摘雪菊

堆龙德庆区司法局

堆龙德庆区司法局开展法律进寺庙宣传活动

堆龙德庆区司法局开展法律进乡村宣传活动

堆龙德庆区司法局开展法律进学校宣传活动

堆龙德庆区司法局开展精准扶贫工作

堆龙德庆区司法局举办司法行政例会

堆龙德庆区财政局

2016年9月，堆龙德庆区财政局工作人员进行结对帮扶入户调查

2016年，堆龙德庆区财政局对各单位财务人员进行财务软件培训

2016年11月4日，堆龙德庆区财政局干部职工慰问结对帮扶对象，并与帮扶对象合影留念

2016年7月，堆龙德庆区财政局工作人员对村级财务人员进行培训

堆龙德庆区财政局办公楼

堆龙德庆区统计局

2016年12月26日，堆龙德庆区统计局到拉萨市统计局参加2016年年报和2017年定期统计报表布置会

2016年11月21日，堆龙德庆区统计局组织召开第三次全国农业普查方案布置暨培训会

2016年10月12日，堆龙德庆区统计局前往基层党建联系点措麦村督导检查村党务工作

2016年12月4日，堆龙德庆区统计局在区政府门口宣传《中国人民共和国统计法》《农业普查条例》等相关法律法规

2016年9月2日，堆龙德庆区统计局到马乡措麦村就精准扶贫相关工作开展调研

2016年9月21日，堆龙德庆区统计局到马乡措麦村走访慰问精准扶贫户

堆龙德庆区民政局

2016年8月26日，中央国务委员王勇（正中）在自治区党委副书记、区人大常委会主任白玛赤林，自治区政府副主席多吉次珠等一行的陪同下到堆龙德庆区五保集中供养服务中心检查指导工作。区委书记格桑平措全程陪同

2016年8月26日，中央国务委员王勇到堆龙德庆区“五保”集中供养中心调研工作。图为供养中心老人为王勇敬献哈达

2016年8月3日，在军事日活动当天，在驻区部队射击场内，区委书记格桑平措，区委副书记、区长杜江以及在家领导体验打靶射击训练。图为四大班子领导查看中靶情况

2016年8月1日，为庆祝中国人民解放军第89个建军节，堆龙德庆区隆重举行庆“八一”文艺汇演活动，参加活动人员：全体在家县级领导、各乡（镇）党政领导、驻区部队各位首长、驻区部队官兵、军属及驻地群众代表

2016年8月1日，堆龙德庆区四大家领导前往驻区各部队进行慰问，并为全体驻区官兵送上节日的祝福。图为四大班子领导与驻区部队官兵合影留念

堆龙德庆区
人力资源和社会保障局

2016年12月29日，自治区住建厅副厅长李进忠带队检查堆龙德庆区人社局劳动保障监察大队农民工工资支付情况

2016年12月20日，拉萨市人力资源和社会保障局副局长贺剑一行到堆龙德庆区人力资源和社会保障局考核指导工作

2016年8月30日，阿里巴巴集团公司甘青藏负责人杨丽琴女士、自治区发改委社发处副处长索朗平措、拉萨市发改委副主任德吉到堆龙德庆区考察工作

2016年9月14日，区委常委、政府副区长李晓强在堆龙德庆区人力资源和社会保障局主持召开“四业工程”征求意见会

2016年10月11日，堆龙德庆区人力资源和社会保障局干部职工对结对帮扶贫困户进行看望慰问

2016年10月12日，区委组织部副部长、人社局局长洛桑达吉组织全局干部职工学习《中国共产党党员领导干部廉洁从政若干准则》

堆龙德庆区水利局

2016年8月25日，自治区水利厅第二轮综合督导巡查组到堆龙德庆区检查工作

2016年6月16日，自治区防汛视频会在堆龙德庆区水利局召开

2016年6月6日，堆龙德庆区召开2016年防汛抗旱工作部署会议

2016年11月10日，堆龙德庆区水利局局长拉巴卓玛（左一）到德庆乡顶嘎村结对帮扶户家中宣传政策及开展送温暖活动

2016年1月10日，堆龙德庆区开展2014年小型农田水利“重点县”项目自验

2016年6月5日，堆龙德庆区水利局联合羊达乡环卫工人开展“世界环境日”活动

堆龙德庆区农牧局

2016年7月10日，农业部副部长余欣荣（前）带队一行到堆龙德庆区检查指导农牧业工作

2016年7月10日，拉萨市委副书记、代市长果果（右三）在堆龙德庆区委书记格桑平措（右二）的陪同下考察农畜产品加工业发展经营情况

2016年6月24日，自治区政府副秘书长潘旭春到羊达设施农业园区考察工作

2016年7月20日，中央电视台每日农经栏目组实地拍摄堆龙德庆区藏鸡养殖业现场

2016年7月3日，自治区农牧厅、农科院专家到堆龙德庆区实地查看藏青2000长势情况

2016年3月16日，堆龙德庆区春耕春播开耕仪式现场

堆龙德庆区
文化广播电影电视（新闻出版、文物）局

2016年7月6日，堆龙德庆区文广局局长米玛（右一）陪同拉萨市文化局党组副书记、副局长平措旺堆（左一）调研堆龙德庆区文物点措麦寺

2016年7月4日，堆龙德庆区文广局局长米玛（左一）到乃琼镇贾热村觉木龙藏戏非遗服饰传习基地进行调研

2016年9月21日，堆龙德庆区文广局局长米玛（左二）、副局长朱志霞（左一）深入包村单位南嘎村，就精准扶贫工作开展入户调研

2016年8月4日，堆龙德庆区文广局组织8支藏戏队同自治区藏剧团藏戏表演艺术家群培和白玛两位老师在乃琼镇贾热村举办藏戏非遗研讨会

2016年8月3日，堆龙德庆区文广局在乃琼镇贾热村举办首届藏戏文化艺术节暨藏戏大赛。图为节目演出现场

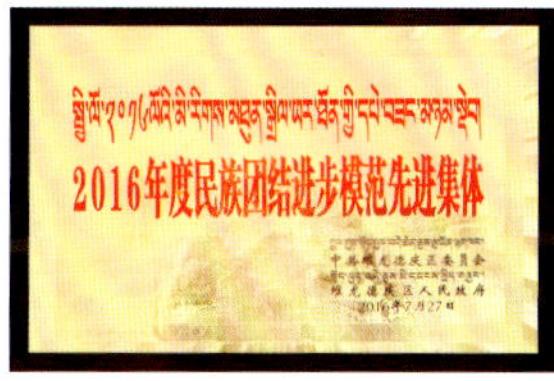

2016年度民族团结进步模范先进集体

三等奖

堆龙德庆区卫生局

2016年12月13日，拉萨市卫生局考核验收组到堆龙德庆区检查指导工作

2016年10月25日，堆龙德庆区举办创建二级综合医院评审会

2016年1月，堆龙德庆区先心病患儿到北京治疗。图为首都医科研究所医务人员、区卫生局工作人员与患儿及其家属合影留念

2016年12月8日，堆龙德庆区卫生局组织召开分级诊疗工作部署会

2016年10月11日，堆龙德庆区卫生局为乡镇卫生院发放藏医设备

堆龙德庆区总工会

2016年12月19日，自治区总工会劳经部部长次仁旺姆（右三）、拉萨市总工会副主席措姆（右五）一行到堆龙德庆区总工会检查指导工作

2016年8月10日，拉萨市总工会副调研员洛桑占堆（右一）一行到马乡调研精准扶贫工作开展情况

2016年11月8日，堆龙德庆区总工会根据职工培训5年规划，在西藏堆八仓土特产产品有限公司举办民族手工业培训开班仪式

2016年11月30日—12月14日，堆龙德庆区总工会开展干部职工劳模疗休养活动，34人在海南省疗养院进行疗养

2016年8月28日，堆龙德庆区总工会在西藏达氏集团有限责任公司开展“温暖职工心贴心　工会服务在基层”活动，区委常委、区委副书记边旦，区人大常委会副主任、护路办主任次仁，区总工会主席拉珍出席活动

共青团堆龙德庆区委员会

2016年7月15日，团区委举办志愿者表彰大会

2016年3月28日，团区委在区中学开展有奖知识竞答活动现场

2016年8月17日，举办拉萨市第二届青年创新创业大赛堆龙赛区选拔赛

2016年3月5日，团区委干部到加入村学雷锋包村点慰问重点青少年及老人

2016年11月1日，区预青办（团区委）牵头，区妇联、法院、教育局、司法局联合举办“珍惜青春·远离犯罪”青少年模拟法庭活动

2016年2月12日，团区委组织学生开展植树造林活动

堆龙德庆区妇女联合会

2016年8月11日，在堆龙德庆区委党校举办堆龙德庆区农牧区贫困妇女SYB创业培训开班典礼。区妇联主席胡仕梅（一排右三）、区四业工程办公室负责人孙建宇（一排右四）、自治区正大职业技能培训中心校长王平（一排左二）出席开班典礼

2016年12月4日，堆龙德庆区妇联（右一）主席胡仕梅率队在团结路开展法制宣传活动

2016年5月25日，堆龙德庆区妇儿工委召开2016年妇儿工委成员单位联席会议暨迎评动员大会。妇儿工委分管政府副区长次仁措吉出席会议

2016年10月25日，堆龙德庆区妇联在主席胡仕梅（左三）率队到东嘎镇桑木村结对帮扶户家中开展调研

2016年5月6日，自治区妇联在堆龙德庆区乃琼镇贾热村举行“百事桂格贴心包”发放仪式，把健康和营养带给藏族母亲

2016年7月21日，堆龙德庆区妇联发放“格桑花”两癌救助基金共计19万元，救助36名贫困妇女。图为救助基金发放现场

2016年4月4日，堆龙德庆区妇联联合相关部门邀请区直主要领导干部、各单位主要负责人并组织西部志愿者、中小学学生参加清明节扫墓活动

堆龙德庆区地方志办公室

2016年12月4日，堆龙德庆区地方志工作人前往热果寺收集史料

2016年3月26日，堆龙德庆区方志办年鉴资料收集中

2016年5月23日，堆龙德庆区地方志工作人员前往乃琼镇乃琼村三组看望结对户

志书成果

2012—2016年，已成功出版5本年鉴

堆龙德庆区安全生产监督管理局

2016年9月14日，区委副书记、政法委书记、公安局局长谢公瑾查看堆龙德庆区安监局宣传展台

2016年8月12日，堆龙德庆区召开安全生产工作部署会议

2016年12月6日，堆龙德庆区安监局组织外来务工人员开展安全生产普及培训

2016年8月31日，堆龙德庆区安监局开展精准扶贫送温暖活动

2016年10月25日，堆龙德庆区安监局开展逃生演练安全宣传资料发放活动现场

2016年11月11日，堆龙德庆区安监局组织“三查三改”联合危化专家检查油库隐患

堆龙德庆区食品药品监督管理局

2016年11月，由政府副区长马扎西（左二）带领区食药监局工作人员前往包村点开展包村工作

2016年11月，堆龙德庆区食药局局长土登（右一）带队前往包村点慰问结对帮扶对象

2016年11月，自治区食品安全考核评价组到堆龙德庆区考核食品安全工作

2016年3月，堆龙德庆区食安办组织食安委各成员单位召开食品安全联席会议

2016年6月，堆龙德庆区食药监局开展无证经营排查工作

2016年6月，堆龙德庆区食药监局在堆龙德庆区小学开展学校食品安全宣传工作

2016年10月，堆龙德庆区食药监局在团结路开展食药安全宣传工作

堆龙德庆区林业绿化局

2016年12月1日，政府副区长王考昌及东嘎镇镇长贺进参加“以补脱贫”岗位岗前培训开班仪式

2016年10月23日，堆龙德庆区林业绿化局局长江央到各乡镇发放政府购买性岗位护林员工资

2016年10月21日，堆龙德庆区林业绿化局局长江央答复人大代表议案

2016年11月15日，堆龙德庆区林业绿化局局长江央探望结对认亲户

2016年4月1日，堆龙德庆区林业绿化局组织全区干部职工进行义务植树。图为植树现场

2016年5月20日，堆龙德庆区林业绿化局组织实施林业病虫害防治

堆龙德庆区农业综合开发办公室

2016年12月2日，自治区验收考核组到堆龙德庆区进行脱贫验收考核。图为考核组在指挥部检查户档资料

2016年1月21—26日，堆龙德庆区农开办干部职工到6个乡（镇）开展“五下乡”活动

2016年10月18日，堆龙德庆区农开办组织全体干部职工在会议室集中开展学习“两学一做”活动

2016年12月1日，堆龙德庆区举办波玛村易地扶贫搬迁安置房抽签仪式

2016年，波玛村2组100户易地扶贫搬迁住房效果图

2016年10月17日，堆龙德庆区党员干部职工在第三届全国扶贫日仪式上进行爱心募捐

堆龙德庆区旅游局

2016年，堆龙德庆区旅游局局长朗珍曲尼接受西藏电视台专题采访

2016年9月10日，堆龙德庆区旅游局局长朗珍曲尼到措麦村进行实地调研

2016年1月11日，堆龙德庆区旅游局成功举办第一届楚布沟自行车体验赛

2016年7月24日，堆龙德庆区旅游局成功举办堆龙德庆区楚布沟第二届山地自行车体验赛

邦古沟

楚布沟

嘎东沟

堆龙德庆区信访局

2016年11月20日，拉萨市信访局党组书记达娃一行到堆龙德庆区信访局检查指导工程领域矛盾纠纷排查调处工作

2016年5月18日，拉萨市、堆龙德庆区两级领导接待信访群众

2016年6月19日，堆龙德庆区信访局举办“两学一做”学习教育活动

2016年4月10日，堆龙德庆区信访局组织召开全区信访工作会议

2016年8月3日，堆龙德庆区信访局组织召开信访事项协调会

2016年10月8日，堆龙德庆区信访局开展精准扶贫入户调查及慰问工作

2016年10月28日，堆龙德庆区信访局工作人员监督发放民工工资

堆龙德庆区后勤服务中心

2016年9月19日，堆龙德庆区后勤服务中心主任杜建强在共产党员民族团结先锋活动中与结对帮扶对象合影留念

2016年9月29日，堆龙德庆区后勤服务中心杜建强为帮扶对象送去200公斤大米和100公斤面粉及5条砖茶

2016年11月10日，堆龙德庆区验收领导小组验收措麦村香雄美朵万亩花海

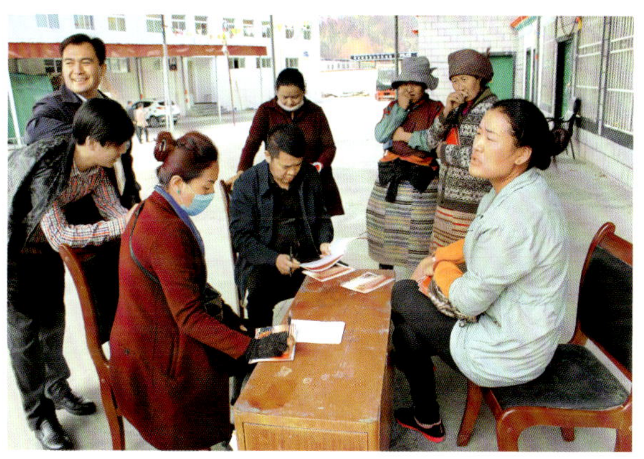

2016年9月29日，堆龙德庆区后勤服务中心主任杜建强深入包村点慰问帮扶老人

堆龙德庆区后勤服务中心食堂

堆龙德庆区后勤服务中心就餐食堂大厅

堆龙德庆区民族宗教事务局

2016年9月14日，堆龙德庆区委统战部、区民宗局开展民族团结宣传日活动

2016年3月，堆龙德庆区民宗局开展综治宣传活动

2016年4月18日，堆龙德庆区民宗局党员干部积极参加义务劳动

2016年6月，堆龙德庆区民宗局党支部在古荣乡那嘎村幼儿园开展“六一”儿童节慰问活动

2016年8月，堆龙德庆区召开民族团结进步模范表彰大会

堆龙德庆区粮食局

2016年11月28日，堆龙德庆区粮食局局长边巴（左一）到马乡措麦村入户开展精准扶贫工作

2016年6月29日，堆龙德庆区粮食局工作人员为过路群众发放宣传单

2016年7月23日，常州市粮食局对口援助堆龙德庆区粮食局资金20万元

2016年8月29日，堆龙德庆区粮食局召开商户拆迁动员大会

2016年10月16日，堆龙德庆区粮食局开展世界粮食日宣传活动

堆龙德庆区净土产业投资开发有限公司

2016年3月12日，公司党委副书记、总经理骆翰墨（左三），区纪委派驻纪检组组长阿奴（左一）布置2016年度工作

2016年9月12日，公司接收香雄美朵种植区

2016年9月15日，公司参加第三届中国西藏旅游文化国际博览会。图为公司产品展台

2016年7月20日，公司到SOS儿童村开展送温暖活动

2016年7月24日，公司青色麦田系列产品赞助2016年堆龙德庆区楚布沟第二届山地自行车体验赛

2016年9月29日，公司组织员工采摘雪菊

堆龙德庆区
宗教工作领导小组办公室

2016年8月7日，区委常委、统战部部长普布斯曲（中）到邱桑寺督导寺庙工作。区宗教办主任次旺（右一）陪同

2016年8月17日，区委常委、统战部部长普布斯曲（右一）在邱桑寺督导工作

2016年12月28日，堆龙德庆区宗教办工作人员组织僧尼观看全区和谐模范暨爱国守法先进僧尼表彰视频会议

2016年8月17日，区委常委、统战部部长普布斯曲（左一）在其美龙寺督导工作

2016年10月22日，受表彰的驻寺干部代表发言

2016年9月19日，堆龙德庆区宗教办工作人员前往那嘎村慰问结对帮扶对象

堆龙德庆区人民医院

2016年10月25日，自治区卫生厅副厅长胡学军（右二）一行到堆龙德庆区人民医院检查指导创评工作

2016年12月13日，拉萨市卫生局局长扎西德吉（右一）、堆龙德庆区委书记格桑平措（右三）等领导到区人民医院检查指导工作

2016年10月25日，堆龙德庆区人民医院举办迎接自治区卫生厅创乙最终评审会

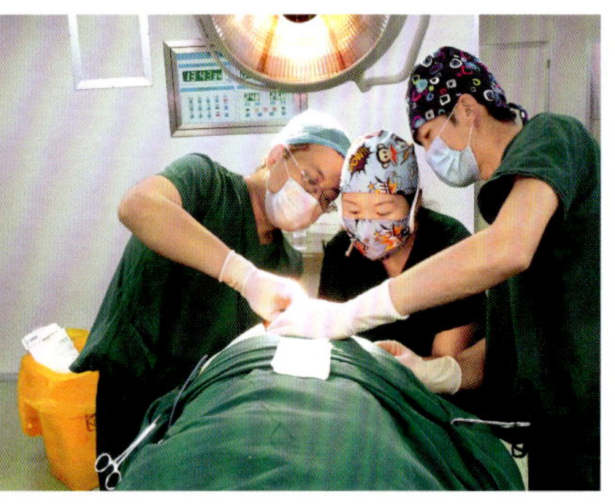

2016年8月2日，堆龙德庆区人民医院在援藏医生的指导下开展第一例痔上黏膜环形切除吻合术（PPH）

2016年6月3日，堆龙德庆区人民医院医生在德庆乡德庆村开展免费送医送药活动

2016年6月22日，北京市朝阳区卫计委、北京垂杨柳医院领导和专家组到堆龙德庆区人民医院检查指导工作。图为北京市朝阳区卫计委主任张瑞（前排左四）、北京垂杨柳医院院长任龙喜（前排左五）与堆龙德庆区政府副区长马扎西（前排右四）及区卫生局领导、区医院领导和援藏医生合影留念

堆龙德庆区 工商业联合会

2016年4月8日，拉萨市工商联主席格西哈姆（右一）到圣香海螺民族产品开发有限公司检查指导工作

2016年11月1日，江苏省工商联党组成员副主席何昌林（左二）一行到拉萨远大建材有限责任公司实地参观考察

2016年11月10日，堆龙德庆区工商联主席达瓦次仁（右二）与西藏恒跃柳工机械销售服务有限公司支部书记徐冰考察编织厂

2016年1月28日，堆龙德庆区工商联副主席普布次仁（左一）带队深入古荣乡加入村慰问结对贫困户

2016年3月24日，堆龙德庆区工商联召开民营企业参与精准扶贫行动工作座谈会

2016年5月11日，堆龙德庆区工商联开展构建金融—企业—法律新生态，助推企业跨越式发展座谈会暨培训会

2016年9月28日，堆龙善财福利综合服务有限责任公司在加木村举办扶贫捐赠仪式

堆龙德庆区人民武装部

2016年1月8日，堆龙德庆区人武部政委孙振立（右一）检查基层民兵整组工作

2016年4月，堆龙德庆区人武部政委孙振立（右一）走访常态化民兵家庭

2016年3月31日，堆龙德庆区人武部举行民兵高炮军事训练

2016年10月21日，堆龙德庆区人武部政委孙振立慰问帮扶结对村贫困户

军事训练

堆龙德庆区公安消防大队

2016年8月1日，堆龙德庆区四大班子领导到堆龙德庆区公安消防大队开展慰问活动

2016年5月4日，堆龙德庆区公安消防大队战士荣获“五四”优秀青年奖

2016年8月24日，堆龙德庆区公安消防大队官兵抢险救援现场

2016年4月26日，堆龙德庆区公安消防大队官兵出警现场

2016年9月22日，堆龙德庆区公安消防大队为停水学校送水

2016年11月9日，堆龙德庆区公安消防大队举办消防开放日活动

2016年6月16日，堆龙德庆区公安消防大队官兵在楚布寺次曲执勤

武警堆龙德庆区中队

2016年4月21日，武警堆龙德庆区中队官兵协助看守所进行清监

2016年7月25日，武警堆龙德庆区中队官兵参加抗洪抢险救灾

2016年10月9日，武警堆龙德庆区中队官兵深入开展精准扶贫活动

2016年12月5日，武警堆龙德庆区中队官兵参加区委、区政府组织的义务献血活动

2016年8月26日，武警堆龙德庆区中队官兵进行反恐防袭演练

堆龙德庆区国家税务局

2016年8月5日，自治区国税局局长胡苏华（中），党组书记、副局长董涛到堆龙德庆区自助办税区检查指导工作

2016年7月22日，政府副区长郑汉宏一行到企业检查纳税情况

2016年，政府副区长郑汉宏助力营改增——为区国税人员献哈达

2016年，堆龙德庆区“协税护税领导小组”举办座谈会

2016年6月4日，堆龙德庆区国税局就辖区内中介工作召开座谈会

2016年7月13日，堆龙德庆区国税局领导慰问退休老干部

2016年5月1日，堆龙德庆区国税局第一张代开发票

2016年5月24日，堆龙德庆区国税局工作人员发放税法宣传册

堆龙德庆区工商行政管理局

2016年11月18日，堆龙德庆区工商局局长洛布向市局调研组汇报工作

2016年4月25日，堆龙德庆区工商局局长洛布为非公企业人员授课

2016年12月17日，堆龙德庆区工商局局长洛布带领外勤组打击辖区内无照经营行为

2016年6月10日，堆龙德庆区工商局执法人员现场调解消费者投诉

2016年2月4日，堆龙德庆区工商局组织外勤组对辖区内烟花爆竹市场进行专项检查

堆龙德庆区邮政分公司

2016年4月20日，邮政员工集中学习

2016年11月30日，区邮政局工作人员到部队为退伍老兵提供集中邮政服务

岗位职责上墙

2016年3月9日，区邮政局工作人员办理邮政包裹业务

邮政业务服务大厅

中国移动通信集团西藏有限公司
堆龙德庆区分公司

2016年5月10日，区分公司经理秦晋杰一行率队到马乡开展扶贫工作

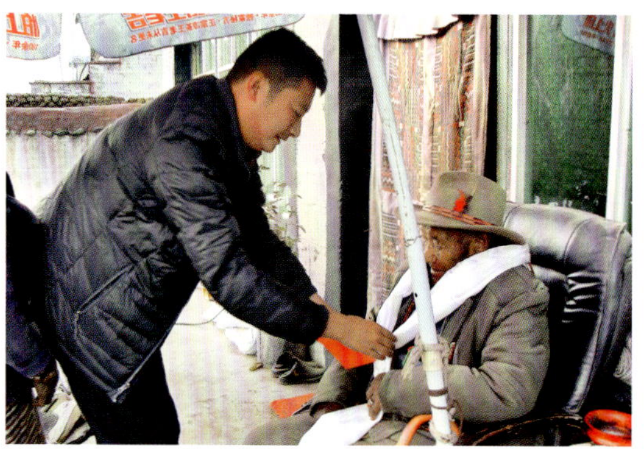
2016年3月8日，区分公司经理秦晋杰进行精准扶贫慰问

2016年5月，区分公司在“望果节”期间开展营销业务

2016年6月10日，区分公司开展雪顿节营销活动

2016年10月17日，区分公司在马乡开展精准“扶贫日”募捐仪式活动

2016年8月20日，区分公司员工合影留念

中国农业银行股份有限公司堆龙德庆区支行

2016年12月23日，农行区支行在营业部召开“两学一做”专题民主评议会

2016年1月7日，农行区支行召开“三严三实”专题民主评议生活会

2016年6月30日，农行区支行对柳梧乡低保户、五保户开展慰问捐款捐资活动

2016年1月20日，农行区支行领导慰问困难员工及退休职工

2016年4月28日，农行区支行开展对辖内环卫工人“感党恩、送温暖”慰问活动

2016年5月17日，农行区支行开展反洗钱宣传活动

2016年5月24日，农行区支行开展违法案例警示教育活动图片展

中国电信堆龙德庆区电信局

2016年，堆龙德庆区电信局组织员工开展业务培训

2016年，堆龙德庆区电信局开展“三下乡”活动

堆龙德庆区电信局开展营销活动，为入网用户赠送医保和社保

堆龙德庆区电信局举办双联户办理入网赠机活动

堆龙德庆区天翼手机卖场

天翼手机卖场开业

堆龙德庆区疾病预防控制中心

2016年3月，堆龙德庆区疾控中心专业人员在各校开展春季传染病排查工作

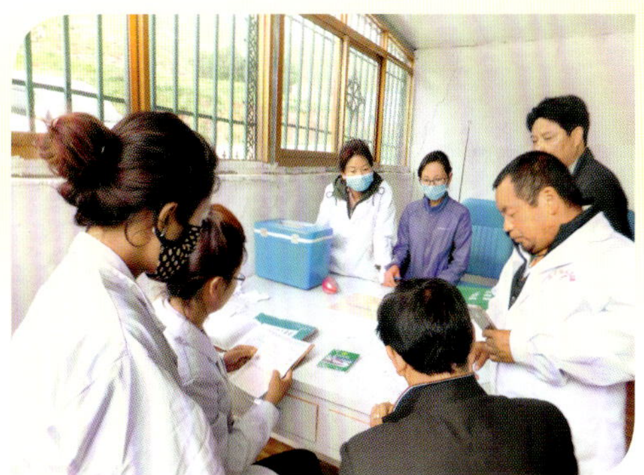

2016年7月，堆龙德庆区疾控中心计划免疫专业人员对辖区内的接种点进行督导检查

2016年6月，堆龙德庆区疾控中心鼠防工作人员对病死旱獭进行取材

2016年8月，堆龙德庆区疾控中心公卫监督科执法人员对辖区内的公共场所进行日常卫生监督检查

2016年9月，堆龙德庆区疾控中心妇幼保健科开展“婴幼儿营养改善项目启动会暨儿童保健专项培训班”活动

堆龙德庆区综治委铁路护路联防工作领导小组办公室

2016年4月29日，西藏自治区铁路护路联防系统主要领导在自治区党委政法委副秘书长、区综治办主任、区护路办主任格桑罗布的带领下，到堆龙德庆区古荣护路大队观摩学习，并在古荣护路大队召开了现场工作会议

2016年9月19日，西藏自治区24个铁路护路大队大队长在自治区护路办副主任边巴次仁的带领下，到堆龙德庆区古荣护路大队观摩学习，区人大常委会副主任、区护路办主任次仁陪同

2016年12月4日，堆龙德庆区高天护路大队深入乃琼镇波玛村幼儿园开展“知路爱路护路”宣传活动

2016年1月24日，区委书记陈献森，区委副书记、区人大常委会主任达娃次仁，区委副书记、区长格桑平措，区委副书记、区政协主席郭志锋，区委常务副书记杜江一行到堆龙德庆区高天护路大队检查指导铁路护路联防工作，并代表区“四大家”亲切慰问专职护路联防队队员

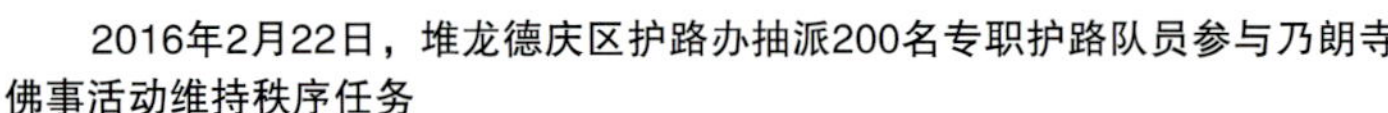

2016年2月22日，堆龙德庆区护路办抽派200名专职护路队员参与乃朗寺佛事活动维持秩序任务